Im Schatten der Őffentlichkeit: Felix A. Sommerfeld, Geheimdienstagent in Mexiko, 1908 bis 1914

Heribert von Feilitzsch

Erstveröffentlichung in den Vereinigten Staaten von Amerika im Jahr 2012 unter dem Titel *In Plain Sight: Felix A. Sommerfeld, Spymaster in Mexico, 1908 to 1914*
von Henselstone Verlag, LLC.

Zweite deutsche Auflage

Keyword-Daten
von Feilitzsch, Heribert, 1965-
Im Schatten der Öffentlichkeit: Felix A. Sommerfeld, Spionagemeister in Mexiko, 1908-1914 / Heribert von Feilitzsch.

Umfasst biographische Referenzen und Index.
ISBN 978-0-9969554-2-3 (alk. Papier)

1. Mexiko - Geschichte - Revolution, 1910-1920 - Diplomatische Geschichte
2. USA - Auslandsbeziehungen - Mexiko
3. USA - Auslandsbeziehungen - Deutschland
4. Mexiko - Auslandsbeziehungen - USA
5. Mexiko - Auslandsbeziehungen - Deutschland
6. Deutschland - Auslandsbeziehungen - Mexiko
7. Deutschland - Auslandsbeziehungen - USA
8. amerikanisch-mexikanische Grenzregion - Geschichte - 20. Jahrhundert
9. Schmuggel - amerikanisch-mexikanische Grenzregion - Geschichte - 20. Jahrhundert
I. von Feilitzsch, Heribert. Titel.

Cover Design von Machwerk Kommunikation und Design, www.machwerk.com

Für Berkley

„Hinter mir liegen mehr als sechs Jahre nervenaufreibender Anspannung und mir stand der Sinn nach einer friedvolleren Beschäftigung. Allerdings möchte ich hier anmerken, dass während all der Jahre, die ich in der mexikanischen Politik tätig war, jegliche mir mögliche Einflussnahme stets darauf abzielte, den Frieden und die guten Beziehungen zu den Vereinigten Staaten aufrecht zu erhalten [...] Mehr habe ich im Moment nicht zu sagen."

Felix A. Sommerfeld zu Sherburne G. Hopkins im Jahr 1919 bezüglich seiner Behauptung, sich im Herbst des Jahres 1915 aus der mexikanischen Politik zurückgezogen zu haben.[1]

"Eine tiefgründig erforschte Paradigma-zerschmetternde Biographie."

C. M. Mayo

"Seit vielen Jahren habe ich gehofft, dass jemand Sommerfelds Rolle in der Mexikanischen Revolution enträtseln kann. Sie haben das geschafft, und darüber hinaus eine höchst beeindruckende Auswahl von Archivquellen hinzugezogen. Im Schatten der Öffentlichkeit ist ein ausgezeichnetes Werk."

Charles H. Harris III, Professor Emeritus, New Mexico State University

"Sie haben einen Volltreffer geschaffen! Sommerfeld mit Hopkins zusammenzuflechten ist mir völlig neu, genau wie die Verbindung von Sommerfeld zu den Glücksrittern der Revolution. Wir kennen uns ein bisschen mit Flint aus und Sie haben hervorragende Details dieser Beziehung geliefert."

Louis R. Sadler, Professor Emeritus, New Mexico State University

"Eine gut recherchierte historische Darstellung."

Kirkus Reviews

"Von Feilitzsch hat beispielhafte Arbeit geleistet, die Aktivitäten eines schattenhaften Charakters in einer chaotischen Zeit und einem chaotischen Schauplatz zurückzuverfolgen. Im Schatten der Öffentlichkeit ist eine willkommene Ergänzung zu der wachsenden Literatur über die Geheimdienstkriege der 1910er. "

Studies in Intelligence, CIA Magazin

"Es ist unglaublich, was für Mühen in die Schaffung des Buches Im Schatten der Öffentlichkeit geflossen sein müssen. Genießen Sie die Stunden, die Sie mit diesem Buch verbringen."

Kevin G. Summers

INHALT

VORWORT

Am 6. Juni 1911 fuhr ein Sonderzug langsam in den Hauptbahnhof von Mexiko-Stadt ein. Am Bahnsteig wartete bereits der Interimspräsident Francisco Leon de la Barra mit seinem gesamten Kabinett, dem diplomatischen Korps und unzähligen Würdenträgern darauf, dem Mann die Ehre zu erweisen, der das Symbol einer ganzen Generation der Unterdrückung und Korruption, Diktator Porfirio Diaz, gestürzt hatte. Unter wildem Beifall stiegen der „Apostel der Revolution" Francisco I. Madero und sein Gefolge aus einhundert Mitrevolutionären, Freunden, Angehörigen, Politikern, Würdenträgern und Militärs aus dem Pullmanwagen und bahnten sich winkend und grüßend einen Weg durch die Menge. „Die Glocken der Kathedrale und neunzig weiterer Kirchen verkündeten die frohe Botschaft. Fabriksirenen heulten auf und das Pfeifen der Lokomotiven in den angrenzenden Bahnhöfen mischte sich schrill in das Getöse. Es war als würden die aufgestauten Gefühle eines ganzen Volkes in einer gewaltigen Explosion der Emotionen freigesetzt."

An der Seite des obersten Revolutionärs kämpfte ein Mann mit strenger und gefasster Miene, unbeeindruckt vom ekstatischen Moment der Masse seinem Anführer den Weg frei. Felix A. Sommerfeld war besorgt um Maderos Sicherheit. Mit nur einem Meter sechzig Größe und knappen fünfundsechzig Kilo war Madero in Gefahr, von der sich auftürmenden Menge verschluckt zu werden. Als sich dann die Menschenflut um den Revolutionsführer in die Straßen der Hauptstadt ergoss, blieb Sommerfeld stets wachsam auf der Suche nach Anzeichen einer Bedrohung. „Etwa einhundert tausend Menschen jubelten im Freudentaumel", wobei jeder versuchte, einen kurzen Blick auf den großen Helden zu erhaschen oder wenn möglich sogar die Chance zu bekommen, ihn gar zu berühren.

Felix Sommerfeld, ein zweiunddreißigjähriger

Boxerkriegsveteran deutscher Herkunft, hatte als Maderos frisch ernannter Sicherheitschef alle Hände voll zu tun, dessen Unversehrtheit zu gewährleisten. So ist es wenig erstaunlich, dass er sich, ungeachtet dieses prachtvollen Empfangs, nichts mehr wünschte, als dass Madero endlich das Ende der Prozession erreicht und die gut gesicherten Pforten des Präsidentenpalastes passiert.

Die Revolution hatte still und unbemerkt begonnen. Bis zurück ins Jahr 1906 hatten nur hier und da kurze Strohfeuer des Unmuts den politischen Horizont des Landes für Augenblicke erhellt, die jedoch gleich wieder in der trügerischen Stille unter Porfirio Diaz' eiserner Hand erstickt wurden. Da der alternde Diktator und sein auserwählter Beraterstab der *Cientificos* es bis zuletzt verweigerten, die Übergabe der Macht in einem geordneten Rahmen zu planen, brach die Gewalt im Herbst des Jahres 1910 los. Zu dieser Zeit fegte ein regelrechter Sturm aus finanziellen Krisen und Naturkatastrophen über das Land. Zudem gab es eine junge Generation mittelständischer Mexikaner, die keinerlei politisches Gehör fand.

Für viele Zeitzeugen kam Diaz' abrupter Machtverlust überraschend. Madero trat als gemäßigter Vertreter einer breiten Koalition aus Unternehmern, Grundbesitzern, Industriellen, dem Militär, der Arbeiterschaft und der Bauern auf. Sein Ziel war die Errichtung eines demokratischen Systems, in dem jeder Mexikaner politisch vertreten war, sowie eines unabhängigen Rechtssystems, das die Grundlage für Landreformen bilden und eine Entwicklung hin zu sozialer Gerechtigkeit auf den Weg bringen sollte. Dass diese allmählichen Reformen den Durst nach einem besseren Leben von siebzehn Millionen Mexikanern zu stillen vermochten, wurde in den hitzigen Tagen des Mai 1911 nur von wenigen scharfen Beobachtern bezweifelt. Tatsächlich sollte es angesichts der Vielzahl an verschiedensten Interessengruppen, die Madero mobilisiert hatte, noch weitere neun Jahre dauern und über eine Million Leben kosten, bis ein neuer Gesellschaftsvertrag zustande kommen sollte, dessen letzte Paragraphen erst in den 1940er Jahren fertiggestellt wurden. Die Revolution, die Madero während seines Triumphzugs durch Mexiko-Stadt für abgeschlossen hielt, hatte in Wahrheit erst begonnen.

Niemand in der Menge oder gar im engen Vertrauenskreis um Madero hatte auch nur die leiseste Ahnung davon, welche Rolle Sommerfeld über die kommenden zehn Jahre in ihrer Revolution spielen sollte. Maderos Sieg über den Diktator wurde größtenteils auf dem Schlachtfeld, aber auch in einer Suite des New Yorker Astor Hotels und an weiteren Verhandlungsschauplätzen in Mexiko und den Vereinigten Staaten ausgefochten. Die Absetzung des alten Diktators sollte lediglich eine gewonnene Schlacht in einem lange währenden Krieg darstellen, in dem Felix Sommerfeld nicht zufällig, sondern durch die gezielte Beeinflussung der Geschehnisse eine Schlüsselrolle zukommen sollte.

Ohne das Wissen seiner Mitstreiter hatte Sommerfeld spätestens seit 1908 für den deutschen Marinenachrichtendienst gearbeitet, und deutsche Agenten hatten ihn in den Kreis um den zukünftigen Präsidenten eingeschleust. Von dort aus gelang Sommerfeld der Aufstieg zum höchsten Posten, den ein deutscher Spion in der mexikanischen Regierung jemals bekleidete. Während seiner Arbeit für Präsident Madero fungierte der deutsche Heeresreservist, wohl mit dessen stillschweigender Zustimmung, als Verbindungsmann des deutschen Botschafters in Mexiko, Konteradmiral Paul von Hintze, und versorgte diesen mit wertvollen Informationen über Mexiko, Europa und die Vereinigten Staaten.

Durch Sommerfelds Einsatz war es Deutschland möglich, seine außenpolitischen Bestrebungen auf Madero und dessen Nachfolger Huerta zu konzentrieren. Kein anderer Ausländer hatte in der Mexikanischen Revolution mehr Einfluss und Macht. Ausgehend von seinem Posten als Sicherheitschef nahm sich Sommerfeld bald der Gründung und Leitung des Mexikanischen Geheimdienstes an. Unter seiner Schirmherrschaft entwickelte sich die größte ausländische Geheimdienstorganisation, die jemals auf US-amerikanischem Boden operierte, bald zu einer Waffe, die Maderos Feinde terrorisierte und dezimierte. Seine Organisation stellte sich als so effektiv heraus, dass die US-

Regierung später große Teile davon in das *Bureau of Investigation* (BI) übernahm.

Sommerfeld konnte den Untergang von Francisco Madero, dem Revolutionsführer, den er so schätzte, nicht verhindern. Der Oberbefehlshaber der Armee, General Victoriano Huerta, riss die Präsidentschaft 1913 an sich und ordnete die Ermordung Maderos in einem blutigen Staatsstreich an. Sommerfeld entkam nur knapp Gefängnis und Erschießungskommando und reaktivierte seine Geheimdienstorganisation entlang der US-amerikanischen Grenze für den Kampf gegen den Putschisten Huerta.

Der folgende Krieg um die Vertreibung des reaktionären Machthabers aus Mexikos Präsidentenpalast wütete nicht nur auf dem Schlachtfeld, wo hundert tausende Mexikaner unter der Führung von Venustiano Carranza, Emiliano Zapata, Alvaro Obregon und Pancho Villa für die zweite soziale Revolution des Jahrhunderts kämpften, die Entscheidung über Sieg oder Niederlage stand und fiel besonders auch mit der Versorgung und Finanzierung der revolutionären Truppen. Sommerfeld wurde dank seiner Beziehungen zu Deutschland und den USA zum Dreh- und Angelpunkt dieser Versorgungskette. In bisher undenkbarem Ausmaß schmuggelte seine Organisation Waffen und Munition und belieferte damit die Rebellen – gleichzeitig führten seine Beziehungen bis in die obersten Kreise der Regierungen Deutschlands und Amerikas dazu, dass Huerta von dieser Seite weder Kredite, noch Waffenlieferungen zuteil wurden. Die Interessen des deutschen Agenten, der an der Seite der mexikanischen Revolutionsbewegung agierte, überschnitten sich mit den Plänen der deutschen und amerikanischen Regierungen. So ist es zwar verwunderlich, aber keineswegs unlogisch, dass die Amerikaner uneingeschränkt mit Sommerfeld kooperierten und dessen zahlreiche offenkundige Übertretungen US-amerikanischen Rechts schweigend billigten. Natürlich kann man Sommerfeld den Sieg über den Mann, der Maderos Tod angeordnet hatte, nicht gänzlich allein zuschreiben, sein Anteil am Sturz Huertas war jedoch maßgeblich.

Dieses Buch setzt sich nicht zum Ziel, eine vollständige

Analyse über Hintergründe und Verlauf der Mexikanischen Revolution anzustellen. Vielmehr erzählen die folgenden Seiten eine faszinierende und in Vergessenheit geratene Geschichte, die nur einen Bruchteil des großen Ganzen darstellt. Es existieren zahlreiche große Werke über die Mexikanische Revolution und viele davon wurden auch als Quellen für dieses Buch herangezogen. Erhöbe dieses Buch den Anspruch einer allumfassenden Abhandlung, so täte dessen enger Fokus einem ganzen Volk, das sich gegen die Unterjochung einer Diktatur aufgelehnt hat und für soziale Gerechtigkeit in den Kampf gezogen ist, sicher großes Unrecht. Jedoch zeichnete sich bereits im Vorfeld der Revolution ein gewisses Element außenpolitischer Machenschaften ab, welches einen erheblichen Einfluss auf ihren Verlauf und letztlich ihren Ausgang hatte.

Es waren Investitionen aus dem Ausland, die zu sozialer Unzufriedenheit und der politischen Entmündigung des mexikanischen Volkes führten und so zum Teil den Boden bestellten, auf dem die Hoffnungen der breiten Masse zu keimen begannen. Als der Bürgerkrieg durch Madero entfesselt wurde, taten international agierende Banken und Unternehmen, unterstützt durch ihre Regierungen, ganz klar ihr Bestes, um den Lauf der Dinge zu ihrem eigenen Vorteil zu beeinflussen und ihre Mitarbeiter und ihr Kapital zu schützen. Fremde Regierungen versuchten immer wieder, das Rad der mexikanischen Geschichte je nach ihren Bedürfnissen entweder zu beschleunigen, oder aber zurückzudrehen.

Felix A. Sommerfeld war sicher nicht der einzige Geheimagent, der in Mexiko tätig war. Welche Maßstäbe man auch anlegt, so war er jedoch mit Sicherheit der einflussreichste und, wenn auch der am wenigsten verstandene, doch der effektivste von ihnen, da er es vermochte, die Interessen Mexikos, Deutschlands und der USA so zu verbinden, dass deren Aktionen letztlich stets seinem eigenen Zweck dienten. Diese beeindruckende Fähigkeit weckte bei zahlreichen Forschern Zweifel an seinen tatsächlichen Beweggründen, und nicht selten wurde er als Doppel- oder sogar Dreifach-Agent bezeichnet. Doch weit gefehlt – dieser deutsche Agent verkaufte Informationen und

Gefallen, nicht jedoch seine Integrität.

Sommerfeld scharte eine Gruppe von Mitstreitern um sich, die ihm während der Revolution und auch später zur Seite standen, als Mexiko Schauplatz des Ersten Weltkrieges wurde. Keiner seiner Mitstreiter schien sich jedoch darüber im Klaren zu sein, unter wessen Befehl der Deutsche tatsächlich stand. Wie alle großen Spionagekünstler entschied Sommerfeld darüber, wer in seinem Stück welche Rolle übernehmen sollte und er versorgte seine Akteure immer nur mit den Informationen, die er für notwendig hielt.

Der Rechtsanwalt, Lobbyist und politische Strippenzieher Sherburne G. Hopkins wurde zu Sommerfelds Hauptkontakt in den USA und von 1911 bis 1914 sein Vorgesetzter. Durch ihn erlangte Sommerfeld Zugang zu den innersten Kreisen der Regierung um Präsident Wilson. So wurde Wilsons Generalstabschef, General Hugh Lenox Scott, zu Sommerfelds Freund, Kriegsminister Lindley Garrison empfing ihn zum Tee, wann immer er nach Washington kam und die Senatoren William Alden Smith und Albert Bacon Fall luden ihn ein, vor dem Sonderausschuss für Mexiko zu sprechen. Durch Hopkins' Einfluss öffnete sich für Sommerfeld auch in New Yorks Finanzkreisen so manche Tür. Als Anwalt und Lobbyist des Industriellen Charles Ranlet Flint und des Öl-Tycoons Henry Clay Pierce platzierte Hopkins Sommerfeld als primäre Anlaufstelle für alle amerikanischen Unternehmer, die mit den Regierungen Madero, Carranza und Villa Kontakt aufnehmen wollten. Von Zeit zu Zeit agierte Sommerfeld sogar im persönlichen Auftrag von Präsident Wilson und der bunten Schar von Amateurdiplomaten, denen man im Weißen Haus vertraute. Die Kontrolle über entscheidende Teile des Informationsflusses, die Sommerfeld dank seiner Stellung zur amerikanischen Regierung ausüben konnte, ermöglichte ihm die gezielte Manipulation der amerikanischen Außenpolitik für seine eigenen Zwecke.

Von allen Menschen, die Sommerfeld in seinem Leben begleiteten, blieb Frederico Stallforth am längsten an seiner Seite. Stallforths Eltern waren Deutsche, er selbst jedoch im Norden Mexikos geboren, und so ist sein Leben vor und während der

Revolution für die Situation ausländischer Geschäftsleute und Auswanderer in Mexiko auf vielerlei Art und Weise beispielhaft. Als Minenbesitzer und Bankier in seiner Heimatstadt Hidalgo del Parral in Chihuahua, hatten er und seine Familie besonders schwer unter den Auswirkungen der Revolution zu leiden. Chihuahua war während des größten Teils der Revolution Hauptschauplatz der Auseinandersetzungen an einer sich ständig bewegenden Front, und obwohl Stallforth (durch seinen Freund Sommerfeld) Kontakte zur mexikanischen und amerikanischen Regierung, der Wall Street und zu wirtschaftlichen und diplomatischen Kreisen in Deutschland unterhielt, schmolzen sein Familienvermögen und sein in Mexiko investiertes Kapital unter der glühenden Hitze der Kämpfe dahin. Dies war größtenteils nicht sein eigener Fehler, vielmehr waren er und seine Familie bedingt durch die wirtschaftliche und soziale Situation in der Zeit vor der Revolution wie Geiseln in Mexiko gefangen. Während der Untergang des Familienunternehmens für die meisten Ausländer in Mexiko bereits das Ende bedeutete, fing Stallforths Karriere damit erst an. Mittellos und desillusioniert schloss er sich Sommerfeld in New York an und wurde zu einem der einflussreichsten deutschen Agenten in den Vereinigten Staaten. Wie auch im Fall von Felix A. Sommerfeld ist seine Rolle in der Geschichtsschreibung zu großen Teilen unklar.

Der Name Sommerfeld erscheint in fast jeder Arbeit zur Mexikanischen Revolution. Die Historiker Harris und Sadler bemerkten, dass sich „[…] Sommerfeld durch die Mexikanische Revolution bewegte wie ein Geist." Während Harris und Sadler die einzigen Historiker sind, die Sommerfeld den Titel des „Meisterspions" zukommen lassen, schreiben ihm andere wie beispielsweise Friedrich Katz und Michael Meyer eine enigmatische und eher unklare Rolle zu. Wieder andere, wie beispielsweise Jim Tuck, bezeichnen ihn als „Hochstapler", „Abenteurer", „zwielichte Gestalt" und „Doppelagent." Um letztlich zu einem dreidimensionalen Bild von Sommerfeld und den Zeiten, in denen er agierte, zu gelangen, stellt dieses Buch Sommerfelds und Stallforths Aussagen vor dem US-Justizministerium und Aufzeichnungen aus privaten und öffentlichen Sammlungen gegenüber.

Die Akten des Justizministeriums und des FBI zu Mexiko und Deutschland von 1908 bis 1922 sind seit Jahren freigegeben und für Historiker einzusehen, ebenso die Akten der Schadenskommision, des US-Marinegeheimdienstes, der Nachrichtendienstabteilung der U.S. Army und umfangreiche Sammlungen des US-Staatsarchivs unter dem Titel „Captured German Documents" (i.e. „Beschlagnahmte Deutsche Dokumente"). Zudem sind die persönlichen Aufzeichnungen von Pancho Villas Finanzvertreter Lazaro De La Garza und seines Hauptstrategen und Gouverneurs von Chihuahua, Silvestre Terrazas, von General Hugh Lenox Scott, Präsident Woodrow Wilson und seinem Kabinett, sowie die des Glücksritters Emil Holmdahl einzusehen. Bisher unbekannt sind die persönlichen Aufzeichnungen Frederico Stallforths. Dieses Buch ist das Ergebnis eines detaillierten Vergleichs amerikanischer, mexikanischer und deutscher Archivinformationen. Nicht zugänglich sind die Akten des deutschen Geheimdienstes und des deutschen Militärgeheimdienstes, da diese 1945 den Flammen des Zweiten Weltkriegs zum Opfer fielen. Auch Felix Sommerfelds persönliche Aufzeichnungen sind bisher noch nicht aufgefunden worden.

Trotz der zentralen Rolle, die Sommerfeld in der Mexikanischen Revolution gespielt hat, und obwohl man in den historischen Aufzeichnungen häufig auf Berichte über sein Handeln stößt, verstand es der deutsche Agent, seine Spuren zu verwischen. Weder seine Zeitgenossen, noch die Historiker der letzten hundert Jahre haben es geschafft, den geheimen Werdegang Sommerfelds aufzudecken, der die Heldentaten eines James Bond wie ein Kinderspiel aussehen lässt. Als Meisterspion in der Mexikanischen Revolution und während des ersten Weltkrieges bleibt Sommerfeld für seine Zeitgenossen und auch für Historiker bis heute verborgen im Schatten der Öffentlichkeit.

DANKSAGUNGEN

Im Sommer des Jahres 1990, ich befand mich gerade im Hauptstudium an der Universität von Arizona, überreichte mir Professor Michael C. Meyer einen Ordner und schlug vor, ich solle mich auf die Suche nach weiterem Material über diesen Mann machen, da dieses Thema hervorragend für meine Abschlussarbeit geeignet sei. Was ich in meinen Händen hielt, war die Akte des Militärgeheimdienstes über Felix A. Sommerfeld.

Tatsächlich hatte Dr. Meyer den Ordner von zwei befreundeten Kollegen erhalten: Charles H. Harris III und Louis R. Sadler, zwei Geschichtswissenschaftler, deren Arbeit ich über alles schätze und bewundere. Nachdem mich Sommerfelds Akte zwanzig Jahre lang während meiner Forschungsreisen durch die Vereinigten Staaten, Deutschland und Mexiko begleitet hatte, stand ich eines Tages mit einem ersten Manuskript vor ihrer Tür. Charles Harris III und Louis R. Sadler begutachteten meine Arbeit und ihre Anmerkungen bestärkten mich mehr als jede andere Rückmeldung darin, mein Vorhaben weiter zu verfolgen. Auch Professor Dr. Reinhard Doerries von der Universität Erlangen war so nett, meine Arbeit durchzusehen und beriet mich in vielen wichtigen Aspekten. Vielen Dank!

Zahlreiche weitere Menschen unterstützten mich in meinem Vorhaben, allen voran sicherlich meine wunderbare und verständnisvolle Familie, die in Zeiten, in denen ich meine Aufmerksamkeit nahezu ausschließlich „meinen Spionen“ widmete, sehr viel Geduld aufbringen musste. Die hervorragende Übersetzung dieses ursprünglich in Englisch verfassten Buches verdanke ich Michael Neuber. Aus eigener Erfahrung weiß ich, wie schwierig es ist, Nuancen in einer anderen Sprache so zu übersetzen, dass sie in der neuen Sprache sinngemäß übereinstimmen. Vielen Dank für diese übermenschliche

Anstrengung. Rosa DeBerry King, Schriftstellerin, Lektorin, und ein Genie des Verlagswesens hat dieses Buch formattiert und gestaltet. Vielen Dank! Mein Freund und Geschäftspartner Rüdiger Eder entdeckte das erste Foto von Felix Sommerfeld. Er verbrachte so manchen Nachmittag damit, mir mit seinen Internetrecherchen dabei zu helfen, die Spur eines vollkommenen Enigmas zu verfolgen. Jutta Körner, die größte Spezialistin zu allem, was die Familie Stallforth betrifft, war mir bei der Suche so mancher Nadel im Heuhaufen behilflich und ermunterte mich durch ihre unnachlässige Zusprache immer wieder, dieses Buch zu vollenden. Vielen Dank!

Des Weiteren möchte ich meinen lieben Freunden Marc Cugnon und Alaina Love danken, deren Persönlichkeitspräferenzmodell *The Passion Profiler™* es mir ermöglichte, ein tieferes Verständnis der Persönlichkeit Stallforths und Sommerfelds, der daraus resultierenden Stärken und Schwächen, ihrer Motivation und ihrer Interaktion mit anderen Akteuren der Geschichte zu erlangen. Vielen Dank! Meine tiefe Dankbarkeit gebührt auch meinem guten Freund Dr. Günter Köhler. Meine Bewunderung und der Respekt, den ich ihm gegenüber empfinde, sind kaum in Worte zu fassen. Von allen Menschen, die ich kenne, hat er den schärfsten Verstand und die größte Willenskraft. Als junger Historiker kann man sich keinen hilfsbereiteren und geduldigeren Mentor wünschen. Seine Arbeit zählt zu den treibenden Kräften meines intellektuellen Lebens. Meinem verstorbenen Freund Dieter und weiteren engen Freunden, mit denen ich lange Abende voller Gespräche und Diskussionen verbrachte, schulde ich meinen aufrichtigen Dank.

Es wird mir nie möglich sein, mich bei den großartigen und engagierten Lehrern und Gelehrten zu revanchieren, die ich während meines Studiums und danach kennenlernen durfte, und denen ich meine Fähigkeiten als Historiker und Geschäftsmann verdanke. Ohne den genialen Verstand von George Brubaker (University of Arizona), John Rossi (Pennsylvania State at Erie), Leonard Dinnerstein (University of Arizona) und Melvin Leffler (University of Virginia) wären meine Forschungen wohl in einer der vielen Sackgassen, aus denen ich mich in den Jahren meiner

Arbeit an diesem Buch herausmanövrieren konnte, liegengeblieben. Ebenso wichtig wie meine Ausbildung in Geschichtswissenschaften, war das Betriebswirtschaftsstudium, das ich an der Wake Forest University in Winston-Salem, North Carolina, absolvierte. Mein spezieller Dank gilt hier den Professoren Bern Beatty und Jack Meredith, die viel Arbeit und Zeit investierten, um mein strategisches Denkvermögen und umfassendes Verständnis für die internen Mechanismen von Unternehmen zu schärfen. Diese Fertigkeiten ermöglichten es mir, den zahlreichen Finanzströmen nachzugehen, die für ein Verständnis der Mexikanischen Revolution unabdingbar sind.

Weltweit arbeiten in den Bibliotheken und Archiven unermüdlich Menschen, deren Wissen bis in die hintersten Winkel von Bergen von Akten und Dokumenten reicht. Ohne die Bemühungen der Mitarbeiter der National Archives, der Library of Congress, des Deutschen Bundesarchivs und der Archivos Municipales Chihuahua wäre eine erfolgreiche Forschung nicht möglich. Die selbstlose Hilfsbereitschaft, die mir hier über die Jahre entgegengebracht wurde, wird mir immer in Erinnerung bleiben. Ich möchte besonders Michael Hieronymus, dem Kurator der *Special Collections* in der Benson Library of Latin American Studies an der Universität von Texas in Austin danken. Seine Freundlichkeit, sein unglaubliches Wissen und seine Erfahrung mit allen möglichen verrückten Historikern, die sich durch das dort angebotene Material wühlen, bleiben unerreicht. Ich hoffe, ihm und der großartigen Sammlung, die die Benson Library Historikern zur Verfügung stellt, werden immer die nötigen Mittel und die Unterstützung zuteil, die für die großartige Arbeit, die dort geleistet wird, gebraucht werden. Für mich zählt die Sammlung seltener Bücher in der Benson Library zu den am besten gehüteten Geheimnissen Lateinamerikanischer Studien überhaupt. Auch möchte ich David Kessler von der Bancroft Library an der Universität von Kalifornien in Berkeley danken. Die Bancroft Library erwarb in den sechziger Jahren die Aufzeichnungen Silvestre Terrazas. Diese Sammlung und viele mehr, wie beispielsweise die von Holmdahl oder von deutschen Diplomaten, tragen einen wertvollen Teil zur Dokumentation der

Mexikanischen Revolution bei. David führte mich nicht nur durch die Sammlungen, er überarbeitete auch meine manchmal allzu denglischen Formulierungen. Vielen Dank! In den National Archives in Washington, D.C. traf ich den wohl engagiertesten, motiviertesten und sachkundigsten Archivar der ganzen Welt. Richard Peuser und seinem Team unterstützen mich unermüdlich und sie vollzogen regelrechte Wunder dabei, Informationen aus den zahlreichen Verzeichnissen zu zaubern. Ihnen gilt mein uneingeschränkter Dank.

Eine weitere Danksagung ist aufgrund des fortgeschrittenen technologischen Standes, auf dem wir uns befinden, angebracht: Das Internet hat die Recherchemöglichkeiten von Historikern in den letzten Jahren drastisch verändert. Plötzlich sind digitale Akten des FBI, Auszüge aus Büchern, in denen ein bestimmter Name oder ein bestimmtes Ereignis behandelt wird und auch die Kataloge von Archiven rund um die Welt nur noch einen Klick entfernt, egal, wo man sich befindet. Als besonders wertvoll erwies sich in diesem Zusammenhang das Projekt Google Books. Hierdurch hatte ich vor meinen Füßen und gebührenfrei Zugriff auf die unglaublichsten und interessantesten Historien, Doktorarbeiten, Chroniken und Datensammlungen wie beispielsweise Regimentslisten der preußischen Armee von Google in digitale Form gebracht. Dankeeeee!

Dank YouTube war es mir möglich, die Enkel von Frederico Stallforth ausfindig zu machen. Man glaubt es kaum, aber es existiert ein Video von Frederico Stallforth auf YouTube, in dem er sich gerade eine Zigarette anzündet, was Mary Prevo von der Hampton Sydney University zu verdanken ist. Sie erlaubte einem völlig fremden Menschen, sich wochenlang in ihrem Arbeitszimmer durch die persönlichen Aufzeichnungen ihres Großvaters zu arbeiten, wobei wir uns unentwegt über unsere Eindrücke austauschten. Ich teilte meine Skizzen und meine Meinungen zu Frederico Stallforth mit ihr und ihrer Tante Lawrence Webster, die sich noch sehr gut an Frederico erinnern kann. Die durch Mary gewonnen Einblicke, und besonders auch ihre unfassbare Geduld, halfen mir dabei, meine

Nachforschungen zu konkretisieren und mein Verständnis dieses komplexen und facettenreichen Mannes zu bereichern.

Es gibt noch viele weitere Menschen, deren Geduld, Verstand und Unterstützung mich auf meinem Weg begleitet haben. Bitte verzeiht, wenn ich Sie hier nicht namentlich erwähne. Danke.

PERSONENVERZEICHNIS

A

Ángeles, Felipe	General der mexikanischen Armee, spezialisiert auf Artillerie, diente unter Porfirio Diaz, unterstützte den Aufstieg Francisco Maderos, wurde unter Madero zum Leiter des Collegio Militar (Mexikos Pendant zur amerikanischen West Point), kurzzeitig Kriegsminister unter Carranza, schloss sich Villa als Artilleriechef und einflussreichster Kriegsberater an.
Ballin, Albert	Direktor des HAPAG, einflussreicher Berater des Deutschen Kaisers, Erfinder des modernen Kreuzfahrtschiffs.
Beltran, Teódulo R.	Eisenwarenhändler in San Antonio, Angestellter Sommerfelds.
Benton, William S.	Britischer Rinderfarmer in Chihuahua, bezichtigte Pancho Villa des Viehdiebstahls und wurde exekutiert (ermordet).

Bielaski, Alexander Bruce	Zweiter Direktor des *Bureau of Investigation* (später *Federal Bureau of Investigation*) von 1912 bis 1919, Nachfolger Stanley Finchs.
Boy-Ed, Karl	Marinekapitän, deutscher Marineattaché in den Vereinigten Staaten von 1913 bis 1915, Kommandeur des Marinegeheimdienstes in den USA.
Bruchhausen, Peter	Deutscher Handelsattaché in Mexiko von 1908 bis 1913, Sommerfelds Kontakt zum deutschen Geheimdienst vor der Revolution, setzte sich in Argentinien zur Ruhe.
Bryan, William Jennings	Amerikanischer Politiker (Demokrat) und Anwalt, mehrfacher Präsidentschaftskandidat, Außenminister von 1913 bis 1915.
Calero, Manuel	Mexikanischer Außenminister von 1911 bis 1912, Botschafter in den Vereinigten Staaten im Jahr 1912.
Canova, Leon J.	Journalist aus Florida, amerikanischer Diplomat in Mexiko, Chef des Auswärtigen Amts für Lateinamerika im Außenministerium von 1914 bis 1917, verwickelt in Pancho Villas Angriff auf Columbus, NM im Jahr 1916.
Carranza, Venustiano	Vize- Außenminister von Coahuila unter Porfirio Diaz, Kriegsminister im Kabinett Madero im Jahr 1911,

Gouverneur von Coahuila von 1911 bis 1913, oberster Heerführer der konstitutionalistischen Streitkräfte von 1913 bis 1915, mexikanischer Diktator von 1915 bis 1917, Mexikanischer Präsident von 1917 bis 1920, ermordet.

Carothers, George C.	Amerikanischer Geschäftsmann aus Torreón in Mexiko, Amerikanischer Konsul von 1913 bis 1915, von Präsident Wilson zum Sonderbeauftragten für Pancho Villa ernannt , arbeitete eng mit Felix Sommerfeld zusammen.
Chao, Manuel	General in der Mexikanischen Revolution, ehemaliger Schullehrer, Gouverneur von Chihuahua im Jahr 1914.
Cobb, Zach Lamar	Amerikanischer Politiker (Demokrat), US-Zolleinnehmer in El Paso, Texas von 1912 bis 1920.
Cowdray, Lord	s. Pearson, Weetman.
De Kay, John Wesley	Amerikanischer Unternehmer und Self-made-Millionär, „Würstchenkönig" von Mexiko mit der bekannten Marke „Popo", Bühnenschriftsteller, exzentrischer Salonlöwe.
De La Barra, Francisco L.	Mexikanischer Botschafter in den Vereinigten Staaten unter Porfirio Diaz, mexikanischer Präsident von Mai bis November 1911, Außenminister von 1913 bis 1914.
De La Garza, Lazaro	Pancho Villas Finanzminister, Beschaffungsoberhaupt der División del Norte, Geschäftsmann und Partner von Felix Sommerfeld, Alberto und Ernesto Madero.

Dernburg, Bernhard	Staatssekretär im Reichskolonialamt von 1907 bis 1910, Leiter der deutschen Propagandaanstrengungen von 1914 bis 1915, Finanzminister und Vizekanzler des Deutschen Reiches im Jahr 1919.
Diaz, Felix	Mexikanischer Armeeoffizier, Neffe des Mexikanischen Diktators Porfirio Diaz, verwickelt in die Entmachtung von Präsident Madero sowie zahlreiche weitere Verschwörungen.
Diaz, Porfirio	Mexikanischer General und Diktator, Mexikanischer Präsident von 1876 bis 1880 und von 1884 bis 1911.
Dreben, Samuel	Jüdischer Immigrant polnischer Herkunft, berühmter Glücksritter, MG-Schütze in Zentralamerika und Mexiko, dekorierter Veteran des Ersten Weltkriegs, Sommerfelds Angestellter.
Edwards, Thomas D.	Amerikanischer Konsul in Ciudad Juarez, Mexico während der Mexikanischen Revolution.
Eversbusch, Richard	HAPAG-Angestellter in Tampico, Mexico, Deutscher Konsul von Tampico im Ersten Weltkrieg.
Fall, Albert Bacon	Republikanischer Senator von New Mexico von 1912 bis 1921, Innenminister von 1921 bis 1922, leitete eine Gruppe amerikanischer

	Politiker, die eine militärische Intervention in Mexico forderten.
Fletcher, Frank Friday	Amerikanischer Admiral, US Marine Kommandeur im Golf von Mexiko 1913 und 1914, führte die amerikanische Besetzung von Veracruz im Jahr 1914 an, Oberbefehlshaber der US-Marine im Ersten Weltkrieg.
Flint, Charles Ranlett	Amerikanischer Geschäftsmann und Investor, Spitzname „father of trusts", Gründer der Computing Tabulating Recording Company (später das Unternehmen IBM) und American Chicle (Mutter des Unternehmens Flint and Company, welches Waffen und Munition an mexikanische Revolutionäre lieferte), Partner von Henry Clay Pierce bei Geschäften in Mexiko.
Gadski, Johanna	Berühmte deutsche Sopranistin vor und während des Ersten Weltkriegs, verheiratet mit Hans Tauscher.
Goeldner, Ernst	Deutscher Konsul in Chihuahua nach der Absetzung Otto Kuecks durch Pancho Villa im Jahr 1914.
Gonzales, Abraham	Mexikanischer Revolutionär, Innenminister in der Regierung Madero, Gouverneur von Chihuahua von 1911 bis 1913, ermordet im Jahr 1913.

Gray, Newenham A.	Deutscher Agent britischer Herkunft, diente vor der Mexikanischen Revolution in der Indischen Armee, Spezialist für Munition, arbeitete mit Felix Sommerfeld und als Vertreter von Krupp in Mexico und New York, wurde niemals entlarvt, setzte sich in Tucson, Arizona zur Ruhe.
Hale, William Bayard	Amerikanischer Journalist und Schriftsteller, Freund von Präsident Woodrow Wilson, Sonderbeauftragter für Mexiko im Jahr 1913 zur Aufklärung des Mordes an Präsident Madero, wurde 1915 Mitglied der deutschen Propagandaanstrengungen, weithin diskreditiert, verbrachte die Jahre nach den Ersten Weltkrieg in Europa bis er 1924 verstarb.
Hernandez, Rafael	Francisco Maderos Cousin, Anwalt, Justizminister in der Regierung Madero, Organisator von Pancho Villas Versorgungskette.
Heynen, Carl	Geschäftsmann in Mexiko, Deutscher Vize-Konsul in Tampico, Vertreter von HAPAG in Mexiko, im Ersten Weltkrieg deutscher Agent in New York.
Holmdahl, Emil	Schwedisch-amerikanischer Glücksritter, Söldner in der Mexikanischen Revolution in mehreren Lagern, wird verdächtigt, in den späten 1920er Jahren Pancho

	Villas Kopf gestohlen und verkauft zu haben.
Hopkins, Sherburne G.	Amerikanischer Anwalt und Lobbyist, zu seinen Klienten zählten Henry Clay Pierce, Charles R. Flint, Gustavo und Francisco Madero sowie Venustiano Carranza.
Huerta, Victoriano	Mexikanischer General unter Porfirio Diaz und Francisco Madero, Mexikanischer Präsident von 1913 bis 1914. Auf der *SMS Dresden* ins Exil nach Deutschland gebracht, griff 1915 erneut zur Macht, starb 1915 inhaftiert in Amerika unter mysteriösen Umständen scheinbar an Leberzirrhose.
Ketelsen, Emil	Deutscher Immigrant nach Mexiko und Geschäftsmann, Schwiegervater von Otto Kueck. Ketelsen and Degetau zählte zu den größten Handelsunternehmen in Ciudad Juarez, bis es von Pancho Villa niedergebrannt wurde.
Knox, Philander	Amerikanischer Politiker, Anwalt, Justizminister von 1901 bis 1904, US-Senator (Republikaner) von 1904 bis 1909 und von 1917 bis 1921, Außenminister von 1909 bis 1913.
Krakauer, Adolph	Deutsch-mexikanischer Geschäftsmann, Großinvestor des Handelsunternehmens Krakauer, Zork and Moye in El Paso, unterstützte die

	reaktionären Streitkräfte in der Mexikanischen Revolution.
Kramp, Henry	Agent der Thiel Detective Agency, Angestellter von Sommerfeld.
Kueck, Otto	Deutscher Konsul in Chihuahua City, 1914 von Villa wegen seiner Unterstützung Huertas durch Ernst Goeldner ersetzt, Kueck war von 1908 bis 1912 Sommerfelds Kontakt zum deutschen Geheimdienst.
Lascurain, Pedro	Mexikanischer Außenminister im Jahr 1912, Mexikanischer Präsident für 56 Minuten im Februar 1913.
Letcher, Marion	Amerikanischer Konsul in Chihuahua City, Mexico.
Lawrence, David	Einflussreicher amerikanischer Journalist und Redakteur, arbeitete zu Beginn der Mexikanischen Revolution für die AP News in Mexiko und El Paso und als Redakteur für zahlreiche Zeitungen, Gründer und Chefredakteur der U.S. News (später *U.S. News and World Report*).
Limantour, José Ives	*Cientifico* und mexikanischer Finanzminister von 1893 bis 1911, gilt als Vater des mexikanischen Wirtschaftsbooms unter Diktator Porfirio Diaz.

Lind, John	Gouverneur von Minnesota von 1899 bis 1901, Freund von Präsident Woodrow Wilson, diente als Wilsons Sonderbeauftragter für Mexico von 1913 bis 1914, wurde jedoch abberufen aufgrund des Verdachts auf Verschwörung im Zuge seiner Verhandlungen mit Carranza im Namen der Standard Oil Company.
Llorente, Enrique	Mexikanischer Diplomat, Konsul im italienischen Genua unter Porfirio Diaz, Mexikanischer Konsul in El Paso von 1911 bis 1913, Mexikanischer Konsul in New York von 1915 bis 1916, Sommerfelds Partner.
Madero, Alberto	Francisco Maderos Onkel, Geschäftsmann und Anhänger seines Neffen sowie Pancho Villas.
Madero, Alfonso	Francisco Maderos Onkel, Geschäftsmann und Anhänger seines Neffen sowie Pancho Villas.
Madero, Ernesto	Francisco Maderos Onkel, Finanzminister in der Regierung Madero, Geschäftspartner von Alberto Madero in New York, Anhänger Pancho Villas.
Madero, Francisco I.	Mexikanischer Politiker und Revolutionsführer, Präsident von 1911 bis 1913, ermordet während der Decena Tragica auf General Huertas Befehl.

Madero, Gustavo	Francisco Maderos Bruder, Revolutionsführer und Stabschef des Präsidenten, ermordet im Jahr 1913.
Madero, Raul	Francisco Maderos Bruder , trat der Konstitutionalistischen Armee bei und wurde General in Pancho Villas División del Norte.
Mayo, Henry Thomas	Amerikanischer Admiral und Kommandant von Flottenverbänden entlang der Küste des Golf von Mexiko, verursachte 1914 die amerikanische Besetzung von Veracruz durch übertriebene Forderungen gegenüber dem Mexikanischen Kommandeur der Bundestruppen in Tampico.
Meloy, Andrew	Amerikanischer Geschäftsmann mit Investitionen in und um Parral, Mexico, wurde zum Geschäftspartner Frederico Stallforths, vermietete Büros an den berüchtigten deutschen Sabotageagenten Franz Rintelen und war an dessen Aktivitäten beteiligt.
Mondragon, Manuel	Mexikanischer General, Kriegsminister unter Porfirio Diaz, Verschwörer gegen Präsident Madero, unterstützte mehrere Anschläge auf revolutionäre Truppen in Mexico.
Obregon, Alvaro	General in der Mexikanischen Revolution, griff für Francisco Madero zur Waffe, verlor im Kampf gegen Pancho Villa einen Arm,

	Mexikanischer Präsident von 1920 bis 1924.
Olin, Franklin W.	Gründer und Präsident der Western Cartridge Company, Lieferant und Geschäftspartner von Felix Sommerfeld, kaufte die Winchester Repeating Arms Company im Jahr 1931.
Olin, John	Sohn von Franklin W., ebenso Geschäftspartner von Felix Sommerfeld.
Pearson, Weetman	Britischer Öl-Tycoon, baute Teile des mexikanischen Schienennetzes, Gründer der El Aguila Oil Company in Mexiko, Konkurrent von Henry Clay Pierce, geadelt zum First Viscount (Lord) Cowdray im Jahr 1910.
Pierce, Henry Clay	Öl-Tycoon, erst Geschäftspartner dann Konkurrent der Standard Oil Company, hielt die Mehrheit der Aktien an Mexican Railways unter Diaz, Präsident der Waters-Pierce Oil Company.
Rasst, Leon	Jüdisch-russischer Immigrant nach Puebla, Mexiko, verrufener Kaufmann und Waffenhändler, zog nach New York und betrog Sommerfeld bei einem seiner Geschäfte.
Ratner, Abraham Z.	Jüdisch-litauischer Immigrant nach Mexiko und Herausgeber der Tampico News, wurde zusammen mit

	einem Bruder José zum ersten Waffeneinkäufer für die Regierung Huerta in New York, Felix Sommerfelds ewiger Widersacher im Waffenbeschaffungsgeschäft.
Reyes, Bernardo	Mexikanischer General unter Porfirio Diaz, stellte sich dem Mexikanischen Diktator entgegen und wurde nach Europe abgeschoben, rebellierte zweimal gegen Francisco Madero und wurde in Mexiko-Stadt während der Decena Tragica umgebracht.
Roberts, Powell	Ehemaliger Polizist, Sommerfelds Angestellter.
Rockefeller, John D.	Öl-Tycoon, amerikanischer Geschäftsmann und Gründer der Standard Oil Company.
Scott, Hugh Lenox	General der U.S. Army, leitete die Militärakademie in West Point von 1906 bis 1910, bei mehreren Einsätzen im Westen der Vereinigten Staaten stationiert, spezialisierte sich auf indische und mexikanische Außenpolitik, genoss hohes Ansehen bei Pancho Villa, befreundet mit Felix Sommerfeld von 1913 bis 1919, wurde 1914 unter Präsident Wilson zum Stabschef der U.S. Army.
Smith, William Alden	Senator von Michigan (Republikaner) von 1907 bis 1919, Mitglied der Fall Committee Hearings zu

	mexikanischen Angelegenheiten, schloss sich den Forderungen von Senator Fall und anderer Regierungsmitglieder nach einer militärischen Intervention in Mexiko an.
Stallforth, Alberto	Frederico Stallforths jüngerer Bruder, Reserveoffizier im Deutschen Heer, Deutscher Vize-Konsul in Parral, Mexico.
Stallforth, Frederico	Deutsch-mexikanischer Geschäftsmann aus Hidalgo del Parral, Chihuahua, Freund Sommerfelds, deutscher Agent im Ersten Weltkrieg, internationaler Banker und Strippenzieher zwischen den Weltkriegen.
Steever, Edgar Z.	General der U.S. Army, Assistenzprofessor für Mathematik an der Militärakademie in West Point in den 1890ern, Kriegsveteran im Spanisch-Amerikanischen Krieg, Kommandeur des 4. Kavallerieregiments in Fort Bliss zur Zeit des Ausbruchs der Mexikanischen Revolution im Jahr 1910, setze sich als General im Jahr 1914 zur Ruhe.
Tauscher, Hans	Wohlhabender deutscher Geschäftsmann, Vertreter deutscher Waffenfabrikanten wie Krupp und Mauser in den Vereinigten Staaten, verheiratet mit Johanna Gadski, einer

	weltbekannten Sopranistin und Diva, beide lebten in New York.
Vasconselos, José C.	Mexikanischer Intellektueller, Philosoph, Politiker und Dozent, Anwalt von Henry Clay Pierce, kurzzeitig Bildungsminister in der Regierung Gutiérrez im Jahr 1914, Minister für öffentliche Bildung in der Regierung Obregon.
Villa, Francisco "Pancho"	Mexikanischer Revolutionär, begann als Bandit unter Porfirio Diaz, wurde in der Revolution Truppenkommandeur unter Madero, kurzzeitig Gouverneur von Chihuahua im Jahr 1914, General der División del Norte.
Villar, Lauro	Mexikanischer General, Armeechef unter Präsident Madero, verwundet am ersten Tag der Decena Tragica bei der Verteidigung des Präsidentenpalasts in Mexiko-Stadt.
von Hintze, Paul	Deutscher Marineoffizier und Diplomat mit engen Kontakten zu Wilhelm II. Deutscher Gesandter in Mexiko von 1911 bis 1915, danach zum Krieg nach China abberufen. Deutscher Außenminister im Jahr 1918.
von Bernstorff, Graf Johann Albrecht	Deutscher Botschafter in den Vereinigten Staaten von 1908 bis 1917, Mitbegründer der Deutschen Demokratischen Partei, Mitglied des Deutschen Parlaments von 1921 bis

	1928, Gegner Hitlers, ging ins Exil in die Schweiz.
von Bethmann Hollweg, Theobald	Deutscher Reichskanzler von 1909 bis 1917.
von Bülow, Prinz Bernhard	Deutscher Reichskanzler von 1900 bis 1909, Vorgänger von Bethmann Hollwegs.
von der Goltz, Horst	Alias des deutschen Agenten Franz Wachendorf, diente unter Sommerfeld in den Jahren 1913/14, zog 1914 als Sabotageagent nach New York, inhaftiert in England im Jahr 1914, ausgeliefert an die USA im Jahr 1916, 1917 in den USA vor Gericht gestellt.
von Papen, Franz	Armeeoffizier, Deutscher Militärattaché in den Vereinigten Staaten von 1914 bis 1915, Mitglied des Preußischen Parlaments von 1921 bis 1932, Deutscher Reichskanzler im Jahr 1932.
Weber, Max	Deutscher Vize-Konsul in Ciudad Juarez, arbeitete für Ketelson und Degetau.
Wilson, Henry Lane	Amerikanischer Diplomat und Anwalt, Botschafter in Mexiko von 1910 bis 1913.
Worcester, Leonard	Edelmetallprüfer in Chihuahua City, Amerikanischer Immigrant und

	Zimmergenosse Felix Sommerfelds vor der Mexikanischen Revolution.
Zapata, Emiliano	Mexikanischer Revolutionär aus dem Bundesstaat Morelos, kämpfte für die Bodenreform gegen Porfirio Diaz, Francisco Madero, Victoriano Huerta, und Venustiano Carranza, bis er 1919 umgebracht wurde.

---

[1] National Archives of the United States of Amerika (hiernach NA) Record Group (hiernach RG) 60 Department of Justice, Akte 9-16-12-5305-19, Sommerfeld an Sherburne Hopkins, 10. Juli, 1919.

Teil I

Prägende Jahre

Kapitel 1

Frühes Leben in Preussen

Am 28. Mai 1879 wurde eine der faszinierendsten, facettenreichsten und geheimnisvollsten Persönlichkeiten ihrer Zeit geboren. Felix A. Sommerfelds Mutter, Pauline Sommerfeld, geborene Rosenbaum, war hoch erfreut, Ihrem Mann Isidor den vierten gesunden Sohn zur Welt gebracht zu haben. Sein acht Jahre älterer Bruder Hermann, Julius, der fast genau sechs Jahre älter war und Siegfried, ein lebhafter Vierjähriger, warteten gespannt darauf, das Neugeborene zum ersten Mal zu sehen.[2] Die Familie Sommerfeld lebte in Borkendorf, einem kleinen Dorf etwa zehn Kilometer oder „eine halbe Stunde entfernt" von Schneidemühl.[3] Dort unterhielt sie die Borkendorfer Mühle, Kornmühle und Umschlagsplatz für Getreide und Mehl.

Zu der Zeit als Felix geboren wurde, erlebte Schneidemühl gerade einen wirtschaftlichen Aufschwung, bedingt durch die Erweiterung des Schienennetzes.[4] Seit der Hauptbahnhof 1851 eröffnet worden war, gewann die Kleinstadt als Verkehrsknotenpunkt zwischen Russland im Osten und Preußen im Westen stetig an Bedeutung. Zwischen 1867 und 1879 war die Bevölkerung um ein gutes Drittel gewachsen und zählte erstmals mehr als zehntausend Einwohner.[5] Die Sommerfelds nutzten die Gelegenheit, die sich durch die Eisenbahn bot, und expandierten den Vertrieb rasch. Isidor Sommerfeld besaß zudem mehrere Gebäude entlang des Ufers der Küddow in Schneidemühl. Die Borkendorfer Mühle und der dazugehörige Laden in der Hasselortstraße waren weithin bekannt für Mehl, Futtermittel und Saatgut. Durch die kluge Expansion des Geschäfts zur richtigen Zeit wurden die Sommerfelds zu einer der wohlhabendsten Familien der Stadt, was für eine jüdische Familie im Preußen des 18. Jahrhunderts einen großen Erfolg darstellte.

Im Gegensatz zu den Darstellungen in Geschichtsbüchern, wo hinsichtlich der Ursprünge des jüdischen Holocaust im institutionalisierten Antisemitismus des militaristischen Preußen zurecht in Schwarz und Weiß getrennt wird, hat die Geschichte von Schneidemühl zwischen 1815 und 1900 einige Graustufen anzubieten. Nachdem der Wiener Kongress Schneidemühl im Jahr 1816 Preußen zugesprochen hatte, richtete sich der institutionalisierte Rassismus zunächst hauptsächlich gegen die polnische Minderheit. Um das wiedergewonnene Land, welches an das Königreich Polen grenzte, enger an das Deutsche Reich zu binden, ermutigte die Regierung in Berlin deutsche Siedler, ostwärts zu ziehen und sich dort niederzulassen. Es waren vor allem jüdische Bürger aus den preußischen Großstädten, die diesem Aufruf folgten und aus den dort gebotenen Steuervergünstigungen, dem erschwinglichen Land und der sich bietenden Geschäftschancen Nutzen zogen. Während die deutschen und deutsch-jüdischen Siedler allerlei Zuwendungen von Staatsseite genossen, wurde die polnische Sprache offiziell aus den Schulen und Ämtern verbannt.

Bis ins Jahr 1896 war die jüdische Gemeinde von Schneidemühl auf die beeindruckende Zahl von über eintausend Seelen angewachsen, was etwa zehn Prozent der Einwohner ausmachte.[6] Das östliche Grenzgebiet Preußens ermöglichte es jüdischen Familien, Teil des aufstrebenden Bürgertums im industrialisierten Deutschen Reich zu werden. Noch zu Beginn des 19. Jahrhunderts bestand der Großteil der jüdischen Gemeinde Schneidemühls aus Bettlern, Hausierern und Arbeitern der Unterschicht, während die protestantische Mittelschicht, bestehend aus Polen und Deutschen, den Reichtum unter sich aufteilte. Zum Ende des Jahrhunderts, um die Zeit als Felix geboren wurde, war die polnische Oberschicht ausgelöscht und der große, durch die Industrialisierung hervorgebrachte Reichtum der Region in Händen von protestantischen Deutschen und Juden.[7]

[8]

Der wichtigste Schritt für das Erklimmen der Leiter des gesellschaftlichen und wirtschaftlichen Erfolgs hinauf zur deutschen Mittelschicht war die Erlangung der deutschen Staatsbürgerschaft. Obwohl die Sommerfelds seit um 1800 in Schneidemühl ansässig gewesen waren, hatten sie zunächst keine Aussicht auf sozialen Aufstieg, da ihnen die Vorteile der Staatsbürgerschaft vorenthalten wurden. Nach preußischem Gesetz stellten die Juden im Vaterland nicht mehr als eine Kolonie Fremder dar. Juden hatten kein Recht auf Eigentum, und es wurde ihnen keines der Schutzrechte zuteil, die der Staat seinen Bürgern zusicherte.[9]

Die Französische Revolution leitete einen neuen Trend im europäischen Machtgefüge ein. Das Credo *Liberté, Egalité et Fraternité* schloss auch die in Frankreich lebenden Juden mit ein. Der Status der vollständigen Staatsbürgerschaft für alle Juden wurde zwar kurzzeitig zurückgezogen, jedoch wurde dieses Recht später von Napoleon kodifiziert. Während der Napoleonischen Kriege war Preußen eines der ersten Länder, das den preußischen Juden im Jahr 1812 die Staatsbürgerschaft zusprach, dies bedeutete jedoch keineswegs eine vollkommene Gleichberechtigung gegenüber anderen Bürgern. Die Erlasse im Zuge des Deutschen Bundes von 1815 beinhalteten lediglich eine

Aussicht auf die vollkommene Gleichberechtigung, sie wurde jedoch nicht gleich in die Tat umgesetzt, und sogar die gegebenen Versprechen wurden schon bald wieder relativiert. In den 1850er Jahren war es Juden möglich, sich ohne vorherige Erlangung der Staatsbürgerschaft in die Verwaltungsangelegenheiten der Orte, in denen sie wohnten, einzubringen.[10] „Viele Juden, die sich im gesellschaftlichen und administrativen Prozess der Kehillah bewiesen hatten, stellten ihre wirtschaftlichen Fähigkeiten und ihre Erfahrung willentlich in den Dienst kommunaler und anderer selbstverwalteter Organisationen. Manche schafften es sogar bis in den Stadtrat."[11]

Mit Sicherheit war dies in Schneidemühl der Fall. Bedeutende jüdische Familien aus der Stadt, wozu die Sommerfelds zweifelsohne zählten, übernahmen tragende Rollen in Regierung und Wirtschaft. Als Bismarck das Deutsche Reich 1871 ohne Österreich vereinigte, folgte endlich die legale Konsequenz der jüdischen Emanzipation, und die Juden erlangten die uneingeschränkte Staatsbürgerschaft. Im Jahr 1874 „war es sogar erlaubt, Mischehen einzugehen, ein Luxus, der von einer wachsenden Anzahl von Juden freudig angenommen wurde."[12] In seinem späteren Leben würde man Sommerfeld oft zu seinen Freunden sagen hören, er sei „halb jüdisch" oder habe „jüdisches Blut".[13] Zudem änderte er seinen zweiten Vornamen von Abraham zu Armand. [14] Zwar diente diese Maßnahme nur ungenügend der Vertuschung seiner Abstammung, sie weist jedoch deutlich darauf hin, dass der Antisemitismus auch in seiner späteren Wahlheimat, den Vereinigten Staaten, eine Rolle spielte.

Im Deutschen Reich nach 1871 schwelte der Antisemitismus stets knapp unter der Oberfläche. Der enthusiastische junge Sommerfeld musste bald lernen, dass Juden im Heer die Offizierslaufbahn verwehrt blieb, solange sie nicht zum Christentum konvertierten. Um den Integrationsprozess zu erleichtern, gaben viele jüdische Familien ihren Kindern nichtjüdische Vornamen. Vor 1850 hätte Felix' Bruder Hermann wohl Chaim geheißen. Vater Isidor hätte seinen Söhnen wohl nie Namen wie Siegfried, Julius oder Felix gegeben, hätte er nicht versucht, der Gesellschaft ein wenig zu schmeicheln und so dem Aufstieg seiner Söhne zumindest ein klein wenig behilflich zu sein.

Glaubt man der Feststellung von Peter Simonstein in seiner *History of the Jewish Community of Schneidemühl*, so wäre der Name des nächsten Sohns der Sommerfelds wohl Friedrich gewesen.[15] Hinweise auf antisemitischen Aktionismus finden sich in der Geschichte des Deutschen Reichs in der Regel anschließend an Zeiten des wirtschaftlichen Auf- und Abschwungs. Als beispielsweise der Einbruch der Börse von 1873 und die daraus resultierende Depression das Deutsche Reich in eine zwei Jahrzehnte andauernde Wirtschaftskrise stürzten, forderte die katholische Zentrumspartei 1880 von Bismarck, die Gleichberechtigung der Juden rückgängig zu machen.[16] Als sich Felix im Jahr 1900 freiwillig zum Kriegsdienst in China meldete, schrieb die *Allgemeine Zeitung des Judentums* in einem Bericht über den Mut des jungen Mannes: „Interessant wäre es, zu erfahren, wie viel Angehörige antisemitischer Agitatoren nach China freiwillig gehen."[17]

Ungeachtet des wirtschaftlichen Auf und Ab wuchs Sommerfeld in einem wohlhabenden jüdischen Haushalt auf und genoss in Preußen mehr bürgerliche Freiheiten als je ein Jude zuvor. Es ist nicht viel über sein frühes Leben in Borkendorf bekannt. Während der Schulzeit kann man sich den jungen Felix auf einem Pferd oder Pferdewagen vorstellen, wie er mit seinem Vater morgens den Weg von Borkendorf nach Schneidemühl zurücklegt, im Büro des Vaters oder bei Verwandten zu Mittag isst, Nachmittags die Hausaufgaben erledigt und seinen Vater am Abend wieder nach Hause begleitet. Im Anschluss an die Volksschule kam Sommerfeld 1889 in die Oberrealschule in der Berliner Straße nur wenige Blöcke vom Geschäft seiner Eltern entfernt. In dieser Mittel- oder Realschule wurde Wissen vermittelt, das im *wirklichen Leben* von Bedeutung war, also Naturwissenschaften, Wirtschaft und ein oder zwei lebende Sprachen wie beispielsweise Englisch oder Französisch.

Sommerfeld interessierten vor allem fremde Länder und Kulturen. Die Zeitschriften der Tage waren voller faszinierender Artikel über Amerika. Sowohl der Goldrausch von 1849 als auch die Apatschenkriege der 1880er Jahre inspirierten die Jugend im streng reglementierten Preußen. In Schneidemühl zählt man vergleichsweise viele Emigranten, deren Nachkommen überall in Lateinamerika, den Vereinigten Staaten und Kanada zu finden sind.[18] Man kann sich den jungen Mann vorstellen, wie er auf seinem Bett liegt und von den schier endlosen Weiten des *Wilden Westens* träumt sowie von der dort herrschenden Freiheit, zu tun, was immer man will. Die abenteuerliche Jugend Sommerfelds wird noch im Detail behandelt.

Als Sommerfeld die Mittelschule abschloss, hatten sich seine beiden älteren Brüder Julius und Hermann bereits entschlossen, ihr Glück in Amerika zu suchen. Hermann setzte im Mai 1886 per Segelschiff über und wurde im Oktober 1892 amerikanischer Staatsbürger.[19] Über ihn ist nicht viel bekannt außer, dass er erst in Brooklyn und später auf Long Island im Bundesstaat New York lebte. Laut Sommerfeld exportierte sein Bruder Fahrradteile nach Deutschland, wo er diese zusammenbaute und verkaufte. Da sich Fahrräder aus Amerika um die Jahrhundertwende in Deutschland großer Beliebtheit erfreuten, könnte dies ein sehr lukrativer Import/Export-Geschäft gewesen sein. Hermann starb irgendwann im Jahr 1901 auf einer seiner Überseereisen.[20]

Der zweite Bruder, Julius, erreichte die USA im August 1889. Der Sechzehnjährige gab bei seiner Einreise 1889 an, Hufschmied zu sein, was darauf hindeutet, dass er die Oberschule nicht abgeschlossen hatte und sich wohl entschied, nach Amerika zu gehen, um dem dreijährigen Pflichtwehrdienst in Preußen zu entgehen.[21] Als Julius im April des Jahres 1901 Amerikaner wurde, war sein Bruder Hermann als Zeuge bei der Zeremonie anwesend.[22] Nachdem Julius einige Jahre als Vertreter für das produzierende Gewerbe tätig gewesen war, wurde er in den 1920er Jahren selbst zum Fabrikanten für Haarnetze und verstarb im August 1930 in Chicago. Auch Sommerfelds Onkel mütterlicherseits, Ed Rosenbaum, lebte in den Vereinigten Staaten. Er war Hutmacher in Pittsfield im Bundesstaat Massachusetts. Tatsächlich lebten zu der Zeit, als auch Felix beschloss, nach Amerika zu gehen, dort mehr als vierzig Verwandte der Sommerfelds.[23]

Bevor der junge preußische Schulabgänger jedoch irgendeinen Plan in die Tat umsetzen konnte, wurde er zum Militärdienst eingezogen. Per Gesetz waren allerdings junge Männer, die die zehnte Klasse erfolgreich abgeschlossen hatten, anstatt der üblichen drei Jahre nur zu einem Jahr Militärdienst verpflichtet, nach dem der Kadett dann als Fähnrich der Reserve entlassen wurde.[24] Als Reservist hatte man die Möglichkeit, freiwillig bei jährlich stattfindenden Übungen teilzunehmen, wodurch man zum Offizier aufsteigen konnte. Als Jude hätte es Sommerfeld jedoch nur zum höchsten Rang des Unteroffiziers, dem Hauptfeldwebel, schaffen können, was er laut eigener Aussage jedoch nie tat.[25] Wäre er zum Christentum konvertiert, was nicht belegt aber durchaus möglich ist, hätte er Offizier werden können. Bei einer Befragung durch amerikanische Behörden im Juni 1918 behauptete Sommerfeld, er habe die Schule 1898 abgeschlossen und sich direkt im Anschluss freiwillig zum Militär gemeldet.[26] Er hatte allen Grund, diesen Abschnitt seines Lebens zu verschweigen…

Kapitel 2

"Jugendsünden"

Da Felix nach seinem Schulabschluss im Jahr 1895 noch zu jung war, um gleich zum Militär zu gehen, arbeitete er im Geschäft seines Vaters und sparte sein Geld. Er hatte Pläne. Seit Jahren träumte er von Amerika. Am 30. April 1896 kam dann endlich der große Tag.[27] Im Alter von fast siebzehn Jahren ging er an Bord des Dampfschiffs *Normannia*, welches der Hamburg-Amerika-Linie angehörte und nonstop von Hamburg nach New York übersetzte. So erreichte er am 9. Mai Ellis Island.[28] Die Kosten für diese Reise überstiegen das, was sich Felix durch die Arbeit bei seinem Vater hatte verdienen können bei Weitem. Er musste wohl finanzielle Hilfe von seiner Familie bekommen haben, wobei es recht unwahrscheinlich ist, dass das Geld von seinen Eltern kam, die für ihn ein Studium in Deutschland vorgesehen hatten.[29] Der Siebzehnjährige reiste anscheinend ohne Begleitung.[30] Beruf gab er keinen an.[31] Sein Ticket war für das Zwischendeck und somit das billigste, das es gab. Sommerfeld musste einige der Annehmlichkeiten seines Lebens in Borkendorf für seine Reise aufgeben.

> In den frühen Tagen der Einwanderung kamen die Menschen auf Schiffen, die ursprünglich für den Transport von Gütern konzipiert waren. So wurden die Passagiere in Wirklichkeit in Frachträumen untergebracht, in denen provisorische Trennwände eingebaut waren. Das Zwischendeck konnten die Passagiere oft nur über Leitern erreichen und unter Deck waren die Korridore meist eng und abschüssig [...] Die Möblierung musste leicht wieder zu entfernen sein und durfte das absolut Nötige nicht übersteigen. Sobald die Passagiere an Land gegangen waren, wurden die Hilfskojen abgebaut und die Räume mit Frachtgut für die Rückfahrt nach Europa beladen.[32]

Felix lebte bei seinem Bruder Hermann in New York und arbeitete als „Zeitungsverkäufer an der Ecke 21. Straße und Broadway – ich musste dort von fünf Uhr morgens bis spät abends arbeiteten, und mein Bruder behandelte mich schlecht [...]"[33] Nach ein paar Monaten schlechter Behandlung zog Sommerfeld zu seinem anderen Bruder Julius, der damals auch in New York lebte. Felix kehrte im August des Jahres 1896 nach Deutschland zurück.[34]

Was er in den folgenden achtzehn Monaten tat, ist nicht ganz klar. In seiner Aussage gegenüber dem *Bureau of Investigation* im Jahre 1918 änderte Sommerfeld absichtlich die Daten, um seine Eskapaden zu vertuschen. Trotzdem scheint es möglich, dass er tatsächlich zum Wintersemester 1896 sein Studium in Berlin aufnahm. Den Ermittlern erzählte er, dass er an der „Universität von Berlin" in Charlottenburg Mineralogie studierte. Die einzige Universität, die es damals in Charlottenburg gab, war die 1879 gegründete Königlich Technische Hochschule, heute bekannt als Technische Universität Berlin. Leider finden sich in den Aufzeichnungen dort keinerlei Hinweise auf eine Immatrikulation Sommerfelds, was jedoch nicht zwingend bedeuten muss, dass er nie dort studierte. Ein Großteil der Unterlagen der Hochschule verbrannte bei den Bombenangriffen der Alliierten im Jahr 1945. Die andere große Hochschule in Berlin, die Humboldt-Universität zu Berlin hätte Sommerfeld, der ja nur einen Oberrealschulabschluss besaß, nicht aufgenommen. Zudem wurden dort keine Studiengänge in Bergbau- oder Hüttenwesen angeboten.

Es ist wohl am wahrscheinlichsten, dass er an der Berliner Bergakademie studierte, die 1916 Teil der Technischen Hochschule wurde. Dort wurde sein Schulabschluss akzeptiert, und es wurden Studiengänge in Bergbau und Hüttenwesen angeboten. Im Jahr 1900 waren dort etwa 7.500 Studenten eingeschrieben. Ein Abschluss in Hüttenwesen wie ihn Sommerfeld vorgab innezuhaben wäre eine wichtige Voraussetzung für eine gute Stelle in der Montanindustrie gewesen. Weitere Bergbauakademien existierten in Freiburg, Dresden und Clausthal-Zellerfeld, wo Felix' berühmter

Namensvetter, der Physiker Arnold Sommerfeld den Lehrstuhl für Mathematik innehatte.

Aus unbekannten Gründen wurde Sommerfeld im Jahr 1900 während seines vierten Semesters exmatrikuliert. Laut seiner Akte beim amerikanischen Militärgeheimdienst sowie mehreren Zeitungsartikeln geschah dies „infolge irgendeines Skandals."[35] Es ist möglich, dass irgendetwas geschah, das zu Sommerfelds Exmatrikulation führte, jedoch finden sich diesbezüglich weder in seinen zahlreichen persönlichen Aussagen noch in Berichten der Beamten, die den Skandal erwähnen, irgendwelche Details. Welcher Art der Skandal auch war, er war zumindest nicht groß genug, um in der Presse erwähnt zu werden. Ein Bekannter Sommerfelds brachte, wahrscheinlich um den Deutschen zu diskreditieren, im Jahr 1917 folgendes Gerücht auf: „Es gab da eine Geschichte mit Sommerfeld – ich glaube das war in Deutschland – mit der Folge, dass Sommerfeld, der früher Offizier im Deutschen Heer gewesen war, das Land [Deutschland] verlassen musste, nachdem die Nachricht von einem gewissen Skandal politischer Art in offizielle Kreise vorgedrungen war."[36] Sicher ist, dass Felix' Bruder Hermann seine Eltern im Advent 1897 besuchte. Sein Importgeschäft für amerikanische Fahrräder war gerade erst angelaufen. Im Januar 1898 kehrte er wieder nach New York zurück, und Felix folgte ihm, wohl um mit seiner Hilfe einen Studienplatz in den Vereinigten Staaten zu bekommen.[37]

Am 23. Februar 1898 kam Sommerfeld an Bord des Dampfschiffs *Amsterdam* aus Rotterdam in New York an. Sein Vater legte ihm den Fahrpreis von 30 Dollar (heute etwa 700 Dollar) aus.[38] Um etwa die gleiche Zeit kam auch ein jüdischer Junge ukrainischer Herkunft aus Liverpool in New York an. Sein Name war Samuel Dreben und er war ziemlich genau ein Jahr älter als Sommerfeld.[39] Genau wie Felix, so hatte auch Sam der Amerikanische Traum nach New York gelockt.[40] Dreben besuchte seine Familie in Philadelphia und lernte den jungen Deutschen aus Posen zu dieser Zeit höchstwahrscheinlich nicht kennen. Seine glänzende Karriere als Glücksritter und Kriegsheld im Ersten Weltkrieg machte eine Legende aus dem ukrainischen Einwanderer mit dem Spitznamen „der kämpfende Jude". Die

Lebensgeschichten von Sommerfeld und Dreben sollten sich in den kommenden 27 Jahren häufig überschneiden. Heute liegt Dreben auf dem Amerikanischen Nationalfriedhof Arlington begraben.

Felix fuhr zu seinem Bruder Hermann nach Brooklyn in die 27. Straße. Hermanns Vermieter, Hans Zimmermann, verwaltete die Unterkunft und sollte im Jahr 1915 durch einen sehr unerfreulichen Umstand wieder in Sommerfelds Leben treten. In seinen Einwanderungspapieren gab Sommerfeld an, er sei in den USA geboren, wohl um Probleme zu umgehen. Zudem gab er als Beruf Elektriker an.[41]

Am 25. April, zwei Monate nach seiner Ankunft, brach der Spanisch-Amerikanische Krieg aus. Sommerfeld brach nur knapp eine Woche nach Kriegsanfang mit den Plänen seiner Familie, einen Studienplatz für sich zu finden, und meldete sich am 2. Mai 1898 beim 12. Infanterieregiment in New York als Gefreiter in der Kompanie K. Hierfür gab es keinen ersichtlichen Grund, außer vielleicht eine höhere Bezahlung. Bei seiner Aufnahme log Sommerfeld bezüglich seines Alters und gab an, er sei zweiundzwanzig statt achtzehn Jahre alt.[42]

Ein anderer enthusiastischer Jüngling aus Iowa tat bei seiner Rekrutierung genau das Gleiche, um 1898 in die Army aufgenommen zu werden. Genau wie Sommerfeld folgte der damals fünfzehnjährige Emil Holmdahl Präsident McKinleys Ruf nach 125.000 Freiwilligen. Beide meldeten sich zu zwei Jahren Militärdienst.[43] Holmdahl wurde später ein berühmter Glücksritter in der Mexikanischen Revolution und einer von Sommerfelds wagemutigen Aufrührern an der amerikanisch-mexikanischen Grenze. Er ging auf ein Schiff zu den Philippinen und Sommerfeld bekam eine Grundausbildung in Lexington im US-Bundesstaat Kentucky.

Mitte September des Jahres 1989 änderte der junge deutsche Abenteurer jedoch seine Pläne und verschwand. Sommerfeld kehrte nicht zu seiner Einheit zurück, sondern desertierte und floh wieder zu seinem Bruder Hermann nach New York.[44] Ab 1. Oktober 1898 wird er bei der Army als „AWOL" (i.e. „absent without official leave", z. dt. „unerlaubt abwesend") geführt.[45] Später behauptete Sommerfeld, einen Brief von seiner Mutter erhalten zu haben, in dem sie ihn darüber in Kenntnis setzte, dass sein Vater Isidor schwer erkrankt war.[46] Sam Dreben saß den Spanisch-Amerikanischen Krieg in Philadelphia im US-Bundesstaat Pennsylvania bei Verwandten aus, in deren Geschäft er als Schneider arbeitete.

Da Sommerfeld die Mittel fehlten, um zurück nach Deutschland zu fahren, stahl er 275 Dollar vom Vermieter seines Bruders, zahlte damit die Überfahrt auf einem Dampfer nach Antwerpen und kehrte heim.[47] Warum er Zimmermann so viel Geld entwendete, ist unbekannt. Das Ticket nach Deutschland kostete weniger als 50 Dollar. Wahrscheinlich musste er jemanden bestechen, um an einen gültigen Ausweis zu kommen, denn er war ja immer noch als Deserteur gelistet. Nach der Reise im Jahr 1898 war das Verhältnis zwischen Felix und seinem ältesten Bruder gestört. Hermann konnte seinem Bruder nur schwer verzeihen, dass sich dieser 275 Dollar von seinem Vermieter „ausgeliehen" hatte, was den Großteil von dessen jährlichem Einkommen ausmachte. Hermann starb am 31. August 1901 unter ungeklärten Umständen auf einem Segelschiff nach New York.[48] Felix kehrte erst im Jahr 1902 zurück nach Amerika und hatte somit nie Gelegenheit, sich mit seinem älteren Bruder zu versöhnen.

Die zwei Abenteuer Sommerfelds in Amerika von 1896 und 1898 zeichnen einen energievollen und recht waghalsigen Teenager, der wenig Respekt gegenüber Autoritäten aufbrachte und der bestrebt war, sich einen Namen zu machen. Zudem ist sein Schicksal beispielhaft für die Geschichte vieler junger Männer seiner Zeit, die die Welt ihrer Eltern schließlich zurückließen und ihr Glück im verheißungsvollen Land der Freiheit versuchten. Während Sommerfeld der US-Army nur einen kurzen Besuch abstattete, begannen gleichzeitig Sam Dreben und Emil Holmdahl ihre Karriere als die am höchsten dekorierten und berühmtesten Draufgänger der Mexikanischen Revolution und des Ersten Weltkrieges. Die beiden taten sich zuerst zusammen, gingen dann eine Weile getrennte Wege, fanden sich wieder und kämpften schließlich im Ersten Weltkrieg für die Vereinigten Staaten.

Obwohl Holmdahl und Dreben beide aus weniger wohlhabenden Familien stammten, waren die Eltern keines der drei Abenteurer sonderlich begeistert über die Eskapaden ihrer Sprösslinge.

Sommerfeld ging 1896 sogar soweit, ohne die Erlaubnis seines Vaters, der für ihn eine Ausbildung und eine solide Karriere vorgesehen hatte, nach Amerika aufzubrechen. Besonders im Preußen vor 1900 bedeutete dies sicherlich einen gewissen Bruch mit seinem Vater. Laut Sommerfeld resultierte Isidors Krankheit aus dem Verlust einer beträchtlichen Summe während der Bankenkrise von 1898.[49] Wie ernst es tatsächlich um ihn stand, ist nicht bekannt, er wurde jedoch Sommerfelds Angaben zufolge letztlich in eine „Heilanstalt" eingeliefert.[50] Keiner seiner älteren Brüder kam zu dieser Zeit zurück nach Deutschland, was darauf schließen lässt, dass Sommerfeld wohl desertierte, weil er zuhause im Geschäft seiner Eltern gebraucht wurde. Isidor Sommerfeld hatte bereits zwei seiner älteren Söhne für immer nach Amerika gehen sehen. Nach Felix' Rückkehr im Jahr 1898 kümmerte er sich zusammen mit seinem Bruder Siegfried um die Geschäfte seines Vaters, bis Siegfried sie im Jahr 1900 gänzlich übernahm.[51] Sommerfeld berichtete später, dass sein Vater an einem Nierenleiden erkrankte, das letztlich im Jahr 1907 zu seinem Tod führte. Inwieweit sich Isidor nach 1898 noch selbst ins Geschäft einbrachte, ist unbekannt.

Sommerfelds Lügen bezüglich seiner Herkunft bei der Einreise nach Amerika und bezüglich seines Alters bei der Rekrutierung, seine Fahnenflucht und schließlich der Diebstahl einer beträchtlichen Summe Geld blieben fast zwei Jahrzehnte lang ein Familiengeheimnis. Im Herbst des Jahres 1915 kam jedoch durch einen Zufall alles ans Licht. Der betrogene Vermieter fand Sommerfelds Namen in einem Zeitungsartikel in Verbindung mit dessen Aussage vor einem Geschworenengericht, wo der Fall des berüchtigten deutschen Sabotageagenten Franz Rintelen verhandelt wurde. Hans Zimmermann hatte geschlagene achtzehn Jahre auf seine Rache gewartet. Er gab der Polizei einen Hinweis und Sommerfeld wurde kurz darauf im New Yorker Hotel Astor festgenommen. Aufgrund des Haftbefehls von 1898 wurde Sommerfeld inhaftiert. Die New Yorker Presse berichtete peinlich detailliert über den Vorfall, und der bekannte Deutsche avancierte im Jahr 1915 zum Stadtgespräch.[52] Sommerfeld hinterlegte die Kaution, und ein gewiefter Rechtsanwalt schaffte es nach monatelanger Arbeit, dass die Anklage aus Mangel an Beweisen fallengelassen wurde.[53]

Sommerfeld bezeichnete den alten Haftbefehl als eine Verschwörung des amerikanischen Geheimdienstes gegen seine Person. Sein Onkel Ed Rosenbaum erklärte im Jahr 1916 gegenüber amerikanischen Bundesbeamten: „Felix Sommerfeld wurde auf eine Klage aus lang vergangenen Tagen hin in New York City festgehalten, damit man sein Zimmer nach persönlichen Aufzeichnungen durchsuchen konnte [...] aber Felix war zu schlau für die Beamten."[54] Der deutsche Marineattaché Boy-Ed erkannte den wohl wahren Grund für Sommerfelds Festnahme und versuchte sogar mithilfe der deutschen Botschaft, Druck auf Zimmermann auszuüben: „Wegen der Möglichkeit, dass der in dem Ausschnitt genannte Hans Zimmermann seine Anklage gegen Sommerfeld in bester Absicht erhoben hat (weil auch er irrtümlich Sommerfeld für einen Feind der deutschen Sache hielt) möchte ich beim Kaiserlichen Generalkonsulat anregen, ob nicht dem Gefreiten Zimmermann unverbindlich und unauffällig nahe getreten werden kann, um die störende und dem deutschen Namen ungünstige Angelegenheit zu unterdrücken."[55]

Der Deutsche Konsul, der mit dem Marineattaché einen nicht gerade herzlichen Umgang pflegte, antwortete: „Da Euer Hochwohlgeboren erklären, dass deutsche Interessen durch diesen Fall berührt werden, so nehme ich an, dass über Sommerfeld dort [bei der Kriegsmarine] mehr bekannt ist. Ohne genaue Kenntnis [...] kann ich vorläufig [...] nichts veranlassen und stelle daher ergebenst anheim, mich über den Tatbestand eingehend zu informieren."[56] Natürlich hatte der Marineattaché kein Interesse daran, den Konsul und somit das gesamte Auswärtige Amt über Sommerfelds Agentenstatus zu informieren. Ob er den Konsul einweihte oder nicht, Sommerfeld war nun durch die New Yorker Presse entlarvt. Um die Wogen zu glätten und den Schaden zu begrenzen, zahlte Sommerfeld Zimmermann zunächst 1.000 Dollar, dann weitere 500 und nochmal 500 Dollar (bei heutigem Wert gut 42.000 Dollar).

Diese *Geschenke* übertrafen die von ihm gestohlene Summe bereits um das Siebenfache, doch Zimmermann gab sich nicht zufrieden. Er quetschte aus Sommerfeld heraus, was zu holen war.[57] Sommerfeld war inzwischen unzweifelhaft ein reicher Mann geworden, der in einer Suite im Hotel Astor lebte, und als Deutscher wurde er inmitten all der Panik um Spionage zum lohnenden Ziel für Erpressung. Es gibt keine Aufzeichnungen darüber, wieviel Zimmermann über Sommerfelds Arbeit für die deutsche Regierung wusste. Sommerfeld hatte keine andere Wahl als Zimmermann weiterhin ruhig zu stellen. Er verhalf seinem ehemaligen Vermieter zu einem komfortablen Haus auf Long Island, schenkte ihm allerlei Möbel und zahlte ihm eine monatlich Zuwendung von 75 Dollar (bei heutigem Wert etwa 1.575 Dollar).[58] Als er im Jahr 1917 versuchte, die Zahlungen einzustellen, bekam er von Zimmermann und mindestens einem weiteren Mitwissenden Erpresserbriefe, in denen ihm angedroht wurde, den Diebstahl wieder aufzurollen und damit erneut an die Presse zu gehen.[59] Für Sommerfeld, der es bereits 1915 als große Beschämung empfunden hatte, in den Zeitungen öffentlich diffamiert zu werden, waren eine erneute Festnahme und die damit verbundene öffentliche Aufmerksamkeit offensichtlich das Letzte, was er insbesondere nach Amerikas Kriegserklärung gegenüber Deutschland im Jahr 1917 gebrauchen konnte.

Rückblickend bezeichnete Sommerfeld sein eigenes Verhalten als „Jugendsünden".[60] Allerdings pflichtet er seinem Vernehmungsbeamten im Jahr 1918 bei, dass die Reise 1898 einen Wendepunkt in seinem Leben darstellte.[61] Diese Episode seines Lebens riss ihn ins Erwachsenenleben und weckte in ihm einen Sinn für Zweckmäßigkeit sowie ein gewisses Verantwortungsgefühl. Er wurde ein Mann mit reifer Ausstrahlung, der alleine zurechtkam – 1,73 Meter groß mit breiten Schultern und ausgeprägtem Brustkasten, starken Muskeln, dunklem, leicht gelocktem Haar, „kurzem Hals [und] buschigen Augenbrauen."[62]

Ungeachtet seiner Entscheidung, nach Deutschland zurückzukehren und im Geschäft seines Vaters zu arbeiten, verließ ihn nie sein wagemutiges und oft rücksichtsloses Gemüt. Während seiner gesamten Karriere, als Soldat, Goldsucher, Revolutionär, Geschäftsmann und Spion, blieb er stets ein furchtloser Draufgänger und ein Mann, mit dem man Pferde stehlen konnte. Sommerfeld trotzte jeglichen Einschränkungen von Innen sowie von Außen. „Im goldenen Lexikon der Jugend", so schrieb er im Jahr 1911 in Frederico Stallforths Gästebuch, „gibt es das Wort ‚Versagen' nicht."[63] Der Zweck heiligte letztlich die Mittel, die ihn als Teenager dazu bewegten, sich das Geld für seine Rückfahrt nach Deutschland zu *leihen*. In seinem späteren Leben beeinflusste er andere sowohl mittels Druck, als auch durch höfliche Diplomatie.[64]

Sein wagemutiges Wesen zeigte sich insbesondere während des Ersten Weltkriegs, als die amerikanischen Behörden ihn drei Jahre lang auf Schritt und Tritt überwachten, jedoch nichts Belastendes über ihn herausfinden konnten. Seinem Bruder Julius gegenüber äußerte er: „Lass sie ruhig kommen, ich habe meine Unterlagen nicht hier im Haus."[65] Im Gegensatz zu vielen seiner Mitverschwörer brach Sommerfeld selbst bei einem dreitägigen Verhör durch das *Bureau of Investigation* (BI) nicht ein. Der Eintrag eines frustrierten Beamten in seiner Vernehmungsakte lautet: „Haben den Verdächtigen heute vier Stunden lang verhört, um Aufschluss über seine tatsächlichen Aktivitäten zu erhalten. Bislang gelingt es ihm, alles schlau zu verheimlichen."[66]

Sommerfeld hatte aus seinen „Jugendsünden" zweifellos wichtige Lektionen gelernt. Er ging zurück nach Deutschland, um dort ein neues Leben zu beginnen, sich dem Militärdienst zu stellen und einen Beruf zu erlernen. Allerdings, so gestand er seinen Vernehmungsbeamten, „ist Deutschland ein kleines Land und die Möglichkeiten sind viel beschränkter."[67] Sein Kindheitstraum, irgendwann in Amerika zu leben und sein Glück an dieser Grenze zu versuchen, verblasste nicht, sondern wurde sogar stärker.

KAPITEL 3

"EIN GESUNDES LEBEN"

Nach einem Jahr Kriegseinsatz in China ging Sommerfeld 1901 auf die Bergakademie in Berlin, um sein Grundstudium in Mineralogie abzuschließen. Sein Vater hatte ihm hierfür Geldmittel überlassen. Eigenen Angaben zufolge verließ Sommerfeld die Universität im Juli des Jahres 1902 mit einem Vordiplom in Mineralogie.[68] Die Dauer seines Studiums erscheint realistisch. Deutschlands Wirtschaft boomte in diesem Jahr. Seit der Deutschen Einigung im Jahr 1871 unter Bismarcks Führung hatte die Industrialisierung, ausgehend vom Ruhrgebiet und Teilen Sachsens, das Land zu einer der größten Wirtschaftsmächte der Welt vorangetrieben. Deutschlands Güterproduktion konnte sich mit der Englands und Amerikas messen. Schienenverbindungen und Kanäle zwischen Rhein, Main, Donau und Oder verbanden die bedeutenden Produktionsstandorte an Saar und Ruhr, in Sachsen und Schlesien mit den Häfen von Hamburg, Bremen, Kiel und Rostock. Die Arbeitslosenquote bewegte sich um drei Prozent, was praktisch Vollbeschäftigung bedeutete.[69]

Die Förderung von Eisen, Kohle, Gas und Öl erreichte während dieser Zeit neue Höchststände, und die Wirtschaft verschlang diese Rohstoffe gierig wie eine nimmersatte Bestie. Irgendwann konnte der Bedarf an Rohstoffen nicht mehr durch die Förderung im Inland gedeckt werden. Die Expansion in die Kolonien, deren Auswirkungen Sommerfeld in China am eigenen Leib erfahren hatte, konnte den Bedarf an Nachschub ein wenig lindern. Es war jedoch hauptsächlich der rasche Ausbau der Handelsmarine und des Schienennetzes, der Deutschlands Industrie eine ausreichende Versorgung und gleichzeitig Handelswege in die ganze Welt sicherte.

Sommerfeld erinnerte sich daran, während seiner Reisen durch Deutschland im Sommer des Jahres 1902 nicht ernsthaft nach einer Anstellung gesucht zu haben.[70] Er besichtigte die großen Bergbauzentren in Sachsen und Thüringen, die mit dem Zug nur ein bis zwei Stunden von Berlin entfernt lagen. Die Braunkohlevorkommen in Sachsen und dem westlichen Teil des heutigen Tschechiens lieferten Brennstoff für die Kraftwerke der Region und waren somit Grundlage für die dortige Textil- und Porzellanindustrie. In den Minen des Erzgebirges wurde zudem Steinkohle für die Stahlwerke im Ruhrgebiet gefördert. Heute gewinnt man Braunkohle meist im Tagebau. Um 1900 waren jedoch die modernen Erdbaumaschinen noch nicht erfunden, und die Braunkohleförderung geschah daher unter Tage. Neben Kohle wurden um 1902 Erze wie Zinn, Blei, Silber, Zink, Bismut und Wolfram gefördert, letzteres vor allem für die Glühdrähte der schnell wachsenden Leuchtmittelindustrie. Obwohl die Rohstoffpreise im Jahr 1902 leichtfielen, brummte das Geschäft der sächsischen Minen. Zwischen 1895 und 1900 war die Kohleförderung von 104 auf 150 Millionen Tonnen, und die Eisenerzförderung von 4,8 auf 8,5 Millionen Tonnen angewachsen.[71]

Der junge Bergbauingenieur Sommerfeld hatte jedoch andere Pläne, als in den streng regulierten und hoch industrialisierten Minen Deutschlands zu arbeiten. Viele Absolventen der Berliner Bergbauakademie zog es nach Nord- und Südamerika. Zwar bot die deutsche Bergbauindustrie jungen Ingenieuren zweifelsohne einige Möglichkeiten, im Vergleich zu den Chancen, die sich in den boomenden Minen im Norden Mexikos und im Westen der USA ergaben, waren diese jedoch bei weitem weniger attraktiv. Das enorme Produktionswachstum der amerikanischen Industrie bedingte eine ebenso rasche Expansion der Erzförderung, insbesondere von Silber, Kupfer und Eisen. In den Fachzeitschriften für Bergbau wurden von Beginn an Stellen im oberen Management ausgeschrieben, für die man in Deutschland viele Jahre Erfahrung hätte vorweisen müssen. Was die jungen Bergbauingenieure jedoch vor allem an die Westküste Amerikas und nach Mexiko trieb, war die Möglichkeit, dort selbst

Land und somit potentiell ertragreiche Minen zu erstehen. Dieses Geschäft war allerdings mit einem hohen Risiko verbunden, denn man setzte dafür sowohl seine finanzielle als auch seine gesundheitliche Sicherheit aufs Spiel. Es verwundert nicht, dass die dunklen Seiten solcher Unternehmungen in der Fremde in den enthusiastischen Berichten der Zeit nur selten Erwähnung fanden.

Nachdem Sommerfeld nicht einmal zwei Monate durch Deutschland gereist war, ging er in Hamburg am 18. September 1902 an Bord des Dampfschiffs *Pretoria* und fuhr zum dritten Mal in seinem Leben nach New York.[72] Wie auch im Jahr 1898 reichten seine Mittel nur für einen Platz auf dem Zwischendeck. Zu seiner Erleichterung stellten die Einwanderungsbehörden keine Fragen bezüglich seiner Fahnenflucht, als er in Hoboken an Land ging.[73] Sein Bruder Hermann war weniger als ein Jahr zuvor gestorben, und so zog Felix weiter nach Chicago, wo sein anderer Bruder Julius inzwischen lebte. Julius Sommerfeld war im April 1901 eingebürgert worden und hatte gute Aussichten, den Amerikanischen Traum für sich zu verwirklichen.[74] Nach seinem Umzug nach Chicago hatte er ein Unternehmen für Strumpfwaren gegründet, in dessen Büro Felix bis Juni 1903 arbeiten konnte. Felix nutzte die Zeit, um sein Englisch zu verbessern und Geld für sein Vorhaben an der Westgrenze zu sparen.

Mit „ein paar hundert Dollar" in der Tasche machte sich Sommerfeld auf den Weg nach Arizona.[75] Angaben des jungen Bergbauingenieurs zufolge, fuhr er ins Yavapai County, um dort nach Gold, Silber und Kupfer zu suchen. Der Bezirk Jerome im Yavapai County stand in der Tat von 1876 bis ins Jahr 1959 an erster Stelle der Goldförderorte im US-Bundesstaat Arizona. Dort gab es auch Silber- und Kupfervorkommen, und so versuchte der ambitionierte Deutsche sein Glück als Erzsucher in den Bradshaw Mountains im Yavapai County.

Er nahm für 4,50 Dollar pro Tag (heute etwa 100 Dollar) einen Job als Bohrer in der Oro Mine an, wobei es sich wohl um die Oro Belle Mining and Milling Company südlich von Prescott, der damaligen Hauptstadt Arizonas, handelte.[76] Die Arbeit unter Tage war hart. Laut Sommerfeld hatte man es in der Mine immer wieder mit streikenden „Cornishmen" (Britische Arbeiter aus

Cornwall) zu tun, bis die Minenbesitzer irgendwann irische Streitbrecher engagierten, welche die Probleme „beendeten.“[77] Sommerfeld berichtete, sich nie so richtig in die Gemeinschaft der Minenarbeiter eingefunden zu haben. Auf die Frage, ob er Umgang mit Minenarbeitern hatte, antwortete Sommerfeld: „Ich kannte die Bosse.“[78] Auch die Frage nach Bekanntschaften mit anderen Minenarbeitern während dieser Zeit verneinte Sommerfeld. Die Arbeit eines Tagelöhners erachtete er ohne Frage als seiner gesellschaftlichen Stellung und beruflichen Ausbildung nicht angemessen. Sommerfelds Beschreibung der streikenden *Cornishmen*, die sich in der Gewerkschaft *Federation of Miners* organisiert hatten, lässt keinen Zweifel daran, dass er weder für ihre Organisation noch für ihre Forderungen viel übrighatte. Sein Ziel war es, selbst einer der Bosse zu werden.

Im Herbst des Jahres 1903, nachdem er einige Monate in der Oro Mine gearbeitet hatte, zog Sommerfeld weiter talaufwärts und nahm eine Stelle in der Mud Hole Mine am Lynx Creek nahe der Stadt Walker in Arizona an. In dieser Mine wurde im frühen 20. Jahrhundert auch Gold gefördert. Heute ist sie ein beliebtes Ausflugsziel für Touristen. Sommerfeld machte keine genauen Angaben zu seiner Arbeit dort. Es ist jedoch wahrscheinlich, dass diese besser bezahlt war, und aufgrund des höheren Technisierungsgrads der Mine auch höhere Anforderungen an ihn gestellt wurden, wodurch er Erfahrungen sammeln konnte. Die Unterkünfte im Jahr 1903 waren sehr primitiv. Sommerfeld sagte aus, sich dort mit einem anderen Minenarbeiter ein Haus geteilt zu haben, wo „alle zusammen in einem großen Speisesaal aßen.“[79]

Er lebte offensichtlich auf dem Minengelände, wo die Minenbetreiber „Häuser“ vermieteten, die wohl treffender als Hütten bezeichnet werden können, in denen man keine modernen Annehmlichkeiten wie Elektrizität, fließendes Wasser, Heizung oder Klimaanlagen vorfand. Bei dem „großen Speisesaal“ handelte es sich um eine Kantine auf dem Minengelände. Die Betreiber verlangten Geld für Miete, Verpflegung und andere Versorgungsgüter. Wer es gut hatte, dem reichte sein geringer Lohn für diese Ausgaben. In zahlreichen anderen Fällen stürzten sich die Arbeiter in Schulden, insofern ihnen überhaupt ein Kredit gewährt wurde. In der nächst größeren Stadt Preston, nur wenige Stunden zu Pferd Richtung Norden, gab es Alkohol und andere Unterhaltungsmöglichkeiten. In den Bordellen, Saloons und Spielkasinos der Stadt gaben die hart arbeitenden Grenzansiedler für gewöhnlich alles Geld aus, das ihnen übrigblieb. Größere Bergarbeiterlager eröffneten auch ihre eigenen Saloons und holten sich so die mageren Einkünfte der Arbeiter wieder zurück.

Sommerfeld passte nicht ins Bild des typischen Minenarbeiters im frühen 20. Jahrhundert. Er hatte einen Universitätsabschluss inne und trank und spielte nicht.[80] Zudem war er Deutscher, während der Großteil der Arbeiter aus Iren, Polen, Schweden, Briten, Mexikanern und Yavapai-Indianern bestand. Mit großem Eifer studierte er die Technologie, mit deren Hilfe die Bergbauunternehmen einen guten Platz für eine Mine bestimmten, wie sie ihre Claims anmeldeten und sich daran machten, die Bodenschätze zu plündern. Nach einigen Monaten in Mud Hole, machte sich Sommerfeld auf den Weg nach Jerome, wo die United Verde Copper Company die größte Kupfermine der Region betrieb. Mit über 15.000 Einwohnern war Jerome die fünftgrößte Stadt im Bundesstaat Arizona. „Die Stadt wurde zum Schmelztiegel für eingewanderte Siedler auf der Suche nach dem Glück. Zudem war die Stadt als Zentrum für Glücksspiel, Prostitution und Alkoholmissbrauch verschrien. Im späten 19. Jahrhundert brannte die Stadt viermal komplett ab, und im Jahr 1903 war Jerome allerorts als ‚Sündenpfuhl Arizonas' bekannt."[81] Die Kupfermine von Jerome und dessen Gesetzlosigkeit hielten den 25-jährigen Bergbauingenieur nicht lange vor Ort. Sommerfeld war entschlossen, sein Glück auf eigene Faust zu versuchen.

Mit einem Esel und seiner eigenen Erzsucherausrüstung zog Felix Sommerfeld „hinauf in die Berge von Bisbee zu den anderen Erzsuchern."[82] Seine Abstinenz von Alkohol und Glücksspiel führte wohl letztlich dazu, dass er genug Geld für seine Ausrüstung beiseitelegen konnte. Bisbee liegt nur wenige Meilen südlich vom berüchtigten Ort Tombstone im US-Bundesstaat Arizona und nur acht Meilen von der mexikanischen Grenze entfernt. Somit liegt es nur wenige Meilen nördlich der

Grenzstädte Naco und Douglas und ungefähr genauso weit von der Grenze entfernt wie das mexikanische Dörfchen Agua Prieta im Bundesstaat Sonora. Sommerfeld hatte ein gutes Gespür für Orte, in denen es etwas zu holen gab. Im Jahr 1904 war Bisbee die größte Stadt zwischen St. Louis und San Francisco. Zudem gab es dort die größte Kupfermine der Welt, genannt The Copper Queen. In den 1880er Jahren meldeten Erkundungsfirmen sowie einzelne Erzsucher Claims im Gebiet um Bisbee an. In den 1890er Jahren kaufte die Phelps Dodge Corporation sämtliche Claims auf und begann, im großen Stil Kupfer zu fördern. Kupfer war zu dieser Zeit ein sehr begehrter Rohstoff, denn die weltweite Elektrifizierung verlangte nach unendlichen Metern Kupferkabel. Also versuchte Sommerfeld sein Glück in den Bergen entlang der mexikanischen Grenze.

Nach sechs Monaten erfolgloser Suche entschied sich Sommerfeld, ganz nach Mexiko zu gehen. Andere Goldsucher hatten ihm erzählt, dass „südlich der Grenze das beste Land liegt."[83] Er muss sich außerdem in der glühenden Sommerhitze Arizonas sehr unwohl gefühlt haben. Die Temperaturen klettern dort tagsüber auf bis zu 45° Celsius im Schatten, und der Sommer wird nur von der Regenzeit unterbrochen. Dann bringt der Monsun täglich ausgiebige Wolkenbrüche, die ausgetrocknete Flussbetten binnen kürzester Zeit zu tosenden Strömen anwachsen lassen und riesige Mengen Schlamm und Geröll in Bewegung bringen. Auf die Frage, ob er dort in den Bergen reich geworden sei, antwortete Sommerfeld den Vernehmungsbeamten scherzhaft: „Nun, es war zumindest ein gesundes Leben."[84]

Über die folgenden drei Jahre in Sommerfelds Leben gibt es nur lückenhafte Informationen, und es lassen sich lediglich Vermutungen anstellen. Den amerikanischen Behörden gegenüber sagte er im Jahr 1918 aus, dass er und Mark Daly, ein kurz zuvor immigrierter Ire aus New York, im Sommer des Jahres 1904 die Grenze nach Mexiko überquerten.[85] Die beiden Goldsucher wanderten südwärts aus dem Gebiet um Bisbee in Arizona und betraten in Nogales zum ersten Mal mexikanischen Boden. So wie die Phelps Dodge Corporation Bisbee in der Hand hatte, bestimmte eine andere große Kupfermine das wirtschaftliche Leben in Cananea im mexikanischen Bundesstaat Sonora. Die Greene Consolidated Copper Company besaß im Grunde beide Zentren des Kupferbergbaus. *Oberst* William C. Greene, ein amerikanischer Tycoon, hatte die beiden Standorte fest im Griff.[86] Falls sich Sommerfeld tatsächlich im Jahr 1904 in dieser Gegend aufgehalten hat, so ist es unwahrscheinlich, dass er für Greenes Unternehmen arbeitete, denn die Bezahlung war äußerst schlecht. Amerikaner und andere Ausländer bekamen fünf Pesos am Tag, Mexikaner bekamen für die gleiche Arbeit nur 3,50 Pesos. Der industrialisierte Minenbetrieb erinnerte Sommerfeld stark an das, was er bereits in den sächsischen Bergbauzentren gesehen hatte – und es gefiel ihm noch immer nicht.

Es gab einen weiteren Grund, warum man als ambitionierter junger Bergbauingenieur nicht gerne für „Consolidated Copper“ arbeiten wollte. Gegen Ende des Jahres 1904 lehnten sich sozialistische und anarchistische Aktivisten aus der Arbeiterschicht auf. Dies ist unter anderem auf den Einfluss von Ricardo und Jesús Flores Magon zurückzuführen, zweier Anti-Diaz-Agitatoren erster Stunde. Ungleiche Löhne und unmenschliche Arbeitsbedingungen schürten Unfrieden unter den mexikanischen Minenarbeitern, und so bot sich den Organisatoren des Aufstands in Greenes Unternehmen fruchtbarer Boden für ihre Vorhaben. Zum Teil getrieben von der Hetze der Gebrüder Flores Magon, und zum Teil durch die unnachgiebige Haltung *Oberst* Greenes gegenüber den Forderungen seiner Arbeiter, entwickelte sich bald eine ablehnende Grundstimmung gegenüber dem Management und grundsätzlich gegen alle Ausländer. Hätte Sommerfeld damals eine Stelle als Bergbauingenieur oder Aufseher angenommen, hätte er sich binnen kürzester Zeit inmitten eines aufkeimenden Arbeiteraufstands wiedergefunden.

Im Jahr 1905 spitzte sich die Situation immer weiter zu, und am 1. Juni 1906 entlud sich endlich die Wut der Arbeiter. Mehr als dreitausend von ihnen traten in Streik und forderten gleiche Bezahlung für gleiche Arbeit. Außerdem forderten sie, dass zukünftig nicht mehr Rasse und Nationalität, sondern persönliche Fähigkeiten und die Dauer der Betriebsangehörigkeit als Faktoren für Beförderungen zurande gezogen werden sollten. *Oberst* Greene selbst ermahnte seine Arbeiter, sich ruhig zu verhalten und zurück an die Arbeit zu gehen, doch ohne Erfolg. Das Management der Greene Consolidated Copper Company weigerte sich, den Hauptforderungen nachzugeben, und als Streikbrecher aus Arizona engagiert wurden (wo sich die Thiel Detective Agency auf dieses Metier spezialisiert hatte), um die Polizei vor Ort zu unterstützen, kam es zu brutalen Auseinandersetzungen und ersten Opfern. Bereits wenige Tage nach der ersten Arbeitsniederlegung eröffneten mexikanische und amerikanische Kräfte das Feuer auf die streikenden Arbeiter. In den anschließenden Kämpfen wurden mehr als dreißig Arbeiter getötet. Es dauerte nur wenige Tage, bis amerikanische *Rangers* und mexikanische *Rurales* den Streik niedergeschlagen hatten. Die Empörung darüber, dass mexikanische Arbeiter von einem amerikanischen Aufgebot getötet wurden, entwickelte sich zum Schlachtruf der späteren Revolution.

Wer während der Blütezeit des Erzgeschäfts in den frühen 1900er Jahren gutes Geld machen wollte, der steckte seinen Claim ab und hoffte das Beste, oder aber man kaufte sich in eines der tausend Minenunternehmen ein, wo ein guter Ingenieur oft den entscheidenden Unterschied ausmachte. Also, erzählt Sommerfeld, ließen er und Marl Daly Sonora hinter sich und zogen weiter südwärts. Sommerfeld wollte Gold und Silber finden. Die aussichtsreichsten Silberminen dieser Zeit lagen an der Grenze zwischen Sinaloa und Durango, ca. 150 Meilen südlich von Sonora. Die zwei Erzsucher landeten in San José de Garcia im Bundesstaat Sinaloa. Seiner Aussage zufolge hatte Sommerfeld lediglich einhundert Dollar bei sich, was nicht ausreichte, um seine eigene Expedition zu starten.[87] Die beiden entschieden sich in San José de Garcia, fortan getrennte Wege zu gehen. Sommerfelds Meinung nach fehlte es seinem Kameraden an Ehrgeiz: „Er wollte nicht arbeiten – für niemanden. Er war ein Träumer. Daly war einer von denen, die keinen Finger rühren und sich um nichts kümmern, solange sie etwas zu beißen haben.“[88]

Im Anschluss an die Trennung, so erzählte Sommerfeld den Vernehmungsbeamten, handelte er einen beträchtlichen

Finderlohn mit einem verzweifelten Inspektor aus, der eine Silberader „verloren“ hatte. Für 6.000 Pesos in Gold (damals ca. 3.000 Dollar, heute um 65.000 Dollar) und einem Managergehalt von 12,50 Pesos pro Tag übernahm Sommerfeld die Mine. Bei diesem profitablen Geschäft handelte es sich um die „San Louis [sic]"-Mine in Sinaloa.[89]

So interessant Sommerfelds Geschichte auch klingen mag, sie deckt sich nur zu einem kleinen Teil mit den historischen Fakten. In Nordmexiko gab es zu dieser Zeit nur eine einzige Mine mit Namen San Luis. Diese lag tatsächlich in Bundesstaat Durango zwischen dessen Hauptstadt und Torreón. Im Bergbauregister des Jahres 1905 ist als Besitzer der Mine die San Luis Mining Co., ein Konzern aus New York, eingetragen. Des Weiteren findet man folgende Angaben:

> SAN LUIS MINING CO MEXICO, Hauptsitz: 27 William St New York, Büro der Mine: Gabriel Durango Mexico 1.000 Arbeiter. Walter S. Logan Präsident, W.J. Robinson Vize-Präsident, Myra B. Martin Buch- und Kassenführer, Vorstand Seymour W. Tulloch, Angel L. Negrete, J. Edward Layne, Walter S. Perry und Col Britton Davis Direktoren, Louis Ross Manager, W. Thomas Moore Assistenten des Managers, Lloyd Roby Inspektor, Andrew Macfarlane Mineninspektor, H.G. Elwes Fabrikinspektor, Sydney D. Tyler Ingenieur.[90]

Obwohl sich Sommerfelds Aussage, die Mine im Jahr 1904 übernommen zu haben, nicht gänzlich widerlegen lässt, so findet sich der junge Deutsche in diesem Eintrag weder als Inspektor noch als Ingenieur, Investor oder in einer sonstigen „Zuständigkeit“ wieder. Seiner Aussage nach blieb Sommerfeld bis August 1906 in San José und fuhr dann von Veracruz aus nach Deutschland. Seinen Befragern gegenüber redete er seine Erfolge als Erzsucher in Mexiko klein, er sagte jedoch aus, dass er mit der beträchtlichen Summe von 12.000 Dollar (heute gut 252.000 Dollar) nach Deutschland aufbrach.[91] Angeblich hatte er die Silberader wohl gefunden, die Mine wieder aufgebaut und zudem einige seiner eigenen Claims in Durango gewinnbringend verkauft.[92] Es scheint, als entspräche keine seiner Aussagen der

Wahrheit. Die Mine befand sich in Wirklichkeit in einem anderen Bundesstaat, und Sommerfeld ist dort weder als Inspektor noch als Ingenieur gelistet. Hätte er tatsächlich 12.000 Dollar in nur einem Jahr verdient, so ist es schwer zu verstehen, dass er in keinem einzigen Besitzregister der Zeit eingetragen ist. Er ist zudem in keiner Liste der Claims oder aber irgendwo als eingetragener Ingenieur irgendeiner Mine zwischen 1904 und 1910 zu finden.[93] Die historischen Aufzeichnungen legen hingegen einen völlig anderen Hergang der Ereignisse zwischen 1906 und 1908 nahe. Sommerfeld gab bei seiner Befragung an, dass er im Anschluss an seine Arbeit in der Mine von San Luis abreiste, um sich in New Mexiko noch ein paar Sehenswürdigkeiten anzusehen, bevor er sein Schiff nach Deutschland in Veracruz im Oktober des Jahres 1906 bestieg.

Viel wahrscheinlicher jedoch ist es, dass seine Suche nach Arbeit in Durango scheiterte, und er ohne Geld verdient zu haben nach Chicago zu seinem Bruder zurückkehrte. Von Sommerfeld existiert eine Eintragung als Versicherungsagent aus dem Jahr 1905 mit der Adresse „3309 Vernon Avenue“ in Chicago.[94] Er kehrte tatsächlich irgendwann im Jahr 1906 nach Deutschland zurück, aber auf seinem Konto befanden sich keine 250.000 Dollar. Über den Anfangspunkt seiner Reise sind keine Aufzeichnungen vorhanden. Da sich Sommerfelds Spur im Jahr 1907 in Richtung Montreal verfolgen lässt, wird er wahrscheinlich von Kanada aus nach Hause gesegelt sein.

Am 2. Februar 1907 ging Sommerfeld in Hamburg an Bord der *Graf Waldersee* und segelte wieder nach New York. In der Namensliste gab Sommerfeld „Montreal“ als seinen letzten Wohnort an und als Beruf nicht Bergbauingenieur sondern „Journalist“.[95] Bei seiner Ankunft auf Ellis Island am 16. Februar wurde er nicht als Immigrant aufgenommen, was bedeutet, dass er sich nur auf der Durchreise befand und zwar nach Kanada.[96] Im August 1907 machte sich Sommerfeld erneut auf eine Reise, diesmal von Montreal nach Liverpool, wobei er sich als Minenarbeiter ausgab. Hätte er tatsächlich so viel Geld gehabt wie er behauptete, hätte er diese Überfahrt wohl nicht schon wieder auf dem Zwischendeck verbracht.[97] Sommerfelds Onkel Ed

Rosenbaum erzählte einem Agenten des BI im Oktober 1916, dass es irgendwann im Jahr 1906 oder 1907 zu einem Streit zwischen ihm und Sommerfeld gekommen sei. Er sagte im August 1916 aus, „[...] dass er seinen Neffen Felix seit über acht Jahren nicht gesehen oder gesprochen habe, da es über eine gewisse Summe, die sich Felix von Rosenbaum und der Familie seiner Ehefrau zu dieser Zeit geliehen hatte, zu einem Zerwürfnis gekommen war.“ [98] Man kann nur mutmaßen, um welche Art von „leihen“ es sich hierbei handelte – etwa gar um eine weitere „Jugendsünde“?

Es muss zudem noch eine weitere geschichtliche Aufzeichnung in Betracht gezogen werden. Sowohl Sommerfelds Großvater Baruch Sommerfeld als auch sein Vater Isidor starben im Jahr 1907. Sommerfeld erwähnte gegenüber Behörden, dass ein Grund für seine Reise nach Deutschland im Jahr 1906 die schlechte gesundheitliche Verfassung seines Vaters war.[99] Da sich Sommerfeld für die Überfahrt nach Liverpool im August des Jahres 1907 nur einen Platz auf dem Zwischendeck leisten konnte, ist es wahrscheinlicher, dass sein Geld, insofern er überhaupt welches hatte, aus dem Nachlass seines Vaters stammte und nicht aus seinen Unternehmungen als Erzsucher. Jedenfalls steht diese Theorie nicht im Gegensatz zu Sommerfelds persönlicher Aussage, sein Vater sei so gut wie bankrott gewesen. Trotz der bestenfalls lückenhaften Informationslage lassen sich also einige mögliche Szenarien für Sommerfelds Leben in den Jahren 1906 und 1907 anführen.

Sehr wahrscheinlich ist die Tatsache, dass Sommerfeld von 1903 bis 1905 im Südwesten der USA und in Nordmexiko auf Erzsuche ging. Wie viele Goldsucher zu dieser Zeit, so eilte auch er dem Geschehen hinterher, dass sich 1904 ganz klar in Richtung Süden und über die Grenze bewegte. Seine Behauptungen, dabei reich geworden zu sein, scheinen eher nicht der Wahrheit zu entsprechen. Irgendwann im Jahr 1905 kehrte Sommerfeld zurück zu seinem Bruder nach Chicago und arbeitete dort entweder im Versicherungsgeschäft oder als Journalist. Wann genau er zurück nach Deutschland kam ist unklar. Es lässt sich auch nicht zurückverfolgen, wann genau er wieder nach

Amerika aufbrach. Fest steht, dass er irgendwann im Jahr 1908 in die Vereinigten Staaten zurückkehrte, wahrscheinlich zu Beginn des Jahres, wie er es auch gegenüber den amerikanischen Behörden angab. Wieder führten ihn seine Aktivitäten über die Grenze nach Mexiko. Im Oktober 1908 ließ er sich in Chihuahua City nieder, wo sich sein Name in einem Einwohnerverzeichnis des Deutschen Konsulats findet.[100] Dort wird sein Beruf als „Mineur" angegeben. Im Jahr 1908 findet sich zudem beim dortigen *Club Bohemio* ein Neuankömmling aus Deutschland unter den Mitgliedern: Felix Sommerfeld.[101]

Im Jahr 1918 behauptete Sommerfeld gegenüber den amerikanischen Behörden, er sei 1908 in den Vorstand des Minenunternehmens *La Abundancia* eingetreten. Sein Vertrag mit den Eigentümern belief sich seiner Aussage nach auf einen Anteil von 17 Prozent des Claims. Sommerfeld belog die Ermittler des BI bezüglich der Namen der Mineneigentümer und erwähnte in diesem Zusammenhang explizit einen Deutsch-Mexikaner mit mexikanischer Frau und Kindern. Als man ihn fragte, ob er beschwören könne, dass es sich bei diesem Deutsch-Mexikaner nicht in Wirklichkeit um einen deutschen Agenten handle, antwortete Sommerfeld ausweichend: „Meiner Kenntnis nach, ja."[102] Natürlich handelt es sich bei dem Erwähnten um den Patriarchen Friedrich Stallforth aus Parral, Chihuahua, dessen Minen jetzt dem Mann gehörten, der mittlerweile zu Sommerfelds besten Freund und Mitverschwörer im Ersten Weltkrieg geworden war, Frederico Stallforth. Abgesehen von der Tatsache, dass die Mine mit Namen *La Abundancia* tatsächlich existierte und den Stallforths gehörte, lässt sich nicht prüfen, ob Sommerfeld dort jemals im Vorstand saß.[103]

Es besteht ein weiterer möglicher Grund für Sommerfelds Falschaussage gegenüber den amerikanischen Behörden bezüglich seiner Machenschaften zwischen 1906 und 1908. Seiner Aussage aus dem Jahr 1918 lässt sich entnehmen, dass er 1906 den Weg über Chicago und San Francisco genommen hatte, um dann über Tucson in Arizona nach Mexiko zu kommen. Was er nicht erwähnte, waren seine Ausflüge nach Montreal beginnend im Jahr 1906. Schließlich hatte er Montreal einst in seinen

Einwanderungspapieren als Wohnort angegeben. Im Jahr 1907 fuhr Sommerfeld erneut dorthin und gab sich im August bei seiner Rückreise nach Deutschland als Journalist aus. Er arbeitete 1907 nach einem kurzen Aufenthalt in Tucson nicht, wie behauptet, in der Mine von Chihuahua.[104] Viele der waghalsigen Draufgänger, die später für die Mexikanische Revolution kämpften, etwa Tracy Richardson, Sam Dreben oder Emil Holmdahl, dienten die Jahre davor als Söldner für so manchen Revolutionär in Zentralamerika. Auch der Lobbyist und spätere Vertreter Maderos, Villas und Carranzas in Washington, Sherburne G. Hopkins, war damit beschäftigt, sich in zentralamerikanische Revolutionen einzumischen. Weshalb verschwieg Sommerfeld seine Rückkehr nach Deutschland im August 1907 sowie seine Beschäftigung als Journalist, und warum gab er als letzten Wohnort Montreal an?

Sicherlich hatte Sommerfeld in Deutschland und Kanada Geschäfte zu erledigen und verschwieg den Vernehmungsbeamten seine Reisen zwischen New York und Kanada aus einem bestimmten Grund. Möglich und wahrscheinlich zugleich ist, dass Sommerfeld im Jahr 1906 nach Deutschland zurückkehrte und beim „Etappendienst der Deutschen Marine", also dem Geheimdienst der Deutschen Marine vorständig wurde. Zu dieser Zeit hatte die preußische Regierung seine Juden diskriminierenden Gesetze gelockert und gewährte ihnen Ränge im Militär und die Ausübung öffentlicher Ämter. Beispielsweise ernannte der Kaiser Dr. Bernhard Dernburg, einen jüdischen Banker, 1906 zum Kolonialminister. Wie die meisten Beamten, die in internationale Angelegenheiten verwickelt waren, arbeitete auch Dernburg eng mit der deutschen Presse und dem Etappendienst, Vorgänger des Deutschen Geheimdienstes der Marine, zusammen. Diese Organisation weichte die Grenzen zwischen Propaganda, wahrer und falscher Berichterstattung und Informationsbeschaffung auf.[105]

Über Dernburg wurde in der offiziellen Zeitschrift des Propagandabüros der Marine mit dem Namen *Nauticus* ausgiebig berichtet.[106] Dernburg hatte zudem die direkte Kontrolle über eine weitere Veröffentlichung mit ähnlich propagandistischem Ansatz, die *Deutsche Kolonialzeitung*, in der Lobeslieder auf die künftige koloniale Großmacht Deutschland gesungen wurden. Es wäre möglich, dass Sommerfeld für ein Büro dieser Propagandamaschine des Geheimdienstes der Deutschen Marine arbeitete. Dies würde sein *Interesse* am Journalismus und seine Abstecher nach Kanada als Bote für den Etappendienst sowie sein späteres Verleugnen dieses Lebensabschnitts vor den amerikanischen Behörden erklären. Als Mitglied des Deutschen Marinegeheimdienstes hätte Sommerfeld auch zumindest die Möglichkeit gehabt, Dr. Dernburg persönlich zu treffen, der den deutschen Agenten im Jahr 1915 mehr als nur flüchtig gekannt zu haben schien. Die *Rangliste der Königlich Preußischen Armee* von 1907 wies gleich mehrere Mitglieder des Heeres mit Familiennamen wie Abraham oder Jerusalem und zudem mehrere Sommerfelds auf, einer davon Unteroffizier, einer Oberstleutnant und drei im Rang des Leutnants. Der Oberstleutnant war dem Landwehrbezirk 2 in Berlin zugeordnet, zu dem auch die Geheimdienstschule der Marine gehörte.[107] Bedauerlicherweise werden in der Liste die Vornamen nicht erwähnt, und ein Großteil der Truppenlisten des Preußischen Heeres wurde bei den Luftangriffen auf Berlin im Jahr 1945 zerstört.[108]

Ob Sommerfeld sich dem Deutschen Marinegeheimdienst 1906 anschloss oder nicht, seine Erfahrungen an der mexikanischen Grenze lehrten ihn nicht nur, wie es in dieser Gegend „zuging". Seine Zeit als Erzsucher erweiterte vielmehr seinen Horizont und verhalf ihm zu einem gewissen Abstand zu den Einschränkungen seiner deutschen Erziehung. Obwohl er für kurze Zeit nach Deutschland zurückkehrte, würde er sich nie wieder dort niederlassen.

TEIL II

AUS DER DIKTATUR IN DIE REVOLUTION

Kapitel 4

Das vorrevolutionäre Mexiko

Während all jener Zeit (seit 1876) regierten Porfirio Diaz und seine Minister, genannt die *Cientificos*, das Land Mexiko mit eiserner Faust. Die *Cientificos* verfolgten in wirtschaftlichen und politischen Dingen einen technokratischen Ansatz. Sie waren überzeugt von der Philosophie des Positivismus und gingen davon aus, dass es mithilfe wissenschaftlicher Methoden letztlich gelingen würde, die Prozesse zu verstehen, die das menschliche Verhalten beeinflussen und beherrschen. Unter diesem Leitgedanken hatten sie die Transformation der politischen und wirtschaftlichen Landschaft Mexikos vier Jahrzehnte lang vorangetrieben. Im Jahr 1908 war nicht nur der Diktator selbst, sondern auch der Großteil seiner Führungselite in den siebziger und achtziger Jahren ihres Lebens angekommen. Die politische Elite musste sich also mit der Frage ihrer Nachfolge auseinandersetzen. So äußerte Diaz im Rahmen eines Interviews mit dem amerikanischen Journalisten James Creelman, der für das *Pearson's Magazine* schrieb, im März des Jahres, er wolle sich in Zukunft der Demokratie hinwenden, zurücktreten und für die kommenden Wahlen einen offenen Wahlkampf zulassen.[109] Dieser bemerkenswerte Einstellungswandel öffnete für das Regime unter Porfirio Diaz die Büchse der Pandora.

Die Regierung Diaz hatte durchaus viele Jahre lang einen breiten Rückhalt aus großen Teilen der mexikanischen Bevölkerung genossen. Der berühmte und dekorierte General Diaz, der im Jahr 1876 dabei half, die Franzosen in die Flucht zu schlagen, erlangte die Präsidentschaft im Jahr 1876.[110] Er vereinte mächtige Sektoren der Gesellschaft und bildete so eine

Koalition mit dem Ziel, Mexikos Wirtschaft wachsen zu lassen, die Kriminalität zu unterbinden und einen gesellschaftlichen Mittelstand aufzubauen. Um die Früchte des *Porfiriato*, also der Herrschaft Diaz', für sich zu ernten, musste man natürlich auf der richtigen Seite stehen. Die zentralisierte Macht des Regime Diaz tolerierte keinen Widerspruch und vergab nach Belieben Ämter oder erwies Gefälligkeiten. Nur wenige Jahre nach dieser Machtergreifung festigte sich das Regierungsbündnis aus Grundbesitzern, Industriellen, der Kirche und dem Militär, und die mexikanische Wirtschaft stabilisierte sich. Die sich noch in den Kinderschuhen befindenden Gewerkschaften wurden zerschlagen.

Diaz' berüchtigte Politik des „pan o palo" (Brot oder Stock) löschte alle politischen Gegner aus. Die *Rurales*, die ländliche Polizei, zählte eine Vielzahl vormaliger Banditen in ihren Reihen. Anstatt sich sein Leben mit Raubüberfällen zu finanzieren, verdiente man als Polizist des Regimes seinen Lebensunterhalt durch ein kleines Gehalt und das Eintreiben von Bußgeldern. Die Strategie ging auf und die Kriminalitätsrate fiel drastisch. Korruption existierte auch weiterhin, jedoch nur, wenn sie von Staatsseite her gebilligt wurde. Zur großen Erleichterung der Arbeiter auf den Haziendas und in den Minen der nördlichen Bundesstaaten Sonora, Chihuahua und Coahuila, wurden die Apachenkriege im Jahr 1886 mit der Gefangennahme Geronimos beendet.

Der Gouverneur von Chihuahua, Luis Terrazas, wurde zum Helden, weil er seinen Bundesstaat von den aufständischen Indianern befreite und sicherte so das Fundament seiner Macht in den 1900er Jahren. Im Jahr 1885 schloss man Verträge mit den Gläubigerländern Großbritannien, Frankreich und Spanien, um so den Staatshaushalt zu sanieren, und Mexiko wieder auf den Weg zur Kreditwürdigkeit zu bringen. Als 1888 erstmals mexikanische Staatsanleihen auf den internationalen Markt gebracht wurden, zeigte sich der Erfolg von Porfirio Diaz' Fiskalpolitik. Seine finanzpolitische Strategie ging 1888 mit der Ausgabe der ersten neuen internationalen Anleihen auf.

Die neu erlangte Stabilität des Landes zog Investoren aus dem Ausland an. England, seit jeher der bedeutendste Gläubiger Mexikos dicht gefolgt von Spanien und Frankreich, hatte noch immer mit den Kreditausfällen der 1820er und 1830er Jahre zu kämpfen, welche im Jahr 1861 zum Einmarsch Frankreichs in Mexiko geführt hatten. Nach dem Sieg über die Franzosen und der Hinrichtung Kaiser Don Maximilianos I (Maximilian I) im Jahr 1867, erklärte der neue Präsident Juarez, dass Mexiko seine Schulden nicht bedienen würde. Als Folge erreichte die Bewertung der Bonität Mexikos auf dem Weltmarkt einen neuen Tiefststand. Die zahlreichen Verhandlungen, die darauf abzielten, die Kreditwürdigkeit wiederherzustellen, zogen sich bis in die 1880er Jahre. Mit dem Herrschaftsantritt Kaiser Wilhelms II im Jahr 1888 und dem Rücktritt Bismarcks im Jahr 1890 witterte man im Deutschen Reich eine große Gelegenheit, seinen Einfluss auf dem amerikanischen Kontinent auszubauen.

Der aus Berlin stammende Baron Bleichröder rechnete mit der stabilisierenden Wirkung des Mexikanischen Diktators Diaz und schloss einen Verband, dem auch die Reichsregierung selbst angehörte, mit dessen Hilfe er die Mittel für das größte Darlehen bereitstellen konnte, das dem Mexikanischen Staat jemals gewährt wurde. Das deutsche Bankhaus S. Bleichröder übernahm 50% der Schulden Mexikos und löste somit spürbar den Würgegriff Englands, der die Entwicklung und das Wachstum der mexikanischen Wirtschaft lähmte. Zwar handelte es sich bei der Bank um ein Privatunternehmen, die Familie Bleichröder pflegte jedoch eine enge Verbindung zur Reichsregierung und half dieser so, ihre Außenpolitik in Richtung Mexiko zu gestalten und voranzutreiben.

Das hochriskante Darlehen der Bleichröders und die erfolgreiche Haushaltspolitik des Diktators führten tatsächlich zur Stabilisierung der mexikanischen Wirtschaft. Der leichte Vorteil, den sich die deutsche Regierung durch ihre Investitionen verschafft hatte, wurde jedoch bald ausgeglichen, denn die wiedererstarkte Wirtschaft verminderte das Risiko für weitere Investoren aus der Industrie, deren Einfluss so wuchs. Auch vor allem amerikanische und französische Banken wagten sich wieder, Investitionen in Mexiko zu tätigen. Während sich Mexikos Wirtschaft in den späten 1880er Jahren erholte, legte auch die Wirtschaft des großen Nachbarn Amerika durch den fortschreitenden Ausbau der Eisenbahn an Fahrt zu. In den westlichen Staaten kam es infolge der immer effizienteren Transportwege in die Industriezentren im Osten und mittleren Westen des Landes zum Boom in der Bergbauindustrie. Dieser breitete sich rasch aus und erreichte schließlich Arizona und die Bundesstaaten Sonora und Chihuahua südlich der Grenze zu Mexiko.

Das ungezügelte Wachstum führte jedoch bald dazu, dass sich immer mehr Investoren verspekulierten. So platzte im Jahr 1893 die *Eisenbahnblase* und die USA rutschten in eine folgenschwere, drei Jahre andauernde Rezession. Große Teile der amerikanischen Bergbauindustrie waren danach einfach ausgelöscht. Nach diesem ersten Schock jedoch wuchs die US-Wirtschaft bis ins Jahr 1907 ruhiger und beständiger. Um den immer größer werdenden Bedarf der amerikanischen Industrie zu decken, wurden Rohstoffe in rauen Mengen benötigt, welche in Mexiko viel billiger zu beschaffen waren als im Westen der USA. Von den 1890er Jahren bis ins Jahr 1908 verzeichnete man in Mexiko die größten Wachstumsraten aller Zeiten, und das aufgrund der Rohstoffexporte und der Investitionen aus dem Ausland.

Felix Sommerfeld war nur einer von unzähligen Einwanderern aus der ganzen Welt, die dem Ruf der boomenden Bergbauindustrie folgten. Amerikanische Investoren kamen in Scharen und errichteten Eisenbahnverbindungen, trieben die Entwicklung in den Minen voran, bauten Stahlhütten und gründeten äußerst profitable Unternehmen. In diesem Zusammenhang scheint der Ursprung für die Mexikanische Revolution auf der Hand zu liegen. Allerdings zogen es die mexikanischen Arbeiter, besonders vor 1908, meist vor, für ausländische Unternehmen zu arbeiten, da hier in der Regel bessere Arbeitsbedingungen herrschten und auch die Bezahlung besser war als in mexikanischen Firmen.

Die Situation der Arbeiter war jedoch an heutigen Standards gemessen immer noch miserabel. Für Historiker wie Friedrich Katz liegt die zunächst eher nachsichtige Einstellung der Revolutionäre gegenüber ausländischen Unternehmen zum Teil in der Tatsache begründet, dass die Menschen nur äußerst ungern ihre Haupteinkommensquelle verloren.[111] Die Mexikanische Regierung arbeitete eng mit ausländischen Unternehmen zusammen. Mexikanische Arbeiter erhielten dennoch weitaus geringere Löhne als ihre amerikanischen Kollegen und in der Öffentlichkeit wuchs der Unmut. Die wenigen Streiks dieser Zeit, wie beispielsweise im Jahr 1906 in der Kupfermine von Cananea Consolidated Copper oder in der Textilfabrik Rio Blanco im Jahr 1907, wurden vom Diktator brutal niedergeschlagen. Während des Porfiriato konnten sich amerikanische Unternehmen der Unterstützung der mexikanischen Regierung sicher sein. Mit deren stiller Zustimmung betrieben viele Firmen sogar ihre eigene Polizeistelle und engagierten Streikbrecher. Dabei genoss Porfirio Diaz weitgehend das Vertrauen und die Unterstützung der Regierungen Roosevelt und Taft in Amerika sowie auch von Seiten der europäischen Großmächte.

Im Spiel der Weltmächte gelang es den Vereinigten Staaten unter Theodore Roosevelt, die europäischen Mächte davon abzuhalten, sich in Lateinamerika allzu unverhohlen einzumischen. Der Monroe-Doktrin und ihrer logischen Fortführung in der Politik Roosevelts waren seit dem Sieg Amerikas über Spanien im Jahr 1898 Zähne gewachsen, und Amerikas beachtliche Flotte durchkreuzte bereits sämtliche Weltmeere. Weder in England noch in Frankreich hatte man ernsthafte Absichten auf der amerikanischen Hemisphäre, was einen jedoch nicht davon abhielt, die Entschlossenheit der Amerikaner immer wieder auf die Probe zu stellen.

Auch das Deutsche Reich pflegte im ersten Jahrzehnt des 20. Jahrhunderts ein harmonisches Verhältnis mit den USA. Der deutsche Botschafter in den Vereinigten Staaten und Mexiko, Hermann Freiherr Speck von Sternburg, hatte ein sehr persönliches Verhältnis zum amerikanischen Präsidenten Theodore Roosevelt. Von Sternburg war in England aufgewachsen, und seine Frau stammte aus Kentucky. So kannte er Amerika gut und zeigte auf so mancher internationalen Konferenz öffentlich seine Zuneigung für die amerikanische Sache. Roosevelt sah in Sternburg einen Freund, um dessen Ernennung zum Botschafter er den Kaiser sogar persönlich gebeten haben soll.[112] Als Sternburg seine Stelle als Botschafter des Reiches in den Vereinigten Staaten antrat, berichtete die *New York Times* darüber, wie er Deutschlands Würdigung der Monroe-Doktrin öffentlich zusicherte: „Die Monroe-Doktrin ist für die Amerikaner ein ungeschriebenes Gesetz, das von Präsident Roosevelt als friedensstiftendes Mittel verstanden und umgesetzt wird.“[113] Hinter der harmonischen Fassade jedoch nahmen die Spannungen durch Deutschlands Vorhaben auf dem amerikanischen Kontinent zu.[114]

Im Jahr 1902 vereinten sich deutsche Kräfte mit britischen und italienischen Truppen, um die Handelsblockade von Venezuela zu errichten, welches seine internationalen Schulden nicht bedient hatte. Im Zuge dieser Blockade versenkten die Deutschen ein haitianisches Schiff, was einen direkten Verstoß gegen die Monroe-Doktrin darstellte und die Einstellung der amerikanischen Regierung gegenüber Deutschland nachhaltig negativ beeinflusste. Deutschlands Ambitionen zeigten sich besonders deutlich in Mexiko, wo Porfirio Diaz die europäischen Mächte gekonnt als Gegengewicht zum amerikanischen Einfluss instrumentalisierte. Nachdem das Deutsche Reich erst spät auf dem kolonialen Spielfeld erschienen war, stellte die Möglichkeit, in Nordamerika Fuß zu fassen, für den Kaiser eine äußerst begehrliche Vorstellung dar – auch wenn diese etwas weit hergeholt erschien.

Im Jahr 1903 holten deutsche Geschäftsleute heimlich Informationen über einen möglichen Erwerb der Lagune von Bahía Magdalena im mexikanischen Baja California ein, die den Deutschen als Marinestützpunkt dienen hätte sollen. Nur ein Jahr zuvor hatten die Japaner Ähnliches versucht. Natürlich wusste Porfirio Diaz, dass die Amerikaner niemals mit einem solchen Verkauf einverstanden gewesen wären. Er hielt die Deutschen noch eine Weile hin, distanzierte sich dann jedoch von dieser

Angelegenheit. Andererseits kündigte Diaz zur selben Zeit den Amerikanern die Pacht an einer Bekohlungsanlage in Bahía Magdalena, was das mexikanisch-amerikanische Verhältnis ernsthaft schädigte. In den Jahren 1904 und 1905 entschied man sich in Deutschland, der mexikanischen Regierung auf deren Anfrage hin militärisches Ausbildungspersonal zur Verfügung zu stellen. Wieder musste Diaz genau gewusst haben, dass man es in Amerika niemals gutheißen würde, dass deutsche Militärs in Mexiko operierten. Seiner Ansicht nach stellte die bloße Möglichkeit bereits ein ausreichendes Gegengewicht zum Einfluss Amerikas in Nordmexiko dar. Es ist zu bezweifeln, dass man die Aussichtslosigkeit solcher Unternehmungen in Deutschland erkannte. Trotz starker Vorbehalte seitens des amerikanischen Präsidenten versuchte der Kaiser bis ins Jahr 1907, den mexikanischen Diktator dazu zu bewegen, seine Bitte um deutsche Militärausbilder zu erneuern.[115]

Während Deutschland nach einem größeren Anteil an der mexikanischen Wirtschaft eiferte und dabei die konstruktiven und harmonischen Beziehungen zu den USA aufs Spiel setzte, schaffte es der gewitzte Mexikanische Diktator sogar, den finanziellen Einfluss Deutschlands in Mexiko zu schmälern. Das Bankhaus S. Bleichröder und Sohn hatte der mexikanischen Regierung Darlehen gewährt, als andere Banken sich weigerten, dieses Risiko einzugehen. Seitdem Diaz das Land stabilisiert und Mexiko durch die größte Wirtschaftsexpansion seiner Geschichte geführt hatte, war die Kreditwürdigkeit Mexikos dem Aufwärtstrend seiner Wirtschaft gefolgt.

Anstatt die Geschäfte mit dem renommierten Berliner Bankhaus auszubauen, trat Diaz auf andere Banken wie etwa J.P. Morgan (New York, London), James Speyer (New York, Frankfurt, London), die National City Bank (New York), Teixeira De Mattos Brothers (Amsterdam), Crédit Lyonnais und die Banque de Paris zu, die bereits mit den Hufen scharrten. Diaz brachte sogar die Deutsch-Südamerikanische Bank, eine Tochter der Dresdner Bank, sowie die Deutsche Bank als Gegengewicht zu Bleichröder mit an den Verhandlungstisch.[116] Im Oktober 1901 erwarb das Londoner Unternehmen [J.P. Morgan aus London] eine

Beteiligung über 150.000 Dollar am der Mexican National Railway Re-adjustment Loan, und im Februar und November 1908 finanzierte es zusammen mit der Dresdner Bank zwei Ausgaben von Schuldscheinen für die Interoceanic Railway of Mexico.[117]

Im Jahr 1900 begann der besondere Einfluss der Bleichröders auf den mexikanischen Fiskus zu schwinden, und mit ihm schwand auch der Einfluss des Deutschen Reiches in Mexiko.[118] Auf dem Papier hatte Bleichröder zwar noch immer den Vorsitz in den Verbänden, die der Mexikanische Finanzminister José Limantour in den Jahren 1901, 1907 und 1913 für die Ausgabe neuer Staatsanleihen einberief, jedoch wurde Bleichröders Anteil daran letztlich zu klein, um weiterhin einen ausschlaggebenden Einfluss auf die Mexikanische Regierung auszuüben. Zu den großen Konkurrenten des Berliner Bankhauses in Deutschland zählte insbesondere die Deutsche Bank, wo sich der junge und ambitionierte Geheimrat Bernhard Dernburg „nahezu ausschließlich“ um die Geschäfte in Mexiko kümmerte.[119] Dernburg besuchte auch gelegentlich die Vereinigten Staaten, wo er nach dem Zusammenbruch des Eisenbahnsektors im Jahr 1893 in die Neuorganisation und Konsolidierung von Forderungsausfällen eingebunden war.[120] Eine weitere große Bank aus Berlin, die auf den mexikanischen Finanzmarkt drängte, war die Diskonto Gesellschaft. Zudem schickte der Direktor Friedrich Rintelen seinen Sohn Franz in den Jahren 1904, 1905 und 1906 nach Amerika, um dort das Handwerkszeug des internationalen Bankwesens zu erlernen.[121] Er sollte zum jüngsten Direktor der Diskonto Gesellschaft werden und sich im Jahr 1915 als berüchtigter „Dark Invader“ (zu deutsch etwa „Der Finstere Eindringling“) einen Namen machen.[122]

Das internationale Wirtschaftsklima der frühen 1900er Jahre verhieß für die absehbare Zukunft gute Zeiten. Doch wie es für die meisten Konjunkturzyklen der Fall ist, so können unvorhergesehene Geschehnisse eine finanzielle Hochphase oft sehr abrupt beenden. Den profitablen Jahren im neuen Jahrhundert wurde am Mittwoch den 18. April 1906 um genau 17:12 Uhr ein jähes Ende bereitet. In nur zweiundvierzig Sekunden zerstörte ein Erdbeben der Stärke 7,7 bis 8,25 auf der

Richterskala die lebhafte Stadt San Francisco sowie die umgebenden Kleinstädte und Dörfer, und mehr als dreitausend Menschen fanden den Tod.[123] 25.000 Gebäude in 490 Blocks der Stadt fielen den Flammen zum Opfer, die infolge gerissener Gasleitungen ausbrachen. Historiker schätzen den Gesamtschaden des Erdbebens auf insgesamt 400 Millionen Dollar (bei heutigem Wert etwa 8,8 Milliarden Dollar). Während sich zahlreiche Versicherungsunternehmen aus dem Staub machten und Zahlungen schlichtweg verweigerten, brachten die beträchtlichen Summen, die von den verbleibenden 137 Versicherungen aufgebracht werden mussten, das internationale Finanzsystem an den Rand des Abgrunds.

Der im April 1906 durch das Erdbeben von San Francisco und die anschließenden Brände verursachte Schaden belief sich insgesamt auf gut 1 Prozent des Bruttoinlandsprodukts Amerikas. Zwar blieben die unmittelbaren Schäden auf das Gebiet um San Francisco beschränkt, die Auswirkungen auf den globalen Finanzmarkt waren jedoch verheerend: große Mengen Gold flossen im Herbst 1906 ins Land, da ausländische Versicherer Schadensforderungen aus ihren in San Francisco liegenden Policen aus heimischen Geldmitteln bezahlten. Dieser Abfluss an Mitteln veranlasste die Bank of England dazu, amerikanische Finanzwechsel zu benachteiligen und gleichzeitig, wie auch andere europäische Zentralbanken, die Zinssätze zu erhöhen. Diese Vorgehensweise stürzte die Vereinigten Staaten in eine Rezession, die im Juni 1907 ihren Anfang nahm.[124]

Wie so oft in Zeiten des wirtschaftlichen Abschwungs zog der Rückgang von Geldmenge und Liquidität sowohl legale als auch illegale Finanzgeschäfte nach sich, die letztlich zur Panik von 1907 führten. Die Ereignisse, die diesen Ansturm auf die Banken auslösten, erscheinen zunächst harmlos und unzusammenhängend. Am 16. Oktober 1907 brach der Aktienkurs der United Copper Company ein und fiel von 62 Dollar auf nur 15 Dollar pro Anteil.[125]

Dies bedeutete den finanziellen Ruin eines gewissen F. Augustus Heintze, seinerseits Präsident der Mercantile National Bank in New York. Der schillernde Millionär aus Montana hatte versucht, den Markt für Kupfer aufzukaufen. John D. Rockefeller, der selbst große Mengen dieses Rohstoffs hielt, reagierte auf diesen Angriff indem er Unmengen Kupfer auf den Markt warf, was den Kupferpreis und den Aktienkurs der Unternehmen der Branche in den Keller trieb.[126] Heintze war erledigt! Der Mann, der an der Wall Street für seine stets äußerst profitablen Investitionen bekannt gewesen war, riss neben seinem Privatvermögen auch die Butte Savings Bank aus Montana sowie die Mercantile National Bank in New York mit sich in die Tiefe. Investoren erfuhren schnell von den vielen miteinander verbundenen Finanzplänen der Akteure an der Wall Street und befürchteten bald das Schlimmste. „Zwar war ‚United Copper' kein sehr bedeutendes Unternehmen, doch der Zusammenbruch von Heintzes Finanzplan brachte ans Licht, dass die New Yorker Banken, Maklerfirmen und Treuhandgesellschaften auf Direktoratsebene über ein kompliziertes Netzwerk gegenseitiger Abhängigkeiten miteinander verbunden waren. Zeitgenössischen Beobachtern wie O.M.W. Sprague (1910) zufolge, schürte die Offenlegung der engen Verbindungen zwischen Bankern und Börsenmaklern die Angst unter den ohnehin schon nervös gewordenen Anlegern noch weiter."[127]

Emil Holmdahl (2. von rechts) als Ordnungswächter in San Francisco (1906)[128]

Am 18. Oktober 1907 lösten panische Anleger einen Run auf die Knickerbocker Trust Company in New York aus.[129] John Pierpont Morgan stürzte sich persönlich ins Getümmel. Er rief ein Rettungskomitee ins Leben, dem James Stillman (National City Bank) und George F. Baker (First National Bank), die mächtigsten Banker in New York, angehörten. Nachdem Knickerbocker ins Straucheln geraten war, sahen sich auch andere Bankhäuser mit einem Ansturm auf ihre Einlagen konfrontiert. Der Markt brach zusammen, und der Handel an der New Yorker Börse kam zum Erliegen. Das Komitee der drei Financiers entschied von Fall zu Fall darüber, ob und in welchem Rahmen Banken, deren Einlagen schwankten, gestützt werden sollten. Zahlreiche Einrichtungen, wie beispielsweise die Stadt New York oder die New Yorker Börse konnten so mit knapper Not gerettet werden.[130]

Am 24. Oktober einigten sich J. P. Morgan und die US-Regierung auf ein Rettungspaket für den New Yorker Finanzsektor, das sich auf die beeindruckende Summe von 25 Millionen US-Dollar belief. John D. Rockefeller mag sich seiner Rolle in der Krise bewusst gewesen sein, er stützte das durch die Regierung abgesicherte Paket mit weiteren 10 Millionen Dollar aus seiner Tasche. Eine Zeit lang hing die Zukunft des Finanzsektors Amerikas in der Schwebe. J. P. Morgan rief die Kirchenmänner in New York dazu auf, für „Ruhe und Geduld" zu beten. Ob nun durch Gottes oder durch J. P. Morgans Hilfe, oder vielleicht durch eine Kombination aus beidem, endete die Panik von 1907 genauso bald, wie sie entstanden war. Unter den Investoren stellte sich binnen eines Monats wieder Zuversicht ein, und die Rezession endete im Juni 1908 fast genau ein Jahr nach ihrem Beginn. Der Aktienmarkt schwang sich zu immer neuen Höchstständen auf und überstieg im Jahr 1909 wieder die Marke von vor der Panik.[131] Allerdings war die Schockwelle des Erdbebens von San Francisco im Jahr 1906, gepaart mit dem Zusammenbruch von F. A. Heintzes Vermögen im Jahr 1907, Anlass für die Verabschiedung des *Federal Reserve Act* im Dezember 1912.

Zwar retteten Morgan, Stillman, Baker, Rockefeller und die amerikanische Regierung in den angespannten Tagen im Oktober 1907 das US-Finanzsystem, die hochriskanten Wettgeschäfte der Wall Street hatten jedoch Auswirkungen rund um den Globus, und Mexiko gehörte zu den am meisten betroffenen Ländern. Das Regime Diaz hatte sich erfolgreich von seiner Abhängigkeit von europäischen Geldgebern losgerissen. Um die Jahrhundertwende stammte das benötigte Investitionskapital für das Schienennetz, das Minenwesen, die Landwirtschaft und für andere Industriezweige größtenteils aus Amerika. Besonders in den nördlichen Bundesstaaten Mexikos wie Sonora, Chihuahua und Coahuila war man stark auf den grenzübergreifenden Handel und Darlehen aus den USA angewiesen. Innerhalb weniger Monate nach dem Ausbruch der Rezession im Juni 1907 „legte die amerikanische Konjunkturkrise die Wirtschaft Mexikos lahm."[132] Während die Finanzkrise von 1907 auf der einen Seite die verantwortungslosen Machenschaften an der Wall Street aufdeckte, offenbarten sich durch sie sowohl strukturelle als auch soziale Unzulänglichkeiten in der Politik des Mexikanischen Diktators Porfirio Diaz.

Als die Financiers an der Wall Street damit beschäftigt waren, das Bankensystem vom Rande des Abgrunds zu retten, bekam Mexiko die ganze Härte des angespannten internationalen Kreditmarkts zu spüren. Um einer drohenden Inflation zu entgehen, beschloss der mexikanische Finanzminister José Ives Limantour, „Kredite zu beschränken und eine Politik der Deflation zu verfolgen."[133] Zwischen 1907 und 1908 verringerten sich die Gesamteinnahmen Mexikos um über 14 Prozent. [134] Zudem wurde das Land zwischen 1908 und 1909 von einer großflächigen Dürre getroffen. So stiegen die Preise für Nahrungsmittel und gleichzeitig schrumpften die Reallöhne. Durch den Einbruch der Metallpreise im Jahr 1907 waren die Exportgeschäfte der amerikanischen und mexikanischen Minenbetreiber im Norden Mexikos nicht mehr zu realisieren. Tausende Minenarbeiter verloren ihre Arbeit und unzählige weitere mussten drastische Lohnkürzungen hinnehmen.

Eines der größten in Mexiko tätigen US-Minenunternehmen, die American Smelting and Refining Company (ASARCO) stellte den Betrieb seiner Minen in Santa Eulalia und Santa Barbara in Chihuahua ein und setzte mehr als 1.000 Menschen auf die Straße. Die meisten Minen im größten Bergbauzentrum des Landes, Hidalgo del Parral, gaben den Betrieb auch auf. Das Wirtschaftsimperium des amerikanischen Tycoons William C. Greene, der vor allem in Sonora zahlreiche Minen besaß und im Westen Chihuahuas riesige Holzlager errichten ließ, brach in sich zusammen, was die Zahl der Arbeitslosen besonders dort stark ansteigen ließ.[135]

Greene hatte bereits im Jahr 1906 den Zorn der mexikanischen Arbeiter auf sich gezogen, als er „den Gouverneur von Sonora unter Druck setzte, amerikanische Freischaren ins

Land zu lassen", um den Streik in den Cananea-Minen zu brechen.[136] Die Entlassungen der letzten Zeit und die Schließung unrentabler Teile in Greenes Geschäftsimperium trugen zur Empörung bei, die die Mexikaner der unteren und mittleren Schichten gegenüber ausländischen Investitionen in ihrem Land empfanden. Die Wirtschaft Mexikos war besonders entlang der nördlichen Grenze so unmittelbar mit der Wirtschaft in den Vereinigten Staaten verknüpft, dass die arbeitslosen Minenarbeiter und verarmten Bauern überhaupt keine Arbeit mehr fanden. Die Unzufriedenheit über die politische Führung, die sich nicht um die wirtschaftliche Katastrophe des Landes zu kümmern schien, ließ auf breiter Front die Forderungen nach einer Wirtschafts- und Politikreform lauter werden. In Chihuahua machte der „Creel-Terrazas-Clan", der *Haziendas* der Größe Belgiens kontrollierte, kaum Anstalten, das Leid im Land zu lindern.[137]

Die grenzenlose Gier der regierenden Oligarchie des Bundesstaats erreichte neue Höhen, als Bankräuber 300.000 Pesos aus der Banco Minero stahlen, die in Chihuahua City lag und die Gouverneur Creel persönlich gehörte. Nachdem die Behörden in Chihuahua fünf Verdächtige verhaftet, eingesperrt und fast ein Jahr lang gefoltert hatten, wurde ersichtlich, dass Creels eigene Familie den Raub durchgeführt hatte.[138] Die fatale wirtschaftliche Situation der Arbeiter, Bauern, Ladenbesitzer und Geschäftsleute zündete vor dem Hintergrund der noch immer nicht geklärten Frage um die Nachfolge der alternden Führungselite und der brutalen Unterdrückung oppositioneller Zeitungen und Aufrührer letztlich einen Sprengsatz aus Unzufriedenheit, die sich über nahezu alle Gesellschaftsschichten des Landes hinweg aufgestaut hatte.

KAPITEL 5

AUSBILDUNG IN SPIONAGE

Felix Sommerfeld ließ sich im Jahr 1908 in Chihuahua nieder. Zu diesem Zeitpunkt gab es in Mexiko kaum noch eine Gesellschaftsschicht, bei der das Regime Diaz noch nicht tief in Ungnade gefallen war. Über die nächsten zwei Jahre sollte Sommerfeld zum bedeutendsten Geheimagenten des Deutschen Reiches in Mexiko werden und gleichzeitig als Ausländer einen der höchsten Ränge im innersten vertrauten Kreis um den Mexikanischen Präsidenten bekleiden. Er hatte Einfluss auf die Entwicklung der Mexikanischen Revolution und auf die bilateralen Beziehungen zwischen Mexiko und den USA. Die historische Erfassung seines dramatischen Aufstiegs auf die Bühne der Weltpolitik ist lückenhaft. Allerdings steht eines fest, auch wenn er selbst alles daran setzte diese Tatsache zu verheimlichen: Er hatte Helfer. Ob er nun aus eigenem Interesse oder auf Befehl des Deutschen Marinegeheimdienstes aus Kanada oder Deutschland nach Mexiko gegangen war, der Deutsche begann unverzüglich damit, sich ein mächtiges Netzwerk aufzubauen, das die einflussreichsten Personen in Nordmexiko umfasste.

Innerhalb eines Jahres wurde Sommerfeld zum Wortführer der Deutschen Gemeinde von Chihuahua. Führungskräfte der Porfiriato wie beispielsweise General Juan Navarro, der den Oberbefehl über das Militär in Chihuahua hatte, José Ives Limantour, Juan und Enrique Creel, mehrere Mitglieder des Terrazas-Clans sowie die gesamte junge Generation von Revolutionsführern wurden zu seinen Verbündeten. Zu Beginn der Revolution im Herbst des Jahres 1910 zählte Sommerfeld den Revolutionsführer Francisco Madero und die meisten, wenn nicht alle, seiner Brüder und zudem die beiden Onkel des späteren Präsidenten, Ernesto und Alberto Madero, zu seinen engen

Vertrauten. Zudem kannte er Abraham Gonzales, den Mentor Pancho Villas und späteren Gouverneur von Chihuahua und die hochrangigen Militärs Pascual Orozco und Giuseppe Garibaldi. Dem Deutschen galt das Vertrauen des deutschen Botschafters in Mexiko, Konteradmiral Paul von Hintze, und er pflegte gute Verbindungen zu Diplomaten wie von Richthofen und Romberg, zum Deutschen Handelsattaché Peter Bruchhausen, dem Deutschen Konsul General Rieloff, den Vizekonsuln Kueck und Weber und vielen mehr.

Sommerfelds Netzwerk erstreckte sich bis hin zu US-Beamten und schloss auch die Amerikanische Konsulin Marion Letcher, den Zollbeamten aus El Paso, Zach Lamar Cobb, sowie die Befehlshaber des Grenzmilitärs, Colonel Steever und General Pershing, mit ein. Ob der Deutsche Agent aus eigenem Antrieb vorständig wurde oder ob er von Deutschen Beamten vorgestellt wurde, ändert nichts am Resultat, nämlich dass sich Sommerfeld binnen kürzester Zeit mit beachtlicher Zielstrebigkeit im Zentrum des wirtschaftlichen, militärischen und politischen Geschehens um die Mexikanische Revolution postierte. Von dort aus konnte er Informationen erhalten und diese besser auswerten und verarbeiten als jeder andere. Wo immer er es für angebracht hielt, ließ er die Verantwortlichen auf Mexikanischer oder amerikanischer Seite von seinem umfassenden Wissen um die Entwicklung der Dinge profitieren. Stets handelte Sommerfeld jedoch im Interesse seines eigentlichen Auftraggebers: der Deutschen Reichsregierung.

Sommerfeld erzählte den BI-Agenten im Jahr 1918: „Als ich nach Chihuahua kam, hatte ich ungefähr 7.000 Dollar (bei heutigem Wert 147.000 Dollar)".[139] Bedenkt man allerdings, dass er im Zwischendeck reiste und sich Geld von seinen Verwandten aus Massachusetts „leihen" musste, war diese Aussage bezüglich seines Reichtums wohl stark übertrieben. Es ist vielleicht möglich, dass Sommerfeld im Jahr 1907 Geld aus dem Nachlass seines verstorbenen Vaters erhalten hatte. Glaubt man jedoch Felix Onkel Ed Rosenbaum, so erreichte er Chihuahua wohl ohne große finanzielle Mittel. Sommerfeld mietete sich wie die meisten wichtigen Gäste ins Palacio Hotel ein. In der verschwenderisch bestückten Hotelbar konnten Neugierige immer irgendwo kleine Fetzen wichtiger Geschäftsgespräche aufschnappen.

Am 15. August 1908 reiste der spätere Senator von New Mexico, Richter Albert B. Fall aus El Paso, mit seinem Chef Colonel William Greene an, dem Eigentümer der Consolidated Copper Company in Cananea.[140] Alberto Stallforth kam aus Parral und übernachtete am 22. August im Palacio Hotel.[141] Am 5. September kam Colonel Charles Hunt aus El Paso, und am 19. September Brigadegeneral Manual Mondragon, der Kriegsminister in der Regierung Diaz.[142] Am 3. Oktober wurde der deutsche Geschäftsträger Baron Clemens von Radowitz, der „[…] zu Besuch in der deutschen Kolonie hier […] [war] von Otto Kueck [Deutscher Konsul], O. Satorius, L. Nordwald [Kuecks Vater], Julio Heyden und weiteren prominenten Deutschen am Bahnhof empfangen […]"[143]

Von Radowitz hatte am 2. September 1908 die Zählung und Aufnahme aller Deutschen und deren Eigentum in Mexiko veranlasst.[144] Jetzt zog er im Land von einem Deutschen Konsulat zum nächsten, um sich die Ergebnisse seines Gesuchs persönlich anzusehen. Die deutsche Gemeinde im Bundesstaat Chihuahua war recht ansehnlich. Das größte von Deutschen geführte Unternehmen war Ketelsen and Degetau, ein Handelshaus mit Zweigstellen in ganz Chihuahua und in Texas. Wie viele deutsche Geschäftsleute, beispielsweise auch Adolph Krakauer, hatte sich Emil Ketelsen im ausgehenden 19. Jahrhundert im Norden Mexikos niedergelassen.

Im Jahr 1892 handelte seine Firma mit allem was man sich nur vorstellen kann, von Adler-Nähmaschinen und Glaswaren bis hin zu Waffen und Munition oder auch Immobilien. Die Bank Ketelsen and Degetau finanzierte ähnlich wie das Bankhaus Stallforth Y Hermanos Grundstückskäufe, Minen, Haziendas und derlei mehr. Da es in Chihuahua City den größten Anteil an Deutschen gab, führte Emil Ketelson dort das Deutsche Vizekonsulat. Sein Geschäftspartner und Verwalter des Ladens „Ciudad Juarez", Max Weber, leitete in der gleichnamigen Grenzstadt das Vizekonsulat. Otto Kueck war Ketelsons Schwiegersohn und Miteinwanderer aus Hamburg. Auch er war in

Ketelsons Firma angestellt. Als der beliebte Konsul Ketelsen am 22. März 1905 verstarb, übernahm Kueck die diplomatische Vertretung der deutschen Gemeinde. Doch das Konsulat war nicht das einzige, was er von Ketelson erbte. Über seine Ehegattin Emilie hatte er zudem Anspruch auf einen Teil des beachtlichen Nachlasses, den sein Schwiegervater seinen drei Kindern hinterlassen hatte. Die deutsche Gesandtschaft in Mexiko schätzte Ketelsons Vermögen auf über eine Million Pesos, was heute ungefähr 11 Millionen Dollar gleichkommt.[145] Zur deutschen Bürgerschaft des Bundesstaats Chihuahua zählten in diesem Jahr 127 Männer (87 davon Kaufmänner), 66 Frauen und 124 Kinder. Sommerfeld wurde als einer von sieben deutschen Minenarbeitern geführt.[146]

Im Palacio Hotel wohnten auch einige Gäste dauerhaft, weil es unter anderem solche Annehmlichkeiten wie fließendes Wasser bot. Die Rezession hatte so manche Karriere eines Geschäftsmannes jäh beendet und arbeitslose Minenarbeiter, Ingenieure und Händler in großer Zahl hervorgebracht. Zu den Dauergästen im Palacio Hotel zählte Leonard Worcester Jr., ein Edelmetallprüfer und Chemiker aus Leadville im US-Bundesstaat Colorado. Er hatte sich im ersten Jahrzehnt des neuen Jahrhunderts ein profitables Geschäft aufgebaut, bei dem Sommerfeld seine erste Anstellung fand. Für Worcester nahm er hier und da Erzproben und brachte sie zur Analyse. Nur ein Jahr später, im September 1909, teilte Sommerfeld sich ein Haus mit dem Metallurgen. Laut Worcester und zahlreichen weiteren Quellen ging Sommerfeld in den Jahren 1908 und 1909 „keiner regelmäßigen Beschäftigung nach."[147] Der Eindruck, den Sommerfeld mit seinen Gelegenheitsjobs, den scheinbar ziellosen Wanderungen und seiner Mittellosigkeit damals auf Worcester und andere machte, war der eines typischen jungen Glücksritters und revolutionären Landstreichers. Auch mehrere Historiker und nicht zuletzt das US-Justizministerium fielen auf diesen Trick herein. Nichts könnte jedoch der Wahrheit ferner liegen, denn jeder einzelne Schritt, den Sommerfeld in diesen entscheidenden zwei Jahren vor Ausbruch der Revolution unternahm war Teil eines minutiös ausgearbeiteten Plans, der letztlich zu seinem Aufstieg in Mexikos Revolutionärselite führte.

Durch seine Arbeit bei Worcester kam Sommerfeld in Kontakt mit bedeutenden Unternehmen wie ASARCO, dem größten Hüttenunterehmen in Mexiko (mit Hauptinvestor Luis Terrazas), der San Troy Mining Company, die von deinem Freund Donald B. Gillies geführt wurde, der Consolidated Mining and Smelting Company der Stallforth-Brüder und vielen mehr. Eine der Firmen, die Sommerfeld explizit erwähnte, war die Exploration Company of England and Mexico. Sommerfeld sagte im Jahr 1918 aus, dass wenn er „[...] der Meinung war, dass sich eine Anschaffung lohnen würde [...] bekam ich meine Provision."[148]

Während viele seiner Behauptungen über diese Zeit einer detaillierten Überprüfung der Tatsachen nicht standhalten, scheint seine Aussage über die Anstellung als Immobilienmakler auf Provision der Wahrheit zu entsprechen. Am 26. März 1910, Sommerfeld wohnte immer noch mit Worcester zusammen, veröffentlichte das *Mining World Magazine* einen Artikel, der als Beweis dienen kann: „Das Unternehmen ‚Exploration Co. of England &Mexico, Ltd.' arbeitet gerade an einer gründlichen Prüfung des Landbesitzes der ‚Santa Eulalia Exploration Co.' im Lager Santa Eulalia ungefähr 18 Meilen östlich von Chihuahua. Die Grundstücke zählen zu den ertragreichsten im ganzen Lager und liefern derzeit eine tägliche Menge von etwa 100 Tonnen Erz an die Hütte der ‚American Smelting & Refining Co.'. Das Explorationsunternehmen kaufte kürzlich größere Anteile an dem Lager."[149] Der technische Leiter des Unternehmens, Direktor R. M. Raymond, arbeitete im Jahr 1903 bei El Oro – zur selben Zeit wie Sommerfeld.[150] Die Interessen des Unternehmens, das angesprochene Land und der genannte Zeitpunkt decken sich vollständig mit Sommerfelds Aussage, in den Lagern gearbeitet, dort eine Provision erhalten und sich wöchentliche Fahrten nach Chihuahua geleistet haben zu können. Auch steht die Tätigkeit als Makler auf Provision in keinerlei Widerspruch zu irgendeinem anderen Geschäft, an dem er beteiligt war. Mit einem Vertrag über eine Provision von fünf Prozent hätte Sommerfeld durch

Grundstücksverkäufe das Geld für seinen Lebensunterhalt und seine Reisen verdienen können.

Bei seinem Verhör im Jahr 1918 gab der Deutsche ausdrücklich an, die Mine La Abundancia geführt zu haben, die im Besitz der Stallforths war.[151] Das schien unwahrscheinlich, denn diese Mine lag im Distrikt Baborigame tief in den Bergen der Sierra Madre Occidental, und nicht in der Nähe von Cusihuriachic, wo Sommerfeld angeblich arbeitete. Auch liegt sie weit entfernt von San Pedro, das kurz vor Torreón liegt, wo die Mexico Consolidated Mining and Smelting Company der Stallforths ihren Sitz hatte. Doch während des Verhörs wurde nicht nach solchen Details gefragt.[152] Sommerfeld machte die Vernehmungsbeamten glauben, dass er während dieser Zeit eine ganztägige Anstellung hatte, was aber nicht stimmte. Eine wahrscheinlichere Version der Wahrheit über La Abundancia lässt sich aus einer Aussage Frederico Stallforths aus dem Jahr 1917 folgern. Stallforth gab an, Sommerfeld im Jahr 1908 gekannt zu haben: „Er war bei uns in Parral, arbeitete zu dieser Zeit für irgendeine Bergbaufirma und versuchte, eine unserer Minen zu verkaufen."[153]

Wie viel Geld Sommerfeld bei diesen Unternehmungen verdiente, ist unbekannt. Sommerfeld erwähnte gegenüber den Vernehmungsbeamten die Summe von 25.000 Pesos (bei heutigem Wert über 250.000 Dollar).[154] Doch auch diese Geschichte scheint frei erfunden und sollte wohl den Anschein wecken, er wäre einem soliden und erfolgreichen Beruf nachgegangen. Wäre Sommerfeld durch Immobiliengeschäfte reich geworden, stellt sich die Frage, was mit seinem Geld geschehen ist. Das Unternehmen der Stallforths dürfte er wohl kaum für ein lohnendes Investitionsobjekt gehalten haben, doch er verfügte ja über alle Verbindungen, die nötig waren, um während der Wirtschaftskrise an großartige Geschäfte überall in der Bergbauindustrie zu kommen. Bei genauer Durchsicht der Minen- und Handelsregister Chihuahuas finden sich zwischen 1908 und 1913 weder Grundstücke, noch Claims oder Unternehmensanteile, die auf den Namen Sommerfeld lauten. Offenbar hatte er keinerlei Geld ins Bergbaugeschäft investiert und log im Jahr 1918 bei seiner Vernehmung durch das *Bureau of Investigations*.[155]

Neben seiner Beschäftigung als Immobilienmakler bei Worcester blieb Sommerfeld in den gesellschaftlichen Kreisen Chihuahua äußerst aktiv. Binnen kürzester Zeit wurde er zu einem anerkannten Sprecher der deutschen Gemeinde dort. Dies ist beachtlich, da besonders im deutschen Kulturkreis bei der Wahl von Führungspersonen in der Hierarchie zuallererst auf deren Seniorität Wert gelegt wird. Sommerfeld konnte jedoch weder Seniorität vorweisen, noch hatte er für die Gemeinde etwas Besonderes erreicht. Die einzige Erklärung für Sommerfelds raschen gesellschaftlichen Aufstieg ist, dass er entweder von den etablierten Führern unterstützt oder, was wahrscheinlicher ist, von einer höheren Autorität, nämlich der Deutschen Botschaft in Mexiko-Stadt, dorthin gebracht wurde. Am 31. Januar 1909 berichtet die *Chihuahua Enterprise* über die Bemühungen des Deutschen bei der Organisation der Festlichkeiten zum Geburtstag des Kaisers:

> **Deutsche ehren ihren Kaiser**. Die örtliche Kolonie gedenkt ihres Kaisers an dessen heutigen Geburtstag [...] Nach einer patriotischen Einstimmung durch das Orchester, trug Miss Ines Villar zur Eröffnung ein Gedicht von F. Sommerfeld vor [...] Während des Abendessens brachten und verkauften junge Männer die zu diesem Anlass erschienene Sonderausgabe der ‚Deutschen Kolonialen Zeitung', was unter den Besuchern großen Anklang fand. Beinahe die gesamte deutsche Bevölkerung der Kolonie war gekommen, um ein Stück des ‚Bratens' zu ergattern. F. Sommerfeld hat diese Auflage der Zeitung besorgt, wofür ihm große Anerkennung gebührt.[156]

Über welche Verbindungen Sommerfeld an die zahlreichen Exemplare der *Kolonialzeitung* gekommen war, lässt sich nur vermuten. Herausgegeben wurde das Blatt vom Kolonialministerium in Berlin, dessen Vorsitz Dr. Bernhard Dernburg hatte. Dernburg war der einzige Jude im damaligen Kabinett und wurde 1914 Leiter der deutschen Propaganda in den USA. Eigenen Angaben zufolge war er mit Sommerfeld eng befreundet.[157] Wann und wie sich die Freundschaft zwischen dem deutschen Reservisten und dem Mitglied des Reichskabinetts entwickelt hatte, ist unbekannt. Kannte Sommerfeld Dernburg in Deutschland und erhielt von ihm von Zeit zu Zeit ein „Care-Paket“? Ob die Zeitung nun direkt aus Deutschland kam, oder ob Sommerfeld sie von der Deutschen Botschaft in Mexiko-Stadt hatte, spielt keine Rolle. Durchaus von Bedeutung ist jedoch, dass nicht Kueck oder eine andere etablierte Führungsperson der deutschen Kolonie in Chihuahua, sondern Sommerfeld im Jahr 1909 die weitreichendsten Verbindungen in die deutschen Machtstrukturen hatte.

Neben seinen Bemühungen um die deutsche Gemeinde, strebte Sommerfeld auch nach Kontakten in anderen Gesellschaftskreisen. Unmittelbar nach seiner Ankunft im Jahr 1908 wurde der Deutsche Mitglied im *Club Bohemio* von Chihuahua. Man weiß nicht viel über diesen Club, außer dass „[…] diese schöne Gesellschaft von jungen Mitgliedern aus unseren ersten Reihen wurde gegründet am 21. Dezember 1904. Eine der Voraussetzungen für die Mitgliedschaft im *Club Bohemio* ist es, unverheiratet zu sein.“[158] Die Junggesellen von Chihuahua stellten in der Geschäftswelt des Bundesstaates eine Art *Who is Who* dar. Zu den Mitgliedern des Clubs zählten beispielsweise Agustín Terrazas und Luis Creel, beide Teil der regierenden Oligarchie in Chihuahua, Otto Nordwald, der Sohn des Möbelherstellers Henry Nordwald, die Anwälte Pascual Garcia, Salvador Yáñez und Francisco Cordero, die Bergbauingenieure Luis Bárcenas, Carlos Escobar, José Muñoz, Minenunternehmer Donald B. Gillies und der Handelsunternehmer Federico Moye.

Es gibt keinen Hinweis darauf, dass sich der Club jemals an politischem Aktivismus beteiligt hätte, wenn auch Federico Moye im Jahr 1911 einmal erfolglos bei der Gouverneurswahl angetreten ist. Führt man sich jedoch den gesellschaftlichen und wirtschaftlichen Status seiner Mitglieder vor Augen, so repräsentierte der Club, im Gegensatz zu etwa Creels und Terrazas Männern, doch in großem Maße die politisch und wirtschaftlich entrechtete Mittelschicht im vorrevolutionären Mexiko. Diese Gruppe bildete die Basis, die Francisco Madero während der kommenden Revolution unterstützte, sie sympathisierte jedoch nicht mit der radikalen Ideologie der Brüder Flores Magon oder etwa eines Emiliano Zapata.

Durch die finanziellen Verbindungen der Stallforths lernte Sommerfeld Gouverneur Enrique Creel und dessen Bruder Juan genau zu der Zeit kennen, als der Skandal um die Banco Minero in der mexikanischen Öffentlichkeit für Aufruhr sorgte.[159] Zudem war Alberto Madero gerade in der Stadt. Der Onkel des späteren Präsidenten sollte Sommerfelds guter Freund werden.[160] Gustavo Madero, Franciscos Bruder, besaß Mineneigentum in Parral und war sowohl mit den Stallforths als auch mit Sommerfeld bekannt. „In Chihuahua kannte ich einfach jeden", brüstete sich Sommerfeld gegenüber den amerikanischen Behörden im Jahr 1918. Die frage, ob er denn „alle Politicos in Chihuahua getroffen" habe, beantwortete er mit einem klaren „Ja".[161] Sommerfelds Netzwerk beschränkte sich nicht auf die Hauptstadt dieses einen Bundesstaates. Die *Chihuahua Enterprise* berichtete am 12. Juni 1909 in der Rubrik „Lokales und Persönliches", dass „F. A. Sommerfeld sich auf Geschäftsreise nach Mexiko-Stadt befindet."[162]

Eine andere Teilzeitbeschäftigung, für die Sommerfeld bekannt wurde, war seine Arbeit für AP News (Associated Press). Es gibt zwar nirgends Aufzeichnungen über die Art seiner Anstellung, doch Sommerfeld muss den Kontakt zur Chicagoer Niederlassung der Associated Press irgendwann im Jahr 1910 hergestellt haben.[163] Dort war sein Kontaktmann Chris D. Haggerty von der Zweigstelle der AP in Chicago, und nicht New York, wo der Hauptsitz der Associated Press war.[164] Im Jahr 1910 arbeitete Sommerfeld für Haggerty als Korrespondent. Wie auch seine Arbeit als Immobilienmakler erlaubte es diese Anstellung Sommerfeld, frei umherzureisen, nebenbei etwas Geld zu verdienen und sich nicht in ein enges und reglementiertes Arbeitsverhältnis zwängen zu müssen. Als Grund für seine Anstellung bei Haggerty gab er den Vernehmungsbeamten an, dass der Journalist aus Chicago kein Spanisch sprach. Für die Presse zu arbeiten barg entscheidende Vorteile für Sommerfeld. Er erlangte Zugang zu den höheren Sphären der politischen Szene in Chihuahua und mit seinem Presseausweis konnte

Sommerfeld die Grenze zu den USA überqueren, ohne sich bei den Einwanderungsbehörden melden zu müssen.[165]

In Chihuahua gab es ohne Zweifel so manche große Geschichte zu berichten. Im Sommer 1910 schoss der spätere Revolutionär und Bandit Pancho Villa seinen Komplizen Claro Reza am helllichten Tag nieder, weil dieser als Polizeispitzel entlarvt worden war.[166] Pancho Villas Mentor, der spätere Revolutionsgouverneur von Chihuahua, Abraham Gonzales, leitete die Geschäftsstelle von Maderos Partei, die sich in der Hauptstadt gegen eine Wiederwahl Diaz einsetzte. Sommerfeld sagte im Jahr 1918 aus: „Ich kannte [Villa] besser als jeder andere. Ich kannte ihn schon seit 1910."[167] Für amerikanische Nachrichtenagenturen sollte es üblich werden, sich in Interviews mit diesem mächtigen Verbündeten Maderos über den Zustand der Opposition zu informieren. Sommerfelds Arbeit für AP News wird zwar häufig in der Geschichtsschreibung erwähnt, er wird jedoch bei nicht einem Artikel in einer Zeitung aus Chicago zwischen 1908 und 1913 als Autor angeführt. Laut Aussage des deutschen Agenten, „schickte [er] lediglich ein paar Telegramme zu ‚Associated Press' und klärte sie über die Lage in Mexiko auf."[168]

Höchstwahrscheinlich verfasste Haggerty selbst die auf Sommerfelds Informationen basierenden Artikel. Sommerfeld erwähnte, dass sein erstes Treffen mit Francisco Madero im Frühling 1911 ein Exklusivinterview zum Anlass hatte, das auf Maderos Hazienda in Bustillos nahe Chihuahua Stadt stattfand. Das einzige bekannte Exklusivinterview, das mit Madero während seines Aufenthalts in Bustillos im Jahr 1911 geführt wurde, veröffentlichte der Journalist Timothy Turner. Dieser erwähnte weder den Namen Sommerfeld, noch die AP News. Auch veröffentlichte Chris Haggerty niemals ein Interview mit dem späteren Präsidenten.[169] Sommerfeld hingegen interviewte Madero sehr wohl im April 1911, allerdings nicht im Auftrag Haggertys, sondern vielmehr für die deutsche Regierung.[170] Die Verbindungen des Deutschen zu den Rebellen sollten es Haggerty im Frühjahr 1911 allenfalls ermöglichen, dem späteren Präsidenten und dessen innerstem vertrauten Kreis vorgestellt zu werden.

Sommerfelds Hauptbeschäftigung während dieser Zeit war vollkommen anderer Natur, als sich hier und da durch Gelegenheitsjobs über Wasser zu halten. Er tat zwar sein Bestes, seine Verbindungen zu deutschen Behörden geheim zu halten, ließ jedoch bei den BI-Beamten im Jahr 1918 durchscheinen, dass er Beziehungen zum Deutschen Konsul hatte.[171] Diese Beziehungen gingen allerdings weit über das hinaus, was Sommerfeld zugeben wollte. Es war Felix Sommerfeld zu verdanken, dass das Vizekonsulat in Chihuahua zu einem gänzlich anerkannten Konsulat aufstieg. Er als „führender Vertreter" der deutschen Gemeinde von Chihuahua verfasste am 10. April 1910 einen Brief, der über die Botschaft in Mexiko-Stadt an den Deutschen Reichskanzler weitergeleitet wurde. Darin pries er die Verdienste des Vizekonsuls Kueck.[172] Das Unternehmen glückte, und Kueck wurde am 28. April 1911 zum Konsul befördert.[173] Kueck, der durch seine Ehefrau zu einem wohlhabenden Mann geworden war, hatte die Gehaltserhöhung sicher nicht nötig. Allerdings war der Zugewinn an Prestige durch diesen diplomatischen Status nicht mit Geld auszudrücken.

Während sich Sommerfeld sein Netzwerk in den wirtschaftlichen und politischen Kreisen des Bundesstaates aufbaute, vermehrte er seinen Einfluss in der deutschen Gemeinde, beförderte deren diplomatischen Führer zum Konsul und beteiligte sich an deren Festivitäten. Betrachtern wie beispielsweise Worcester blieb das Muster hinter Sommerfelds Aktivitäten verborgen. Die deutsche Gesandtschaft in Mexiko-Stadt und deren Vertreter in Chihuahua, Kueck und Weber, sind der Schlüssel zum Verständnis der augenscheinlich voneinander unabhängigen Beschäftigungen Sommerfelds. Leonard Worcester sagte im Jahr 1917 aus, dass Sommerfeld „während dieser Zeit [1908 bis 1911] als vertrauter Agent für den Deutschen Konsul in Chihuahua [Otto Kueck] tätig war und auf dessen Gehaltsliste stand."[174] Das plötzliche Auftauchen von Felix Sommerfeld, der Stallforth-Brüder, des Konsuls Otto Kueck und des Handelsattachés Peter Bruchhausen in Chihuahua innerhalb weniger Monate war kein Zufall.[175]

Es gibt nur eine Erklärung für das, was Sommerfeld in Kuecks Auftrag erledigte: Spionage. In einem Bericht, den Konsul Kueck nur wenige Monate vor der Ankunft Paul von Hintzes in Mexiko an den Deutschen Geschäftsträger von Richthofen schickte, findet sich eine aufschlussreiche Aussage über Sommerfelds wahre Beschäftigung zwischen 1908 und 1910. Kueck berichtete über den Ausbruch von Unruhen Ende November 1910 und über Maderos Bemühungen, Porfirio Diaz abzusetzen. Er erwähnt Berichte, die er am 23., 26. Und 28. November sowie am 9. Und 22. Dezember eingereicht hatte. Die Aufzeichnungen im Archiv beinhalten für den 23. Und 28. November handschriftliche Berichte von keinem geringeren als Felix Sommerfeld selbst.[176] Diese wurden nicht an Konsul Kueck, sondern direkt an Peter Bruchhausen adressiert, den deutschen Handelsattaché in Mexiko-Stadt. Sommerfeld stand also unter direktem Befehl von Bruchhausen, informierte jedoch den Konsul über seine Machenschaften. Peter Bruchhausen findet in der Historiografie keine Erwähnung als Teil des Deutschen Marinegeheimdienstes. Er stammte aus der Region Koblenz und trug zum Zeichen seiner Mitgliedschaft in einer schlagenden Verbindung eine Narbe im Gesicht. Wie Sommerfeld hatte er vor seinem Eintritt ins diplomatische Korps Bergbauingenieurwesen studiert und im Preußischen Heer gedient. Es gibt keine Zweifel daran, dass Bruchhausen bis zu seiner Abreise im Jahr 1913 an Operationen der Informationsbeschaffung in Mexiko beteiligt war. Sommerfeld gehörte dabei zu seinen wertvollsten Agenten. In seinem Geheimdienstbericht vom 23. November 1910 beginnt Sommerfeld mit folgendem Hinweis: "Unsere Angelegenheit muß für einige Zeit ruhen, da die politischen Verhältnisse hier oben solche sind, dass kein Mann Lust hat, irgendetwas zu unternehmen [...]"[177]

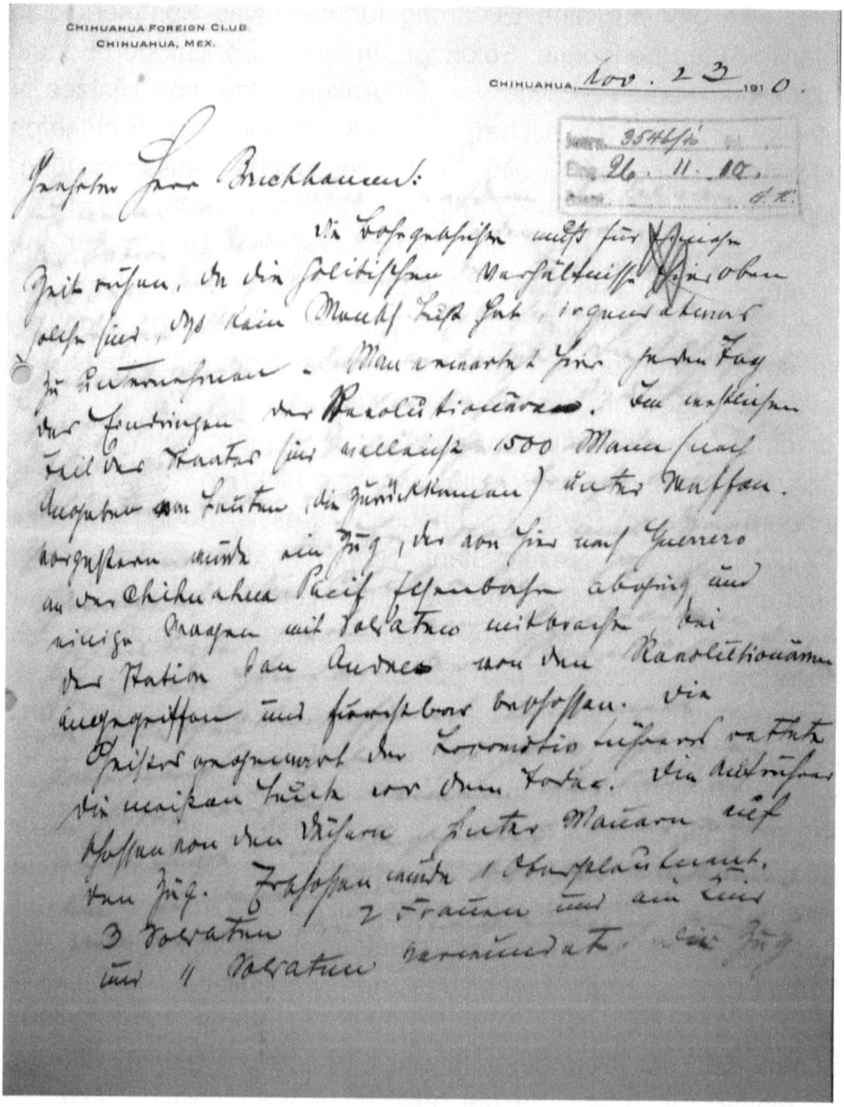

CHIHUAHUA FOREIGN CLUB
CHIHUAHUA, MEX.

CHIHUAHUA, Nov. 23 1910.

Journ. 3544/10
Eing. 26. 11. 10.

Geehrter Herr Bruckhausen:

Die Geschäfte werden für einige Zeit ruhen, da die politischen Verhältnisse hier oben solche sind, dass kein Mensch Lust hat, irgend etwas zu unternehmen. Man erwartet hier jeden Tag das Eindringen der Revolutionäre. Den westlichen Teil des Staates [illegible] vielleicht 1500 Mann (nach Angaben von Leuten, die zurückkamen) unter Waffen. Vorgestern wurde ein Zug, der von hier nach Guerrero an der Chihuahua Pacific Eisenbahn abging und einige Wagen mit Soldaten mitbrachte, bei der Station San Andres von den Revolutionären angegriffen und furchtbar beschossen. Die Offiziere [illegible] der Lokomotive [illegible] die [illegible] Brück vor dem [illegible]. Die Aufrührer schossen von den Dächern hinter Mauern auf den Zug. Erschossen wurde 1 Oberleutnant, 3 Soldaten, 2 Frauen und ein Kind und 11 Soldaten verwundet. Der Zug

CHIHUAHUA FOREIGN CLUB
CHIHUAHUA, MEX.

CHIHUAHUA, ______________ 191

fuhr weiter auf Minaca, nachdem die Soldaten in
der Station Bustillos ausgeladen waren.
Auf der Rückfahrt wurde der Zug an einer
gefährlichen Stelle zur Entgleisung gebracht.
Niemand wurde schwer verletzt. Die Aufrührer
benachrichtigten die Eisenbahn, daß sie
Passagierzüge nicht belästigen würden. Alle
Soldaten über die Linie gebracht würden,
so würden sie die Brücken mit Dynamit
sprengen. Die Chihuahua Pacific
Eisenbahn von San Andres an
ist in den Händen der Revolutionäre
die alle gut bewaffnet und mit
Patronen versehen zu sein scheinen.
Sie haben bis jetzt keinen Ausländer
belästigt, im Gegenteil alles getan
um zu beweisen, daß der Aufstand
nur gegen die Regierung gerichtet.

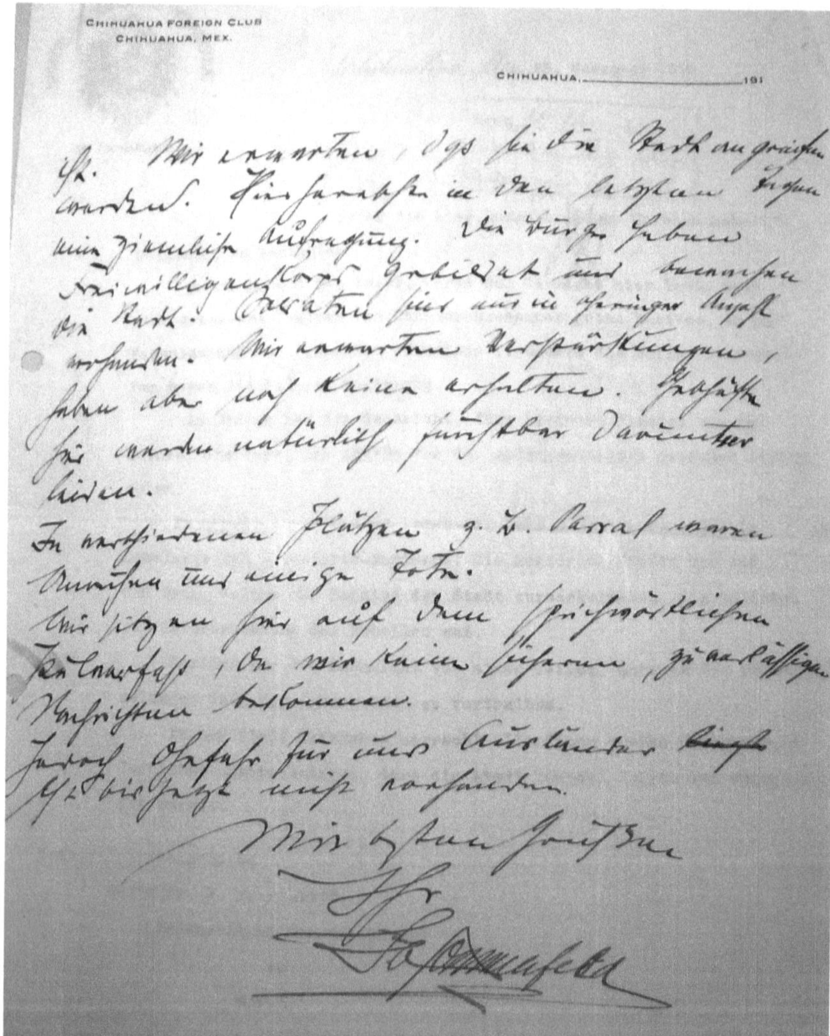

CHIHUAHUA FOREIGN CLUB
CHIHUAHUA, MEX.

CHIHUAHUA, ______ 191

Wir erwarten, daß sie die Stadt angreifen werden. Hier herrschte in den letzten Tagen eine ziemliche Aufregung. Die Bürger haben ein Freiwilligencorps gebildet und bewachen die Stadt. Soldaten sind nur in geringer Anzahl vorhanden. Wir erwarten Verstärkungen, haben aber noch keine erhalten. Geschäfte werden natürlich furchtbar darunter leiden.

In verschiedenen Plätzen z. B. Parral waren Unruhen und einige Tote.

Wir sitzen hier auf dem sprichwörtlichen Pulverfass, da wir keine sicheren, zuverlässigen Nachrichten bekommen.

Jedoch Gefahr für uns Ausländer ist bis jetzt nicht vorhanden.

Mit besten Grüßen
Ihr
F. Sommerfeld

Handgeschriebener Bericht von Felix Sommerfeld an Peter Bruchhausen, 23.11.1910.[178]

Welches Unterfangen der deutsche Agent gemeint hat, kann nur vermutet werden. Bedenkt man, das die Deutsche Gesandtschaft in Mexiko größtenteils wirtschaftlichen Interessen nachging, und Bruchhausen Handelsattaché war, werden sich Sommerfelds Aufgaben wohl um die Beschaffung von Informationen über Wirtschaft und Politik gedreht haben. Seine Ausflüge nach Mexiko-Stadt, die im *Chihuahua Enterprise* erwähnt werden, passen zu diesem Ansatz. Wie bei jeder Aufgabe, die der junge Deutsche anpackte, musste er gute Arbeit geleistet haben. In der Tat machte er seine Arbeit so gut, dass Kueck bei seinem Bericht vom 22. Dezember gegenüber dem Deutschen Geschäftsträger in Mexiko-Stadt zugeben musste, selbst keine genaueren Angaben über die *Insurrectos* machen zu können, jedoch mit Sicherheit den richtigen Mann damit beauftragt zu haben: "Der Euer Hochwohlgeboren bekannte Herr Sommerfeld ist seit ca. 14 Tagen drausen [sic] und habe ich taeglich [sic] von ihm Berichte erwartet, die leider wegen Unterbrechung der Verbindungen nicht eingetroffen sind. Sobald ich dieselben erhalte, werde ich nicht verfehlen, dieselben Euer Hochwohlgeboren einzusenden [...]"[179]

Sommerfelds Berichte enthalten genauste Details über die Truppen der Regierung und der Aufständischen, ihren Bereitschaftszustand, ihre Bewegungen, ihre Strategie und Taktik, die Zahl der Opfer und Verletzten und derart vieles mehr.[180] Auch seine Arbeit für AP News könnte seiner Mission dienlich gewesen sein. Im Jahr 1905 schrieb der Deutsche Gesandte in Mexiko an Reichskanzler von Bülow: "Wenn die Beziehungen des Herrn Weber zu den Vertretern der 'Associated Press' in der Tat so gute sind, wie er andeutet, so wäre es vielleicht nicht ausgeschlossen, sich derselben gelegentlich zu bedienen, um Notizen, deren Veröffentlichung gewünscht wird, in einer die Urheberschaft nicht erkennbar machenden Weise in die amerikanische Presse zu lanzieren [sic]."[181]

Diese Aussage stammt zwar aus einer Zeit fünf Jahre vor Sommerfelds Anstellung bei AP News, sie zeigt jedoch unmissverständlich, dass deutsche Diplomaten Nachrichtenagenturen gezielt für Propagandazwecke instrumentalisierten. Diese versteckte Methode wurde zu einem der wichtigsten Kriegsinstrumente im Ersten Weltkrieg. Trotz Mangels an stichhaltigen Beweisen findet sich in Sommerfelds Akte immer wieder der Vorwurf des US-Justizministeriums, dass dieser an Propagandaaktionen in Mexiko beteiligt gewesen sein soll. „[Sommerfeld] wurde vormals mit Frederico Stallforth in Zusammenhang gebracht und war 1914 in Mexiko [...] an

Propagandaarbeit beteiligt."[182] Wie es scheint, untermauert die Tatsache, dass Sommerfeld kurz vor Ausbruch der Mexikanischen Revolution für AP News arbeitete diesen Vorwurf.

Doch auch Frederico Stallforth erstattete Bericht von der Front und informierte Kueck über die Lage in und um Parral. Kueck leitete die wöchentlichen Berichte dann weiter an den Deutschen Generalkonsul Rieloff.[183] Der Charge d'Affairs von Richthofen erhielt seine Nachrichten wiederum vom Generalkonsul, und diese erreichten dann zweifelsohne nach einer langen Reise den Deutschen Reichskanzler.[184] Der Zeitpunkt, zu dem Sommerfeld begonnen hat, als Geheimagent für das Deutsche Reich zu agieren, lässt sich nicht genau festlegen. Sehr wahrscheinlich kam er bereits als Teil eines geheimen Aufklärungs-Teams nach Chihuahua, dem auch Bruchhausen, Kueck, und die Stallforths angehörten. Sollte Sommerfeld erst während seiner Zeit in Chihuahua eingestiegen sein, wäge der Beginn seiner Geheimdienstkarriere irgendwann zwischen Herbst 1908 und 1909 zu datieren. Laut Leonard Worcester erhielt er seit dieser Zeit regelmäßige Zuwendungen von Kueck.

Sommerfeld, die Stallforth-Brüder und Kueck wurden zur Basis einer deutschen Geheimdienstorganisation, die sich während des Ersten Weltkriegs als äußerst wichtig herausstellen sollte. Unter der Schirmherrschaft einer Organisation, die der überführte deutsche Spion Horst von der Goltz den „Geheimen Diplomatischen Dienst" nannte, sammelten Deutsche Konsuln vor und während des Ersten Weltkriegs in jeder Großstadt Nordamerikas Informationen zu Militär, Politik und Wirtschaft in Mexiko und den Vereinigten Staaten und gaben dieses Wissen nach Deutschland weiter.[185] Knotenpunkte dieses Informationsnetzes waren die Deutschen Botschaften in Washington und Mexiko-Stadt, das Auswärtige Amt und letztlich des Kriegsministerium.

Einige berüchtigte Geheimagenten des Ersten Weltkrieges stammten aus diesem Kader von Konsuln. Allen voran Carl Heynen, der Konsul in Tampico und Vertreter der Hamburg-Amerikanischen-Paketfahrt-Aktien-Gesellschaft (HAPAG) in

Mexiko, der im Herbst des Jahres 1914 nach New York versetzt wurde und zur Schlüsselfigur in Handelsattaché Heinrich Alberts Organisation wurde. Der Konsul von Torreón, Sommerfelds enger Freund Otto Schubert, soll den Plan von San Diego ausgeheckt haben, der darauf abzielte, mexikanische und mexikanisch-amerikanische Anwohner in US-Grenzstaaten aufzuhetzen. Die Historiker Harris und Sadler haben jedoch die Ursprünge des Aufruhrs aufgedeckt und eindeutig gezeigt, dass das Deutsche Reich, obschon es sicherlich von dem Chaos profitierte, nichts mit dessen Aufkommen zu tun hatte.[186]

Franz Bopp, der Deutsche Konsul in San Francisco, heuerte Kurt Jahnke und weitere deutsche Sabotage-Agenten an und war an Anschlägen in Kanada beteiligt. Er wurde überführt, verurteilt und hatte für seine Taten viele Jahre Zuchthaus abzuleisten.[187] Konsul Kuecks Rolle wurde bereits weiter oben im Text angesprochen. Die mexikanische Außenstelle des Nachrichtendienstes wird in mehreren historischen Quellen genannt. Der Deutsche Militärattaché in Washington, Franz von Papen, erhielt im März 1914 die Befugnis des Generalstabs, Abteilung IIIB, Sektion Politik (Militärgeheimdienst) einen der drei Vizekonsuln in Mexiko für den Kriegsnachrichtendienst anzuwerben.[188] Papens Wahl fiel auf Carl Heynen, einer Führungskraft der zuvor genannten HAPAG in Mexiko und Vizekonsul für die Region Tampico. Im Juli 1914, einen Monat vor Ausbruch des Krieges, bat von Papen den Marineattaché der Botschaft, Boy-Ed, sich um die Geheimdienstangelegenheiten in den USA und Mexiko zu kümmern, während er auf Reisen war.[189]

Bisher hatten Historiker hinsichtlich der deutsch-amerikanischen Beziehungen stets angenommen, dass Deutschland vor Ausbruch des Krieges keine erwähnenswerten Geheimdienstaktivitäten in den USA oder Mexiko durchführte.[190] Das stimmt mit Sicherheit nicht. Die hartnäckige Behauptung stammt ursprünglich aus der Feder des Chefs des deutschen Geheimdienstes Walter Nicolai, beziehungsweise aus seinen Schriften der Zeit nach dem Ersten Weltkrieg.[191] Barbara Tuchman beschreibt in ihrem Werk *The Zimmermann Telegram* einen Plan des Deutschen Kaisers aus dem Jahr 1908, welcher die sogenannte Japan-Panik auslösen sollte.[192] Nach Informationen deutscher Geheimdienstquellen hatten sich zehntausend bewaffnete japanische Soldaten in Mexiko versammelt, um den Bau des Panamakanals zu verhindern und die USA anzugreifen. Der deutsche Außenminister erhielt Nachricht vom Deutschen Konsul in Chihuahua, wonach sich „2.000 bis 3.000 Japaner in Khaki-Uniformen momentan dort" aufhielten.[193]

Kuecks zeitweise Vertretung schürte die unrealistische Angst vor einem bevorstehenden japanischen Angriff auf die Vereinigten Staaten. William Bayard Hale, amerikanischer Journalist, persönlicher Freund von Felix Sommerfeld, Sonderbeauftragter Woodrow Wilsons in Mexiko und im Weltkrieg deutscher Propagandist, brachte die Geschichte an die Öffentlichkeit, als ihm der Kaiser im Jahr 1908 ein Interview gab. Der darauffolgende Aufschrei in der US-Bevölkerung verlangte nach der Einberufung von Reservisten entlang der amerikanisch-mexikanischen Grenze. Die Angst legte sich, als Washington und Tokyo am 30. November 1908 das Root-Takahira-Abkommen schlossen, in dem die Einflussfelder beider Nationen festgelegt wurden. Genau zu der Zeit um Sommerfelds und Kuecks Ankunft war die US-mexikanische Grenze Schauplatz unzähliger Militärmanöver.

Die deutsche Regierung brauchte Klarheit darüber, wer die nächsten politischen Führer in Mexiko sein würden, und wie man deren Geneigtheit gegenüber deutschen Interessen einzuschätzen hatte. Vielleicht ließ sich auch ein Weg finden, ihre Politik zu beeinflussen. Die beiden Kandidaten, die um den Präsidentenposten ins Rennen gingen, waren der mexikanische General Bernardo Reyes und Francisco Madero. Madero war als Nachkomme einer der wohlhabendsten Familien Mexikos der klare Favorit. Seine Anhängerschaft umfasste nie meisten Bundesstaaten an der Grenze, insbesondere Chihuahua, Durango, Coahuila, und Sonora. Im Dezember des Jahres 1908 nahm Maderos Wahlkampf Fahrt auf, wobei die Veröffentlichung des Bestsellers *La Sucesión Presidencial en 1910*, in dem Madero seine Kandidatur erklärte, gleich Wind in dessen Segel brachte.[194]

Das Motto, unter dem Maderos Wahlkampagne stand, brachte die Forderung des Volkes nach „Keine(r) Wiederwahl" des Präsidenten Diaz auf den Punkt. Francisco Madero und dessen innerster Beraterkreis, Abraham Gonzales, Gustavo, Alberto, Ernesto Madero und Pascual Orozco wurden somit zum Hauptziel der deutschen Geheimdienstarbeit.

Wann und auf welchem Weg Sommerfeld Francisco Madero zum ersten Mal traf, lässt sich nicht genau sagen. Der deutsche Agent sagte im Jahr 1918 gegenüber amerikanischen Vernehmungsbeamten aus, Madero im Frühjahr 1911 erstmals als Journalist getroffen zu haben. Er traf Madero zwar in der Tat im März und April des Jahres 1911, dabei handelte es sich aber möglicherweise nicht um das erste Treffen.[195] Das Interview, das Sommerfeld ansprach, führte er im Auftrag der Deutschen Regierung, und nicht für AP News. Im folgenden Kapitel soll darauf noch näher eingegangen werden. Bei seiner Aussage gegenüber dem BI im Jahr 1918 verfing sich Sommerfeld in Widersprüchen. Auf die Frage, wann er das erste Mal mit der mexikanischen Politik in Berührung gekommen sei, antwortete er, das sei „spät im Jahr 1910" gewesen. Außerdem gab er unbeabsichtigt zu, zu dieser Zeit in Kontakt mit der Partei gegen die Wiederwahl Diaz' zu tun gehabt zu haben. Abraham Gonzales, der ab 1911 Maderos Gouverneur in Chihuahua war, leitete die Parteizentrale in Chihuahua. Sommerfeld meinte auch „ihn [Francisco Madero] einmal in einem Zug getroffen" zu haben und gab sogar zu, „alle Maderos seit Jahren gekannt" zu haben.[196] Er gab aus freien Stücken zu, dass er Teil der Revolutionsbewegung war und „von Beginn an der Revolution angehörte – in Pedernales, Mal Paso […]".[197]

Die Schlacht von Pedernales trug sich am 27. November 1910 zu, Mal Paso einen Monat später, am 28. Dezember. Pascual Orozco hatte den Befehl über die Revolutionäre. Laut eigener Angaben schloss sich Sommerfeld bei Beginn der Auseinandersetzungen im November des Jahres 1910 zusammen mit Haggerty den Truppen um Orozco an. „Ich war als Korrespondent der 'Associated Press of Chicago' mit Mr. Haggerty unterwegs […] Ich blieb für kurze Zeit bei den

Revolutionären im Feld. Orozco hatte das Kommando".[198] Aus Sommerfelds Berichten an den Deutschen Handelsattaché Bruchhausen geht allerdings hervor, dass sich Sommerfeld auf Befehl der Deutschen Botschaft „im Feld" befand. Haggerty war nur zur Deckung seines eigentlichen Auftraggebers anwesend.

Der deutsche Agent gab zu, den Madero-Clan gut zu kennen. Er sagte aus, er habe Alberto Madero bereits früh in Chihuahua kennengelernt, wobei dieser laut Sommerfeld „nichts mit Politik zu tun hatte."[199] Nicht ganz! Alberto Madero verkaufte Grundbesitz, um Geld für den Wahlkampf seines Neffen bereitzustellen. In der späteren Revolution wurde Alberto zu einem der wichtigsten Beschaffungsagenten um Madero und insbesondere für die Regierung Villa. Durch seine Verbindungen zu Gonzales und Alberto Madero kannte Sommerfeld Francisco Madero sehr wahrscheinlich bereits viel früher, als er bei seiner Vernehmung zugeben wollte. Der schillernde Glücksritter Emil Holmdahl erwähnte gegenüber dem *Bureau of Investigation* im Jahr 1919, er könne sich daran erinnern, dass Sommerfeld Madero irgendwann zwischen 1908 und 1910 Reitunterricht gegeben hatte.[200] Sommerfeld war ein ausgezeichneter Reiter, nicht zuletzt wegen seiner Ausbildung und seiner Einsatzes bei der preußischen Kavallerie in China. Holmdahls Version der Geschehnisse lässt somit auf eine Beziehung zwischen Sommerfeld und Madero schließen, die nicht auf rein wirtschaftlichen Absichten basierte, sondern vielmehr persönlicher Natur war.

Allen Berichten nach verband die beiden im Jahr 1911 bereits eine enge Freundschaft. Bei seiner Aussage vor dem Unterausschuss für mexikanische Angelegenheiten unter dem Vorsitz von Senator Albert Fall im Jahr 1912 sagte Sommerfeld aus, dass er und der Präsident „gute Freunde" geworden waren.[201] Der Amerikanische Konsul in Chihuahua, Marion Letcher, die den Deutschen nicht leiden konnte, gab vor Außenminister Philander Knox im Jahr 1912 an, „Sommerfeldt [sic] scheint als ständiger Begleiter und Leibwächter Maderos ausgewählt worden zu sein. Selbst Sommerfedts [sic] alte Bekannte in diesem Bereich sollen sich über die Tiefe des Vertrauens, das der mexikanischen

Magistraten ihm entgegenbrachte ziemlich verwundert gewesen sein".[202]

Journalisten der Zeitung *San Antonio Light* schrieben Sommerfeld eine zentrale Rolle in den frühen Tagen der Revolution zu. Madero schien dem Deutschen die Verantwortung für verschiedene Bereiche der Öffentlichkeitsarbeit übertragen zu haben. „Als die Kämpfe begannen und Madero sowohl in seinem eigenen Land als auch seitens der USA gesucht wurde, versteckte dieser sich mit wenigen Mann in den Bergen, und Felix Sommerfeld, ein deutscher Minenarbeiter, der einst auf eine Journalistenschule in Berlin gegangen war, hatte den Mut, sich hin und wieder in amerikanische Grenzstädte zu begeben und der United Press und der Associated Press Bericht zu erstatten. Diese Berichte zogen zum ersten Mal das Interesse der amerikanischen Presse auf die Situation in Mexiko und den Ernst der Lage dort [...]".[203] Diese Aufgabe brachte Sommerfeld in Kontakt mit zahlreichen Journalisten, vor allem Chris D. Haggerty, Timothy Turner, William A. Willis, David Lawrence und Jimmy Hare.[204] Die meisten von ihnen machten groß Karriere, wodurch sich Sommerfeld später erstklassige Verbindungen für seine Spionageaktionen im Ersten Weltkrieg boten. Unter dem Schutz der Deutschen Reichsregierung war der deutsche Agent bestens gerüstet, um unter hohem Risiko an Nachrichten (und geheime Informationen) zu kommen und gleichzeitig als PR-Mann für das Madero-Lager zu fungieren.

Felix Sommerfelds steile Karriere verblüffte so manchen seiner Bekannten. Sein Erfolg gründete allerdings nicht, wie Konsul Letcher im Jahr 1914 behauptete, darauf, dass er sich das Vertrauen Maderos „erschlichen" hatte.[205] Vielmehr verfolgte Sommerfeld ernste Absichten, arbeitete hart, war verlässlich und stellte sich zudem uneingeschränkt in den Dienst der Sache Maderos. Hätte seine Überzeugung nicht mit der des späteren Präsidenten übereingestimmt, so hätte er dies niemals vor Madero verheimlichen können. Die beiden saßen bei Ausbruch der Revolution Nacht um Nacht zusammen und tauschten sich aus.[206] Madero übertrug dem Deutschen Agenten heikelste diplomatische Aufgaben und Sommerfeld enttäuschte ihn nie.

Dass er zu gleicher Zeit für den Deutschen Geheimdienst arbeitete, bereitete dem Deutschen keine Gewissensbisse. Tatsächlich hoffte er, die Reichsregierung davon überzeugen zu können, Maderos Sache zu unterstützen, was ihm letztlich auch gelang. In seinen Augen war Maderos Plan der einzige Weg, Mexiko zu Stabilität und einer allmählichen Sozialreform zu führen. So sollte im Land eine Atmosphäre geschaffen werden, die Geschäfte aus aller Welt anzieht. Sommerfeld war ohne Zweifel davon überzeugt, dass Maderos Revolution bei Erfolg für das Deutsche Reich von Nutzen sein würde. Die Reichsregierung über den Stand der Revolution auf dem Laufenden zu halten, war äußerst wichtig, und Sommerfeld sollte diesbezüglich Recht behalten. Es ist sehr wahrscheinlich, dass Madero über Sommerfelds Kontakte zu den deutschen Behörden entweder genau Bescheid wusste, oder diese zumindest erahnte. Der zukünftige Präsident unterband diese Kontakte nicht und schränkte Sommerfelds Befugnisse auch später im Konflikt zu keiner Zeit ein.

Sommerfeld nahm seine Verantwortung als Geheimagent sehr ernst. Zwar wurde er für seine Rolle in der Mexikanischen Revolution und auch im Weltkrieg zur Legende, zu Lebzeiten hielt er sich jedoch stets im Hintergrund. Beginnend im Jahr 1910 unterband er es, in der Öffentlichkeit Deutsch zu sprechen, und sogar den Eintrag in Frederico Stallforths Gästebuch verfasste er auf Englisch.[207] Obwohl währen der Mexikanischen Revolution tausende Bilder gemacht wurden und Sommerfelds Name in hunderten von Zeitungsartikeln aus dieser Zeit genannt wird, haben von ihm nur wenige Fotografien in geschichtlichen Aufzeichnungen überlebt. Auf einem Bild sieht man ihn beim Diner mit Francisco Madero den erfolgreichen Ausgang der Schlacht von Juarez feiern.[208] Auf einem anderen steht er hinter Raul Madero und neben Franz Wachendorf alias Horst von der Goltz, welcher im Jahr 1917 als deutscher Sabotageagent entlarvt wurde.[209] Ein Bild zeigt ihn in El Paso an der Seite von Francisco Madero, Chris Haggerty (von AP News) und Allie Martin.[210] Kurz vor der Schlacht von Ciudad Juarez steht Sommerfeld im Eingang des Weißen Hauses neben Francisco Madero.[211] Auf einem weiteren Foto taucht Sommerfeld bei der Ernennung der vorläufigen Regierung Madero auf.[212] Letztlich findet man ihn im neben General Villa während der Schlacht von Juarez im Mai 1911.[213]

KAPITEL 6

DER KAMPF GEGEN DEN DIKTATOR

Als sich Sommerfeld mit Francisco Madero verbündete, um den Sturz des verhassten Diktators zu beschleunigen, war die aufgeheizte Stimmung im mexikanischen Volk gerade kurz vor dem Überkochen. Mit flammenden Reden und Flugblättern stachelten die *Juntas*, die eine Wiederwahl des Diktators verhindern wollten, das Volk zum gewaltsamen Umsturz der alten Garde an. Die Masse von arbeitslosen und hungrigen Menschen aus Städten und Dörfern überall im Land organisierte sich, manche griffen zu Waffen, und man wartete darauf, dass ein Anführer das Signal zum Angriff gibt.

Das Regime unter Diaz war korrupt, repressiv, unfähig und seine Zeit war bereits seit langem abgelaufen. Die zahlreichen Krisen der Zeit wie Nahrungsknappheit, Arbeitslosigkeit und die immer höheren Lebenserhaltungskosten und Obdachlosenzahlen stiegen ungebremst weiter. Zur gleichen Zeit profitierten die Ober- und Mittelschicht vom Regime und waren von ihm abhängig. Die Stallforth-Brüder repräsentierten eine Gesellschaftsschicht, die durch die Entwicklung der Ereignisse in eine heikle Lage geriet. Ein Kurswechsel in der Regierung schien unausweichlich, doch die Frage nach dessen Ausmaß beschäftigte die Mitglieder der zahlreichen politischen Clubs, welche es in jeder größeren Stadt gab. Revolution oder Reform? Wer würde sich jeweils an deren Spitze stellen und diese anführen?

Das alte Regime hielt sich mit letzter Kraft an der Macht. Diaz hatte in seinem Interview für Creelman, das im März 1908 veröffentlicht wurde, das Ventil des politischen Dampfkessels geöffnet und für das Jahr 1910 freie Wahlen angekündigt. Dieses verheißungsvolle Interview im *Pearson's Magazine* verlieh früheren Bestrebungen, den Würgegriff der Regierung Diaz zu lösen, wieder neuen Schwung. Die Opposition versammelte sich um die Brüder Flores Magon, General Bernardo Reyes und Francisco Madero und organisierte sich in jeder Stadt und Gemeinde Mexikos. Über alle Gesellschaftsschichten hinweg wurde große Hoffnung auf die kommende Generation von politischen Führern gesetzt, und man erwartete einen politischen Umschwung hin zu mehr Offenheit. Die aufkeimende Mittelschicht wollte endlich Gehör finden, und die missliche Wirtschaftslage verlieh den Forderungen des mexikanischen Volkes eine gewisse Dringlichkeit. Allerdings treten Diktatoren nur selten freiwillig zurück.

Im Verlauf des Jahres 1909 wurde sich Diaz zunehmend der Gefahr bewusst, die ein Machtwechsel für das politische, gesellschaftliche und wirtschaftliche System darstellen würde, das seine Regierungselite der „Cientificos“ mit so großer Sorgfalt erschaffen hatten, und der alte Diktator überlegte es sich noch einmal anders.

Damit spielte er Ricardo Flores Magon und dem eher radikalen Flügel der Opposition direkt in die Karten. Diese hatten seit einem Jahrzehnt versucht, die mexikanische Bevölkerung zu einer großen und einsatzfähigen Revolutionsfront zu vereinen. Sobald Diaz' Kandidatur in den kommenden Präsidentschaftswahlen öffentlich wurde, machte sich sein repressiver Machtapparat an die Arbeit. Der größte Gegner des Diktators war Bernardo Reyes. Der populäre Armeegeneral und Gouverneur von Nuevo Leon war der einzige Politiker, dem Diaz es zutraute, Mexikos Mittel- und Oberschicht zu vereinen und dabei auch die Unterstützung der mächtigen katholischen Kirche und des Militärs für sich zu gewinnen. Diaz setzte den Oppositionsführer unter Druck, sodass dieser sich letztlich im November 1909 auf eine längere Mission nach Europa begab. So konnte der alte Fuchs Diaz Reyes politischen Einfluss im Land schlagartig und wirkungsvoll unterbinden. Madero hatte Diaz zwar durch die Veröffentlichung seines Buches *La Sucesión Presidencial en 1910 – El Partido Nacional Democrático* von 1908 öffentlich herausgefordert, er schien jedoch keine große Gefahr darzustellen. Weder der Diktator noch die obersten *Cientificos* nahmen den „kleinen Mann" aus Coahuila ernst.

Francisco I. Madero[214]

Mit lediglich 1,61 Metern Körpergröße und knappen 65 Kilo war der schmächtig gebaute Francisco Ignacio Madero González ein ungewöhnlicher Gegner für den starken alten Mexikaner.[215]

Die Gattin des diplomatischen Geschäftsträgers der amerikanischen Botschaft in Mexiko, Edith O'Shaughnessy, beschrieb ihre erste Begegnung mit dem „Apostel der Demokratie" im Jahr 1911 wie folgt: „Von näherem betrachtet ist Madero ein kleiner, dunkler Mann mit einer etwas flachen Nase und ausdrucksstarken, ziemlich hervorstehenden Augen, welche unter einer unvorteilhaften Stirn in flachen Höhlen zu sitzen scheinen. Das alles wird jedoch ausgeglichen durch eine ausdrucksstarke Mimik, die blitzartig über das bleiche Gesicht huscht, und sein angenehmes, ungezwungenes Lächeln."[216]

Madero war eines von fünfzehn Kindern und wurde am 30. Oktober 1873 in Parras de la Fuente zwischen Torreón und Saltillo im Bundesstaat Coahuila geboren. Seine Familie gehörte zu den reichsten in ganz Mexiko.[217] Die Familie Madero hatte portugiesisch-jüdische Wurzeln und war im frühen neunzehnten Jahrhundert nach Nordmexiko gekommen.[218] Großvater Evaristo hatte die Compañía Industrial de Parras gegründet. Im späten neunzehnten Jahrhundert baute die Familie Madero das Geschäft, das ehemals aus Weingütern, Baumwollplantagen und Textilfabriken bestand, aus, wendete sich dem Bergbaugeschäft samt Minen, Mühlen und Schmelzöfen zu, betrieb Viehzucht und zudem Bankgeschäfte. Francisco besuchte das Colegio San Juan, eine von Jesuiten gegründete Schule in Saltillo. Laut seinem Biografen Stanley Ross, wollte der junge Madero eine kurze Zeit lang den Jesuiten beitreten. Um eine weiterführende Ausbildung zu bekommen und Englisch zu lernen, studierten die beiden ältesten Söhne der Maderos, Francisco und Gustavo am Mount St. Mary's College in Emmitsburg im US-Bundesstaat Maryland, blieben jedoch nur ein Jahr dort.[219]

Im Jahr 1887 finanzierte ihnen ihr Vater einen Aufenthalt in Frankreich, wo Francisco und sein jüngerer Bruder Gustavo das Lycee de Versailles besuchten und dort endlich ihr Abitur abschlossen. Die Maderos studierten anschließend Wirtschaftswissenschaften an der Hochschule Hautes Études Commerciales in Jouy-en-Josas nahe Paris. Der junge Francisco entwickelte großes Interesse am Spiritismus, was möglicherweise als Reaktion auf seine strenge jesuitische Erziehung verstanden werden kann, oder aber durch seine Lektüre von Allan Kardecs theosophischem Magazin *La Revue Spirite* ausgelöst wurde.

Dieser philosophische Zweig kam hauptsächlich im Frankreich des 19. Jahrhunderts auf und ging davon aus, dass man, ohne ein Leugnen der Existenz Gottes, durch ein Medium mit den Geistern der Toten in Kontakt treten konnte. Ein Mensch konnte zu solch einem Medium werden, indem er erlernte, die Energien der Geister zu erfühlen, welche eine Verbindung zur Nachwelt öffnen. Francisco verbrachte während seines Studiums in den USA und Frankreich viele Jahre damit, zu trainieren und letztlich selbst zu einem Medium zu werden. Stimmen aus Maderos näherem Umfeld berichteten, dass er zu der Zeit als er für das Amt des Präsidenten kandidierte, von sich glaubte, solch ein spirituelles Medium zu sein. Madero baute bei seiner Kandidatur auf die Unterstützung durch die Geister verstorbener mexikanischer Helden, allen voran des ehemaligen Präsidenten Benito Juarez.

Kardec wurde zum ersten Hohepriester der Bewegung. Es heißt, Madero hätte während seiner Studienzeit in Frankreich eine Pilgerfahrt zu seinem Grab unternommen. Der Gründer des Spiritismus hatte sein ganzes Leben lang Gespräche dokumentiert, die er über Medien mit Geistern führte, und zudem viel beworbene wöchentliche Séancen abgehalten, bei denen er selbst Geister beschwor und mit ihnen redete. Im Jahr 1857 veröffentlichte Kardec *Le Livre des Esprits*, in dem der Spiritismus als philosophische Disziplin begründet wurde, und das bis heute das zentrale Werk für seine Anhängerschaft darstellt. Obwohl die katholische Kirche Kardec als Scharlatan bezeichnete, fanden seine vier Bücher in der sich rasch verändernden Zeit der Industrialisierung großen Anklang. Francisco schrieb in seine Memoiren, er habe Kardecs Schriften „[…] mehr verschlungen als gelesen […] Da ihre Lehre so rational und schön war und mich ergriff. Von diesem Moment an betrachtete ich mich selbst als Spiritist."[220]

In einem Briefwechsel mit seinem Onkel Antonio Garza Madero erklärt er seinen Glauben als „[…] die Existenz eines unerschaffenen, ewigen, unendlich großen und guten Gottes, die

Seele oder der Geist existiert im unendlichen Leben, […] beim Verlassen des Körpers widerfahren ihr Freuden oder Leid, wie sie es verdient […] [und] Geister können mit den Lebenden in Kontakt treten."[221] Er war von Kardecs Schriften voll und ganz überzeugt und gründete eine spirituelle Gruppe in San Pedro, die er selbst leitete. Er wurde zum strengen Vegetarier, ließ die Hände vom Alkohol, rauchte und spielte nicht. Allein seiner Schwäche für das Tanzen konnte er nicht Herr werden.

Nach seinem Abschluss als Betriebswirt studierte Madero noch ein Semester an der Universität von Kalifornien in Berkeley, wo er sich eingehend mit Agrartechnik beschäftigte. Im Jahr 1893 kehrte der zwanzigjährige Intellektuelle dann voll Enthusiasmus nach Mexiko zurück. Maderos Biograf Ross schreibt, dass seine Ausbildung in erster Linie auf die Arbeit im Familienbetrieb ausgerichtet war. Die intellektuellen Voraussetzungen, eines Tages zum Staatsoberhaupt zu werden, „[…] lagen in seiner Überzeugung von der Wirksamkeit der angelsächsischen Demokratie, seiner enthusiastischen Zustimmung zum gälischen Egalitarismus und seiner Empfänglichkeit für den spiritistischen Fokus auf Wohlstand und Fortschritt."[222]

Er übernahm eine Hazienda der Familie nahe der Stadt San Pedro in Coahuila, wo er sogleich sein Fachwissen im Bereich der modernen Agrartechnik anwenden konnte.[223] Er verbesserte ein Bewässerungssystem, mit dem es möglich war die hoch wachsende amerikanische Baumwolle anzubauen, welche er dort einführte. Anstatt die Kadaver von Pferden und Rindern einfach wegzuschaffen und sie irgendwo verrotten zu lassen, ließ Madero eine Seifenfabrik errichten. Die benachbarten Gutsherren hielten den jungen Unternehmer für einen Träumer und hoffnungslosen Idealisten, doch die Hazienda wurde zu einem hocheffizienten Betrieb und zum Vorbild für die landwirtschaftliche Entwicklung der gesamten Laguna-Region.[224]

Maderos Erfolg weckte das Interesse des mexikanischen Finanzministers José Ives Limantour, mit dem Madero sich austauschte. Limantour, der selbst Grundbesitz in Nordmexiko hatte, war ein Freund der Familie Madero.[225] Während die Bauern in den umgebenden Haziendas unter schuldenbedingter

Leibeigenschaft zu leiden hatten, waren Maderos Arbeiter unabhängig, gut bezahlt und wurden in regelmäßigen Abständen gesundheitlich versorgt. Zu dieser Zeit fing Madero auch an, sich für Homöopathie zu interessieren und er verschaffte sich ein umfassendes medizinisches Wissen. So konnte er letztlich in Zeiten, in denen es in Coahuila an Medizin und Ärzten mangelte, selbst helfen und Krankenbesuche in seiner Gemeinde abstatten.[226] Zudem stiftete er der Stadt San Pedro ein Krankenhaus, gründete und baute Schulen für die Kinder seiner Hazienda und ließ in Gemeindeküchen kostenlose Mahlzeiten für die Familien seiner Arbeiter ausgeben.[227] Allen Berichten nach waren Maderos Arbeiter hochmotiviert, gesund und zählten somit zu den produktivsten Arbeitern in ganz Mexiko. Zu Beginn der Revolution schlossen sich die Männer der Laguna-Region den Truppen ihres fortschrittlichen *Hacendado* an, und sollten zu den loyalsten Anhängern werden, die für Madero und spätere Revolutionsführer in der Zeit nach dessen Ermordung kämpften.

Francisco Madero begann im Frühjahr 1910 eine Wahlkampftour, die ihn auch durch Hidalgo del Parral und Chihuahua City führen sollte.[228] Zu dieser Zeit hatte die Mexikanische Regierung ihre Unterdrückungsmaßnahmen gegenüber der rastlosen Öffentlichkeit bereits verschärft. Die Polizei führte mehrere Razzien in Maderos Parteizentrale durch, konfiszierte Flugblätter und andere Schriften und verhaftete zahlreiche Wahlkampfhelfer der Anti-Diaz-Bewegung. Doch dann kam es zu einem Ereignis, das für Maderos Anhängerschaft zu einem Zeichen wurde: der Halley'sche Komet mit seinem hellen Schweif tauchte am 18. Mai 1910 am Himmel über Mexiko auf. Hätte es für das mexikanische Volk ein einleuchtenderes Zeichen für die Ankunft eines neuen Führers geben können? Der Glaube der Mexikaner an einen durch Gott auserwählten Führer wurde in folgendem Gedicht in Worte gefasst:

> Licht oben am Himmel;
> Gott weiß, dass wir nicht gefehlt,
> Und es ward Dir aufgetragen.

Oh, welch ein Mensch ist Madero,
Wie groß seine Taten!
Er gebietet all jenen mit krankem Verstand
Die Gefangenen gehen zu lassen in Freiheit.
Oh gnädige Frau von Guadalupe
Segne diesen Mann!

Die Welt des Don Porfirio [...] war dem Ende nahe. Der Tag des Jüngsten Gerichts stand bevor und der Herr hatte den Apostel der Demokratie namens Madero gesandt, zu richten und das Heil zu verkünden."[229]

Porfirio Diaz zeigte wenig Verständnis für den Propheten, der seine Macht infrage stellte, und ließ Madero am 15. Juni 1910 festnehmen.[230] Ungeachtet des sofortigen Protests seiner Familie verschwand Madero im Gefängnis von San Luis Potosí. Am 28. Juni 1910 gewann Diaz die Präsidentschaftswahl mit großem Vorsprung, was angesichts der Tatsache, dass sich die gesamte Opposition entweder im Exil oder im Gefängnis befand, nicht verwunderlich ist. Laut Angaben des Historikers Friedrich Katz bekam Madero insgesamt 183 Stimmen.[231] Auf die arglistige Machtergreifung folgten Demonstrationen im ganzen Land. Madero konnte von seiner Gefängniszelle aus zusehen, wie die Menschen in den Straßen von San Luis Potosí öffentlich ihre Entrüstung kundtaten. Nach monatelangem Ringen konnten José Limantour und Francisco Madero Sr. den jungen Oppositionsführer gegen eine Kaution aus dem Gefängnis holen. Die Wahl war zu diesem Zeitpunkt lange vorbei. Madero und seine Verbündeten durften die Stadt nicht verlassen.[232] Am 6. Oktober 1910, als sich die Lage für die Stallforths gerade zuspitzte, ließ Madero die Kaution verfallen und floh nach San Antonio im amerikanischen Bundesstaat Texas. Von dort aus verfasste er den Plan von San Luis Potosí.

In dem Plan beansprucht Madero die provisorische Präsidentschaft von Mexiko, fordert freie Wahlen, eine unabhängige Presse und eine Gewaltenteilung wie diese in der freiheitlichen Verfassung von 1857 von seinem Helden und spirituellen Gefährten Benito Juarez vorgesehen war. Zudem erklärte er die Wahlen des vergangenen Junis für null und nichtig. Wie Katz bemerkt, so beinhaltet der Plan von San Luis Potosí „einige Klauseln, die sich mit einer Sozialreform befassen." In erster Linie zielte der Plan darauf ab, „sich die Unterstützung der Gegner Diaz' aus der Mittel- und Oberschicht zu sichern."[233]

Die dringend benötigte Agrarreform, die die größte Triebkraft für die Revolution darstellte, wurde in nur einem Abschnitt behandelt, die Arbeitslosigkeit überhaupt nicht.[234] Und tatsächlich fand Madero in den Gesellschaftskreisen um die Stallforths und bei den bürgerlichen Freunden Felix Sommerfelds großen Anklang. Gerade als die Minenarbeiter von San Pedro die Stollen der Stallforths fluteten und damit drohten, ihre Manager zu meucheln, rief Madero zum bewaffneten Widerstand gegen die mexikanische Regierung auf, welcher am Sonntag, den 20. November beginnen sollte. Das Datum gilt als offizieller Beginn der Mexikanischen Revolution. Die Stallforths und viele weitere Mitglieder aus der Mittel- und Oberschicht nahmen zwar nicht aktiv am Geschehen teil, unterstützten den Aufstand jedoch in der Hoffnung, aus dessen Gelingen gewisse Vorteile zu ziehen.

Madero war, obschon er die die Diktatur Diaz bekämpfte, kein linker Rebell. Seine politischen Überzeugungen sind der Schlüssel zum Verständnis seines Aufstiegs und Falls in der mexikanischen Politik. An seiner Linken witterten die Brüder Flores Magon, Aktivisten der Arbeiterschicht, Gewerkschaften und die Führer der aufständischen Bauern wie beispielsweise Zapata die Chance auf einen Umsturz der bestehenden Machtverhältnisse, eine radikale Umverteilung von Landbesitz und Produktionsmitteln sowie ein politisches System, das möglicherweise einer parlamentarischen Demokratie gleichkam, möglicherweise aber auch nicht. Auf der gemäßigten rechten Seite gab es die Mexikaner der Mittel- und Oberschicht, die der Meinung waren, dass ein Übergang der Macht von Diaz und den *Cientificos* hin zur nächsten Generation nicht ohne eine kurze und kontrollierte, bewaffnete Rebellion möglich sein würde. Nach Diaz' Abtritt würden dann neue Führer im Grunde das alte System weiter betreiben, lediglich mit einigen Änderungen, die mexikanischen Unternehmern mehr Einfluss einräumen sollten.

Das fremdenfeindliche Element, das bei allen Anhängern Maderos gleichsam zu finden war, „verband unterschiedliche Gruppierungen im Land und sorgte für den notwendigen Fokus.“[235]

Politisch gesehen wollte die neue Generation mexikanischer Oberhäupter sich selbst im Parlament sowie in den Bundesstaaten Gehör verschaffen. Noch weiter rechts konnte man die Gruppen finden, die am meisten von der Regierung Diaz profitierten. Die *Cientificos*, die katholische Kirche und das Militär hatten wenig Interesse an einer Revolution. Dieser extrem konservativen Gruppe gehörten Menschen wie beispielsweise José Ives Limantour, Felix Diaz, Bernardo Reyes und General Victoriano Huerta an. Sogar sie wussten, dass Veränderungen unumgänglich waren. Diese mussten jedoch kontrolliert stattfinden.

Madero positionierte sich etwas links der gemäßigten Rechten. So konnte er sich die Unterstützung eines Teils der alten Garde sichern. Leute wie Limantour tolerierten Maderos Aktivismus still, so lange sie der Ansicht waren, ihn immer noch kontrollieren zu können. Aus der gemäßigten Linken bekam Madero auch Unterstützung, weil man dort glaubte, eine Regierung unter Madero zugunsten umfassender Sozialreformen beeinflussen zu können. Während sich das Land auf das Ende der Herrschaft Diaz' vorbereitete, machten Menschen in den unterschiedlichsten Lebenssituationen und mit unterschiedlichstem gesellschaftlichem Hintergrund Madero zu ihrem Anführer.

Jeder projizierte seine eigene Vision für ein neues Mexiko auf den an und für sich konservativen Führer. Die Rechte sah in ihm den Erhalt grundlegender wirtschaftlicher und gesellschaftlicher Strukturen; für die Gemäßigten war er der politische Vertreter der entrechteten Mittelschicht; die Linke hoffte, durch ihn die gewünschte Bodenreform und die Einführung einer Sozialdemokratie zu erlangen. Aus dem Plan von San Luis Potosí sowie aus Maderos vielen Stellungnahmen und Schriften lässt sich entnehmen, dass Madero als Politiker den Gedanken an einen langwierigen und gewaltsamen Gesellschaftsaufstand verabscheute. Ihm waren Reformen lieber als die Revolution.

Seine Vision beinhaltete eine eingeschränkte Umverteilung des Wohlstands, dieser Weg setzte jedoch die Erschaffung von rechtlichen Strukturen voraus, die geeignet waren, gerechte und nachhaltige Reformen auf den Weg zu bringen. Solche Strukturen würden auch ein gerechtes politisches System vorsehen, das die Gründung mehrerer Parteien und eine repräsentative Demokratie ermöglichte und zudem den Bundesstaaten wesentliche Rechte der Selbstbestimmung einräumte. Der Historiker John Womack nimmt in seiner Biografie Zapatas auf Maderos legalistischen Ansatz Bezug: „Wenige Revolutionen wurden von Männern geplant, durchgeführt und gewonnen, die einheitlich dermaßen vom Gedanken an den Fortbestand der Rechtsordnung gequält waren wie die obersten *Maderistas* der Jahre 1910 – 1911."[236]

Maderos engste Berater und seine loyalsten Anhänger, die auch lange nach seinem Tod noch für seine Vision kämpfen sollten, waren im Prinzip gemäßigte Konservative. Zu dieser Gruppe zählten Abraham Gonzales, Venustiano Carranza, Miguel Diaz Lombardo, José Vasconselos, Gustavo Madero, Sherburne Hopkins und Felix Sommerfeld. Pascual Orozco hatte letztlich nicht den Mut, Maderos politischer Vision treu zu bleiben, er entsprach jedoch zumindest in den ersten Tagen der Revolution genau der Beschreibung eines moderaten Konservativen.

Der bewaffnete Aufstand, dessen Beginn für den 20. November 1910 angesetzt war, erwies sich als Blindgänger:

> Am Morgen des 20. November ritt er hinunter zum Flussufer [des Rio Bravo] in dem Glauben, dass ihn sein Onkel Catarino [Benavides] dort mit 400 gut bewaffneten Pistoleros aus Coahuila erwarten würde. Wie abgemacht erschien sein Onkel am Treffpunkt, jedoch nur mit zehn Mann. Madero verwarf seinen Angriffsplan auf eine im Norden gelegene Stadt, versteckte sich zehn Tage lang und reiste anschließend nach längerem Hin und Her mit seinem jüngeren Bruder Raul inkognito nach New Orleans.[237]

Trotz des Rückschlags und der darauffolgenden Häme vonseiten des Regimes hatten die Aufständischen und besonders ihr idealistischer Anführer die Säulen der Macht ins

Schwanken gebracht. Der amerikanische Botschafter Henry Lane Wilson, der bei der Ermordung Maderos eine wichtige Rolle spielen sollte, beobachtete, dass „obwohl [der Aufstand] offensichtlich unorganisiert und ohne eine verantwortliche Führung vonstattenging, dieser überall in der Republik zu spüren war und mit bemerkenswerter Intensität und Erbitterung die tiefsitzende Abneigung und die Feindseligkeit des Volkes gegenüber der Regierung zeigte.“[238]

Aufstände und bewaffnete Unruhen, allen voran die Rebellen um Pascual Orozco in Chihuahua, breiteten sich über das ganze Land aus. Obwohl die Aufständischen in Morelos, Tabasco, Sonora und Chihuahua bedingt durch die tödlichen Gegenmaßnahmen der Föderationstruppen einen Rückschlag nach dem anderen erleiden mussten, war die Bewegung nicht aufzuhalten. Am 21. November, dem Tag nach dem peinlichen Fehlstart der Revolution, holte sich die Föderation im Kampf gegen Pancho Villa, der unter Cástulo Herrera kämpfte, eine blutige Nase in der alten Militärkolonie San Andres. Felix Sommerfeld erstattete dem deutschen Handelsattaché Bericht: "Vorgestern wurde ein Zug, der von hier nach Guererro auf der Chihuahua Pacif [ic] Eisenbahn abging und einige Wagen mit [unlesbar] mitbrachte, bei der Station von San Andres von den Revolutionären angegriffen und furchtbar zerschossen [...] Die Aufrührer schossen von den Hügeln [unlesbar] auf den Zug. Gefallen ist ein Oberleutnant, 3 Soldaten, 2 Frauen [...]"[239]

Der Angriff endete letztlich mit einem Rückzug, doch Villa zeigte den noch unentschlossenen Revolutionären zu Hause, dass das Regime durchaus verwundbar war. Felix Sommerfeld und Frederico Stallforth berichteten von koordinierten Angriffen auf Parral und San Isidro, die am gleichen Tag stattfanden wie der auf San Andres. Die Rebellen mussten in allen Fällen den Rückzug antreten, griffen aber gleich darauf Chihuahua City an, das nahezu unbewacht zurückgelassen worden war. Die Zivilbevölkerung musste den Föderationstruppen bei der Verteidigung ihrer Stadt helfen. Laut dem Deutschen Konsul Kueck herrschte in der Zeit unmittelbar vor dem Angriff (29. November 1910) „große Erregung, da Gerüchte umherschwirren, dass die Stadt von Aufrührern angegriffen Würde. Die Staatsgebäude sind mit Freiwilligen besetzt, welche mit Hülfe der Polizei und dem Rest derhier [sic] liegenden Truppen einen evtl. Angriff zurückschlagen werden [...] In Parral ist es zu einem Angriff auf die Stadt gekommen, doch wurden die Aufrührer anch [sic] 4 Stunden zurückgeschlagen. Man spricht von ca. 30 Toten."[240]

Ein weiterer Rebellenführer, der achtundzwanzigjährige Pascual Orozco, organisierte auch eine bewaffnete Rebellion und nahm die Stadt Guerrero etwa fünfzig Meilen westlich von Chihuahua City ein, wo er als Maderos politischer Delegierter fungierte. Nach mehreren siegreichen Scharmützeln mit den Regierungstruppen, schloss sich Orozco mit Villa zusammen, um die strategisch bedeutende Eisenbahnstadt Cerro Prieto einzunehmen. Die zahlenmäßig überlegenen Föderationstruppen schlugen die Revolutionäre in dieser entscheidenden Schlacht in die Flucht. Villa und Orozco zogen sich in die Sierra Madre zurück.

Das Regime Diaz schien die Oberhand zu gewinnen. Villa und Orozco brauchten allerdings keine Siege, denn ihre Strategie, die Regierungskämpfer in einen anhaltenden Guerillakrieg zu verwickeln, fand eine große Anhängerschaft in den meist ländlichen Gegenden Chihuahuas. Die Ränge der Guerillas füllten sich mit Kämpfern aus der Region, während die Föderation den Nachschub ihrer Truppe durch Zwangsrekrutierung aus anderen Teilen Mexikos decken musste. Zudem musste die Regierung für eine wirksame Bekämpfung der Rebellen, die schnell angriffen und sich ebenso schnell wieder zurückzogen, enorme Mittel aufbringen. Die Zeit arbeitete für die Rebellen. Mit jeder Blitzattacke erbeuteten die Kämpfer um Villa und Orozco Vorräte, Munition und Pferde und gewannen zudem neue Rekruten.

Im Januar 1911 hatten die Rebellen die Kontrolle über die ländlichen Gegenden gewonnen, die Städte waren jedoch noch immer fest in Händen der Föderation. Die tollkühnen Aktionen der Revolutionsführer lösten in der Öffentlichkeit stürmenden Beifall aus. Pancho Villa verspottete die Regierung, indem er am helllichten Tag durch Hidalgo del Parral ritt und sich im Kugelhagel der Soldaten aus dem Staub machte, nachdem diese ihn erkannt hatten. Pascual Orozco schickte Präsident Diaz die Uniformen getöteter Soldaten mit der Nachricht: „Ahí te van las hojas, mándame más tamales." („Hier sind die Hüllen zurück, bitte um mehr Tamales").[241]

Drei Monate nach dem misslungenen Start der Revolution, konnte Madero am 14. Februar endlich wieder aus der Gegend um El Paso aufbrechen und den Rio Grande überqueren. Anders als der General auf einem weißen Hengst, musste der Führer der Revolution vor den amerikanischen Behörden fliehen, die einen Haftbefehl gegen ihn erlassen hatten. Mit Nachdruck der Regierung Diaz hatte man Madero der Verletzung amerikanischer Neutralitätsgesetze angeklagt. In Maderos Gefolge von einhundert Mann befanden sich auch fünfzig Amerikaner. Giuseppe Garibaldi, der Enkel des berühmten italienischen Revolutionshelden, wurde Maderos Stabschef.[242] Unter den Söldnern waren zudem ein Franzose, Emile Charpentier, sowie die Amerikaner „Tex" O'Reilly und John Madison alias „Dynamite Slim".[243]

Erfahrene MG-Schützen wurden hoch gehandelt und die mexikanischen Anwerber fanden die besten, die es gab. Tracy Richardson und Sam Dreben waren gerade von ihren Filibuster Feldzügen in Nikaragua zurückgekehrt, stürzten sich ins Nachtleben von New Orleans und fragten sich, was sie als Nächstes tun sollten. Als der zukünftige Mexikanische Vizepräsident José Maria Pino Suarez, der in Maderos Auftrag dort unterwegs war, Dreben fragte ob er kämpfen wolle, antwortete dieser so, wie man es von einem Söldner dieser Zeit erwarten würde: „Sicherlich [...] Gegen wen soll ich kämpfen, wo soll ich hin und wann soll es losgehen?"[244]

Nachdem man ihm diese Informationen gegeben hatte, übernahm Dreben das Kommando über eine wild zusammengewürfelte Brigade bestehend aus Yaqui-Indianern. Sam übernahm das Maschinengewehr und die Indianer kämpften mit ihren Macheten und tödlichen Pfeilen. „Es war eine zerlumpte Truppe barfüßiger Indianer, die noch nie eine Waffe in der Hand gehabt hatten, aber es war seine Armee. Und als sich diese ihren Weg in Richtung Norden bahnte, um sich dort den anderen

Rebellen anzuschließen, wurde Sam gleichzeitig zum Verwaltungsbeamten, Richter und Berufungsgericht. Er war Sancho Panza, der die Herrschaft über jedes eingenommene Dorf übernahm. Dabei hatte er eine große Ähnlichkeit zu Don Quijotes Gefährten, denn er führte seine Truppe mit erhobenem Haupt hauptsächlich gegen Windmühlen."[245]

Als Madero zum Aufstand aufrief, schloss sich auch Emil Holmdahl der Revolution an. Holmdahl hatte sich bereits in Mexiko aufgehalten und arbeitete bei einer Eisenbahngesellschaft, für die er „Banditen" bekämpfte. Wahrscheinlich wechselte er die Seiten, als er merkte, dass es sich bei den Banditen um Aufständische handelte, und schloss sich im Frühjahr 1911 Maderos Truppen an. Holmdahls Biograf Douglas Meed mag in Holmdahl noch „die schwache Glut eines Idealisten" gesehen haben, „den die Geschichten der zerlumpten Revolutionäre in der Seele berührten", den erfahrenen MG-Schützen und Draufgänger trieben aber wohl eher materialistische Gründe in die Revolution.[246] Seine Bezahlung überstieg sogar den Sold von Generälen um ein Vielfaches. Ob er nun idealistische Gründe hatte oder nicht, die gute Bezahlung machte ihm die Entscheidung sicher leichter.

Im Frühling des Jahres 1911 folgten die unabhängigen Banden dem Ruf ihres Anführers und kämpften sich nach Norden und Osten, um sich letztlich in Chihuahua für die entscheidende Schlacht der Revolution zu vereinigen. Jeder konnte sehen, dass Diaz stetig an Macht verlor. Als die Revolutionäre entlang der Grenze zu den USA Stadt um Stadt nach Rekruten, Waffen und weiteren Vorräten absuchten, schickte Präsident Taft am 6. März zwanzigtausend US-Soldaten zur Sicherung des Grenzgebiets. „Zuerst ließ man die Bevölkerung in dem Glauben, die Truppenbewegungen dienten ‚groß angelegten Manövern zum Test von Organisation und Material' [...] Das Geheimnis um die große Militäraktion wurde jedoch bald gelüftet [...] Die Truppen sollten entlang des Rio Grande einen Militärwall bilden, um Filibustern zu unterbinden und sicherzustellen, dass keine weiteren Waffen und Männer mehr über die internationale Grenze geschmuggelt werden."[247]

Kriegsschiffe der US-Marine liefen vor Veracruz, Puerto Mexico und Tampico auf. Doch der Einfluss der USA auf das „arme kleine Mexiko“ war nicht das einzige, was nun für jedermann ersichtlich wurde. Die Einmischung der USA war auch ein unmissverständliches Zeichen für den Mangel an Vertrauen gegenüber dem Diktator. Die Taft-Administration traute es Diaz offensichtlich nicht mehr zu, sein Land in den Griff zu bekommen.[248] Die Mobilmachung, die an der Oberfläche aus unparteiischen Gründen ablief, unterstütze ganz klar die Sache der Revolutionäre.

Die Kämpfer der Revolution hatten mit Maderos Idealbild vom Aufstand der gebildeten Klassen, der durch Bauern und Arbeiter unterstützt wurde, wenig gemeinsam. Pancho Villa, der einst gesetzlose Bandit, war nicht gebildet.[249] Mit dem gut 1,80 Meter großen, breitschultrigen und muskulösen Mann mit Stiernacken und durchdringenden dunkelbraunen Augen wollte man sich lieber nicht anlegen. Die Frage, ob er den Plan von San Luis Potosí verstand und wie er ihn interpretierte, können seine Biografen wohl besser beantworten. Laut Friedrich Katz, dem Historiker und Autor der umfassendsten Biografie Pancho Villas, gab Abraham Gonzales, Maderos Parteiführer in Chihuahua, „Villa eine kleine Geschichtsstunde über Mexiko, erzählte ihm von den Zielen der Anti-Diaz-Partei und von Madero, und fragte ihn schließlich, ob er bei der geplanten Revolution mitmachen wolle.“[250] Villa folgte Männern, die er respektierte. Gonzales respektierte er, und da Gonzales Madero folgte, unterstützte auch Villa Madero. Es heißt, Villa hätte Madero im Frühjahr 1910 im Palacio Hotel in Chihuahua persönlich getroffen. Es läge nahe, dass der schlanke Intellektuelle Madero bei einem Mann wie Villa kaum Eindruck hinterlassen hatte, doch es gibt Anzeichen, die diese Theorie widerlegen könnten.

Villas Hochachtung für Madero hätte größer nicht sein können, insbesondere nach dem gewaltvollen Ende des Präsidenten. Anders als Orozco, der sich schon bald von dem Revolutionsführer abwendete, erduldete Villa Gefangenschaft und Degradierung, ja sogar die unmittelbare Gefahr eines Erschießungskommandos und blieb den Idealen, die Madero für ihn verkörperte, dennoch treu. Villa mag diese Ideale für sich selbst interpretiert haben, jedenfalls hielt er das Banner des *Maderismo* noch einige Jahre nach Maderos Tod in Besitz. Es ist allerdings höchst unwahrscheinlich, dass Villas Loyalität gegenüber Madero zu dessen Lebzeiten auch schon so ausgeprägt war. Schließlich entsprang Madero ganz anderen gesellschaftlichen Sphären. Er trug kein bisschen des Machismo in seinem Wesen, der für einen traditionellen lateinamerikanischen Caudillo typisch war. Seine Motive waren den ungebildeten Schichten Mexikos, aus denen Villa stammte, zum großen Teil fremd. Gegenüber Abraham Gonzales war Villa jedoch mit Sicherheit loyal. Gonzales strahlte eine Menge Machismo aus und konnte gleichzeitig mit dem zukünftigen Machthaber der Mexikanischen Revolution auf Augenhöhe sprechen.

Nachdem sowohl Gonzales als auch Madero beim blutigen Sturz der konstitutionellen Regierung im Jahr 1913 umgekommen waren, übernahm Villa das Banner seiner zwei Helden. Plötzlich, wohl weil er nun tot war, hob Villa Madero zu einem Märtyrer empor und erklärte sein Gedankengut zur Religion. Er übersetzte die bislang schwer zugänglichen Ideologien des Präsidenten in eine Sprache, die auch das gemeine Volk verstehen konnte, und sicherte Maderos Lehren so den breiten Zulauf, an dem es ihnen zu Maderos Lebzeiten mangelte. Madero wurde zum Symbol der mexikanischen Revolutionsbewegung. Dieser Symbolismus verhalf Villa, die Kräfte des sozialen Wandels zu bändigen, derer Madero und Gonzales nicht Herr wurden und die letztlich zu ihrem Tod führten. Die Ideologie des *Maderismo* war geboren – ein Glaubensgefüge mit Raum für Interpretation und Erweiterung. Bodenreform und die radikale Umverteilung des Kapitals waren vom Präsidenten nicht vorangebracht worden, die Truppen der Maderisten um Pancho Villa setzten jedoch genau diese Aspekte im Namen des Märtyrers um. Ein Großteil des innersten Anhängerkreises um Madero schloss sich Villas Bewegung zwischen 1913 und 1916 an.

Ein zweiter Anführer der Revolutionstruppen Chihuahuas war Pascual Orozco Jr. Dieser entsprang ebenso wenig den gebildeten Schichten wie Villa. In der populären Geschichtswissenschaft hängt Orozco das Bild des „Eseltreibers“ an, ebenso wie Pancho Villa das des „Banditen“.[251] Orozco stammte aus der aufkeimenden Mittelschicht Mexikos und hatte sich ein erfolgreiches Geschäft als Unternehmer aufgebaut. Seine Eselzüge transportierten Erz von den Minen der Berge zu den Mühlen und Schmelzöfen. Er investierte in eine Goldmine, die ihn, wie man seinem Biografen Michael Meyer entnehmen kann, reich machte. Orozco konnte wie auch Villa keine formelle Ausbildung vorweisen, verfügte jedoch über ausgeprägte Führungsqualitäten. Er war groß und schlank mit eingefallenen Wangen und halbgeschlossenen Augen, in denen das Feuer der Entschlossenheit wild loderte. Aus der bäuerlichen Bevölkerung Chihuahuas fand er regen Zuspruch, und so machte ihn seine unabhängige Gesinnung zu einer wichtigen Kraft in Maderos Plan, den Diktator Diaz zu stürzen. Sein Temperament, das ihn zu einem der bedeutendsten Kommandeure unter Madero machte, führte jedoch auch dazu, dass er sich letztlich gegen seinen einstigen Anführer stellte. Weder Villa noch Orozco vermochten es, die Revolution in die zentralen Städte Chihuahuas zu bringen, wie es Madero erwartet hatte. Der bewaffnete Aufstand bezog seine Rekruten aus den ländlichen Regionen.

Da Madero befürchten musste, seinen Anspruch auf die Führerschaft der Revolution an seine Militärkommandeure zu verlieren, ergab sich für ihn die dringende Notwendigkeit, seinen Oberbefehl über das Militär eigenständig zu untermauern. So entschloss er sich, während Orozco seine Truppen nach Chihuahua City führte, das sechzig Meilen südlich gelegene Casas Grandes anzugreifen. Auf seinem Weg durch die Dörfer Chihuahuas schwoll die Armee des Revolutionsführers von hundertdreißig auf ca. achthundert Mann an.[252] Die Föderationstruppen, die Casas Grandes am Morgen des 6. März verteidigten, konnten die Angriffe der vorrückenden Rebellentruppen jedoch hartnäckig abwehren. Maderos Stabschef Giuseppe Garibaldi beschrieb den verzweifelten Häuserkampf, der sich in der kleinen Stadt zutrug.[253] Der Kampf zog sich über die gesamten Morgenstunden hinweg, und die

Angriffe und Gegenangriffe forderten zahlreiche Opfer. Um 7:15 Uhr wurden die Rebellen von Verstärkungstruppen der Föderation von hinten angegriffen.

Das Resultat war ein Desaster. Madero wurde in den Arm geschossen und entging nur um Haaresbreite der Gefangenschaft. Sein Bruder Raul konnte auch gerade noch entfliehen, wurde jedoch schwer verletzt. Garibaldi, der offiziell für die militärische Strategie verantwortlich war, wies jegliche Schuld von sich: „Mein Vorschlag war, den Feind zunächst durch vorgetäuschte Flankenbewegungen auf beiden Seiten dazu zu bringen, seine Mitte zu schwächen, und dann von Norden her über die Hauptstraße anzugreifen. Der Präsident war jedoch anderer Meinung."[254]

Ob nun Madero die Strategie erdachte, die zum Scheitern der Rebellen führte, oder aber, was wahrscheinlicher ist, die unerfahrene Gruppe von Offizieren um Madero, seinen Bruder Raul, Garibaldi und Eduardo Hay die Föderationstruppen auf fatale Weise unterschätzt hatten, ist Gegenstand der historischen Debatte. Fakt ist, dass die Revolutionäre ihre Kämpfer in zwei Lager geteilt hatten, ihnen die notwendigen Kommunikationswege fehlten, und dass es keinen Alternativplan gab. Aus dem ausländischen Kontingent waren fünfzehn Amerikaner getötet und vierzehn weitere sowie zwei Deutsche in Gefangenschaft geraten. Madero verlor insgesamt achtundfünfzig Mann, einundvierzig wurden gefangen genommen. Die Revolutionäre verloren zudem acht Wägen mit Vorräten, 150 Pferde, 153 Maultiere und 101 Gewehre.[255] Madero zog sich auf die Hazienda in Bustillos zurück, um seinen Arm und auch sein Ego zu versorgen. „Vielen amerikanischen *Insurrectos* verging durch Casas Grandes die Lust an der Mexikanischen Revolution. Sie waren gewaltsam daran erinnert worden, dass man sich dabei erheblichen körperlichen Schaden zuziehen konnte."[256] Als Ausländer hatten die gefangen Legionäre im Gegensatz zu ihren mexikanischen Mitstreitern nicht zu befürchten, sofort vor das Erschießungskommando gestellt zu werden. Für sie hielt das Regime Zellen im Gefängnis von Chihuahua bereit.

Trotz der zahlreichen Niederlagen, die die Revolutionäre gegen die Föderationstruppen erleiden mussten, kam die Revolution nicht zum Erliegen. Die Unterstützung aus dem Volk wurde durch Geschichten über Maderos Mut, die unter den Rebellen weitergegeben wurden, sogar noch gestärkt. Máximo Castillo, der Leibwächter Maderos, pries dessen Teilnahme an den Feuergefechten: „[...] entweder weiß dieser Mann nicht, dass Kugeln töten können, oder er verfügt über außerordentliche Courage.“[257] Während man sich von den Niederlagen erholte und die Vorräte wieder auffüllte, versammelte Madero seine obersten Militärs Anfang Mai in Bustillos. Dort sicherte er nun mit Nachdruck seinen obersten Befehl über die Revolutionstruppen. Pancho Villa wurde zum Oberst befördert und schloss sich Orozco an, den Madero zum Brigadegeneral erhoben hatte. Nach und nach pilgerten Revolutionäre aus allen Regionen zu Maderos Hauptquartier und stellten sich und ihre Kämpfer in den Dienst der Armee der Revolution. Nachdem sich die Föderationstruppen gänzlich aus dem Umland zurückgezogen hatten, gab es für die Revolutionäre nur noch zwei große Ziele: Ciudad Juarez und Chihuahua City. Gustavo und die oberste Militärführung planten von nun an die entscheidende Schlacht.

Doch auch andere Besucher kamen nach Bustillos. „Ich machte mich auf, ein Interview mit ihm [Madero] zu führen, und Mr. Haggerty zu berichten“, erinnerte sich Sommerfeld an sein angeblich erstes Treffen mit Madero.[258] Akten der Deutschen Gesandtschaft belegen, dass Sommerfeld im Auftrag der Reichsregierung vermittelte. Dabei ging es um zwei deutsche Glücksritter, die von der Föderation bei Casas Grandes gefangen genommen wurden.

Der Kaiserliche Geschäftsträger Rhomberg tat sein Bestes, um ihr Leben zu retten und ihre Freilassung zu erwirken. Die Sache erlangte eine ganz neue Dimension, als die Mutter eines der Söldner das Auswärtige Amt in Berlin kontaktierte. Die Notlage von Ferdinand Lieber und Friedrich Oberbücher erlangte das Interesse des Reichskanzlers, der Rhomberg daraufhin anwies, “den Antragstellerin zu erteilenden Bescheid durch meine Hand gehen zu lassen.”[259] Im Anschluss an die Schlacht wurden die zwei Gefangenen in ein Gefängnis in Chihuahua City überführt. Dort überwachte Konsul Kueck deren Behandlung und bemühte sich um ihre Entlassung. Aus verständlichen Gründen weigerte sich der Gouverneur von Chihuahua jedoch, sie freizulassen. Die zwei Deutschen wurden als gegnerische Soldaten gefangen genommen, und für diesen Landesverrat gab es nur eine Strafe: Tod durch Erschießen. Die Geschichte, die sich die beiden Söldner zu ihrer Verteidigung zurechtgelegt hatten, klingt verzweifelt: "Unter den von Casas Grandes nach hier gebrachten Gefangenen befinden sich ein Herr Lieber und ein Herr Oberbücher, welche Reichsangehörige zu sein scheinen. Dieselben geben an, unschuldig zu sein und auf dem Weg von Juarez nach Chihuahua von den Leuten Maderos, einem gewissen Valencia und De Lara aufgegriffen worden zu sein; ferner behaupten die Leuten [sic], dass dieses [im Auftrag] von Garibaldi geschehen sei."[260]

Der Gouverneur verwies Kueck an die Zentralregierung in Mexiko-Stadt und gab ihm zu verstehen, dass die zwei Gefangenen seiner Meinung nach schuldig im Sinne der Anklage waren.[261] Kueck, der die Geschichte nicht glaubte, schickte Sommerfeld zu Madero, um dort den Revolutionsführer und Garibaldi zu befragen und festzustellen, ob die zwei Deutschen die Wahrheit sagten. Er schrieb an die Deutsche Gesandtschaft: "Ein Herr F. Sommerfeld, mir befreundet und der dortigen Gesandtschaft bekannt, hat sich häufig als Vertreter der Associated Press bei Madero aufgehalten und ist zurzeit noch bei ihm. Ich werde ihn bitten, mit Madero und Garibaldi darüber zu sprechen, ob die Aussagen der hier verhafteten Deutschen, dass sie gezwungen worden sind, auf Wahrheit beruhen. Eine schriftliche Erklärung von Madero und Garibaldi dürfte wohl genügen, damit die Deutschen in Freiheit gesetzt werden."[262]

Sommerfelds Antwort ist nicht erhalten. Er scheint den Auftrag jedoch ausgeführt und berichtet zu haben, die zwei Söldner seien in der Tat schuldig. Glücklicherweise endete die Gefangenschaft der beiden mit dem Amtsantritt den neuen Gouverneurs Abraham Gonzales noch bevor eine Verhandlung angesetzt werden konnte. Die Deutschen wurden nicht nur befreit, der einflussreiche Deutsche Konsul konnte mit Sommerfelds Hilfe beim Gouverneur sogar für jeden noch eine Entschädigung über 140 Pesos (bei heutigem Wert etwa 1.500 Dollar) herausschlagen.[263]

Die Abenteuer Francisco Maderos wurden noch von einem weiteren Korrespondenten namens David Lawrence verfolgt. Wie alle Kriegskorrespondenten kannte Lawrence Sommerfeld gut.[264] Der im Jahr 1888 geborene Amerikaner begann seine Karriere bei AP News und wurde später zum Herausgeber der *New York Evening Post*. Nach dem Ersten Weltkrieg gründete Lawrence mehrere Wochenzeitungen und versuchte sogar, die *Washington Post* zu übernehmen. Im Jahr 1946 gründete er *U.S. News and World Report*, gab diese selbst heraus und blieb bis zu seinem Tod im Jahr 1973 dort Chefredakteur. Der berühmte Reporter hatte Madero am 20. November 1910 besucht, kurz bevor dieser zu seiner verhängnisvollen Mission aufbrach, die den Beginn der Revolution markieren sollte. Während Lawrence versuchte, eine gute Geschichte über Maderos Pläne zu ergattern, hatte sich Sommerfeld seinen eigenen und allen anderen Angaben zufolge nun offiziell Maderos Lager angeschlossen und fungierte dort als vertraulicher Agent.

Seine Kompetenzen sollten im kommenden Jahr rasch zunehmen. Lawrences Aussage nach, war der deutsche Agent „zwar [...] den Vereinigten Staaten gegenüber freundlich gesinnt [...], aber zweifellos für die Deutsche Sache [...]"[265] Zukünftig sollte der Zugang der Presse zu Madero ausschließlich über Sommerfeld möglich sein. Nachrichtenagenturen zahlten ihm Eintrittsgelder. Lawrence beschrieb ihn zu dieser Zeit als „eigennützig."[266] Allerdings dürfte dieser Begriff in Sommerfelds Fall nicht treffend gewählt gewesen sein. Wie allen Bekanntschaften Sommerfelds aus dieser Zeit auffiel, ließ er sich aus gutem Grund von niemandem in die Karten schauen. Er durfte und würde unter keinen Umständen zugeben, dass er für die deutsche Regierung arbeitete und dass diese ihn auf den Mann angesetzt hatte, der die Macht hatte, Porfirio Diaz zu stürzen.

Jimmy Hare schrieb für das *Colliers Magazine* und gliederte sich auch in Maderos Kampftruppe ein. Der groß gewachsene, schlanke Engländer war ein Pionier der fotografischen Frontberichterstattung und wurde zur treibenden Kraft für den Aufstieg des Magazins. Hare berichtete aus fünf Kriegen. Seine Bilder, die er inmitten der Kämpfe schoss, während die Kugeln um ihn herumflogen, machten ihn zur Legende. „Er tauchte plötzlich zwischen den Frontlinien der Rebellen und Föderalisten auf", schrieb Garibaldi in seinem Bericht über die Schlacht von Juarez, „und fing an, inmitten des Kugelhagels Fotos zu machen. Unsere wiederholten Warnungen konnten ihn nicht davon abbringen. Jemand telegrafierte Colliers, dass sich Jimmy leichtsinnig in Gefahr begab und sein Leben riskierte. Er zeigte mir ein Telegramm, in dem er von seiner Redaktion darauf hingewiesen wurde, dass ein toter Fotograf dem Magazin nichts nütze, und fragte empört: ‚Kann man sich so etwas Undankbares vorstellen?'."[267]

Es gibt keine verlässliche Quelle, aus der sich schließen lässt, inwieweit Sommerfeld und Hare zusammenarbeiteten.[268] Hare berichtete über die Kämpfe an der Bauche Station, bei denen Sommerfeld auch vor Ort war. Sommerfeld war verantwortlich für die Auswahl der Journalisten und Fotografen, die in Maderos Truppe arbeiteten. Von dieser Position aus hatte er die Kontrolle darüber, wer welche Informationen erhielt. Hare musste wie alle anderen Korrespondenten zuerst Sommerfeld kontaktieren, um Zugang zu Madero und dessen Befehlshabern über das Militär zu erlangen. Garibaldi fügte seiner Autobiografie mehrere Bilder von Jimmy Hare hinzu. Eines davon zeigt Sommerfeld im Hintergrund bei der Einberufung von Maderos erstem Kabinett in Juarez.[269] Ein Artikel über ein Dinner der Korrespondenten im Mai des Jahres 1911 in El Paso zeigt, wie Sommerfeld den Zugang zu Madero kontrollierte und beschreibt die daraus entstehende Hassliebe zwischen ihm und den amerikanischen Pressevertretern. Timothy Turner, Korrespondent für den *El Paso Herald* und das *Collier's Magazine* erzählte folgende aufschlussreiche Anekdote:

Ein flotter junger Kerl trippelte einmal die Stufen zum Aduana [Regierungsgebäude] hinauf. ‚Ich repräsentiere die U.P.', gab er an. ‚Dürfte ich den Präsidenten sehen'? ‚Der Präsident hält gerade seine Siesta', antwortete der oberste Domo [Wachmann]. 'Aber ehrlich, alter Junge', erklärte der in den schicken Klamotten ‚Es geht um das Telegramm heute Abend, du weißt schon!' ‚Ja, heute Abend schläft er auch', sagte der oberste Wachmann. Der U.P.-Mann verschwand.

‚Ich komme von der *New York World*', sagte einer mit kahlem Kopf, doch die Wache drehte sich nicht einmal um. ‚Die World', wiederholte der Glatzkopf. ‚*The New York World.* ' ‚Der Präsident ist sehr beschäftigt', entgegnete der Amtswachhund. ‚Er wird dich morgen empfangen. ' ‚Ja, aber!?' ‚Morgen! Verschwinde! '

Und dann, so komisch das klingen mag, kam auf einmal ein gut gebauter Jüngling daher - brauner Leinenanzug und sein Gesicht fast dunkelrot, so braungebrannt war der. Er spazierte einfach am Wachmann vorbei und direkt ins Allerheiligste.

‚Und wer mag das gewesen sein? ' fragte ein fremder Dümmling. ‚Was, der da? ', kam die Antwort 'Das da war Herr Sommerfeld, Hochschulabsolvent der Münchner Journalistenschule, Geschäftsleiter der Revolution, städtischer Redakteur des Kabinetts und Laufbursche des Präsidenten'.

‚Aber warum, warum darf er denn durch? ', fragte der Idiot nochmal. ‚Ist er denn kein Zeitungsmann? ' ‚Nein', donnerte die Antwort, ‚er ist Journalist, wie ich bereits erwähnt hatte, und dazu ist er kein Amerikaner. Er ist Deutscher. Reicht das nicht? ' Es reichte.[270]

Madero war in den Monaten vor seiner Rückkehr nach Mexiko via El Paso nicht untätig. Die Historiker Harris und Sadler schrieben: „Eine Schlüsselfigur in Maderos Apparat in El Paso war Abraham Gonzales."[271] Im November des Jahres 1910 versuchte Gonzales, die mexikanische Grenzstadt Ojinaga einzunehmen, die gleich hinter der US-Grenze lag, scheiterte jedoch. Um Diaz' Zorn zu entgehen, schlug der korpulente *Maderista* sein Lager in El Paso auf. Dort errichtete er ein starkes Netzwerk, das die Bestrebungen Maderos unterstützte. Die Revolutionäre kauften

Waffen und Munition vom Handelshaus Krakauer, Zork, and Moye und von der Shelton-Payne Arms Company. Gonzales engagierte die Thiel Detective Agency, um die Schritte von Diaz' Spitzeln im amerikanischen Grenzgebiet zu überwachen. Maderos Leute beauftragten zudem Schmuggler aus der Umgebung, die Waffen über die Grenze nach Mexiko bringen sollten. Ein Agent des amerikanischen Justizministeriums berichtete, dass die Waffenschieber für ihre Dienste jeweils zwanzig Dollar in Gold bekamen.[272]

Gonzales und Madero planten jedoch nicht nur die Versorgung der Revolution mit Wehrmaterial. Madero finanzierte den gesamten Aufstand aus seiner eigenen Tasche, doch laut Sherburne Hopkins überstiegen die Gesamtkosten der Revolution die 300.000-Dollar-Marke (bei heutigem Wert etwa 6,3 Millionen Dollar) bei Weitem. Dieser Betrag ist als Investition Maderos dokumentiert.[273] In einem Bericht an das US-Justizministerium vom 25. April erwähnte der Agent Cunningham: „[D]ie Standard Oil Company wollte den Aufstand mit 500.000 bis 1.000.000 Dollar ausstatten, wenn die Revolutionäre dem Unternehmen im Gegenzug sechsprozentige Goldanleihen ausgeben und zudem eine entsprechende Handelskonzession in Mexiko erteilen würden. Der Agent arrangierte ein Treffen zwischen dieser Partei und J. V. Smith und ihm wurde später von Smith angekündigt, dass das Angebot Francisco I. Madero vorgelegt wurde, und dass man glaubte, dass dieser wohl darauf eingehen würde".[274]

Es gibt mehrere Theorien darüber, wie Madero seine Revolution finanzierte. Madero vertraute seinem Mitverschwörer Roque Estrada in den Wochen vor dem 20. November an, dass „er seine Finanzmittel ausgeschöpft" habe.[275] Allen Berichten nach, ging der Revolution im Frühjahr 1911 das Geld aus. Historiker Friedrich Katz beschrieb Maderos Hauptgrund für die Eroberung der Stadt Ciudad Juarez, welche von El Paso am anderen Ufer des Rio Grande lag: „Er beorderte alle Revolutionäre im Bundesstaat in den Norden von Chihuahua, um dort die Grenzstadt Ciudad Juarez zu belagern. Die Eroberung der Stadt hätte es Madero ermöglicht, deine Regierung auf mexikanischem Boden zu gründen. Mit den Zolleinnahmen hätte man die Revolution finanzieren können [...] Der Plan scheiterte jedoch, da die Revolutionäre nicht über genügend Waffen für dessen Umsetzung verfügten".[276] Abraham Gonzales' verzweifelter Angriff auf Ojinaga im vorangegangenen November scheiterte aus den gleichen Gründen.

Vom Tag der Ausrufung der Revolution an, hatte das Regime gegen eine amerikanische Einflussnahme und die Finanzierung der Revolutionäre gewettert. Das alte Regime hatte guten Grund zur Annahme, dass sich Amerika einmischen würde. Die Hauptstreitpunkte mit den Vereinigten Staaten waren Konzessionen in der Ölregion Tampico, die Kontrolle der Bahnwege und die Nutzung von Magdalena Bay als strategischer US-Versorgungsstützpunkt. Diaz hatte sich in allen drei Punkten gegen die USA gestellt. In den letzten Tagen vor Beginn der Revolution erhielt der britische Ölmagnat Weetman Pearson, der 1910 zum Lord Cowdray geadelt worden war, erhebliche Langzeit-Entwicklungskonzessionen mit einem geschätzten Wert von etwa 125 Millionen US-Dollar. Pearson wurden zudem Verträge zur Expansion des nationalen Schienennetzes in Zentral- und Südmexiko zugesprochen. Amerikanische Firmen wurden hierbei ausgeschlossen, sodass diese in keinen Einfluss über die Eisenbahn in Nordmexiko ausüben konnten. Hierdurch wurde der Handel mit El Aguila, Pearsons Ölfirma in den USA, bevorteilt, zu deren Investoren mehrere einflussreiche Mitglieder des Diaz-Regimes wie beispielsweise Luis Terrazas Schwiegersohn Enrique Creel oder auch Diaz' eigener Sohn zählten.[277]

Die bevorzugte Behandlung Pearsons durch den alten Diktator untergrub den großen Einfluss von Henry Clay Pierce und den amerikanischen Ölfirmen. Wie der Historiker Alan Knight in seinem Werk anführt, stieg allerdings die Summe der amerikanischen Investitionen trotz der Ausweitung von Pearsons Unternehmen weiter an.[278] Knight bezweifelt sowohl den Einflussrückgang Amerikas als auch den Umstand, dass ein Eingreifen der USA als logische Folge daraus resultierte. Aus heutiger Sicht könnte Knight Recht haben. Politiker und Finanzmagnaten verfügen jedoch nicht über hellseherische Fähigkeiten. In den Augen der Unternehmen, für die zukünftige

Gewinne in Milliardenhöhe auf dem Spiel standen, stellte Diaz' Spiel eine Bedrohung des Firmenwohls dar. Investitionen mussten abgesichert werden, das politische Umfeld in Mexiko musste die Interessen von Unternehmen vorziehen, und schließlich darf man die Schlagkraft und die politische Macht eines Henry Clay Pierce, J. P. Morgan, John D. Rockefeller oder Edward Doheny nicht unterschätzen.

Der Geschichtswissenschaftler John Skirius und mehrere andere verfechten zurecht folgenden Standpunkt: „Der Konzern ‚Standard Oil' der Familie Rockefeller, Edward Dohenys Ölfirma in Mexiko und die Bahn-Investorengruppe Rockefeller/Stillman/Morgan/Pierce waren mit Diaz' Politik, welche W. Pearson und die Gruppe der Cientificos bevorteilte, nicht einverstanden."[279] Sherburne G. Hopkins, ein Anwalt, der die Ölinteressen von Waters-Pierce in Mexiko vertrat, sagte bezüglich des Unmuts der US-Investoren gegenüber Diaz im Jahr 1912 vor dem US-Senat aus, „dass die Waters-Pierce Oil Co. in ihrer Arbeit mit einem großen Nachteil zu kämpfen hat, aus dem einfachen Grund, dass die Regierung Diaz diese riesigen Ölkonzessionen Lord Cowdray zugesprochen hat [...]"[280]

Ein dritter Umstand erwies sich für die US-Regierung als das gravierendste Problem. Mexiko hatte die Pacht für den US-Versorgungsstandort in Magdalena Bay im Jahr 1908 ablaufen lassen. Zur gleichen Zeit verbreiteten sich rasend schnell Gerüchte, die besagten, dass entweder Deutschland oder aber Japan Zugang zu diesem strategisch enorm wichtigen Standort gewährt werden sollte. Zwar sollte sich im Nachhinein herausstellen, dass Diaz das Thema Magdalena Bay lediglich benutzte, um sich gegen die Regierung Taft in eine bessere Verhandlungsposition zu bringen, zu jener Zeit aber versetzte jedoch die Vorstellung von deutschen und japanischen Kriegsschiffen, die nur einige hundert Meilen von der US-Grenze entfernt auftankten, die Behörden in den USA in Aufruhr. Bei einem berühmten Treffen zwischen Präsident Taft und Porfirio Diaz im Herbst des Jahres 1909, versuchte die amerikanische Regierung nochmals, über die Pacht zu verhandeln, und wieder blieb der mexikanische Diktator standhaft. Ob die US-Regierung die Mexikanische Revolution und Madero aktiv unterstützte oder nicht, steht auch weiterhin zur wissenschaftlichen Debatte. Die stillschweigende Unterstützung, die schon durch ein gelegentliches Wegsehen der amerikanischen Behörden gewährt wurde, erwies sich jedoch bereits als ausreichend, um die mexikanische Regierung zu destabilisieren.

Die US-Behörden klagten Francisco Madero zwar an, die Neutralitätsgesetze zu verletzen, die Ermittlungen gegen ihn blieben aber erfolglos. Natürlich mussten die US-Behörden der Mexikanischen Regierung zeigen, dass sie es den Revolutionären nicht *offiziell* gestatteten, sich in den USA zu bewaffnen und von dort aus das Nachbarland im Süden anzugreifen. Die halbherzige Anwendung der Neutralitätsgesetze konnte allerdings niemanden täuschen. Als Madero im Februar 1911 die Grenze nach Mexiko überquerte, hatte er eine eindrucksvolle Organisation geschaffen, die in den USA Waffen kaufte und diese unter den *wachsamen* Augen der amerikanischen Behörden nach Mexiko schmuggelte. Die Bewaffnung der mexikanischen Revolution ging nicht nur in den USA vonstatten, sie wurde sogar mit amerikanischen Geldmitteln finanziert. Der detaillierte Bericht des Agenten Cunningham, in dem er Verhandlungen mit Vertretern der Revolutionäre und Madero selbst beschreibt, wird durch eine Geschichte bekräftigt, laut der Maderos Onkel Alfonso zur selben Zeit, gegen Ende April des Jahres 1911, aktiv mit Vertretern von Standard Oil verhandelt haben soll. Harris und Sadler haben jedoch eindeutig dokumentiert, dass zwischen der Standard Oil Company und den *Maderistas* kein Geld geflossen ist. Ihren Nachforschungen zufolge hatte man in Washington über das geplante Millionendarlehen an Madero Wind bekommen und Standard Oil darüber informiert, dass man mit diesen „Machenschaften" nicht einverstanden sei.[281]

Während Harris und Sadler richtig herausstellen, dass es zwischen Madero und Rockefeller keine Beziehungen gegeben hat, finden sich jedoch zahlreiche Zeitungsartikel und historische Aufzeichnungen, in denen der Anwalt Sherburne Hopkins als Mittelsmann zwischen Standard Oil und den Revolutionären erwähnt wird. Das Problem war jedoch, dass Standard Oil und

Sherburne Hopkins überhaupt nichts miteinander zu tun hatten. Pierce hasste Rockefeller, der im Jahr 1906 mit einem feindlichen Übernahmeangebot gegen ihn Erfolg gehabt hatte. Obwohl sowohl Rockefeller als auch Pierce Lord Cowdray verdrängen wollten, vertrat Hopkins Pierces Anteile gegen Standard Oil und Lord Cowdrays El Aguila Oil Company. Als Hopkins ein Darlehen über 650.000 Pesos (bei heutigem Wert etwa 6,7 Millionen US-Dollar) für Madero auf den Weg brachte, handelte es sich um Pierces Geld. Die Auszahlung dieses Geldes wurde eindeutig festgehalten, und Hopkins wurde für seine Dienste sofort eine Zuwendung über 50.000 Dollar (heute etwa 1 Million US-Dollar) zuteil.[282] Die Summe des Darlehens entsprach den Investitionen der Maderos in die Mexikanische Revolution zwischen 1909 und 1911. Finanzminister Ernesto Madero, der das Darlehen an Gustavo zurückzahlte, erstellte folgende Auflistung über die Ausgaben:

$154,000	Waffen, Munition und Ausrüstung
$ 53,000	Anwaltskosten
$ 6,000	Vertrauliche Vertretung New York
$ 5,000	Vertrauliche Vertretung in Washington
$ 18,000	Vertrauliche Vertretung in San Antonio
$ 15,000	Vertrauliche Vertretung in El Paso
$ 12,500	Pressekampagne
$ 56,000	Feldzüge, Gesandte, Reisen und kleinere Ausgaben[283]

Weitere Zahlungen von Pierce an Madero sind in Sloan W. Emerys Aussage vor dem Senat aus dem Jahr 1912 festgehalten. Ein Freund Emerys arbeitete in der Waters-Pierce Oil Company. Er „fand unter den ersten Schecks, die die Regierung Madero auf die Bank zog einen Scheck der Waters-Pierce Oil Company über 685.000 US-Dollar.“ Weiter sagte er aus, dass es sich dabei “um Gelder handelte, die sie den Maderos zukommen haben lassen, um diese Revolution fortzuführen.“[284] Laut dem Historiker John Skirius hatte der US-Geheimdienst konkrete Beweise über weitere Zahlungen von Waters-Pierce an Madero.[285]

Am 25. März 1911 war Sommerfeld zum Abendessen in die Residenz der Stallforths in Parral geladen.[286] Sommerfeld sagte später aus, er habe dem jungen Unternehmen der Stallforths in den Anfangszeiten der Revolution einst ausgeholfen, und Stallforth schrieb seiner Frau von Sommerfelds „Madero-Verbindung."[287] Von Parral aus fuhr Sommerfeld nach Bustillos, wo er offiziell in Maderos Dienste trat. Der vorläufige Präsident trug ihm unter anderem auf, fortan als Bindeglied zwischen Hopkins, der die Unternehmungen in New York und Washington leitete, und den Revolutionsorganisationen in San Antonio und El Paso zu fungieren.

Als solches wurde der ambitionierte Deutsche eng in die Entwicklung einer Geheimdienstorganisation miteinbezogen, die die Revolutionsregierung, sämtliche großen Grenzstädte zwischen den USA und Mexiko sowie New York und Washington umspannte. Gonzales' Männer in El Paso kümmerten sich um den Transport von Waffen und Munition über die Grenze, und Hopkins bezahlte für die Lieferungen, wobei er die Schmuggler gleichzeitig mit politischer Unterstützung von Washington deckte. Außerdem versuchte er, Geldmittel für Madero zu beschaffen. In seiner Aussage vor dem Senat gab er gegenüber Senator Albert Fall offen zu, dass er versucht hatte, über eine französische Bank und seinen Klienten Charles Flint ein Darlehen aufzunehmen.[288] Hopkins gab nie zu, dass er bei der Beschaffung des Geldes erfolgreich war. Allerdings schätzte er die Kosten der Revolution Maderos auf eine Summe von ungefähr 1,5 Millionen US-Dollar. Aus dem Privatvermögen der Maderos stammten weniger als 400,000 Dollar. Hopkins erklärte, dass der Rest des benötigten Geldes aus allen möglichen Quellen stammte, allesamt in Mexiko. Seine Behauptung, das Geld wäre aus mexikanischen Quellen geflossen, ist wahrscheinlich wahr, doch es handelt sich um eine typische Juristenantwort. Neunzig Prozent aller Bergbauunternehmen und über achtzig Prozent der Eisenbahninvestitionen standen unter der Leitung ausländischer Kapitalgeber. Die Investitionen lagen zum Großteil in mexikanischen Unternehmen. Genau genommen konnte man über jede von diesen Firmen gewährte Beihilfe sagen, sie sei „mexikanischen“ Ursprungs.

Sieht man sich Sommerfelds spektakulären Aufstieg in Maderos Organisation an, so lässt sich darauf schließen, dass er seinen neuen Job mit großem Erfolg ausführte. Der zukünftige Präsident mochte Sommerfeld genau wie alle anderen, die mit ihm zusammenarbeiteten. Miguel Diaz Lombardo, der Bildungsminister unter Madero, schrieb in einem Brief an das US-Justizministerium: „Als enger Freund des Präsidenten sah ich Sommerfeld häufig [nach Juni 1911] und ich fiel Gefallen an seiner Loyalität, seiner Aufrichtigkeit und seiner Ehrbarkeit. Zu dieser Zeit hätte Sommerfeld, wäre er auch nur ein kleines bisschen gewissenlos gewesen, von seiner Position aus problemlos ein Vermögen machen können".[289]

Für einen Ausländer war die Arbeit im Umfeld der Revolution eine durchaus gefahrenreiche Unternehmung. Die Koordination der hektischen Aktionen, mit denen man Mexiko binnen weniger Wochen übernehmen wollte forderten großes organisatorisches Talent und die Fähigkeit, sich zu konzentrieren. Diaz Lombardo beschrieb Sommerfelds Rolle als Maderos „vertrauter persönlicher Agent.“[290] Diese Rolle wies Sommerfeld nicht von sich, als er gefragt wurde, ob er Maderos „oberster Repräsentant“ gewesen sei.[291] Sein eigentlicher Titel war „Stabschef“ wie er Captain G. F. Bailey von der US-Army 1912 wissen ließ.[292] Wie auch immer man ihn nennen mag, Sommerfeld war für Ausländer der einzige Weg zu Madero. Der deutsche Agent hatte es tatsächlich geschafft, sich an genau die Stelle zu bringen, an der sämtliche sachdienlichen Informationen über die Revolution zusammenliefen. Außer Hopkins und dem allerinnersten Kreis um Madero verfügte niemand über bessere Kenntnisse um die Machenschaften der Revolutionäre als Sommerfeld.

KAPITEL 7

SHERBURNE G. HOPKINS: KING MAKER

Sommerfelds Beziehungen zu Sherburne G. Hopkins etablierten den deutschen Agenten im Zentrum eines Informationsnetzwerks, dass es ihm erlaubte, in den Jahren 1911–1918 die Stimmung in den Regierungen Mexikos und Amerikas genauestens einzuschätzen. Hopkins war eines der wichtigsten Primärziele von Sommerfelds geheimen Ermittlungen. Er war der Schlüssel zum Verständnis der Verbindungen zwischen den *Maderistas* und den politischen und finanziellen Interessen der USA. Hopkins stammte aus gehobenen Verhältnissen und stand als schillernde Persönlichkeit Sommerfeld oder auch Stallforth in nichts nach. Er wurde am 5. Oktober 1867 in Washington, D.C. geboren und hatte eine zehn Jahre jüngere Schwester.

Die Ursprünge seiner Familie liegen in England. Hopkins' Vater, Thomas Snell Hopkins, zog in den 1860er-Jahren aus dem Bundesstaat Maine in die Hauptstadt. Sherburnes Vorfahre Stephen Hopkins (1583-1644) war auf der *Mayflower* nach Plymouth in Massachusetts gekommen.[293] Samuel Sherburne, sein Urgroßvater, kämpfte während des Unabhängigkeitskrieges als Leutnant in der Miliz von New Hampshire.[294] Sherburne Hopkins' Mutter war Caroline Eastman, deren Familie im Jahr 1683 mit der *Confidence* aus England nach Massachusetts gekommen war.[295] Beide Seiten von Hopkins' Stammbaum zählen zu den ältesten Familien in der Geschichte der Vereinigten Staaten.

Hopkins ging in Washington, D.C. zur Schule und studierte danach an der Naval Academy in Annapolis.[296] Nach seinem Abschluss versuchte sich der junge Marineoffizier zunächst als

Journalist. Zum großen Verdruss seines Vaters kam der junge wilde Journalist auch gleich zu Beginn seiner Karriere landesweit in die Schlagzeilen, nur leider nicht als deren Verfasser. Am 5. November 1887 erhielt Oberrichter Waite ein kleines Paket, welches „nach dem Auspacken doch sehr nach einer Höllenmaschine aussah."[297] Der mutige Oberrichter verständigte allerdings nicht umgehend die Behörden, sondern zerlegte die „Höllenmaschine", wobei er herausfand, dass es sich dabei um eine „Attrappe" handelte. „Er fühlte sich nicht mehr in Gefahr als beim Umgang mit einem Seidenhandschuh."[298]

Nachdem der junge und ambitionierte Journalist Sherburne G. Hopkins von dem spektakulären Mordversuch an Richter Waite erfahren hatte, alarmierte er sofort die Presse. Hierbei übersah er jedoch ein winziges Detail: Als Hopkins die Einzelheiten über den Angriff haarklein an seine Pressekollegen weitergab, waren die Behörden noch nicht über den Vorfall informiert. Dies führte dazu, dass Hopkins bald unter Verdacht stand, die stümperhaft konstruierte *Höllenmaschine* selbst gebaut und an den Richter geschickt zu haben. Man kann sich das Gesicht von Thomas Hopkins vorstellen, als er von der Festnahme seines Sohnes erfuhr. Er hinterlegte die 1.000 Dollar Kaution und holte Sherburne noch am selben Abend aus der Verwahrungshaft. Die Anklage gegen Hopkins war, wahrscheinlich wegen des Ansehens, das sein Vater als bekannter Anwalt in der Stadt genoss, nicht sehr besorgniserregend: „Verschwörung und Irreführung des Volkes durch Weiterleitung von Unfug an die Presse zum Zwecke der Sensationsberichterstattung."[299]

Am 11. November 1887 wurde sogar die Anklage wegen Verschwörung fallengelassen und Hopkins neue Anklage lautete nun: „Versuch der Gelderschleichung von zwei wohlbekannten Nachrichtenkorrespondenten durch Vorspiegelung falscher Tatsachen."[300] Der versuchte Mord an einem Richter des Obersten Bundesgerichts der Vereinigten Staaten wurde nicht einmal mehr erwähnt! Welche Schlüsse man auch immer aus dem Skandal ziehen will, Thomas Hopkins bewies sich jedenfalls als ein Spitzenanwalt. Die *Batavia New York Daily News* berichtete am 6. Januar 1888: „Sherburne O. [sic] Hopkins, der Junge Zeitungsreporter aus Washington, der Oberrichter Waite vor einigen Wochen die Attrappe einer Höllenmaschine zukommen ließ, um damit eine Sensationsgeschichte zu erschaffen und diese an die Presse zu verkaufen, bekannte sich gestern der Anklage auf versuchte Geschäftemacherei mit Falschinformationen schuldig und wurde zu einer Geldstrafe über 100 Dollar verurteilt."[301] Trotz des Skandals führte Hopkins sein Studium fort, schloss dieses im Jahr 1890 mit einem Diplom in internationalem Recht an der Columbia University ab und stieg in die Kanzlei seines Vaters ein.[302] Thomas Hopkins wusste die ganze Geschichte derart gut zu vertuschen, dass nicht einmal die Agenten des Militärgeheimdiensts oder etwa Sherburnes spätere Klienten von seiner, wie Sommerfeld es nennen würde, „Jugendsünde" erfuhren.

Hopkins etablierte sich in der Kanzlei seines Vaters als seriöser Rechtsanwalt und heiratete im Jahr 1891 Hester Davis. Über die Ehe ist nicht viel mehr bekannt, als dass diese nur von kurzer Dauer war. Hester bekam zwei Kinder, Sherburne Philbrick am 3. Dezember 1891 und Marjorie am 5. August 1894. Ihr Sohn Sherburne Philbrick, der später ebenfalls zu einem Anwalt im Familienunternehmen wurde, sollte später kurzzeitig zu großem Ruhm kommen, weil er Margaret Upton, besser bekannt als Peggy Hopkins Joyce, eine berühmte Bühnenschauspielerin, ehelichte. Die Presse berichtete allerdings eher Schlechtes über ihn, da das Interesse der Journalisten vorrangig Peggys Gründen für ihre öffentliche Trennung von Hopkins galt. Die *New York Times* schrieb am 8. April 1915: „Mrs. Hopkins, die gerade hier in der Stadt spielt, sagt, sie sei der Gesellschaft in Washington überdrüssig und werde die Scheidung einreichen... ‚Wo er sich zurzeit aufhält? In Zentralamerika, soviel ich weiß. Er wollte sich der Publicity, die die Sache nach sich ziehen würde, in Washington nicht stellen. Ich werde nicht zurückgehen und dann werde ich die Scheidung einreichen. Ich lebte mit seinen Eltern in deren wunderschönem Haus und hatte meine eigenen Autos, aber ich bin die Gesellschaft in Washington leid."[303] Sherburne P.

war lediglich der zweite von sechs Ehegatten, die Peggy in ihrem Leben verbrauchte.

Die Anwaltskanzlei, die mittlerweile zu Hopkins and Hopkins umbenannt worden war, entwickelte sich zu einem der erfolgreichsten Lobbyisten-Teams der Wall Street in Washington. Zu ihren größten Klienten gehörte der „King of Trusts“, Charles Ranlett Flint. Im Jahr 1892 hatte Flint, der auch einer alten Familie aus Massachusetts entsprang, mehrere Gummiunternehmen vereint, die jetzt das monopolistische Konglomerat der „U.S. Rubber Corporation“ bildeten. Sein verantwortlicher Anwalt für diesen Zusammenschluss war Thomas Snell Hopkins. Bei einer weiteren Fusion führte Flint die größten Kaugummiproduzenten zusammen und gründete somit American Chicle im Jahr 1899. Zwei Jahre später gründete Flint die Computing Tabulating Recording Company, die später zu IBM werden sollte.

Seine Unternehmungen im Kautschukgeschäft erforderten umfangreiche Investitionen in Lateinamerika, Afrika und Indien. Vor allem hielt Flint beträchtliche Anteile an Landbesitz im Süden Mexikos. Er tat sich mit Henry Clay Pierce zusammen und wurde zu einem der größten Investoren in die mexikanische Eisenbahn und internationale Lieferunternehmen wie beispielsweise die Pierce Forwarding Company in New Orleans. Pierce hatte im Jahr 1903 den Mehrheitsanteil der Mexican National Railways erworben.[304] Zu Flints Konkurrenten im mexikanischen Kautschukgeschäft zählte unter anderem Evaristo Madero, der Großvater des späteren Präsidenten. Die Maderos verkauften ihr Geschäft gleich zu Beginn der Mexikanischen Revolution an Flint, was Historiker zurecht glauben ließ, dass Flint den Aufstand mitfinanzierte. Flint hielt zudem große Anteile an Pierces Unternehmungen, wodurch er dem Ölmagnaten den verhassten John D. Rockefeller vom Leib halten konnte, dem die Standard Oil Company gehörte. „Auf die Frage, ob Capt. Sherburne G. Hopkins aus Washington ihn [Pierce] bei Verhandlungen mit Carranza vertreten hatte, verweigerte er die Antwort, wobei er allerdings äußerte, dass die Kanzlei Hopkins und Hopkins sich während der letzten fünfundzwanzig Jahre um all seine Interessen in Washington gekümmert hatte. Seine Bekanntschaft zu Capt.

Hopkins ist flüchtig, dessen Vater Thomas S. Hopkins war jedoch bereits seit langem sein Rechtsanwalt in Washington."[305]

Während all der Zeit waren Thomas Hopkins und sein Sohn Sherburne verantwortlich für die Rechtsangelegenheiten von Pierce und Flint. Am 3. Januar 1900 berichtete die Zeitung *St. Louis Republic*, dass Hopkins and Hopkins im Auftrag von Flint mit dem Außenministerium in Verhandlungen stand. Die Briten hatten zuvor mehrere Ladungen Mehl vor der Küste des heutigen Mosambik konfisziert. Die unrechtmäßig beschlagnahmte Ladung gehörte Flints Frachtunternehmen, und in seinen Bestrebungen, die Engländer zur Herausgabe der Ladung zu zwingen, wurde Hopkins in erheblichem Maße durch das amerikanische Außenministerium sowie durch das Deutsche Auswärtige Amt unterstützt. Neben Flints Mehlfrachter hatten britische Kriegsschiffe einen deutschen Postdampfer auf dem Heimweg beschlagnahmt.[306] Die Mehlfracht war letztlich verdorben, doch die Briten mussten Flint den Schaden ersetzen.

Im Jahr 1898 trat Sherburne Hopkins der aktiven Kriegsmarine im Spanisch-Amerikanischen Krieg bei. Wie Felix Sommerfeld und Emil Holmdahl, so wurde auch Hopkins von den Geschehnissen der Zeit mitgerissen und folgte dem Ruf der Pflicht. Gemäß der Tradition seiner Vorfahren, strahlte der Einunddreißigjährige das Bild eines amerikanischen Edelmanns aus: groß, schlank, dezente Gesichtszüge und ein strenger Mund mit dünnen Lippen, die, wenn er in Wut geriet, bedrohliche Falten warfen. Seine Nase war gerade gewachsen und seine freundlichen Augen konnten Sympathie und Mitgefühl ausdrücken, sich jedoch auch tief in die Seele eines Menschen bohren. Hopkins vermochte es dank seines scharfen Verstands stets, sein Gegenüber sehr gut einzuschätzen. Hopkins' die Vertrauenswürdigkeit seines Gegenübers prüfendem Blick musste man standhalten können. So traf er die Entscheidung darüber, wem der Eintritt in seinen vertrauten Kreis gebührte, und wem er eher Vorsicht und Distanz gegenüberbrachte.

Der junge Jurist aus Washington war stets auf der Hut und überlegte sich gut, was er sagte, denn seine Worte waren von Bedeutung und auf sie folgten Konsequenzen. Wie ein

Schachspieler die nächsten zehn möglichen Spielzüge seines Gegners stets vorausplant, so konnte sich Hopkins zu jeder Zeit so ausdrücken, dass man dachte, er gäbe eine Antwort, auch wenn er tatsächlich eigentlich nichts sagte. Sein Gedächtnis saugte jegliche Information auf und behielt sie. Ein Informant des Militärgeheimdiensts äußerte sich einmal diesbezüglich mit den Worten: „Hopkins hat bereits mehr über Mexiko vergessen, als jeder andere Amerikaner jemals über Mexiko erfahren wird.“[307] Wenn Hopkins nicht gerade seine Marineuniform trug, so sah man ihn immer in einem perfekt gebügelten Dreiteiler und einer makellos gebundenen Seidenkrawatte, deren Knoten von einer Krawattennadel gehalten wurde. Er hatte einen Kurzhaarschnitt, der Ohren und Nacken unbedeckt ließ, ohne Koteletten, jedoch mit Mittelscheitel. Bereits früh in seinen Dreißigern säumten graue Strähnen seinen Haaransatz, was ihm eine gewisse Weisheit und Reife verlieh, die für den ersten Eindruck des jungen Anwalts sehr hilfreich war. Er war aufrichtig, ernsthaft, humorvoll und höflich, vor allem aber strahlte er Überlegenheit und Macht aus.

Es ist nicht sehr wahrscheinlich, dass Hopkins an tatsächlichen Kampfhandlungen des Spanisch-Amerikanischen Krieges aktiv beteiligt war. Es scheint, als hätte sich Hopkins als Kommandeur der Marinemiliz des District of Columbia nicht vom Fleck gerührt, während Admiral Dewey die Spanier auf der anderen Seite des Globus in die Flucht schlug. Hopkins' Name wird in einem Zeitungsartikel vom Oktober 1898 erwähnt, als er das Kommando auf dem 25 Jahre alten Schlepper *USS Fern* übernahm. Anstatt jedoch ins Kriegsgebiet beordert zu werden, lautete Hopkins' Auftrag, „die *Fern* nach Washington zu bringen.“[308] Sein Rang wird als „Lieutenant“ angegeben. Laut seiner eigenen Aussage vor dem US-Senat aus dem Jahr 1912, lag seine Verantwortlichkeit darin, „[...] Kriegsmaterial für unsere eigene Regierung zu beschaffen [...]“[309]

Sein jahrelanger Dienst in der Marinereserve hatte Hopkins tatsächlich zum Rang eines Oberstleutnants aufsteigen lassen. Als Admiral Dewey im Herbst des Jahres 1899 als Held in die Vereinigten Staaten zurückkehrte, wurde Hopkins im offiziellen Programmheft von Deweys Willkommenszug durch Washington,

D.C. als „Naval Battaillon, Lieut. Commander Sherburne G. Hopkins, Commanding“ erwähnt.[310] Von seinen Militärkameraden bekam er den Spitznamen „Sherby.“[311] Nach seiner Beförderung zum Commander behielt Sherby zunächst im Jahr 1904 das Kommando über die Marinemiliz von Washington, D.C.[312] Durch seine Kompetenzen als Kommandant hatte Hopkins sowohl beruflich als auch privat mit der gehobenen Militärobrigkeit Washingtons zu tun.

In den Jahren nach dem Spanisch-Amerikanischen Krieg widmete sich Hopkins in erster Linie der Arbeit für seinen Vater, der mittlerweile bald sechzig Jahre alt war. Seine Fälle hatten unter anderem mit internationalem Frachtwesen zu tun. Er widmete sich dem internationalen Recht, was hinsichtlich der globalen Finanzinteressen seiner Hauptklienten Charles Flint und Henry Clay Pierce nicht verwunderlich ist. Während Flint sein eigenes Finanzimperium weiter ausbaute, kämpfte Pierce damit, sich von Rockefellers Standard Oil Company unabhängig zu machen.

Die Beziehung zwischen Pierce, Standard Oil und Rockefeller zog sich über vier Jahrzehnte hin und gestaltete sich äußerst kompliziert. Mit der Waters-Pierce Oil Company, welche Henry Clay Pierce und William H. Waters im Jahr 1873 gegründet hatten, versuchte der aus St. Louis stammende Pierce Rockefellers Konzern davon abzuhalten, den Südwesten der Vereinigten Staaten zu übernehmen. Im Jahr 1878 schloss Pierce jedoch einen Pakt mit dem Teufel. Mit dem Vorhaben, seinen Teilhaber abzufinden, verkaufte Pierce seinen Mehrheitsanteil von sechzig Prozent der Aktien an Standard Oil.[313] Zwar blieb Pierce weiterhin Präsident der Waters-Pierce Oil Company, Rockefeller und Pierce teilten jedoch den US-Markt in mehrere Einflussbereiche auf: der Südwesten blieb Pierces Domäne, Töchter von Standard Oil mit Sitz in New York und New Jersey (heute Exxon-Mobil) deckten den Osten samt aller Exporte aus den Häfen an der Ostküste ab, und weitere Unternehmen von Standard Oil in Kalifornien (heute Chevron) exportierten über die Westküste.[314]

Pierce konnte lediglich die Ölprodukte vermarkten, die Standard Oil förderte und raffinierte. In den USA besaß Pierce wegen des Deals mit Rockefeller keine einzige Ölquelle.[315] Er begann um die Jahrhundertwende damit, in den Bau von drei Raffinerien zu investieren, zwei davon in Amerika und eine in Mexiko. Im Jahr 1903 erwarb er zudem zusammen mit anderen New Yorker Financiers, zu denen auch sein Freund Charles Flint gehörte, einen Mehrheitsanteil an Mexican National Railways. Pierce war nicht der einzige, der sein Geschäft nach Mexiko verlagerte. Der Kalifornier Edward Doheny investierte über seinen äußerst versierten Vertreter Harold Walker in mexikanische Ölfelder. Auch der britische Investor Weetman Pearson (später bekannt als Lord Cowdray) kaufte Bohrkonzessionen im großen Stil. Alle drei Tycoons förderten nicht nur die Entwicklung der Ölfelder, sondern gründeten zudem vertikal integrierte Ölkonzerne.

Pierces Investition in die Eisenbahn stellte sich als brillanter Schachzug heraus. Die Eisenbahn war nicht nur durch den effizienten Transport von Ölderivaten in Tankwägen von Bedeutung, sie stellte auch selbst einen bedeutenden Ölkonsumenten dar. Im Jahr 1900 gab es bei der mexikanischen Eisenbahn zwei Antriebssysteme. Alle Lokomotiven nördlich der Stadt Torreón im Bundesstaat Coahuila wurden noch immer mit Kohle betrieben, da hiervon im Norden große Reserven verfügbar waren. Südlich der Stadt im Zentrum Mexikos waren die Triebwägen, genau wie überall in den USA, ausnahmslos mit ölgespeisten Verbrennungsmotoren ausgerüstet. Diese kaum bekannte Tatsache erklärt die strategische Bedeutung der Stadt Torreón, die während der Mexikanischen Revolution wiederholt Gegenstand von Eroberungsversuchen verschiedenster Rebellengruppen wurde. Da die Schiene das logistische Rückgrat für Truppen- und Materialtransporte darstellte, entwickelte sich Torreón zum Durchgangstor zwischen dem Norden Mexikos, der Hauptstadt und dem Süden.

Zu Beginn stellten Pierces Geschäfte in Mexiko für Rockefeller kein wirkliches Problem dar. Mit seinem Anteil von sechzig Prozent und einem Vertrag, der Pierce verpflichtete, ausschließlich Produkte von Standard Oil zu vermarkten, konnte Rockefeller vornehmlich von Pierces Unternehmungen profitieren, ohne dafür irgendwelche Ausgaben für Marketing und Vertrieb tätigen zu müssen. Im Jahr 1901 ließ Pierce die erste große Raffinerie in Tampico errichten. Zur selben Zeit entwickelte sich der texanische Öl- und Schmiermittelmarkt, der einst ausschließlich unter Pierces Kontrolle stand, zu einem immer größeren Konkurrenten. Im Einzelnen bedeutete dies, dass die Texas Company (heute Texaco) neue Ölfelder erschloss und Raffinerien baute, die bald mehr Öl förderten als Pierce und Standard Oil. Im Jahr 1907 widerrief die US-Regierung im Rahmen ihrer Antikartellbestrebungen gegen die Standard Oil Company Pierces Ölförderlizenz im Bundesstaat Texas.[316]

Jetzt, wo die Konkurrenz sowohl in Texas als auch in Mexiko immer stärker wurde, musste Pierce einsehen, dass sein ehemals lukrativer Vertrag mit Standard Oil seinem Unternehmen schadete und dessen vertikale Integration unterband. „'Mr. Pierce verstand sich selbst mit dem Ölgeschäft derart verwurzelt, dass ihm seine Arbeit ‚schlaflose Nächte bereitete", berichtete der Betriebsleiter seiner Raffinerie in Tampico später. 'Einige Jahre lang gebarte sich der Wettbewerb [mit Pearson] halsabschneiderisch, und die beiden Firmen hatten absolut nichts füreinander übrig'."[317] Im Jahr 1908 wurden Pearsons Unternehmen in Mexiko in der El Aguila Oil Company zusammengefasst. Zur selben Zeit verstaatlichte Diaz die Eisenbahn, zahlte Pierce aus und besetzte das gesamte Direktorium der Mexican National Railroads mit Pearsons Marionetten, die gegen den einstigen Halter des Mehrheitsanteils arbeiteten. Der Krieg zwischen Pearson und Pierce eskalierte, als ein umfangreicher und lukrativer Ölversorgungsauftrag anstatt an Waters-Pierce an die El-Aguila vergeben wurde.

Pierce machte seinen einstigen Konkurrenten Rockefeller, der mittlerweile dessen Partner war, für seine Misere verantwortlich. In Henry Clay Pierces Augen war der Vertrag, der Waters-Pierce an Standard Oil band, zu einer Fußfessel geworden. Im Jahr 1908 befürchtete Pierce, der sich in den USA in einem erbitterten Rechtsstreit mit Standard Oil befand,

Rockefeller könnte mit Pearson gemeinsame Sache machen und den mexikanischen Ölmarkt übernehmen. Kurze Verhandlungen zwischen Pierce und Pearson blieben ergebnislos. Der Ölmagnat aus New York konnte die Einschränkungen, die ihm durch Standard Oil auferlegt worden waren, nicht überwinden. Als die Revolution ausbrach, war das Arbeitsklima zwischen Rockefeller und Pierce gänzlich vergiftet.

Sherburne G. Hopkins ca. 1914[318]

Im Jahr 1911 beauftragte Pierce Hopkins offiziell damit, die neue Regierung Madero um jeden Preis zum Nachteil von Pearson auf der einen Seite, und auf der anderen Seite zu Dohenys und Rockefellers Nachteil zu beeinflussen. Pierce konnte sich erst am 2. Februar 1913 endgültig von seinen Fesseln befreien, als Rockefeller ihm erlaubte, seine Anteile an der Waters-Pierce Oil Company zurückzukaufen.[319] Der Freikauf wurde zum Großteil durch Pierces Freund Charles Flint finanziert. Hopkins' Tätigkeiten in Mexiko, die Pierces Herrschaft über die Eisenbahn wiederherstellten, spielten eine Schlüsselrolle für den generellen Erfolg von Pierces Geschäftsstrategie. Die Beauftragung des Anwalts aus Washington war nicht nur zu Beginn eine weise Wahl – Pierce und sein Vater kannten sich ja schon seit Jahren – Hopkins hatte sich in den Jahren vor der Revolution in Zentralamerika auch eine unglaubliche Erfahrung zu eigen gemacht.

Präsident Roosevelts *Corollary to the Monroe Doctrine* von 1904 bewirkte, dass die Außenpolitik der Vereinigten Staaten mehr noch als zuvor darauf ausgerichtet war, Investitionen amerikanischer Unternehmen auf allen Amerikanischen Kontinenten auszubauen. Hopkins' besonderes Interesse galt von Beginn seiner Arbeit als Anwalt an der Anwendung des internationalen Rechts. Die *Dollar Diplomacy* resultierte direkt aus Roosevelts Außenpolitik und besagte, dass die US-Regierung aktiv in ihren Einflussbereich eingriff, um den Handel mit Amerika anzukurbeln. Diese garantierte Einmischung zum Wohl des amerikanischen Handels hatte zur Folge, dass große Mengen Kapital nach Mexiko und Zentralamerika flossen. In der Zeit zwischen 1904 und 1911 arbeitete Hopkins eng mit dem US-Außenministerium sowie mit dem US-Kriegsministerium zusammen und betrieb zudem Lobby-Arbeit für seine Klienten.

Eine treibende Kraft dieser Jahre war Philander C. Knox, ein Anwalt aus Pennsylvania. Als Justizminister unter Theodore Roosevelt bis 1904 und Senator von Pennsylvania zwischen 1905 und 1909 wurde er zu einem großen Befürworter der *Dollar Diplomacy*. Im Jahr 1908 ging Knox für die Kandidatur der Republikaner bei der Präsidentschaftswahl in Rennen, verlor jedoch gegen William Howard Taft. Als Knox unter Taft im Jahr 1909 zum Außenminister ernannt wurde, bestand seine erste Amtshandlung darin, US-Marines nach Nicaragua zu entsenden.

Knox war ein langjähriger Freund von Thomas Hopkins und kannte als solcher auch Sherburne.

Investitionen in Zentralamerika waren in den frühen 1900er-Jahren rasch angestiegen. Die US-Regierung hatte die Sezession Panamas von Kolumbien unterstützt, und man begann ernsthaft mit dem Bau des Panamakanals, dessen Fertigstellung eine Halbierung der Transportkosten vom Atlantischen in die Pazifischen Ozeane in Aussicht stellte. Panama war allerdings nicht die einzige Option für einen transisthmischen Kanal. Seit den 1840er-Jahren bestand ein Plan für den Bau eines Kanals durch Nicaragua. Der San Juan River verbindet San Juan del Norte an der Atlantikküste nahe der Grenze zu Costa Rica mit dem größten See Zentralamerikas, dem Lago Nicaragua. An der engsten Stelle trennen den See und San Juan del Sur an der Pazifikküste nur knapp 25 Kilometer. Der amerikanische Geschäftsmann und Räuberbaron Cornelius Vanderbilt hatte im Jahr 1849 als erster versucht, die neue Verbindung zwischen den beiden Ozeanen zu bauen, um Männer und Verpflegung von der Ostküste nach Kalifornien zu transportieren. Die Accessory Transit Company brachte Passagiere von Greytown (San Juan) aus mit dem Schiff an den See. Nach dem Übersetzen mussten die Reisenden von Bord gehen und über Land in den Hafen von San Juan Del Sur fahren, wo Schiffe auf sie warteten. Wegen anhaltender Unruhen in der Region konnte Vanderbilt sein Kanalprojekt nie abschließen.[320]

Zu Beginn des 19. Jahrhunderts erreichten die Verhandlungen zwischen der amerikanischen Regierung und Nicaraguas Diktator José Santos Zelaya ihren Höhepunkt. Der zentralamerikanische Machthaber weigerte sich, den Amerikanern extraterritoriale Rechte für das Kanalgebiet zuzusprechen. Als die Verhandlungen scheiterten, entschied man sich für Panama, und Zelaya wurde zu einem erbitterten Feind der USA. Im Jahr 1904 löste die US-Regierung die französische Firma ab, die seit 1880 an dem Projekt Panamakanal arbeitete, und Zelaya wandte sich mit der Hoffnung auf Gelder für den Bau eines zweiten Kanals an England, Deutschland und Japan. Die Interessen der Amerikaner stießen zweifelsohne auf eine gewisse Konkurrenz. Der United

Fruit Company und dem *Bananenkönig* Sam Zemurray gehörten die Hälfte der Bananenplantagen sowie die Zugstrecken der Landenge und eine beträchtliche Flotte Transportschiffe. Der Machthaber Guatemalas und Manuel Estrade, der verlängerte Arm der United Fruit Company, beauftragten Hopkins and Hopkins im Jahr 1906 mit ihrer Vertretung.

Die Kanzlei ließ in den folgenden Jahren immer wieder ihre einzigartige manipulative Macht in Zentralamerika walten und gestaltete dessen Geschichte maßgeblich mit. Nach kurzen Gefechten zwischen Honduras und Guatemala im Jahr 1906, beschlossen die zwei Nationen zusammen mit El Salvador den sogenannten Freundschaftspakt, der Nicaragua politisch isolierte. Im Jahr 1907 fielen Truppen aus Nicaragua in Honduras ein und versuchten, den Präsidenten Bonilla zu stürzen, welcher als Marionette der United Fruit Corporation galt. Mit der Hilfe von US-Marines flüchtete der honduranische Machthaber ins Exil und konnte so die Kämpfe auf einen späteren Zeitpunkt hinauszögern.

Präsident Zelaya entschloss sich im Jahr 1908, sein Land, das aufgrund der amerikanischen Besetzung von Bluefields durch US-Marines faktisch zu einem Protektorat der Vereinigten Staaten geworden war, von den Fesseln der Invasoren zu befreien, und griff Honduras an, um dort eine neue, ihm weniger feindlich gesinnte Regierung einzusetzen. Obwohl die Intervention seitens der USA keine offizielle Unterstützung bekam, arbeiteten Hopkins und seine internationalen Klienten hinter den Kulissen daran, den nicaraguanischen Diktator in Schach zu halten. Hierzu entschied man sich, den Nachbarländern Honduras und Guatemala Gelder zukommen zu lassen, während man Zelaya jegliche Finanzmittel verweigerte. Nach jahrelangen Anstrengungen hatte Nicaragua es im Jahr 1909 endlich geschafft, beim Ethelburg Syndicate in London ein Darlehen über 1,25 Millionen Pfund Sterling (bei heutigem Wert etwa 100 Millionen US-Dollar) aufzunehmen.[321]

Hopkins and Hopkins nahmen Ethelburg als Klienten unter Vertrag und bewirkten umgehend eine Stornierung des Darlehens.[322] Offenbar gab Hopkins wichtige Informationen über die bevorstehende Invasion Nicaraguas durch die USA an Otto Fuerth weiter, einen der Direktoren bei Ethelburg. Das Darlehen wurde zurückgezogen und Zelaya gab auf noch bevor die Marines in Nicaragua landeten. Hopkins sollte im Jahr 1920 aussagen: „Ich gab die Informationen an einen Freund von mir namens Otto Fuerth weiter, den ich seit einigen Jahren kannte und der erhebliches Kapital in diese Republik investiert hatte. Ich wollte nicht, dass er dort zu Schaden kommt und gab ihm im Geheimen einen kleinen Tipp."[323]

Die US-Marines waren nicht die einzigen, die zu jener Zeit in Mittelamerika kämpften. Im Jahr 1906 hatte Sam Dreben irgendwo entlang des Panamakanals einen Posten als Nachtwache angenommen, feierte jedoch unentwegt und wurde letztlich entlassen.[324] Von Panama aus zog er weiter nach Bluefields in Nicaragua, das unter der Kontrolle der von den USA finanzierten Rebellen stand. Diese freuten sich über den erfahrenen MG-Schützen in ihren Reihen und heuerten Dreben ohne zu zögern an. Dreben traf dort auf Tracy Richardson und wies ihn schnell in die Bedienung eines Maschinengewehrs ein. Richardson sollte Zeit seines Lebens ein guter Freund von Dreben bleiben. Ein weiterer Bekannter, den es im Jahr 1906 in die Reihen der Söldnerarmee verschlug, war Emil Holmdahl. Bei Kämpfen in Honduras bediente Holmdahl unter *General* Lee Christmas ebenso ein Maschinengewehr. „Für die freien und ungebundenen Veteranen aus dem Spanisch-Amerikanischen und Philippinisch-Amerikanischen Krieg bot sich hier eine einmalige Gelegenheit [...]"[325]

Ein Großteil der Kämpfe fand im Namen amerikanischer Konzerne statt, die die *Revolutionäre* in vielen Fällen nicht mehr nur finanzierten, sondern sie unverhohlen in ihre eigenen Dienste stellten. Nachdem man sich wegen Amerikas Kurs der *Dollar Diplomacy* der Unterstützung durch US-Truppen sicher sein konnte, ließ man die Situation in Mittelamerika mutwillig eskalieren und schaffte es so, den Diktator Zelaya im Herbst des Jahres 1909 abzusetzen. Die Intrigen der USA hatten sich letztlich durchsetzen können: „Bei Kämpfen entlang des San Juan River nahe dem Lake Nicaragua nahmen Zelayas Männer zwei amerikanische Söldner fest, Lee Roy Cannon und Leonard Groce. Sie wurden dabei gefasst, wie sie Minen legten, die den

Dampferverkehr auf der Wasserstraße lahmlegen sollten […] Ungeachtet der Proteste des amerikanischen Konsuls in Managua wurden die beiden aus ihrer stinkenden Zelle geholt […] erschossen […] und einfach in ihre Gräber geworfen.“[326]

Die Hinrichtung von Cannon und Groce dominierte an diesem Tag die amerikanischen Schlagzeilen. Das Dampfschiff, das sie angegriffen hatten, hatte sich tatsächlich als nicaraguanischer Truppentransporter herausgestellt und ihre Hinrichtung war somit legitim, wenn auch brutal. Nach internationalem Recht handelte es sich bei den beiden Söldnern um Piraten. Die *New York Times* und andere Tageszeitungen machten aus den zwei Bombenlegern jedoch kurzerhand amerikanische Helden. In einem Artikel vom 23. November 1909 erhob man die beiden von einfachen Arbeitern in Arbeiteruniformen zu „Großgrundbesitzern.“[327]

Während Hopkins und dessen Klienten zusammen mit der amerikanischen Regierung am Sturz Zelayas arbeiteten, starteten amerikanische Söldner zusammen mit Truppen aus Guatemala und Honduras einen Großangriff auf Nicaragua. Jeder erwartete einen baldigen Einmarsch von US-Truppen in das Land. Als Hopkins es geschafft hatte, das Darlehen zu kippen, und die Söldnerarmee die Hauptstadt Managua angriff, verließ der Diktator Nicaraguas den Ort des Geschehens und die Stadt fiel noch bevor die US-Truppen dort ankamen. Der Angriff wurde von vierhundert amerikanischen MG-Schützen unterstützt.[328] Dreben und Richardson wurden beide durch Schüsse verletzt. „Beide wurden mit 5.000 Dollar [bei heutigem Wert etwa 100.000 Dollar] entschädigt, und ihnen wurde zudem jeweils ein Stück Land mit Bananenplantagen zugesprochen. Sam verspielte jedoch wie gewöhnlich das gesamte Land und auch einen großen Teil des Goldes […]“[329] Holmdahl „besann sich hingegen eines Besseren und bestieg ein Bananenboot nach New Orleans.“[330] Wie viel Geld er genau erhielt ist nicht bekannt, betrachtet man allerdings den üblichen Sold, so dürfte er ein kleines Vermögen gemacht haben!

Hopkins' Beteiligung war für den Regierungswechsel in Nicaragua entscheidend. Er vertrat seine Klienten und handelte im Namen der US-Regierung. Hier ist insbesondere Philander Knox zu nennen, der im Jahr 1909 zum Außenminister berufen wurde. Hopkins unterstützte zudem Knox' Bestrebungen, die Rebellen ausreichend mit Geld und Material auszustatten. Der Präsident Guatemalas, Manuel Estrada, der hauptsächlich im Interesse der United Fruit Company handelte, wurde von den Vereinigten Staaten hauptsächlich durch Kredite ausgestattet. Die Bananenflotten der United Fruit und Pierce transportierten Waffen und Munition in die zentralamerikanischen Länder. Der Haupthafen für die Trampdampfer in den USA war New Orleans. Dort tummelten sich allerlei Söldner und Revolutionäre, und so manche Intrige fand hier ihren Anfang. Nachdem Zelaya geflohen war, setzte die amerikanische Regierung in Nicaragua ein neues Marionettenregime ein. „Ich wusste genau, was passieren würde. Ich war mir sicher, dass nichts und niemand Zelaya retten würde", rühmte sich Hopkins im Jahr 1912 gegenüber Senator Smith.[331] Auf die Frage hin, ob Hopkins' vertrauliche Informationen über die missliche Lage in Nicaragua aus Regierungsquellen stammten, antwortete er: „Ich würde nicht sagen, dass sie direkt aus unserer Regierung kamen, Senator. Ich wusste bereits vor der Regierung, was geschehen würde, und verhinderte die Auszahlung von Zelayas Darlehen. Ich kann ihnen gestehen, dass ich eine ganze Menge Vorzeichen über die kommenden Ereignisse vernommen habe, denn ich wusste um die Stimmung im Außenministerium und anderswo."[332]

Während in Mittelamerika tausende einheimische Soldaten und weitere hunderte amerikanische Söldner in erbitterte Kämpfe verwickelt waren, erfreute sich Hopkins eines reinen Gewissens. „Ich habe in meinem ganzen Leben noch keine einzige Waffe gekauft", erwiderte er auf Senator Falls Frage bezüglich seiner Rolle bei der Waffenbeschaffung für die Revolutionäre, „also nicht persönlich."[333] Seine Aufgabe war es gewesen, Zelaya aus dem Amt zu verdrängen und die Investitionen seiner Klienten zu schützen. Das war alles. Hopkins bekannte sich offen zu seiner Rolle als Mittelsmann zwischen der US-Regierung, amerikanischen Geschäftsinteressen und den *befreundeten* Regierungen Zentralamerikas. Ob Hopkins' Beziehung zur US-Regierung mehr war als Lobbyismus, lässt sich nicht sagen. Er hatte zumindest freien Zugang zum Außenministerium und fand insbesondere bei Philander Knox stets eine offene Tür. Bei dem *Tipp*, den Hopkins Otto Fuerth gab, handelte es sich schlichtweg um streng geheime Beschlüsse aus dem Außen- und Kriegsministerium, die Knox mit dem Ziel Zelaya loszuwerden an Hopkins weitergegeben hatte. In der Aktennotiz für einen Oberstleutnant in der Geheimdienstabteilung des Militärs vermerkte ein Major im Jahr 1920, Hopkins sei in der Tat „dem M.I.D. [Military Intelligence Division] gegenüber loyal, jedoch verschwiegen in Bezug auf Informationen, die seinen Klienten schaden könnten."[334] Im Laufe der Zeit gab Hopkins sehr wohl vertrauliche Informationen an den Militärgeheimdienst weiter. Es ist gut möglich, dass er tatsächlich zumindest als Informant für den Geheimdienst arbeitete. Allerdings war Hopkins, wie Sommerfeld auch, ein Meister darin, diese Informationen stets im Sinne seiner eigenen Interessen zu verbreiten.

Hopkins' unübersehbarer Erfolg und die Erfahrung, die er in den Jahren vor der Mexikanischen Revolution in Mittelamerika gesammelt hatte, machten ihn für die Maderos und die amerikanische Hochfinanz zur ersten Wahl für die Organisation eines erfolgreichen Aufstands in Mexiko. Auf der anderen Seite hatten amerikanische Investoren, insbesondere Hopkins' Klient Henry Clay Pierce, großes Interesse daran, Lord Cowdray (Pearson) und seine *Cientifico*-Marionetten gehen zu sehen, und die *Maderistas* benötigten Geldmittel und die politische Unterstützung aus den obersten Sphären der US-Regierung. Sherburne G. Hopkins' Aufgabe war es, all diese Interessen zusammenzubringen. Seiner Aussage nach kam es im Oktober 1910 zu einem Treffen zwischen ihm, Gustavo Madero und dessen Vater Francisco Sr. im Hotel Astor in New York, und es wurde ein Deal ausgehandelt. Hopkins wurde ein Honorar von 50.000 Dollar (bei heutigem Wert etwa 1 Million Dollar) zugesprochen, welches nach dem Erfolgreichen Umsturz des Regimes Diaz ausgezahlt werden sollte.

Von diesem Tag in New York an hatte Hopkins nach eigenen Aussagen „beinahe täglich" Kontakt zu Maderos Bruder und bereitete mit ihm die Revolution vor. Was diese

Vorbereitungen alles umfassten, konkretisierte Hopkins allerdings nicht. Es gab jedoch an sich nur drei Planungsbereiche, in die man Arbeit stecken musste: Die Beschaffung von Krediten zur Finanzierung von Waffen und Munition; die Erschaffung einer Organisation der Revolutionäre, welche für die Besorgung und den Transport der Waffen verantwortlich war; und letztlich die Sicherung der politischen Unterstützung seitens der USA. Hopkins stellte den Wert seiner Verbindungen unter Beweis und verabredete mit seinem Freund, dem Außenminister Philander Knox, dass sich die Rebellen in Ciudad Juarez ungehindert über El Paso bewaffnen konnten.[335]

Hopkins war also im Namen Maderos in Washingtons politischen Kreisen und bei der Hochfinanz in New York aktiv und versorgte gleichzeitig die Militärführung der USA mit wichtigen Informationen über den Fortschritt des Aufstands in Mexiko. Das amerikanische Militär war in den frühen 1910er-Jahren entlang der südlichen Grenze absichtlich nicht ausreichend bemannt, und man beobachtete aufmerksam, wie sich die Situation dort entwickelte. Zwar stand Hopkins nicht im Dienst der Geheimdienstabteilung des Militärs, er zählte jedoch zu ihren wichtigsten Informanten über Mexiko. Er berichtete offensichtlich nur wenigen hochrangigen Kontakten im Militär, die ihn persönlich kannten. Es verblüfft, dass nach den vielen Jahren, die Hopkins mit dem Außen-, Justiz- und Kriegsministerium zusammengearbeitet hatte, keiner der niedrigeren Beamten dort jemals von ihm oder seiner Tätigkeit als Informant gehört zu haben schien. Zudem wurde sein Name wiederholt falsch geschrieben, was die Recherchen deutlich erschwert. Es existiert ein vertraulicher Brief des Amerikanischen Militärattachés in Kuba, Major Henry A. Barber, an den Brigadegeneral und Chef der War College Division, Albert L. Mills, vom März des Jahres 1912, in dem von Hopkins' Verbindungen zum Militärgeheimdienst und anderen Geheimdiensten der Regierung die Rede ist. Dieser Brief ging in Kopie auch an den Stabschef des Kriegsministeriums. General Mills übernahm den Posten des Kommandeurs für Milizangelegenheiten im Jahr 1912 und war als solcher Hopkins' direkter Vorgesetzter.

Als Leiter des War College hatte General Mills zudem das Kommando über die Geheimdienstabteilung des Militärs: „Gestern war ‚Captain' Shirley Hopkins hier, der Rechtsberater des Mexikanischen Präsidenten Madero und des Präsidenten Guatemalas, Estrada Cabrera. Er sagte, er habe in Guatemala zwei amerikanische Offiziere getroffen, Major Cheney und Captain McCoy, und dass er sie in Mexiko-Stadt wieder getroffen hätte. Von dem Gesandten bezog ich Information, wonach die Abteilung für Südamerika im Außenministerium umfassende Kenntnis über diesen Mr. oder ‚Captain' Hopkins hat und ich möchte vorschlagen, dass gesetzt den Fall, dass man diesen Mann beim War College nicht kennen sollte, es gut wäre, sich dahingehend beim Außenministerium zu informieren."[336]

Der Captain McCoy, der in dem Brief erwähnt wird und den Hopkins zuerst in Guatemala und dann in Mexiko getroffen hat, war ein Offizier des Militärgeheimdiensts.[337] Die Geheimdienstabteilung des Militärs unternahm von Herbst 1911 bis Frühjahr 1912 große Anstrengungen, um herauszufinden, ob die Regierung Madero überleben könne. Getarnt als Journalisten versuchten die zwei Agenten mehr über Maderos Gegenspieler und deren Macht herauszufinden.[338] Es ist nicht verwunderlich, dass das Büro versuchte, auch Hopkins zu rekrutieren. Als Marineoffizier war er zur Kooperation verpflichtet und als Anwalt Maderos verfügte Hopkins im Jahr 1912 über bessere Verbindungen als jeder Agent im Kader der Geheimdienstabteilung des Militärs. Mit der Zustimmung aus den höchsten Sphären der amerikanischen Regierung und den Ministerien für Krieg, Justiz und Finanzen installierte Hopkins eine Organisation entlang der amerikanisch-mexikanischen Grenze, die alle wichtigen Informationen lieferte, die für die Entwicklung einer Taktik für den Umgang mit der Mexikanischen Revolution gebraucht wurden. Der Brief von Major Barber war für General Mills ein klares Zeichen, Hopkins für die Military Intelligence Division (M.I.D.) anzuheuern. Wie dies für den Großteil aller Geheimdienstsachen üblich ist, existiert keine offizielle Bestätigung, die besagt, dass Hopkins im Frühjahr 1912 zum Informanten und Agenten des M.I.D. wurde. Beweise gibt es hierfür allerdings in Hülle und Fülle. Im November 1918 schrieb Hopkins einen Brief an M. Churchill, den Brigadegeneral des US-Army und Direktor des Militärgeheimdiensts:

> Sir:
>
> Hiermit bestätige ich den Empfang ihres undatierten Rundschreibens (Mil. Mon. Sub-Sec. M. I. 2.) welches nach bestimmten Informationen verlangt, die ich hiermit wie folgt gebe:
>
> (a) Zustimmung.
>
> (b) Mexiko und Mittelamerika.
>
> (c) Informationen bereits an Major Furlong gegeben.
>
> (d) Mein Wohnsitz ist Washington.
>
> Hochachtungsvoll,
>
> S. G. Hopkins[339]

Am 13. Februar 1919 bat der amtierende Direktor des Militärgeheimdiensts, Colonel John Dunn, Hopkins in einem Brief: „Captain Huntington erwartet von ihnen in Kürze gewisse Berichte zu mexikanischen Städten [...] Zu ihrer Information, die Büros der Geheimdienstabteilung des Militärs befinden sich jetzt hier: Ecke 7th und B Sts., NW."[340] Am 21. Dezember 1920 schrieb Colonel Smith (M.I.D.) an den Vorsitzenden des Militärgeheimdiensts, General Dennis E. Nolan, „Capt. Hopkins stand mit Carranza während des Weltkriegs nicht in Abrede, und dem M.I.D. wurden während dieser Zeit eine Menge wertvoller Informationen zugespielt, manchmal freiwillig, manchmal auf Anfrage des M.I.D. [...] Capt. Hopkins genoss bei vielen M.I.D.-Offizieren hohes Ansehen und wird als verlässliche Quelle angesehen, wenn er auch bei Zeiten dazu neigt, das M.I.D. zum Vorteil seiner Freunde zu beeinflussen [...]"[341]

Da die Maderos den gut vernetzten Anwalt offenbar damit beauftragt hatten, ihre Sache in den USA zu vertreten, musste Hopkins schnell weitere Mitstreiter finden. Sollte Maderos Aufstand gelingen, so mussten unverzüglich Finanzmittel, Waffenlieferungen und die politische Unterstützung aus

Washington gesichert werden. Historiker, die Maderos Bemühungen um eine Demokratisierung Mexikos und die Umsetzung sinnvoller Sozialreformen wertschätzen, zögern oft, Maderos Verbindungen im Ölgeschäft als weiteren Faktor anzuerkennen. Die Anerkennung dieser Tatsache könnte Maderos Absichten gewissermaßen bloßstellen. Was aber lieferte Madero im Gegenzug für seine Unterstützung? Die Frage nach den Einflussfaktoren auf Politiker ist so alt wie die Politik selbst. In der Geschichtsschreibung finden sich unzählige Beispiele für die unlautere Beeinflussung von Politikern aus eigennützigen Beweggründen. Dies bedeutet jedoch nicht, dass sich nicht auch unzählige Beispiele finden, in denen Politiker sich aller verfügbaren Mittel bedienen, um letztlich ihre eigenen Ziele zu erreichen. Tatsächlich gibt es keine stichhaltigen Beweise, die nahelegen würden, dass die Maderos irgendwelche anderen Ziele verfolgten, als ihr eigenen. Henry Clay Pierce erhoffte sich von Präsident Madero, dass dieser für seine Geschäftsinteressen ein besseres politisches Umfeld schaffen würde. Also unterstützte er Madero. Da für Pierce und die anderen US-Magnaten im Mexiko unter Diaz kaum Chancen auf erfolgreiche Unternehmungen mehr bestanden, wären sie auch keine Idealisten gewesen, hätte man ihnen nicht weitere Konzessionen in Aussicht gestellt. Der Weg, den Diaz eingeschlagen hatte, hätte für ihre Unternehmen ein unmögliches Umfeld dargestellt.

Als Senator Hitchcock Hopkins fragte, ob sein Engagement in Mexiko „idealistisch motiviert" gewesen wäre, gab dessen Antwort die traurige Wahrheit preis: „Natürlich ganz und gar nicht, Senator."[342] Hopkins war zur gleichen Zeit Informant für die *Military Intelligence Division* (MID), Vertreter für die Regierung Madero und weitere Regierungen und arbeitete zusätzlich für Flint und Pierce. Er war ein Mann, der seine Ziele und die seiner Kunden erreichte. Zwar musste er zu Zeiten bei Interessenskonflikten in einer Grauzone seiner Berufsethik agieren, während des Ersten Weltkriegs war er aber sehr wahrscheinlich ein patriotischer Amerikaner. Ungeachtet der Bedenken der M.I.D. waren Hopkins' Auskünfte stets verlässlich und von Bedeutung, insofern er für sich entschieden hatte, dass er diese geben konnte, ohne die Interessen seiner Klienten zu verletzen.

Seine Kontakte in der Hierarchie der M.I.D. sind auch interessant. Es ließ sich nicht ein einziges Dokument finden, das auf eine Korrespondenz zwischen ihm und Colonel Ralph Van Deman hinweist, welcher jahrelang de-facto der Leiter der M.I.D. war. Hopkins verkehrte mit Leuten, die in der Hackordnung viel weiter oben standen, für gewöhnlich mit dem Kriegsminister und seinen obersten Stabschefs. Somit kommt es sehr häufig vor, dass Beamte in niedrigeren Rängen Hopkins überhaupt nicht kannten. Aus den Einschätzungen zu Hopkins seitens seiner M.I.D.-Kontakte lässt sich darauf schließen, dass man sich dort seiner besonderen Bedeutung durchaus sehr bewusst war. Da er über Informationen verfügte, die kein anderer außer ihm hatte, musste man Hopkins stets mit einem gewissen Vorbehalt begegnen, welchen Major Montague von der Military Intelligence Division im Jahr 1920 sehr treffen definierte. „Seine Loyalität richtet sich nach seinem Honorar“, mahnte er seine Vorgesetzten.

KAPITEL 8

¡VIVA MADERO! ¡VIVA LA REVOLUCIÓN!

Sährend sich Madero und seine Männer im März 1911 in Bustillos von ihrer Niederlage erholten, war die Revolution in anderen Teilen des Landes in vollem Gang. Emiliano Zapata, der Anführer der *Insurrectos* im Süden des Landes hatte den dortigen Gouverneur vertrieben und am 22. März 1911 die Kontrolle über den Bundesstaat Morelos übernommen. Der südlich von Mexiko-Stadt gelegene Bundesstaat bestand zwar hauptsächlich aus Bergland und Einöde, bot den Revolutionären jedoch aufgrund seiner geografischen Lage die Möglichkeit, die wirtschaftlichen Lebensadern, die die Hauptstadt mit dem größten mexikanischen Hafen in Veracruz verbanden, zu durchtrennen. Nach mehreren erfolgreichen Schlachten im April des Jahres war Zapatas Truppe mittlerweile auf weit über fünftausend Mann angewachsen und zu einer ernsten Gefahr für die Hafenstadt sowie für die Hauptstadt selbst geworden. Die *Zapatistas* besiegten die Föderationsarmee im Süden und Madero zog seine Truppen vor der Stadt Ciudad Juarez zusammen.

Orozco und Villa war es gelungen, die Bahnverbindung, die von der Grenzstadt in die Hauptstadt von Chihuahua führte, zu unterbrechen. Somit war die Föderation faktisch vom Rest Mexikos abgeschnitten. Am 19. April 1911 forderte Madero offiziell die Übergabe der Stadt. Laut Sommerfelds Aussage vor dem US-Senat aus dem Jahr 1912 war er selbst damit beauftragt worden, diese Nachricht dem Kommandeur der Föderation in Ciudad Juarez zu überbringen. „Ich kannte General [Juan] Navarro […] dieser Mann würde das Kriegsrecht nicht brechen […] also ging ich hinein."[343] Roque Gonzales Garza, ein Führungsmitglied in

Maderos und später Pancho Villas Regierung, ging mit ihm. General Navarro weigerte sich, die Stadt aufzugeben und am 22. April 1911 starteten mexikanische Rebellentruppen unter dem Kommando von Giuseppe Garibaldi einen Überraschungsangriff auf den Bahnhof des nur wenige Meilen südlich von Ciudad Juarez gelegenen Bauche. Die erbitterten Kämpfe zogen sich durch die gesamte Nacht und schließlich ergaben sich die Föderationskämpfer. Sommerfeld stand dem italienischen Kommandeur zur Seite.[344]

Die Situation um Ciudad Juarez spitzte sich von Tag zu Tag mehr zu. Zeitungsreporter umschwärmten den Rebellenführer Madero, der sein Hauptquartier vor den Toren der Stadt gleich am anderen Ufer des Rio Grande westlich von El Paso aufgeschlagen hatte. Bevor Sommerfeld sich der Organisation des Zugangs zu Madero annahm, war es für die Reporter von *AP*, *United Press*, *Colliers*, Hearst, *New York Times* und der *New York World* eine geradezu beängstigende Aufgabe, an Neuigkeiten zu kommen: „[...] fast alle Korrespondenten, die das Lager betraten wurden zunächst einmal abgeführt und festgehalten, bis ihre Identität bestätigt war. Die *Insurrectos* hatten ein schlechtes Gedächtnis, und manchmal geschah es, dass Zeitungsreporter mehrere Tage hintereinander immer wieder aufs Neue festgenommen wurden [...] Die Reporter mussten sich tagsüber Autos mieten, um sowohl mit Madero als auch mit dem Telegrafenamt auf der amerikanischen Seite der Stadt in Kontakt zu bleiben. Man konnte die Reporter hin und her flitzten sehen, wann immer ein neuer Alarm ausbrach, und im Stundentakt verbreiteten sich wild Gerüchte."[345]

Die Revolutionäre kesselten die Stadt von drei Seiten her ein und die Schienen und Fernmeldeleitungen in die Stadt waren unterbrochen. Dennoch zögerte Madero. Im Gegensatz zu Orozco und Villa, die bereits einem Kampf entgegenfieberten, versuchte Madero mit dem Kommandeur der Föderation zu verhandeln. Historiker interpretierten Maderos Zögern als mangelndes Entscheidungsvermögen, Zeitzeugen legten es ihm als Schwäche aus. Tatsächlich aber war das Zögern des zukünftigen Präsidenten jedoch durch sehr logische Überlegungen bedingt.

Man sorgte sich beispielsweise darum, dass Querschläger der Feuergefechte das Leben amerikanischer Bürger in El Paso am anderen Ufer des Rio Grande gefährden könnten. Unter diesem Vorwand drohten amerikanische Behörden beiden Seiten der Auseinandersetzungen.

Einige Wochen zuvor hatten amerikanische Truppen tatsächlich bei Agua Prieta die Grenze nach Mexiko überschritten, um zu verhindern, dass weitere Kugeln ins benachbarte Douglas im US-Bundesstaat Arizona flogen. Die Amerikaner zogen sich rasch wieder zurück. Wie Garibaldi jedoch in seiner Autobiografie beschreibt, waren sie jedoch der Grund für die Föderationstruppen, sich zu ergeben.[346] Ein militärisches Einschreiten an der Grenze hätte offengelegt, wie sehr die mexikanische Regierung bereits die Kontrolle über die Situation verloren hatte. Es ist allerdings fraglich, ob man auf amerikanischer Seite wirklich ernsthaft Aktionen plante. Neben anderen deutete Hopkins an, dass die Regierung Taft versuchte, Diaz ohne großes Blutvergießen zur Kapitulation zu bringen. Eine Auseinandersetzung zwischen mexikanischen Regierungstruppen und der US-Army hätte sicherlich fehlschlagen können. Für Madero hätte das Problem bei einem militärischen Eingreifen der USA darin bestanden, dass er wohl die Kontrolle über seinen Kommandeur verloren hätte. Hätten Villa und Orozco gegen das amerikanische Militär gekämpft, wäre dies sehr wahrscheinlich auf eine Katastrophe hinausgelaufen und hätte Maderos Ende als Diaz‘ möglicher Nachfolger bedeutet. Sowohl Diaz als auch Madero mussten verhandeln – und das taten sie auch. Mit der Hilfe des US-Außenministeriums konnten die beiden Seiten einen Waffenstillstand aushandeln, der am 22. April 1911 ausgerufen wurde.

Maderos Vater Don Francisco Madero Sr. hatte sich am 11. und 12. März des Jahres 1912 in New York mit dem mexikanischen Finanzminister getroffen. Hopkins stritt im gleichen Jahr gegenüber Senator Fall ab, dass er diesen Treffen persönlich beiwohnte. In einer Rede erwähnte Senator Smith jedoch im April 1914, Hopkins sei dort anwesend gewesen und habe die Gespräche sogar geleitet. Der Senator gab kein genaues Datum an, wies aber darauf hin, dass die Verzögerung beim Angriff auf Juarez in direktem Zusammenhang mit Verhandlungen stand, die man mit Vertretern des mexikanischen Regimes im New Yorker Astor Hotel führte.[347] Ob Hopkins nun den Vorsitz führte oder nicht, er war jedenfalls bestens über alle in den Verhandlungen besprochenen Themen informiert.

Neben Francisco Madero Sr. haben auch Francisco Leon De La Barra, José Vasconcelos, Francisco Vasquez Gomez, Venustiano Carranza und José Ives Limantour an den Gesprächen teilgenommen.[348] Vorstellbar und sehr wahrscheinlich ist, dass auch noch weitere Personen zugegen waren, beispielsweise hochrangige Mitglieder des US-Außenministeriums. Die heute dort noch verfügbaren Unterlagen enthalten jedoch keine Berichte, die diesen Verdacht bestätigen würden. Henry Lane Wilson, der US-Botschafter in Mexiko, behauptete in seinen Memoiren, er hätte zur selben Zeit mit Limantour verhandelt. Ob er damals anwesend war ist nicht bekannt, aber durchaus möglich.[349] Für das Treffen stellte das Hotel Astor eine „Sonder-Suite" bereit.[350]

Angesichts der Verachtung, die man in Maderos Kreisen für die Mitglieder in Diaz' Machtapparat empfand, mutet Hopkins' Äußerung gegenüber den Senatoren aus dem Jahr 1912, Limantour sei „einer der wenigen unter den Cientificos [gewesen], der eine weiße Weste besaß" befremdlich an.[351] Immerhin handelte es sich bei Limantour um den Menschen, der Diaz' Wirtschaftssystem maßgeblich gestaltet hatte! Es ist recht offensichtlich, dass die Maderos mit Hopkins als Mittelsmann eine Übereinkunft mit Limantour trafen, die eine Machtübernahme in Mexiko vorsah, wobei die existierenden Strukturen beibehalten, Diaz aber geopfert werden sollte. Währen der Verhandlungen kam es auch zum ersten Zusammentreffen zwischen Hopkins und dem zukünftigen Revolutionsführer Carranza. Dieser konnte sich dort persönlich ein Bild von Hopkins' Verhandlungskünsten und seinem Einfluss auf die US-Regierung sowie auf die New Yorker Hochfinanz machen, was einen nachhaltigen Eindruck bei ihm hinterließ. Hopkins sollte in den Jahren 1913 und 1914 Carranzas vertrauter Berater und Vertreter in den USA werden.

Die Verhandlungen drehten sich um mehrere Themen: Limantour, den Hopkins durch seine Arbeit für Flint und Pierce bereits gut kannte, versuchte, den Einfluss des Machtapparats des Regimes aufrecht zu erhalten. Der Historiker Peter Henderson geht davon aus, dass der Finanzminister sogar daran dachte, die großen Haziendas in Chihuahua aufzulösen und sie „in kleinen Teilen an die Bauern“ zu verkaufen.[352] Die Maderos hatten vor, mehrere Gouverneure auszutauschen, vor allem aber bestanden sie darauf, dass Diaz und sein Vizepräsident zurücktreten sollten.[353] Hopkins, Beamte des Außenministeriums und die Delegation um Madero verhandelten auch darüber, dass die Kontrolle über das mexikanische Eisenbahnnetz wieder an Pierces Unternehmen gegeben und so der Einfluss Lord Cowdrays deutlich geschmälert werden sollte. Das US-Außenministerium, vertreten entweder durch Philander Knox oder aber durch einen seiner obersten Beamten, wollte eine Wiederherstellung der Ordnung und eine Garantie für die Unversehrtheit amerikanischer Bürger und deren Eigentum in Mexiko. Des Weiteren drohte man für den Fall, dass es in den Kämpfen entlang der Grenze amerikanische Opfer gäbe, beiden Seiten eine bewaffnete Intervention an.

Die Drohung einer Militäraktion durch die US-Army war ernst zu nehmen, denn es waren bereits am 6. März 1911 zwanzigtausend Soldaten an die Grenze zu Mexiko beordert worden. Dass Querschläger aus den Feuergefechten auf der amerikanischen Seite der Grenze landeten, war im Prinzip nicht zu verhindern. Noch schwerer war es jedoch, zu unterbinden, dass die Kämpfer beider Seiten nicht absichtlich über die Grenze feuerten, um absichtlich das Einschreiten der Amerikaner zu provozieren. Was genau bei den Verhandlungen beschlossen wurde, ist nicht bekannt. Die diplomatischen Anstrengungen aus Maderos Lager waren jedenfalls erheblich. Maderos Vater verließ New York im Anschluss an das Treffen am 12. März und machte sich auf den Weg zur Grenze, Limantour fuhr nach Mexiko-Stadt. Ende des Monats folgte ein weiteres Treffen zwischen Maderos Leuten und Vertretern des Regimes in San Antonio.[354] Am 4. April 1911 sandte Madero seinen einstigen Partner bei der

Präsidentschaftskandidatur, Francisco Vasquez Gomez, persönlich nach Washington, um dort den deutschen Botschafter Graf Bernstorff zu treffen, der zu dieser Zeit auch für Mexiko zuständig war.[355] In einem Brief vom 15. Februar, der an die Staatsoberhäupter der Hauptmächte gerichtet war, bekannte sich Madero noch einmal ausdrücklich zum geltenden Kriegsrecht und zur Wahrung internationaler Vereinbarungen und Handelsabkommen. Des Weiteren sicherte er die Einhaltung der Verfassung und den Schutz des Lebens und des Eigentums von Ausländern zu.[356]

Francisco Madero Sr. und sein Bruder Alfonso stießen zum Rebellenlager, als sich der Waffenstillstand um den 22. April festigte. Es folgten hitzige Debatten mit Vertretern aus dem Lager Diaz, die jedoch am 6. Mai offiziell eingestellt wurden. Was danach geschah, wird in verschiedenen Quellen unterschiedlich dargestellt. Es herrscht jedoch Einigkeit darüber, dass Madero den Rebellen befahl, die Stadt nicht anzugreifen, sondern weiterhin zu belagern. Was spielte sich jedoch wirklich hinter den Kulissen ab?

In seinen Aussagen sowohl gegenüber dem amerikanischen Senat im Jahr 1912 als auch gegenüber den staatlichen Vernehmungsbeamten im Jahr 1918 beharrte Sommerfeld drauf, dass er persönlich damit beauftragt war, ein Abkommen mit den amerikanischen Behörden zu treffen, welches darauf abzielte, die Amerikaner am anderen Ufer des Rio Grande zu schützen. Bei seinem Gegenüber handelte es sich um Colonel Edgar Z. Steever vom 4. Kavallerieregiment in Fort Bliss. „Colonel Steever ist der einzige Offizier der US-Army, der jemals das Kommando über einen Erkundungsfeldzug in Heilige Land hatte. Dabei handelte es sich um den amerikanisch-palästinensischen Feldzug im Rahmen der Erschließung von Moab, Ammon, Bashan und weiterer Gebiete östlich des Jordan und des Toten Meers, welcher vom 1. Oktober 1872 bis 1. Oktober 1874 stattfand."[357] Einige Jahre später (1891) war der Kommandeur in Fort Bliss zum „Assistenzprofessor für Mathematik an der West Point-Universität [geworden] und [somit] der Leiter des Departments für Maschinenbau und der Kavallerieschule."[358]

Steever führte zudem das Kommando über Kampfeinheiten im Spanisch-Amerikanischen Krieg. Die Liste seiner Kampfeinsätze während des philippinischen Aufstands umfasste „vierunddreißig Schlachten und Scharmützel mit Filipinos in den Jahren 1899 und 1900."[359] Im Anschluss an seinen Auftrag auf den Philippinen übernahm Steever den Posten des Kommandeurs der Kavallerie- und Artillerieschule in Fort Riley.[360] Sein letzter Posten war der des Kavalleriekommandenten in Fort Bliss, von dem er sich im Jahr 1914 zur Ruhe setzte. Die Narben vergangener Schlachten zollten von dem alten Krieger ihren Tribut. Der Colonel war fast blind. Vor dem Hintergrund einer möglichen amerikanischen Intervention, war der Posten in Fort Bliss von einiger Bedeutung. Es ist nicht verwunderlich, dass man sich im Kriegsministerium für einen so hervorragend ausgebildeten und intelligenten Kommandeur entschieden hatte, der zudem über eine große Erfahrung in Kampfeinsätzen verfügte. Steever war ein großer Mann mit einem riesigen, weißen Schnurrbart, der Autorität und Erfahrung ausstrahlte. Er war ein hervorragender Reiter, der seine Kavallerieeinheiten unablässig trainierte.

Madero hatte Sommerfeld beauftragt, Steever über die Pläne der Revolutionstruppen auf dem Laufenden zu halten. „Es war Teil meines Aufgabengebiets, Probleme zu vermeiden, irgendwelche internationalen Komplikationen, verstehen Sie?", erklärte er sich im Jahr 1912 gegenüber Senator Smith.[361] Tatsächlich wurde der Deutsche zum Bindeglied zwischen dem amerikanischen Militär und den *Maderisten*. Sommerfeld sagte korrekt aus, dass er in Maderos Auftrag handelte. Es gibt jedoch keinen Zweifel daran, dass er mit seinem Handeln auch ein Versprechen gegenüber dem US-Außenministerium erfüllte, das während der Verhandlungen im selben Monat ausgesprochen wurde. Die Unterstützung Maderos vonseiten der USA hing insbesondere davon ab, dass keine Amerikaner bei den Auseinandersetzungen zu Schaden kamen.

Sommerfelds Zusammenarbeit mit dem amerikanischen Kommandeur erlaubte es diesem, „seine Wachen entlang des Flusses aufzustellen, seine Patrouillen, sodass niemand über die

Brücken oder durch den Fluss auf die andere Seite gelangen konnte."[362] Nachdem man den USA zugesichert hatte, dass man sich an die Konditionen halten würde, die den Revolutionären von der US-Regierung auferlegt worden waren, verbesserte sich Maderos Verhandlungsposition gegenüber den Vertretern des Diaz-Regimes erheblich. Limantour behauptete am 21. April 1911 in einem Interview mit Steven Bonsal, einem Reporter der *New York Times,* dass man Vorfälle an der Grenze nicht verhindern könne. Zudem gab er zu verstehen, dass ein Angriff Maderos auf Juarez ein Eingreifen zur Folge hätte.[363] Madero hatte dieses Argument durch den Einsatz von Sommerfeld als Kontakt zu Steever und Hopkins als Kontakt zu Knox in Washington wirksam entkräftet. Sommerfeld stand spätestens eine Woche vor dem Bruch der Waffenruhe mit Steever und dem amerikanischen Konsul Edwards in Juarez in Verbindung.[364]

Es bleibt die Frage, warum Madero weiterhin trotz seines militärischen und politischen Vorteils von einer Einnahme der Stadt Juarez absah. Weder Sommerfeld noch Hopkins äußerten sich zu Maderos Entscheidung, die Stadt nicht anzugreifen. Die Wahrheit ist, dass Madero immer noch mit Diaz über dessen Rücktritt verhandelte.[365] Am 7. Mai, einem Sonntag, kam die Nachricht aus Mexiko-Stadt, dass Diaz einem Rücktritt zustimmte und Madero blies den noch für dieselbe Nacht geplanten Angriff auf Juarez ab, währen ein „Friedenskommando" aus Mexiko-Stadt Diaz' letztes Angebot überbrachte.[366] Sommerfeld hatte Steever bereits über den bevorstehenden Angriff informiert.

Jetzt begab er sich „[...] mit einem Brief zur Hängebrücke und übergab den Brief an einen von Col. Steevers Leuten [...] 'Wir werden heute Naht nicht angreifen, denn die Friedenskommission ist hier, und kein Angriff wird stattfinden'."[367] Die Bedeutung dieser Verzögerung wurde in den auf den Erfolg von Maderos Kampagne und Diaz' Gang ins Exil folgenden Wochen deutlich. „Madero war offensichtlich der Meinung, dass Porfirio Diaz' [...] Rücktritt den Grund für den Bürgerkrieg beseitigen würde."[368] Nach dem Vertrag von Juarez löste Madero die Revolutionstruppen auf und ging davon aus, die Rebellen würden sich zurückziehen und wieder ihrem zivilen Leben nachgehen. Diese Annahme überschnitt sich mit den Erwartungen des US-Außenministeriums und der Financiers aus New York, die besorgt über einen unkontrollierten Aufstand in Mexiko waren. Hopkins und das Außenministerium hatten über diesen Punkt verhandelt. Auf Diaz' Rücktritt sollte ein Ablassen von Gewalt und ein friedvoller Übergang der Macht in Mexiko-Stadt folgen. Sowohl Hopkins als auch das Außenministerium in Amerika unterschätzten die Unbeständigkeit der Situation komplett. Während Madero verzweifelt versuchte, die Kontrolle über seine von Orozco, Garibaldi, Obregon und Villa angeführte Truppe zu behalten, zogen sich die Verhandlungen weiter in die Länge. Garibaldi beschrieb die Situation folgendermaßen:

> Die endlosen Debatten führten zu keinem Ziel und wir auf den Sanddünen konnten nur die Zähne zusammenbeißen und warten. Unser Temperament wurde schwer auf die Probe gestellt, als Colonel Tamburel von der Föderation gegenüber einem amerikanischen Reporter behauptete, die Rebellen hätten Angst und würden deshalb nicht angreifen. An diesem Abend ging ich mit ein paar anderen zu Madero und bat ihn, uns von unserem Gehorsamseid zu entbinden, da wir der schlechten Stimmung unserer Männer nicht mehr entgegenzusetzen hatten. Er erinnerte uns an unser Loyalitätsversprechen und ermahnte uns, geduldig zu bleiben und ihm in dieser schwierigen Lage beizustehen. In dieser Nacht begannen wir jedoch ohne das Wissen Maderos damit, unsere Truppen langsam näher an Juarez zu positionieren.[369]

Am Morgen des 8. Mai geschah dann, was geschehen musste. Inwieweit Orozco von der geplanten Auflösung der Rebellentruppen wusste, ist nicht bekannt. Er mag jedenfalls geahnt haben, was geschehen sollte, wollte aber seine militärische Macht zur Geltung bringen. Die Kämpfe begannen damit, dass Rebellen den Föderationskämpfern, die sich in der Stadt verschanzt hatten, Beleidigungen zuriefen. Schnell wurden aus Beleidigungen Schüsse. Es mag sein, dass Orozco den Beginn der Auseinandersetzung befohlen hatte, möglicherweise war ein Kampf auch einfach unausweichlich. Der Angriff begann entlang des Flussufers und breitete sich rasch in Richtung Stierkampfarena aus. Sommerfelds Aussage gegenüber Vernehmungsbeamten aus dem Jahr 1918 bekräftigt die These, welcher nach Orozco und Villa den Angriff gegen Maderos Willen geplant hatten: „Ich telefonierte mit dem Korrespondenten der ‚Associated Press', Mr. Lawrence, in El Paso. Ich ließ ihn an den Apparat rufen und teilte ihm die Neuigkeiten am Telefon mit, und er schickte die Nachricht dann ungefähr eine dreiviertel Stunde bevor irgendjemand davon wusste heraus."[370]

Sommerfeld und somit auch Madero waren nicht eingeweiht. Garibaldi trifft in seiner Autobiografie dieselbe Aussage. Der offenkundige Ungehorsam der drei Revolutionskommandeure hatte zur Folge, dass die Kommunikation mit Steever auch abbrach. Sommerfeld konnte nur noch die Presse informieren und über sie Kontakt zu den US-Behörden aufnehmen. Niemand kann sagen, ob bessere Kommunikation verhindern hätte können, dass bei den anschließenden Kämpfen, die zwei Tage lang dauerten, sechs Bürger von El Paso von Querschlägern getötet und weitere vierzehn verletzt wurden.[371] Mit Sicherheit jedoch war es der Sache nicht zuträglich, dass die neugierigen Bürger der Stadt sich auf Hausdächern und Zugwagons versammelten, um die Kämpfe von dort aus zu verfolgen.

Garibaldi, der den schaulustigen Amerikanern sehr kritisch gegenüberstand, beschrieb die Szene treffend: „Die Stadt El Paso am anderen Ufer des Flusses glich einer riesigen Haupttribüne auf der sich die Menschen drängten, die schon seit Tagen auf diese Schlacht gewartet hatten. Amerikanische Soldaten hatten alle Mühe, sie aus der Gefahrenzone zu holen, die sie selbst geschaffen hatten [...] Leider wurden jedoch am ersten Tag der Kämpfe fünf dieser Zuschauer getötet und zwölf von Querschlägern verwundet, deren Ursprung nicht nachzuvollziehen war. Colonel Stevens [sic] kündigte an, dass er sich im Fall, dass dies so weiter ging, gezwungen sähe, seine Soldaten über die Brücke zu schicken."[372]

Selbst als die ersten Schüsse fielen, hielt Madero noch an der Hoffnung auf einen friedvollen Machtwechsel fest. Nachdem

Diaz in einer Ansprache vor dem Kongress verlauten ließ, er würde zurücktreten, verständigte sich Madero mit dem Kommandeur von Juarez auf eine Waffenruhe bis vier Uhr nachmittags, um die Meldung zu bestätigen. Laut Augenzeugen begannen die Kämpfe gegen elf Uhr vormittags gleich unter der Grenzbrücke, wo Garibaldi das Kommando hatte. Garibaldis Aussage nach begannen die Kämpfe um ein Uhr nachts, was sich aber nicht mit den bekannten Fakten über die Schlacht deckt.[373] Maderos wiederholte Versuche, seine Truppen unter Kontrolle zu bringen scheiterten. Sommerfeld hastete zwischen den Kampflinien und Maderos Hauptquartier hin und her und erstattete Bericht.[374] Kurz nach Mittag war von der amerikanischen Seite der Stadt eine große Explosion zu sehen, die gleich mehrere Dutzend Föderationskämpfer in den Tod riss.[375]

Bis ein Uhr nachmittags hatten die Rebellen strategische Punkte entlang des Ufers sowie das Zollhaus eingenommen.[376] Die Verteidiger der Föderation erschossen das Pferd, auf dem Maderos Bote sich mit weißer Flagge auf dem Weg zu General Navarro befand. Madero wandte sich erneut an seine Truppen und drängte sie, die Kämpfe einzustellen. Er versuchte, die Möglichkeit einer Einigung mit Diaz zu erklären, und dass möglicherweise gar keine Kämpfe notwendig waren. Er wollte sein Waffenstillstandsabkommen mit Navarro nicht brechen. „'Unsere Sache ist größer als Juarez und wir können es uns nicht erlauben, wegen dieses einen Siegs unsere Ehre aufs Spiel zu setzen. ' Seine Worte wurden mit großer Begeisterung aufgenommen […]"[377] Sobald sich Madero umdrehte, um in sein Hauptquartier zurückzukehren, machten sich seine Männer und deren Offiziere wieder auf den Weg zur Front und kämpften weiter.

Bis zum Abend hatte Diaz offiziell jedes Rücktrittsangebot wieder zurückgezogen und Madero gab dem Drängen seiner Kommandeure nach einem Großangriff nach. Da heftige Kämpfe bereits seit den frühen Nachmittagsstunden im Gange waren, hatte der Befehl zum Angriff ein geradezu komisches Moment. Zusammengepfercht auf Zugwagons und Hoteldächern beobachteten die neugierigen Bürger von El Paso zusammen mit Journalisten den Häuserkampf den ganzen Dienstag lang. Da die

Rebellen es nicht riskieren wollten, in den Straßen zum Ziel von schwerem MG-Beschuss zu werden, schlugen sie Löcher in die Lehmziegelmauern der Häuser um weiter vorzumarschieren ohne die Deckung zu verlieren.[378] Jimmy Hare vom *Collier's Magazine* ging sogar so weit, „die amerikanische Legion anzuführen, um Bilder von den Kämpfen zu ergattern."[379]

Am Mittwochnachmittag war die Schlacht vorüber. „Zahlreiche amerikanische Schaulustige kamen in kleinen Gruppen nach Juarez und sammelten Souvenirs, um damit ihre morbide Neugier zu stillen."[380] Maderos Offiziere hatten schwer damit zu tun, Plünderungen zu unterbinden. Die Stadt glich einem Katastrophengebiet, hunderte Gebäude waren beschädigt, Gleise, Telefon- und Wasserleitungen gekappt. Das Geschäft von Ketelsen und Degetau stand in Flammen, nachdem es angeblich von Villas Männern geplündert und verwüstet worden war. Auf einem Gruppenfoto sind Francisco I. Madero, dessen Ehegattin Sara Pérez de Madero, Konsul Max Weber und dessen Gattin, Elena Arizmendi (Gründerin des Mexican White Cross und eine der ersten Feministinnen in Mexiko) sowie Konsul Kueck mit seiner Gattin und einer weiteren Unbekannten auf den Stufen des deutschen Konsulats in Ciudad Juarez zu sehen.[381] Die handschriftliche Notiz auf dem Bild verrät, dass sich diese Versammlung im Mai des Jahres 1911 zugetragen hat. Dies lässt darauf schließen, dass Madero im Anschluss an die Geschehnisse großen diplomatischen Aufwand betrieb, um die Wogen wieder zu glätten. Der zukünftige Präsident der Republik wandte sich persönlich an die Oberhäupter der deutschen Gemeinde in Ciudad Juarez. Doch vergebens! Die deutschen Konsuln Weber und Kueck, die beide treue Angestellte des Handelsunternehmens waren, vergaben Villa seine Taten nie und stellten sich für den Rest der Revolution gegen ihn.

Von links: Frau und Herr Otto Kueck; Elena Arizmendi; Frau Max Weber; Sara Perez de Madero; Francisco I. Madero; Herr und Frau Adolph Schwartz; José de la Luz Blanco; nicht identifizierter Mann.[382]

General Navarro hatte sich dem Revolutionär Oberstleutnant Giuseppe Garibaldi ergeben.[383] Der italienische Legionär ließ die mexikanischen Anführer Villa und Orozco wissen, dass er derjenige war, der an vorderster Front gestanden und die Föderationskämpfer besiegt hatte.[384] Glaubt man Garibaldi und dem berühmten Fotografen des *Collier's Magazine,* Jimmy Hare, hatten sich weder Villa noch Orozco bei den Häuserkämpfen inmitten von Juarez blicken lassen.[385] Hare schoss ein Bild der Kapitulation, auf dem sowohl Navarro als auch Garibaldi zu sehen sind. Villa sollte dem italienischen Söldner nie verzeihen, seinen Mut angezweifelt zu haben und laut Katz hat er eine Woche darauf in El Paso sogar versucht, Garibaldi umzubringen. Der Vorfall erregte die Aufmerksamkeit des Bürgermeisters von El Paso sowie des Sheriffs und brachte Villa die beschämende Ausweisung aus der Stadt ein.[386] Garibaldi macht in seiner Autobiographie Witze über den Vorfall, erwähnt Villas Rage und auch seine Ausweisung, nicht jedoch, dass er selbst Ziel seiner Wut gewesen ist.[387] Der charmante, gebildete, arrogante und affektierte Italiener mit britischem Akzent hatte mit dem viel einfacher gestrickten *Pistolero* Villa wenig gemeinsam.

Orozco und Villa hatten beide aufgezeigt, dass Maderos Herrschaft über die Revolution nicht unbegrenzt war. Nach der Schlacht von Juarez entschied sich Madero, den achtzigjährigen Kommandeur Navarro von seiner Hinrichtung zu verschonen. Nach seinem eigenen Plan de San Luis Potosí hätte der General vor ein Kriegsgericht gebracht und hingerichtet werden sollen. Besonders Orozco wollte Navarros Kopf, weil der General „die Häuser von Sympathisanten der Rebellen in Cerro Prieto niederbrennen und dort etwa zwanzig Personen hinrichten hatte lassen."[388] Die Verschonung Navarros durch Madero führte kurzzeitig zu ernsthaftem Ungehorsam vonseiten Villas und Orozcos. Villa befahl einer kleinen Gruppe von Soldaten, Maderos Hauptquartier zu umstellen. Augenzeugen zufolge hätten die Auseinandersetzungen zwischen dem Revolutionsführer und seinen Kommandeuren fast zu Maderos Festnahme und vielleicht sogar zu seinem Tod geführt.[389]

Die Situation entschärfte sich, als Madero die Soldaten mutig konfrontierte und mit ihnen sprach. Nachdem er dadurch seine Autorität wiederhergestellt hatte, begleitete der zukünftige Präsident Navarro persönlich nach El Paso, wo er in Sicherheit war. Der mexikanische General fand Zuflucht bei der Popular Dry Goods Company, welche „[...] von einem jüdisch-ungarischen Einwanderer namens Adolph Schwartz geführt wurde. Trotz des Schutzes durch Agenten des U.S. Geheimdienstes wurde Navarro schnell entfernt, als eine Gruppe von Angestellten bei Popular, die zum Großteil aus Sympathisanten der Rebellen bestanden, anfing, den General zu verspotten und sich über ihn lustig zu machen."[390] General Orozco jedoch vergab Madero nie, dass Navarro nicht der Prozess wegen Kriegsverbrechen gemacht wurde. Maderos Entscheidung gegen seine Offiziere sollte schlimme Folgen haben.

Am 11. Mai wurden die Verhandlungen zwischen den *Maderisten* und Diaz wieder aufgenommen. Die Position der Aufständischen hatte sich inzwischen erheblich verbessert. Juarez stand nun ganz unter der Kontrolle der *Maderisten*. Wie Madero ursprünglich geplant hatte, führte die Kontrolle über das Zollhaus und somit über sämtliche Einnahmen aus Ein- und Ausfuhrzöllen zu einer gehörigen Finanzspritze für die Revolution. In einem Telegramm an Gustavo Madero, der sein Hauptquartier in El Paso aufgeschlagen hatte, brachte ihn Sherburne Hopkins auf den neuesten Stand hinsichtlich seiner Verhandlungen in Washington und New York: „Knox versicherte heute Abend persönlich alle Munition würde geliefert El Paso Juarez wenn offenbar normales Handelsgeschäft dies ausgleicht alles also macht Euch bereit und an die Arbeit hier alles äußerst vorteilhaft und New York Banker beginnen Verhandlung Angebot neues Darlehen."[391] Laut Katz teilten „die Elite unter Diaz und die Revolutionärselite eine Angst vor der Anarchie."[392] Dies galt wohl ebenso für die Finanzelite New Yorks und das US-Außenministerium.

Am 21. Mai beschlossen die Kriegsparteien ein Friedensabkommen, der Vertrag von Juarez. Er sah vor, dass Diaz bis Ende des Monats zurücktreten und das Land verlassen sollte. Als Interimspräsident wurde Francisco Leon De La Barra, Diaz' Botschafter in den Vereinigten Staaten, eingesetzt. Die Revolutionärstruppen sollten aufgelöst werden und eine neue Regierung würde sich darum kümmern, „Frieden und Ordnung wiederherzustellen. Die Reparaturen am Telegrafen- und Schienennetz, die bis dato unterbrochen sind, soll begonnen werden."[393]

Dieser Vertrag war das Resultat von Verhandlungen, die zwischen der US-Regierung, Financiers aus New York, Madero und der Regierung Diaz bereits seit März des Jahres stattgefunden hatten. Anstatt die Föderationstruppen zu entwaffnen, die politische Elite unter Diaz zu enteignen und eine Regierung der Revolutionäre zu bilden, spiegelte das Abkommen die Interessen Washingtons und New Yorks wider, welche darin bestanden, dass amerikanisches Eigentum und Investitionsvermögen abgesichert war und wieder Ordnung einkehrte. Durch die Wahl des Botschafters De La Barra als provisorischen Präsidenten war die mexikanische Führung für die US-Regierung in Händen eines Mannes, den man kannte. Unter der Voraussetzung, dass Ordnung herrschen sollte, bewilligten Henry Clay Pierce und Charles Flint ihre Unterstützung gegenüber Gustavo Madero und Sherburne Hopkins. US-Außenminister Philander Knox sah sogar von der Umsetzung der Neutralitätsgesetze ab, was Maderos Truppen ermöglichte, sich neue Waffen zu beschaffen noch bevor der mexikanische Diktator sein Amt verließ.

Während man darauf wartete, dass Diaz aus Mexiko verschwand, sah man Francisco Madero und seinen innersten Beraterkreis bei Diners in El Paso teilnehmen. Bei einem dieser Bankette saß Madero neben dem geschlagenen General Navarro, ein Schlag ins Gesicht der Militärkommandeure Orozco und Villa, die nicht eingeladen waren. Giuseppe Garibaldi, Abraham Gonzales sowie Maderos Brüder Raul und Gustavo nahmen auch an dem Bankett teil.[394] Orozco und Villa fochten beide öffentlich Maderos Führung an. Insbesondere Pancho Villa verdammte die Bedingungen des Vertrags von Juarez lautstark und bezeichnete Maderos Gefolgschaft als *„Perfumados“*, eine abwertende Bezeichnung mit der Bedeutung nach Parfüm stinkende Reiche. Nach einer Geschichte, die General Hugh Lenox Scott im April 1914 zu Ohren kam, hatte Villa einmal einem Eisenbahningenieur namens William E. Dudley zwei Pferde gestohlen. Als der Ingenieur es schaffte, Francisco Madero über diese Sache einzuweihen, wurde er Zeuge der folgenden Geschehnisse:

> Mr. Madero bettelte Villa an, die Pferde zurückzugeben. Er erzählte Villa, dass er [Madero] an diesem Tag zu Gast in Mr. Dudley's Camp war und dort fürstlich von Mr. Dudley und seiner Ehegattin empfangen wurde, und dass die beiden Ausländer waren. Er sicherte Villa sogar zu, er würde ihm neue und bessere Pferde schenken; und sagte, dass Mr. Dudley sein persönlicher Freund wäre. Villa warf seinen Hut zu Boden, stampfte darauf und sagte seinem obersten Kommandeur, er solle die Pferde und gleichzeitig seine Kündigung in Empfang nehmen [...] letztlich wurde ein

Waffenstillstand zwischen den beiden arrangiert, der besagte, dass Villa bei Mr. Madero blieb, jedoch nur das Pferd von W.F. Dudley behielt. J.L. Dudley [Dudleys Frau] ließ er wissen, dass wenn ihr Mann ihn [Villa] jemals wieder belästigen sollte, er ihn über frischem Holz verbrennen würde.[395]

Es existieren hunderte Räubergeschichten über Pancho Villa. In vielen wird maßlos übertrieben oder sie wurden gar im Nachhinein noch ausgeschmückt. Diese Anekdote zeigt jedoch, welche Schwierigkeiten Madero damit hatte, Villa auf Linie zu halten. Für Maderos Bestrebungen, die Revolution in geordneten und rechtmäßigen Bahnen ablaufen zu lassen, wurde Villa in den Tagen nach Juarez offensichtlich zu einer Gefahr. Am 18. Mai kam es dann endgültig zum Zerwürfnis zwischen den beiden. Entweder trat Villa freiwillig zurück oder Madero zwang ihn, den Posten des Kommandeurs niederzulegen.[396] Als Abfindung für seine Dienste erhielt Villa die Stierkampfarena von Chihuahua und eine Fleischerei. Menschen, die dem Oberst nahe standen, erzählten, dass er für Madero nichts mehr übrig hatte. L. L. Ross, ein Agent des *Bureau of Investigation*, der später als Spion für Sommerfeld arbeiten sollte, berichtete, dass Villa „[…] einen ziemlichen Hass auf Madero entwickelte, der ihm, wie es scheint, einen großen Teil seiner Autorität wegnahm, was er ihm übel nimmt und weshalb er jetzt Unmut gegen ihn verbreitet."[397]

Villa war nicht der Einzige, der Maderos Autorität infrage stellte. Harris und Sadler beschreiben mindestens zwei versuchte Mordanschläge an Madero während seiner Zeit in El Paso. Man glaubt, dass Orozco für einen davon verantwortlich war.[398] Sommerfeld blieb nun stets so nahe bei Madero, dass man glauben konnte, er sei sein Leibwächter. Irgendwie war er das auch. Wie er in seiner Aussage aus dem Jahr 1912 erwähnt, übernahm Sommerfeld einen Teil des Geheimdienstkommandos, das Gustavo Madero und Abraham Gonzales im Herbst des Jahres 1910 zusammengestellt hatten. Insbesondere bemerkenswert ist Sommerfelds Aussage, er habe sich für diese Männer entschieden, „[…] weil ich wusste, dass ich mich auf sie verlassen konnte, weil sie wirklich loyal waren. Sie waren

Amerikaner und ich wusste, sie würden mich nicht hintergehen […]"[399] Francisco Maderos Leben war in Gefahr und Sommerfeld, dem er blind vertraute, setzte seine eigenen Agenten zu seiner Bewachung ein, obwohl ihm über zweitausend Soldaten unter Maderos Befehl zur Verfügung standen. Sommerfeld mistraute Orozco und den anderen Kommandeuren um Madero instinktiv. Dieses Mistrauen rettete dem Rebellenführer damals das Leben. Senator Fall fragte Sommerfeld im Jahr 1912 ohne Umschweife, ob er denn jemals direkt zu Orozco ging, um ihn davon abzuhalten, Madero zu töten. Sommerfeld antwortete: „Ja."[400]

Sommerfelds Rolle in diesen entscheidenden Tagen der Mexikanischen Revolution ist nicht zu unterschätzen. Als Maderos Privatsekretär oder „vertraulicher Repräsentant", wie er es ausdrückte, hatte der Deutsche in einem Maße wie keiner zuvor Zugang zu Informationen, die für die deutsche Regierung von großem Wert waren. Der Historiker Friedrich Katz zeigt in seinem Werk *The Secret War in Mexico* auf, dass es den Deutschen nicht allein um die Schritte und Abläufe in der Madero-Fraktion ging. „Nachdem die amerikanischen Truppen mobil gemacht waren und an der mexikanischen Grenze Stellung bezogen hatten [im März 1911], verlauteten Teile der amerikanischen Presse, dieser Schritt richte sich vorrangig an Deutschland."[401]

Das Kaiserreich hatte gedroht, in das Geschehen einzugreifen, sollten Deutsche oder deren Eigentum bei den Gewalttaten zu Schaden kommen. Die Deutschen wollten amerikanischen Truppen die Wahrung der Ordnung nicht anvertrauen, und das rüttelte die amerikanische Führung wach. Journalisten, die sich mit der US-Militärführung gut auskannten, erwähnten, dass dies den Aufmarsch der amerikanischen Soldaten entlang der Grenze verursacht habe. Die beispiellose Truppenbewegung von gut 20.000 Mann hätte allen möglichen Plänen der Deutschen eine ausreichende Kampftruppe entgegengestellt. Im Zusammenhang mit diesem deutsch-amerikanischen Säbelrasseln ist es wichtig zu betrachten, in welcher Stellung sich Sommerfeld befand. Als Verbündeter Maderos verhandelte er mit dem amerikanischen Kommandeur in Fort Bliss und gewann somit Einblicke über den Stand von

Steevers Vorbereitungen, seine Befehle, seine Bewegungsfreiheit und seine Handlungsmöglichkeiten. Sommerfeld stand auf der Gehaltsliste des deutschen Konsuls Kueck, agierte unter dem Deckmantel der amerikanischen Presse und war zugleich Teil des obersten Führungskreises der Revolution, von wo aus er den deutschen Behörden die Informationen zukommen ließ, die diese für ihre diplomatischen Schachzüge benötigten. Durch Maderos Sieg stieg Sommerfeld zum bedeutendsten deutschen Agenten auf dem amerikanischen Kontinent auf.

Mittlerweile war die Gewalt auch in Mexiko-Stadt ausgebrochen. Porfirio Diaz hatte seinen Rücktritt für den 25. Mai angekündigt. Unter dem Kommando von Emiliano Zapata hatten fünftausend Revolutionäre in den Vorstädten Stellung bezogen und belagerten die Hauptstadt. Zapata hatte Madero das Versprechen gegeben, die gut beschützte Stadt nicht anzugreifen, sondern darauf zu warten, dass Diaz zurücktrat und ein friedlicher Machtübergang vonstattenging. In der Nacht des 24. Mai besetzte jedoch ein mit Steinen und Macheten bewaffneter Mob den Zócalo (Stadtplatz) und begann damit, die Fenster des Staatspalasts mit Steinen einzuwerfen. In einer letzten Demonstration seiner Macht ließ Diaz seine Wachen das Feuer eröffnen und die Versammlung so auflösen. Die anschließenden Straßenkämpfe dauerten die ganze Nacht an. Am 25. erwartete die ganze Stadt mit Spannung den Rücktritt von Diaz. Um zwei Uhr nachmittags betrat der Präsident dann endlich die Abgeordnetenkammer. Mehrere zehntausend Demonstranten säumten die Straßen und tausende schwer bewaffnete Kavallerie- und Infanteriesoldaten beschützten den Staatspalast und das Parlament. Bis auf zwei Abgeordnete stimmten alle für Diaz‘ Rücktritt. Diese beiden waren alte Kriegskameraden und hatten Diaz in den Schlachten gegen die Franzosen, Kaiser Maximilian und um Puebla zur Seite gestanden. Jetzt waren sie die einzigen Männer, die ihn nicht einfach aufgeben wollten. In seiner Abtrittsrede zeigte Diaz keinerlei Reue. Er hoffte darauf, dass sein Regime letztlich durch die Geschichte bestätigt würde. „Ich weiß von keinen Taten“, äußerte Diaz angesichts seiner Verwunderung über die Menschenmasse, die sich gegen ihn versammelt hatte, „die mir angelastet werden könnten, die einen solchen Volksaufstand bewirken könnten; ich räume jedoch ein, gebe es jedoch nicht zu, dass ich möglicherweise, ohne mir dessen bewusst gewesen zu sein, Schuld auf mich geladen habe. Eine solche Möglichkeit befähigt mich selbst am aller wenigsten, über meine eigene Schuld zu richten oder diese Frage zu klären."[402]

Am 26. Mai übernahm der ehemalige Botschafter in den USA, Francisco Leon De La Barra, die vorläufige Präsidentschaft in Mexiko. Er sollte an der Macht bleiben, bis die Wahlen im Oktober abgehalten werden konnte, bei denen er jedoch selbst nicht kandidieren durfte. In den frühen Morgenstunden des 27. Mai verließen der Bürger Porfirio Diaz und seine Familie die Hauptstadt. Unter der Bewachung von zwei Bataillone Infanterie und mehreren Kavallerieeinheiten machte sich der Sonderzug rasch auf den Weg nach Veracruz. Bei Puebla wurde der Zug jedoch von zweihundert unwissenden *Zapatistas*, die neben den Gleisen campierten aufgehalten und durchsucht. Nur wenige von ihnen überlebten die Salven von Kugeln, die ihnen beim Öffnen der Gepäckwagentüren aus Maschinengewehren und Mauser-Repetierern entgegengesetzt wurden. So kam es dazu, dass Diaz nur wenige Kilometer von dem Platz entfernt, wo er am 5. Mai 1862 (Cinco de Mayo) seine berühmte Schlacht um Puebla gegen die französische Invasion geführt hatte, auch seine letzte Militäraktion befehligte. Der alte General stand neben seinen Offizieren und befiel der Kavallerie, die unglückseligen Indios zu verfolgen, die seinen Zug aufgehalten hatten. Keine Schonung, keine Gnade! Nachdem das Gemetzel vorüber war, befahl Diaz dem amerikanischen Lokführer zufrieden, den Kessel wieder anzufeuern und in Richtung Küste zu fahren.

Nach ihrer Ankunft in Veracruz, bewohnten die Flüchtlinge ein gut bewachtes Haus in der Nähe des Hafens. General Victoriano Huerta hatte die Verantwortung für Diaz' Sicherheit. Am Morgen des 1. Juni richtete sich der ehemalige Diktator ein letztes Mal als Kommandeur an sein Militär. Er pries dessen Loyalität und schwor, „dass wann immer eine jähe Bedrohung meines Landes von Außen ansteht ich zurückkehren werde, und unter der Fahne für die ich so viel gekämpft habe, werde ich mit Euch im Rücken das Erobern wieder erlernen."[403] Die letzten Worte verschluckend und mit Tränen in den Augen ging der senile alte Herrscher Mexikos an Bord des Hamburg-Amerika-Dampfers *Ypiranga*, fuhr nach Spanien über und setzte nie wieder einen Fuß auf mexikanischen Boden. Die Frauen von Veracruz hatten „die Kabine der Flüchtlinge mit Blumen gefüllt, und die Männer versammelten sich am Pier und verabschiedeten Porfirio Diaz mit lauten ‚Viva'-Rufen ins Exil."[404] Man kann nur mutmaßen, ob die Blumen und Vivas nur sicherstellen sollten, dass Diaz auch wirklich abfährt, oder ob es tatsächlich noch Anhänger des gefallenen Diktators gab. Erst im Februar hatte Kaiser Wilhelm II dem Präsidenten das Großkreuz des Roten Adlerorden verliehen.[405] Jetzt lud Wilhelm den gestürzten Diktator nach Bad Nauheim zur umfassenden Genesung in den dortigen heißen Quellen ein.[406] Diaz starb als gebrochener Mann am 2. Juli 1915 in Paris.

Am 2. Juni machte sich Madero gefolgt von etwa einhundert seiner „Perfumados", unter ihnen Giuseppe Garibaldi, Felix Sommerfeld und Sherburne Hopkins, auf den Weg nach Mexiko-Stadt. „Sein Zug benötigte vier Tage und Nächte für den Weg, der eigentlich in dreißig Stunden zurückzulegen war."[407] Der Sonderzug aus Eagle Pass fuhr über San Pedro, Maderos Heimat, Torreón, Zacatecas, Aguascalientes und San Luis Potosí nach Mexiko-Stadt. „An jedem Bahnhof, auf jedem Nebengleis, entlang der gesamten Strecke wartete das in Lumpen gekleidete Volk Mexikos darauf, ihn zu hören, zu sehen und vielleicht zu berühren. Mütter kämpften sich mit ihren Babys nach vorne, Alte und Kranke hinkten über Steinfelder hin zu den Gleisen und *Rancheros* und Tagelöhner kamen aus einigen Meilen Entfernung."[408] Sommerfeld und Hopkins waren auf dieser unglaublichen Fahrt dabei. Ein stolzer Sommerfeld teilte seinen Vernehmungsbeamten mit: „Herr und Frau Madero hatten mich gebeten, mit ihnen nach Mexiko-Stadt zu kommen und dort mit ihnen zu leben."[409]

Trotz des verheißungsvollen Auftauchens des Halley'schen Kometen wurden jedoch die Hoffnungen der abergläubischen Massen in Mexiko erschüttert. „An dem Morgen, an dem der Zug in Mexiko-Stadt ankommen sollte, gab es bei

Sonnenaufgang ein Erdbeben. Zum ersten Mal seit Generationen verlor es sich nicht im schwammigen Untergrund und Mauern bekamen Risse, Gebäude fielen in sich zusammen und die Menschenmassen, die sich vor den Fenstern und auf den Dächern der Stadt versammelt hatten, liefen in die Straßen und beteten."[410] Die Gattin des diplomatischen Geschäftsträgers, Edith O'Shaughnessy, erwachte durch das „heftige Wackeln des Hauses, so heftig, dass ich mich nachdem ich aufgesprungen war nicht auf den Beinen halten konnte. Man hörte ein Geräusch, als zöge ein starker Wind vom Meer her auf und überall das Klirren von zerbrechendem Porzellan [...]"[411] Zitterte die Erde aus Angst vor der anstehenden Welle der Gewalt oder in freudiger Erwartung des Einzugs des Apostels der Demokratie in die mexikanische Hauptstadt?

Maderos Ankunft in Mexiko-Stadt als siegreicher Anführer der Revolution löste die größten Feierlichkeiten aus, die diese Stadt jemals gesehen hatte. Der Interimspräsident Francisco Leon De La Barra, zahlreiche mexikanische und internationale Würdenträger samt dem diplomatischen Korps sowie der Anführer der Bauern aus Morelos, Emiliano Zapata, reihten sich auf, um Madero die Ehre zu erweisen. Der „kleine Mann aus Coahuila" hatte etwas auf den Weg gebracht, was der Historiker Lloyd Gardner später die „erste ernstzunehmende Herausforderung der internationalen Ordnung, welche von den Industrienationen in der zweiten Hälfte des 19. Jahrhunderts etabliert wurde" nennen sollte.[412] Während man in der Stadt seiner Freude freien Lauf ließ, begannen die Revolutionsführer damit, erste politische Veränderungen umzusetzen. Madero, der ja offiziell Parteichef der Demokratischen Partei war, bekleidete selbst in der neuen Regierung kein Amt. Sein Onkel Ernesto wurde Finanzminister (Secretary of the Hacienda). Rafael Hernandez, Maderos Cousin, wurde Justizminister. Francisco Vasquez Gomez (Kultus), Emilio Vasquez Gomez (Innen) and Manuel Bonilla (Kommunikation) rundeten die Vertretung der *Maderistas* in der Regierung De La Barra ab.

Fast unmittelbar nach Diaz' Abreise ging die neue Regierung mit aller Kraft gegen Lord Cowdray vor.[413] Hopkins' persönlicher Freund und Klient, Gustavo Madero, wurde zum wohl mächtigsten Mann hinter den Kulissen des neuen Machtgefüges. Auf die Frage, ob „Madero alles in seiner Macht Stehende täte, um den Einfluss Lord Cowdrays in Mexiko zu brechen?“, antwortete Hopkins trotzig: „Er [Madero] handelte nach dem Gesetz […]“[414] Hopkins arbeitete daran, die Führungsriege der Mexican National Railway loszuwerden. Zwar behauptete er in seiner Stellungnahme vor dem US-Senat im Jahr 1912, Pierce habe ihn erst im Juli offiziell angestellt, seine Bemühungen führten jedoch dazu, dass die Kontrolle über die Eisenbahn in Mexiko praktisch bereits im Oktober wieder an Pierce zurück fiel.[415] Ernesto Madero, Franciscos Onkel und Finanzminister, konnte die Stellen des Firmenpräsidenten und mehrerer leitender Angestellten bewahren, ansonsten war Lord Cowdray erledigt.

Im Anschluss an ein Treffen zwischen dem Ölmagnaten und Francisco Madero Anfang August des Jahres 1911, holte sich Cowdray Hilfe. Am 23. August 1911 berichtete die *Washington Post,* dass der britische Öl-Tycoon seine gesamten Anteile am Öl in Mexiko für die mickrige Summe von 25 Millionen Dollar in Gold (bei heutigem Wert etwa 525 Millionen Dollar) an John W. Gates veräußert hat.[416] Tatsächlich handelte es sich bei dem Geschäft um einen Unternehmenszusammenschluss. Gates besaß Raffinerien und Erdölförderungsanlagen in Texas, die letztlich Jahre später zu Texaco wurden. Cowdray hoffte darauf, dass die amerikanischen Eigentümer von El Aguila zur Beisetzung späterer Streitigkeiten die amerikanische Regierung als Schlichter einsetzen würden. Nach einem missglückten Versuch, seinen Kehlkopfkrebs in Paris entfernen zu lassen, starb Gates nur wenige Wochen nachdem El Aguila und Pearsons andere Firmen in Mexiko fusioniert hatten. Seine Witwe verkaufte den Mehrheitsanteil an dem texanischen Konzern, nachdem auch ihr Sohn Charles im Jahr 1912 gestorben war.[417] Laut der Aussage von Sherburne Hopkins kaufte kein anderer als die Standard Oil Company die Öl-Anteile von Gates und Pearson.[418] Mit Lord Cowdray hatte sich Madero einen tödlichen Feind gemacht, der alles in seiner Macht stehende unternehmen würde, um den mexikanischen Staatsmann zu entthronen und ums Leben zu bringen.

TEIL III

MADEROS PRÄSIDENTSCHAFT

Kapitel 9

Revolution ausser Kontrolle

Smiliano Zapata, der berüchtigte Anführer der Revolutionäre aus Morelos, führte die erste Krise für die neue Regierung Mexikos herbei. Zapata und viele andere Basis-Revolutionäre erwarteten den unmittelbaren Erlass von Gesetzen für eine Bodenreform, die Rückgabe des konfiszierten Landes an die Dörfer und zudem das Recht für Gewerkschaften, Tarifverträge auszuhandeln. Die Wahrheit wich auf dem Boden der Tatsachen in Mexiko-Stadt erheblich von diesen Erwartungen ab. Madero hatte die Macht bis zu den großen Wahlen, welche für November 1911 angedacht waren, an De La Barra abgetreten. Das neue Kabinett bestand ausschließlich aus gemäßigt konservativen *Maderistas*, wie beispielsweise Ernesto Madero und die Vasquez Gomez-Brüder. Der Interimspräsident und vier weitere Kabinettsmitglieder waren aus dem Regime Diaz übernommen worden. Madero selbst verhielt sich selbst streng nach Gesetz. Somit begann er damit, die revolutionären Truppen aufzulösen und überließ den Rurales und der Föderationsarmee die Wiederherstellung der Ordnung. „Eigentlich hätte der Vertrag von Juarez als Musterbeispiel für einen Übergang der Macht an eine Revolutionsregierung gelten müssen", schreibt der Historiker John Womack und stimmt damit in den Chor der kontemporären Kritiker Maderos ein.[419] Natürlich sprach sich Madero niemals für einen radikalen, revolutionären Wandel aus, weder in seiner Rücktrittsforderung an Diaz, noch in seinem „Plan de San Luis Potosí" oder aber im Vertrag von Juarez.

Maderos Anhänger projizierten, gefolgt von Historikern wie Womack, ihre Agenda auf die neue mexikanische Regierung, doch ihre Illusionen wurden bald zerschlagen. Madero hatte seine Versprechungen stets allgemein gehalten, um die Missstände möglichst vieler Menschen anzusprechen, und verstecke sich nun hinter der Regierung De La Barra. Seine breite Koalition aus Radikalen, Gemäßigten und Konservativen begann buchstäblich an dem Tag zu zerbrechen, an dem Diaz im Exil verschwand. Schlimmer noch, anstatt das Unrecht des Regimes unter Diaz rückgängig zu machen – die Enteignungen, den Staatsterror und den Ausverkauf der natürlichen Ressourcen des Landes - schien es, als würde sie Regierung De La Barra „die Situation so wie sie während des alten Regimes vorherrschte wieder herstellen."[420] In weiser Voraussicht hatte Diaz einst gewarnt, dass der Tiger, einmal losgelassen, nur schwer zu kontrollieren sei. Maderos unglücklicher Kompromiss mit der alten Führungselite, und damit, dass er De La Barra mit der Aufgabe des Dompteurs betreute, ließ die Unzufriedenheit des mexikanischen Volkes mit ihrer neuen Führung anwachsen. In Wirklichkeit hätte Diaz mit seiner Prophezeiung genauer sein müssen. Madero hatte nicht nur einen Tiger freigelassen – die neue Regierung befand sich inmitten eines ganzen Dschungels voller wilder Tiere.

Nicht so sehr ein wildes Tier, jedoch ein Mann, der ebenso treu zu seinen Überzeugungen stand wie Madero selbst, war Zapata. Er hatte das Diaz-Regime bekämpft, um den Bauern von Morelos das Land wiederzugeben, das ihnen genommen worden war. Das Versprechen einer Agrarreform hatte die Basis für seine Unterstützung der Revolution gebildet. Niemals würde er seine Herkunft leugnen oder seine Ziele verraten. Wenn man einem der Revolutionsführer Mexikos wahre und reine Beweggründe zusprechen wollte, befände sich Zapatas Name ganz oben auf der Liste. Mit seinem Bauernheer hatte der *Attila des Südens* die Südfront der Revolution gebildet. Als der alte Diktator schwankte und letztlich fiel, stand Zapata mit seinen Männern vor den Toren der Hauptstadt und gewährte Madero seinen triumphalen Einzug. Geduldig hatte er am Bahnhof gewartet, um seinen Anführer zu begrüßen und sich in seinen Dienst zu stellen. Am 8. Juni 1911, dem Tag nachdem die Feierlichkeiten zu Ende waren, berief der stoische Mann mit großem Schnurrbart und noch größerem

Sombrero zu seinem eigenen Vorteil eine Versammlung des „obersten Regierungskreises der revolutionären Koalition" ein.[421]

Zapata forderte mit unmissverständlichen Worten von der neuen Führung, – Francisco und Gustavo Madero, Venustiano Carranza, Abraham Gonzales und Emilio Vasquez Gomez – dass „unverzüglich das Land zurück an die Pueblos gegeben werden muss, und die Versprechen der Revolution in die Tat umgesetzt werden müssen."[422] Madero mahnte zur Geduld und zählte die rechtlichen Probleme auf, die zuvor beseitigt werden müssten. Aus Maderos Sicht konnte die Agrarreform nicht mit Waffengewalt umgesetzt werden. Man mochte die Plantagenbesitzer von Morelos hassen, aber sie hatten nun einmal gewissen Rechtsansprüche auf ihren Landbesitz. Für Madero war es eine ebenso gravierende Unrechtmäßigkeit wie die Enteignungen unter Diaz, dieses Land nun einfach zu beanspruchen und den Dorfbewohnern zurückzugeben. Ein solches Vorgehen hätte auch bewirkt, dass sich der gemäßigte und der konservative Flügel seiner Bewegung gegen ihn stellen.

So mahnte Madero zum geduldigen Warten auf die Wahlen und die Rechtsreform, und Zapata drängte die Regierung weiter dazu, endlich zu handeln. Für den Anführer der unteren Schichten stellten sich durch Maderos zögerliches Handeln zwei Probleme. Zum einen musste er seine Männer unter Kontrolle halten, denen er für ihre Beteiligung in den Kämpfen unmittelbare Erfolge in Aussicht gestellt hatte, und zum anderen musste er für sich selbst entscheiden, ob er eine revolutionäre Sache unterstützt hatte, oder ob er lediglich der einen Elite dabei geholfen hatte, die andere abzulösen. Die Wildkatze von Morelos bewies große Geduld und Selbstdisziplin, zog die Krallen zurück und opferte für kurze Zeit ihre gefährlichste Waffe. Mit der Erwartung, dass die neue Regierung die Agrarfrage in seiner Heimat lösen würde, willigte er ein, seine Truppen aufzulösen. Gegen den Widerstand seiner Anhänger erklärte er sich bereit, seine Bauern nach Hause zu schicken und die Kontrolle wieder an den Bundesstaat Morelos und die Föderationsarmee zu übergeben. In gutem Glauben gab er sogar sein Vorhaben auf, selbst Gouverneur von Morelos zu werden.

Fast unmittelbar im Anschluss an seinen ruhmreichen Einzug in die Hauptstadt reiste Madero in viele der südlichen Bundesstaaten Mexikos. Am 12. Juni 1911 kam er nach Morelos, angeblich, um mit Zapata weiter zu verhandeln. Anstatt sich bei den Dorfbewohnern, die in seinem Namen gekämpft hatten, erkenntlich zu zeigen, machte Madero den gleichen Fehler, den er auch schon in Chihuahua begangen hatte. Er ließ sich von den *Hacendados* von Morelos hofieren, und das so „offensiv elitär, dass sich Zapata... weigerte zu ihnen zu stoßen."[423] Schlimmer noch, da Zapata sein Wort gehalten und die Revolutionsarmee aufgelöst hatte, bildete sich in den ländlichen Gegenden ein Machtvakuum. Der revolutionäre Geist brodelte nur knapp unter der Oberfläche und entlud sich nun in Form von „Banditentum", wie es Diaz einst genannt hatte und Madero jetzt nannte.

Die Krawalle in Morelos lösten eine von Regierungsseiten legalistische Reaktion aus: Wiederherstellung der Ordnung und Gefangennahme der Aufrührer! Für die Revolutionäre, und auch für Historiker auf der Linken, stellt die Antwort von Madero und De La Barra auf die andauernden Aufstände und die Gesetzlosigkeit in Morelos einen Vertrauensbruch und ein Abwenden von den Idealen der Revolution dar. Soldaten der Föderation belästigten die örtlichen Gemeinden, während eine neue Regierung die Revolutionstruppen auflöste. Sogar für Maderos Anhänger machte das keinen Sinn. In diesem Zusammenhang scheint Zapatas letztendliche Revolte gegen die neue Regierung bereits im Vorhinein entschieden worden zu sein sowie rechtens.

Felix Sommerfeld begleitete Madero als Stabschef auf seinen Reisen in den Süden. Am 19. Juli 1911 kam es in der Stadt Puebla zu einem Vorfall zwischen Föderationstruppen und Truppen der *Maderistas*. In einem Blutbad streckten Maschinengewehrsalven „[...] mehrere Dutzend Aufständische und deren Familien nieder. Zahlreiche *Maderistas* wurden in der Stierkampfarena der Stadt mit Maschinengewehren hingerichtet, als sie dort auf Madero warteten, der für den darauffolgenden Tag angekündigt war. Im Zuge der berüchtigten Schlacht, die bis zum Morgengrauen andauerte, flohen die von der Bewaffnung her unterlegenen Revolutionäre und suchten Sicherheit in den umgebenden ländlichen Gebieten."[424]

Zwar war die Ordnung rasch wiederhergestellt, der Schmerz jedoch saß tief im Herzen des Volkes. Madero kam in Puebla erst am Tag nach den Auseinandersetzungen an und stellte sich prompt an die Seite der Föderationstruppen. Sommerfeld erinnerte sich an den Vorfall, der auf den Rückzug der *Maderistas* aus Puebla folgte. Als eine der sich zurückziehenden Gruppen an einer Textilfabrik in der Stadt Covadonga vorbeikam, gab es Schüsse und die Rebellen griffen an. Im folgenden Feuergefecht wurden „drei deutsche Männer und eine Frau von irgendwelchen Rebellenbanden getötet."[425] Die Morde führten zu einer Reaktion, die internationale Dimensionen annahm. Der deutsche Gesandte Konteradmiral Paul von Hintze wusste, dass sich das mexikanische Staatsoberhaupt in der Region befand und traf sich mit ihm in der Nähe von Puebla. Von Hintze forderte den Präsidenten unerbittlich auf, die Mörder müssten gefasst und vor ein Gericht gestellt werden. Zudem müssten den Familien der Opfer Entschädigungen zukommen.

Der deutsche Gesandte verfolgte die Mörder von Covadonga in den anschließenden Jahren ohne Unterlass. Letztlich erwirkte er im Juni 1912 eine Entschädigung von 400.000 Reichsmark (bei heutigem Wert etwa 2 Millionen Dollar) an Deutschland. Somit wurde Deutschland zur wohl einzigen fremden Nation, der Mexiko jemals Schadensersatz für ermordete Bürger gezahlt hat.[426] Den Mördern wurde der Prozess gemacht und sie wurden vor den Augen des deutschen Gesandten im März des Jahres 1913 hingerichtet.[427] Zu dieser Zeit Mexiko bereits von Huerta regiert. Von Hintzes Erfolg gegen die Regierung Madero bleibt erstaunlich. Während er seine Forderungen nach Entschädigung durchbrachte und die Zahlungen für vier deutsche Mordopfer auch erhielt, waren achtzig Amerikaner und vierzig Spanier getötet worden, ohne dass deren Regierungen jemals Ansprüche bei Madero hätten geltend machen können.[428] Den Vereinigten Staaten und Spanien fehlte ein wichtiger Faktor: Von Hintze stand in persönlichem Kontakt mit einem der höchsten Mitglieder in Maderos Administration, nämlich mit Felix

Sommerfeld, dem guten Freund und Vertrauten sowohl des Finanzministers als auch des Präsidenten.

Die „aufständischen Rebellenbanden", die Sommerfeld erwähnte, hatten Madero nur einen Monat zuvor an die Macht gebracht. Mit dieser Aussage übernahm Sommerfeld ohne Zweifel Maderos Einstellung, welcher es sich in den Monaten nach dem Sturz des Diktators mit vielen seiner Anhänger verscherzte. Der deutsche Agent erwähnte die Vorfälle in Puebla erst gar nicht, die ja den Überfall bei Covadonga ausgelöst hatten. Zur großen Verwunderung seiner Anhänger erklärte Madero die Drahtzieher des Angriffs in Covadonga nicht zu Revolutionären, sondern zu Kriminellen.[429]

Die Gespräche zwischen von Hintze und Madero, die in Puebla im Juli 1911 stattgefunden haben, geben ein wenig Aufschluss darüber, welche Rolle der deutsche Gesandte in Sommerfelds Leben spielte. Als Sommerfelds von Chihuahua nach Mexiko-Stadt zog, wechselte er seinen Vorgesetzten. Von nun an sollte er nicht mehr Konsul Kueck und Handelsattaché Bruchhausen unterstehen, sondern von Hintze schien nun sein direkter Vorgesetzter zu sein. Den stichhaltigsten Beweis dafür, wie tief Sommerfels mit der deutschen Gesandtschaft in Mexiko-Stadt verbunden war, findet sich in einem Briefwechsel zwischen dem deutschen Kanzler von Bethmann Hollweg und von Hintze aus dem Jahr 1911. Sommerfeld sagte im Jahr 1918 gegenüber amerikanischen Behörden aus, er habe den Konteradmiral zum ersten Mal getroffen, als Madero und von Hintze wegen der Morde von Covadonga verhandelten.[430] Jedoch schrieb von Hintze am 25. Juli, nur eine Woche vor dem angeblich „ersten Treffen", an den deutschen Kanzler: "Der hiesige Vertreter der Associated Press, Herr Sommerfeld, ist ein Vertrauensmann der Maderos und erfreut sich bei ihnen großen Ansehens. Er ist Deutscher und verdient, soweit andere und ich ihn bisher beobachten konnten, Vertrauen, natürlich in gewissen Grenzen [...]."[431]

Ohne es explizit auszusprechen, ließ der Gesandte das Oberhaupt der deutschen Regierung wissen, dass er einen Agenten in den obersten Reihen der mexikanischen Regierung hatte. Da der deutsche Agent bisher stets an Peter Bruchhausen berichtet hatte, ist es durchaus möglich, dass Sommerfeld von Hintze tatsächlich in Puebla zum ersten Mal traf. Zu diesem Zeitpunkt stand Sommerfeld jedenfalls bereits als Agent im Dienst des Marinegeheimdiensts, und von Hintze beauftragte ihn umgehen mit einer wichtigen Mission. Am 22. Juli, als das besagte „erste Treffen" gerade stattfand, beauftragte von Hintze Sommerfeld, sich beim Finanzminister Ernesto Madero zu erkundigen, ob die Regierung De La Barra tatsächlich bereits einen Gegenseitigkeitsvertrag zwischen Mexiko und den Vereinigten Staaten geschlossen hatte, oder ob dieser Schritt bereits geplant würde. Gerüchte über dementsprechende Verhandlungen seitens der USA hatten in deutschen Finanzkreisen die Runde gemacht und dort für schlecht Stimmung gesorgt, da man befürchtete, der Einfluss der deutschen Finanz auf die mexikanische Regierung würde hierdurch weiter schwinden.

Sommerfeld erfüllte seinen Auftrag und überbrachte einen Brief von Ernesto Madero, in dem dieser sowohl die Existenz eines solchen Abkommens als auch die Absicht, eine solches einzugehen dementierte. Ob sich Sommerfeld und von Hintze nun persönlich kannten, sei dahingestellt. Jedenfalls hätte von Hintze Sommerfeld nicht für eine solch sensible und heikle diplomatische Mission eingesetzt, wäre er nicht bereits zuvor von dessen Loyalität und seinen Fähigkeiten überzeugt gewesen. Mit dem, was von Hintze gegenüber dem deutschen Kanzler über Sommerfeld erwähnte, nämlich dass er „Er [...] verdient, soweit andere [...] ihn bisher beobachten konnten, Vertrauen [...]" wies er sicherlich auf Kueck und Bruchhausen hin. Zudem interessant ist ein kleines Detail, das Sommerfelds Tarnung als Korrespondent für AP infrage stellt: Sommerfeld hatte Ernesto Madero angewiesen, den Brief wie folgt zu adressieren: „German Consulate, [Avenida] 5 de Mayo[,] 32."[432]

Als Sommerfeld von den amerikanischen Behörden im Jahr 1918 gefragt wurde, wer ihn in jenen Tagen des Jahres 1911 in Mexiko-Stadt bezahlte, wich er der Frage aus. So wie er auch zuvor verschwiegen hatte, dass er auf Konsul Kuecks Gehaltsliste stand, antwortete er auch jetzt, er habe „von meinem eigenen

Geld“ gelebt.[433] Falls Madero ihn, wie Sommerfeld stets betonte, tatsächlich nicht bezahlte, und Sommerfeld wie angegeben nur sehr sporadisch für *AP News* schrieb, wer kam dann für seine Lebenskosten auf? Die einzige mögliche Antwort ist: die deutsche Gesandtschaft. Sommerfeld war jede Summe wert, die die deutsche Regierung in ihn investierte. Durch ihn hatte von Hintze, und über diesen auch von Bethmann Hollweg und letztlich der Kaiser selbst, direkten Zugang zur neuen Regierung in Mexiko. Dass Sommerfeld hinsichtlich der Existenz einer Verbindung zwischen ihm und von Hintze, die offensichtlich bereits vor Covadonga bestanden hatte, wieder log, wie er dies auch bereits in Bezug auf seine Arbeit für Kueck getan hatte, untermauert nur, welcher Aufgabe er in Mexiko-Stadt tatsächlich nachging. Die anschließenden Ereignisse werden zeigen, in welchem Maß von Hintze und Sommerfeld bis zu Maderos Tod im Jahr 1913 zusammenarbeiteten. Als sich die neue Regierung in Mexiko City niedergelassen hatte, eiferte das Deutsche Reich nach militärischen Abkommen und politischem Einfluss. Von Hintzes Befehl aus Deutschland war es, die mexikanische Politik zu beobachten, aber auch aktiv für die wirtschaftlichen Interessen Deutschlands zu werben.[434] Sommerfeld war ihm bei beiden Vorhaben behilflich.

Es war nicht verwunderlich, dass der deutsche Kaiser seinen persönlichen Vertrauten Paul von Hintze genau zu dem Zeitpunkt mit diplomatischem Auftrag nach Mexiko entsandte, als die Madero-Revolution gerade den Diktator gestürzt hatte. Offiziell war der deutsche Botschafter in den Vereinigten Staaten auch für die Botschaft in Mexiko verantwortlich, seit der Gesandte Karl Gottlieb Buenz im Jahr 1910 wieder nach Deutschland zurückgekehrt war. Aufgrund schwerer gesundheitlicher Probleme schied Buenz offiziell im Januar 1911 aus dem diplomatischen Korps aus.[435] Der inoffizielle Vertreter Deutschlands in der Zeit zwischen den Gesandten Buenz und von Hintze war der ortsansässige Arzt Gustav Pagenstecher.[436]

Dieser war ein wohlhabender Immigrant aus Deutschland, ein Pionier im Feld der Psychometrie, und verfolgte zudem beträchtliche Geschäftsinteressen in Mexiko. Das einst intime

Verhältnis zwischen dem Gesandten Karl Buenz und Gustav Pagenstecher ging angeblich sogar so weit, dass beide jeweils 100.000 Pesos (bei heutigem Wert etwa 1 Million Dollar) durch illegale Geschäfte unter Diaz machten.[437] Nachdem Dr. Buenz zurück nach Deutschland beordert worden war, erhielt er einen neuen Auftrag. Albert Ballin, Direktor der HAPAG, schickte ihn im Jahr 1913 nach New York. Dort sollte Buenz der US-amerikanischen Niederlassung des Frachtriesen „Hamburg-Amerikanische-Paketfahrt-Aktien-Gesellschaft" vorstehen.[438] Dass man in Mexiko keine vollwertige deutsche Vertretung aufzuweisen hatte, beunruhigte das Auswärtige Amt insbesondere im Hinblick auf die politischen Aufstände der Zeit. Nachdem Diaz ins Exil gegangen war, hatte Deutschland seine letzten bedeutenden Verbindungen zum Führungskader in Mexiko verloren.

Der Kaiser wählte von Hintze für die bedeutende Mission aus, den Kontakt zur neuen Regierung herzustellen. Hintze war kein Diplomat der alten Schule. Als seine Berufung öffentlich wurde, wetterten Berufsdiplomaten im Auswärtigen Amt gegen ihn. Der Botschafter Graf von Bernstorff hätte sicher gerne ein Mitspracherecht bei der Ernennung von Hintzes gehabt. Die Lebenswege der beiden Männer sollten sich später wieder kreuzen, als sich beide gegen Ende des Ersten Weltkriegs um den Posten des Außenministers bemühten. Konteradmiral von Hintze war einer der wagemutigsten und einflussreichsten internationalen Akteure in der deutschen Geschichte des Ersten Weltkriegs.

Seine Karriere weist eine bemerkenswerte Bandbreite auf: auf dem Posten eines Marineoffiziers wurde er bald zum Vertrauten von Großadmiral von Tirpitz und dem Kaiser persönlich. Danach wurde er zum Gesandten und Diplomaten. Als solcher erreichte von Hintzes Aufstieg seinen Höhenpunkt, als er im Anschluss an den Ersten Weltkrieg für kurze Zeit zum Außenminister ernannt wurde. Kein geringerer als der Außenminister von Hintze war es, der im Jahr 1918 an die Ehre des Kaisers appellierte, und ihm nahelegte, sich zum Wohle Deutschlands ins Exil zurückzuziehen. So seltsam es scheinen mag, von Hintze gesellt sich in dieser für die Weltgeschichte so maßgeblichen Zeit, die von Historikern noch nicht ausreichend beleuchtet wurde, als eine weitere Schlüsselfigur zu Sommerfeld.[439]

Die Berufung Hintzes nach Mexiko im Jahr 1911 war in keiner Hinsicht zweitrangig. Die Revolution und der Wettstreit nach Einfluss bei der mexikanischen Obrigkeit verlangten nach einem Diplomaten mit außergewöhnlichen Fähigkeiten. Dieser Diplomat war Konteradmiral von Hintze. In Mexiko bestand sein Auftrag darin, den Boden für ein hocheffizientes Informationsnetzwerk zu bereiten, das bei Beginn des Ersten Weltkriegs einsatzbereit sein sollte. Zwei Jahre nachdem von Hintze seine neue Stelle in Mexiko City angetreten hatte, meldete sich sein junger Stabsoffizier aus Berlin, Karl Boy-Ed, zu seinem neuen Posten als deutscher Marineattaché in Washington. Boy-Ed war dort verantwortlich für die USA und Mexiko.[440] Später, im Jahr 1915, übergab von Hintze letztlich mehrere seiner Spione an Boy-Ed in Washington (Horst von der Goltz, Carl Heynen, Frederico Stallforth und Felix Sommerfeld). Er selbst nahm einen neuen Auftrag in China an. Als Gesandter in Peking sollte er von den Erfahrungen profitieren, welche er in Mexiko in den Jahren 1911 bis 1914 sammeln konnte. Mit großem Erfolg intrigierte er gegen die Mächte der Entente, die China in ihrem Sinne in den Ersten Weltkrieg zu verwickeln versuchten.[441] Zu seinen Taktiken zählten diplomatische Manöver sowie die politischen Intrigen und geheime Sabotageoperationen gegen die Versorgungswege der Entente.

Von Hintze kam am 25. April 1911 in Veracruz an.[442] Bereits bei seinem Antrittsbesuch bei Präsident De La Barra begann der neue Gesandte aus Deutschland, die Grundfesten seines geheimen Netzwerks in Mexiko zu errichten. Hierzu setzte von Hintze auf ein bereits bestehendes deutsches Netzwerk. Es handelte sich um die Konsulate, die es in jeder größeren Stadt des Landes gab. In Mexiko saß ein deutscher Konsul in der Hauptstadt und weitere offizielle Vizekonsuln in Städten mit größeren deutschen Gemeinden wie zum Beispiel Puebla, Veracruz, San Cristobal de las Casas, Monterrey, Chihuahua, Guaymas, Colima und Torreón. Bei den Vizekonsuln handelte es sich ausschließlich um deutsche Staatsbürger. Sie trugen einen offiziellen Titel, bezogen ein festgesetztes Gehalt, berichteten über Geschehnisse in Mexiko und traten in ihrer Region für deutsche Geschäftsinteressen ein.

Oftmals waren sie nicht ausschließlich für die deutsche Regierung tätig, waren selbst Unternehmer oder Gemeindefunktionäre. Kleinere oder abgelegene Orte verfügten über Ehrenkonsuln, die wiederum den Vizekonsuln Bericht erstatteten und normalerweise lediglich für ihre Aufwendungen entschädigt wurden. Die Ehrenkonsuln mussten selbst keine Deutschen sein, waren jedoch im Falle Mexikos meist zumindest deutscher Herkunft. Nur wenige Wochen im Amt, kontaktierte der Konteradmiral jeden von ihnen und fing an, sich ein Bild davon zu machen, wie gut sie bereits untereinander vernetzt waren, ob sie vertrauliche Informationen für sich behielten und zu welchem Grad sie verstanden, was um sie herum passierte. Er besuchte auch den jeweiligen Regionen persönlich. Beispielsweise bat von Hintze die mexikanische Regierung um Personenschutz, sodass er im Dezember 1911 „den Norden der Republik" bereisen konnte.[443]

Die zwei Deutschen mit den besten Verbindungen in seinem Verantwortungsbereich waren Carl Heynen und Richard Eversbusch mit Büros in Tampico, Veracruz und Mexiko-Stadt hatten. Heynen vertrat die Interessen von Albert Ballin und der Hamburg Amerika Linie (HAPAG) in Mexiko. Von Hintze hatte auf der mexikanischen Bühne großen Einfluss auf das Wirken der deutschen Kriegsmarine, die Handelsflotte jedoch stand unter Heynens Befehl. Heynen stellte die direkte Verbindung zwischen Albert Ballin, dem Vorsitzenden der HAPAG, und dem deutschen Gesandten in Mexiko her. Heynens Kooperation mit von Hintze und der deutschen Botschaft in den USA sollte sich in späteren Geheimoperationen als äußerst nützlich und erfolgreich erweisen. Bei Ausbruch des Ersten Weltkriegs wurde Heynen Teil der Geheimdienstoperation um Heinrich Albert in New York. Er wurde zu einem der einflussreichsten deutschen Agenten in Ersten Weltkrieg und arbeitete eng mit Felix Sommerfeld und Frederico Stallforth zusammen.

Was in Hintzes Organisation noch fehlte, war eine Verbindung tief im Innern des Machtgefüges der neuen Führung

Mexikos. Hier kommt Felix Sommerfeld ins Spiel. Ob der deutsche Agent von der Admiralität in die deutsche Botschaft in Mexiko-Stadt beordert wurde, oder ob dies auf den Vorschlag des Konsuls Kueck geschah, ist unklar. Sommerfeld wurde jedenfalls binnen kürzester Zeit zum wichtigsten Agenten, den von Hintze und die Admiralität in Mexiko beschäftigten. Durch seine Erkundungen bezüglich des Bestehens eines gegenseitigen Abkommens zwischen Mexiko und den USA konnte er seinen Einfluss auf die mexikanische Regierung gleich bei seinem ersten Auftrag sowohl gegenüber von Hintze als auch dem deutschen Kanzler unter Beweis stellen. Es dauerte nur einige Tage, bis Sommerfeld die Gerüchte über einen solchen Vertrag widerlegen konnte. Neben den zahlreichen Einsatzbesprechungen mit Sommerfeld, welche in der Botschaft oder aber in einem der verschiedenen Clubs in Mexiko-Stadt stattfanden, war es die Hauptaufgabe des Gesandten, Geschäftsaufträge nach Deutschland zu holen.[444] Unter anderem war hier die Beziehung zwischen der Deutsch-Südamerikanischen Bank und dem mexikanischen Finanzminister von Bedeutung, da man im Finanzbereich unter Diaz in erheblichem Maße Einfluss an US-amerikanische und französische Bankunternehmen verloren hatte. Bei solchen Geschäften lieferte Sommerfeld wahrscheinlich wichtige Informationen über den Entscheidungsprozess und die Gespräche im innersten Kreis der neuen politischen Führung. Die Familie Madero pflegte enge Kontakte zur Deutsch-Südamerikanischen Bank, die nach der Einschätzung zahlreicher Gelehrter die Mexikanische Revolution durch Darlehen mit Geld versorgte.[445]

Von besonderem Interesse für die deutsche Regierung war die Beschaffung von Waffen- und Munition seitens der Föderationsarmee. Zwar konnte der deutsche Konzern Krupp sich mit seinen Mauser-Gewehren gegen die Konkurrenz durchsetzen und das deutsche 7-Millimeter-Kaliber in Mexiko als Standardgewehr etablieren, die deutschen Hersteller hatten aber besonders im Bereich Kanonen und anderer Ausrüstung wichtige Aufträge an französische Hersteller verloren. General Manuel Mondragon war Porfirio Diaz' Haupteinkäufer für Waffen und hatte sich in mehreren Fällen gegen deutsche Modelle entschieden. Mit Sommerfelds Hilfe war es von Hintze möglich, diesen Trend umzukehren und deutschen Herstellern eine Menge profitabler Aufträge zukommen zu lassen. Anfang Februar des Jahres 1912 schrieb der deutsche Gesandte an das Außenministerium in Berlin: „Präsident von Mexiko bittet mich zu telegraphieren, ob Kaiserliche Regierung 200 000 Stück unseres jetzigen Infanteriegewehrs und Karabiners und je 500 Patronen verkaufen will? Wenn ja wann lieferbar und wie teuer? Londoner Spekulanten haben ihm Vermittlung dieses Geschäftes angeboten; er zieht es vor, direkt von Regierung zu Regierung zu machen [sic]."[446]

Die Zusage des Kriegsministeriums kam eine Woche später. Die mexikanische Regierung hatte den Auftrag aber schon anderweitig vergeben. Von Hintze drängte den mexikanischen Präsidenten so lange, bis die Entscheidung noch einmal zurückgezogen wurde. Nachdem er „den Präsidenten der Republik vorbereitet" hatte, arrangierte er ein Treffen zwischen Madero und dem Direktor der Vereinigten Deutschen Waffenfabriken. Bei diesem Treffen vergab Madero den Auftrag über 200.000 Gewehre und 10 Millionen Patronen, der deutsche Hersteller weigerte sich jedoch zur großen Enttäuschung von Hintzes, diesen anzunehmen. Die Vertreter von Mauser behaupteten, mit der Produktion bereits zu sehr im Rückstand zu sein. Höchstwahrscheinlich war der tatsächliche Grund für die Absage eher finanzieller Natur und hatte damit zu tun, dass die strauchelnde Regierung Mexikos keine ausreichenden Sicherheiten vorweisen konnte. Die Bestellung wurde jedoch letztlich zusammen mit mehreren anderen mit großer Verzögerung im Jahr 1914 noch ausgeliefert, was die internationale Gemeinschaft im Irrglauben ließ, die deutsche Regierung unterstütze Maderos Nachfolger, den Diktator Victoriano Huerta.[447] Das Gegenteil war der Fall.

Von Hintzes Bemühungen im Frühjahr 1912, die deutschen Waffengeschäfte mit Mexiko anzukurbeln, weisen zwei äußerst interessante Aspekte auf. Dass sich der mexikanische Präsident persönlich dafür einsetzte, deutsche Exporte zu fördern, zeigt, in welchem Maße der deutsche Gesandte persönlichen Zugang zu Madero hatte. Sommerfeld öffnete als persönlicher Sekretär Maderos für von Hintze wahrscheinlich so manche Tür in der mexikanischen Administration. Der andere bemerkenswerte Aspekt ist, dass von Hintze bereits so kurz nach Antritt der Regierung Madero in deren obersten Reihen von Korruption berichtet. Zwar sagt er vom mexikanischen Präsidenten selbst, er habe "den unverzeihlichen Fehler, ein ehrlicher Mann zu sein; um diese Torheit gutzumachen, reißt einer seiner Brüder [Gustavo] die bedenklichsten Geschäfte an sich."[448] Der Gesandte bat die Unternehmer, für die er arbeitete, gegenüber Madero nichts über die Zahlung derartiger Bestechungsgelder zu erwähnen. Von Hintze war sich zweifelsohne der Tatsache bewusst, dass man in Mexiko ohne Bestechung keinerlei Geschäfte machen konnte, wollte jedoch den Anschein wahren, man handle im Sinne eines größeren Ziels.[449]

Während der deutsche Gesandte in Mexiko Fuß fasste, versuchte die Regierung De La Barra, die Madero eingesetzt hatte, bis freie Wahlen abgehalten werden konnten, ihre Macht über Mexiko zu festigen. De La Barra ernannte in vielen Bundesstaaten vorläufige Gouverneure, die Madero zuvor vorgeschlagen hatte. Unter diesen Gouverneuren befand sich auch Maderos Freund uns Mitrevolutionär Pino Suarez, der das Amt auf der Halbinsel Yukatan antrat. Venustiano Carranza, Maderos Vertrauter, der die Verhandlungen mit Diaz' Führungselite in New York angeführt hatte, welche zum Vertrag von Juarez führten, übernahm das Amt des Gouverneurs in Maderos Heimat Coahuila.

Abraham Gonzales, der in Maderos Revolution die Leitung über Organisation und Rekrutierung ausübte, übernahm die den Gouverneursposten in Chihuahua. José Maria Maytorena, der die Kampftruppe der Yaqui auf Seiten der Revolutionäre in Sonora befehligt hatte, wurde dort zum Übergangsgouverneur. Madero ernannte Francisco Naranjo zum Gouverneur von Morelos. Insgesamt wurden im Zuge des Vertrags von Juarez vierzehn Gouverneure ausgetauscht. Nach Außen hin sah alles danach aus, als bereite die neue politische Führung in Mexiko-Stadt erfolgreich den Boden für einen demokratischen Umschwung in der Republik. Es erwies sich jedoch als äußerst schwierig, die Strukturen, die Diaz seit fast vierzig Jahren in Mexiko aufgebaut hatte, zu verändern. Während provisorische Regierungen die Bundesstaaten übernahmen, setzten konservative Abgeordnete und Richter alles daran, deren Umschwungsbestrebungen zu untergraben. „In Coahuila bewirkte oppositionelle Abgeordnete beinahe, dass Carranza seine Handelsfreiheit verlor."[450]

Die konservativen Abgeordneten stellten sich gegen jeden seiner Reformversuche. Die Regierungen in anderen Bundesstaaten hatten mit dem gleichen Problem zu kämpfen. Urteile in Rechtsstreiten, die erst in der Instanz des obersten Gerichtshofs entschieden wurden, fielen meist zugunsten der alten Garde aus, da es sich bei den Richtern selbst noch um Überbleibsel aus der Zeit der *Porfiriato* handelte. Die Nationalversammlung, die den Anschein machte, als sei sie der neuen Führung treu ergeben, blieb konservativ und verhielt sich im Großen und Ganzen loyal gegenüber dem alten Regime. Sogar die Zeitungen der Tage stellten sich gegen die *Maderistas* und trugen dazu bei, dass sich im Volk in Bezug auf die neue Regierung zunehmend Ernüchterung breitmachte.

Madero hoffte für die ersten freien und demokratischen Wahlen, die in Mexiko seit dem Jahr 1870 abgehalten wurden, noch immer auf eine breite Unterstützung aus dem Volk. Rastlos reiste er durchs Land und mobilisierte seine Anhänger wo immer er konnte. Zur gleichen Zeit war er noch immer mit der brutalen Unterdrückung seiner Kämpfer konfrontiert, sei es durch die Vorfälle von Puebla oder durch die Situation der Indianerstämme der Yaqui in Sonora. Madero empfand die Unterstützung der Regierung De La Barra als äußerst wichtig für seine Sache. Gleichzeitig versuchte er, Vereinbarungen mit der Opposition zu treffen und Zeit zu gewinnen, indem er diese im Zaum hielt. Den Sommer hindurch sprach er sich viel mit Zapata. Am 18. August 1911 hielt Madero eine Ansprache in der Stadt Cuautla: „Ich bin gekommen, um Ruhe und Ordnung zu bringen und ich werde euren Bundesstaat nicht verlassen [...] ehe ihr die Sicherheit habt, dass eure Rechte in jeder Hinsicht gewahrt werden. Habt

Vertrauen in mich, wie auch ich Vertrauen in euch habe, und zusammen werden wir ungestört weiter den neuen Weg der Demokratie und der Freiheit beschreiten."[451]

Maderos mangelnde Kontrolle über De La Barra und dessen Regierung offenbarte sich in den auf seine Ansprache folgenden Tagen schmerzlich. Er hatte versprochen, die unter General Huerta stehenden Föderationstruppen zum Abzug zu bewegen, welche De La Barra geschickt hatte, um den Bundesstaat zu befrieden und Zapatas Armee gewaltsam zu entwaffnen. Er erklärte sich zudem bereit, den derzeitigen Gouverneur von Morelos durch Eduardo Hay auszutauschen, einen der treusten Anhänger und engagiertesten Mitstreiter Maderos. Maderos Bruder Raul sollte die Föderationsgarnison mit 250 Revolutionären übernehmen und so die Föderationsarmee ersetzen. Madero konnte den Vorstoß von Huertas Militäreinheiten kurzzeitig aufhalten, was den *Zapatistas* die Möglichkeit gab, ihre Waffen freiwillig abzugeben. Huerta marschierte jedoch auf Befehl der konservativen Gesetzgeber in Mexiko-Stadt und Präsident De La Barra gleich im Anschluss an Maderos Abreise in die Stadt ein. Anfangs lag der Vorteil noch auf Seiten der Föderation, der anschließende Volksaufstand, der aufgrund des vermeintlichen Vertragsbruches mit der mexikanischen Regierung ausbrach, konnte jedoch nicht niedergeschlagen werden. Bereits im Oktober war Zapatas Armee von über dreitausend Mann wieder einsatzfähig.

Huerta griff zu brutalen Methoden, um Zapata und seine Kämpfer gefangen zu nehmen: Dörfer brannten, Kriegsgefangene wurde exekutiert und sogar Frauen und Kinder wurden angegriffen, gefoltert und getötet. Je mehr Gewalt die Föderation anwandte, desto entschlossener wurden die Revolutionäre. Madero, der weiter um seine Präsidentschaft warb, unterließ keinen Versuch, eine Einigung mit den *Zapatistas* zu erreichen. Das Vertrauen zwischen Zapata und der mexikanischen Regierung war jedoch gänzlich verschwunden. Madero beschuldigte De La Barras Regierung und insbesondere deren Generäle Blanquet und Huerta, die beide noch aus dem Regime Diaz stammten. Seine öffentlichen Angriffe auf Huertas

Kampagne, dessen Führungsposition und das Verhalten seiner Militärkräfte sollten in der nahen Zukunft noch verheerende Auswirkungen nach sich ziehen. In Huerta wuchs ein Hass auf den kleinen Mann aus Coahuila. Sommerfeld bemerkte den wachsenden Unmut und misstraute dem mexikanischen General unmissverständlich. Bei seiner Aussage gegenüber US-Vernehmungsbeamten aus dem Jahr 1918 wurde Sommerfeld gefragt, ob er Huerta kannte. Er antwortete: „Jawohl, Sir, ich kannte ihn sehr gut." Ob er irgendetwas mit ihm zu tun gehabt habe? „Ja, als er General unter Madero war." „Als Geheimagent vertraute ich ihm zu keiner Zeit. Ich warnte Madero noch sechs Monate vor [dem Staatsstreich] [...] sich vor ihm in Acht zu nehmen."[452] Zweifelsohne bemerkte der deutsche Agent, der die Streitigkeiten zwischen Madero und Huerta unmittelbar miterlebt hatte, dass der alte Soldat der neuen Regierung gegenüber nicht loyal eingestellt war. Auch Zapata sollte Präsident Madero aufgrund der tragischen Ereignisse im Sommer 1911 bis zu dessen gewaltsamen Ende im Jahr 1913 ein Dorn im Auge bleiben.

Bei der Befriedung der Yaqui-Stämme in Sonora hatte Madero etwas mehr Erfolg. Hier konnte er sein Wort halten und dafür sorgen, dass der Besitz der gemeinschaftlichen Ländereien wieder an die Stämme zurückging. Am 1. September 1911 schloss er einen Vertrag mit elf Stammesoberhäuptern der Yaqui.[453] „Infolge dieses Abkommens überließ die Regierung den Stämmen Staatsterritorium in Form verschiedener *Ejidos*, in denen die Yaqui das Land im Staatsauftrag und gegen einen festgesetzten Tageslohn bestellen durften. Nachdem das Land bewässert und für den Ackerbau urbar gemacht war, und nachdem die erste erfolgreiche Ernte eingefahren wurde, sollte das Land dann unter den Bewohnern aufgeteilt werden [...] Die Regierung verpflichtete sich zudem, bis zur erste Ernte Proviant zur Verfügung zu stellen und Schulen zu errichten. Des Weiteren sollte jede Familie, die zwischen fünf und zehn Hektar Land erhielt, zwei Esel und eine Steuerbefreiung für dreißig Jahre zugesprochen bekommen."[454]

In diesem Kontext verwundert es nicht, dass die Fraktion der Yaqui in den zukünftigen Kämpfen, die in Maderos Namen ausgefochten wurden, zu den loyalsten und erbittertsten Verteidigern des *Maderismo* zählte. Sommerfeld begleitete Madero nach Sonora und lernte die Stammesoberhäupter der Yaqui persönlich kennen. Madero sollte den deutschen Agenten im Jahr 1912 noch einmal ins Land der Yaqui schicken, um den Frieden dort aufrecht zu erhalten. Sommerfeld spielte auch beim großen Aufstand der Yaqui im Jahr 1914 eine bedeutende Rolle. Kurzum, Sommerfeld hatte allen Grund, sich Jahre nachdem ihn Madero mit den Stammesführern bekannt gemacht hatte als Fachmann für die Yaqui-Indianer zu bezeichnen. Im Jahr 1917, anschließend an einen erneuten Yaqui-Aufstand, beschrieb Sommerfeld seine eingehenden Kenntnisse über die Probleme in Sonora in einem Brief an das US-Justizministerium:

> Natürlich weiß jeder, dass der eigentliche Grund für die Aufstände und Ausschreitungen der Yaqui-Indianer in der ungerechten, grausamen und kriminellen Behandlung liegt, die ihnen während der Amtszeit von General Porfirio Diaz widerfahren ist, insbesondere zu der Zeit als [Ramon] Corral [Diaz' gehasster Vizepräsident im Jahr 1910] und Gen. [...] Torres in Sonora Gouverneur waren [...] Bei meinen Ermittlungen stieß ich auf zahlreiche interessante Details, hunderte Yaqui überqueren ständig die amerikanische Grenze und arbeiteten in den Minen von Arizona, Nevada und Kalifornien sowie auf Ranchen in Arizona, dem Imperial Valley und in anderen Teilen Kaliforniens. Sie arbeiten dort ein paar Monate lang – manchmal nur ein paar Wochen – und mit dem Geld, das sie von ihren Einnahmen sparen, kaufen sie gebrauchte Revolver, Gewehre und manchmal auch neue Waffen, Munition und Schießpulver. Danach machen sie sich langsam wieder auf nach Mexiko und sorgen somit dafür, dass ihre Stammesbrüder – die so genannten Bronco Yaqui [Bronco steht in diesem Fall für ungezähmt, wild, aggressiv] mit Waffen und Munition beliefert werden. Es handelt sich um eine kontinuierliche Versorgungskette, größer wie Ihr es Euch überhaupt vorstellen könnt.[455]

Sommerfeld musste es wissen, denn er hatte die Yaqui in den Jahren zuvor mit Waffen und Munition beliefert, als diese unter Pancho Villa kämpften. Mit der Hilfe von Gouverneur Maytorena, einem glühenden Anhänger Maderos, der die Umsetzung der besagten Vereinbarungen unverzüglich in die Tat umsetzte, konnte Madero den Aufstand der Yaqui im Jahr 1911 beenden. Im folgenden Jahr sollte es allerdings erneut zu Ausschreitungen kommen und Madero schickte Sommerfeld, der sich diesen zusammen mit Maytorena annahm. Im Jahr 1913, nach der Ermordung Maderos, wurden die Yaqui zu einer erbitterten Kampftruppe gegen Huerta, der zu dieser Zeit Präsident war. Aufgrund ihrer Hartnäckigkeit und ihres angeborenen Kampfinstinkts wurden die Yaqui-Soldaten, die meist nur mit Machete, Pfeil und Bogen kämpften, zu den am meisten gefürchteten Gegnern in der Mexikanischen Revolution. Gefangene zu nehmen zählte nicht zu ihren Stärken. Sommerfeld äußerte einmal: „[...] die Mexikaner kennen keine Gnade [...]“[456]

Der Herbst des Jahres 1911 brachte Madero weiter Schwierigkeiten. Bedingt durch Unstimmigkeiten über die Reaktion auf die Aufstände der *Zapatistas* kam es zu einem Zerwürfnis zwischen Madero und seinem Innenminister Emilio Vasquez Gomez. Über seinen jüngeren Bruder Gustavo Madero, der sich hinter den Kulissen für Madero um das Tagesgeschäft kümmerte, erreichte Madero bei Präsident De La Barra, dass Vasquez Gomez entlassen wurde. Natürlich war das Problem, dass Emilios Bruder, Dr. Francisco Vasquez Gomez, der in der Präsidentschaftswahl 1910 als Maderos Vize aufgestellt war, die Entlassung seines Bruders nicht hinnehmen konnte.

Dr. Vasquez Gomez, der selbst Kultusminister war, brach mit seinem langjährigen Freund und Mitstreiter, und die zwei Brüder taten sich mit General Reyes zusammen, der im Juni des Jahres 1911 aus dem Exil zurückgekehrt war. Auch Reyes war im Jahr 1910 gegen Diaz angetreten. Wie bereits erwähnt wurde, hatte Diaz den alten General auf eine Mission nach Übersee geschickt, um ihn loszuwerden. Offiziell hatten Reyes und seine Anhänger, die *Reyistas*, Maderos Volksaufstand unterstützt. Als sich jedoch die ersten Risse in der Fraktion Madero abzeichneten, ernannte Reyes sich selbst gegen Madero zum Kandidaten für die Anfang Oktober 1911 angesetzte Präsidentschaftswahl. Dr.

Vasquez Gomez schloss sich zusammen mit seinem Bruder den *Reyistas* an und kandidierte als Reyes' Vizepräsident. Die Anhänger der Brüder Vasquez Gomez nannten sich jetzt *Vasquistas*. Madero stellte auch einen neuen Kandidaten für das Amt des Vizepräsidenten auf: seinen ergebenen Freund, den fortschrittlichen Journalisten und Gouverneur von Yukatan, José Maria Pino Suarez.

Die Wahlen waren ursprünglich für Dezember des Jahres 1911 angesetzt worden. Die Familie Madero hielt es jedoch für klüger, sie bereits am 3. Oktober abzuhalten. Reyes, der einen energischen Wahlkampf betrieben hatte, wurde zum Opfer für revolutionäre Mobs. Nachdem er mit Steinen beworfen worden war und um sein Leben fürchten musste, zog er seine Kandidatur zurück und verlies Mexiko einen Monat vor der Wahl. Auf seinem Weg ins kubanische Havanna, ließ er verlauten, er zweifle an der Rechtmäßigkeit der kommenden Wahlen. Reyes, der es leid war, immer nur am Spielfeldrand zu stehen, schaute sich einen Spielzug von Maderos früherer Taktik gegen Diaz ab. Der einundsechzigjährige General verließ Kuba, machte einen kurzen Zwischenstopp in New Orleans und ließ sich letztlich am 7. Oktober 1911 in San Antonio nieder. Von dort aus rief er eine Revolte aus und versammelte gleichgesinnte Oppositionelle wie beispielsweise Emilio Vasquez Gomez um sich.

Die Wahlen fanden wie geplant am 3. Oktober statt. Edith O'Shaughnessy kommentierte diese mit den Worten: „[...] man kann in diesem Land eine Wahl nicht von einer Revolution unterscheiden. Es geht beides recht lebhaft vonstatten. Ich habe nun beides miterlebt."[457] Der Ausgang der Wahlen war eindeutig: Madero erhielt 19,997 Stimmen aus dem Wahlmännergremium, sein Mitstreiter Pino Suarez 10,245. An der Wahl nahmen von den fünfzehn Millionen Einwohnern Mexikos gut zehn Millionen Menschen teil.[458] Den dritten Platz belegte De La Barra mit nur siebenundachtzig Stimmen. Von der internationalen Gemeinschaft wurden die Wahlen als rechtmäßig und frei anerkannt.

Trotz des Aufruhrs seitens der Regierung De La Barra und obwohl viele Revolutionäre von Madero enttäuscht waren, hatte das mexikanische Volk zum ersten Mal in einundvierzig Jahren seine Stimme erhoben und sie rief laut: Viva Madero! Zur großen Erleichterung vieler war die Interimspräsidentschaft von De La Barra vorüber. Allerdings stellte sich der Schaden, der in der Zeit zwischen Maderos ruhmreichen Einzug in die Hauptstadt und den Wahlen im Herbst entstanden war, als zu groß heraus. Neun Monate nachdem Diaz besiegt worden war, riss Mexikos Führungselite die Macht wieder an sich, was letztlich den Untergang Maderos bedeuten sollte. Leute wie Carranza, Villa und Zapata sollten nun im blutigsten Abschnitt der Mexikanischen Revolution den Tisch abräumen. Madero blieb ein Jahr und drei Monate an der Macht, bis die reaktionären Mächte, die er in Schach hielt, ihn und Pino Suarez' umbrachten.

KAPITEL 10

DER HOPKINS-PLAN

Am 6. November 1911 legte Francisco Ignacio Madero als erster demokratisch gewählter Präsident Mexikos seit Benito Juarez den Amtseid ab. Edith O'Shaughnessy, die der Vereidigung mit ihrem Ehemann, dem amerikanischen Gesandten, beiwohnte, beobachtete den *Apostel der Demokratie* aufmerksam und kommentierte das Geschehen im Jahr 1917 in einem Artikel im *Harper's Magazine*:

> Sein äußerst bleiches Gesicht wurde durch seinen spitzen, schwarzen Bart, welcher unter Karikaturisten bereits zu einem beliebten Detail geworden war, noch betont. Sein Ausdruck war jedoch ernst und seine Gesten ungewöhnlich karg. Über seiner Brust lag die rot-weiß-grüne Schärpe, das sichtbare Zeichen für einen Traum, der Wahrheit geworden war. Als ich meinen Blick über die gewaltige Ansammlung von Menschen schweifen ließ und das Grölen der unzähligen Indianer von draußen vernahm, drängte sich mir die Frage auf, inwiefern sie auf eine politische Freiheit nach unserem Beispiel vorbereitet

waren. Allerdings, wissen Sie, ich hatte schon immer eine natürliche Vorliebe für Führungspersonen, die mit starker Hand regieren. L' appétit vient en mangeant, und bei Revolutionen mag das ähnlich sein. Viele dieser Millionen von Menschen haben nichts zu verlieren, und eine Mischung aus Hoffnung und Leidenschaft griff um sich. Es schien, als sei Madero Präsident, nicht weil er ein guter und aufrechter Mann war, der für jeden das Beste wollte, sondern lediglich, weil er eine erfolgreiche Revolution angeführt hatte, und was einmal war kann wieder sein.[459]

Es dauerte nicht lang, bis die ersten Probleme auftauchten. Bernardo Reyes, der General und Revolutionär, der sowohl gegen Diaz als auch gegen Madero angetreten war, gab aus San Antonio bekannt, dass er das Wahlergebnis nicht anerkennen würde. Der General erschien zusammen mit Emilio Vasquez Gomez am Tag der Amtseinführung vor amerikanischen Journalisten und sprach sich als Gegner des neuen Präsidenten aus. Sommerfeld erinnerte sich in Jahr 1918 an die Angelegenheit: „Also, einige Tage nach der Vereidigung Maderos beorderte mich der Präsident nach Chapultepec [dem Wohnsitz des Präsidenten] und ließ mich wissen, dass er von General Reyes' Plänen für eine erneute Revolution gegen ihn erfahren hatte. Er bat mich, nach San Antonio zu gehen und dort die Wahrheit über diese Pläne herauszufinden. Reyes hielt sich in San Antonio in Texas auf. Ich machte mich nach San Antonio auf und kam dort Mitte November an."[460]

Sommerfelds Mission ging allerdings über die reine Informationsbeschaffung hinaus. Der deutsche Agent hatte bei seiner Ankunft umfassende Befehlsgewalt über den mexikanischen Geheimdienst, genoss diplomatische Immunität, und war von Madero beauftragt worden, die Gefahr, die von dem rebellierenden General ausging, zu beseitigen. Die anschließenden Geschehnisse zeugen von der schnellen und gewandten, jedoch tödlichen Effizienz des deutschen Geheimagenten, die ihm in so kurzer Zeit eine Karriere im Dienst von Madero, Hopkins und von Hintze beschert hatte. Vertrauen war nicht der einzige Grund, aus dem Madero Sommerfeld mit der Aufgabe betreut hatte, sich um Reyes und Vasquez Gomez zu kümmern. Durch die Wahl und Ernennung Maderos zum Präsidenten war Sommerfeld zum Chef des mexikanischen Geheimdiensts aufgestiegen.[461]

Offiziell stand er in dieser Position unter dem Befehl des Innenministers Abraham Gonzales, persönlich jedoch fühlte er sich einzig dem Präsidenten gegenüber verpflichtet. Tatsächlich jedoch diente er Gustavo Madero, dem Bruder des Präsidenten. Dieser bekleidete zwar kein offizielles Amt in der neuen Regierung, doch jeder, der sich in Mexiko ein wenig auskannte, wusste, dass Gustavo der engste und einflussreichste Berater des Präsidenten war. Gustavo hatte Hopkins engagiert, der ihm wiederum zu Pierces Geld verhalf, das für den Sturz des Diktators Diaz benötigt wurde. Verständlicherweise ließ Gustavo keine Informationen über das Ausmaß seiner Geheimdienstoperationen oder über die Tatsache, dass Hopkins für ihn arbeitete, nach Außen dringen. Sobald sein Bruder das Amt angetreten hatte, ersuchte Gustavo die mexikanische Regierung, ihn für seine Auslagen zu entschädigen. In seinen veröffentlichten Büchern finden sich Kosten für Geheimdienstoperationen in San Antonio, El Paso, New York und Washington, es werden jedoch keine Details genannt. Als Gustavos Onkel, der Finanzminister Ernesto Madero, die Zahlungen ungeprüft durchwinkte, führte dies zu einem großen öffentlichen Skandal. Da Sommerfeld als Ausländer offiziell kein Amt in der mexikanischen Regierung innehaben durfte, wurde er zu Gustavos vertrautem Assistenten und hatte als solcher de facto regelmäßigen Kontakt zum Präsidenten. Wenn Gustavo nicht abkömmlich war, übernahm Sommerfeld sogar die Verantwortung für dessen Leibeswohl und begleitete den Präsidenten somit oft auf Reisen.

Sommerfeld betrat die amerikanische Bühne am 18. November 1911, als H. A. Thompson, ein Agent für das BI in San Antonio, mitten in der Nacht „einen Anruf von Mr. Sommerfeldt [sic] erhielt, bei dem es sich um einen Sonderbevollmächtigten der mexikanischen Regierung handelt."[462] Eine weitere Quelle, in der Sommerfelds Name zwar nicht genannt wird, die aber seine Rolle in der neuen mexikanischen Regierung gut beschreibt, besteht in einem Informanten des *Bureau of Investigation* in El Paso. Am 15 Februar 1912 berichtete Agent Lancaster, dass „[...] ihm ein bekannter Mexikaner aus Mexiko-Stadt, der sich gerade im Sheldon Hotel aufhält, vertrauliche Informationen hat zukommen lassen, nach denen bedeutende Aufzeichnungen von Henry Clay [sic] Wilson, dem Botschafter in Mexiko-Stadt, von einem Angestellten in dessen Büro bei der ersten Gelegenheit gestohlen werden sollten; dass die mexikanischen Geheimagenten seit geraumer Zeit die Post von Mr. Wilson öffneten und behaupteten, Botschafter Wilson sei dem mexikanischen Volk feindlich gesinnt und versuche eine Intervention."[463]

Sommerfeld hielt sich an diesem Tag in El Paso auf. Währen Agent Lancaster Sommerfeld persönlich kannte, war dies bei seinem Informanten offensichtlich nicht der Fall. Der Deutsche verachtete amerikanische Beamte wie beispielsweise Botschafter Henry Lane Wilson und den Senator von New Mexico, Albert B. Fall, die beide unablässig und lautstark eine militärische Intervention der USA in Mexiko forderten. Im Oktober des Jahres 1912 kam Sommerfeld in eine heikle Situation, als er sich weigerte, Senator Falls Fragen in einem Unterausschuss des Senats zu beantworten. „Ich betrachte Senator Fall als einen Feind der bestehenden mexikanischen Regierung und von Präsident Madero", rechtfertigte er seine mangelnde Kooperationsbereitschaft.[464] Sommerfeld war vom mexikanischen Präsidenten damit beauftragt worden, die Stabilität der mexikanischen Regierung mit allen ihm zur Verfügung stehenden Mitteln zu gewährleisten. Die Post des amerikanischen Botschafters war nicht nur für die mexikanische Regierung von Interesse, sondern verschaffte auch dem deutschen Gesandten von Hintze wertvolle Einblicke in die amerikanische Denkweise.

Sobald Sommerfeld in San Antonio angekommen war, fing er damit an, die Geheimdienstorganisation vor Ort unter die Lupe zu nehmen und kontaktierte den BI-Agenten Thompson.[465] Neben den Agenten der Thiel Detective Agency weihte er auch den Geheimagenten Teódulo R. Beltran ein, der eine Sicherheitsagentur in der Stadt betrieb.[466] Beltran und seine

Informanten schienen verlässlich zu sein, der mexikanische Konsul in San Antonio jedoch nicht. Sommerfeld bemerkte in der Tat recht bald, dass sich auch mehrere weitere mexikanische Konsuln entlang der Grenze mit dem Feind verschworen hatten. Er ließ sie unverzüglich entlassen, was er Monate später vor Senator Fall damit erklärte, dass es sich bei ihnen um „Säufer" gehandelt habe.[467] In El Paso, dessen Konsul offiziell an Treffen der *Reyistas* teilgenommen hatte und daraufhin entlassen worden war, gab es einen größeren Geheimdienstapparat als in anderen Städten. An der Spitze der Organisation von El Paso stand Abraham Molina, ein Vertrauter von Abraham Gonzales, dem Innenminister in Maderos neuem Kabinett. BI-Agenten in El Paso bezeichneten Molina als den „örtlichen Geheimagenten der mexikanischen Regierung."[468] Zudem arbeitete die Thiel Detective Agency in El Paso unter Aufsicht von Henry Kramp für Madero. Sommerfeld bediente sich der Detektei Thiel insbesondere wenn Amerikaner beschattet oder befragt werden mussten. Nachdem der feindliche mexikanische Konsul aus dem Weg geschafft war, berief Madero einen neuen Konsul nach El Paso: Enrique C. Llorente.

Llorente war ein erfahrener Diplomat, der zuletzt im italienischen Genua tätig gewesen war. Er wurde am 5. August 1877 auf der Hacienda de Cececapa südwestlich von Tampico geboren und war in den frühen 1900er Jahren mexikanischer Konsul in Galveston in Texas gewesen.[469] Dort traf er seine zukünftige Ehefrau, die Tochter eines reichen amerikanischen Geschäftsmannes.[470] Viel mehr ist über den mexikanischen Konsul nicht bekannt. Er spielte in der Madero-Revolution keine große Rolle, es gibt keine Dokumente, die seine Beziehungen zu den Revolutionären im Norden erklären könnten, und in seiner Biographie stößt man auf keine weiteren Referenzen, die ihn als Revolutionär ausweisen würden. Als Llorente im Jahr 1914 als Sonderbeauftragter der Regierung Villa die US-Grenze überquerte, gab er den US-Grenzbeamten in Brownsville an, er sei von Berufswegen her „Kapitalist."[471]

Tatsächlich scheint es, als wäre Llorente ein Schützling von Francisco Leon De La Barra gewesen, dem Außenminister unter Diaz und mexikanischen Interimspräsidenten zwischen Juni und November 1911. Mit Sicherheit gehörte Llorente nicht zu Abraham Gonzales' Leuten. Der neue Konsul erstattete Sommerfeld Bericht und seine eigentliche Aufgabe für die Regierung Madero war es, die geheimen Operationen des Deutschen in den kommenden Jahren zu finanzieren. Sommerfeld war der Spionagemeister, und Llorente, der als Konsul diplomatische Immunität genoss, war der Zahlmeister. Die beiden kooperierten während des Ersten Weltkriegs zuerst in El Paso und später in New York. Sommerfeld brauchte Llorente als offizielle Deckung. Dieser Tatsache war sich der Konsul wahrscheinlich nicht einmal bewusst. Da der Deutsche nicht Teil der mexikanischen Regierung sein durfte, schob er Llorente immer dann vor, wenn seine geheimen Aktionen ins Auge der Öffentlichkeit gerieten.

Die Rolle des mexikanischen Konsuls war keine einfache. Dass US-Behörden entlang der Grenze ihre Aufmerksamkeit auf ihn richteten, was ihn letztlich mit dem dortigen Gesetz in Konflikt brachte, war nicht das einzige Problem. Er musste auch rücksichtslosen Angriffen von Teilen der mexikanischen Regierung standhalten, die den Maderos und insbesondere Gustavo Korruptionsklagen anhängen wollten. Ohne die schützenden Hände von Sommerfeld und Hopkins sowie der obersten Sphären der Regierung Madero hätte Llorente sich nicht so lange halten können, wie er es tat. Klagen aufgrund von Verletzungen der Neutralitätsgesetze sowie Nachforschungen des mexikanischen Parlaments bezüglich der Ausgaben der Außenstelle in El Paso führten zu keinen Ergebnissen, als ob die Erkundungen auf beiden Seiten der Grenze unterbunden worden wären, sobald sie einen bestimmten Punkt erreicht hatten.[472] Nachdem Llorente im Jahr 1914 in Mexiko wegen Untreue zu einer Freiheitsstrafe verurteilt worden war, tauchte er kurz darauf wieder in New York auf, wo er – wie sollte es auch anders sein – als Diplomat für Sommerfeld arbeitete.

Sommerfeld begann unverzüglich damit, Reyes' Pläne für einen Volksaufstand gegen Madero zu untergraben. Die Situation, die er vorfand, gestaltete sich kompliziert. Bernardo Reyes genoss nicht nur bei gewissen Teilen der mexikanischen Gesellschaft, sondern auch bei der mexikanisch-amerikanischen Gemeinde in Texas hohes Ansehen. Der Gouverneur von Texas, Oscar B. Colquitt, der sich bereits ein Jahr zuvor gegen Maderos Bestrebungen gestellt hatte, die Mexikanische Revolution von San Antonio aus loszutreten, betrachtete Reyes' Opposition gegen den neu gewählten mexikanischen Präsidenten mit Wohlwollen. Die Grenze zwischen Mexiko und Texas blieb auch Monate nachdem Madero Präsident Diaz gestürzt und die Revolution in seinem Sinne beendet hatte eine Brutstätte für Verschwörungen, Kriminalität und Waffenschmuggel. Reyes galt als Mann der Stunde, der die Unruhen im Grenzgebiet beendete.

Bei seiner Ankunft in San Antonio im Oktober 1911 wurde der General von Mexikanern und weißen Amerikanern gleichsam wie ein Held empfangen: „[...] eine Menschenmenge von vier- bis fünfhundert Personen, unter ihnen auch vier Delegationen der Großloge Mexikanischer Freimaurer, kamen zusammen,[...] um einen angesehenen mexikanischen General willkommen zu heißen [...] Es handelte sich um General Bernardo Reyes, dem einstigen General de Division der mexikanischen Armee, der dort fünfundvierzig Jahre lang gedient hatte. Er war durch und durch Soldat. Er war zudem früher Gouverneur des benachbarten Bundesstaats Nuevo Leon, wo er wie kein anderer in Mexiko für seine Aufrichtigkeit und seine administrativen Fähigkeiten bekannt geworden war. Außerdem war er bekannt für seine freundliche Gesinnung gegenüber Amerikanern [...]"[473] In Colquitts Augen schien Reyes, der pro-amerikanische frühere Gouverneur eines angrenzenden Bundesstaates, dekorierte General und mächtigste Gegenspieler Maderos, am besten dazu geeignet, sich der Situation im revolutionären Mexiko anzunehmen und so die US-mexikanische Grenze zu befrieden.

San Antonio war beginnend mit Sommer des Jahres 1911 immer wieder Ausgangspunkt für Verschwörungen gegen Madero gewesen, was so gut wie keine Einmischung der Behörden in Texas zur Folge hatte.[474] Mit der Ankunft des Respekt-einflößenden Oppositionsführers an der Grenze, wurde aus den zuvor lose organisierten Zellen der Anti-Madero-Bewegung eine einsatzfähige Truppe. Anhänger von Ricardo Flores Magon und den Brüdern Vasquez Gomez schlossen sich dem rebellierenden General an, und trotz der offensichtlichen Absichten der texanischen Gegenbewegung zu Madero, i.e. die klare Verletzung von US-Recht und texanischem Staatsrecht durch die Invasion mexikanischen Territoriums, unternahmen die texanischen Behörden nichts, um die Verschwörung aufzuhalten.[475] Die Historiker Harris und Sadler führen Gouverneur Colquitts freundliche Gesinnung gegenüber Reyes und sein unterlassenes Vorgehen gegen dessen Machenschaften zum großen Teil auf die Tatsache zurück, dass „zwei von Reyes wichtigsten Verschwörern einflussreiche politische Figuren in Texas darstellten, die zugleich zu Colquitts Unterstützern zählten."[476]

Während die örtlichen Behörden untätig blieben, hielten der mexikanische Geheimdienst und das *Bureau of Investigation* die Entwicklungen in San Antonio sowie in El Paso, Laredo und Brownsville fest im Auge. Die Agenten Beltran, Molina und die Detektive von Thiel sammelten Informationen über die Bewegungen der Rebellen für die mexikanische Regierung. Die US-Bundesbehörden taten das Gleiche. Am 16. November, der Woche in der Sommerfeld in El Paso auftauchte, wurden Reyes und seine Mitverschwörer in Laredo vor einem Großen Geschworenengericht der Bundesregierung verklagt.[477] Laut Sommerfeld bestanden die Probleme, die sich ihm in Texas stellten, aus zwei Seiten: Mexikanische Agenten und das Justizministerium arbeiteten nicht zusammen. Das andere Problem war, dass Reyes und seine Dissidenten in Texas tun und lassen konnten was sie wollten, da der Gouverneur und mit ihm die örtlichen Behörden dies zuließen. In der neuen mexikanischen Regierung führten die enorm unterschiedlichen Maßnahmen, mit denen Texas Rangers, örtliche Gesetzeshüter und die US-Regierung auf die bewaffneten Aufstände von Madero und Reyes reagierten, tatsächlich zu großer Beunruhigung.

Das erste Problem, das Sommerfeld ausmachte, hatte lediglich mit Koordination und Führung zu tun. Da beide Gruppen von Agenten ermittelt hatten, umriss Sommerfeld die offensichtliche Lösung des Problems: „ Sie [Bundesagenten] wussten bereits davon [Reyes' Verschwörung] und sie [Agenten des US-Justizministeriums] beobachteten ihn [...] Es war nur eine Frage des Kontakts [mit Bundesagenten], weil ich glaubte, es sei nötig, mit den [Bundes-] Behörden der Vereinigten Staaten Hand in Hand zu arbeiten."[478] Unmittelbar vor Sommerfelds Ankunft in San Antonio, begannen mexikanische Agenten, ihre Erkenntnisse mit den BI-Agenten zu teilen. Am 17. November erwähnte der BI-Agent Louis E. Ross in Erinnerung an die Aktivtäten von Reyes eine Spur mexikanischer Agenten, nämlich, dass die Waffen der *Reyistas* aus der Firma Krakauer, Zork and Moye in El Paso stammten.[479] Nachdem Reyes vor einem Bundesgericht angeklagt worden war, fühlte Gouverneur Colquitt sich unter Druck gesetzt, selbst aktiv zu werden. Auch die mexikanische Regierung in Person von Felix Sommerfeld forderte entschiedene Schritte. „[Ich wandte mich an das US-Justizministerium], weil die mexikanische Regierung selbst bedroht war und ich wissen wollte, was man im Justizministerium in dieser Sache unternehmen wollte."[480]

Sommerfelds Bemühungen im Sinne der mexikanischen Regierung sowie die Anklage Reyes' zeigten verblüffende Erfolge. Gouverneur Colquitt änderte nicht nur seine Meinung, er wurde sogar zu einem glühenden Verfechter der Neutralitätsgesetze von Texas und der Vereinigten Staaten. Die Texas Rangers, die sich bislang wenn überhaupt eher auf die Seite der Anti-Madero-Bewegung geschlagen hatten, erhielten nun Order vom Gouverneur, die Grenze abzusuchen und somit die Organisation der Rebellen zu zerschlagen. Sommerfelds Idee einer Zusammenarbeit zwischen mexikanischen und amerikanischen Behörden auf Staats- und Bundesebene gegen die Verschwörer trug bereits wenige Tage nach seiner Ankunft auf dem Spielfeld Früchte. Am 18. November wurde Bernardo Reyes vom Polizeivollzugsdienst der Stadt San Antonio festgenommen. Reyes hinterlegte sofort eine Kaution.[481]

Am 19. November berichtete Agent Thompson aus San Antonio, nachdem er mitten in der Nacht einen Anruf von Felix Sommerfeld erhalten hatte, dass der deutsche Agent ihm Informationen darüber gegeben hatte, wann und wo Reyes und dessen Anhänger die Grenze nach Mexiko überqueren würden.

Der Versuch, die Grenze bewaffnet zu überqueren, hätte ausgereicht, um den alten General in Gewahrsam zu nehmen und später an Mexiko auszuliefern. Offenkundig undichte Stellen im Büro des Marshalls, die Existenz zahlloser Doppelagenten und die redselige Natur der örtlichen Polizei führten jedoch dazu, dass die *Reyistas* Wind von der Falle bekamen und ihre Pläne vertagten. Am 30. November verhaftete BI-Special Agent Louis E. Ross zusammen mit Deputy U.S. Marshall Captain John R. Hughes von den Texas Rangers und Abraham Molina vom mexikanischen Geheimdienst endlich die gesamte Rebellenjunta, bestehend aus vierzehn von Reyes' Mitverschwörern.[482] Weitere Festnahmen sowie die Beschlagnahmung von Waffen und Zubehör folgten in El Paso, Laredo und Brownsville.

Mexikanische Oppositionsgruppen schmiedeten in Texas während der gesamten Amtszeit Maderos weiterhin Pläne gegen den mexikanischen Präsidenten, doch zumindest der von Reyes organisierte Aufstand konnte unterbunden werden.[483] Bernardo Reyes erschien letztlich nicht zu seiner Verhandlung, floh nach Mexiko und ergab sich letztlich am ersten Weihnachtsfeiertag des Jahres 1911 den mexikanischen Föderationstruppen. Er wurde vor ein Gericht gestellt und zu einer Haftstrafe verurteilt. „Das Maderos erster Fehler", erinnerte sich Sommerfeld im Jahr 1918, „sie hätten ihn erschießen sollen."[484] Den anderen Verschwörern wurde „lediglich eine symbolische Verwarnung [...]" für ihre Machenschaften ausgesprochen.[485]

Harris und Sadler beschreiben die Gerichtsverhandlungen der Hauptverschwörer akribisch. In manchen Fällen konnten die überführten Anstifter noch am selben Abend das Gefängnis verlassen und nach Hause gehen. In einem Fall bat ein Gefangener, José Bonales Sandoval, dessen Ehefrau in Mexiko-Stadt ums Leben gekommen war, den örtlichen Bundesrichter Waller T. Burns sogar um einen Kredit, um nach Mexiko zu gehen zu können. Der Agent William Chamberlain klagte in einem Bericht an das *Bureau of Investigation* vom 22. Dezember, dass nicht nur die Geschworenen des Gerichts korrupt waren, sondern dass auch die Presse mit den Verschwörern zusammenwirkte: „Es gibt hier [San Antonio] sowie in Laredo und Brownsville undichte

Stellen, besonders in Bezug auf die geheime und verschwiegene Arbeit der Großen Geschworenengerichte. Die *Reyistas* scheinen bestens über die internen Abläufe in diesen Gerichten informiert zu sein. Die Presse hat die Namen der Angeklagten veröffentlicht, die noch nicht festgenommen wurden; dies erschwert die Arbeit der US-Behörden, die ihren Teil hierbei gerne abschließen wollen."[486]

Das US-Justizministerium sowie die mexikanische Regierung in Person von Felix Sommerfeld taten alles, was in ihrer Macht stand, um Reyes und seine Männer zu überführen. Zum Entsetzen des US-Justizministeriums machte die örtliche Staatsanwaltschaft milden Richtern das Leben nicht weiter schwer, anstatt harte Strafen für die überführten Verschwörer zu fordern. Insbesondere Richter Burns war „[...] der Traum eines jeden Angeklagten. Wie kein anderer sorgte er sich um seine Angeklagten. Er kümmerte sich um ihr Wohlergehen im Gefängnis und schickte sogar einmal einen Angeklagten los, um einen anderen Angeklagten, der geflohen war, zurückzuholen. Die Neutralitätsgesetze legte er so aus, als stelle ihr Bruch keine schwere Straftat dar, sondern schlimmstenfalls eine Ordnungswidrigkeit [...]"[487] Sommerfeld verstärkte in seiner typischen Art als Macher den mexikanischen Geheimdienst mit weiteren Agenten und bildete sie dazu aus, auf „legale" Weise mit den US-Behörden zusammenzuarbeiten.[488] Die Methoden, mit denen er versuchte, Verurteilungen zu erzwingen, überschritten jedoch die Grenze des „Legalen" bei Weitem. Er ging sogar so weit, Urteile mit Bestechungsgeldern zu seinen Gunsten zu beeinflussen. Ein solcher Bestechungsversuch kam im Juli 1912 an die Öffentlichkeit. Der stellvertretende US-Staatsanwalt Noah Allen, welcher dem Reyes gegenüber freundlich gesinnten Staatsanwalt Lock McDaniel[489] in Richter Burns' berüchtigtem Gericht in Brownsville (Texas) assistierte, hatte „[...] in Kontakt mit Präsident Madero gestanden und [...] ihm wurde vom Präsidenten eine wertvolle Brosche geschenkt, die durch F.A. Sommerfeldt [sic] überreicht wurde."[490]

Sommerfeld reiste am 3. Dezember zurück nach Mexiko-Stadt um sich mit den Maderos zu besprechen.[491] Sherburne

Hopkins, der sich auf Geschäftsreise in Großbritannien befunden hatte, war gerade erst nach New York zurückgekehrt.[492] Der deutsche Agent war sich darüber im Klaren, dass sich im Grenzgebiet weiterhin Intrigen zusammenbrauten, die Maderos Regierung bedrohten. Harris und Sadler verglichen die Stimmung in den Grenzstädten mit der im West-Berlin zu Hochzeiten des Kalten Krieges.[493] Sommerfeld stellte fest, dass weder die US-Behörden noch der mexikanische Geheimdienst wirklich etwas gegen die ungehinderten Versuche der Verschwörer unternehmen konnten. Des Weiteren arbeiteten die Konsuln und viele der mexikanischen Informanten unprofessionell und stellten sich als höchst ineffizient heraus. Die mexikanischen Agenten waren in den Grenzgemeinden jedem bekannt und berüchtigt dafür, wie Fähnlein im Wind die Seiten zu wechseln. Amerikanische Söldner, die sich nun arbeitslos in New Orleans, San Antonio und El Paso herumtrieben, zögerten nicht, für jeden zu arbeiten, der sie bezahlte, ganz gleich welches Ziel dieser verfolgte. Diese Erkenntnisse berichtete Sommerfeld Hopkins und Madero.

Madero erkannte die Machtlosigkeit seiner und der US-amerikanischen Regierung gegenüber der vielen Verschwörer und entsandte Hopkins im Dezember des Jahres 1911 nach Washington, um sich dort mit Taft abzusprechen. Hopkins brachte eine überaus wichtige Frage auf: Besaß die amerikanische Bundesregierung die Macht, ihre Grenze ausreichend zu sichern und so die Einhaltung ihrer eigenen Neutralitätsgesetze zu gewährleisten? Die Antwort war ein klares Nein! Ende des Jahres 1911 befand sich genau ein *Special Agent* des *Bureau of Investigation* in El Paso, der für sämtliche Untersuchungen zuständig war, die zwischen El Paso und San Antonio unternommen wurden, wo ein weiterer Agent für die Grenzsicherung zuständig war. Das US-Finanzministerium hatte für die Bundesstaaten Texas und New Mexico lediglich einen Zollbeamten in El Paso und jeweils einen in den Städten San Antonio, Houston, Eagle Pass, Marfa und Columbus eingesetzt. In Arizona gab es nur zwei bemannte Grenzposten in Naco und Nogales. Der Zollbeamte in San Diego deckte die gesamte Grenze zu Kalifornien ab. Zwar gab es die Texas Rangers und einige Marshalls, die die Arbeit der Bundespolizei entlang der Grenze zu Texas unterstützten, jedoch, wie man am Beispiel des von Reyes angeführten Aufstands sehen konnte, waren die Bestrebungen von Staats- und Bundespolizei im besten Fall wirkungslos, wenn diese nicht sogar mit den Verschwörern und Schmugglern gemeinsame Sache machten.

Für die Zerschlagung des Reyes-Aufstands im Dezember des Jahres 1911 hatte man zwar die Zahl der Rangers erhöht, die Landesregierung zog diese Verstärkung aber schon im Januar des darauffolgenden Jahres wieder zurück, wodurch die Truppe wieder zu klein wurde, um irgendetwas bewirken zu können.[494] Letztlich unterhielt das US-Militär noch Reiterstaffeln entlang der Grenze, die in Fort Bliss und Columbus stationiert waren. Nach der erfolgten Mexikanischen Revolution unter Madero waren diese Truppen jedoch auch wieder drastisch reduziert worden. In Fort Bliss deckte ein einziger Nachrichtenoffizier die Informationsbeschaffung für ganz Texas ab. Kurzum, Grenzsicherung und Grenzkontrolle waren in einem katastrophalen Zustand!

Als Hopkins sich an die US-Regierung wandte, was höchstwahrscheinlich durch seinen guten Freund, den Außenminister Philander Knox geschah, verfolgte er den Ansatz, dass beide Regierungen letztlich die gleichen Ziele verfolgten: Man wollte weitere Unruhen in Mexiko verhindern, wozu insbesondere der Waffen- und Menschenschmuggel über die Grenze sowie die Formierung weiterer Verschwörungen auf amerikanischer Seite unterbunden werden mussten. Da man in den USA Zeit brauchte, um sich für die Aufgabe des Grenzschutzes zu rüsten, machte Hopkins den Vorschlag, man könne den mexikanischen Geheimdienst finanzieren, sodass dieser Agenten bereitstellen könne, die den amerikanischen Beamten zuarbeiten sollten. Da sich die Interessen Mexikos und der USA im Grunde deckten, würde die mexikanische Organisation mit den amerikanischen Behörden vollkommen transparent zusammenarbeiten. Zudem würde man bei der neuen Organisation zahlreiche Amerikaner einstellen, wie beispielsweise ehemalige Rangers, Deputy Marshals, Polizisten und

Privatdetektive, deren Loyalität zumindest eher auf Seiten Amerikas lag.

Hopkins betrieb zudem Lobby-Arbeit, die auf einen Zusatz zu den Neutralitätsgesetzen abzielte, der der losen Zusammenstellung schwer durchsetzbarer Gesetzen Zähne verleihen sollte. Er setzte sich dafür ein, dass für Zuwiderhandlungen Bußgelder und Strafen festgelegt wurden. Zusammen mit einem Waffenembargo, welches für jeden galt, der nicht Teil der verfassungskonformen Regierung von Mexiko war, sollte der Gesetzeszusatz auch dafür sorgen, dass die US-Regierung sämtliche Waffen beschlagnahmen konnte, die in Verdacht standen, Schmuggelware zu sein. [495] Präsident Taft machte in diesem Sinne am 2. März 1912 eine Ankündigung und verhängte am 16. März ein Waffenembargo gegen alle Gruppierungen außer der verfassungsmäßigen Regierung von Mexiko.[496]

Während Hopkins an seinem Plan arbeitete, die chaotische Situation an der Grenze zu regeln, wurde Sommerfeld von Madero auf eine neue Mission geschickt, diesmal nach Puebla. Sommerfelds Angaben nach, begab er sich Anfang Januar in geheimer Mission dorthin. Der „[...] Gouverneur von Pueblo [sic] und der kommandierende General dieser Zone hatten eine ernste Meinungsverschiedenheit [...] Ich ging dort hin, um den Streit zu schlichten. Ich lud die beiden zum Abendessen ein, und am Ende küssten sie sich zur Versöhnung und waren wieder Freunde [...] Es brauchte allerdings 15 bis 20 Gläser Cognac und eine ausreichende Menge Champagner."[497] Die Auseinandersetzung war jedoch weitaus komplizierter, als man anhand des alkoholinduzierten Versöhnungsrituals, welches Sommerfeld beschreibt, vermuten möchte. Als Sommerfeld sich in die Hauptstadt des Bundesstaats Puebla aufmachte, hatte die von Zapata angeführte Revolte bereits zuvor ungeahnte Dimensionen angenommen. Der Rebellenführer drohte den meisten südlichen Bundesstaaten mit seiner über zwölftausend Mann starken Guerilla-Armee, und Mader hatte für den Staat Morelos den Notstand ausgerufen. Während Zapata weiterhin an Stärke gewann und gegen unter Victoriano Huertas Befehl stehenden

Truppen einen blutigen Guerilla-Krieg führte, brach im Bundesstaat Puebla eine weitere Revolte aus. Kampftruppen, die sich zu Emilio Vasquez Gomez bekannten, lehnten sich gegen die Regierung auf und bedrohten die Hauptstadt Puebla.

Im Januar des Jahres 1912 gestattete die unter Angriff stehende Regierung Madero dem Brigadegeneral Juan Francisco Lucas, die Rebellen in und um Puebla zu bekämpfen. Das alte Militäroberhaupt aus der Ära Diaz war fünfundzwanzig Jahre lang der Machthaber in dieser Region gewesen. Es ist nicht verwunderlich, dass der so zum eigentlichen politischen Führer von Puebla gewordene General keine Verwendung für den von Madero eingesetzten Gouverneur Nicolas Melendez hatte und unmittelbar damit begann, die örtliche *Maderista*-Regierung zu sabotieren, worüber sich der neue Gouverneur lautstark empörte. Der Präsident schickte Bruno M. Trejo, ein Mitglied seines persönlichen Beraterstabs, um zwischen dem in Bedrängung geratenen Gouverneur Nicolas Melendez und Lucas zu vermitteln. Wenn er auch nicht in den Quellen genannt wird, so war Felix Sommerfeld als Oberhaupt des mexikanischen Geheimdienstes mit Sicherheit auch Teil von Maderos Delegation. Die beiden Parteien konnten ihre Streitigkeiten beilegen und Lucas zog seine Truppen aufgrund von Auszahlungen bis auf weiteres zurück.[498] Ob dieser Beschluss auch bei einem Abendessen mit einigen Gläsern Champagner gefasst wurde, wird man nie erfahren. Jedenfalls zeigen die Geschehnisse ein weiteres Mal, welche Führungsrolle Sommerfeld 1912 im Krisenmanagement der Regierung Madero zukam.

Bevor jedoch die Tinte auf der Einigung zwischen Melendez und Lucas getrocknet war, kündigte sich bereits die nächste Krise an. Am 31. Januar 1912 kam es unter den Soldaten der Garnison in der Grenzstadt Ciudad Juarez zu gewalttätigen Ausschreitungen. Im Zuge der teilweise infolge leerer Staatskassen fortschreitenden Demobilisierung der mexikanischen Bundesarmee hatte der zuständige Kommandeur zweihundert Soldaten den Dienst quittiert. Da die Stimmung innerhalb der bewaffneten Truppe, welche zum Teil aus Soldaten, die noch vor der Revolution rekrutiert worden waren, und zum Teil aus von Orozco und Garibaldi angeworbenen Zivilisten bestand, ohnehin angespannt war, schlugen sich die verärgerten Soldaten auf die Seite von Emilio Vasquez Gomez und plünderten die Grenzstadt. Die Meuterei bot eine einmalige Gelegenheit für José Inés Salazar, der ursprünglich für die verbotene Arbeiterpartei des Ricardo Flores Magon kämpfte. Er schloss sich 1910 als Offizier Orozcos Reihen an. Zu seiner großen Enttäuschung, wie auch Orozco selbst, erhielt Inés Salazar kein Offizierspatent in der offiziellen Armee, nachdem er für Madero gekämpft hatte.

Unter seinem Kommando unterlag die Grenzgarnison von Ciudad Juarez in nur wenigen Stunden dem Überraschungsangriff. Achtzig Männer fanden bei den Kämpfen den Tod und viele weitere wurden verletzt. Von seinem Hauptquartier in San Antonio aus ernannte sich Vasquez Gomez am 1. Februar zum vorläufigen Präsidenten und kündigte weiteres „Blutvergießen" für den Fall an, dass Madero Truppen entsandte, um den Aufstand niederzuschlagen.[499] In amerikanischen Zeitungen überschlugen sich die Berichte über Ausschreitungen, die jetzt überall entlang der mexikanisch-amerikanischen Grenze in Morelos und Puebla entflammten. Maderos baldiger Niedergang wurde hier bereits vorausgesagt.

Madero beorderte Sommerfeld unverzüglich zurück an die Grenze. Da die *Vasquista*-Rebellen jegliche Kommunikations- und Transportwege zwischen Torreón und Juarez unterbrochen hatten, kam er erst am 6. Februar über den Eagle Pass in El Paso an. Die Reise muss für Sommerfeld qualvoll gewesen sein, denn er musste seine sonst stets makellose Erscheinung samt Nassrasur hierfür opfern. Der *El Paso Herald* konnte nur Sommerfeld gemeint haben, als hier am 7. Februar von der Ankunft eines Mannes mit einem seltsamen deutschen Akzent die Rede war: „Die vorherrschende Stimmung wurde noch geheimnisvoller [in Bezug auf das Entstehen einer *Vasquista*-Junta in El Paso], als ein bärtiger und verwirrter Mann in feinem Tweed und mit mysteriöser Erscheinung hier ankam. Dieser begab sich unverzüglich auf sein Hotelzimmer [im Hotel Orndorff], bei welchem er darauf bestand, dass es zur Straßenseite zeigte, von wo aus er ‚die Stimmung einfangen konnte'. Nachdem er mit sich mitsamt seinen Bartstoppeln und seiner geheimnisvollen Erscheinung auf sein Zimmer begeben hatte, folgte ihm ein Mann nach oben, der angeblich zur Madero-Familie gehört [wahrscheinlich Maderos Onkel Alberto] und die beiden besprachen sich angeblich. Der Fremde hatte seinen Namen nicht ins Gästebuch des Hotels eingetragen."[500]

Der Ruf nach einer Intervention der Vereinigten Staaten verwandelte sich in jenen Tagen im Februar 1912 in lautes Geschrei.[501] Mexikanische Behörden drohten für diesen Fall allerdings ernsthafte Konsequenzen an. Sie ließen zu den US-Agenten durchdringen, dass man im Falle, dass amerikanische Truppen Fuß auf mexikanisches Territorium setzten, „die internationale Bahnbrücke über den Rio Grande sprengen würde."[502] Gott sei Dank behielt man einen kühlen Kopf, als am 15. durch ein Missverständnis eine Abteilung von neunzehn amerikanischen Soldaten unter dem Kommando von Lieutenant Benjamin W. Fields „die internationale Brücke nach Mexiko überquerte."[503] Die mexikanische Bundesarmee hielt die Soldaten eine Stunde lang fest, ließ sie jedoch frei, nachdem der amerikanische Kommandeur, Colonel Steever, sich offiziell für den Fehler entschuldigt hatte.[504] Sommerfeld und Llorente verhandelten über die Freilassung der Soldaten. Fields wurde daraufhin vor das Militärgericht gestellt.

Die Antwort der mexikanischen Regierung auf die Revolte kann bestenfalls als verhalten beschrieben werden. Zur Debatte stand die fragwürdige Loyalität von General Orozco, Maderos Militärkommandeur in der Region. Nur wenige Wochen zuvor hatte Orozco Maderos Befehl verweigert, sich den Kämpfen gegen Zapata im Süden anzuschließen. In einem Treffen mit Madero am 19. Januar bot der Revolutionsführer seinen Rücktritt als Kommandeur der Rurales von Chihuahua an, da er nicht in Morelos kämpfen wollte. Madero verweigerte seine Zustimmung. Das ohnehin angespannte Verhältnis zwischen dem Präsidenten und seinem Kommandeur drohte jedoch zu zerbrechen, als sich die Situation in Chihuahua zuspitzte. Ausschreitungen in Casas Grandes und anderen ländlichen Gegenden des Bundesstaates führten zum Rücktritt des Interimsgouverneurs Aurelio Gonzales, der das Exil in den USA einem Martyrium für Maderos umstrittene Regierung vorzog. Orozco wurde zum Mann der Stunde. In nur wenigen Tagen eroberten Orozco-loyale Truppen die Stadt zurück. Am 7. Februar berichtete der *El Paso Herald*, dass Föderationstruppen auf dem Weg waren und dass die mexikanische Regierung, nämlich Llorente und Sommerfeld, Waffen an die Bürger von Juarez ausgaben, um so die Verteidigung gegen die Rebellen aufzustocken.[505]

Einige Tage lang schien es, als würde die Revolte der *Vasquistas* noch schneller in sich zusammenfallen, als dies bei Reyes Aufstand einen Monat zuvor der Fall gewesen war. Orozco war noch immer Maderos Joker. Madero konnte sich allerdings nur zu genau daran erinnern, dass Orozco ihn zu Beginn der Revolution gefangen nehmen und umbringen hatte wollen. Mit dem Ziel, den Kommandeur in sein politisches System zu integrieren, bot der mexikanische Präsident Orozco das Amt des Gouverneurs von Chihuahua an. Als der Befehlshaber der Revolution dieses Angebot ablehnte, ertönten in Mexiko-Stadt alle Alarmglocken.

Laut Sommerfelds Aussage aus dem Jahr 1918 hatte zu diesem Zeitpunkt niemand in der mexikanischen Zentralregierung irgendwelche Zweifel daran, dass Orozco letztlich seine eigene Revolte ausrufen würde.

> Wenn Orozco akzeptieren würde [das Gouverneursamt] glaubte ich, dass Orosko [sic] auf Seiten der Regierung gehalten werden könnte, sollte er jedoch ablehnen, war ich voll und ganz der Überzeugung, dass er sich erheben würde. Als ich in El Paso ankam, erreichte mich ein verschlüsseltes Telegramm vom Präsidenten, in dem stand: ‚Orosko [sic] Gouverneursposten wie besprochen angeboten. Orosko [sic] abgelehnt.' Ich wusste sofort, dass Orosko [sic] auf diesen Moment gewartet hatte. Bei meiner Ankunft in El Paso fand ich heraus, dass Orosko [sic] am Tag zuvor in Juarez gewesen war und die Soldaten mitnahm, die dort einige Tage zuvor rebelliert hatten und sie mit nach Chihuahua nahm und dort mit Tränen in den Augen dem Konsul [Llorente] seine Loyalität gegenüber der verfassungsmäßigen Regierung versicherte.

> Da ich ihn so gut kannte, riet ich dem Gouverneur [Abraham Gonzales], seinen Loyalitätsbeteuerungen keine Beachtung zu schenken und sich auf die Situation vorzubereiten, die in wenigen Tagen auf ihn zukommen würde.[506]

Ob die Idee, Orozco das Gouverneursamt in Chihuahua anzubieten, tatsächlich Sommerfeld eingefallen war, kann nicht bewiesen werden und ist wohl eher unwahrscheinlich.[507] Allerdings gehörte er mit Sicherheit unter den Beratern von Präsident Madero der Fraktion an, die Orozcos Loyalität diesem endgültigen Test unterziehen wollten. Hätte der Kommandeur angenommen, einen einflussreichen Posten in der verfassungsmäßigen Regierung zu beziehen, dann hätte er seinen Willen, innerhalb von Maderos politischen Systems zu arbeiten unter Beweis gestellt. Orozco hatte in seinem *Plan de la Empacadora* höhere Löhne, eine Agrarreform und ein Verbot von unternehmenseigenen Läden gefordert. Sein Biograf Michael Meyer war ganz klar der Meinung, dass diese Ziele Orozcos wahren Überzeugungen entsprachen.

Allerdings lässt die Tatsache, dass Orozco Maderos Angebot ablehnte, keine Zweifel daran, dass er für sich selbst und seine Anhängerschaft größere Ziele anstrebte, als politische und soziale Reformen voranzutreiben. Im Nachhinein betrachtet, erreichten die nachfolgenden Regierungen Chihuahuas unter Abraham Gonzales, Pancho Villa und Silvestre Terrazas alle eine Umverteilung des Vermögens und sozialen Wandel in beträchtlichen Ausmaßen. Für Historiker, die auf Fakten angewiesen sind, die durch Geschehnisse hervorgebracht wurden, ist eine Ursache-Wirkung-Schlussfolgerung in diesem Fall aus heutiger Sicht nahezu unmöglich. Wurden diese revolutionären Veränderungen durchgeführt, um die rebellierenden Massen in den Jahren 1912 bis 1919 zu kooptieren, oder handelten die drei Revolutionsführer tatsächlich aus innerer Überzeugung heraus? Im ersten Fall hätte Orozco die Entscheidung gefällt, sich nicht dem politischen System anzuschließen, weil er noch radikalere Reformen durchführen wollte, als ihm dies vom Posten des Gouverneurs aus möglich gewesen wäre. Im zweiten Fall verwarf er seine revolutionären Überzeugungen, um an die Macht zu gelangen. Sollte dies seine Motivation gewesen sein, so scheiterte sein Plan kläglich, ganz zu schweigen von den zehntausenden Einwohnern Chihuahuas, die in einen gewaltsamen Tod gerissen wurden.

Die Vorahnung der mexikanischen Regierung, Orozco würde seine eigene Revolte ausrufen, erwies sich als logisch und korrekt. Er wartete jedoch auf den besten Moment. Als der Kommandeur sich weigerte, das Gouverneursamt von Chihuahua anzunehmen, mussten sich Madero und seine Leute in Anbetracht der mächtigen Stellung, die Orozco nach der Revolte der *Vasquistas* zugekommen war, auf das Schlimmste vorbereiten. Orozco genoss in Chihuahua äußerst großes Ansehen in der Bevölkerung. Er hatte sich selbst als realistische und mächtige Alternative für die Regierung Madero positioniert, welche sich mit einer Welle der Enttäuschung aus dem Volk Chihuahuas konfrontiert sah. Obwohl Orozco seinen Posten als Kommandeur der Rurales von Chihuahua niedergelegt hatte, befahl er noch immer über tausende bewaffnete Zivilisten und hatte zudem Teile der in Chihuahua stationierten Bundesarmee auf seiner Seite.

Während Sommerfeld damit zugange war, die US-Behörden und den mexikanischen Geheimdienst zu koordinieren, entsandte Madero seinen treuen Freund Abraham Gonzales, das Gouverneursamt von Chihuahua zu übernehmen. Sowohl Sommerfeld als auch Gouverneur Gonzales arbeiteten mit Hochdruck daran, eine Verteidigung gegen die sich entwickelnde Guerilla-Armee aufzustellen, welche mit den Truppen Zapatas im Süden vergleichbar war. Einer der ersten Schritte Gonzales' war es, sich an seinen alten Freund Pancho Villa zu wenden, der auch bereits von Orozco dazu aufgerufen worden war, sich seiner Sache anzuschließen. Villa schloss sich aber nicht Orozco an, sondern erklärte seine uneingeschränkte Loyalität gegenüber Francisco Madero. Unter einem neuen Auftrag von Abraham Gonzales, rekrutierte Villa eine loyale Kampftruppe bestehend aus Zivilisten und Rurales. In den kommenden Jahren sollte er Orozcos Erzfeind werden.

Am 7. Februar, dem Tag nachdem Sommerfeld bärtig und verwirrt in El Paso angekommen war, verhafteten US-Behörden Ricardo Flores Magon und seinen Bruder Jesús. Seit Jahren hatten die beiden gegen die mexikanischen Regierungen unter Diaz und Madero von der amerikanischen Seite der Grenze aus intrigiert. Amerikanische Agenten hatten jede Bewegung der Brüder überwacht und sie letztlich festgenommen. Die Brüder Flores Magon stellten den extremen linken Flügel der Mexikanischen Revolution dar. Die *Magonistas* repräsentierten die Opposition der Arbeiterschicht und zählten zu den frühesten Revolutionären Mexikos, die ihre eigenen Aufstände und Schläge gegen Porfirio Diaz planten und durchführten.

Im Jahr 1911 schloss sich ihre Bewegung kurzzeitig der größeren Koalition Maderos an. Die Regierungen Madero und De La Barra unternahmen allerdings kaum etwas gegen die missliche Lage der der mexikanischen Arbeiterschaft, und so spalteten sich die *Magonistas* bald wieder ab und rekrutierten ihre Männer im mexikanisch-amerikanischen Grenzgebiet. Die Festnahme der beiden Brüder im Jahr 1912 stellte einen bedeutenden Meilenstein für die Bestrebungen der US-Regierung dar, ihren Einfluss auf die mexikanischen Gemeinden auf der amerikanischen Seite der Grenze auszubauen.

In Chihuahua herrschten schlimme Zustände. Am 18. Februar hatten Rebellen „drei lange Brücken [...] entlang der Northwestern [Schienenverbindung] [...] nördlich von Guzman“ abgebrannt. Zudem hatte man sämtliche Kabelverbindungen auf dieser Strecke getrennt und so im Grunde jegliche Kommunikation zwischen Ciudad Juarez und Chihuahua City zum Erliegen gebracht.[508] Sommerfelds Strategie für die Bekämpfung der *Vasquistas* glich der Methode, die er bereits angewandt hatte, um die Revolte von Reyes zu untergraben: Die Versorgungskette aus den USA unterbrechen und die gegnerischen Junta-Mitglieder durch die US-Justiz und das US-Militär festnehmen lassen. Unter der Führung von Abraham Molina und mexikanischer Militärs konnten die Aufrührer, die Juarez am 31. Januar geplündert und den Vasquez-Aufstand angestoßen hatten, am 19. Februar festgenommen werden.[509] Die *Vasquistas* dachten jedoch nicht daran, aufzugeben. Chihuahua stand in Flammen und in El Paso wimmelte es von Flüchtlingen, die aus dem gesamten Bundesstaat in die Grenzstadt strömten.

Amerikanische Unternehmen im ganzen Land hatten den Betrieb eingestellt. Die American Smelting and Refining Company (ASARCO), das größte amerikanische Hüttenunternehmen südlich der Grenze, musste durch die Unruhen große Einbußen hinnehmen. Laut G. C. Kaufman, einem der Manager von ASARCO, wurden die Arbeiter „angegriffen, verletzt und beraubt [...]" Während eines Gesprächs zwischen BI-Agent Lancaster und Herrn Kaufman über die Gesetzlosigkeit Chihuahuas, „[...] trat Frederick [sic] Stallforth, ein Vertreter der deutschen Regierung auf Mr. Kaufman zu und sagte, er habe soeben ein Telegramm erhalten und erfahren, dass die Bahnverbindungen der National R[ailways] erneut unterbrochen und Brücken im Norden Chihuahuas niedergebrannt wurden [...] Als Mr. Stallforth uns wieder verließ, merkte er noch an: ‚Nun, wir werden jetzt bald hinunter gehen.' Mr. Kaufman antwortete: ‚Ja Frederico, wir werden zusammen untergehen. Wenn nicht so, dann auf andere Weise. ' Mit der Bemerkung Stallforths war gemeint, dass sie wohl bald in den Teil des Landes hinuntergehen würden, der unter fremdem Schutz steht."[510] „Unter fremden Schutz" bezeichnete, was amerikanische und andere ausländische Geschäftsleute von der US-Regierung erwarteten: eine militärische Intervention.

In der Zwischenzeit besetzten die Rebellen unter Vasquez Gomez große Teile der ländlichen Gegenden Chihuahuas. Sie lockten Orozco öffentlich und versuchten den General in den Kampf mit einzubeziehen. Obwohl es zu diesem Zeitpunkt noch so aussah, als täte Orozco alles, um den Aufstand zu beenden, hatte Sommerfeld seine Zweifel an dessen wahren Beweggründen. Der amerikanische Kommandeur in Fort Bliss, Colonel Steever, sowie die amerikanische Öffentlichkeit in den Grenzstädten fühlten, dass bald etwas geschehen musste, um die Ordnung wieder herzustellen. Sommerfeld vertraute seinem Freund Steever am 22. Februar an, dass Orozco „nicht länger loyal" war.[511] Der Deutsche erinnerte sich nur zu gut an den knappen Ausgang der Situation in Juarez fast ein Jahr zuvor, als

Orozco drohte, Madero zu beseitigen. Am 23. Februar des Jahres 1912 erhielt Sommerfeld Order, sich in Mexiko-Stadt persönlich beim Präsidenten zu melden. Auch Hopkins, der sich bei Ausbruch der jüngsten Kämpfe in Guatemala aufgehalten hatte, eilte in die mexikanische Hauptstadt.[512] Als Sommerfeld am 25. Februar eintraf, traten er, Hopkins, Francisco Madero und dessen Bruder Gustavo in einer Notsitzung zusammen.

Hopkins hatte einen brillanten Plan geschmiedet und stellte diesen dort vor. Nachdem man im Dezember eine rechtliche Zusammenarbeit und einen Informationsaustausch mit der US-Regierung erreicht hatte, hatte Hopkins auch für weitere Finanzmittel durch Pierce und Flint sorgen können.[513] Er versprach dem Präsidenten, er könne die Unruhen an der Grenze beenden. Wollte Präsident Madero jedoch tatsächlich einen effektiven mexikanischen Geheimdienst, so musste Abraham Gonzales auf seinen Einfluss verzichten. Madero stand vor einer schwierigen Entscheidung. Gonzales hatte für die nötige Unterstützung gesorgt, die Maderos Revolution hatte gelingen lassen. Zusammen mit Maderos Bruder Gustavo hatte er zudem die Grundlage für die bestehende Geheimdienstorganisation geschaffen. Was Sommerfeld jedoch von dieser Organisation entlang der Grenze berichten konnte, war jedoch katastrophal. Hopkins, und in dessen Sinne auch Sommerfeld, wollten keine Kompromisse eingehen. Die Unternehmungen des Geheimdienstes mussten von Gustavo und ohne Gonzales als Mittelsmann geführt werden.

Hopkins, Gustavo Madero und Sommerfeld stießen in der Frage über die Kontrolle des Geheimdiensts öffentlich mit Gonzales zusammen. Beweise für dieses Zerwürfnis drangen im Oktober des Jahres 1912 an die Öffentlichkeit, als Senator Albert B. Fall Sommerfeld über sein Verhältnis zu Gonzales befragte. Die Antwort des deutschen Agenten war zugleich überraschend und vielsagend. Überraschend, weil bisher kaum jemand je etwas Negatives über Abraham Gonzales, den stämmigen, herzlichen und väterlichen Revolutionär aus Chihuahua geäußert hatte, der unter Seinesgleichen hohes Ansehen genoss, hatte er doch Villa und Orozco angeheuert. Vielsagend, weil die Antwort Einblicke in die internen Machtkämpfe erlaubte, die sich in Maderos Kabinett entwickelt hatten. Sommerfeld sagte folgendes aus: „Ich war sein Freund, seit kurzem betrachtet er mich jedoch als Feind."[514] Das Verhältnis zwischen Gonzales und Gustavo wurde bisher nicht geschichtswissenschaftlich untersucht. Der einzige bestehende Hinweis darauf findet sich womöglich in der Tatsache, dass Gonzales im Februar 1912 schlagartig das Kabinett verließ und zurück nach Chihuahua reiste. Laut Katz und anderen Historikern, war der Patriarch der Revolution in Chihuahua nicht glücklich in Mexiko-Stadt, wo letztlich doch alle Fäden im Büro von Gustavo Madero zusammenliefen.

Hopkins' Methode der Zusammenfassung von Nachrichtendiensten entwickelte sich zu einem wiederkehrenden Muster der Außenpolitik der Vereinigten Staaten im Ersten und Zweiten Weltkrieg sowie im Anschluss an 9/11. Im Mexiko des Jahres 1912 war der Innenminister verantwortlich für die Polizeikräfte und den Teil des Geheimdienstes, der sich mit Polizeiaktionen und Schmuggel befasste. Der Außenminister hatte die Kontrolle über die Konsulate, welche wiederum die Agenten bezahlten. Der Kriegsminister befahl über das Militär und die Beschaffung von Informationen, die für dessen Arbeit von Bedeutung waren. Die Waffen schmuggelnden und rebellierenden *Juntas*, die überall entlang der Grenze zu finden waren, stellten militärische Bedrohungen dar.

Die Kontrolle über Geheimdienstorganisationen bedeutete Macht. Gonzales, dessen Machtzentrale in Chihuahua lag und der einer der wichtigsten Organisatoren der Revolution von 1910 im Norden des Landes war, befand sich in bester Position, die Verantwortung für Geheimdienstaktivitäten entlang der amerikanisch-mexikanischen Landesgrenze für sich zu behaupten. Der Wettstreit unter den Geheim- und Nachrichtendiensten führte dazu, dass deren Operationen stets ungeheuer kostspielig und ineffizient abliefen. Abraham Gonzales stellte wie auch Felix Sommerfeld fest, dass die Bündelung der Anstrengungen in einer gemeinsamen Organisation entlang der Grenze einen effektiven Weg für den Umgang mit Bedrohungen aus den USA darstellen würde. Sie konnten sich nur nicht darüber einigen, wer dieser Organisation vorstehen sollte.

Zwar hatte Gonzales in der neuen Administration Mexikos ein Amt inne, das ihm sehr große Macht verlieh, Gustavo Madero und Hopkins verfügten jedoch über noch mehr Macht und Einfluss und boten zudem eine Lösung für das Problem des drohenden Chaos an der Grenze an, die der Präsident nicht ignorieren konnte. Der Anwalt aus Washington stellte folgende Bedingungen: Sommerfeld sollte uneingeschränkt über alle Ressourcen der mexikanischen Geheimdienste, die Konsulate und über alle Mexikaner und Geheimagenten auf der anderen Seite der Grenze befehligen können sowie alle Mittel erhalten, die für die Errichtung einer effektiven und einheitlichen Organisation vonnöten waren. Gonzales würde seinen Gouverneursposten wieder beziehen und Sommerfelds Organisation mit Auslieferungspapieren und Informationen von der mexikanischen Seite versorgen. Gonzales konnte sich offensichtlich nicht damit abfinden, dass seine Macht durch Hopkins und dessen deutschem Schützling beschnitten wurde. Sherburne Hopkins gab bei seiner Befragung bezüglich seiner Rolle in der Regierung Madero durch Senator Smith im Jahr 1912 einige spannende Antworten:

> Smith: ‚Sie wurden durch Maderos Fraktion konsultiert? ' Hopkins: ‚Offen gesagt, ich war der Rechtsberater der Revolutionspartei in Washington.‘ Smith: ‚Über welchen Zeitraum?’ Hopkins: ‚Von Anfang bis Ende.’ Smith: ‚Können Sie mir erklären, warum man gerade Sie um ihre Dienste gebeten hat?‘ Hopkins: ‚Ja, Sir, weil ich für ihren Geheimdienst verantwortlich war.’ Smith: ‚Haben sie die Männer angestellt?’ Hopkins: 'Ja!’ Smith: ‚Hatten sie in dieser Funktion überhaupt mit Mr. Sommerfeld Kontakt?‘ Hopkins: ‚Ich kannte Mr. Sommerfeld, doch ich traf ihn erst nach der [Madero] Revolution. ' Smith: ‚Und sie [Sommerfeld und die Maderos] konsultierten Sie in allen Staatsfragen?‘ Hopkins: ‚Ja, Sir; alle Fragen, die sich mit der Revolution beschäftigten, und für die meine Dienste als notwendig erachtet wurden.‘[515]

Man entschied sich endgültig für eine Umsetzung des Hopkins-Plans. Sommerfeld erhielt mehrere Tage lang genauste Anweisungen bezüglich der rechtlichen Rahmenbedingungen, die er einhalten musste, wenn er feindliche Versorgungsketten unterbrechen, Verschwörer auf amerikanischem Boden verhaften lassen und dabei selbst nicht in Konflikt mit US-Gesetzen geraten wollte. In seiner Aussage vor dem US-Unterausschuss für Mexiko im Oktober 1912 fällt auf, wie verblüffend gut er sich mit dem geltenden Recht der Vereinigten Staaten auskannte.[516] Dies verdankte er Sherburne G. Hopkins.

Die Historiker Harris und Sadler stellten in richtiger Weise fest, dass die Thiel Detective Agency in El Paso ihre Berichte nicht nur an den mexikanischen Geheimdienst, sondern auch an das BI, Alberto Madero (den Onkel des Präsidenten) und zudem an die Northwestern Railroad Company schickten.[517] Diese Verteilerliste zeugt jedoch nicht etwa von einem Akt der Untreue oder einem Doppelspiel, das auf Kosten von Thiels Auftraggebern gespielt wurde, wie dies durch Harris und Sadler vermutet wurde. Die Agentur Thiel war im Jahr 1910 von Hopkins engagiert worden. Das Geld, das Konsul Llorente zur Finanzierung der Organisation erhielt, stammte von Hopkins. Der Mann, der die Verantwortung für die Geheimdienstoperationen im Grenzland übernahm, war Hopkins' Mann Sommerfeld. Die Informationsweitergabe an die Justiz, die mexikanische Regierung und das Eisenbahnunternehmen geschah auf Hopkins' Befehl. Darin bestand seine Vereinbarung mit dem Justizministerium, seinem Klienten der mexikanischen Regierung und seinem anderen Klienten Henry Clay Pierce, der im Oktober 1911 die Kontrolle über die National Mexican Railroads wiedererlangt hatte.

Hopkins' Agent, Felix Sommerfeld, arbeitete auch im Sinne von Pierces Interessen, wobei sich diese mit seinen eigenen teilweise überschnitten. Senator Smith ließ er im Oktober 1912 wissen: „Die 'Mexican Northwestern Railroad' plante die Errichtung einer Telegrafenverbindung von hier bis in das Büro in Juarez, sodass sie von hier aus direkt mit ihren Außenstellen überall entlang der Bahnlinie in Kontakt treten konnten, und ich telegrafierte dem Minister, ob er dies wenn möglich tun könnte, weil wir die Verbindung selbst brauchten."[518] In Bezugnahme auf die Entwicklungen infolge der Treffen in Mexiko-Stadt schreiben Harris und Sadler: [...] in der Geschichte der Vereinigten Staaten gibt es keinen anderen Fall, in dem es einer fremden Geheimdienstorganisation gestattet war, so offensichtlich auf amerikanischem Boden zu operieren, wie dies im betrachteten Zeitraum [1912] möglich war."[519]

Es versetzt einen tatsächlich in Staunen, wenn man sich vor Augen führt, dass es möglich war, dass die Vereinigten Staaten im Fall der Grenzsicherung in den Jahren 1911 und 1912 einen Teil ihrer Souveränität an Mexiko abgetreten haben. Diese These mutet absurd an, und natürlich ist sie das auch. Die Fakten erzählen eine ganz andere Geschichte. Haben Harris und Sadler durch ihre akribische Forschung auch die brillantesten und umfangreichsten Studien über die Grenze zwischen den USA und Mexiko hervorgebracht, so fehlte ihnen doch in diesem einen Fall ein bedeutendes Puzzlestück.[520] Die Errichtung eines geheimen Netzwerks entlang der Grenze im Jahr 1912 war eigentlich ein gemeinsames Projekt der beiden Regierungen. Viele der kampferprobten Mitglieder aus Sommerfelds Organisation von 1912 wechselten letztendlich sogar zum FBI, eine Ironie der Geschichtsschreibung, bedenkt man Sommerfelds wahren Hintergrund als deutscher Agent.

Keine Regierung, die so entschlossen und mächtig ist wie die der Vereinigten Staaten hätte es toleriert, dass ein fremder Geheimdienst sich derart frei auf ihrem Territorium hätte bewegen können. Wer nicht unter dem Schutz der US-Regierung stand, musste nur allzu schnell begreifen, was er durfte und was nicht. Bernardo Reyes war einer von vielen mexikanischen Rebellen, die im Zuge von US-Sicherheitsoperationen entlang der Grenze durch diese Organisation ausgeschaltet wurden. Als Forscher verliert man sich nur allzu leicht in dem wirren Netzwerk aus Doppel- und Dreifachagenten, Verrätern, wechselnden Loyalitäten, *Pistoleros* und Betrügern, die allesamt in einem schier endlosen Chaos entlang der Grenze tätig waren. Versteht man allerdings die Rollen, welche Hopkins, Sommerfeld, die US-Ministerien für Justiz, Krieg und Äußeres sowie die mexikanische Regierung in diesem Spiel übernehmen, lassen sich in diesem Chaos durchaus Muster erkennen. Es gibt zahlreiche geschichtliche Arbeiten, in denen die Geschehnisse in den Grenzstädten zu Mexiko genau beschrieben werden, der Hopkins-Plan war jedoch nie zuvor erkannt worden.

KAPITEL 11

DIE ORGANISATION SOMMERFELD

Sommerfeld fing am 27. Februar 1912 an, den Hopkins-Plan in die Tat umzusetzen, als die *Vasquistas* die Stadt Ciudad Juarez zurückeroberten. Die dort stationierte Garnison fiel in nur wenigen Stunden, und die Zivilisten, die der mexikanische Konsul in El Paso, Enrique Llorente, in den Wochen zuvor bewaffnet hatte, konnten dem heftigen Angriff nicht standhalten. Innerhalb weniger Tage war der gesamte Bundesstaat Chihuahua belagert. Am 1. März folgte dann Orozcos Zug. Er rief seine Revolte gegen Madero aus, schloss sich mit den *Vasquistas* zusammen und setzte sich an die Spitze der Organisation, die später als „Colorado"-Bewegung bekannt werden sollte. Der Name war von den roten Kriegsfahnen der Revolutionäre abgeleitet, die oft die Aufschrift „pan y tierra" (Land und Brot) trugen.[521] Orozco erklärte sich bald zum obersten Anführer, entledigte sich des *provisorischen Präsidenten* Emilio Vasquez Gomez und übernahm offiziell das Kommando über die Rebellen, die in Chihuahua umherzogen. Er besetzte Chihuahua City und sprach das Kriegsrecht aus. Gouverneur Gonzales entkam nur knapp dem Gefängnis. Er versteckte sich zunächst im Haus eines Freundes und schlüpfte anschließend durch die Reihen der Belagerer.[522] Nur wenige Tage später fand er sich als Kämpfer bei Pancho Villas Partisanen.

Unterdessen kehrte Sommerfeld am 28. Februar, dem Tag nachdem Juarez gefallen war, aus Mexiko-Stadt zurück nach San Antonio. Mit einem Brief des Präsidenten bewaffnet, der alle mexikanischen Beamten befahl, ihm jede Hilfe zu gewähren, die er benötigte, überreichte der Deutsche dem Agenten aus San

Antonio, H. A. Thompson, seine „persönliche Kennung“ und versprach, den BI-Agenten über all seine Schritte informiert zu halten.[523] Thompson berichtete seinen Vorgesetzten, Sommerfeld habe Order vom mexikanischen Präsidenten, „einen Plan umzusetzen, der es ihnen ermöglichen soll, die Kontrolle über die Häfen zurückzuerlangen, ohne dass dabei amerikanischen Bürgern geschadet würde [...]“[524] Senator Smith fragte Sommerfeld später, ob er von der mexikanischen Regierung eine „uneingeschränkte Vollmacht“ erhalten hatte, worauf der Deutsche antwortete: „Diese Tatsache möchte ich nicht verschweigen.“[525] Madero war Hopkins' Forderungen für die Umsetzung seines Plans offensichtlich nachgekommen. Der offizielle Chef des mexikanischen Geheimdienstes reiste anschließend weiter nach El Paso, wo er sich im Sheldon Hotel einrichtete, um von dort aus seinen Schattenkrieg zu führen. Nach nur kurzer Zeit verließ Agent Thompson das Büro des Justizministeriums in San Antonio und schloss sich Sommerfelds Organisation an. Zu diesem Zeitpunkt waren die wichtigsten Informanten Molina, Beltran und die Thiel Detective Agency, die ihre Männer in El Paso, San Antonio, Houston, Los Angeles, aber auch in Chihuahua City und weiteren Orten südlich der Grenze postiert hatte.[526]

Der Aufbau der Geheimdienstorganisation schritt mit großem Tempo voran. Llorente hatte zwischen 600.000 und 700.000 Dollar (bei heutigem Wert etwa 12,6 bis 14,7 Millionen Dollar) erhalten, mit denen Informanten bezahlt und Waffen und Munition für die Bundesarmee in Chihuahua besorgt wurden.[527] Unter den zahlreichen Flüchtlingen, die überall entlang der Grenze anzutreffen waren, heuerten Sommerfeld und Llorente bald dutzende Spitzel an. Dieses Personal war in ausreichender Menge und kostengünstig vorhanden. Als Sommerfeld sein Netzwerk installiert hatte, fand in El Paso oder San Antonio nichts mehr statt, ohne dass Sommerfeld davon wusste. Seine Leute überwachten die Läden aller Eisenwarenhändler, die Häuser jedes Verdächtigen, sämtliche Banken und Saloons entlang der Grenze. Sogar die Lebensmittelgeschäfte ließ man beschatten, sollten die Rebellen sich dort mit Verpflegung eindecken. Allerdings führte der rasche Personalzufluss auch zu Problemen.

Vielen der mexikanischen Informanten fehlte es an Loyalität, oder aber die konnten einfach keine Geheimnisse für sich behalten.

Ohne Orozcos Wissen waren Hopkins und Sommerfeld durch ihren genialen Plan zu seinen schlimmsten Widersachern geworden. Auf einmal standen ihm nicht mehr nur Maderos Soldaten gegenüber, er wurde auch vom vereinten Gesetzesvollzug und den geheimen Truppen der mexikanischen und amerikanischen Regierungen bekämpft. Der erste Schlag gegen Orozco geschah am 14. März 1912, als Präsident Taft ein Embargo über den Export von Waffen und Munition nach Mexiko ausrief, von dem jedoch die konstitutionelle Regierung des Landes ausgenommen wurde. Obwohl diese Anordnung zunächst kaum durchführbar war, entwickelte sie sich zum Herzstück des Hopkins-Plans. Unter Sommerfelds Führung begann die größte Geheimdienstoperation zwischen Mexiko und den Vereinigten Staaten in den folgenden Monaten langsam, Früchte zu tragen. Sie bedeutete den Untergang für Orozcos Colorados, die von der amerikanischen Presse „Red Flaggers" genannt wurden.

Der Fortbestand von Maderos Regierung war im Februar und März des Jahres 1912 zweifelsohne unsicher. Gerüchte wurden laut, Orozco wäre von Anhängern des alten Regimes eine Summe in Höhe von 2 Millionen Dollar (bei heutigem Wert 42 Millionen Dollar) zugekommen.[528] Sommerfeld untersuchte dies persönlich und fand heraus, dass zwei beglaubigte Schecks von Juan Terrazas an Orozcos Gruppe gegangen waren, einer über 52.000 Dollar und der andere über 12.500 Dollar. Beide Schecks (bei heutigem Wert 1,35 Millionen Dollar) wurden in der ersten Märzwoche eingelöst, und das Geld wurde für Waffenkäufe der Rebellen verwendet.[529] Über die Mächte hinter Orozcos Aufstand gibt auch ein Befehl Aufschluss, den der Rebellenführer am 18 März gab: „Hiermit wird das Eigentum von Gen. Luis Terrazas als immun erklärt und darf unter keinen Umständen berührt werden."[530] Dieses Geld überstieg jegliche Finanzierung der mexikanischen Regierung bei Weitem, insbesondere da viele Zollhäuser entlang der Grenze in der Hand der Rebellen lagen oder aber aufgrund der Krise geschlossen waren. Letztendlich wurden jedoch auch diese Quellen durch die effiziente Instrumentalisierung der US-

Regierung trockengelegt, und den Rebellen wurde somit sämtlicher Nachschub an Personal, Waffen und Munition abgeschnitten.

Sommerfeld benötigte einige Wochen, um sich in seiner neuen Stellung gegenüber den US-Behörden in den Grenzstädten zu behaupten. Zwar hatte er von der mexikanischen Regierung grünes Licht für seine Operationen erhalten, die amerikanische Polizei und das Militär waren jedoch von der Obrigkeit noch nicht über Sommerfelds Rolle informiert worden. So ergab sich für Sommerfeld gleich zu Beginn, am Tag bevor er in San Antonio eintraf, ein Problem: Teódulo Beltran, der Leiter seiner Geheimdienstorganisation in der Stadt, wurde versehentlich festgenommen und landete im Gefängnis. Der städtische Sheriff Johnson hatte drei mexikanische Rebellen festgenommen und bei ihrer Durchsuchung zwei Winchester-Gewehre gefunden. Ohne ersichtlichen Grund drängte der BI-Agent Charles D. Hebert, der laut Harris und Sadler „verärgert" war, den Sheriff, den mexikanischen Geheimagenten Beltran „mit ihnen ins Gefängnis zu stecken."[531] Wie das Problem gelöst wurde, ist nicht bekannt. Sehr wahrscheinlich bedurfte es eines Anrufs von Hopkins beim Justizministerium in Washington, um das Missverständnis aufzuklären. Hopkins hatte bereits im Jahr 1911 viele Madero-Aktivisten aus der Haft befreit, indem er Senator Hitchcock versicherte, dass „sein Rechtsbeistand im Sinne des Schutzes von Revolutionären hier im Land [den USA]" diene.[532] Hebert sollte Sommerfeld und den BI-Agenten an seiner Seite auch zukünftig ein Dorn im Auge bleiben.

Doch auch innerhalb Sommerfelds Organisation kam es zu Problemen. Abraham Molina, der frühere Chef des mexikanischen Geheimdiensts, der jetzt unter Sommerfeld diente, wollte die Autorität des Deutschen nicht anerkennen. Sehr wahrscheinlich durch die Bedenken seines vormaligen Vorgesetzten Abraham Gonzales beeinflusst, begann Molina, Sommerfelds Arbeit aktiv zu untergraben. Am 11. März 1912 informierte er Agent Ross vom BI in El Paso „vertraulich darüber, dass die mexikanische Regierung 250 Soldaten aus Laredo nach Ojinaga geschmuggelt hatte, wobei es sich hauptsächlich um Artilleristen und Offiziere handelt[e].“ Dies war nicht der Fall, doch die Anschuldigungen führten dennoch dazu, dass die Justizbehörden begannen, gegen Sommerfeld und Llorente wegen des Verdachts zu ermitteln, sie rekrutierten Soldaten für die mexikanische Armee.[533] Wie erwartet blieben die Ermittlungen ergebnislos. Am 22. März ging Molina sogar so weit, Agent Ross zu berichten, Sommerfeld habe angeblich „500 Gewehrtaschen und 300 -riemen [bestellt] […] und dass er diese gestern erhalten und Richtung Osten verschickt hat – nach Marfa […] von wo aus sie wahrscheinlich nach Ojinaga geschmuggelt werden sollen.“[534] Natürlich stellten die Gewehrtaschen und –riemen keine Munition dar, die von der Ausfuhrbeschränkung betroffen war. Sommerfeld lieferte in Wirklichkeit legal Waffen und Munition von Marfa aus an den Kommandeur der Bundestruppen in Mexiko. Als Vertreter der mexikanischen Regierung musste er diese gar nicht schmuggeln und so überreichte er Agent Ross am 30. März eine genaue Liste seiner Lieferungen an Kommandeur José González Salas:

2 Maschinengewehre, Colts, 7mm
8 Kisten Munition mit 32 kleinen Kisten und 32 Gurtzuführungen für MG
1000 Patronengürtel (700 Textil und 300 Leder)
331 Karabinertaschen mit Riemen
2 Gurtfüller für MG
50,000 Patronen Munition 30-40[535]

Sommerfelds Probleme mit Molina zogen sich über Monate hinweg. Als er schließlich denselben ehemaligen BI-Agenten engagierte, den Molina zuvor „vertraulich“ informiert hatte, erfuhr er von Molinas Untreue, und dieser wurde vom Dienst suspendiert. Molina weigerte sich jedoch schlicht, zu gehen.[536] Er hatte noch ein Ass im Ärmel, denn er hatte Kenntnis über eine prekäre Angelegenheit, die für Sommerfeld und den mexikanischen Konsul eine Gefängnisstrafe hätte bedeuten können.

Am 14. März 1912 eröffnete Peter F. Aiken, ein selbsternannter Glücksritter und Hochstapler, wie man diese damals nur allzu oft in texanischen Grenzstädten vorfand, Sommerfeld und Llorente ein Angebot. Er bot sich gegen eine ausreichende Bezahlung an, Pascual Orozco zu kidnappen und an die US-Behörden auszuliefern. Sommerfeld hatte Zweifel daran, dass der angeblich japanische Spion[537] und britische Veteran des Burenkriegs eine realistische Chance hätte, Orozco gefangen zu nehmen, und schlug Aiken eine etwas andere Mission vor.[538] Gegen eine Vorauszahlung von 200 Dollar (bei heutigem Wert etwa 4.200 Dollar) und einem Tagessatz von 25 Pesos (bei heutigem Wert etwa 250 Dollar), sollte er Zugbrücken zwischen Juarez und Chihuahua City sprengen, und so die Truppen- und Waffentransporte an Orozco verzögern. Mit fünfundsiebzig Pfund Dynamit und zwei von Molinas Männern namens Angel Schave und José Borjas Ramos,[539] machte sich Aiken auf nach Mexiko, um dort „sämtliche Brücken zwischen Agua Nueva und Terrazas" zu zerstören.[540] Aiken behauptete, die Mission sei erledigt. In Wahrheit endete das Unternehmen für Sommerfeld und Llorente in einer Katastrophe. Aiken wurde am 20. März festgenommen. Am Tag darauf „besuchte [Sommerfeld] mich im Gefängnis. Er sagte, er und der mexikanische Konsul täten alles, um mir zu helfen."[541] Aiken konnte nur durch beträchtliche Bestechungsgelder davon abgehalten werden, den US-Behörden alles zu erzählen. Er beklagte zwar während seiner sechsmonatigen Haft immer wieder seinen Zustand, sagte jedoch einige Monate lang nicht aus.

Zwei Monate nach seiner Verhaftung und Überführung erzählte er dann Agent Ross die ganze Geschichte, wahrscheinlich weil Sommerfeld die Zahlung seines Tagessatzes von fünfundzwanzig Pesos aussetzte. Sommerfeld hatte inzwischen herausgefunden, dass Aiken in Mexiko keinerlei Sprengungen durchgeführt hatte. Der deutsche Agent sagte ein paar Monate danach gegenüber Senator Fall aus: „Anstatt seine Mission zu erfüllen, blieb er in Juarez, betrank sich eine Zeit lang, und kam zurück."[542] Aikens Partner Schave gab zu Protokoll: „Ramos und ich fuhren am Morgen des 15. März 1912 nach Fabens, von wo aus wir die Grenze nach Mexiko überquerten [...] Ramos bekam kalte Füße und weigerte sich, die Mission auszuführen [...] am 19. März berichtete ich dem Konsul, und der nahm mir die 50 Dollar wieder ab."[543] Aikens Aussage, die laut Ross jedoch zum großen Teil aus Lügen bestand, „bestätigt gänzlich meinen Verdacht, demnach Peter Aiken seine Haftstrafe nur absitzt, um dem mexikanischen Konsul, Enrique C. Llorente und Abraham Molina selbige zu ersparen. Auf ihn wurde Druck ausgeübt, der letztlich zu seinem Geständnis führte, welches den Zweck hatte, den Konsul und Molina zu decken."[544] Zwar überrascht es, dass weder Llorente noch Molina Probleme bekamen, das eigentlich Interessante an Ross' Bericht ist jedoch, dass er einen weiteren Beweis für die Existenz des Hopkins-Plans liefert.

Aiken bringt Sommerfeld ausdrücklich und namentlich mit der Affäre in Verbindung. Er bestätigt seine Anwesenheit beim Beschluss der Mission und erwähnt die Zahlung von Bestechungsgeldern, die ihm Sommerfeld für seine Verschwiegenheit zahlte. Dennoch finden sich in Ross' Bericht nur die Namen Llorente und Molina. Sommerfeld, der die Angelegenheit bereits Wochen zuvor mit BI-Agenten abgesprochen hatte und dabei zugab, dass er Aiken auf „Irgendeine 'Mission' angesetzt" hat, war nie Ziel der Ermittlungen gewesen.[545] Er stand offensichtlich unter dem Schutz von Ross' Vorgesetzten, welcher wahrscheinlich von noch höherer Stelle angeordnet worden war, als der von A. Bruce Bielaski, dem Direktor des *Bureau of Investigation* in Washington, D.C.

Ungeachtet der anfänglichen Probleme breitete sich Sommerfelds Machtzentrale schnell weiter aus. Er hatte seine Unternehmung mit nur einer Hand voll Agenten beginnen müssen. Ende April fügte er seiner Organisation Powell Roberts hinzu, einen ehemaligen Sergeant der Polizei von El Paso. Die Organisation zählte nun vier Oberhäupter, die alle unter Sommerfelds Kommando standen: Molina, Roberts, Beltran und Kramp. Zur Unterstützung von Roberts engagierte Sommerfeld Lee E. Hall, einen weiteren ehemaligen Polizisten, und Earl Heath, der auch Amerikaner war. Die Agentur Thiel beschäftigte den ehemaligen BI-Agenten Cunningham, den Informanten, der die Standard Oil Company mit der Finanzierung von Maderos

Revolution in Verbindung gebracht hatte. Molina, dem Sommerfeld inzwischen gänzlich misstraute, waren sechsundzwanzig Agenten unterstellt. Roberts hatte zwischen zwölf und sechzehn Männer, während die Detektei Thiel eine unbekannte aber sicherlich höhere Anzahl Agenten beschäftigte.[546] Unter Sommerfelds Neuzugängen befand sich auch der britische Pilot Lee Hedgson, der mit seinem Flugzeug nach El Paso kam und Erkundungsflüge startete bei denen er „[...] mit Bomben aus der Luft so viel Schaden anrichtete, wie ich nur konnte."[547] Hedgson musste seine Flüge nach Mexiko als Flugshow tarnen, die Sommerfeld im Baseballstadion von El Paso organisiert hatte. Der amerikanische Militärkommandeur Steever durchschaute jedoch bald den Plan und drohte, den Briten abschießen zu lassen, sollte er sich der Grenze noch einmal nähern.[548] Zum Glück für Orozco flog Sommerfelds Ein-Mann-Flugshow auf und wurde unterbunden.

Des Weiteren bezahlten Sommerfeld und Llorente hunderte Mexikaner, die zum größten Teil aus Bundessoldaten bestanden, die im Anschluss an den Angriff auf die Garnison in Chihuahua vor Orozcos "Red Flaggers" geflohen waren. Agent Lancaster berichtete: „Alberto Madero, Felix Sommerfeld und General Darey Boldie hielten ungefähr 2.000 Mexikaner in und um El Paso bereit, um von dort aus nach Mexiko einzufallen und die Stadt Juarez zu nehmen."[549] Diese Zahl war weit übertrieben. Am 25. April informierte Abe Molina Agent Hebert, dass man ungefähr 300 mexikanische Soldaten bezahlte, die „ihren Sold hier alle zehn Tage vom mexikanischen Konsul ausgezahlt bekamen."[550] Die Männer reichten vielleicht nicht aus, um Juarez zurückzuerobern, wie dies die Propaganda unter Orozco behauptete, Sommerfeld verfügte jedoch über genug Leute, um die Bewegungen der Orozco-Rebellen auszuspionieren. Senator Smith zeigte sich beeindruckt, als Sommerfeld im Oktober 1912 zugab, dass seine Spione die Rebellentruppe in Ciudad Juarez sogar bereits durch und durch infiltriert hatten.[551] Orozcos Bestellungen für Waffen und Munition erreichten Sommerfeld oft früher als die Firma Krakauer, Zork, and Moye, welche den Hauptlieferanten der Rebellen darstellte.

Die Verbindung zwischen dem mexikanischen Geheimdienst und den US- Behörden wurde so eng, dass Harris und Sadler anmerkten, dass „[...] die Aktionen dieser zwei Organisationen [...] nahezu nicht voneinander abgrenzbar waren.“[552] Um den bitteren Nachgeschmack loszuwerden, den die Aiken-Affäre bei den US-Gesetzeshütern hinterlassen hatte, trafen sich Vertreter der Vereinigten Staaten am 5. Mai des Jahres 1912 in Fort Bliss. Special Agent Louis Ross vom BI, der Armeekommandeur von Ft. Bliss Colonel Steever, der Texas Ranger Webster, Sommerfeld und Powell Roberts besprachen einen ganzen Tag lang ihre Strategie. Ross erstattete seinen Vorgesetzten in der Woche darauf Bericht: „Wir gingen den ganzen Tag den Plan durch, der darauf abzielte, den Rebellen den Nachschub an Waffen und Munition abzuschneiden. Weitere Maßnahmen betreffend diese Aufgabe wurden besprochen.“[553] Wieder eine klare Referenz zum Hopkins-Plan und Sommerfelds, nicht Konsul Llorentes, Rolle darin. Gleich im Anschluss an das Treffen versuchte Sommerfeld erneut, Molina zu entlassen. Ross und Steever schienen diese Entscheidung zur Bedingung gemacht zu haben. Keiner traute dem mexikanischen Agenten. Möglicherweise infolge eines brillanten Ausweichmanövers, konnte Sommerfeld die Verantwortung für die Aiken-Affäre auf Molina abschieben und versicherte ihn seiner Entlassung. Wieder weigerte sich Molina, zu gehen und informierte Agent Ross am 16. Mai, dass er Sommerfeld und Llorente erpresste. Ross berichtete: „[...] er [Molina] hatte an diesem Morgen bei einer Befragung dem Konsul [Llorente] die Augen geöffnet.“[554] Während Molina weiterhin von Llorente bezahlt wurde, findet sich sein Name in späteren BI-Berichten als Lebensmitteleinkäufer für die mexikanische Armee. Bereits im Herbst verschwindet sein Name aus allen Berichten. Endlich war Sommerfeld seinen Herausforderer los.

Mit vereinten Kräften konzentrierten sich die BI-Agenten und Sommerfeld auf die Hauptpfeiler von Orozcos Organisation in El Paso. In Orozcos US-Lager in El Paso hatte Victor L. Ochoa das Sagen. Dieser stammte gebürtig aus Ojinaga, war Sohn mexikanischer und schottischer Eltern und hatte mit zweiundsechzig Jahren eine lange Geschichte von Verschwörungen vorzuweisen. Als Journalist und Herausgeber einer Zeitung führte er damals in den Jahren 1893 und 1894 eine Revolte gegen Porfirio Diaz an. Der Putschversuch scheiterte und Ochoa entkam nur knapp seinen Verfolgern, nachdem ein Kopfgeld von 50.000 Pesos auf ihn ausgesetzt worden war. „Seine Männer kämpften tapfer, waren jedoch bald in Unterzahl und fielen einer nach dem anderen, bis nur noch Ochoa übrig war. Durch eine List kam er an die Uniform eines der Soldaten und wurde auf dem Rückzug angeschossen, da man ihn für einen Deserteur hielt. Es begann eine Hatz durch die Berge und deren heimtückische Schluchten und Felsspalten. Die Überquerung der Berge war ein langer Weg, über 300 Meilen, doch der tapfere Ochoa fand letztlich Hilfe und konnte seine Verfolger abschütteln.“[555] Nachdem er all seine Kämpfer verloren hatte, schaffte er es, in die USA zu fliehen. „Am 11. April wurde Ochoa in Texas von der US-Regierung festgenommen und zu zwei Jahren und sechs Monaten Zuchthaus sowie einer Geldstrafe von 1.000 Dollar verurteilt worden, da er gegen Neutralitätsgesetze verstoßen hatte. Er wurde in die Strafanstalt von Kings County in Brooklyn [New York] gebracht und dort am 10. Mai 1897 entlassen. Am 15. Februar 1906 bewilligte Präsident Roosevelt sein Gesuch um Vergebung und Wiederherstellung seiner Bürgerrechte.”[556]

Ochoa war ein mächtiger Mann, der Angriffe von räuberischen Apachen und Diaz‘ Rurales überlebt hatte. Die vergangenen Jahre hatte er in El Paso verbracht. Bekanntheit erlangte er zudem durch seine patentierten Erfindungen wie dem Ochoa-Flugzeug (einem magnetisch betriebenen Flugapparat, der seinen Auftrieb durch den Schlag seiner Flügel erhält), einer Windmühle, magnetischen Zugbremsen, einem Schraubenschlüssel und einem umkehrbaren Motor. Die bahnbrechende Bauart, die Flügel vorhersieht, die zusammengeklappt werden können, sodass sich das Fluggerät in einer normalen Garage unterbringen lässt, war späteren Erfindungen wie dem ersten Flugzeugträger oder dem fliegenden Automobil um Jahrzehnte voraus. Ochoa starb im Jahr 1945 in

Mexiko, wo er im Exil lebte, nachdem er im Jahr 1936 zwei Männer in El Paso erschossen hatte.

Bei Ausbruch der Revolution im Jahr 1910 produzierte sein Unternehmen in El Paso allerdings keine Flugzeuge, sondern Füllfederhalter. Wie so viele, die ihre Hoffnungen auf Madero gesetzt hatten, unterstützte Ochoa anfangs die Revolution. Bald jedoch machte sich Ernüchterung breit, insbesondere weil sein Unternehmen an dem andauernden Konflikt zu leiden hatte. Als Orozco im März 1912 der Führung der Rebellen übernahm, errichtete Ochoa ein ausgeklügeltes Netzwerk zum Zwecke der Informationsbeschaffung, der Rekrutierung neuer Kämpfer und des Schmuggels von Waffen für die neue Bewegung. Er stellte zudem die Verbindung zu Luis Terrazas und weiteren Gegnern Maderos her und erschloss den Revolutionären so beträchtliche Geldquellen, was ihn letztlich ins Visier von Felix Sommerfeld brachte.

Da Ochoa unter ständiger Beobachtung durch mexikanische Agenten stand, und die Garnison in Juarez inzwischen von Sommerfelds Spionen durchsetzt war, kamen Ochoas Machenschaften schnell ans Licht. Seinem kühnen Wesen entsprechen, bekannte sich dieser kurzerhand öffentlich zu Orozco und seinen Rebellen. Trotzig wartete er auf einen ersten Schritt der Justiz. Sommerfeld und seine Agenten sammelten mehr und mehr Beweise, um seine Anklage zu untermauern. Am 21. Juni 1912 berichtete der Justizbeamte Barnes, Ochoa habe ein Kopfgeld von 5.000 Dollar auf Sommerfeld ausgesetzt und plane zudem einen Bombenanschlag auf das mexikanische Konsulat.[557] Laut Sommerfeld wurde Ochoa von seinen Leuten im Juli festgenommen und an die US-Behörden übergeben.[558] Er wurde der Verschwörung angeklagt, jedoch ein paar Wochen später auf Kaution freigesetzt. Ochoa war hasserfüllt, da man seine Organisation erfolgreich auseinander genommen hatte, und so verbreitete er Gerüchte, Sommerfeld und Llorente würden in den USA Männer für eine Konterrevolution rekrutieren.[559] Schließlich gelang es Sommerfeld und den Agenten des BI nicht, Ochoa in seiner Gerichtsverhandlung, die im Jahr 1913 großes öffentliches

Interesse erregte, zu überführen. Zusammen mit vielen seiner Verbündeten, die Sommerfeld und das BI festgenommen hatten, verließ Ochoa das Gericht als freier Mann, was auch nach der Zerschlagung der Orozco-Revolte so bleiben sollte.

Neben Victor Ochoa entwickelte sich das Handelshaus von Adolph and Julius Krakauer zum Hauptziel von Sommerfelds Zorn. Sommerfeld war bestürzt von der Tatsache, dass die deutsch-jüdischen Einwanderer, die aus derselben Gegend kamen wie Sommerfeld, den Profit über ethische Grundsätze stellten. Dies führte dazu, dass jeder, der ihrem Geschäft auch nur nahekam, monatelang gründlich beschattet wurde. Sommerfeld ließ auch Schecks nachverfolgen, die auf den Namen des Handelshauses ausgestellt wurden, und entlarvte so Terrazas' Finanzierung. Die Zuarbeit des mexikanischen Geheimdienstes führte dazu, dass so gut wie jeder Schmuggler, die mit dem Handelshaus der Krakauers Geschäfte machte, mit großer Wahrscheinlichkeit festgenommen wurde, und so füllten sich die Zellen von El Paso bald mit Kriminellen im Sinne der Neutralitätsgesetze. Da Verurteilungen schwer zu erwirken waren, verhängte man Kautionen zwischen 250 und 1.000 Dollar, um sicherzustellen, dass die Verdächtigen zukünftig von weiteren Aktionen absahen. Aus den Berichten der BI-Agenten lässt sich die Geschichte rekonstruieren: 11. März „[...] Somerfelt [sic] informierte mich heute darüber, dass Nunez & Son, welche ein Lebensmittelgeschäft an der South Stanton St. betreiben, in diesen Geschäft Bomben aus Dynamit herstellen."[560] 17. März „Der Detektiv Geo[rge] Harold sprach von einer Versammlung der Rebellen am South Broadway heute Abend, und er meinte, er könne einen Mann dort einschleusen." Im selben Bericht: „Ich traf Somerfelt [sic] und er ließ mich wissen, dass die Rebellen eine Lieferung Waffen und Munition an einen Händler in Chihuahua vorbereiteten [...] er versprach, den Namen des Händlers herauszufinden."[561]

Die Meldungen trafen in großer Anzahl aus dem gesamten Grenzgebiet ein, nicht nur aus El Paso. Die Berichte zeigen, welche Ausmaße Sommerfelds Netzwerk bereits angenommen hatte. Eine interessante Feststellung ist, dass Sommerfeld stets als Kopf der Organisation beschrieben wird, und nicht Llorente oder Molina, wie viele Historiker es fälschlicherweise ausgelegt haben. Bericht vom 18. März: „Ich traf L. L. Hall und er erzählte mir, dass er nun für Somerfelt [sic] arbeitet [...] Er meinte, er habe Informationen nach denen Thomas Duran gestern Abend von Douglas nach El Paso aufgebrochen ist, um Waffen nach Mexiko zu schmuggeln. Außerdem gab er an, dass Fernando Escaboza vom Bahnhof in Douglas und Stark aus schmuggelt und zudem Männer aus dieser Gegend rekrutiert."[562] Sommerfeld und seine Leute nahmen aktiv daran teil, die Schmuggler aufzuhalten und festzunehmen. In einem weiteren Bericht vom 18. März schrieb Special Agent Ross: „Mr. Kramp [von der Thiel Detective Agency] zeigte mir ein Telegramm, welches er aus Douglas erhalten hatte, das besagt, dass Francisca Villareal [,] ein Kind und ein Mann, der auf Krücken lief am Nachmittag in El Paso ankommen würden, und dass diese wichtige Dokumente für die Revolutionäre bei sich trugen. Er zeigte das Telegramm auch Alberto Madero. Die Geheimdienstleute warteten am Bahnhof und nahmen die Staatsfremden mit sich."[563]

Die Grenzen waren letztlich so stark verwischt, dass ein Agent an einem Tag für das BI arbeitete und am nächsten Tag für Sommerfeld. Bericht vom 25. April: „Um 21:00 Uhr ging ich zusammen mit Mr. L. E. Hall, der nun für die mexikanische Regierung arbeitet, hinunter zum Flussufer, um dort die Lage zu prüfen [...]"[564] Am 7. Mai: „Der Agent führte mit Hilfe von T. B. Cunningham [vormals BI-Informant] vom Theil [sic] Detective Service und L. LL. Hall [sic] vom Geheimdienst Maderos eine gründliche Untersuchung in Pirtleville und Douglas durch. Es gelang ihm jedoch nicht, etwas über die besagten Männer herauszufinden, die angeblich von der mexikanischen Seite kamen, oder diese ausfindig zu machen [...]"[565]Agent Thompson berichtete am selben Tag: „Ich wurde von T. M. Martinez [einem von Beltrans Männern], der die Waffenlieferung beobachtet, die von Andres Garza Galan gekauft wurde, informiert [...] Diese Ausrüstung wird im Haus von Casanova in den South Heights aufbewahrt und **wir** [Hervorhebung vom Autor hinzugefügt] lassen sie durch Agenten des mexikanischen Geheimdienstes beobachten [...]"[566] Am 16. Mai nahm Sommerfeld persönlich an der Jagd teil: „Am Abend berichteten einige der Männer der mexikanischen Regierung, dass sie Manuel Garza Adalpe aufgespürt hatten. Somerfelt [sic] und ich nahmen und eine Maschine und rasten dorthin, aber es stellte sich heraus, dass sie den Mann doch nicht gefunden hatten."[567]

Sommerfelds Organisation hatte tatsächlich das Recht, auf US-amerikanischem Boden Menschen auf- und festzuhalten, was Beamte der Vereinigten Staaten wie den Bürgermeister von El Paso und Senator Albert B. Fall stark beunruhigte. Um den Schmuggel über die Grenze zu unterbinden, hatte Sommerfeld seine Agenten auf der amerikanischen Seite postiert, die dort Menschen und Fahrzeuge durchsuchten. Zuerst arbeiteten die Agenten stets mit amerikanischen Militärs zusammen, nach ein paar Wochen jedoch agierten sie unabhängig. Abe Molina schilderte Agent Ross die Situation am 18. März: „[...] einige Leute versteckten Munition für den Transport über die Brücke in ihrer Kleidung; dass sie mit der Straßenbahn übersetzten, und jeder von ihnen das mehrmals am Tag machte; auch Frauen machten dabei mit, die Munition unter ihren Kleidern versteckten [...]"[568]

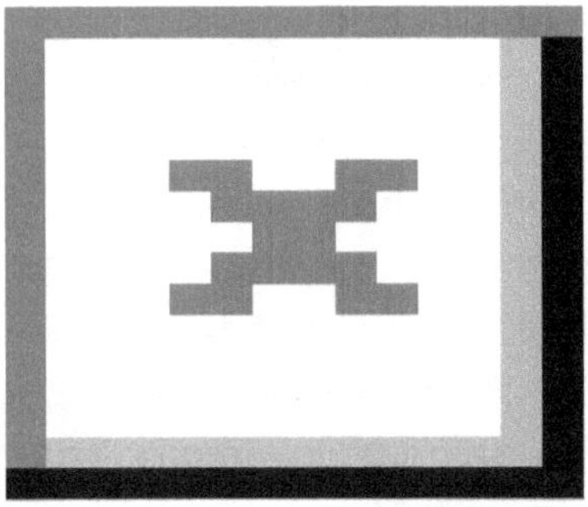

Waffenkontrolle an der mexikanischen Grenze im Jahr 1913.[569]

Die amerikanischen Soldaten, die die Brücken bewachten führten natürlich keine Leibesvisitationen bei weiblichen Schmugglern durch. Sommerfeld nahm sich dem Problem auf die für ihn typische, direkte Art und Weise an und engagierte weibliche Agenten. Unter den Augen der US-Grenztruppen und auf amerikanischem Boden errichteten die mexikanischen *Agentinnen* kleine Zelte auf den Brücken, führten die Frauen, die nach Mexiko wollten, egal ob mexikanischer, amerikanischer oder sonstiger Nationalität, aus den Straßenbahnwaggons in diese Zelte, durchsuchten sie und konfiszierten die Schmuggelware. Der Schmuggel konnte unterbunden werden, die Bürger von El Paso gerieten jedoch in Aufruhr. Als Senator Fall Sommerfeld einige Monate später fragte, wer die Agentinnen „dort aufgestellt“ hatte, behauptete dieser, er wisse es nicht.[570] Allerdings deckte er all die anderen Stellen, die in die Aktivitäten eingebunden waren wie Colonel Steever, das US-Justizministerium und die US-Zollbeamten. Sommerfeld deckte sogar seinen Freund Enrique Llorente. Auf die Frage, wer diese Frauen angestellt hatte, antwortete der deutsche Agent lediglich, dass der Konsul „sie bezahlte."[571] Letztlich heiligte der Zweck die Mittel, wenn die weiblichen Inspektoren auch bald wieder verschwanden, nachdem die Lokalpresse die Empörung der Öffentlichkeit in ihren Schlagzeilen veröffentlicht hatte.

Die Schlinge um Krakauer, Zork and Moye zog sich im Juni und Juli das Jahres 1912 immer weiter zu. Millionen Schuss Munition waren den Behörden seit der Verhängung des Waffenembargos durch den Präsidenten am 14.März in die Hände gefallen. Mitte Mai schrieb Agent Thompson an seine Vorgesetzten: „Den Berichten von Agent Ross und meinen eigenen werden Sie entnehmen können, dass wir die Anklage gegen Krakauer, Zork and Moye beinahe fertiggestellt haben [...] die mit der Verschwörung in diesem und einem anderen Fall in Verbindung gebracht werden [...] wir können jetzt eindeutig beweisen,[...] dass diese Personen noch immer versuchen, diese Lieferungen fortzusetzen, dass sie weiterhin Anweisungen bekommen [...] und diese Waren geliefert werden [...] Die Zeugen, die bei der Ausfuhr der Sachen festgenommen wurden, werden nicht zögern, bezüglich dieser Tatsachen auszusagen. Zudem haben wir einen Zeugen, der diesen Vertrag gesehen und gelesen hat [über Lieferungen an die Rebellen] und ich denke, wir können seinen Inhalt und seine Existenz beweisen."[572]

Während die BI-Agenten daran arbeiteten, Adolph und Julius Krakauer formell anzuklagen, nahm Sommerfeld die Dinge am 3. Juli selbst in die Hand. Gegenüber gewissen Personen, von denen er wusste, dass diese Adolph Krakauer informieren würden ließ er verlauten: „[...] wenn die Bundesregierung und deren Vertreter wieder in Besitz der Stadt Chihuahua gelang ist, dieser Mann [Sommerfeld] alles daran setzen wird, uns festzusetzen'."[573] Der amerikanische Konsul in Ciudad Juarez, Marion Letcher, der Sommerfeld nicht leiden konnte, leitete einen Brief von Krakauer an Außenminister Knox weiter. Knox wiederum schickte diesen in Kopie ans Justizministerium. In diesem Brief verdammt Letcher die Macht des deutschen Agenten in El Paso und warnt zudem davor, dass Bedrohungen der Art wie sie die Geschäftsleute erfuhren die Möglichkeit eines Kontrollverlusts auf Seiten der amerikanischen Behörden in sich bärge.[574]

Letchers Brief bewirkte nichts Konkretes. Sowohl Philander Knox als auch Bruce Bielaski waren sich vollkommen über Sommerfelds Aktivitäten im Klaren. Krakauer hatte allen Grund, verärgert zu sein. Nicht nur wurde er in derselben Woche angeklagt, in der die Bedrohungen öffentlich wurden, Sommerfeld hatte es auch geschafft, ihn „festzusetzen". Für die Zukunft schloss er Krakauer aus allen Waffenlieferungen für die Regierung Madero und später für Pancho Villas Nord-Division aus und vergab diese Aufträge an die Shelton Payne Arms Company, wodurch Krakauers Unternehmen Millionenaufträge entgingen. Trotz Sommerfelds Bemühungen führte Krakauers Anklage aus dem Jahr 1912 nicht zu einem Urteil. Nur knapp ein Jahr später wurde die Anklage der Verschwörung gegen die Handelsunternehmer sowie gegen Ochoa durch ein Schwurgericht in El Paso fallen gelassen. Diese Entwicklung zeigt, wie sehr das Rechtssystem entlang der Grenze durch Korruption untergraben wurde: Die Gebrüder Krakauer hatten durch die Unterstützung der Revolutionäre um Reyes, Vasquez Gomez und Orozco zweifelsohne Neutralitätsgesetze gebrochen.

Die beträchtlichen Munitionslieferungen wurden allerdings zumindest eine Zeit lang durch Sommerfeld und die amerikanischen Behörden gestoppt. Madero hatte seinen dienstältesten Kommandeur, Victoriano Huerta, geschickt, die Colorados zu zerschlagen. Es dauerte bis spät in den Juni, bis der durch seinen Feldzug gegen Zapata kampferprobte und für seine Brutalität berüchtigte Huerta Orozcos Offensive zusammenbrechen ließ. Pancho Villa, der jetzt unter Huertas Kommando kämpfte, hatte die Kontrolle über Stallforths Heimatstadt Parral wiedererlangt. Sehr zum Erstaunen der dortigen Bevölkerung, verhielten sich Villas Soldaten ordentlich und, was besonders für die US-Regierung von Bedeutung war, rührten amerikanisches Eigentum nicht an. Villas Besetzung der Stadt Parral stand im krassen Kontrast zu den Freveltaten, die Monate zuvor von Orozcos Colorados gegen die Stadtbürger verübt wurden. Mit großer Wahrscheinlichkeit war die Tatsache, dass Abraham Gonzales bei dieser Mission großen Einfluss auf Villa ausübte, mit ein Grund dafür, dass sich Villa plötzlich mäßigte. Villa war von Madero zum General befördert worden, und seine Offensive war für das Vorgehen gegen Orozco von zentraler Bedeutung. Die Colorados verloren im Juni die Kontrolle über den größten Teil Chihuahuas und zogen ihre Kerntruppe in Juarez für ein letztes Aufgebot zusammen.

General Victoriano Huerta wurde der einstige Bandit und jetzige General Pancho Villa aufgrund seines offensichtlichen Erfolgs zu mächtig und sein Ansehen in der Bevölkerung zu groß. Zudem hatte Villas Feldzug Abraham Gonzales zurück in die Hauptstadt von Chihuahua geholt. Huerta verachtete den Gouverneur von Chihuahua insbesondere, weil dieser als waschechter Revolutionär umfangreiche Sozialreformen anstrebte.[575] Sein Einfluss auf Madero und seine bedeutende Machtgrundlage in Chihuahua machten ihn für Huerta zu einer Bedrohung. Huerta ließ Villa aufgrund erfundener Anklagepunkte am 4. Juni 1912 festnehmen und Villa entging nur durch eine Intervention Maderos in letzter Minute dem Erschießungskommando.[576] Er verbrachte dennoch das restliche Jahr 1912 im Gefängnis von Mexiko-Stadt. Es gibt keine historischen Quellen, die Sommerfeld mit Pancho Villas Situation in Verbindung bringen. Obwohl er sicherlich von Villas Festnahme und der anschließenden Haftstrafe erfuhr, scheint er sich weder bei Huerta noch bei Madero für Villa eingesetzt zu haben. Er hatte in El Paso alle Hände voll mit den Vorbereitungen auf die finale Schlacht gegen Orozco zu tun.

Die Unterbrechung der Versorgungskette der Rebellen schritt mit großem Erfolg voran und der Chef des mexikanischen Geheimdienstes trieb auch seine Anstrengungen bezüglich der Infiltration der Colorados voran. Sam Dreben, Sommerfelds alter Bekannter aus der Madero-Revolution, hatte sich den Rebellen im März des Jahres 1912 angeschlossen. Laut seinem Biografen zog *der Kämpfende Jude* zusammen mit dem MG-Schützen Tracy Richardson in den ländlichen Gegenden Chihuahuas umher, raufte sich in Bars und kämpfte auf eigene Faust gegen antiamerikanische Mobs. Überlieferungen aus der Gegend zufolge, welche von Tex O'Reilly, Tracy Richardson sowie heutigen Populärhistorikern wie Douglas Meed, Art Leibson und

Jim Tuck angeführt werden, schickten Dreben und Richardson mit Dynamit beladene Lokomotiven in die Verteidigungslinien ihrer Feinde, schafften es in der Schlacht von Rellano, einen Vorstoß der Föderationstruppen mit einem einzigen MG-Gefechtsstand aufzuhalten, und töteten unzählige unglückselige Tagelöhner der Revolution.

Die Eskapaden der zwei Glücksritter sollen auch zum Selbstmord von Maderos Kommandeur und Kriegsminister Gonzales Salas geführt haben. Diese Geschichten tragen zwar sicherlich einen wahren Kern in sich, sie werten jedoch die mexikanischen Soldaten und deren Offiziersstab auf unfaire Weise ab. Bei diesen Kämpfern handelte es sich mit Sicherheit nicht nur um hirnloses Kanonenfutter für die amerikanischen Söldner. Leibsons Biografie von Dreben enthält detaillierte Angaben über einen Zusammenstoß mit dem „offensichtlich betrunkenen" General Campa, welcher „Gringos" nicht ausstehen konnte. Der Historiker beschreibt, wie Dreben und Richardson nur durch das Eingreifen von „höherer Stelle" dem Erschießungskommando entgingen.[577]

Die unglaubwürdigen Geschichten über Drebens Eskapaden im Jahr 1912 basieren zum größten Teil auf der Propaganda der *Orozquistas*, welche in den Tageszeitungen der amerikanischen Grenzstädte abgedruckt wurde. Während nur wenige Primärquellen über Drebens Engagements im Jahr 1912 überliefert sind, gibt es Anzeichen, dass er tatsächlich für Sommerfeld als Maulwurf unter den Colorado-Truppen agierte. Dreben trieb sich Anfang März des Jahres 1912 in El Paso herum. Wie so viele Söldner war er auf der Suche nach Arbeit und wurde bestimmt von Ochoas Männern angesprochen. Sommerfeld, dessen Informanten in El Paso alles und jeden beschatteten, kannte Dreben gut. Der in El Paso wohlbekannte Säufer und MG-Verrückte war in Maderos Truppe zum dekorierten Soldaten aufgestiegen. Es ist schlichtweg unmöglich, dass Sommerfeld nichts von Drebens angeblichen Waffenschmuggeleien und seiner Anstellung bei den Colorados, welche sein Biograf beschreibt, gewusst hat.

Sollte Dreben tatsächlich zum Verräter an Maderos Sache geworden sein, wäre ihm Sommerfelds Zorn, den Ochoa und dessen Männer so schmerzlich erleben mussten, sich gewesen. Das Gegenteil war jedoch der Fall. Anstatt als Verfolgter taucht Dreben in Berichten des BI im Juli 1912 als Angestellter Sommerfelds auf.[578] Sehr wahrscheinlich hatte Dreben bereits seit März für Sommerfeld gearbeitet und die Truppe der Colorados unter dem Deckmantel eines Söldners infiltriert, eine von Sommerfeld häufig angewandte Strategie.[579] Als er entlarvt wurde, rettete ihn Sommerfelds Organisation, i.e. die „höhere Stelle" von der Leibson in seinem Buch spricht, und brachte ihn zurück nach El Paso. Vor diesem Hintergrund ergeben Sommerfelds Behauptung, die feindlichen Truppen infiltriert zu haben, Drebens anschließende Beschäftigung beim Geheimdienst und Drebens ungestrafte, angebliche Unterstützung der Rebellen plötzlich Sinn. Pancho Villa, dessen Truppe laut Meed und Leibson durch Drebens Eskapaden tausende Tote zu beklagen hatte, unternahm ebenso keinerlei Schritte gegen Dreben.[580] Dreben wurde in den folgenden Jahren sogar zu Villas und Sommerfelds Hauptvertreter in El Paso. Agent Ross' Bericht vom 7. Juli wirft Licht auf Drebens wahre Anstellung, die sich auch mit den historischen Überlieferungen deckt, nämlich dass er wie Aiken „von Somerfelt [sic] beauftragt wurde, Brücken im Süden von Juarez zu sprengen."[581]

Trotz der gescheiterten Mission von Peter Aiken und seinen Freunden hatte Sommerfeld weiterhin Sabotageagenten angeheuert, die die feindlichen Kommunikations- und Versorgungswege unterbrechen sollten. Während man über Drebens Zeit im Chihuahua des Jahres 1912 nicht mehr weiß, als die wilden Geschichten in Leibsons Buch verraten, plante Sommerfeld im Juni des Jahres eine erneute Sabotagemission. Emile L. Charpentier, ein französischer Söldner, den Sommerfeld ebenso gut kannte, sollte hierbei eine tragende Rolle zukommen. Der Franzose hatte bereits in den Schlachten der Madero-Revolution im Jahr 1911 entscheidend mitgewirkt. Es ranken sich Geschichten um eine Erfindung, die auf ihn zurückgeht. Er soll eine Kanone aus Achsen von Zugwaggons zusammengebaut und selbst bedient haben. Diese Kanone diente den Revolutionären unter Madero als Artilleriesicherung für ihre Angriffe gegen die Bundestruppen. Einige Einzelheiten dieser Geschichten mögen dazu erfunden sein, Charpentier war jedoch ohne Zweifel von einem anderen Schlag als Aiken.

Charpentier wurde auf seiner Mission von D. J. Mahoney, Jack Noonan und Robert McDonald begleitet, einem weiteren Fremdenlegionär aus Maderos berühmter Revolutionstruppe. Die Mission scheiterte allerdings genau wie zuvor Aikens Unternehmung gescheitert war. Die Männer steckten die Vorauszahlung ein und kamen ein paar Wochen zurück nach El Paso, ohne irgendwelche Erfolge vorweisen zu können. Laut Charpentiers Aussage gegenüber Agent Ross waren Sommerfeld, Llorente und Alberto Madero maßgeblich an den Plänen für die Sabotageaktion beteiligt. Ross meldete seinen Vorgesetzten: „[Die] ganze Unterhaltung [Felix Sommerfeld] kann als klares Geständnis verstanden werden, demnach [Sommerfeld] diese Männer losgeschickt hatte [...]“[582] Wie in früheren Fällen ermittelte das US-Justizministerium lediglich gegen Llorente, was mehr symbolischen Charakter hatte, und den Anschein bewahren sollte, man handle unparteiisch und streng nach den Gesetzen der Vereinigten Staaten. Im Oktober des Jahres 1912 wurde den vier Sabotageagenten der Prozess gemacht, in dem alle vier freigesprochen wurde. Kurze Zeit später fanden sie sich wieder in Sommerfelds Kader und warteten auf weitere Missionen.

Eine weitere äußerst interessante Person arbeitete im Jahr 1912 für Sommerfeld: Newenham A. Gray. Gray, der eigentlich Ingenieur war, wurde während seines Militärdienstes in der British Army zu einem ausgezeichneten Experten für Munition und Ordinanz. Der Sohn schottischer Eltern wurde 1877 in Indien geboren und ging in Zürich zur Schule. Die Geheimdienstabteilung des Militärs beschrieb ihn als „[...] etwa 1,55m groß; dunkle Hautfärbung, schwarzer Schnurrbart und schwarzes Haar; stämmige Figur; etwa 86 Kilo; hochgebildet und gut und teuer gekleidet; spricht Cockney-Brogue mit leicht deutscher Färbung [...]“[583]

Gray kämpfte für die British Army von 1898 bis 1907 als Offizier der Feldartillerie in Indien. Im Jahr 1907 trat er dem indischen Geheimdienst bei, für den er anschließend im Persischen Golf tätig war. Im Jahr 1910 kam er in die Grenzregion zwischen Mexiko und den USA. Dort fing er sofort an, als Berater für Eisenbahnunternehmen zu arbeiten. Irgendwann im Jahr 1911 kam er in Sommerfelds Truppe und wurde hin und wieder zur Informationsbeschaffung und für Sabotagemissionen eingesetzt.[584] Gray wurde im Jahr 1912 in Mexiko-Stadt für Guillermo Bach and Company als beratender Ingenieur tätig. Bei Guillermo Bach handelte es sich um den mexikanischen Vertreter der Deutschen Waffen- und Munitionsfabriken in Berlin und dem Krupp-Konzern.[585] Seine Aufgabe war es, für Waffenlieferungen zu werben und Verträge zwischen den Rüstungskonzernen und der mexikanischen Regierung auszuhandeln.

In dieser Funktion hatte er auch oft Kontakt zur deutschen Botschaft in Mexiko-Stadt. Gray sprach fließend Englisch, Französisch, Deutsch, Italienisch und Spanisch. Im Jahr 1914 tat er sich in New York mit Sommerfeld zusammen, war behilflich bei der Organisation von Waffen und Munition für die mexikanischen Revolutionäre und arbeitete zudem für den deutschen Geheimdienst.[586] Offiziell vertrat er Flint and Company, Charles Flints Unternehmen in New York City, welches die Armee der konstitutionellen Regierung belieferte. Er wurde vom US-Militärgeheimdienst und dem US-Justizministerium im Jahr 1916 als Spion entlarvt, konnte sich aber während des gesamten Ersten Weltkriegs seiner Verhaftung entziehen. Im Jahr 1918 ließ er sich in der Gegend von Tucson im US-Bundesstaat Arizona nieder, wo er diverse Mienen betrieb.[587] Da es sich bei Gray um einen äußerst sorgfältigen deutschen Agenten handelte, sind nur skizzenhafte Aufzeichnungen über seine Arbeit für Sommerfeld und den deutschen Geheimdienst überliefert. Angesichts Sommerfelds Bedarf an technischem Knowhow für Sabotagemissionen und andere Geheimdienstoperationen, war Gray jedoch eine gefragte Persönlichkeit.

Emil Holmdahl war ein Glücksritter, der für Sommerfelds Organisation und die Föderationstruppen gegen Orozco als MG-

Schütze tätig war. Zu einem Bild Orozcos äußerte sich Holmdahl einmal: „Wir haben ihn und später seine Soldaten mit Villa in San Andres gehörig aufgemischt, wo ich mir meine Auszeichnung zur Ehrenlegion verdient habe.“[588] Im May 1912 schickte man Holmdahl auf geheime Mission. Er sollte die sterblichen Überreste von Captain Lorenzo Aguilar wiederbeschaffen, den ehemaligen Cousin des mexikanischen Präsidenten. Aguilar wurde offensichtlich getötet, als er sich mit der Bundesarmee aus der Schlacht von Rellano zurückzog. Holmdahl, der als Journalist getarnt war, grub Aguilars Leiche in einer kühnen Mondscheinoperation aus und lieferte sie an die Bundesbehörden. Später wurde über seine Mission in zahlreichen Tageszeitungen berichtet und man druckte Bilder, auf denen er bei der offiziellen Beisetzung Aguilars zu sehen war.[589] Holmdahls Biograf Douglas Meed schreibt, dass die Order zur Überführung des gefallenen Soldaten von General Trevino aus der Bundesarmee kam. Es ist allerdings wahrscheinlicher, dass Sommerfeld, der den Geheimdienst leitete und in dieser Stellung für Missionen zuständig war, die für Präsident Madero von persönlichem Interesse waren, den Glücksritter in geheimer Mission hinter die feindlichen Linien schickte. Ein Hinweis auf Holmdahls Anstellung als Geheimagent findet sich in seinen Aufzeichnungen in Form einer mysteriösen Notiz vom 11. November 1912:

> Mr Holmdahl, c/o Condr – No 11.
> Agua Zorea
> Telegrafieren Sie, sobald Nr 12 in Hermosillo eintrifft – Opr. Nogales kann Ihnen Zeit geben.
>
> H.J. Temple.[590]

Diese Notiz versah Holmdahl Jahre später (wahrscheinlich im Jahr 1918) handschriftlich mit dem Zusatz: „Temple war Generaldirektor der SO[uthern]. R[ail]R[oad] of Mexico und erschoss sich selbst, als er von US-Agenten festgenommen werden sollte, will er Informationen an die Deutschen verkauft hatte.“[591] Diese Notiz ist von Bedeutung, da sie unmissverständlich belegt, dass Holmdahl im Jahr 1912 für den mexikanischen Geheimdienst arbeitete, wenn auch nicht bekannt ist, wann er damit begann.[592] Im November berichtete er an Lee L. Hall, den Nachfolger von Powell Roberts in Sommerfelds Organisation. In seiner Funktion als Geheimagent tarnte er sich als Söldner, infiltrierte er die Orozquistas in El Paso und half bei der Verhaftung eines der oberen Generäle Orozcos.[593] In einem Tagebucheintrag vom 28. Dezember 1912 heißt es: „Jesus Orozco, der einen Friseurladen im 500-Block an der South El Paso Street betreibt, verwendete ein Hinterzimmer seines Ladens als Schlafplatz und Versammlungsraum der Revolutionärs-Junta; folgende Red Flaggers zählten zu seinen Freunden und lebten in seinem Laden [...]"[594] Agenten des US-Justizministeriums räucherten den Laden auf diese Nachricht hin umgehend aus, und Holmdahl diente in diesem und weiteren Fällen von Zuwiderhandlungen im Sinne der Neutralitätsgesetze im Herbst des Jahres 1912 als Zeuge der mexikanischen Regierung.[595]

Emil Holmdahl um 1918[596]

Sommerfeld übte auch nach dem Scheitern von Orozcos Rebellion im Sommer des Jahres 1912 weiterhin Druck auf die Verschwörer nördlich der Grenze aus. Im September hinterließ Sommerfelds Agent Powell Roberts seinem Chef eine Notiz, in der er Sommerfeld warnte, weil der BI-Agent Hebert herausgefunden hatte, dass Agent Thompson in San Antonio und Agent Ross in El Paso „kleinere Zahlungen" aus dem mexikanischen Konsulat zugekommen waren. Laut Roberts sympathisierten Hebert und der örtliche Sheriff Wheeler mit den Orozquistas, die laut Sommerfelds Agent das Waffenembargo der US-Regierung für einen Fehler hielten. Sommerfeld nahm den Bericht und schickte ihn zusammen mit einem handgeschriebenen Brief an Thompson:

Lieber Freund Thompson.
Anbei finden Sie einen Bericht von Powell Roberts. Ich habe über diesen Hebert nichts weiter zu sagen. Sie kennen meine Meinung.

Ich bin für 8-10 Tage weg.

Mit freundlichen Grüßen, hochachtungsvoll,
F.A. Sommerfeld[597]

Hebert ließ die beiden BI-Agenten Ross und Thompson verfolgen, da diese angeblich konfiszierte Waffen an die Rebellen verkauften, und beide Agenten wurden auf diese Anschuldigungen hin vom Dienst suspendiert.[598] Sommerfeld wusste, dass dies nicht der Wahrheit entsprach. Es ist nicht bekannt, ob die Anschuldigungen durch Gerüchte entstanden waren, die Ochoa und dessen Leute in Umlauf gebracht hatten, oder ob Hebert andere unbekannte Gründe hatte, die zwei Agenten zu diskreditieren. Es folgte nie eine förmliche Anklage. Nachdem die beiden BI-Agenten gefeuert waren, schlossen sie sich Sommerfelds Organisation an und verdienten als dessen Angestellte mehr Geld denn je.[599] Obschon Harris und Sadler von Unstimmigkeiten zwischen Ross und Sommerfelds Organisation berichten, versuchte der BI-Agent alles, um die Tatsache zu vertuschen, dass er bereits viele Monate vor seiner offiziellen Anstellung von Llorente und Sommerfeld Bestechungsgelder erhalten hatte.

Am 20. August 1912 eroberten die Bundestruppen unter Victoriano Huerta die Stadt Ciudad Juarez zurück. Madero schickte seinen Cousin, Justizminister Rafael Hernandez, um einen Waffenstillstand zwischen Huerta und Orozco zu verhandeln und so weiteres Blutvergießen zu verhindern. Auch Sommerfeld nahm an den Treffen teil. Am Abend des 20. August erklärte sich Orozco bereit, seine Waffen niederzulegen, würde ihm ein Straferlass gewährt. Er änderte allerdings über Nacht seine Meinung, wofür Sommerfeld, wie er Madero berichtete, Senator Fall verantwortlich machte.[600] Inwiefern Senator Fall in die

Verhandlungen einbezogen war, ist Gegenstand der geschichtlichen Debatte. Der Historiker William H. Beezley sieht einen Machtkampf zwischen Abraham Gonzales und General Huerta als Ursache des Problems.[601] Albert Fall hatte ein persönliches Interesse daran, Maderos Schlichtungsversuche zu sabotieren. Sommerfeld nannte Fall einen Feind des mexikanischen Präsidenten, weil dieser unaufhörlich eine militärische Invasion der Vereinigten Staaten forderte. Je mehr Chaos in Mexiko aufkam, desto schlüssiger wurde die Argumentation bezüglich Maderos „Unfähigkeit", mit der man eine bewaffnete Intervention begründen wollte. Das Ergebnis der gescheiterten Verhandlungen war, dass Orozco sich entschied, eine letzte Schlacht bei Ojinaga, dem kleinen Grenzstädtchen in der Nähe vom texanischen Presidio, zu führen. Dort erlitten die Rebellen eine entscheidende Niederlage. Orozco selbst wurde in der Schlacht verwundet und floh in die Vereinigten Staaten, wo er von Sommerfeld und seinen Leuten gnadenlos gejagt wurde. Schließlich konnten sie ihn jedoch nicht finden. Wie ein schlechter Traum tauchte der Rebellenführer in der Geschichte der Revolution immer wieder auf, bis er am 30. August 1915 von einem amerikanischen Suchtrupp endlich aufgespürt und getötet wurde.[602] Da die verbleibenden Orozquistas noch immer auf freiem Fuß waren, blieb Ojinaga vom Winter 1912 bis ins Jahr 1913 Schauplatz unablässiger Guerilla-Aktionen.

Sommerfelds Organisation hatte zwar erfolgreich Orozcos Versorgungswege unterbrochen und so seine Niederlage erzwungen, die geheime Operation hatte jedoch auch negative Auswirkungen, denn das Verhältnis zwischen dem deutschen Agenten und Gouverneur Abraham Gonzales wurde nachhaltig geschädigt. Da die US-Regierung scheinbar nicht dazu in der Lage war, von den Verschwörern, die man ihnen ins Netz gejagt hatte, Geständnisse zu erhalten, entschied der deutsche Agent die Anwendung des Auslieferungsgesetzes von 1899. Das System funktionierte so, dass Sommerfeld und seine Leute den BI-Agenten oder den örtlichen Sheriffs Beweise für das rechtwidrige Verhalten eines mexikanischen Staatsbürgers lieferten. Diese Bürger würden dann aufgegriffen und verhaftet.

Der mexikanischen Regierung blieben anschließend vierzig Tage Zeit, einen Auslieferungsantrag zu stellen. Gonzales' Regierung in Chihuahua City war wiederholt dafür verantwortlich, dass diese Frist verstrich und somit Sommerfelds komplette bisherige Arbeit nutzlos wurde.

Die Verdächtigen wurden auf freien Fuß gesetzt. Sommerfeld machte seiner Frustration gegenüber Senator Fall im Oktober 1912 Luft: „Es dauert immer so unendlich lang, bis es durch die verschiedenen Kanäle wandert." Fall fragte: „Sie wissen, dass De La Fuente nach 40 Tagen im Gefängnis freigelassen wurde?" Sommerfeld: „Ja, das ist die Schuld des Gouverneurs von Chihuahua."[603] Ob Gonzales Sommerfelds Arbeit tatsächlich boykottierte, wie der Deutsche es ihm unterstellte, ist nicht sicher. Es dauerte bis Juli, bis Gonzales nach seiner Flucht vor dem Ansturm der *Colorados* im März 1912 Chihuahua wieder betreten und seinen Posten wiederbesetzen konnte. Im Sommer 1912 herrschte dort sicherlich ein heilloses Durcheinander, was erklären würde, warum die Papiere nicht in El Paso eintrafen. Die Spannungen zwischen Gonzales und Sommerfeld sind jedenfalls dokumentiert und was immer ihr Grund war, die fehlenden Auslieferungsanträge halfen nicht bei der Lösung des Problems.

Sommerfeld machte sich auch in den USA Feinde, die ihm viele Jahre später das Leben schwer machen sollten. Im Jahr 1919 versuchte Sommerfeld aus Fort Oglethorpe im US-Bundesstaat Georgia freizukommen, wo er als feindlicher Ausländer festgehalten wurde. Lieutenant Colonel Bailey, der einst unter Colonel Steever gedient hatte, schrieb: „Ich kannte diesen Mann [Sommerfeld] damals im Jahr 1912 in El Paso persönlich und hatte damals den Verdacht, er sei ein deutscher Spion. Er bestätigte mir, er sei entweder im deutschen Geheimdienst tätig oder aber Mitglied des deutschen Generalstabs, welcher weiß ich nicht [...] Es wäre meiner Meinung nach ein leichtes Unterfangen, seine Machenschaften entlang der Grenze nachzuverfolgen, und sollte meine Zeugenaussage hierzu von Nutzen sein, wäre ich froh, selbige beizutragen, weil er mit bestätigt hat, zu der Zeit, als er in der

Truppe der mexikanischen Revolutionäre diente, deutscher Offizier gewesen zu sein."[604]

E gibt nur eine bekannte Aufzeichnung, die beweist, dass Sommerfeld im Jahr 1912 geheime Informationen an die deutsche Reichsregierung weitergeleitet hat.[605] Von Hintze schien jedoch stets gut über den Orozco-Aufstand informiert zu sein. Am Tag von Orozcos Niederlage in der Schlacht von Bachimba berichtete er an das Auswärtige Amt in Berlin, dass "[...] der Aufstand ist de-facto niedergeschlagen."[606] Natürlich liegt der Schluss nahe, dass Sommerfeld, der beim deutschen Gesandten hohes Ansehen genoss, diesen über die Geschehnisse im Feld auf dem Laufenden halten würde. Aufzeichnungen zeugen vom kurzen Zwischenspiel mit Frederico Stallforth in El Paso. Die Anschuldigungen von Lieutenant Colonel Bailey scheinen jedoch etwas weit hergeholt. Während Sommerfeld sich seines Dienstes im deutschen Reichsheer rühmte, schien der gute Colonel die deutsche und mexikanische Regierung durcheinanderzubringen. Sommerfeld war auch im Jahr 1912 noch viel zu vorsichtig, als dass er jemals einem amerikanischen Offizier gegenüber erwähnt hätte, dass er in Wirklichkeit ein deutscher Spion war.

Alles in allem waren die Amerikaner, die Sommerfeld im Jahr 1912 in Aktion erlebt hatten, glücklich über seine Errungenschaften. Colonel Steever und die BI-Agenten hielten ihn in Ehren. Trotzdem blieb er für alle ein Enigma. Holmdahl sagte 1919 aus, dass Sommerfeld während ihrer Bekanntschaft in El Paso „[...] nur wenige enge Freunde hatte, sich stets seinen Geschäften zuwandte, gut lebte, sich modisch kleidete und sich in der Öffentlichkeit gerne ausschließlich in Begleitung von Menschen hohen gesellschaftlichen Standes zeigte."[607] Am 11. September 1912 reiste Sommerfeld nach Chicago und New York. Agent Ross berichtete Direktor Bielaski: „Felix Somerfelt [sic], der Vertreter Maderos, verließ heute die Stadt [mit dem] Golden State Limited Richtung Ost[küste]. Meines Wissens [wird er] Gespräche mit Woodrow Wilson führen, [um] sich mit ihm zu beraten [und] Vorkehrungen zu treffen, [um] eine Intervention durch demokratische Kongressabgeordnete zu verhindern. Viele mexikanische Beamte hier halten eine Intervention in der nahen Zukunft für sehr wahrscheinlich [...]"[608]

Woodrow Wilson, damals Gouverneur von New Jersey, kandidierte gerade als Herausforderer von Präsident Taft und demokratischer Kandidat für die kommenden Wahlen. Wer Ross von Sommerfelds Treffen mit dem zukünftigen amerikanischen Präsidenten erzählte, ist unklar. Wenn es auch schwer zu beweisen ist, es gab gute Gründe für Hopkins, Sommerfeld für ein Treffen mit dem zukünftigen Präsidenten auszuwählen, wenn auch nur um diesen über die aktuelle Lage in der Mexikanischen Revolution zu informieren. Ob Sommerfeld Wilson im September 1912 traf, oder ob er wegen anderer Geschäfte nach Chicago und New York reiste, das Telegramm von Agent Ross an Direktor Bielaski zeigt, mit welch einflussreichen Personen Sommerfeld von den Menschen in seiner Nähe in Verbindung gebracht wurde.

Für Präsident Madero entstanden immer wieder neue Probleme. Diesmal jedoch brodelte es nicht nur im Umland, sondern mitten in Mexiko-Stadt. Der Präsident war nun nicht mehr der mächtigste Mann in Mexiko, denn durch die Feldzüge gegen Zapata und Orozco war sein Stabschaf, General Victoriano Huerta, an eine Position gekommen, auf der ihn Francisco Madero nicht mehr kontrollieren konnte. Während sich der politische Himmel über Mexiko verdunkelte, machte man sich in den USA bereit für eine historische Präsidentschaftswahl.

KAPITEL 12

GRAF VON BERNSTORFF UND DIE US-PRÄSIDENTSCHAFTSWAHLEN VON 1912

Als Sommerfeld den Golden State Limited am 11. September 1912 bestieg und sich auf den Weg nach Chicago machte, wo sein Bruder Julius lebte, waren die Schlagzeilen voll mit Berichten von den Wahlkampagnen der Kandidaten William Howard Taft, Theodore Roosevelt und Woodrow Wilson. Präsident Taft, der vormalige Kriegsminister unter Roosevelt, kämpfte mit seinem einstigen Chef um die Vorherrschaft innerhalb der Republikanischen Partei. Roosevelt, der den fortschrittlichen Flügel der Partei anführte, forderte den konservativen Flügel unter Taft heraus. Der Wahlkampf entwickelte sich zur dreckigsten Kampagne in der Geschichte der Vereinigten Staaten. „Tafts Wortführer durchsuchten Roosevelts Lebenslauf und griffen seine Person heftig an. Roosevelt erwiderte gleichermaßen und teilte mehr aus, als er selbst einstecken musste. Das innerparteiliche Zerwürfnis nahm solche Ausmaße an, dass der Parteitag der Republikaner in manchen Bundesstaaten in regelrecht gewalttätigen Streitereien endete, bei denen Schlägereien keine Seltenheit waren."[609] Roosevelt schlug gegenüber dem amtierenden Präsidenten Taft einen schonungslosen Ton an und nannte ihn einen „verwirrten Geist", einen „Dummkopf" und einen „einfach gestrickten, zweitklassigen Schwätzer."[610] Roosevelts Feindseligkeit traf Taft so schwer, dass der Präsident vor einem Reporter sogar einmal in Tränen ausbrach. Einem Freund gegenüber äußerte sich Taft: „Es ist schlimm, sehr schlimm, Archie, zu sehen, wie eine so enge Freundschaft sich letztlich als Illusion herausstellt."[611]

Der Parteitag der Republikaner im Juni 1912 wurde zum Schlachtfeld für die beiden Titanen. Letztlich machte Taft das Rennen, da er starken Rückhalt aus den südlichen Staaten erhielt. Roosevelt und seine Anhänger verließen den Parteitag unter Protest. Er hatte nicht vor, klein beizugeben. Auf dem Parteitag der von ihm gegründeten *Progressive Party* ließ sich Roosevelt zum Kandidaten einer Drittpartei aufstellen. Die fortschrittliche Bull Moose Party forderte den konservativen Taft im folgenden Wahlkampf heraus und spaltete die Republikaner in zwei Lager. Roosevelts Wahlprogramm beinhaltete eine staatliche Gesundheitsversorgung, ein Sozialversicherungssystem, Frauenrechte und die Beendigung der Kinderarbeit. Zudem befürwortete er einen Verfassungszusatz, der die Erhebung einer Einkommenssteuer, einer Erbschaftssteuer und weiterer Grundpfeiler des modernen Progressivismus beinhaltete.[612] Roosevelts Partei vertrat zudem weitere „aberwitzige" Forderungen wie beispielsweise eine Einschränkung von Parteispenden für den Wahlkampf und eine Registrierungspflicht für Lobbyisten. Zur Enttäuschung einiger seiner Anhänger entschied sich Roosevelt gegen eine Aufnahme des Wettbewerbsrechts in sein Parteiprogramm. Er betrieb energische Kampagnenarbeit gegen die Demokraten und proklamierte seinen *New Nationalism*. Wilsons Marineminister Josephus Daniels kommentierte die Strategie von Roosevelts Kampagne wie folgt: „Er stürzte sich in den Wahlkampf und es ging ein Wechselspiel aus Erstaunen und Zustimmung durchs Land. Die Bildhaftigkeit seines Vokabulars und seine unerbittliche Anklage paarten sich mit der Ernsthaftigkeit eines Propheten."[613]

Colonel Roosevelt auf Wahlkampfreise am 14. Oktober 1912, kurz nachdem ihm ein Attentäter in die Brust geschossen hatte. Das Manuskript der Rede in seiner Westentasche rettete ihm das Leben.[614]

Auf Seiten der Demokraten hatte Woodrow Wilson, der Gouverneur von New Jersey und ehemalige Präsident der Universität Princeton, sein Programm zum *New Freedom* formuliert, das ihm die Ernennung seiner Partei eingebracht hatte. Zusammen mit seinem engen Freund, dem Journalisten William Bayard Hale, veröffentlichte er das Programm *New Freedom* als Broschüre und verteilte es an die Öffentlichkeit.[615] Sein stärkster Herausforderer war der Abgeordnete und Sprecher des Abgeordnetenhauses Champ Clark aus dem Bundesstaat Missouri. Wilson erreichte die Nominierung erst in der 46. Abstimmungsrunde, nachdem William Jennings Bryan und dessen Anhänger sich von Clark abwandten und zu Wilson überliefen. Die Stimme eines unscheinbaren Mannes mit Fliege, der mehr einem

Jungen ähnelte als einem Erwachsenen, erwies sich innerhalb der Delegation aus Texas, die schließlich mit Bryan zu Wilson überlief, als maßgeblich. Sein Name war Zachary Lamar Cobb. Für seine Unterstützung von Wilson sollte er im Jahr darauf die Leitung der Zollbehörde in El Paso zugesprochen bekommen.[616] Seine Stellung sollte in den folgenden turbulenten Jahren von zentraler Bedeutung sein.

Als Oberhaupt des liberalen, pazifistischen Flügels der Demokraten war William Jennings Bryan in den Kandidatenwahlen gegen McKinley, Roosevelt und Taft dreimal geschlagen worden. Dennoch galt er immer noch als wichtige Kraft innerhalb der Partei, „zumindest insofern, dass kein Mann, gegen den sich Bryan stellte, jemals die Nominierung zum Kandidaten erreichte."[617] Bryan, der als Erfinder der Standardrede gilt, begann gleich im Anschluss, heftig für Wilson Wahlkampf zu betreiben. Als fähiger Redner fand er beim einfachen Bürger schnell Gehör, was sich für den eher zurückhaltenden und akademisch gebildeten Woodrow als äußerst hilfreich erwies. Die Programme der beiden fortschrittlichen Parteien, den Demokraten und der „Bull Moose Party", glichen sich so sehr, dass der Journalist William Allen White im Jahr 1924 schrieb: „[...] Zwischen dem New Nationalism und dem New Freedom erstreckte sich der sagenumwobene imaginäre Ozean, der schon Tweedle-Dum und Tweedle-Dee [die beiden Zwillinge aus Alice im Wunderland] trennte."[618] Der Historiker Arthur S. Link beschrieb die Unterschiede: „[Wilson] glaubte, dass die Macht auf Bundesebene nur genutzt werden sollte, um Sonderrechte und künstliche Hinderungsgründe für die Entwicklung individueller Stärken aus dem Weg zu räumen, und um den Wettbewerb auf Unternehmensebene zu erhalten und wiederherzustellen. Der Gedanke, dass die Bundesregierung direkt auf den Wirtschaftssektor eingreifen könnte, indem sie Arbeitern oder Bauern speziellen Schutz angedeihen lässt, war für Wilson im Jahr 1912 ebenso abschreckend, wie der Gedanke einer Klassenregierung im Sinne des produzierenden Gewerbes oder der Schiffseigentümer."[619]

Im September und Oktober des Jahres 1912 erreichte der Wahlkampf der Parteien den Siedepunkt. Wilson wurde insbesondere wegen seiner mangelnden außenpolitischen Referenzen von Roosevelt angegriffen. Auch Wilsons potentieller Außenminister Bryan hatte auf diesem Feld nichts vorzuweisen. Angesichts dieser Tatsache eröffnet Sommerfelds Zusammentreffen mit Wilson an der Ostküste eine faszinierende Möglichkeit. Suchte Wilson nach Experten für Mexiko, um sich beraten zu lassen? Wenn ja, wer stellte den Kontakt her? Handelte es sich um Bemühungen der Reichsregierung oder aber Sherburne Hopkins und dessen Klienten Präsident Madero, bereits früh Bande mit dem möglichen Gewinner der Wahlen im Herbst zu knüpfen? Sommerfelds Lebenslauf wies ihn als ausgezeichneten Mexiko-Experten aus, und weder Wilson noch seine obersten Berater im Wahlkampf, House, Bryan und McAdoo, hatten eine gefestigte Meinung zu den Vorgängen in diesem Land. Bei dieser Theorie handelt es sich allerdings um reine Spekulationen. Als Senator Smith Sommerfeld im Oktober fragte, was der Zweck seiner jüngsten Reise gewesen sei, winkte der nur ab. Sollte es sich beim Inhalt von BI-Agent Ross' Telegramm an Bielaski um ein in El Paso wohlbekanntes Gerücht gehandelt haben, so war sich der republikanische Senator dessen sicher bewusst und stellte die Frage vor dem folgenden Hintergrund:

> Senator Smith: ‚Sie fahren öfter nach New York?' Sommerfeld: ‚Ich bin einmal gefahren. ' Smith: ‚Aus welchem Grund?' Sommerfeld: ‚Ich war in Chicago und von dort aus bin ich nach New York [Bundesstaat] zu meinem Bruder gefahren. Ich wollte gar nicht nach New York City. Ich fuhr im Auftrag der Associated Press nach New York City. Der Vertrag für ihre Telegrafenverbindung lief am 1. September aus und war nicht erneuert worden, weil es von Staatsseite neue Auflagen gab. Ich habe dort sehr enge Freunde, und einer von ihnen telegrafierte mir, also fuhr ich nach New York und traf mich dort im Büro von AP mit dem zuständigen Manager [...] das brachte mich nach New York. Ich fuhr zusammen mit meinem Bruder. Ich war fünf Jahre nicht mehr in New York gewesen.'

Smith: ‚Haben sie dort irgendwelche besonderen Dienste für Madero ausgeführt?‘ Sommerfeld: ‚Nein, Sir […]‘[620]

Sommerfelds Bruder lebte in Chicago, nicht in New York. Sommerfeld selbst hatte über ein Jahr lang nicht mehr für AP gearbeitet, und ein Vertrag für eine Telegrafenverbindung wäre überhaupt kein Grund für Sommerfelds Reise gewesen. Während Sommerfeld ansonsten die Kontrolle über die Befragung behielt und unangenehme Fragen der Senatoren Smith und Fall gut parierte, so scheint diese Antwort nicht ganz ausgereift zu sein. Sommerfeld schien zu stammeln, wiederholte sich und strengte sich etwas zu sehr an, einen Grund für seine Reise nach New York im September 1912 zu finden. Es mag Zufall sein, aber Colonel Edward House, Wilsons Vertrauter und in vielerlei Hinsicht zuverlässigster Berater, war in der Bundeszentrale von Wilsons Wahlkampfteam in New York und organisierte dort „Mitte September" Gespräche mit Gouverneur Wilson.[621] Wilson hielt am 9. September eine viel zitierte Ansprache im New Yorker Presseclub. Am 22. September hielt er in New York eine weitere Rede, was wiederum dafür spricht, dass Sommerfeld Wilson und seine Berater getroffen hat.[622] Ein weiterer Beweis für ein Treffen zwischen Sommerfeld und Woodrow Wilson und/oder William Jennings Bryan, existiert in Form einer Notiz von Sommerfeld an den Gesandten von Hintze vom 19. September 1912. Aufgeregt kritzelte während seiner Fahrt im Golden State Limited:

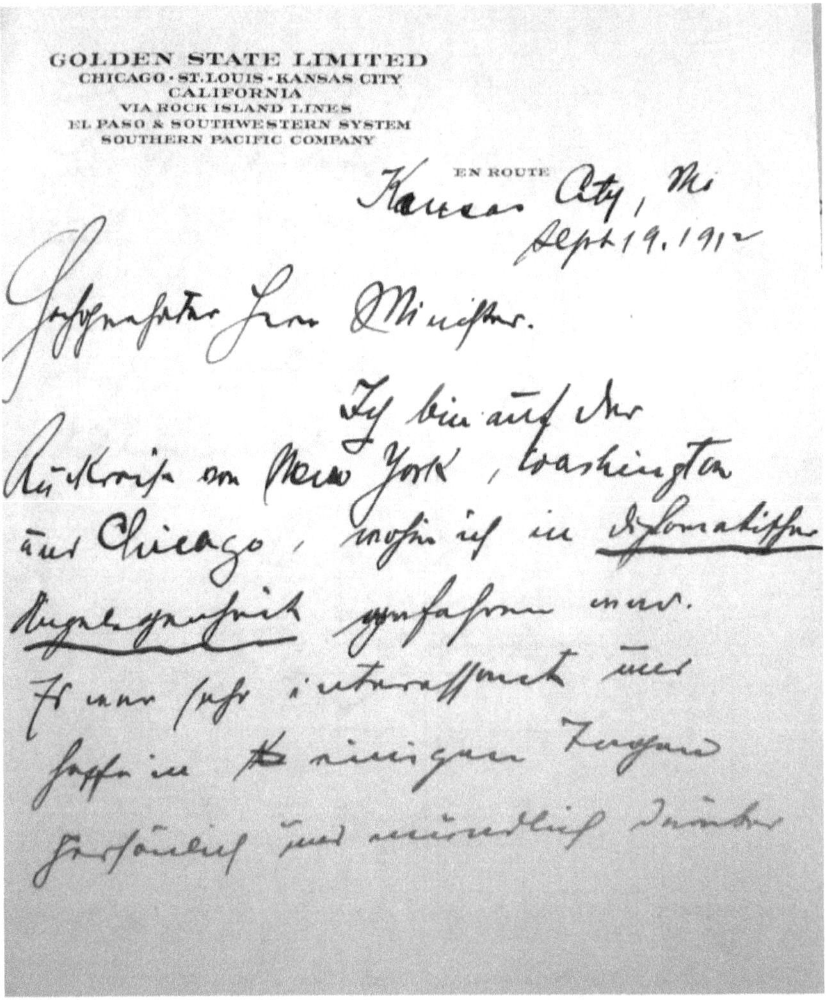

GOLDEN STATE LIMITED
CHICAGO · ST. LOUIS · KANSAS CITY
CALIFORNIA
VIA ROCK ISLAND LINES
EL PASO & SOUTHWESTERN SYSTEM
SOUTHERN PACIFIC COMPANY

EN ROUTE Kansas City, Mo
Sept 19. 1912

Hochgeehrter Herr Minister.

Ich bin auf der Rückreise von New York, Washington und Chicago, wohin ich in diplomatischer Angelegenheit gefahren war. Es war sehr interessant und hoffe ich in einigen Tagen persönlich und mündlich darüber

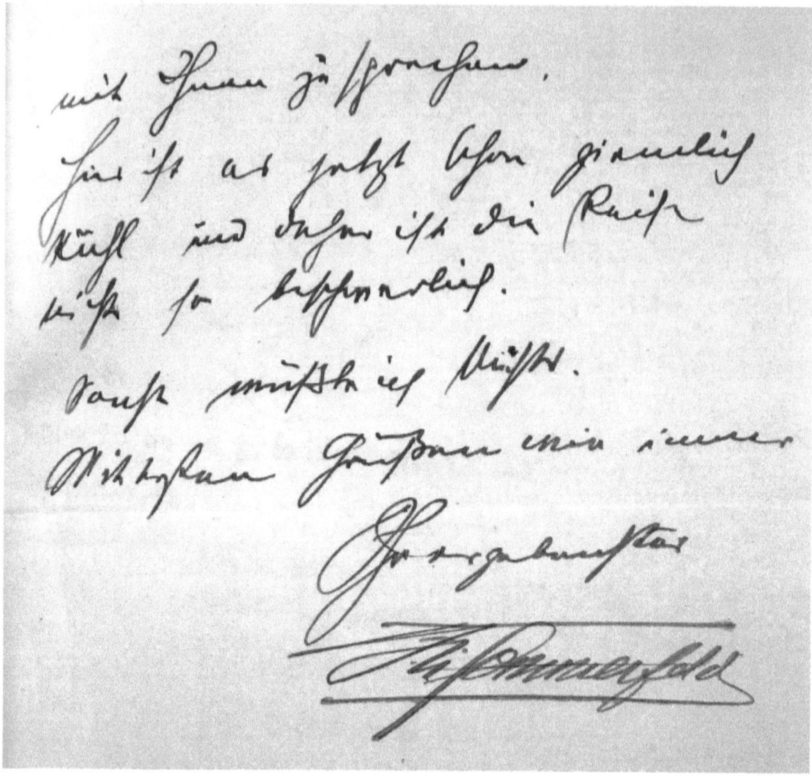

Kansas City, Missouri, September 19, 1912

Geehrter Herr Minister,

ich bin auf der Rückreise von New York, Washington über Chicago, wohin ich in diplomatischer Angelegenheit gefahren war. Es war sehr interessant und hoffe in einigen Tagen hoffentlich und mündlich darüber mit Ihnen zu sprechen. Es ist jetzt schon ziemlich kühl und ich war für die Reise nicht so vorbereitet.

Jetzt muss ich weiter.

Mit besten Grüßen wie immer Ihr ergebenster

F.A. Sommerfeld[623]

Leider ist zu Sommerfelds späterem Bericht nichts überliefert. Seinen Gesprächen mit Wilsons Leuten und der US-Regierung scheint jedoch vorausgegangen zu sein, dass sich das Verhältnis zwischen Madero und der Regierung Taft rasch verschlechtert hatte. Am 15. September 1912 schickte Philander Knox der mexikanischen Regierung eine Nachricht, in der er ihr mit schroffem Ton die Diskriminierung amerikanischer Bürger und deren Eigentums vorwarf.[624] Der Nachricht war eine Liste beigelegt, auf der etliche Fälle angeführt wurden, in denen Amerikaner zu Schaden gekommen waren, die Täter jedoch nicht bestraft worden waren. Lediglich drei dieser Fälle hatten sich während Maderos Amtszeit ereignet.[625] Die Nachricht machte deutlich, wie laut der Ruf nach einer amerikanischen Intervention vonseiten der konservativen Senatoren und Zeitungen geworden war, worüber man in der mexikanischen Regierung sehr beunruhigt war. So nahe Hopkins Knox auch stand, er merkte, wie sehr sich die Situation zuspitzte. Dies erklärt, warum man Sommerfeld auf eine Mission schickte, Woodrow Wilson dazu zu drängen, „Vorkehrungen zu treffen, um zu versuchen, durch die demokratischen Kongressabgeordneten eine Invention zu verhindern."[626] Während es für Hopkins einen Interessenskonflikt bedeutet hätte, sich in Maderos Namen durch Absprachen mit Wilson gegen seinen Freund Philander Knox zu stellen, hatte Sommerfeld volle Handlungsfreiheit.

Ob sich Präsident Taft nur wenige Monate vor dem Ende seiner Amtszeit auf eine militärische Intervention in Mexiko eingelassen hätte, ist ungewiss. Der Historiker Katz hielt es für möglich, dass Taft und Knox die kommende Regierung Wilson mit einem Sturz der Regierung Madero vor vollendete Tatsachen stellen wollten, wenn er auch keine handfesten Beweise in Form eines durch den amerikanischen Präsidenten abgesegneten Plans finden konnte.[627] Sommerfeld und die mexikanische Regierung waren sich schmerzlich bewusst, dass der Botschafter Henry Lane Wilson ohne Gnade auf eine Intervention drängte, insbesondere wenn sie seinen Briefverkehr abfingen. Der deutsche Gesandte von Hintze, der Madero auf die Intrigen seines amerikanischen Kollegen hingewiesen haben könnte, berichtete im Dezember, dass Taft und Knox Gespräche mit Henry Lane Wilson geführt und „die Notwendigkeit zu handeln erkannt“ hatten.[628] Während Hopkins und der mexikanische Außenminister Lascurain auf die Regierung Taft einredeten, um so ihren Standpunkt zu lockern, machte sich Sommerfeld auf seine geheime Mission, die Unterstützung der Leute zu sichern, die möglicherweise in nur wenigen Monaten die Kontrolle über die Außenpolitik der Vereinigten Staaten übernehmen würden.

Laut den Erzählungen von Colonel House hatte sich Wilson damals bereits entschieden, William Jennings Bryan zu seinem Außenminister zu machen. Zwar verfügte der über keinerlei Erfahrung in der Außenpolitik, die Abmachung wurde jedoch getroffen, als Bryan im Juli entschied, sich auf Wilsons Seite zu stellen. Von Bernstorff gab im Jahr 1920 seine Einschätzung über Bryans Fähigkeiten wie folgt an: „Mr. Bryan verfolgte in allen politischen Fragen einen viel radikaleren Weg als das Mr. Wilson tat. Seine Gegner nennen ihn einen unehrlichen Demagogen. Ich selbst sehe ihn allerdings eher als ehrlichen Visionär und Fanatiker, dessen leidenschaftlicher Enthusiasmus ihn wohl zu einem großartigen Redner auf großen Anlässen machte, jedoch nicht zu einem Staatsmann, der sich mit konkreten Problemen auseinandersetzen muss.“[629] Die Situation in Mexiko spielte im Jahr 1912 eine Rolle für die Wähler, und es war wichtig für Wilsons Leute, insbesondere für William Jennings Bryan und die Demokraten im Kongress, gut darüber Bescheid zu wissen. Die Gespräche wurden nicht dokumentiert und keiner der Anwesenden hat sich je zu ihnen geäußert. Was bleibt, sind Indizien – starke Indizien.

Wie erwartet gewann Wilson die Präsidentschaftswahlen von 1912 mit großem Vorsprung, wobei er von Roosevelts Teilung der Republikaner profitierte. Der ehemalige Präsident von Princeton erhielt fast zweiundvierzig Prozent der Wählerstimmen und konnte von den damals achtundvierzig Bundesstaaten vierzig für sich behaupten.[630] Roosevelt erhielt siebenundzwanzig Prozent der Stimmen und gewann sechs Bundesstaaten. Taft erreichte lediglich dreiundzwanzig Prozent und holte nur die Stimmen der Wahlmänner aus Utah und Vermont. Somit war er sowohl von den Demokraten als such von den Fortschrittlichen der Bull Moose Party deutlich geschlagen worden. Der Kandidat der Sozialistischen Partei, Eugene Debs, erhielt sechs Prozent der Wählerstimmen. Die Wahlen von 1912 brachten zwar den höchsten Stimmenanteil für eine Drittpartei im Amerika des 20. Jahrhunderts, bedeuteten aber auch eine vernichtende Neiderlage für den amtierenden Präsidenten.

Roosevelt, dem die Republikaner anlasteten, den exotischen Kandidaten der Demokraten ins Präsidentenamt gehoben zu haben, trug nicht nur Narben an seinem Selbstbewusstsein davon. Drei Wochen vor der Parlamentswahl überlebte er nur haarscharf einen Mordanschlag. Sein Brillenetui aus Edelstahl und das gefaltete Manuskript der Rede, die er für den Abend geplant hatte, retteten ihm das Leben. Roosevelt bestand darauf, zu sprechen, und tat dies während ihm noch eine Kugel in der Brust steckte. Erst danach erlaubte er den Ärzten, seine Wunde zu versorgen. Nach den Wahlen mieden ihn die Republikaner und behandelten ihn wie einen Verräter. Da die Demokraten an der Macht waren, unternahm Roosevelt eine zweijährige Expeditionsreise entlang eines Nebenflusses des Amazonas, die sich als entsetzlich und qualvoll herausstellen sollte. Als er im Jahr 1915 aus dem südamerikanischen Dschungel zurückkehrte, war er dem Tod erneut nur knapp entronnen, war in schlechter gesundheitlicher Verfassung und sah erschöpft und abgemagert aus.[631] Präsident Taft, den der Wettstreit zwischen Roosevelt und Wilson förmlich ins Aus gedrängt hatte, zog sich ebenso aus der Politik zurück und widmete sich die darauffolgenden Jahre seiner Funktion als Professor für Verwaltungsrecht an der Universität Yale. Im Jahr 1921 ernannte ihn Präsident Harding zum Oberster Bundesrichter. Bis kurz vor seinem Tod am 8. März 1930 verblieb er in dieser Stellung.

Alle Augen richteten sich nun auf den neu gewählten Präsidenten Wilson, der sich zunächst in einen einmonatigen Urlaub auf den Bermudas verabschiedete. Colonel House nahm so lange die möglichen Kandidaten für das neue Kabinett unter die Lupe. Er schlug dem Präsidenten mehrere Kandidaten vor, wobei er versuchte politische Erwägungen ebenso in Betracht zu ziehen wie die Fähigkeit und Erfahrung, die in den ausführenden Ämtern nötig war. William Jennings Bryan übernahm die Führung des außenpolitischen Ressorts, wie ihm das versprochen wurde. Dieser Posten gilt als der angesehenste und begehrteste, und Bryan verwendete ihn, um seine pazifistische Agenda umzusetzen. Bryan hatte großen Einfluss bei den Demokraten und stellte so eine der bedeutendsten Ernennungen in Wilsons Kabinett dar. Allerdings war der Außenminister in zunehmendem Maße unzufrieden mit der weiteren Vergabe der Ministerposten, die House organisierte, ohne seinen Rat einzuholen. So wurde der passionierte Interventionalist Lindley M. Garrison beispielsweise zum Kriegsminister. Garrisons Ideologie stellte somit den genauen Gegenpol zu Bryans politischem Kurs dar.

Für den Posten des Innenministers drängte House auf Franklin Knight Lane, einen konservativen Demokraten, der schon in den Regierungen Taft und Roosevelt gedient hatte. Er gründete den „National Park Service" und befürwortete im Grunde Roosevelts Konservationspolitik. Der Vorsitzende des *Democratic National Committee*, William G. McAdoo, der sich unermüdlich für Wilsons Kandidatur eingesetzt hatte, wurde zum Finanzminister. An der Wall Street befürchtete man, dass er seine angekündigte Auflösung von Grosskonzernen in die Tat umsetzen würde. Er erwies sich jedoch während der Krise, auf die Wilsons Regierung zusteuerte als kluge und wirkungsvolle Führungsperson. McAdoo hielt am Goldstandard fest, bewahrte den Aktienmarkt zu Beginn des Ersten Weltkriegs vor dem Zusammenbruch und gründete die Federal Reserve Bank.

Zudem wurde er durch seine Vermählung mit Präsident Wilsons Tochter Eleanor Randolph Wilson zu dessen Schwiegersohn. Die Hochzeit fand am 7. Mai 1914 im Weißen Haus statt. Der einzige Anhänger, der einzige *waschechte* Anhänger Bryans im Kabinett war letztlich der Marineminister Josephus Daniels, ein Demokrat aus dem Süden, der über stark fortschrittliche Referenzen verfügte.[632] House entschied sich aus rein politischen Gründen für ihn. James C. McReynolds, ein weiterer Minister aus der Ära Taft, übernahm das Rechtsressort.

Er fungierte nur ein Jahr als Justizminister und schloss sich dann dem Obersten Gerichtshof an. Ein alter Freund von House, Thomas W. Gregory, übernahm den Ministerposten. Gregory vertrat zwar nach außen progressive Werte, war jedoch in Wirklichkeit ein überzeugter Konservativer, der sich während des Ersten Weltkriegs erbittert für eine Ausweitung der Macht des BI einsetzte.

Die deutsche Regierung beobachtete die Zusammenstellung des neuen US-Kabinetts mit großem Interesse und mit großer Besorgnis. Der Botschafter von Bernstorff hatte ein freundliches Verhältnis zu Präsident Taft wie auch zu dessen Vorgänger Theodore Roosevelt aufgebaut. Die diplomatischen Beziehungen zum Deutschen Reich waren gefestigt. Präsident Roosevelt bat den Kaiser sogar, von Bernstorffs Vorgänger Hermann Speck von Sternburg zum deutschen Botschafter in Washington zu ernennen. Roosevelt und von Sternburg, der mit einer Amerikanerin verheiratet war, wurden gute Freunde. Der deutsche Botschafter starb im Jahr 1908 auf einer Reise nach Deutschland, wodurch eine Lücke entstand, die von Bernstorff anschließend füllen sollte.

Der Graf, dessen Muttersprache Englisch war, und dessen Ehefrau Deutsch-Amerikanerin war, etablierte sich augenblicklich als Star in den Gesellschaften von Washington und New York. „Als Bernstorff noch jung und unerfahren war, war er süchtig nach Tennis. Ein Vorgesetzter, Graf Wolff-Metternich, mahnte an, dass Tennis zu sehr den Beigeschmack der Jugendlichkeit trug, und riet ihm zu Golf. Bernstorff tauschte fortan den Tennisschläger durch den Driver aus. Er war offensichtlich genau der richtige Mann für die Ära Taft.“[633] Nachdem viele aufeinanderfolgende Jahre lang das Weiße Haus fest in der Hand der Republikaner gewesen war, hatten deutsche Diplomaten persönliche Beziehungen zu zahlreichen Mitgliedern der Exekutive der US-Regierung gepflegt. Bernstorff schrieb in seinem Tagebuch über die Kriegsjahre: „Die öffentlichen Beziehungen zwischen der amerikanischen und der deutschen Regierung waren nie freundlicher als in den Jahren 1909 – 1913 [...]“[634]

Johann Heinrich Graf von Bernstorff um 1920[635]

Johann Heinrich Graf von Bernstorff war ein Favorit für die Nachfolge von Speck von Sternburg. Er wurde im Jahr 1862 in London geboren und war der Sohn eines der couragiertesten Politiker des Preußischen Reichs. Sein Vater Albrecht Graf von Bernstorff hatte als preußischer Außenminister während der

Verfassungskrise von 1859 – 1866 den Zorn von Bismarck auf sich gezogen. Von Bernstorff überschätzte seine politische Macht und trat wegen eines Disputs über die Verfassung von seinem Amt zurück, da er davon ausging, der preußischen Regierung so seinen Willen aufzwingen zu können. Der Kaiser nahm seinen Rücktritt jedoch hin und ernannte Otto von Bismarck zum Reichskanzler und Außenminister. Albrecht von Bernstorff sollte sein ganzes restliches Leben lang den Regierungsstil Bismarcks, welcher ihn an Machiavelli erinnerte, kritisieren. Im Jahr 1862 diente Bernstorff als Botschafter am Court von St. James. Der junge Bernstorff wuchs während der kommenden elf Jahre bis zum Tod seines Vaters im Jahr 1873 in England auf.

Nachdem Johann von Bernstorff zurück nach Deutschland gezogen war, besuchte er das humanistische Gymnasium in Dresden, welches er 1883 erfolgreich abschloss. Bernstorff träumte zwar seit jeher davon, eine diplomatische Karriere anzustreben, die Familienfehde mit Bismarck machte jedoch eine Bewerbung beim diplomatischen Dienst unmöglich. Also verpflichtete sich Bernstorff für die nächsten acht Jahre dem preußischen Heer und diente in einer Artillerieeinheit in Berlin.[636] Im Jahr 1892 konnte er die Familie Bismarck endlich überreden, den Streit mit seinem längst verstorbenen Vater niederzulegen und wurde ins Diplomatische Corps aufgenommen. Er heiratete im Jahr 1887 die in den USA geborene Jeanne Luckemeyer, Tochter einer wohlhabenden deutsch-jüdischen Familie aus New York.

Bernstorffs erster diplomatischer Einsatz war in Konstantinopel, wo er als Militärattaché tätig war. Nach kurzem Dienst in St. Petersburg wurde er zum Berater der Botschaft in London. Bevor er seinen Posten in den Vereinigten Staaten annahm, diente er als Generalkonsul in Kairo. Trotz der familiären Probleme mit den Bismarcks, war Bernstorff im Grunde von Bismarcks Politik überzeugt, insbesondere mit der Entscheidung, im Jahr 1871 das Deutsche Reich ohne Österreich zu gründen. Als Diplomat stellte sich von Bernstorff unerbittlich gegen den deutschen U-Boot-Krieg und setzte sich anstatt dessen für eine Schlichtung zwischen Deutschland und den USA ein, was ihn letztlich zur Verzweiflung brachte. In seinen Kriegserinnerungen schrieb er: „Jedes Mal, wenn ein diplomatischer Erfolg in Sichtweite kam, gab es einen Vorfall [U-Boot-Angriff], der zur Folge hatte, dass man die ganze Arbeit wieder von vorne beginnen musste.“[637]

Auf seine Arbeit in Washington während des Ersten Weltkriegs soll später noch genauer eingegangen werden.[638] Während der Kriegsjahre arbeitete von Bernstorff gegen die Strategie des deutschen Militärs, der er aus ganzem Herzen widersprach. Mit seinem Standpunkt zum Krieg reihte er sich in der Fraktion der preußischen Regierung ein, die die Vereinigten Staaten unter allen Umständen aus dem Krieg heraushalten wollte. Seine Rolle erwies sich als maßgeblich für die Entscheidung der deutschen Regierung, den uneingeschränkten U-Boot-Krieg nach der Versenkung des Passagierdampfers *Lusitania* bis Februar 1917 zu verzögern. Nach dem Krieg wirkte er bei der Gründung der Deutschen Demokratischen Partei (DDP) mit, die heute noch immer unter dem Namen Freie Demokratische Partei (FDP) existiert. Von Bernstorff blieb während der von Unruhen geprägten Zeit der Weimarer Republik von 1921 – 1928 Mitglied des deutschen Parlaments. Er unterstützte den Völkerbund und die globale Abrüstung. Die zunehmend antidemokratische Stimmung der späten Jahre der Weimarer Republik und die Verachtung der Nazis gegenüber seinem Defätismus im Großen Krieg zwangen von Bernstorff im Jahr 1933 ins Schweizer Exil. Er starb im Jahr 1939. Seine Opposition zu Hitler und seine vermittelnde Rolle während des Ersten Weltkrieges brachten ihm posthum gleichermaßen die Anerkennung von Politikern und Historikern ein.

Woodrow Wilson war von Bernstorff und der deutschen Regierung vollkommen unbekannt. Er schien vor allem mehr anglophil zu sein als „Big Bill“ Taft aus Cincinnati, Ohio. Von Bernstorff hielt seinen ersten Eindruck von Wilson in seinen Memoiren fest: „Woodrow Wilson war ein Universitätsprofessor und Historiker [...] Schon zu dieser Zeit [als Präsident der Universität Princeton] konnte man ihm gleichzeitig einerseits seine starke demokratische Überzeugung ansehen, die dazu führte, dass er sich den aristokratischen Studentenclubs energisch entgegenstellte, und andererseits seine egozentrische und autokratische Neigung, die dazu führte, dass er keine Ratschlägen von außen an sich herankommen ließ und ständig mit dem Führungsgremium der Universität im Clinch lag. Als Gouverneur von New Jersey, dem Geheiligten Land der Kartelle, führte er einen äußerst schlauen Feldzug gegen deren Vorherrschaft."[639]

Wilsons progressives, antiimperialistisches und kartellfeindliches Parteiprogramm bedeutete ohne Zweifel das Ende der *Dollar Diplomacy*. Im deutschen Außenministerium war man sich nicht ganz sicher, welche Auswirkungen eine so fundamentale Wende in der Außenpolitik mit sich bringen würde. Jeder wusste, dass die Demokraten, die jetzt ins Weiße Haus einzogen, bereits seit so langer Zeit nicht mehr in der Regierung waren, dass ihnen jetzt für entscheidende Ämter erfahrenes Personal fehlte. House erwähnte in Bezug auf das Personalproblem, man müsse bedenken, „dass die Demokratische Partei seit sechzehn Jahren nicht mehr in der Regierung gewesen war, und schlicht keine ausgebildeten Männer verfügbar waren."[640] Hinsichtlich der Tatsache, dass er viele Posten mit Menschen aus seinem innersten Freundeskreis besetzte, entgegnete House: „[...] ein paar meiner besten Freunde wurden ausgewählt, weil eine Analyse ergeben hatte, dass sie zu den Besten zu gehören schienen. Jeder Einzelne, mit dem ich auch vor dem Antritt unserer Regierung bekannt war, leistete hervorragende Arbeit."[641] Von Bernstorff, der in seinen Memoiren von House als guten Freund spricht, beantwortete die schwierige Frage wie folgt:

> Das diplomatische Corps in Washington fand sich somit mit einer vollkommen neuen Situation konfrontiert. Die Republikaner waren sechzehn Jahre lang am Ruder gewesen und mussten nun sämtliche Regierungsämter hergeben. Sogar für den persönlichen Kontakt zum Präsidenten galten nun andere Formalitäten, als das zu Zeiten seiner Vorgänger der Fall gewesen war. Mr. Roosevelt pflegte gerne

> freundschaftliche Beziehungen zu den Diplomaten, deren Gesellschaft er als angenehm empfand [...] Meine Geschäfte mit Präsident Taft liefen unter denselben Voraussetzungen [...] Einmal lud er mich auf eine Reise in seinem privaten Pullman-Wagen in seine Heimat Cincinnati ein, und wir sahen uns dort das Musikfestival an [...] Präsident Wilson hingegen zieht sich gerne zurück, neigt dazu, alleine zu arbeiten, und schätzt die Gesellschaft anderer nicht.[642]

In der Geschichtsschreibung der Zeit werden Präsident Wilsons Charakter und Persönlichkeit meist sehr vereinfacht dargestellt und auf reinen *Idealismus* reduziert. Das Wort stammt dem Adjektiv *ideal* ab, und seine Verwendung impliziert, dass Wilson an *Ideale* oder *Prinzipien* glaubte, die ihn daran hinderten, Politik zu betreiben, die sich mit der *Realität* beschäftigte. Was die Außenpolitik angeht, so manifestiert sich diese Charakterisierung in einer Gegenüberstellung der traditionellen *Realpolitik* europäischer Regierungen und der *Dollar Diplomacy* der Präsidenten Roosevelt und Taft. Ohne Zweifel traf Wilson außenpolitische Entscheidungen, die insbesondere bedingt durch seine undurchsichtigen und fehlinterpretierten Wege der Entscheidungsfindung stark von Prinzipien geleitet waren und eine klare Abkehr von der Einstellung seiner Vorgänger darstellten. Die Verwendung des Begriffs *Idealismus* als Rahmen für ein Verständnis der außenpolitischen Linie Wilsons führt jedoch genau zu jenen ergebnislosen Analysen, die heute die staubigen Archive unserer Bibliotheken füllen.

Wilson war ohne Zweifel ein Mann, mit dem man nur schwer zusammenarbeiten konnte. Edward House schien zu den Wenigen zu gehören, die uneingeschränkt Zugang zu ihm hatten. Die Außenpolitik der Vereinigten Staaten wurde währen Wilsons Präsidentschaft nicht von William Jennings Bryan gestaltet. Weder Wilson noch House trauten Bryan sachkundige außenpolitische Entscheidungen zu. In Wirklichkeit übernahm House den Ministerposten in Bezug auf Europa und Mittelamerika. House diente dem Präsidenten, ähnlich wie Sommerfeld, ohne ein Ministeramt innezuhaben und ohne dafür eine Vergütung zu erwarten. Wonach die beiden Männer strebten, und was sie auch erreichten, indem sie ihren jeweiligen Staatsoberhäuptern dienten, war Macht. Genau wie Sommerfeld in den mexikanischen Konsulaten aufgeräumt hatte, so setzte House gleich in den ersten Monaten der neuen Regierung seine Männer an die Spitze der Botschaften in Berlin, Rom und London. Wilson „neigte dazu, [...] jeglichen Kontakt zu Menschen zu vermeiden, die sich außerhalb des kleinen Kreises befanden, in dem er sich wohl fühlte."[643]

Laut seinem Freund, von dem Wilson sagte, „Mr. House ist mein zweites Ich. Er ist meine unabhängige zweite Hälfte. Seine Gedanken und meine sind eins," musste man verstehen, wie der Präsident zu seinen Entscheidungen kam. Er hatte die Neigung, „jede Entscheidung zu vermeiden, mit der er nicht eiverstanden war, wie wichtig sie auch war [...]"[644] Seine Entscheidungsfindungsprozesse waren „schleppend" und langsam. War er jedoch einmal zu einem Entschluss gekommen, „konnte er diesen blitzschnell und präzise ausarbeiten."[645] Ray Stannard Baker, der offizielle Biograf des Präsidenten, schrieb: „Wilson verfolgte die Methode eines Gelehrten, der tief in sich geht [...] Diese Methode birgt enorme Vorteile, ist eine Quelle für Kraft und Selbstbewusstsein; sie birgt jedoch auch große Risiken für Männer der Tat, besonders für einen politischen Führer, der häufig mit unvorhergesehenen praktischen Problemen konfrontiert ist."[646]

Baker führte Gespräche mit dem *Alter Ego* des Präsidenten, dem leidenschaftlichen, gefühlvollen und impulsiven Wilson. „Hinter seinen ruhigen, lehrerhaften Zügen, die auf den Betrachter wie kühle Selbstbeherrschung wirken, lauert ein wütendes, feuriges Gemüt, das mit Kontrolle nicht umgehen kann und nie ganz diszipliniert ist."[647] Wenn jemand Wilsons Gemüt erregte, dann vergaß er das nie. Er weigerte sich, Menschen zu empfangen, die er verachtete; man bekam keine zweite Chance. Es war Colonel Houses Aufgabe, den Schaden, den ein Wilsonscher Ausbruch anrichten konnte, einzudämmen, ob es nun darum ging, seine Kabinettsmitglieder zu besänftigen, das Militär oder den Kongress. Die Kombination aus diesen Charakterzügen und dem fremdartigen, modernen Einfluss, den Colonel House auf Wilsons Entscheidungen ausübte, führten dazu, dass Wilsons Politik zu einem Mysterium wurde.

Um Wilsons Verständnis der Mexikanischen Revolution auf den Grund zu gehen, hielten sich Historiker bisher immer stark an die Analyse öffentlicher Ansprachen und Reden, welche viel zu *idealistisch* klangen, als dass sie Grundlage seiner Politik hätten sein können. Wilson hatte das *mexikanische Problem* geerbt. Colonel House, der den Vorteil hatte, dass er in einer Grenzstadt zu Mexiko aufgewachsen war, verfügte über ein ziemlich detailliertes Verständnis der Probleme aus Sicht der amerikanischen Unternehmen. Es überrascht nicht, dass eine Intervention in Wilsons Agenda für Mexiko stets in Griffnähe blieb. Dass die zwei Interventionen, die Wilson in seiner Amtszeit anordnete, nicht zum totalen Krieg mit Mexiko führten, ist der Verdienst seiner mehr auf Seiten des Realismus stehenden Berater House und Garrison.

Wilson und House hatten mit Sicherheit vor, die Bestrebungen der demokratisch gewählten Regierung Madero konstruktiv zu unterstützen. Der Historiker Thomas Baecker beschrieb Wilsons Verständnis der Geschehnisse in Mexiko als das Resultat mangelnder Informiertheit. „Er deutete die Mexikanische Revolution hauptsächlich aus rein politischer Sicht, also im Sinne eines mexikanischen Volkes, das nach einer rechtsstaatlichen Regierung und einer Politik der Demokratie strebt.“[648] Das Problem mit Baeckers Kritik, und mit der vieler anderer Geschichtswissenschaftler, liegt in der Tatsache, dass keine einzige westliche Regierung im Jahr 1913 in der Mexikanischen Revolution mehr sah als ein politisches Problem. Nur durch die rückblickende Betrachtung der Oktoberrevolution in Russland und anderer sozialer Revolutionen des 20. Jahrhunderts erlangt man einen neuen Blickwinkel.

Der eigentliche Unterschied zu Wilson und Houses Auffassung von Mexiko war, dass sie ernsthaft glaubten, dass eine Demokratie südlich der Grenze zu Wohlstand und Ordnung führen würde, während ihre Zeitgenossen in Europa und sogar Wilsons eigener Botschafter in Mexiko City glaubten, dass nur ein mächtiger Alleinherrscher die Massen südlich der Grenze regieren könne. Mit seiner Einstellung stand Wilson in deutlichem Widerspruch zu konservativen Mächten in der US-Außenpolitik wie beispielsweise Albert B. Fall und Botschafter Henry Lane Wilson. Während der Regierung Taft konnte die Allianz zwischen Philander Knox und Sherburne Hopkins die dunkleren Mächte in den USA zum großen Teil im Zaum halten, die eine Rückkehr zur alten Oligarchie befürworteten. Zwar wurde mit Säbeln gerasselt und eine militärische Intervention immer wieder als Lösung für alle Probleme in Mexiko beworben, die Gruppe der Interventionisten hatte jedoch nur sehr geringen Einfluss auf die tatsächliche Außenpolitik.

Wilsons Wahlsieg und die Aussicht auf einen Kurswechsel in der Außenpolitik verliehen den Gegnern der mexikanischen Regierung in der Zeit von Herbst bis Frühjahr 1912/1913 neue Kraft. Wenn man Kritik an der neuen Regierung üben will, die es nicht vor dem 4. März 1913 schaffte, die Macht zu übernehmen, so hat diese mit dem Fehlen einer klaren Zielsetzung für den Umgang mit Mexiko zu tun, sowohl während des Wahlkampfs als auch in den Monaten bis zur Amtseinführung des Präsidenten. Wie der Historiker Reinhard Doerries berechtigtermaßen annahm, waren es das Fehlen dieser eindeutigen Position und „die Haltung einer Reihe anderer Nationen, die nicht zögerten, das Feuer auf vielerlei Art und Weise anzufachen," die letztlich dazu führten, dass die mexikanische Regierung eine Woche vor Wilsons Amtsantritt unter schrecklichen Umständen zu Fall kam.[649] Der irreversible Sturz Maderos, welchen ein US-Diplomat eingefädelt hatte, zerstörte jede Hoffnung, dass die außenpolitische Linie der USA gegenüber Mexiko weiterhin eingehalten werden konnte. Ebenso wie Präsident Wilsons Neigung zu einem quälend langen Entscheidungsprozess, der oft isoliert und im Heimlichen geschah, wurde auch die Reaktion zur Krise in Mexiko im Frühjahr 1913 als uninformiert, hilflos und *idealistisch* dargestellt und somit fehlinterpretiert. Tatsächlich musste sich Wilson durchringen, eine völlig neuartige Antwort auf die Entwicklungen in Mexiko zu geben. Keine geringeren als Felix Sommerfeld und Sherburne

Hopkins sollten der neuen Regierung helfen, eine neu ausgerichtete Außenpolitik zu finden.

Kapitel 13

Die Demontage eines Präsidenten

Die Präsidentschaftswahlen in den Vereinigten Staaten hatten beträchtliche und unmittelbare Auswirkungen auf die drängenden Probleme der Rebellion und der Unruhen, die Mexiko unablässig verfolgten. Am 16. Oktober 1912 kam zu dieser nicht enden wollenden Liste von Herausforderungen noch eine weitere Rebellion, der sich die mexikanische Zentralregierung stellen musste. Oberflächlich betrachtet schien der Aufstand, der von Oberst Felix Diaz angeführt wurde, vorhergegangenen Revolten zu gleichen. Der Neffe von Porfirio Diaz war bevor er zum Gouverneur von Oaxaca wurde Polizeichef von Mexiko-Stadt. Die Revolutionsregierung ersetzte Diaz im Jahr 1911 mit einem provisorischen Gouverneur.[650]

Es ist nicht sicher, ob Diaz zur Zeit des Aufstands tatsächlich in der Bundesarmee diente. Diese Frage sollte ihm später das Leben retten. Der Oberst kam jedenfalls aus einem anderen Lager der mexikanischen Opposition. Madero hatte mit großem Eifer Mitglieder der Bundesarmee befördert, sodass diese von höherem Rang waren, als seine Revolutionstruppen. Die Auflösung der Revolutionstruppen und die gefühlte Abkehr von den Grundsätzen der Revolution zugunsten der öffentlichen Ordnung waren Gründe für den Widerstand von Innen, der Madero nun entgegenkam. Genau genommen hatten die vorangegangenen Aufstände von Reyes, Zapata, Vasquez Gomez und Orozco eines gemeinsam: Sie entstanden innerhalb der Revolutionsbewegung. Alle machten Nutzen und profitierten von den entrechteten Revolutionskämpfern der Madero-Revolution. Diaz aber stellte eine andere Bedrohung dar, die

Maderos Untergang beschleunigen sollte. Felix Diaz war Offizier in der mexikanischen Bundesarmee. In Diaz' Revolte fing zum ersten Mal seit dem Sturz seines Onkels das Militär, welches wohl den mächtigsten Block in der mexikanischen Politik darstellte, wieder an, seinem Unmut Luft zu machen.

Der Aufstand selbst war nur klein und wurde in den US-Medien übertrieben dargestellt. Am Morgen des 16. Oktober 1912 marschierte Felix Diaz im Gefolge von mehreren Abteilungen der *Rurales* in Veracruz ein. Einer der drei örtlichen Militärkommandeure gab den Widerstand schnell auf und schloss sich den Rebellen an.[651] Diaz übernahm die Kontrolle über den Hafen und die immens wichtigen Zollhäuser, wobei er nur fünfzehn Mann verlor.[652] Mehrere weitere Einheiten aus der unmittelbaren Umgebung liefen zu den Rebellen über. Meldungen, die besagten, dass alle Soldaten in den Städten Veracruz, Oaxaca, Puebla und Chiapas sich Diaz angeschlossen hatten, waren jedoch vollkommen falsch.[653] Die *New York Times* veröffentlichte am 20. Oktober einen Bericht mit der Überschrift: „Neue Revolte zeichnet Anfang vom Ende". Es folgte ein halbseitiges Portrait von Diaz mit dem Titel „General Diaz: Anführer der Neuen Revolution." Das herrschaftlich anmutende Bild von Felix Diaz zeigte einen aufrechten Offizier in Paradeuniform, der mit seiner Linken auf seinem Säbel ruhend Macht ausstrahlte. Mit aufgezwirbeltem Oberlippenbart blickte er über seine rechte Schulter in die Ferne, als hätte er eine umsetzbare Vision für Mexikos Zukunft.

Mit dieser Aufnahme hatten die Fotografen Underwood und Underwood das Ebenbild des gestürzten Diktators Porfirio Diaz geschaffen, nur vierzig Jahre jünger und mit einer Prise Kaiser Wilhelm II versehen. Sogar der militärische Rang eines Generals bezog man sich auf den ehemaligen Diktator, und nicht auf seinen übergewichtigen, verzogenen, langsamen und opportunistischen Neffen, der es im Regime seines Onkels nie in eine bedeutende Position geschafft hatte. Porfirio Diaz hatte ihn sicherlich zu keiner Zeit als Nachfolger in Betracht gezogen, wie dies die *New York Time* einige Monate später anzudeuten versuchte.[654] Felix Diaz war ein Produkt der US-Presse, des

Senators Fall und Botschafters Wilson, ein neu erfundener Porfirio Diaz in seiner Blütezeit. Niemand nahm Diaz in Mexiko ernst und keiner in der eingesessenen Militärführung folgte seinem Schlachtruf. Maderos Regierung beteuerte von Beginn der Revolte, dass sie in Felix Diaz keine ernsthafte Bedrohung sah.[655]

Oberflächlich betrachtet stellte sich Oberst Diaz' Unternehmung, die nur wenige Monate nach der Niederlage Orozcos begann, lediglich als eine kleine Unannehmlichkeit dar. Madero schickte die Bundesarmee, die die Stadt nach ein paar Tagen, am 23. Oktober 1912, wieder zurückerobert hatte. Diaz wurde festgenommen und fünfzig seiner Soldaten starben in den Kämpfen. Die Bundestruppen verloren keinen einzigen Mann.[656] Es gab keine weiteren Aufstände, und der General, der die Stadt gesichert hatte, General Beltran, bewies seine unerschütterliche Loyalität für Madero, indem er sich nicht von Diaz bestechen hatte lassen. Präsident Madero, der einmal in einer selbsterfüllenden Prophezeiung geschworen hatte, „nur der Tod vermag es, mich aus dem Präsidentenamt zu heben […]," schien voll und ganz die Kontrolle behalten zu haben.[657] Andererseits hatte es in den US-Zeitungen bereits am 18. Oktober öffentliche Spekulationen über die potentiellen Mitglieder der erhofften Regierung Diaz gegeben. Die bösartige Propaganda rückte die dunklen Machenschaften von Wilson, Fall und der amerikanischen Gesellschaft in Mexiko klar ins Bild. Es ist nicht bekannt, ob Diaz tatsächlich auf irgendeine Weise Unterstützung oder Zusagen vonseiten der US-Regierung oder insbesondere von Henry Lane Wilson erhalten hatte. Die Propaganda und falsche Berichterstattung über den Aufstand stammten jedoch zweifellos aus der amerikanischen Botschaft.

In den Wochen nach dem Aufstand wurde Felix Diaz vor ein Kriegsgericht gestellt. Zusammen mit sechsundzwanzig Mitverschwörern befand ihn das Tribunal schuldig und verurteilte ihn zum Tod. Der mexikanische Oberste Gerichtshof gewährte jedoch Aufschub und stellte somit die Autorität des Militärgerichts infrage. Die Frage kam auf, ob sich der Oberst zur Zeit seines Hochverrats in Militärdienst befand, oder nicht. Madero mischte sich nicht in diese Farce ein, mit der die aus der Zeit des Diktators übrig gebliebenen Richter versuchten, seine Macht zu untergraben. Diese wandten offensichtlich demokratische Rechte an, die durch die Revolution erst erreicht worden waren, um das vorherrschende politische System zu kippen.[658] Die Verschwörer blieben im Gefängnis San Juan de Ulua in Veracruz und warteten auf weitere Rechtsprechung. Im Januar 1913 hoben die Richter die Todesstrafe auf und überführten Felix Diaz in eine Haftanstalt in Mexiko-Stadt. Der Richter entschied, dass Diaz nicht im Dienst gestanden hatte. Dieser wurde daraufhin in ein Zivilgefängnis in der Hauptstadt gebracht. Reyes, der andere besiegte Rebellenführer, saß seine Strafe im Militärgefängnis Santiago Tlatelolco ab, das auch in Mexiko-Stadt lag. Pancho Villa war auch einige Zeit in Tlatelolco eingesperrt, ihm gelang jedoch die Flucht. Am Weihnachtstag des Jahres 1912 nutzte Villa die weihnachtsbedingte Trunkenheit der Wachmänner aus und floh, extravagant wie eh und je und gekleidet in einen Geschäftsanzug zusammen mit einem Komplizen. Er „spazierte einfach aus dem Gefängnis heraus und schlenderte mit seinem Komplizen über den Hof der Anstalt als wären sie zwei städtische Anwälte, die gerade von einem Klientenbesuch kamen und die Einzelheiten eines Falles besprachen."[659]

Bald kam die Frage auf, ob die Maderos in den Ausbruch verwickelt gewesen waren. Als Präsident hätte Madero Villa gerne begnadigt. Da Huerta allerdings der mächtigste General in Mexiko war, wäre eine solche Begnadigung unmöglich gewesen. Gustavo Madero, der Villa während seiner Haft in Tlatelolco täglich besucht hatte, hätte dabei behilflich sein können, den Komplizen, die Waffen, die Verkleidung und den Fluchtwagen zu besorgen. Weder er noch sein Bruder, der Präsident, äußerten sich je öffentlich zu Villas Flucht. Weder das *Bureau of Investigation* noch Sommerfelds Leute ermittelten gegen den Flüchtigen im Exil, und gerade dieser Umstand bringt die Regierung Madero mehr als jedes andere Indiz mit dem Gefängnisausbruch in Verbindung.

Bernardo Reyes und Felix Diaz blieben zunächst in Haft, waren dort jedoch zum Großteil von gleichgesinnten politischen Gefangenen umgeben und konnten so auch weiterhin ihre umfangreichen Kontakte aufrechterhalten. Historiker haben

Maderos Entscheidung, Reyes und Diaz nicht erschießen zu lassen kritisiert und führen diesen Umstand als Beispiel für seinen hoffnungslosen Idealismus an. Aus Maderos Sicht waren allerdings weder Reyes noch Diaz schwere Gegner. Es handelte sich bei den beiden nicht um berüchtigte Verschwörer mit einschlägiger Vergangenheit. Reyes' Revolte verlief sich, sobald ihm Sommerfeld und die US-Behörden den Zugang zu Waffen abgeschnitten hatten. Diaz Schlagzeilen waren weitaus größer als seine Erfolge auf dem Schlachtfeld. Während seiner gesamten Regierungszeit hatte Madero das Ziel verfolgt, das Gesetz und dessen strenge Einhaltung zum Zugpferd für eine funktionierende Demokratie zu machen. Weshalb hätte er sich jetzt von diesem Grundsatz verabschieden sollen? Ein Rachemord an seinen Kontrahenten hätte den Standpunkt der konservativen Presse sowie der Interventionisten in Washington gestärkt, die Madero zunehmend für einen Diktator hielten, wenn auch für einen unfähigen. Felix Diaz war nicht aufgrund seiner Fähigkeiten und Erfolge zum Aushängeschild für die konservative Opposition geworden, sondern weil er den richtigen Nachnamen hatte, und seinem Onkel ähnelte. Von Diaz' Unternehmungen führte letztlich keine zum Erfolg, sei es innerhalb des Regimes seines Onkels, während der Aufstände im Oktober 1912 oder in Bezug auf seine späteren politischen Versuche. Wer sich wagte, sich mit ihm zu verbünden, fand sich später nur allzu oft im Gefängnis wieder, oder ihn ereilte ein noch schlimmeres Schicksal. Ungeachtet Maderos selbstzerstörerischen Idealismus ist fraglich, ob die Hinrichtung von Diaz und Reyes seinen Untergang nicht sogar beschleunigt hätte.

Der Mann, der die Geschehnisse im Oktober ausnutzte, um seine Pläne voranzutreiben, war der amerikanische Botschafter Henry Lane Wilson. Bis heute ist Wilson als seltsamer, verhaltensgestörter, unglaublich herzloser und vielleicht sogar geistesgestörter Schurke der neueren mexikanischen und US-amerikanischen Geschichte bekannt. Wilson, der am 3. November 1856 in Crawfordsville im US-Bundesstaat Indiana geboren wurde, stammte aus einer Familie der oberen Mittelschicht aus dem Herzen Amerikas. Sein Vater war Anwalt und diente zudem als Abgeordneter im Repräsentantenhaus für Indiana sowie als Botschafter in Venezuela. Sein Sohn Henry ging in seiner Heimatstadt auf eine öffentliche High School und begann nach seinem Abschluss am Wabash College im Jahr 1879 eine einjährige Ausbildung in einer Anwaltskanzlei in Indianapolis. Wilson versuchte kurz sein Glück als Zeitungsverleger und Unternehmer. Er ließ sich schließlich im Jahr 1895 in Spokane im Bundesstaat Washington nieder. Zwei Jahre später trat der junge Anwalt, der sich inzwischen einen Namen als konservativer Republikaner gemacht hatte, dem diplomatischen Corps bei. Präsident McKinley ernannte ihn zum diplomatischen Geschäftsträger für Chile. Im Jahr 1905 berief ihn Präsident Roosevelt als Gesandten nach Griechenland. Allerdings wurde diese Entscheidung zurückgenommen noch bevor Wilson dort sein Amt antreten konnte. Stattdessen wurde der junge Diplomat zum Botschafter in Belgien ernannt. Seine Referenzen als Konservativer und seine Mitgliedschaft der Republikanischen Partei, die sich durch sein ganzes Leben zog, brachten ihn ins Umfeld von Präsident Taft und Außenminister Philander Knox.

Im Jahr 1910 entsandte Präsident Taft ihn nach Mexico. Dort wurde der Botschafter Zeuge des Sturzes von Präsident Diaz, zu dessen persönlichem Freundeskreis er gezählt hatte. Wilsons uneingeschränkte Bewunderung für Präsident Diaz und seinen repressiven Regierungsstil brachten Wilson in unmittelbaren Konflikt mit den Regierungen De La Barra und Madero. Unter dem Deckmantel des Schutzes amerikanischer Bürger und deren Eigentums arbeitete er aktiv gegen die beiden Präsidenten und war in so manche Intrige sowohl in Washington als auch in Mexiko-Stadt verwickelt. In einer Ansprache im April 1914 fällte der inzwischen diskreditierte Botschafter sein chauvinistisches, rassistisches und infolge seiner juristischen Ausbildung unnachgiebiges Urteil über den mexikanischen Diktator Diaz und die derzeitige politische Lage in Mexiko:

> Diaz war kein Tyrann, sondern ein wohlwollender Autokrat, der das mexikanische Volk verstand und wusste, dass es für eine Autonomie nicht geschaffen war. Zwar war er nicht

verfassungsmäßig gewählt, regierte jedoch im Einklang mit dem Recht. Er herrschte dreißig Jahre lang mit eiserner Faust über Mexiko, legte dabei jedoch eine unbeirrbare persönliche Aufrichtigkeit, Pflichttreue und gefestigten Patriotismus an den Tag sowie eine stolze Auffassung von Mexikos Bedürfnissen und Bestrebungen. Seine Haltung nach außen stand vom ersten Tag seiner Präsidentschaft an fest [...] Mindestens 80 Prozent der Bevölkerung entstammt den eingeborenen Rassen, lebt ohne festen Wohnsitz und wird meist nur geduldet. Diese Menschen zeigen so gut wie kein Interesse und nehmen an der Politik und dem Geschehen im Land fast nicht Teil. Sie können weder lesen noch schreiben, halten an den Gräueltaten und Traditionen ihrer Ahnen fest. Sie werden noch grausamer durch die ihnen aufgedrängten Gräuel des weißen Mannes und das damit einhergehende Bewusstsein von Ungerechtigkeit, das aus der Einsicht erwächst, dass sie lediglich Parias und Ausgestoßene sind [...] Madero [...] war ein Träumer und sang ein Lied, das nicht erwidert wurde. Er kam als Apostel der Freiheit an die Macht, doch er war lediglich der einzige Mann, der im psychologischen Moment in der Öffentlichkeit stand [...] Gewandet in die Obergewalt des Landes kamen bei Madero bösartige Züge ans Licht, die ihren Ursprung in seinem Blut oder seiner Rasse haben, und die ihn selbst sowie abertausende Mexikaner in den Untergang rissen [...] Philosophen sollten durch die blutige Geschichte Mexikos eine Lektion gelernt haben, nämlich dass eine praktizierte Demokratie, die bereits für die zivilisiertesten Nationen manchmal zu einer Last wird, niemals mit Erfolg auf ein ungebildetes Volk übertragen werden kann, das sich nur oberflächlich den Anschein einer modernen Zivilisation gibt.[660]

Aus Wilsons Taten sprechen ein so tief sitzender Rassismus und eine so emotionelle Verachtung für Madero und dessen Anhänger, dass der Historiker Frank McLynn vermutete, der amerikanische Diplomat habe möglicherweise an einer Geisteskrankheit gelitten.[661] Henry Lane Wilson verstand es als seine Aufgabe, in Mexiko wieder eine starke und diktatorische Regierung an die Macht zu bringen. Seinen Methoden blieb er über seine gesamte Amtszeit als Botschafter treu. Im März des

Jahres 1911, als Maderos Vater versuchte, sich mit Diaz' Vertreter Limantour in New York zu einigen, schilderte Wilson Präsident Taft die drohende Gefahr für US-Bürger und US-Eigentum dermaßen übertrieben, dass dieser gleich zwanzig tausend Soldaten an die Grenze beorderte. Die *New York Times* berichtete: „Henry Lane Wilson hatte Präsident Taft darüber in Kenntnis gesetzt, dass die Situation in Mexiko deutlich ernster war, als man das amerikanische Volk glauben ließ, und dass die 75.000 US-Bürger und Besitztümer im Wert von einer Milliarde Dollar, welche diesen und anderen Amerikanern gehörten, in großer Gefahr schwebten, sollte sich die Revolution weiter ausbreiten [...] Überall in Mexiko hat man den Eindruck, der Anführer der Revolution sei nicht tatsächlich der Anführer, sondern hinter ihm stehen mächtigere Männer und die finanzielle Unterstützung einer beträchtlichen Anzahl reicher und bekannter Mexikaner, die etwas dagegen haben, dass amerikanisches Kapital in Mexiko investiert wird."[662]

Laut dem Geschichtswissenschaftler Peter Henderson wurde die Androhung einer militärischen Intervention durch die Vereinigten Staaten zu einem zentralen Druckmittel, mit dem man die *Maderistas* zu Kompromissen zwang.[663] So lange Madero an der Macht war, würde Botschafter Wilson nicht aufhören, unerbittlich gegen die Revolutionsregierung vorzugehen. Wilson war es, der die Forderungen nach der Bewaffnung von Ausländern in Mexiko initialisierte. Der Schutz von US-Bürgern und –Eigentum zählte zu den Hauptaufgaben des Botschafters. Als er jedoch in Washington um die Zustimmung für die Lieferung von „eintausend Gewehre(n) und eine(r) Million Kugeln an die Botschaft von Mexiko City zum Schutz der amerikanischen Kolonie" bat, wurde dieser Antrag kurzerhand abgelehnt.[664] Während von ein paar hundert Deutschen und Franzosen keine Gefahr einer Intervention in Mexiko ausging, war die amerikanische Kolonie dort dafür durchaus von ausreichender Größe.[665]

Amerikanische Geschäftsleute standen fest auf Seiten des alten Regimes, unter dem sie Reichtum erlangt hatten. Bewaffnete amerikanische Bürger hätten im Fall einer militärischen Intervention durch die Vereinigten Staaten eine zweite Front darstellen können. Wilsons Einfluss bedingte möglicherweise auch die unnachgiebige Einstellung des deutschen Gesandten von Hintze bezüglich einer Bewaffnung von Deutschen mit dem Ziel, die Mörder von Covadonga ihrer gerechten Strafe zuzuführen. Als stolzer Preuße wollte er gegenüber dem diplomatischen Corps, vor allem aber gegenüber dem amerikanischen Botschafter keine Schwäche zeigen. Im Gegensatz zu Henry Lane Wilson verfolgte von Hintze jedoch keinen größeren Plan. Seine Berichte an das Auswärtige Amt schienen eher ausgeglichen. Im Großen und Ganzen war sein Verhältnis zur Regierung Madero – abgesehen von kleineren Streitigkeiten – gut.[666]

Als Henry Lane Wilson danach drängte, amerikanische Auswanderer zu bewaffnen, nutzte von Hintze die Gelegenheit und drängte seinerseits auf die Erlaubnis für die deutsche Gemeinde in Torreón, sich Waffen zur Selbstverteidigung zu beschaffen. Da es sich bei Torreón um den Knotenpunkt zwischen dem nördlichen und südlichen Eisenbahnsystem und zudem geografisch gesehen um die Passage zwischen den Sierra Madres handelte, kam es dort noch immer häufig zu Revolutionen und den entsprechenden Konterrevolutionen. Bei der Bewaffnung der deutschen Siedler handelte es sich allerdings um eine heikle Angelegenheit, denn schließlich ging es um die Souveränität des mexikanischen Staates. Gäbe der mexikanische Präsident den Forderungen des Deutschen nach, so ergäbe sich daraus auch gelichzeitig eine rechtliche Grauzone für andere Mächte. Waren die Bürger der Vereinigten Staaten, Englands und Spaniens erst einmal bewaffnet, würden sie plötzlich zu Kämpfern in der aktuellen Auseinandersetzung.

Grund für die Forderungen nach einer Bewaffnung ausländischer Staatsbürger war das vermeintliche sowie reale Unvermögen der Regierung, ihren Schutz zu gewährleisten. Sollten die ausländischen Gemeinden allerdings beginnen, auf eigene Faust Krieg zu führen, wäre es die Aufgabe der gleichen, nur unzureichend handlungsfähigen Regierung, ihnen zu Hilfe zu kommen. Von Hintze verfolgte seine Forderungen während des

Großteils des Jahres 1912 hartnäckig, zum Teil getrieben durch seine Überzeugung von der Tatsache, dass Maderos Regime sich immer weiter von seinem Ziel der Machtkonsolidierung entfernte, zum Teil um Madero dazu zu bringen, Aufträge für Waffen und Munition an deutsche Industrieunternehmen zu vergeben. In seinen Schreiben an das Auswärtige Amt betonte der Gesandte, "Ich bemerke ausdrücklich, dass ich den größten Wert darauf gelegt habe, alle Maßnahmen [der Bewaffnung von deutschen Staatsbürgern] unter der Parole: Polizeimassregeln, Schutz des eigenen Lebens und Eigentums – und im Einvernehmen mit der Mexikanischen Regierung zu treffen."[667] Die Verträge, nach denen unter Madero Militärgüter an das mexikanische Militär geliefert wurden, verschwanden beinahe ausnahmslos in einem Sumpf aus Bestechung und mangelnder Zahlungsfähigkeit seitens der Regierung.

Fast unmittelbar im Anschluss an von Hintzes Ankunft in Mexiko im April 1911 baten die Konsuln von San Cristobal de las Casas, Tuxtla, Puebla und Torreón den Minister um die Erlaubnis, ihrerseits Schritte unternehmen zu dürfen, um die Bürger in ihrem Verantwortungsbereich zu bewaffnen. Die deutsche Gemeinde im ganzen Land belief sich damals auf gerade einmal viertausend Seelen, von denen allein zweitausendfünfhundert in Mexiko-Stadt lebten.[668] Die US-Kolonie umfasste gut siebzigtausend Bürger, von denen fünftausend in der Hauptstadt ansässig waren.[669] Die erste Anfrage betraf die deutsche Gemeinde in Mexcalapa im Bundesstaat Chiapas. Chiapas zählte neben der Hauptstadt zu den Bundesstaaten mit dem größten Anteil an deutschen Auswanderern, welche dort einige große Kaffeeplantagen betrieben. Der mexikanische Außenminister Calero teilte von Hintze im November des Jahres 1911 mit, sein Antrag würde vom Kriegsminister überprüft.[670] Das Kriegsministerium erwiderte jedoch mit einem Gegenvorschlag. Man bot an, einhundert Bundessoldaten zu schicken, die die deutschen Farmer beschützen sollten. Von Hintze und der deutsche Vizekonsul willigten mit Freude ein.[671]

Im Februar des Jahres 1912, als der Aufstand der Brüder Vasquez Gomez gerade begann, wollte der deutsche Vizekonsul in Torreón, Otto Schubert, die deutsche Gemeinde dort bewaffnen. Das Kriegsministerium wies die Anfrage jedoch zurück, was hauptsächlich daran lag, dass der deutsche Konsul die Waffen selbst beschaffen wollte. Von Hintze schlug Außenminister Calero vor, dass die deutsche Regierung die Waffen einkaufen sollte. Die mexikanische Regierung gab unter der Voraussetzung nach, dass „die Botschaft die Besorgung der Waffen überwacht, und dass die bewaffneten [Bürger] für den Fall ihres Missbrauchs persönlich hafteten sollten.“[672] Die Regierung Madero erlaubte von Hintze im März 1912 in zahlreichen Fällen, dass sich deutsche Staatsbürger bewaffneten.[673] Carl Heynen, der als Vertreter der HAPAG über die besten Verbindungen verfügte, kaufte und importierte mit von Hintzes Genehmigung fünfhundert Karabiner und fünfzigtausend Schuss Munition.[674] Die einzige Anfrage, die der Präsident zurückwies, war, dass die Waffen zollfrei importiert werden konnten.[675] Während sich Präsident Madero offensichtlich weigerte, Botschafter Wilson ähnliche Anfragen zu bewilligen, schien die Zusammenarbeit zwischen Madero und von Hintze bezüglich der Bewaffnung von Ausländern im Jahr 1912 reibungslos zu funktionieren.

Ob tatsächlich das Leben eines Deutschen durch die Bemühungen von Hintzes bei der mexikanischen Regierung gerettet wurde, ist nicht bekannt. Die Morde von Covadonga und die Bewaffnung der deutschen Einwanderer zeugen jedoch von der Hartnäckigkeit, mit der der deutsche Gesandte die mexikanische Regierung in Bezug auf solche Themen unter Druck setzte, die mehr darauf ausgerichtet waren, Deutschlands imperiale Macht unter Beweis zu stellen, als tatsächlich der deutschen Gemeinde zu helfen. Von Hintzes „finstere Pläne“ schlugen große Wellen. Im Frühjahr 1911 deuteten amerikanische Zeitungen die paradierenden deutschen Schiffe entlang der mexikanischen Küste sowie die „geheime“ Bewaffnung deutscher Bürger als heimlichen Plan, Mexiko einzunehmen.

Die *El Paso Times* schrieb, dass Tafts Verstärkung der Grenztruppen im Frühjahr als Reaktion auf die Machenschaften der Deutschen zu verstehen sei. Der Historiker Friedrich Katz greift den Gedanken auf und führt zahlreiche Berichte und Artikel der Associated Press an, in denen diese Meinung vertreten wurde. Allerdings verwarf er die Auswüchse der amerikanischen Sensationspresse als das, was sie in Wirklichkeit waren: die Unwahrheit. Die Wahrheit hingegen sollte auf der Hand liegen, insbesondere wenn man in Betracht zieht, dass die neue *German Army*, die in Torreón stationiert war, ganze zwölf Gewehre vorzuweisen hatte. Genau wie bei den Morden von Covadonga verfolgte von Hintze eine Strategie der Abschreckung. Sollte es jemand wagen, Deutschen Leid zuzufügen, so konnte er sich dank von Hintzes unnachgiebiger Einstellung ernsthaften Konsequenzen sicher sein. Somit hatte von Hintze hinsichtlich seiner Aufgabe als Schutzbefohlener der deutschen Bürger in der Mexikanischen Revolution Erfolg. Trotz seiner Hartnäckigkeit und seiner oft konfrontativen Herangehensweise, kam er grundsätzlich gut mit der Regierung Madero aus. Er beschwerte sich zwar über die vorherrschende Korruption und Maderos Probleme bei der Aufrechterhaltung der Ordnung, er erlag jedoch nie der illusionären Vorstellung, dass ein anderes Staatsoberhaupt nicht mit denselben Problemen zu kämpfen gehabt hätte. Von Hintze war zweifelsohne kein Demokrat, verstand aber auf realistische Art und Weise, dass das Leid des mexikanischen Volkes damit zu tun hatte, dass so viele Arme gegen die wenigen Reichen im Land ankämpften.[676] Dem englischen Botschafter Francis Stronge gab er zu verstehen, dass die Suche nach einem weiteren rücksichtslosen Despoten die zugrundeliegenden Probleme für die Revolution niemals aus dem Weg schaffen würde.[677]

Die amerikanische Botschaft veröffentlichte hingegen immer wieder Berichte über Gewalt und Diskriminierung gegenüber amerikanischen Staatsbürgern sowie über die Bedrohung, die durch die Revolution für die Grenze zwischen den USA und Mexiko bestand. Im revolutionären Mexiko herrschte zwar zweifelsohne eine ausländerfeindliche Stimmung, und diese führte auch zu Personen- und Sachschaden, Historiker wie Katz, Knight, Hart, Calvert, McLynn, Henderson, Baecker und andere, die sich auf die Mexikanische Revolution spezialisiert haben, sind jedoch übereinstimmend der Ansicht, dass der amerikanische Botschafter die Situation in seinen Berichten absichtlich übertrieben darstellte. Damit verfolgte er unmissverständlich das Ziel, eine amerikanische Intervention zu erzwingen. Beispielsweise brachte er die Regierung Taft durch einen Trick dazu, die *USS Buford* im Herbst des Jahres 1912 an die Küste von Sinaloa zu entsenden, um dort verzweifelte amerikanische Bürger vor dem „lebensbedrohlichen Chaos" zu bewahren, das angeblich über die Region hereinbrach. Als das Schiff dort ankam, warteten achtzehn Amerikaner auf ihre Rettung. In der *London Times* wurde gesagt, sie „machten den Anschein, als wollten sie gratis nach San Diego reisen."[678]

Wilson bekam für sein Unterfangen rückhaltlose Unterstützung vom konservativen Flügel der Republikaner, vor allem in Person von Albert B. Fall. Sommerfelds Aussage vor dem Fall-Komitee im Oktober 1912 trägt zur überwältigenden Beweislage bei, nach der diese Gruppierung in den USA, die über einflussreiche Posten bezüglich der Ausrichtung der Außenpolitik verfügte, sich gegen die Regierung Madero verschworen hatte und diese zu Fall bringen wollte. Wilson blieb in Kontakt zu Maderos Opposition im Militär sowie in politischen Kreisen.

Es ist nur wenig bekannt über die Kontakte des Botschafters zu Reyes, Orozco, den Brüdern Vasquez Gomez, Felix Diaz und Anderen in der Zeit vor Oktober 1912. Allerdings ließ Wilson die Androhung einer militärischen Invasion von Beginn an in die politische Landschaft mit einfließen, auch wenn er die Rebellion gegen Madero nur stillschweigend unterstützte. Ob Präsident Taft und sein Außenminister Knox verstanden, dass die Informationen, die sie aus Mexiko-Stadt erreichten, die Wahrheit nur verzerrt darstellten, ist unklar. Klar ist hingegen, dass die Machenschaften des US-Botschafters die Beziehungen zwischen Mexiko und den USA gänzlich vergiftet hatten, und zwar genau zu dem Zeitpunkt, als Madero Orozco besiegt hatte. Dass diese schreckliche Revolte bezwungen worden war, hätte eine Konsolidierung der Macht in Mexiko unter einer verfassungskonformen Regierung nach sich ziehen können. Das Gegenteil war jedoch der Fall.

Der Vorfall mit Felix Diaz in Veracruz zeigte einen eigenartigen zeitlichen Zusammenhang zwischen den

Erklärungen der US-Regierung und der amerikanischen Presse auf. Trotz der für alle zugänglichen Fakten griffen die Tageszeitungen in den Vereinigten Staaten die händeringenden Forderungen der Konservativen auf, dass „etwas" getan werden musste. Der amerikanische Botschafter und die Stimmen der „amerikanischen Kolonie" vor Ort erschufen eine Propagandakampagne mit dem Ziel, die öffentliche Meinung gegen Madero und im Sinne eines militärischen Eingreifens zu beeinflussen.

Sommerfelds Bronzemedaille für Dienste während des Boxeraufstands[679]

Porfirio Diaz mit seinen vielen Auszeichnungen, u.a. dem Roten Adlerorden in der linken Reihe, zweite von unten[680]

KAISERLICH DEUTSCHES VICE-KONSULAT IN CHIHUAHUA.

Chihuahua, Mex.

CHIHUAHUA (Rein Deutsch)

Name	Beruf	verheiratet	Kinder	total 92
M. Schlensker	Hutmacherin	-	-	1
F. Sommerfeld	Mineur	-	-	1
R. Spiegelberg	Kaufmann	-	-	1
H.Stolze	Kinderfraeulein	-	-	1
K.Winter	Lehrerin	-	-	1
M.Zimmermann	Kaufmann	-	-	1
A.Kniesche	Landwirt	-	-	1
		Deutsch geboren		
E.Passow	Kaufmann	ja	-	2
B.Bucher	"	ja	8	10
A.Buensow	"	ja	3	5
A.Goldschmidt	"	ja	1	3
H.Gosch	"	Witwer	-	1
E.Grimm	"	ja	1	3
M.Gurr	Landwirt	ja	4	6
M.Krakauer	Kaufmann	ja	3	5
E.Linss	Rentier	ja	2	4
C.Maas	Lehrer	ja	3	5
E.Nordwald	Kaufmann	ja	-	2
L.Nordwald	"	ja	-	2
M.Picard	"	ja	1	3
M.Picard	"	ja	1	3
J.Pothast	Rentier	ja	1	3
R.Schneider	Kaufmann	ja	3	5

Liste der Deutschen Einwohner von Chihuahua im Jahr 1908, inklusive Sommerfeld (zweite Zeile). Mit freundlicher Genehmigung des Auswärtigen Amtes, Berlin.

Vorstellung der provisorischen Regierung von Mexiko nach der Schlacht von Juarez im Jahr 1911. Felix Sommerfeld ist die sechste Person von links, zweite Reihe. Vordere Reihe, dritte Person ist Villa, Madero rechts neben ihm.[681]

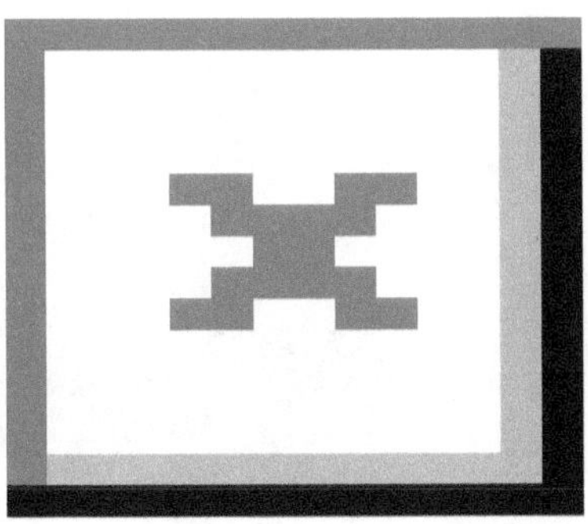

Francisco I. Madero, mit freundlicher Genehmigung der El Paso Public Library, Sammlung Aultman

Dinner-Party nach der Schlacht von Juarez im Jahr 1911. Felix Sommerfeld, sitzend, ist der sechste von links. Zweiter von links, sitzend, ist Francisco I. Madero. Mit freundlicher Genehmigung der El Paso Public Library, Sammlung Aultman.

Raul Madero and Staff. Captain von der Goltz is standing the second from the left.

Felix Sommerfeld im Jahr 1911, erster von links, stehend. Neben ihm Horst von der Goltz, ein berüchtigter Spion im Ersten Weltkrieg. In der vorderen Reihe, zweiter von rechts ist Raul Madero, einer von Francisco Maderos Brüdern.[682]

Felix A. Sommerfeld erster von links neben Pancho Villa, ca. 1911.[683]

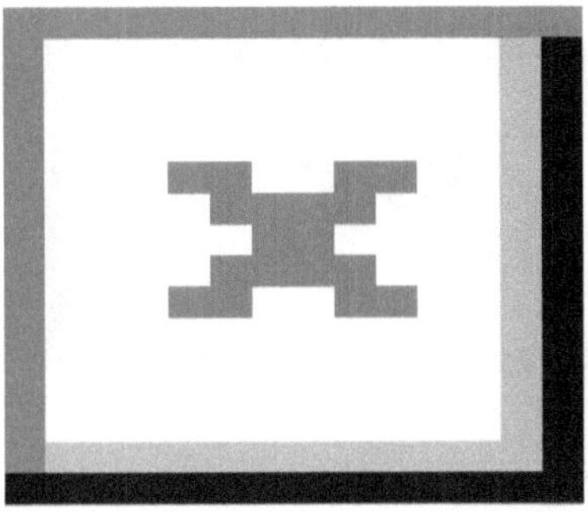

General Hugh L. Scott neben Pancho Villa. Mit freundlicher Genehmigung der El Paso Public Library, Sammlung Aultman

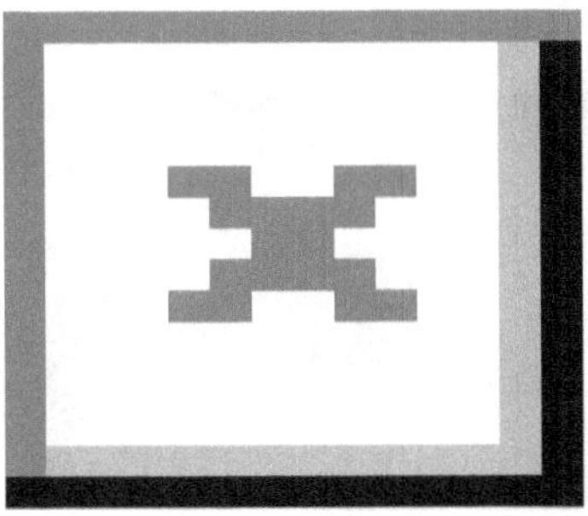

Trac
y Richardson, einer der amerikanischen Glücksritter in der Mexikanischen Revolution, ein MG bedienend. Mit freundlicher Genehmigung der El Paso Public Library, Sammlung Aultman

Das Feuer, das von *Villistas* gelegt wurde und am 9. Mai 1911 das Geschäft von Ketelsen and Degetau in Ciudad Juarez zerstörte. Es brachte Ketelsen und einen großen Teil der deutschen Gemeinde in Chihuahua gegen Pancho Villa auf. Mit

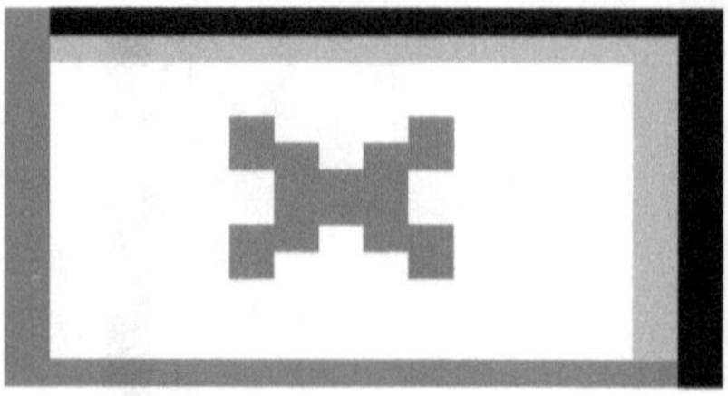

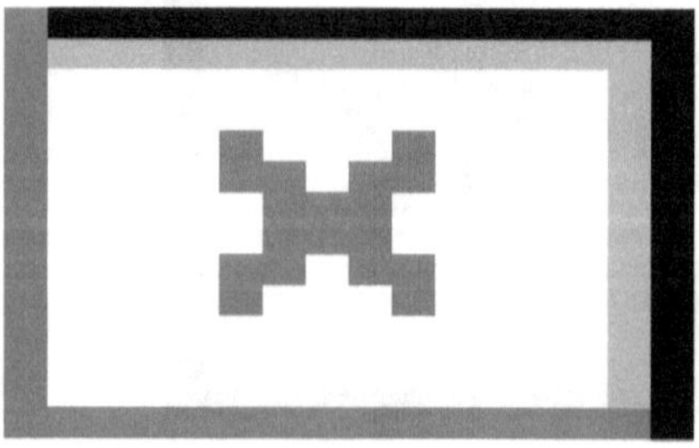

freundlicher Genehmigung der El Paso Public Library, Sammlung Aultman.

Von links: Felix Sommerfeld, Francisco I. Madero, H. Allie Martin und Chris Haggerty von AP News. Mit freundlicher Genehmigung der El Paso Public Library, Sammlung Aultman

Die Berichte, die Wilson über zwei Jahre an das US-Außenministerium schickte, bezeichnete der Historiker McLynn als das „Kauderwelsch eines Spinners."[684] Trotz der Versuche von Hopkins, dem mexikanischen Botschafter in den Vereinigten Staaten Calero und dessen Vorgesetzten, dem Außenminister Lascurain, verlor Madero offensichtlich den Kampf um die Gunst der Öffentlichkeit in den Vereinigten Staaten. Im August des Jahres 1912 schrieb der damals amtierende mexikanische Botschafter Calero in der *New York Times* einen offenen Brief an Henry Lane Wilson, in dem er ihn dazu aufforderte, die empörenden Anschuldigungen, die in der *Baltimore Sun* in der Woche zuvor veröffentlicht worden waren, entweder zu bestätigen oder aber zu bestreiten. In einem Leitartikel der *New York Times* wurde beschrieben, „[...] wie amerikanische Frauen, die durch die Straßen mexikanischer Städte gingen, förmlich entkleidet und zum Ziel für Spott und Beleidigungen einer sittenlosen Einwohnerschaft werden."[685]

Anstatt sich klar und deutlich von den Anschuldigungen zu distanzieren, antwortete Wilson, dass er keine Kenntnis von solchen Vorfällen hätte. Allerdings wüsste er von „[...] vielen Amerikanern, die ihre Wohnhäuser in Chihuahua und Sonora aufgaben, verstehe diesen Exodus jedoch eher als Resultat der Angst vor Gewalttaten, als Reaktion auf solche."[686] Seine Antwort demonstriert die Boshaftigkeit des Propagandafeldzugs gegen Madero. Es gibt keinen Zweifel daran, dass amerikanische Staatsbürger vom Aufstand Orozcos betroffen waren. Allerdings hatten genau die Leute, die Wilson und Fall wieder an die Macht bringen wollten, Orozcos Aufstand finanziert und somit das Feuer der Revolution sogar noch angefacht. Während Wilson seine übertriebenen Berichte über Gewalttaten an amerikanischen Bürgern nach Washington schickte, übte Albert B. Fall zumindest seinen Einfluss aus, um das Friedensabkommen, das Maderos

Justizminister Rafael Hernandez mit Orozco geschlossen hatte, zunichte zu machen, wie Sommerfeld behauptet hatte.[687]

Henry Lane Wilson leitete die Außenpolitik der Vereinigten Staaten gegenüber Mexiko über lange Zeit in viel größerem Ausmaß, als die Regierung Taft das hinnehmen wollte. Es lässt sich argumentieren, dass der amerikanische Botschafter die Massenauswanderung amerikanischer Bürger aus Mexiko während der Hochzeit des Orozco-Aufstands ausgelöst hat. Am 2. März 1912 befahl das US-Außenministerium Wilson, „[…] in ihrem Ermessen die Amerikaner davon in Kenntnis zu setzen, dass die Botschaft es für ihre Pflicht hält, sie anzuweisen, sich von jeglichen bestimmten Orten fernzuhalten, wo die Umstände die persönliche Sicherheit in solchem Maße bedrohen, dass ein Fernbleiben klüger wäre[…]"[688] Wilson verfasste eine Warnung, die so ernst und umfassend war, dass „sie so ausgelegt wurde, als beträfe sie ganz Mexiko."[689] Schlimmer noch als das schwere Schicksal, das H. L. Wilsons Aktion für die amerikanischen Familien bedeutete, die aus ihren Häusern flüchteten und ihre Geschäfte und Habseligkeiten zurückließen, war der Eindruck, den die Abwanderung in den politischen Kreisen Mexikos hinterließ. Da keine andere Botschaft Warnungen an ihre Bürger herausgegeben hatte, fürchteten Madero und seine Berater eine unmittelbar bevorstehende Invasion Amerikas. Weder Taft noch Knox hatten dies gewollt. Durch einen ähnlich raffinierten Plan hatte Wilson auch versucht, die britische und deutsche Regierung dazu zu bringen, militärisch in Mexiko einzugreifen.

Im März 1912 drängte Henry Lane Wilson die Botschafter aus England und Deutschland, Truppen zum Schutz ihrer Bürger zu entsenden. Von Hintze wies Wilsons Forderung ausdrücklich zurück und erkannte, dass Wilson eine Intervention der USA erzwingen wollte. Er schrieb an den deutschen Außenminister: "Internationale Truppen, die auf Mexiko-Stadt marschieren, würden die Bevölkerung der Vereinigten Staaten aufwühlen und es der [amerikanischen] Regierung ermöglichen, auf Grund solch einer Situation […] gegen Mexiko Krieg zu führen."[690] Der britische Minister Sir Francis Stronge verstand und teilte von Hintze mit, dass man sich durch die Mitwirkung an Wilsons Plan „zu einem

Werkzeug amerikanischer Interessen machen ließe und somit das Leben und Eigentum britischer Staatsbürger gefährden würde."[691]

Stronge gab gegenüber von Hintze im März des Jahres 1912 zu: „[...] mein Ziel ist es, jegliche Ängste zu zerstreuen, die durch verzerrte Wahrheiten in der Berichterstattung der Vereinigten Staaten verursacht wurden, und gleichzeitig die britischen Bürger in bester Weise über die wirkliche Situation vor Ort zu informieren [...] Ich habe nichts Derartiges von unserem Außenministerium gehört [...]"[692] Für beide Diplomaten war es möglicherweise unfassbar, dass Wilsons Drängen nicht auf Befehl aus Washington hin erfolgte. Als Präsident Taft von den Briten über Wilsons Aktivitäten informiert wurde, wies er seinen skrupellosen Botschafter mit unmissverständlichen Worten an, diese zu unterlassen: „[...] geben Sie unter keinen Umständen derartige Vorschläge [zur Entsendung von Truppen] ohne vorherige Konsultation und ohne Befehl."[693] Auch von Hintze war viel zu schlau, um sich für Wilsons Vorhaben instrumentalisieren zu lassen.

Von Hintze wurde übrigens angelastet, dass er aus rassistischen Beweggründen handle, und die imperialistischen Bestrebungen des Deutschen Reiches in Zusammenarbeit mit dem amerikanischen Botschafter vorantrieb. Der deutsche Diplomat hatte, genau wie Edith O'Shaughnessy, der britische Botschafter Francis Stronge und andere auch, tatsächlich keine hohe Meinung von den Hoffnungen der mexikanischen Massen. Dass ihr Handeln durch Rassismus motiviert gewesen sein soll, ist allerdings eine Behauptung, die hier nicht passt. Die deutschen Konsuln berichteten immer wieder, dass es im ganzen Land unzählige Banditen gab. Von Hintze und der Rest des diplomatischen Corps in Mexiko-Stadt, wie auch der amerikanische Präsident, der deutsche Kaiser und der Englische König, verfügten schlichtweg nicht über das intellektuelle Rahmenwerk, das ein Verständnis der Volksaufstände der Zeit vorausgesetzt hätte. Dieses fehlende Bezugssystem führte dazu, dass man versuchte, sich die Geschehnisse mit anderen Mitteln zu erklären, wozu auch Rassismus zählte.

Henry Lane Wilson hingegen, bediente sich allerdings des Rassismus, welcher in seinem Fall auch die „weißen" Mexikaner wie Madero mit einschloss. Dieser Rassismus bildete den allumfassenden intellektuellen Rahmen für seine politischen Entscheidungen. Der skrupellose Botschafter hatte nicht den Schutz amerikanischer Leben im Sinn, als er die Bürger bewaffnen wollte. Der Erfolg einer solchen Strategie, nämlich die Bewaffnung tausender Amerikaner, hätte nur zu einer Katastrophe führen können, daher auch die Weigerung des US-Außenministeriums, dies zu bewilligen. Die Einbeziehung anderer Regierungen in Wilsons kühne Pläne, Veracruz und Tampico zu besetzen, seine übertriebenen, Panik stiftenden Notizen an Washington, die dazu führten, dass man Kriegsschiffe nach Mexiko entsandte, und das Durchsickern unwahrer „Fakten" an die amerikanische Presse – all das hatte letztlich nur ein Ziel: Einen Vorfall oder eine Situation in Mexiko heraufzubeschwören, die der US-Regierung keine andere Wahl ließen, als zu intervenieren. Henry Lane Wilson wusste, dass diese Intervention das Ende für die ihm so verhasste Regierung Madero bedeuten würde. Von Hintze und das restliche diplomatische Corps in Mexiko-Stadt ließen sich in Bezug auf Botschafter Wilsons wahre Beweggründe nicht täuschen.

Die Strategie des Botschafters ging über das gesamte Jahr 1912 wunderbar auf. Die amerikanische Presse, Botschafter Wilson sowie die US-Regierung mit ihrem strengen Memorandum vom 15. September 1912 hielten den Druck auf Madero aufrecht. Daraufhin entschieden Madero und seine Berater, dass Henry Lane Wilsons Machenschaften aktiv unterbunden werden mussten. Nachdem Felix Diaz geschlagen war, schickte Madero Sommerfeld und Hopkins Ende September und Oktober 1912 nach El Paso, um dort vor Senator Falls Unterausschuss für Auslandsangelegenheiten auszusagen. Madero verfasste zudem im November eine Antwort auf das Memorandum der US-Regierung vom September. Neben der wirtschaftlichen Diskrimination von Amerikanern wurde der Madero-Administration in dem Memorandum eine Mitschuld an den Morden amerikanischer Staatsbürger gegeben, da keine Schritte unternommen wurden, diese Verbrechen aufzuklären.

Es wurden siebzehn Einzelfälle angeführt. Madero konnte der amerikanischen Führung zeigen, dass von den siebzehn Fällen nur einer ungelöst war. Drei Fälle hatten zu Verhandlungen und der Verurteilungen der Täter geführt. Drei weitere Fälle konnten nicht bestätigt werden, vier hatten sich in der Zeit vor der Mexikanischen Revolution unter Diaz zugetragen, und weitere drei Fälle stammten aus dem Jahr 1911 und Ermittlungen waren angestellt worden. Die letzteren Fälle fielen natürlich in den Verantwortungsbereich der Regierung De La Barra. Nur drei Fälle, die in dem Memorandum aufgeführt waren, hatten sich tatsächlich in der Zeit zugetragen, zu der die Regierung Madero auch an der Macht war. Zwei dieser Fälle hatten zu Anklagen geführt, die jedoch aus Mangel an Beweisen fallengelassen worden waren.

Gemäß internationaler Diplomatiestandards stand der strenge Ton des Memorandums vom 15. September in keinem Verhältnis zum Ausmaß der tatsächlichen Probleme, die zwischen den beiden Regierungen aufgetreten waren. Die Wortwahl war das direkte Resultat von H. L. Wilsons Propagandafeldzug. Nachdem die „Fälle“ von Gewalttaten gegenüber Amerikanern angesprochen worden waren, schrieb der mexikanische Außenminister Lascurain: „Somit steht die Einstellung der mexikanischen Regierung in Bezug auf die Strafverfolgung und Bestrafung der Personen, die sich der Gewalt an amerikanischen Staatsbürgern strafbar gemacht haben, im Einklang mit dem Recht und kann nicht zum Anlass für Vorwürfe gemacht werden, außer unter der Voraussetzung, dass eine äußerst einseitige und widrige Rechtsprechung angenommen wird, die nicht mit den Freundschaftsbeweisen einhergeht, die uns bisher erreicht haben, und auch nicht mit dem Kurs, den die Regierung der Vereinigten Staaten bezüglich Straftaten verfolgt, die auf amerikanischem Boden gegen mexikanische Staatsbürger verübt wurden.“[694]

Madero und Lascurain hielten es für angebracht, die US-Regierung dezent darauf hinzuweisen, dass es sich bei Mexiko um einen souveränen Staat handelte, und zudem um einen Rechtsstaat, wie man anhand der Fälle sehen konnte, die in dem

Memorandum aufgelistet waren. Die Antwort folgte strikt der Formulierung von US-Recht, was den Schluss nahelegt, dass Sherburne Hopkins Madero und Lascurain beim Entwurf des Textes zumindest behilflich gewesen ist.

Noch immer in der Offensive, entsandte Madero Minister Lascurain am 26. Dezember für Gespräche mit Taft und Knox nach New York.[695] Der amerikanische Präsident und sein Außenminister führten zur selben Zeit Gespräche mit Henry Lane Wilson. Der Gesandte von Hintze berichtete (das Original ist das genaue Zitat in englischer Sprache) der deutschen Regierung einige Monate später, dass Wilson Taft und Knox vorgeschlagen hatte, "[...] either to seize some of their territory and hold it – or to upset the Madero administration (woertlich) [sic] [übersetzt: entweder Teile des Landes einzunehmen und zu besetzen – oder aber die Madero Regierung zu stürzen]. So seien sie – die Drei – uebereingekommen [sic], to upset the Madero administration [die Madero Regierung zu stürzen]."[696]

Wieder drohte Botschafter Wilson durch seine Propaganda, indem er an die Presse durchsickern ließ, dass er für Präsident Madero ein Ultimatum in der Tasche habe, und ihm dieses bei seiner Rückkehr nach Mexiko im Januar unterbreiten werde.[697] In seinen Gesprächen mit dem amerikanischen Präsidenten beschwerte sich der mexikanische Außenminister energisch über die Fehlinformation und die Respektlosigkeit, die der amerikanische Vertreter in Mexiko gegenüber der Regierung an den Tag legte. Er forderte Taft auf, den Botschafter abzuberufen, doch Taft weigerte sich. Zwar hatte Lascurains Staatsbesuch keine unmittelbaren Änderungen zur Folge, Taft und Knox waren sich aber zumindest einig, sich die Ereignisse aus Sicht der mexikanischen Regierung schildern lassen zu wollen. Die beiden Parteien beschlossen ihre Gespräche und sprachen sich für ein besseres Arbeitsverhältnis mit Madero aus.[698] Lascurain versuchte die Argumente der Interventionisten abzumildern, indem er anbot, amerikanische Schadensersatzforderungen zu begleichen. Der mexikanische Außenminister war bei seiner Rückreise von den Gesprächen überzeugt, die Clique um Botschafter Wilson unter Kontrolle gebracht zu haben. In einem Interview in Mexiko-Stadt vom 13. Januar sagte er: „[...] Es gibt bestimmte politische Elemente, die ein Interesse an einem internationalen Konflikt hegen. Diese sind die Einzigen, die eine feindliche Stimmung gegen Mexiko vorantreiben. Bisher hatten sie glücklicherweise nur wenig Erfolg."[699]

Minister Lascurain traf sich während seines Staatsbesuchs auch mit dem gewählten Präsidenten Woodrow Wilson. Dieses Treffen wurde von Presse und Geschichtsschreibung nur wenig beachtet. Die einzigen aufschlussreichen Quellen sind Veröffentlichungen aus den Jahren 1913 und 1914, in denen H. L. Wilson verzweifelt versucht, seine Handlungen zu rechtfertigen. Er schrieb von seinem Verdacht, dass das Treffen mit Lascurain den Ton für Woodrow Wilsons Außenpolitik gegenüber Mexiko im Jahr 1913 angegeben hatte. In Auszügen, die in der Hearst-Presse veröffentlicht wurden, schrieb Wilson: „[...] vor einigen Monaten hat der mexikanische Außenminister Pedro Lascurain den gewählten Präsidenten Wilson im Auftrag von Madero ausgehorcht und ihm zudem sehr interessante, jedoch vollkommen falsche Informationen zu den Geschehnissen in Mexiko gegeben."[700]

Welche Informationen Woodrow Wilson erhalten hatte, lässt sich leicht vermuten. In den gefälschten Berichten aus Mexiko waren Übergriffe auf amerikanische Staatsbürger und deren Eigentum stark übertrieben dargestellt worden und hatten zu einer drastischen Verschlechterung der Beziehungen zwischen Mexiko und den Vereinigten Staaten geführt. Lascurain bot dem nächsten amerikanischen Präsidenten Erklärungen und harte Fakten an. Der Botschafter Wilson war sogar so weit gegangen, Präsident Wilson und Madero direkt zu vergleichen und beide als „Apostel der Demokratie" zu bezeichnen.[701] Im Klartext heißt das, dass der Botschafter beide Präsidenten ähnlich verachtete, was Wilson und House zu denken gegeben haben muss. Henry Lane Wilsons Position dürfte eines der Gesprächsthemen zwischen Lascurain und Woodrow Wilson gewesen sein. Madero wollte, dass der Botschafter abgezogen wird, sobald die neue US-Regierung im Amt war, woraufhin Woodrow Wilson einwilligte.[702] Madero wollte jedoch nicht nur den intriganten Botschafter aus dem Weg schaffen, sondern zusätzlich zukünftige Spannungen zwischen Mexiko und den USA verhindern, die möglicherweise zu einer Intervention führen könnten. Solange H. L. Wilson Botschafter war, hatte die Madero-Administration ihre Bestrebungen aufgegeben, Taft und seine Regierung von ihrem konfrontativen Kurs abzubringen. Maderos Leute konnten nur hoffen, dass sie so viel Zeit gewinnen, bis Woodrow Wilson das Ruder übernahm.

Die Anstrengungen, mit denen sich die bedrängte Regierung Madero im Winter 1912/13 eine Verschnaufpause verschaffen wollte, blieben ergebnislos. Es kam weiterhin zu sporadischen Aufständen in ganz Mexiko. Gruppen von Orozquistas plagten den Norden, *Zapatistas* kehrten zurück nach Morelos und *Vasquista*-Banden durchstreiften die Berge von Puebla. All diese Aufstände hatten keine größere Bedeutung, sie trugen jedoch zur aufgeblähten Berichterstattung der Amerikaner bei, die stets den Schluss zog, dass Madero es einfach nicht schaffte, das Land zu befrieden. Nach den Gesprächen mit Woodrow Wilson im September, und im Anschluss an die Aussage vor dem Unterausschuss des Senats in El Paso, schien Sommerfeld sich von der Grenze zurückgezogen zu haben. In Berichten des BI wird L. L. Hall im Januar 1913 als „Chef des mexikanischen Geheimdienstes mit Sitz in El Paso" genannt.[703]

Sommerfelds Aufmerksamkeit galt nun voll und ganz dem Inneren Mexikos, wo sich Unruhen zusammenbrauten. Als Oberhaupt des mexikanischen Geheimdienstes forderte der Schrecken des Aufstands unter Felix Diaz auch eine umfassende Kontrolle der Generäle, die die Republik verteidigten. Sommerfeld hatte seit Langem an der Loyalität von General Huerta gezweifelt. Im Jahr 1918 sagte er gegenüber den Verhörungsbeamten aus, dass er Präsident Madero im August des Jahres 1912 ausdrücklich vor Huertas Verrat gewarnt hatte.[704] Berichten zufolge prahlte Huerta im September in Ciudad Juarez, höchstwahrscheinlich im Suff, dass er Madero das Präsidentenamt jederzeit entreißen konnte.[705] Die Äußerung kam Madero wahrscheinlich durch Sommerfelds Organisation zu Ohren. Kriegsminister Peña degradierte Huerta und entließ ihn als

Kommandeur, jedoch nicht bevor Madero persönlich mit ihm gesprochen hatte. Offiziell war Huerta wegen seines schlechten Sehvermögens das Kommando entzogen worden. Deswegen hatte er sich einige Monate zuvor in der Hauptstadt behandeln lassen.

Henry Lane Wilson kehrte in der ersten Januarwoche des Jahres 1913 nach Mexiko zurück. Man wusste nicht genau, in welchem Ausmaß Botschafter Wilson aktiv an Plänen für den Sturz der mexikanischen Regierung teilnehmen würde. Gustavo Madero, Felix Sommerfeld und andere Vertraute des Präsidenten konnten jedoch zusehen, wie sich die unheilbringenden Wolken der Verschwörung langsam auftürmten. Wilson hatte seine Praxis der „Untergangsprophezeiungen" über die Situation in Mexiko unmittelbar nach seiner Rückkehr wieder aufgenommen. Am 18. Januar schlug Wilson Minister Knox vor, er solle „[...] energische und drastische Maßnahmen ergreifen, die zum Ziel hatten,[...] die Regierung zu Fall zu bringen, die von der großen Mehrheit der Bevölkerung dieses Landes gehasst wird [...]"[706] Sommerfeld, der jeden Schritt der oberen Militärs in Mexiko überwachte, äußerte bei seiner Befragung im Jahr 1918 bezüglich General Huerta: „Ich habe ihm nie vertraut."[707] Es ist unklar, wann die Armeeverschwörung gegen Präsident Madero tatsächlich begann. Noch weniger weiß man, wann genau General Huerta die Seiten wechselte und mit den Verschwörern gemeinsame Sache machte.

Es existieren zahllose Schilderungen der Ereignisse von Mexiko-Stadt vom Februar 1913. Manche dieser Schilderungen beinhalten eine Geschichte, die besagt, dass Gustavo Madero am 4. Februar eine Liste von Verschwörern zugekommen sein soll, also ganze zwei Wochen vor dem Staatsstreich. Die Geschichte mit der Liste erschien auch in der *New York Times*. Am 21. Juli 1914 veröffentlichte die Zeitung eine Geschichte über die Ereignisse im Februar 1913, die von Edward I. Bell verfasst worden war, einem Herausgeber der beiden unabhängigen Zeitungen *La Prensa* und dem *Daily Mexican* in Mexiko-Stadt.[708] Die *Times* bewarb sein neustes Buch mit dem Namen *The Political Shame of Mexico* (zu Deutsch etwa Die Politische Schande Mexikos), in dem der Autor näher auf die Artikel in der

New York World einging, durch die man zum ersten Mal vom Ausmaß der Manipulationen des Botschafters Wilson bezüglich der Situation in Mexiko erfahren hatte. Zudem hob er die Ermittlungen von William Bayard Hale hervor, welche die amerikanische Regierung mit den Geschehnissen im Februar 1913 in Verbindung bringen. Bell erwähnt die „Liste", die Gustavo Madero am 4. Februar erreichte. Die *New York Times*, die mit Bells Schilderungen von Botschafter Wilsons Rolle bei dem Staatsstreich überhaupt nicht einverstanden war, gab der Geschichte den Titel: „[Edward Bell] sagt, wir haben geholfen, die Anarchie nach Mexiko zu bringen." Die angebliche Liste wird nur in dieser Quelle genannt.[709]

Felix Sommerfeld bestätigte Bells Schilderungen im Jahr 1918. Der deutsche Agent sagte aus, dass Madero ihn beauftragte, ein Gerücht zu überprüfen, demnach *Zapatistas* drohten, ein Munitionsdepot anzugreifen. Der Präsident ahnte bereits, dass es sich bei der Geschichte wieder um die Verbreitung von Unwahrheiten durch die amerikanische Botschaft handeln würde. Instinktiv ließ er Sommerfeld wissen, dass mit den Meldungen wohl „etwas faul war".[710] Möglicherweise war die Liste, die laut Bell am 5. Februar letztlich in Präsident Maderos Hände gelangte, der Grund weshalb Sommerfeld einige Zeit bevor der Plan Form annahm „ein paar Soldaten außerhalb von Mexiko-Stadt" einen Besuch abstattete. Bells behauptet in seinen Schilderungen, die allerdings hier und da ausgestaltet wirken und Fragen bezüglich des zeitlichen Ablaufs der Geschehnisse aufwerfen, dass sowohl Gustavo Madero als auch der Präsident sich mit Sicherheit darüber bewusst waren, dass ein Plan gegen sie geschmiedet wurde.

Der Verdacht fiel allerdings nicht auf Huerta, der zwar auf der „Liste" stand, dessen Namen dort jedoch mit einem Fragezeichen versehen war. Laut Sommerfeld waren die Berichte über eine Verschwörung, die er im Feld erhalten hatte, spezifisch. In Anbetracht der Anzahl von Menschen, die in die Verschwörung verwickelt waren, ist es durchaus möglich, dass Gustavo Madero und Sommerfeld von dem Plan wussten. Ganz oben auf der Liste von Verschwörern stand Manuel Mondragon, der ein paar

Wochen zuvor aus Havanna zurückgekehrt war. Der frühere General und Kriegsminister unter Porfirio Diaz zog ohne Zweifel in dem Moment, in dem er mexikanischen Boden betrat, die Augen des Geheimdienstes auf sich. Seine Rückkehr nach Mexiko, die entscheidenden Kontakte, über die der alte General in den höheren Rängen der Bundesarmee verfügte, und seine öffentlichen Äußerungen gegen Madero waren Grund genug, ihm böse Absichten zu unterstellen. Laut William Bayard Hale wurden „im Vorfeld zu Maderos Umsturz Unterschriftensammlungen zu seiner Entmachtung in der Hauptstadt fast offen herumgereicht, jedoch mit nur mäßigem Erfolg."[711] Es ist aus heutiger Sicht schwer zu verstehen, warum die Dringlichkeit zum Schutz des Präsidenten damals nicht bestanden zu haben schien.

Da die Zeitungen voll waren mit Berichten über Verschwörungen, und man über die Aktionen der Opposition dank des Geheimdienstes ständig informiert war, ist kaum zu begreifen, warum sich die Madero-Administration in Erwartung eines Angriffs nicht versteckt oder verbarrikadiert hat. Stattdessen konnte man Francisco Madero morgens häufig und beinahe unbewacht durch den Chapultepec Park reiten sehen. Auch änderte der Präsident nichts an seinem direkten Personenschutz, der aus einem Einsatzkommando der Bundestruppen bestand. Die Regierung Madero auf die Geschehnisse des 9. Februar 1913 überhaupt nicht vorbereitet zu sein. Genau wie zu Zeiten vor Pearl Harbor und 9/11 enthüllt eine rückblickende Betrachtung aller verfügbaren Informationen die Verschwörungen. Madero hatte ein ganzes Jahr lang immer wieder wahre und falsche Warnungen vor Verschwörungen gehört. Im Januar des Jahres 1913 war er sich mehr als je zuvor während seiner Präsidentschaft sicher, dass er den richtigen Weg verfolgt. Reyes war geschlagen und saß im Gefängnis, Orozco geschlagen und auf der Flucht, Diaz im Gefängnis, nur Zapata kämpfte noch, aber seine Aktivitäten waren auf Morelos beschränkt. Die Regierung Taft war dabei, die Bühne zu verlassen, und somit auch die Tage von Botschafter Wilson gezählt. Speyer hatte im Jahr 1912 ein neues Darlehen für Mexiko bewilligt, und die Zeichen standen gut, dass man im Jahr 1913 mehr Staatsanleihen herausgeben konnte. Die Finanzkreise von

London, New York und Berlin schienen mehr Vertrauen in Maderos Fähigkeiten zu haben, Stabilität zu schaffen, als die Presse. Und letztlich war Madero der demokratisch gewählte Präsident Mexikos.

KAPITEL 14

"NUR EIN ERDBEBEN..."

Am 18. Juni 1913, übermittelte William Bayard Hale einen Untersuchungsbericht an Präsident Wilson, der diesen über den schicksalhaften Militärputsch in Mexiko-Stadt im Februar 1913 aufklären sollte. Hale schrieb, dass in den frühen Morgenstunden des 9. Februar 1913, einem Sonntag, der mexikanische General Manuel Mondragon die Wachen der Strafvollzugsanstalt in der Hauptstadt Mexikos überraschte. Mehrere hundert Kadetten und Offiziere waren von der Militärakademie Tlalpan her anmarschiert, die ungefähr sechzehn Meilen südwestlich des Stadtzentrums liegt.[712] Die Soldaten befreiten Felix Diaz. Der Kommandeur des Gefängnisses hatte gegenüber einem Mitglied der Regierung Meldung gemacht und ihm wurde befohlen, sich zur Wehr zu setzen. Mit wem er sprach, ist unklar. Es könnte ein Beamter im Kriegsministerium oder im Innenministerium oder aber Gustavo Madero, der Bruder des Präsidenten, gewesen sein. Da nur etwa zwanzig Mann das Gefängnis bewachten, endete der Kampf ehe er richtig begonnen hatte. Mondragon, oder einer seiner Männer, erschoss den übermannten Kommandeur.[713] Eine zweite Abteilung Soldaten mit Artillerie und schweren Maschinengewehren aus der Kaserne in Tacubaya, gleich südlich von Schloss Chapultepec, hatte sich ihnen inzwischen angeschlossen. Die etwa siebenhundert Mann starke Truppe drang weiter vor zum Militärgefängnis Santiago Tlatelolco nördlich des Präsidentenpalastes, wo General Bernardo Reyes die Verschwörer in Paradeuniform erwartete. Die zwei Einheiten mit Reyes im Kommando der Angriffssitze drangen nun weiter in Richtung Zócalo, des zentralen Platzes vor dem Präsidentenpalast.

Die Wachen des Präsidentenpalasts im Stadtzentrum mussten das Rumpeln und Poltern der schweren Geschütze und hunderter Soldaten gehört haben, die gleich südlich ihres Standortes auf dem Weg zu den Gefängnissen waren. Tlatelolco war nur knapp eine Meile nordöstlich gelegen. Die Strafanstalt lag gut eine Meile im Osten. Einigen Berichten zufolge eilte Gustavo Madero, der vom Lärm der anrückenden Truppen geweckt worden war, unverzüglich in den Präsidentenpalast. Obwohl er in *Calle Londres* nahe dem *Paseo de la Reforma* lebte, der Durchfahrtsstraße, die die anrückenden Truppen benutzten, ist es doch wahrscheinlicher, dass der Bruder des Präsidenten nach dem ersten Gefängnisausbruch einen Anruf bekam, oder dass ihm ein Bote zugesandt wurde.[714] Wie auch immer er von dem Angriff erfahren hat, er kam in den frühen Morgenstunden beim Präsidentenpalast an und hielt eine glühende Rede vor den Schutztruppen, deren Loyalität zu so früher Tageszeit fraglich war. Der Historiker Edward Bell glaubt, dass Gustavo Maschinengewehre auf dem Dach platziert hatte und die Verteidigung des Gebäudes vorbereitete, noch bevor der Stabschef der Armee, General Lauro Villar, am Schauplatz des Geschehens eintraf. Der deutsche Gesandte Admiral Paul von Hintze erwähnte Gustavos Anwesenheit nicht, doch er bemerkte, "Der Kriegsminister [Manuel de la Peña] eilte in Nachthemd und Paletot zum Palast."[715]

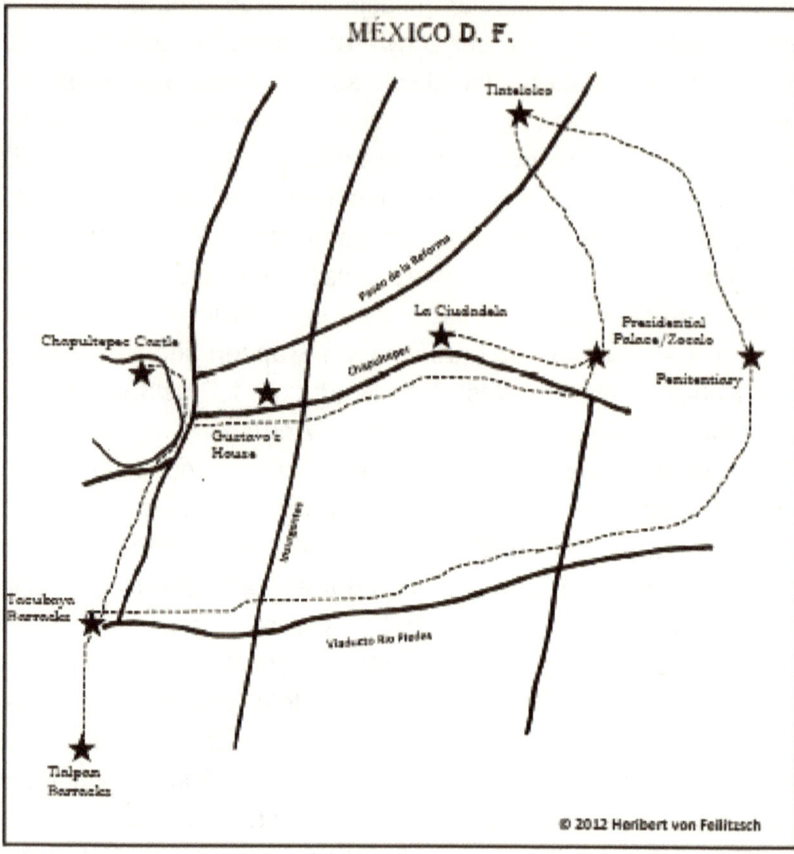

Reyes brauchte bis 7:30 Uhr, um zum inzwischen geschäftigen Marktplatz vorzurücken. Villar trat Reyes vor den Toren entgegen und befahl dem rebellierenden General sein Vorhaben unverzüglich aufzugeben. Reyes schritt weiter voran. Plötzlich eröffneten die Maschinengewehre auf dem Dach des Gebäudes das Feuer und mähten die Angreifer nieder. Bernardo Reyes wurde sofort getötet. Vierhundert Soldaten starben mit ihm, und fast eintausend weitere Menschen wurden verletzt, viele von ihnen Schaulustige. Die Rebellen erwiderten das Feuer und verletzten Villar schwer. Eine Kugel durchtrennte sein Schlüsselbein.[716] Der Kriegsminister Peña wurde von einer Kugel in die Achselhöhle getroffen.[717] Felix Diaz und die anderen zogen sich zurück. In erbitterten Straßenkämpfen, in denen noch mehr

Zivilisten ums Leben kamen, kämpften sie sich ihren Weg westwärts durch die engen Gassen der Stadt. Mittlerweile waren die Truppen der Rebellen auf 1.500 Soldaten angewachsen. Sie verschanzten sich nahe der Ciudadela, einer Festung ungefähr eine Meile in Richtung Westen. Die mit Artillerie und schweren Waffen ausgerüsteten Kämpfer nahmen die Festung bis Mittag ein.

Um 8:00 Uhr ritt Francisco Madero äußerst stilvoll zum Präsidentenpalast: Auf einem grauen Hengst. Augenzeugen zufolge flogen immer noch Kugeln durch die Luft, weil sich kleinere Gruppen der Rebellen in der Kathedrale und den umliegenden Gebäuden verbarrikadiert hatten, die gleich auf der anderen Seite des Zócalo standen.[718] In Maderos Begleitung waren die Kabinettsmitglieder Rafael Hernandez, Manuel Bonilla und Ernesto Madero.[719] Auch General Victoriano Huerta, der entlassene Armeestabschef, der sich gerade wegen seiner Augenbehandlung in der Stadt befand, schloss sich Madero an.[720] Ihm war ein Katarakt entfernt worden, doch er konnte noch immer nicht richtig sehen. Von Hintze machte seine exzessiven Trinkgelage dafür verantwortlich.[721] Ein kleines Kommando von Sicherheitskräften bildete die Nachhut. Im Anschluss an die Schlacht von Casas Grandes im Jahr 1911 hatte Máximo Castillo über Madero gesagt, dass er entweder nicht wisse, dass Kugeln töten können, oder dass er schlichtweg unglaublich couragiert sei. Hier ritt er wieder, fünfzehn Monate später, unbeeindruckt von der Gefahr. Der jubelnden Masse zuwinkend bahnte sich Madero seinen Weg zum Palast und inspizierte den Schaden. Von Hintze, der von Maderos Mut tief beeindruckt war, konnte nicht glauben, wie viel Zeit er damit verbrachte, in den *Vivas* der Menge zu baden und Ansprachen zu halten, anstatt den verbleibenden Rebellen den Garaus zu machen.[722]

Da General Villar ernsthaft verletzt war und die Kämpfe weitergingen, bot Huerta Madero seine Dienste an. Er schwor dem Präsidenten seine uneingeschränkte Treue. Madero willigte ein. Laut dem Historiker Katz, war Huerta am Abend des 8. Februar in Kontakt mit Felix Diaz, konnte sich jedoch nicht mit diesem einigen, wer nach einem gelungenen Militärputsch

Maderos Nachfolge antreten würde. Der mexikanische General vertraute Felix Diaz überhaupt nicht und stellte sich entschieden gegen dessen Drängen auf das Präsidentenamt.[723] Eine weitere, wahrscheinlichere, Theorie beschreibt einen Hergang des Geschehens, der Huerta in der Rolle des obersten Kommandeurs behält, ohne dass er zu dieser Zeit einer der Verschwörer war. Die Verletzung von General Villar war nicht vorauszuplanen. Allerdings war sie der einzige Grund für Madero, den alten, nur wenige Monate zuvor in Ungnade gefallenen General wiedereinzusetzen. Erst als sich Huerta in dieser äußerst mächtigen Position wiederfand, erlag er dem Flehen von Botschafter Wilson und seiner *Kreation* Felix Diaz.

Während dessen planten die Maderos ihre nächsten Schritte. Diese, so dachten sie, würden hauptsächlich aus Aufräumarbeiten bestehen. Felix Diaz, Manuel Mondragon und etwa fünfzehnhundert Soldaten hatten sich in der Ciudadela verbarrikadiert. Die Ciudadela, auch Arsenal genannt, war ein befestigtes Lagerhaus mit einem großen Bestand an Waffen und Munition. Anstatt die Rebellen sofort zu verfolgen und noch während ihres Rückzugs anzugreifen, hielt Huerta Abstand und ließ das Gebäude lediglich umstellen. Das Ergebnis war, dass die Rebellen in aller Ruhe Maschinengewehre auf dem Dach der Ciudadela und weitere Feldgeschütze in den umliegenden Straßen aufstellen konnten. Einige Kadetten, die am Morgen mit Reyes den Präsidentenpalast angegriffen hatten, waren in der Kathedrale auf der anderen Seite des Zócalo verschanzt. Die tödlichen Scharfschützen konnten zehn Tage lang nicht aus der Kathedrale vertrieben werden. In einer fragwürdigen Aktion des unmittelbaren Gesetzesvollzugs wurden am Nachmittag General Ruiz, einer von Mondragons Mitverschwörern, der auf dem Zócalo gefangen genommen worden war, sowie zwölf unglückselige Kadetten direkt im Garten es Palastes vor ein Erschießungskommando gestellt.[724]

Wenn auch die Ciudadela in Händen von Diaz' Truppen war, blieb die Situation im Grunde den restlichen Tag lang fest unter Kontrolle der Regierungstruppen. Die Ciudadela war von Soldaten unter Huertas Kommando umstellt. Was Madero nicht wusste, war, dass Huertas Verrat noch am selben Tag seinen Anfang nahm. Zunächst ließ er zu, dass sich die Rebellen im Innern des Arsenals versorgen konnten. Zwar berichteten amerikanische Zeitungen von Unruhen im ganzen Land, die die Rebellion unterstützten, diese Behauptungen waren jedoch nicht wahr.[725] Die *Zapatistas* kämpften zwar immer noch gegen die Regierung, machten jedoch keine Anstände, sich der Hauptstadt zu nähern.[726]

Am Nachmittag bestellte Botschafter Wilson das diplomatische Corps in die amerikanische Botschaft zu einer Notsitzung. Man einigte sich, Maßnahmen zum Schutz ihrer Bürger zu ergreifen. Eines der erklärten Ziele war, eine Waffenruhe zu verhandeln, während der ausländische Bürger evakuiert und in Sicherheit gebracht werden konnten. Von Hintze berichtete, dass gegen Ende der Sitzung ein Vertreter Diaz' – zu seiner Beschämung ein Deutscher – die versammelten Diplomaten dazu aufrief, den Rücktritt von Präsident Madero zu fordern. Die Diplomaten wiesen den Aufruf zurück und schickten den Boten mit der Warnung an General Diaz zurück, „er möge große Vorsicht walten lassen, dass im Zuge seiner militärischen Unternehmungen nicht das Leben und Eigentum von Ausländern zu Schaden kommt."[727] Von Hintze war aufgebracht angesichts der „unverschämten" Art und des „provokativen" Tonfalls seines deutschen „Landsmanns."[728] Die Anwesenheit des Rebellenvertreters war ein klares Zeichen für Wilsons aktive Rolle in den Geschehnissen des Tages.

Madero entschied noch am selben Abend, persönlich nach Cuernavaca zu reisen. In der Hauptstadt des Bundesstaates Morelos wollte er seinen vertrauten Kommandeur Felipe Ángeles treffen, der gerade mit der Bekämpfung des Zapata-Aufstands beschäftigt war. Laut William Bayard Hale hatte Zapata angekündigt, dass er seine Angriffe aussetzen würde, bis die Regierung ihre Reaktionstruppen wieder aus der Hauptstadt zurückgezogen hatte.[729] Sollte das war sein, wären sämtliche Kriegsberichte, die davor warnten, dass bedingt durch den Zusammenbruch der Ordnung in der Hauptstadt eine Invasion von „Indianerhorden" unmittelbar bevorstand, nur Teil von Wilsons

Verschwörungsplan gewesen. Madero war entschlossen, der Öffentlichkeit gegenüber Zuversicht auszustrahlen, und fuhr in einem offenen Wagen durch Mexiko-Stadt. Außerhalb der Stadt stiegen der Präsident und sein Gefolge in einen Dienstwagen um.

Felipe Ángeles empfing seinen obersten Kommandeur am Bahnhof von Cuernavaca. Ángeles war bereits unter Präsident Diaz Offizier der Bundesarmee gewesen. Er wurde am 13. Juni 1869 im Bundesstaat Hidalgo geboren und wuchs auf einem Bauernhof auf. Als Felipe nur vierzehn Jahre alt war, schickte sein Vater den äußerst intelligenten Jungen auf das Heroico Colegio Militar in Chapultepec, eine Militärschule vergleichbar mit West Point in den USA. Ángeles zeigte besonders in Mathematik und Naturwissenschaften herausragende Leistungen. Er spezialisierte seine Studien auf Artillerie, was ihn in engen Kontakt mit dem damaligen Artilleriechef und späteren Kriegsminister Manuel Mondragon brachte. Nach seinem Abschluss wurden Ángeles direkt mehrere Lehrstühle angeboten. Im Jahr 1898 heiratete er die Deutsch-Amerikanerin Clara Kraus. Es dauerte nicht lang, bis Ángeles fließend Deutsch sprach. Im Jahr 1904 schickte Mondragon den Artillerieoberst in die Vereinigten Staaten, wo er sich über die neueste Entwicklung der Kriegsindustrie informieren sollte: Rauchfreies Schießpulver. Als Ángeles im Alter von fünfunddreißig Jahren zurückkehrte, wurde er zum Oberstleutnant befördert. Er sprach jetzt auch fließend Englisch.

Im Jahr 1908 wurde er von Mondragon nach Frankreich beordert, wo die mexikanische Armee inzwischen zum großen Ärger der Deutschen den Großteil ihrer schweren Waffen bezog. Ángeles hatte aufgrund seines Kontakts mit demokratischen und parlamentarischen Regierungssystemen ein tiefes soziales Bewusstsein entwickelt. Er begann, Artikel zu veröffentlichen, in denen er seine Ideen für politische Reformen in Mexiko beschrieb. Offizieren der Bundesarmee stand es allerdings nicht zu, politische Gedanken zu verfolgen, und schon gar nicht, sich in die Politik einzumischen. So wurde er im Jahr 1908 festgenommen und der Volksverhetzung angeklagt. Dank seiner unglaublichen Intelligenz und dem Wohlwollen Mondragons kam der berühmte Offizier wieder frei und durfte seinen Auftrag in Frankreich wieder aufnehmen. Jetzt gab es kein Zurück für ihn. Als das Ende des Regimes Diaz näher rückte, erkannte er ganz klar die Notwendigkeit von Reformen. Die meisten der Gegner einer Wiederwahl des Diktators waren viel zu radikal für Ángeles, doch als sich Francisco Madero an ihre Spitze setzte, fühlte sich der Leutnant berufen. Zu Ausbruch der Revolution bat Ángeles, der zu der Zeit Moderne Artilleriekriegsführung in Paris studierte, um die Erlaubnis, nach Mexiko zurückkehren zu dürfen. Da seine Vorgesetzten um seine politischen Einstellungen wussten, wiesen sie sein Gesuch ab. Er musste in Frankreich bleiben, wo er „sich auszeichnen" sollte. Im Mai des Jahres 1911 wurde Colonel Ángeles zum Ritter der Ehrenlegion geschlagen, eine Auszeichnung, die Napoleon Bonaparte anstelle von Adelstiteln eingeführt hatte, als Frankreich zur Republik wurde.

Endlich, im Januar 1912, nachdem in Mexiko die Präsidentschaftswahlen abgehalten worden waren, durfte Ángeles heimkehren. Madero ernannte ihn zum Kommandeur seiner eigenen Alma Mater, dem Colegio Militar. Im Juni 1912 erhielt Ángeles, der inzwischen Brigadegeneral war, den Befehl, Huerta im Kampf gegen Zapata zu ersetzen. Huerta war es nicht gelungen, die aus Bauern bestehenden Rebellentruppen mit den brutalsten Mitteln wie Massenhinrichtungen und Folter zu zerschlagen. Ganze Dörfer waren ausgerottet worden und die Zivilbevölkerung litt unter Huertas Terror. Ángeles wandte neuartige Methoden der Aufstandsbekämpfung an, von denen bisher in Mexiko niemand gehört hatte. Zwar konnte auch er Zapata nicht in die Flucht schlagen, doch er führte Einsetzregeln, eine humane Behandlung der Gefangenen, Präventionsmaßnahmen gegen zivile Opfer sowie einen Ehrencodex im Umgang mit dem Feind ein. Trotz der erbitterten Kämpfe konnte Ángeles viele Herzen und die Gesinnung eines großen Teils der Bevölkerung von Morelos für sich gewinnen. Seine Taktik führte dazu, dass Zapata nach und nach die Rekruten fehlten. Das wachsende Vertrauen zwischen den Kriegsparteien macht auch Bayard Hales Behauptung glaubwürdig, dass die *Zapatistas* sich während der Decena

Tragica, also der zehn tragischen Tage der Rebellion in Mexiko-Stadt, in denen die Regierung Madero fiel, ruhig verhielten.

Laut dem Historiker Ross bot Präsident Madero Ángeles in Cuernavaca den Posten des obersten Militärkommandeurs an. Er hätte Huerta so schnell wie möglich ablösen sollen. Nachdem sich der treue General bereit erklärt hatte, seine Truppen in die Hauptstadt zu führen, kehrte Madero am nächsten Morgen zurück nach Mexiko-Stadt. Ángeles, der Madero in die Hauptstadt begleitete, brachte eintausend Mann mit ausreichender Bewaffnung und Munition zum Präsidentenpalast.[730] Der Generalstab der Armee wollte Ángeles als obersten Kommandeur jedoch nicht anerkennen. Seine Beförderung zum Brigadegeneral war noch nicht vom Kongress bestätigt worden, wodurch er genau genommen nicht berechtigt war, den Posten anzutreten. Allerdings übernahm Ángeles die Verantwortung für die Artilleriestellungen im Zentrum der Hauptstadt.

Alle Garnisonen in der Nähe von Mexiko-Stadt machten nun mobil und bezogen in und um die Ciudadela Stellung. General Blanquet, ein alter General und Kamerad von Porfirio Diaz, verpflichtete sich, eine Kampfeinheit von zwölfhundert Mann in die Stadt zu führen. Er benötigte eine ganze Woche, um mit vierhundert Mann vierzig Meilen zu marschieren und sich den Kämpfen anzuschließen.[731] Auch alle weiteren Kommandeure der Region sicherten dem Präsidenten ihre Unterstützung zu.

Inzwischen hatte sich über die sonst so lebhaften Straßen der Hauptstadt eine Unheil verkündende Stille gelegt. Am Montagmorgen blieben sämtliche Geschäfte geschlossen. Die amerikanische Botschaft errichtete auf ihrem Grundstück ein Flüchtlingslager für Schutz suchende Ausländer. Überall in der Stadt versammelten sich den ganzen Tag lang die Truppen der Regierung. Neben Militärfahrzeugen bildeten die Wagen des Roten Kreuzes den einzigen Verkehr in der Stadt. Die verängstigten Einwohner der Stadt, die gerade erst tags zuvor Zeuge des Gemetzels am Zócalo geworden war, versteckten sich in ihren Häusern und wusste nicht, was sie tun sollten.

In Mexiko-Stadt hatten seit der amerikanischen Besatzung vor über fünfzig Jahren keine Kämpfe mehr stattgefunden.

Damals hatten sich tapfere Kadetten im Schloss Chapultepec verschanzt und ihr Land bis zum letzten Mann verteidigt. Jetzt standen mexikanische Truppen einander mitten in der Stadt gegenüber. Die Kämpfe der vorangegangenen Tage hatten vierhundert Opfer gefordert. Der Präsidentenpalast und viele Gebäude in den umliegenden Straßen waren schwer beschädigt worden. Das amerikanische Konsulat war von Granaten getroffen worden, und der amerikanische Generalkonsul Shanklin musste in der US-Botschaft Schutz suchen. Er wurde zum Augenzeugen des Treffens zwischen Diaz and Huerta, das Wilson über einen US-Agenten eingefädelt hatte.[732]

Am Dienstagmorgen begann Huertas Artillerie endlich, die Ciudadela und die umgebenden Straßen unter Beschuss zu nehmen. Die Rebellen erwiderten das Feuer und sprengten nahegelegene Gebäude sowie den Präsidentenpalast. Etliche Zivilisten rannten durch die Straßen und suchten Deckung. Die psychologische Wirkung kriegsähnlicher Zustände im Zentrum der mexikanischen Hauptstadt darf nicht unterschätzt werden. Madero und seine Berater zweifelten nicht daran, dass die Bombardierung der Ciudadela und der massive Ansturm der Bundestruppen den Aufstand innerhalb weniger Stunden zerschlagen haben würden. Als jedoch die Nacht über Mexiko-Stadt hereinbrach, zählte man fünfhundert Opfer und die schrecklichen und verheerenden Kämpfe hatten noch immer zu keinem Ergebnis geführt. Diaz' Truppen hielten wacker stand. Der tatsächliche Grund für den fehlenden Fortschritt, war jedoch der Hochverrat des Kommandeurs der Föderation.

Bis heute streiten sich Geschichtswissenschaftler über die Frage, ob Huerta von Beginn der Revolte an zu den Verschwörern zählte. Am Dienstagmorgen, als die Offensive der Regierungstruppen endlich anlief, gab es keinen Zweifel am Verrat des Generals. Regelmäßige Treffen zwischen Felix Diaz und Huerta hatten bereits seit dem 1. Januar stattgefunden.[733] Diaz hatte Huerta offenbar nicht für seine Pläne gewinnen können. Jetzt, da die Rebellen im Arsenal gefangen waren und Huerta zum obersten Militärkommandeur der Stadt aufgestiegen war, nahm der Geisteswandel des Generals langsam Gestalt an.

Der Angriff der Rebellen hielt bereits zwei Tage an und am Dienstag gegen 10:00 Uhr morgens schien sich eine Entscheidung abzuzeichnen. Huerta und Diaz trafen sich wieder, diesmal im Haus von Enrique Cepeda. Cepeda arbeitete eng mit Botschafter Wilsons Agenten Harry Berliner zusammen. Berliner war deutscher Jude und hatte sich als Schreibmaschinenverkäufer für die Firma Oliver getarnt. Tatsächlich aber arbeitete er für den Geheimdienst des US-Außenministeriums. Er lernte Sommerfeld in jenen Tagen in Mexiko-Stadt sogar persönlich kennen, der ahnte jedoch nichts von Berliners wahrer Identität.[734] Der US-Agent war während der gesamten Mexikanischen Revolution und auch während des Ersten Weltkriegs der effektivste Beschatter für Sommerfeld. Laut Wilsons Erinnerungen handelt es sich bei Berliner um einen „Kurier der Botschaft."[735] Wilson berichtete dem US-Außenministerium am folgenden Tag: „[...] Verhandlungen mit General Huerta finden statt." Das Telegramm bestätigte William Bayard Hales Auffassung von der Rolle Cepedas. Hale befragte Cepedas Schwiegervater und fand heraus, dass Cepeda als „vertraulicher Bote" zwischen Huerta und der amerikanischen Botschaft fungierte, wobei er gleichzeitig in den Diensten von Präsident Wilson stand und diesen mit Informationen versorgte. Er fasste Huertas Verrat folgendermaßen zusammen:

> 'Mein vertrauter Bote für Huerta,' 'der geheime Kurier zwischen Huerta und meiner Person [H.L. Wilson], ein Mann zu dem mich der Präsident [Huerta] anwies, ihn zu kontaktieren, wann immer ich dies wünschte,' (Wilson an Knox Feb. 28) – die anonyme Person, die sich auf mysteriöse Art in Wilsons Berichten wiederfindet, und noch viel wichtiger in der wahren Geschichte des Madero-Betrugs war, war Enrique Zepeda [sic], eine berüchtigte Person die sich als Neffe von Victoriano Huerta ausgibt, in Wirklichkeit aber dessen unehelicher Sohn ist. Enrique Zepeda [sic] ist mit der Stieftochter des Amerikaners Mr E. J. Pettegrew verheiratet. Pettegrew sagt, dass am Dienstag vor den jetzigen Geschehnissen [11. Februar], also am ersten Tag der Schlacht, er und Zepeda [sic] ein Treffen zwischen Huerta und

> Diaz in einem leerstehenden Haus in der Stadt arrangiert haben. Falls das wahr ist, scheint es als wäre das gesamte Bombardement eine ausgeklügelte Finte, und dass die beiden Generäle stets im gegenseitigen Einverständnis gehandelt haben. Zahlreiche weitere Fakten weisen auf diesen Sachverhalt hin. Es scheint zudem der Fall zu sein, vorausgesetzt Pettegrews Geschichte ist wahr, dass zu dem Zeitpunkt, als Zepeda [sic] Mr. Wilsons Dienste ersuchte, um die beiden Generäle zusammenzubringen, dies nicht geschah, weil sein Einschreiten nötig gewesen wäre, sondern weil die Verschwörer den Botschafter im Glauben lassen wollten, er würde die ‚Situation bereinigen' und um sein Versprechen zu erhalten, dass Washington die Regierung anerkennen würde, die sie einzusetzen planten.[736]

Hale relativierte seine Behauptung, da diese auf einer einzigen Befragung basierte und nicht vollends durch Fakten untermauert werden kann. In der gesamten Geschichtsschreibung über Maderos Niedergang wurde diese Version der Geschehnisse jedoch stets als Tatsache behandelt. Während Huerta, Diaz und Wilson eine Übereinkunft aushandelten, die Versprechungen für Ämter in der neuen Regierung umfasste sowie unverblümt Bestechungsgelder festlegte, hielt das Bombardement im Herzen von Mexiko-Stadt vier weitere todbringende Tage an. Der Geschichtswissenschaftler McLynn beschrieb das Treiben passend: „Einkaufszentren verwandelten sich in Rauchwolken, aus eleganten Wohnvierteln konnte man das Echo der knatternden Maschinengewehre hören, und das vormals wunderschöne Herz der Stadt glich einem riesigen Schuttberg mit herunterhängenden Telegraphenkabeln, Sandsäcken und bizarr verbogenen Laternenmasten. Die improvisierten Ambulanzen wurden trotz bester Bemühungen der großen Anzahl von Leichen nicht Herr [...] Schon bald wurde die Nahrung knapp, die Preise schossen inflationär in die Höhe, und man erzählte sich, dass so manches Abendessen aus gegrillten Hunden und Katzen bestand."[737]

In den Tagen des *vorgetäuschten Krieges* von General Huerta schien sich immer mehr zu bestätigen, dass die Regierung nicht in der Lage war, für Ordnung zu sorgen. Huerta schickte eine Reihe von Infanteristen nach der anderen in die Feuerlinie der Rebellen, und Felix Diaz' Maschinengewehre mähten sie zu Hunderten nieder. Das Gemetzel und die Zerstörung nahmen unerträgliche Ausmaße an. Botschafter Wilson hatte seine Freude daran, die Auswirkungen des Bombenkriegs in den Straßen für seine Zwecke zu verwenden. Am 12. Februar versammelte der amerikanische Botschafter die Gesandten aus Deutschland, Spanien und Großbritannien hinter sich und forderte Präsident Madero auf, die Kampfhandlungen umgehend zu beenden. Wilsons schrieb in seinem Bericht an Außenminister Knox: „Der Präsident war sichtlich beschämt und versprach, Felix Diaz zur Rechenschaft zu ziehen."[738]

Wilson machte Madero für die andauernden Kampfhandlungen verantwortlich. Madero wies diese Anschuldigungen entschieden von sich. Allerdings autorisierte Madero den „selbstherrlichen, unbeherrschten und vollkommen ungeeigneten" Botschafter, mit den Rebellen Gespräche zu führen.[739] Hale bemerkte, dass der amerikanische Botschafter sein Handeln damit rechtfertigte, dass er als Sprecher des gesamten diplomatischen Corps in Mexiko auftrat. In Wahrheit unterstützten weder die Repräsentanten aus Lateinamerika noch die Botschafter aus Österreich oder Japan Wilsons Aktivismus. Auch von Hintze, der Wilson bei seinen Audienzen mit Madero begleitete, widersprach Wilsons Plänen und relativierte Wilsons angebliche Vertretungsvollmacht vor dem Präsidenten.[740] Er schrieb einige Tage später an das deutsche Auswärtige Amt: „Amerikanischer Botschafter arbeitet unverhohlen für Diaz, hat in meiner Gegenwart zu Madero den Grund gesagt, Diaz sei proamerikanisch. Diese Parteinahme erschwert Tätigkeit des diplomatischen Corps [...] halte mich [...] gegenüber den vielen amerikanischen Ansuchen [um Unterstützung] zurück, ohne anzustoßen."[741]

Der britische Botschafter Sir Francis Stronge ließ sich von beiden Seiten abwechselnd beeinflussen und stellte sich abwechselnd auf die Seite von Wilson und von Hintze. Zu Wilsons Plan, eine vereinigte diplomatische Front zu erschaffen, schien von Hintze jedoch mit der Unterstützung seines britischen Kollegen ein Gegengewicht bilden zu können. Über Stronge sagte Hale später, er habe noch nie einen Menschen getroffen, „[...] der auf so absurde Art und Weise seinem Namen nicht gerecht wurde. Mr. Stronge ist ein dummer, stotternder Schwachsinniger, der sich zum Gelächter der ganzen Stadtgesellschaft gemacht hat. Diese vergnügt sich über nichts anderes mit größerer Beständigkeit, als über die täglich neuen Geschichten von Mr. Stronge und dem Papagei, der ihn stets begleitet.[742] Spätere Historiker sind sich einig, dass diese Anschuldigungen ungerechtfertigt waren. Von Hintze ist es anzurechnen, dass er als Diplomat die Menschen um sich mit so großem Erfolg für seine Sache gewinnen konnte, egal wie merkwürdig deren Verhaltensweisen auch waren.

Während Wilson sein Ziel, das diplomatische Corps hinter seinen Plänen zu vereinen weiterhin verfolgte, schickte er auch wieder wutentbrannte und schlichtweg unwahre Berichte nach Washington sowie an die amerikanische Presse. Am Tag des ersten Angriffs erzählte Wilson „[...] allen Ankömmlingen in der Botschaft, dass die Regierung faktisch gestürzt wurde, und telegrafierte nach Washington um dort die Befugnis zu bitten, mit den Kämpfern zu verhandeln."[743] Am 11. Februar telegrafierte Wilson an Knox: „[...] die öffentliche Meinung, sowohl unter den Einheimischen als auch unter den Ausländern, scheint soweit ich das beurteilen kann überwiegend auf Seiten von Diaz zu sein[!]" Er unterschätzte die Stärke der Bundestruppen, übertrieb in Bezug auf die Stärke der Rebellentruppe und beschwerte sich über willkürlichen Beschuss und erheblichen Schaden an Eigentum. In diesen Telegrammen erbat er in Washington zudem, dass man ihn autorisierte, Madero ein Ultimatum von „bedrohlicher Art" zu stellen. Knox lehnte ab.[744]

Die Bombardements im Zentrum der mexikanischen Hauptstadt hatten mit Sicherheit Auswirkungen auf die öffentliche Meinung, insbesondere auf die der Menschen, die vertrieben und ohne Nahrung waren oder deren Leben durch die Granaten direkt in Gefahr geraten waren. Die Situation war ernst, doch Madero blieb zuversichtlich, dass die Rebellen bald geschlagen waren. Er hatte allen Grund zu diesem Optimismus. Der Präsident hatte eine Kampftruppe von über sechstausend loyalen Soldaten in der Stadt zusammengezogen, um gegen die fünfzehnhundert Rebellen vorzugehen. Wilson hielt weiterhin an seiner Strategie fest und drangsalierte die Regierung Madero, während er mit Felix Diaz und den Rebellen verhandelte. Von Hintze berichtete seinen Vorgesetzten am 14. Februar, dass der amerikanische Botschafter Pedro Lascurain in der Botschaft empfangen und mit einer militärischen Intervention gedroht hatte. „[…] Es stünden drei- oder viertausend US-Soldaten bereit, die in ein paar Tagen eintreffen könnten und ‚hier für Ordnung sorgen' könnten […] Sollte Lascurain eine solche Entwicklung abwenden wollen, ‚gab es nur einen Weg: Er solle dem Präsidenten auffordern, zu verschwinden […]"[745]

Am 15. Februar drängte Wilson das „diplomatische Corps," Stronge, von Hintze und Bernardo J. Cologan y Cologan (den spanischen Gesandten), Maderos Rücktritt zu fordern. Von Hintze, der erfolglos versucht hatte, die Vorhaltungen des Botschafters zu enthärten, warf plötzlich alle Diplomatie beiseite und sagte Madero geradeheraus, dass die deutsche Regierung „keinen derartigen Vorschlag gemacht hatte."[746] Wie man sich vorstellen kann, wies der Präsident den „gut gemeinten Rat" der versammelten Botschafter klar zurück.[747] Wilson und von Hintze besuchten am 13. Februar auch Felix Diaz und wiesen ihn an, die „grausamen" Kämpfe zu beenden. Als scharfsinniger Beobachter schilderte von Hintze nach der Begegnung seinen Eindruck, dass Diaz „[…] mehr impulsiv als stark scheint; Mondragon sieht misstrauisch aus. Das Verhältnis zwischen den beiden ist offenbar nicht sehr gut; Mondragon versucht Diaz zu dominieren. Erkenntnis des Besuchs: Diaz steckt in der Klemme, er spricht von eintausend Männern, die sich in mehreren Bundesstaaten in seinem Namen zusammengetan haben und die auf dem Weg in die Hauptstadt seien, gibt aber nicht an, von wo."[748]

Am 16. Februar, eine ganze Woche nach dem Ausbruch der Ausschreitungen, einigten sich die Bundestruppen und die Rebellen auf eine vierundzwanzigstündige Waffenruhe, die Wilson ausgehandelt hatte. Anstatt sich um die weitere Evakuierung von

Ausländern aus der Stadt zu kümmern, gab er plötzlich und vollkommen grundlos bekannt, dass die Bundesarmee die Abmachung gebrochen hätte. Alle Evakuierungsmaßnahmen mussten abgebrochen werden. Von Hintze, der laut Hale den Botschafter zu diesen Verhandlungen in den Nationalpalast begleitet hatte, war vom Doppelspiel des US-Botschafters angewidert. Wilson befürchtete, eine Evakuierung der ausländischen Staatsbürger könnte das Interesse der Regierungen schmälern, militärisch einzugreifen. Die Schlacht ging weiter, und von Hintze hatte nun gänzlich das Vertrauen in Wilsons gute Absichten verloren.[749] Wilson hob nicht nur die Waffenruhe auf, er gab zudem bekannt, dass General Blanquet und dessen Soldaten zum Gegner übergelaufen waren und sich weigerten, Diaz weiter zu bekämpfen. Von Hintze ging davon aus, dass dies eine Lüge war, Wilsons Intrige stellte sich jedoch letztlich als selbsterfüllende Prophezeiung heraus. Huerta, Diaz und Wilson blieben den ganzen 16. Februar über in Kontakt.

Felix Sommerfelds Rolle während dieser schwierigen Tage war größtenteils unwesentlich. Aus seiner Aussage von 1918 lässt sich nicht klar erkennen, wann er was getan hat. Ein Abgleich von Sommerfelds Aussagen mit von Hintzes Tagebuch, William Bayard Hales Berichten und den Aufzeichnungen der deutschen Botschaft führt jedoch zu einem recht vollständigen Bild von seinen Aktivitäten in jener verhängnisvollen Woche im Februar 1913. Sommerfeld wurde hauptsächlich von von Hintze für dessen inoffizielle Kommunikation mit Präsident Madero eingesetzt. Seine Aufgabe ist somit mit der von Wilsons Agenten Cepeda und Berliner zu vergleichen, die den Kontakt zwischen den Verschwörern, der Regierung und Wilson selbst sicherstellten. Der deutsche Gesandte hatte Sommerfeld in der Vergangenheit häufig in diesem Sinne eingesetzt.[750] Von Hintze war überraschend gut über die Aktionen der mexikanischen Regierung informiert, und Sommerfeld, der mit dem innersten Regierungskreis eng vertraut war, zählte offensichtlich zu seinen entscheidenden Quellen.

Der Agent hielt sich von Beginn der Angriffe an bis zum 13. Februar in der deutschen Botschaft auf.[751] Dies bedeutet zweifelsohne, dass Sommerfeld während der gesamten Krise in Übereinstimmung mit der deutschen Botschaft gehandelt hat. Im Übrigen wurde Sommerfeld bei der Botschaft als „Agent“ geführt.[752] Es ist eine bekannte Tatsache, dass Gustavo Madero Huerta am 17. Februar festnahm und ihn im Beisein seines Bruders, dem Präsidenten, mit seinen Absprachen mit Felix Diaz konfrontierte. Es existieren zwei historische Quellen, die Gustavos Maßnahme gegen Huerta erklären. Bei der einen handelt es sich um einen treuen Offizier, der den Bruder des Präsidenten darauf hinwies, dass Huerta die Rebellen heimlich mit Nahrungsmitteln versorgte. Die andere Quelle besagt, dass ein treuer Offizier beobachtet hatte, wie Huerta mit Diaz verhandelte und Gustavo anschließend informierte.[753]

Gäste der Kaiserlichen Gesandtschaft während des Bombardements.

[Name] und Stand	Anzahl der Personen	Aufenthalt Tage & Nächte	Tag[e]
[..]ay, Königlich Belgischer Gesandter	5	8	
desgl.	2		7
[..]ie, Königlich Norwegischer Gesandter	2	10	
Le Tellier, Königlich Belgischer Legationssekretär	1		8
[.].F.C.Rieloff, Kaiserlicher Generalkonsul	1		10
[.]. Jäkel, Geh. exped. Sekretär	2	10	
[.]. Weise, Hülfsschreiber	1	8	
[.]. Abels, Friseur	3	10	
[.]. Wunderlich, Kaufmann	1	10	
Obermeier, Kaufmann	1	7	
[.]. Naumann, Monteur	1	5	
[.].C. Herrmann, Kaufmann	1	2	
[.]. Paglasch, Hotelier	1	5	
[.].P.Rubens, Kaufmann	1	8	
[.]. Steiger, Konsulatskanzlist	1	3	
[.]. S. Wislicenus, Arzt	4	2	
[.]. H. Mardus, Kaufmann	6	2	
F. A. Sommerfeldt, Agent	1	7	
Küchenpersonal, Chauffeure	2	2	
desgl.	3	2	
desgl.	5	3	

Während des „Bombardements" übernachtete „F.A. Sommerfeldt [sic], Agent" als Gast der Kaiserlichen Gesandtschaft 7 Tage und Nächte[754]

Sommerfeld spielte jedoch auf eine dritte Möglichkeit an, nämlich dass er derjenige war, der auf Huertas Machenschaften hingewiesen wurde.[755] Während seiner Befragung im Jahr 1918 versuchte Sommerfeld, jede Verbindung zu deutschen Beamten möglichst zu vertuschen, und sprach deshalb anstatt von von Hintze von einem mexikanischen Regierungsbeamten. Wie auch in Katz' Ausführungen beschrieben, erinnerte sich der deutsche Agent an einen namenlosen mexikanischen Armeekommandeur (von Hintze) als Quelle seiner Information über die Verschwörung. Es ist somit möglich, dass es von Hintze war, der die Maderos über den Verrat Huertas aufklärte. In diesem Fall musste der deutsche Gesandte einen informellen Weg nutzen, denn H. L. Wilson war bei allen Gesprächen stets an seiner Seite. Wilson hätte mit Sicherheit bald herausgefunden, dass der deutsche Gesandte auf eigene Faust agierte. Als Chef des Geheimdienstes und Angestellter von Gustavo Madero war Sommerfeld das perfekte Mittel für von Hintzes Sabotage an Wilson. Wie der Historiker Baecker überzeugend aufzeigte, war von Hintze nicht mit Wilsons Plan einverstanden, der Diaz als Marionette der US-Regierung zum Präsidenten machen sollte. Was wusste Sommerfeld über Wilsons Geschäfte, von denen von Hintze Zeuge geworden war und die dieser so detailliert in seinem Tagebuch und seinen Berichten nach Berlin beschrieb? Seiner eigenen Aussage zufolge blieb Sommerfeld die ganze Woche über in der deutschen Botschaft. Schickte von Hintze Sommerfeld zu den Maderos, um ihnen sachdienliche Hinweise über Wilsons Verhandlungen mit Diaz und Huerta zu übermitteln? Eine faszinierend, wenn auch nicht zu beweisende Hypothese.

Am 17. Februar führte Gustavo Madero Huerta um 2:00 Uhr nachts mit vorgehaltener Waffe dem Präsidenten vor. Er konfrontierte Huerta mit den Beweisen über seine heimlichen Verhandlungen mit Diaz. „Huerta war außer sich, tobte und beteuerte immer wieder, dass er mit der Verschwörung nichts zu tun hatte; er schwor bei seinem Leben, dass er loyal war, und dass seine Seele in der Hölle schmoren solle, würde er lügen."[756] Wie die Geschichtsschreibung beweist, log er, und seine Seele mag das Höllenfeuer nach seinem Tod im Jahr 1915 etwas angefacht haben. Die Unschuldsbeteuerungen des Generals führten allerdings nicht dazu, dass Madero dem Verrat entgegenwirkte. Stattdessen stellte sich Madero plötzlich gegen seinen Bruder und alle, die wie Sommerfeld und von Hintze wussten, dass Huerta sehr wohl ein Verräter war. Hatte von Hintze tatsächlich vor, Wilsons Pläne zu durchkreuzen, so wusste er jetzt, dass er versagt hatte. Huerta behielt das Kommando über die Bundestruppen und schickte unzählige weitere Soldaten als Kanonenfutter direkt in die Feuerlinie der Rebellen.

Die Historiker Katz und Baecker sind sich einige, dass von Hintze am 17. Februar, dem Morgen der kurzzeitigen Festnahme Huertas, seine Taktik änderte. Sie haben seine Strategie jedoch falsch eingeschätzt.[757] An besagtem Morgen besuchte von Hintze den Präsidentenpalast ohne Begleitung. Es handelt sich hierbei um die einzige Gelegenheit, in der von Hintze offiziell in eigenem Interesse und nicht als Teil des diplomatischen Corps unter Wilsons Führung agierte. Anstatt sich dem amerikanischen Botschafter anzuschließen und Felix Diaz zum Präsidenten zu machen, den von Hintze für korrupt und unfähig hielt, hatte der gerissene deutsche Gesandte entschieden, einen letzten Versuch zu starten, um die Situation gegen Wilson zu beeinflussen.

Der Granatenbeschuss der Innenstadt von Mexiko-Stadt war zu diesem Zeitpunkt bereits eine ganze Woche ohne Unterbrechung in Gang. Unzählige Zivilisten und tausende Soldaten hatten ihr Leben verloren. Viele Bundessoldaten wie beispielsweise die unter dem Kommando von General Blanquet waren zur anderen Seite übergelaufen. Die amerikanische Regierung, mit der von Hintze persönlich bekannt war, wollte Madero nicht weiter im Amt sehen. Die Bedrohung einer militärischen Intervention der USA war groß, wenn sie auch, wie sich später herausstellen sollte, lediglich in Wilsons Drohungen existierte. Dieser veranlasste eine Delegation mexikanischer Senatoren, Maderos Rücktritt zu fordern. Angesichts der nun erdrückenden Opposition war von Hintze mittlerweile überzeugt, dass sich der Präsident nicht mehr lange an der Macht halten konnte. Keiner der Experten zu diesem Thema konnte eine Erklärung für von Hintzes Überzeugung finden. Katz schreibt, dass von Hintze „kehrt machte". Diese Beschreibung trug maßgeblich zur Entwicklung der Theorie bei, von Hintze und die deutsche Regierung hätten zu jener Zeit Huerta unterstützt.[758]

Nichts könnte der Wahrheit ferner liegen. Den Beweis liefert das handgeschriebene Tagebuch des Gesandten: Von Hintze wusste, dass es zu einem Staatsstreich kommen würde. Der Konteradmiral äußerste dies zwar nicht wörtlich, seine Taten, die er in seinem Tagebuch festhielt, sprechen jedoch eine unmissverständliche Sprache. Er wartete nicht darauf, dass das Militär seinen nächsten Zug machte, sondern schlug Madero vor, Huerta als seinen Nachfolger einzusetzen und sich und seine Minister in Sicherheit zu bringen. Er unterbreitete seine Idee zuerst Außenminister Lascurain. Der Deutsche führte an, dass Huerta die einzige Person wäre, die als Interimspräsident den Aufstand rasch auflösen könne. Diese Aktion würde Felix Diaz außer Gefecht setzen und Wilsons Plan durchkreuzen. Am Ende könne man so auch eine Intervention der USA umgehen, und Madero wäre in der Lage, sich selbst, seine Familie und sein Kabinett vor dem unausweichlichen Militärputsch zu retten, der kurz bevorstand. Aus sicherer Position stünde es Madero dann immer noch frei, in den kommenden Wahlen gegen Huerta zu kandidieren und möglicherweise unter besseren Umständen wieder an die Macht zu gelangen.

Präsident Madero befürwortete diese Idee.[759] Gleich im Anschluss an das Gespräch mit dem deutschen Gesandten begab sich Madero mit seiner Familie in die Obhut der deutschen Legation. Von Hintze hatte dies offenbar vorausgesehen und die entsprechenden Vorkehrungen getroffen. In sein Tagebuch schrieb er noch vor seinem Gespräch mit Madero, er habe Räumlichkeiten für „sieben weibliche Mitglieder der Familie Madero, unter ihnen auch dessen Mutter“ vorbereiten lassen.[760] Betrachtet man zudem die Aussagen von Sommerfeld und Sara Perez de Madero, bestand die Gruppe höchstwahrscheinlich aus Maderos Eltern, Francisco und Mercedes, Maderos Gattin Sara, zweier Schwestern Maderos sowie den Ehefrauen von Gustavo Madero und José Maria Pino Suarez.

Unklar ist, ob von Hintze Präsident Madero auch für die Zeit des Machtübergangs Zuflucht und sicheres Geleit angeboten hat. In Anbetracht der Tatsache, dass der Präsident seine gesamte Familie in die deutsche Botschaft brachte, bestehen nur geringe Zweifel daran, dass auch diese Vorkehrungen Teil von von Hintzes Plan waren. Zudem überrascht es nicht, dass der Gesandte nicht im Detail aufschrieb, was er mit Madero und dessen Begleitung vorhatte, da er mit an Sicherheit grenzender Wahrscheinlichkeit ohne dementsprechende Instruktionen aus Berlin agierte. Der Plan des Deutschen wurde jedoch durch eine unvorhergesehene Wandlung jäh zunichte gemacht. Am Nachmittag des 17. Februar erhielt Madero eine Nachricht von US-Präsident Taft, in der ihm versichert wurde, dass die Vereinigten Staaten nicht den Wunsch hegten, in Mexiko zu intervenieren.[761] Da diese Bedrohung nun vom Tisch war, sah sich Madero in der sicheren Lage, seine Aufgabe nun doch vollenden zu können. Er fällte die fatale Entscheidung, doch im Präsidentenpalast zu bleiben.

Im Rahmen von Gesprächen, die am Morgen des 18. Februar in der amerikanischen Botschaft stattfanden, sicherte Wilson den konservativen mexikanischen Senatoren zu, dass die Vereinigten Staaten eine neue Regierung anerkennen würde, die „[...] von De La Barra, Huerta and Diaz angeführt [werden sollte] [...] Senator Obregon, einer der Delegierten, fragte [Wilson] förmlich, ob, falls es zu einer solchen Regierung kommen würde, die Vereinigten Staaten von ihren Interventionsplänen absehen würden; er [Wilson] bejahte diese Frage [...]“[762] Als Präsident Madero später den Senatoren das Telegramm zeigte, das er von Taft erhalten hatte, spielte das keine Rolle mehr, und man forderte ihn auf, zurückzutreten. Die Androhung einer Intervention war zu Wilsons Trumpfkarte geworden, die nicht zu stechen war, noch nicht einmal vom amerikanischen Präsidenten. Inzwischen eröffnete Huerta den letzten Akt der Tragödie. Felipe Ángeles, der vertrauenswürdige und loyale Artilleriekommandeur, der mit der Sicherung des Präsidentenpalastes beauftragt war, erhielt Order, an einem anderen Ort Stellung zu beziehen, und General Blanquet übernahm fortan die Verantwortung für den Schutz des Präsidenten. Bedenkt man, dass jeder inklusive Sommerfeld, Gustavo Madero und dem Präsidenten um Blanquets fragliche Loyalität wusste, ist schwer zu verstehen, warum sich niemand gegen Huertas Befehl stellte.

Gustavo Madero nahm gerade mit General Huerta an einem Frühstücksbankett im Restaurant Gambrinus teil, als plötzlich eine Spezialeinheit Soldaten gegen Mittag das Restaurant stürmte und ihn festnahm. Von entscheidenderer Bedeutung ist hierbei die Wahl des Zeitpunkts, denn die Historiker Ross, McLynn schreiben, wie auch andere, dass Gustavo eine Einladung zum Mittagessen hatte. William Bayard Hale, der im Auftrag von Präsident Wilson den genauen zeitlichen Ablauf des Geschehens untersuchte, fand heraus, dass die Festnahme am Mittag stattfand, die Verabredung aber für den Morgen angesetzt war.[763] Huerta war im Restaurant nicht zugegen, als Madero verhaftet wurde. Er hatte sich wegen eines Telefonats entschuldigen lassen. Es war geplant, dass beide Maderos gleichzeitig festgenommen werden sollten. Dies geschah jedoch aus unerklärlichen Gründen nicht. Huerta verließ das Restaurant höchstwahrscheinlich, um sich telefonisch über die Festnahme des Präsidenten zu erkundigen. Francisco Madero blieb bis 13:30 unbehelligt im Präsidentenpalast. Um diese Uhrzeit stürmten die Soldaten den *Salon de Acuerdos* und versuchten, Francisco Madero festzunehmen. Laut seiner Aussage aus dem Jahr 1918 hatte Sommerfeld kurz vor der Festnahme noch mit dem Präsidenten gesprochen.

„Ich rief Mr. Madero an und sagte ihm, er solle den Staatspalast verlassen und dass irgendetwas faul war. Ich wusste auch nicht, was. Irgendetwas stimmte nicht. Ich wies ihn an, sich schnell in das Haus von Mr. William MacLaren [sic] zu begeben."[764] Entspricht diese Aussage der Wahrheit, so hatte Sommerfeld entweder von Gustavos Festnahme gehört, oder diese selbst mit angesehen. Der geheime Unterschlupf, von dem Sommerfeld sprach gehörte William A. McLaren, einem Anwalt in Mexiko-Stadt. Seine Kanzlei hatte einen berühmten Partner: Rafael Hernandez, Maderos Cousin und Justizminister. Dass Sommerfeld dieses Versteck vorschlug, macht Sinn. Das Haus gehörte einem Amerikaner, einem Anwalt und noch dazu einem Unterstützer von Maderos Sache. „Madero sagte mir am Telefon, ich solle schon vorausgehen.[765]

Der Präsident war nicht allein, als die Soldaten mit gezogenen Waffen kamen. Es kam zum Feuergefecht mit Maderos Wache. Mehrere der Soldaten wurden getötet. Auch Marcos Hernandez, der Bruder des Justizministers, der neben dem Präsidenten stand, starb im Kugelhagel. Botschafter Wilsons Agent Cepeda, der Teil des Festnahmekommandos war, wurde in die Hand geschossen. Die blutende Hand war jedoch nur ein kleiner Preis für das Amt des Gouverneurs von Mexiko-Stadt, das ihm als Entgelt für seinen Hochverrat in Aussicht gestellt worden war.[766] Madero blieb zunächst unverletzt, da Cepeda den Befehl von Wilson erhalten hatte, den Präsidenten lebendig festzunehmen. Der Präsident konnte im Durcheinander an den Soldaten vorbei in ein angrenzendes Zimmer flüchten.[767] Alarmiert durch die Schüsse stürmte eine Gruppe Rurales in das Gebäude. Madero öffnete ein Fenster im Gang und rief den Soldaten hinunter, dass alles unter Kontrolle war. Dann stieg er in den Aufzug. Unten angekommen erwartete ihn bereits General Blanquet mit gezogener Pistole. Madero blieb keine andere Wahl, sich zu ergeben, aber nicht bevor er den Verräter ohrfeigte. Neben Madero wurde bis auf zwei Minister auch das gesamte Kabinett festgenommen.[768]

Wilson, der sich sicher war, dass alles nach Plan verlaufen würde, beging einen Fehler, der erkennen lässt, dass er um die Intrigen des Staatsstreichs wusste. Er hatte von der Verzögerung nichts mitbekommen und telegrafierte so bereits eineinhalb Stunden vor dem Putsch, dass „man jetzt annehmen kann, dass die Generäle der Bundestruppen die Situation unter Kontrolle haben."[769] Laut Konsul Arnold Shanklin erreichte Cepeda die amerikanische Botschaft gegen 14:00 Uhr und berichtete mit blutender Hand, was soeben im Präsidentenpalast geschehen war.[770] Daraufhin verständigte Wilson Felix Diaz in der Ciudadela und lud ihn in die amerikanische Botschaft zu Gesprächen ein – und auf ein paar gut gereifte Kentucky-Whiskys.

In einer breit angelegten Aktion zogen nun Huertas Agenten mit schwarzen Listen durch die Stadt und verhafteten einflussreiche Mitglieder der Regierung Madero. General Felipe Ángeles, der noch immer zuversichtlich die Ciudadela unter

Beschuss hielt, landete binnen weniger Stunden im Gefängnis. Auch Felix Sommerfeld wurde gesucht und musste um sein Leben fürchten.[771] Es ist so gut wie sicher, dass Francisco Madero bereits im Vorfeld von der Verhaftung seines Bruders erfahren hatte, und dass Sommerfeld ihm diese Nachricht überbracht hatte. William Bayard Hale schrieb: „[…] Der Plan der Ergreifung des Präsidenten verzögerte sich um etwa eine Stunde […]," womit er sich auf die Zeitspanne zwischen Gustavos Verhaftung und der des Präsidenten bezog.[772] Dieser zeitliche Ablauf deckt sich mit Sommerfelds Aussage. Der deutsche Agent sagte auch die Wahrheit, als er behauptete, gewusst zu haben, dass etwas gegen den Präsidenten im Gange war. Von Hintze wusste von dem bevorstehenden Putsch, weil ihm Wilson davon erzählt hatte. Der deutsche Gesandte notierte in seinem Tagebuch: „Nach den Verhandlungen des gestrigen 17. Februar denkt er [Wilson], dass die ganze Sache heute, am 18. Februar, abgeschlossen werden kann."[773]

Ein zweiter Hinweis darauf, dass Sommerfeld die Wahrheit über die Ereignisse dieser entscheidenden Stunden sagte, findet sich in der Tatsache, dass der Präsident zu dem Zeitpunkt als er von den Soldaten überrascht wurde in Begleitung von Marcos Hernandez, dem Bruder des Justizministers, war. Madero befand sich nicht in einer Kabinettssitzung, wie dies in vielen Schilderungen dargestellt wird. Die Sitzung war bereits vorüber und die Kabinettsmitglieder waren, wenn auch im Gebäude, nicht bei Madero, als die Soldaten kamen. Zudem war Madero in Begleitung seiner Leibgarde. Dass diese bewaffnete Schutztruppe während einer Kabinettssitzung bei Madero war, und nicht, wie man erwarten würde, den Eingang zum Palast oder bestimmte Bereiche in ihm bewachte, spricht auch dafür, dass der Präsident vorher wusste, dass ein Putsch im Gange war. Unter der Voraussetzung, dass Gustavo bereits eine Stunde vorher festgenommen und der Präsident daraufhin gewarnt worden war, scheint es, als habe Francisco Madero noch schnell dringende Geschäfte erledigt und gerade aus dem Palast fliehen wollen, als die Soldaten ihn stellten. Der Präsident rannte schnell zum Aufzug und versuchte, das Gebäude zu verlassen. Dass er dabei noch aus dem Fenster gerufen und die Soldaten, die ihm zu Hilfe eilten, aufgehalten haben soll, macht nur unter der Voraussetzung Sinn, dass er einen Fluchtplan hatte.

Das letzte Indiz besteht in der Tatsache, dass Rafael Hernandez eines der beiden Kabinettsmitglieder war, die entkommen konnten. Bei dem zweiten handelte es sich um Maderos Onkel Ernesto. Niemand weiß, wo sich die beiden vor den Soldaten versteckten, die den Palast durchsuchten. Man darf vermuten, dass beide sich in das Haus von Hernandez' Anwaltskollegen McLaren oder aber in die deutsche Botschaft flüchteten. Geht man davon aus, dass Hernandez und Ernesto Madero genau um die Zeit entkamen, als Madero angeblich festgenommen wurde, könnte es nicht sein, dass Madero seinen Ministern folgte, und dass ein Fluchtwagen am Seiteneingang des Palasts für sie bereitstand?[774] War Sommerfeld der Fahrer? Eine weitere interessante Hypothese, die wohl nie bewiesen werden kann. Weder im Gästebuch der deutschen Botschaft noch in von Hintzes Tagebuch wird erwähnt, dass die zwei Kabinettsmitglieder in der deutschen Botschaft aufgenommen wurden. Dennoch kann dies nicht ausgeschlossen werden.

Am Morgen des Putschs vom 18. Februar kehrte von Hintze von besagtem Treffen mit Botschafter Wilson in die deutsche Botschaft zurück und wurde darüber informiert, dass die gesamte Gruppe um die Familie Madero nach dem Frühstück plötzlich aufgebrochen war.[775] In seinem Tagebuch schreibt von Hintze, die Maderos wären verärgert gewesen, weil man ihnen nicht erlaubte, das Telefon zu benutzen.[776] Zu von Hintzes ausdrücklicher Beschämung fuhren die Maderos zurück nach Chapultepec.[777] Es handelte sich um mehr als nur eine Peinlichkeit. Von Hintze wusste inzwischen von dem bevorstehenden Staatsstreich und musste fürchten, dass sowohl die Maderos als auch sein Plan, den Präsidenten zu schützen, in Gefahr schwebten.

In seiner Aussage gegenüber den US-Behörden im Jahr 1918 deutete Sommerfeld an, welch Schlüsselrolle ihm im Geschehen des 18. Februar zugekommen war. Am frühen Nachmittag des schicksalhaften Tages, im Anschluss an die

Festnahme von Madero und seinen Ministern, startete ein Konvoi von drei Autos von Chapultepec und bahnte sich einen Weg durch die chaotischen Straßen der umkämpften Hauptstadt, um letztlich die japanische Gesandtschaft zu erreichen. Zwei der Wagen fuhren unter der Flagge der Republik Mexiko, der dritte unter der des japanischen Kaiserreichs. In den ersten zwei Wagen saßen die Präsidentengattin, zwei ihrer Schwestern, Maderos Eltern, Pino Suarez, Gustavo Maderos Ehefrauen und Felix A. Sommerfeld. Im dritten Auto, das zur japanischen Botschaft gehörte, saß die Gattin des japanischen Gesandten mit ihrer Leibgarde. Sommerfeld gab an, dass der Präsident ihm seine Ehefrau anvertraut hatte, „falls etwas passieren sollte."[778] Dies zählte zu den wichtigsten Aufgaben des Geheimdienstchefs. Zudem konnte er so die Tatsache vertuschen, dass er auch im Auftrag des deutschen Gesandten arbeitete und die deutsche Botschaft in der anschließenden Woche als sichere Basis für seine Operationen nutzte.

In der Liste, in der die „Gäste" aufgeführt waren, die in den Gebäuden der deutschen Botschaft untergebracht waren, ist der „Agent" Sommerfeld in der Zeit vom 9. bis 13. Februar und dann wieder ab dem 18. Februar vermerkt. Er blieb dann bis zu seiner Abreise im Gefolge des Gesandten.[779] Bei seiner Befragung im Jahr 1918 erinnerte sich der deutsche Agent an die Einzelheiten der Rettungsaktion, die sich am 18. Februar ereignete: Präsident Maderos Frau, zwei Schwestern und sein Eltern aßen mit der Frau des japanischen Gesandten, Madame Hurigutchi, in Schloss Chapultepec zu Mittag:

> Während des Mittagessens wurde Madam Huri Gutchi [sic] nach draußen gerufen und erfuhr, dass Madero zusammen mit dem Vizepräsidenten und dem gesamten Kabinett von Huerta festgehalten wurden. Das war am 18. Februar um 14:30 Uhr. Ich flehte Madam Huri Gutchi an, sich ihre Erregung nicht anmerken zu lassen. Es waren eine Menge Beamte anwesend [...] Ich rief einen der Wachmänner und wies ihn an, er solle die Wagen bereitstellen, weil wir den Nachmittag bei der japanischen Gesandtschaft verbringen wollten. Ich packte alle

Anwesenden – die Damen und Maderos Vater – in die Wagen und wir fuhren zur japanischen Gesandtschaft. Dort blieb ich bis etwa sieben Uhr Abend. Dann ging ich rüber zur deutschen Gesandtschaft. Ich informierte Admiral von Hintze [...][780]

Abgesehen von einem Bericht in der *Washington Post* vom 10. Februar 1913, in dem behauptet wurde, dass Maderos Familie bei der japanischen Gesandtschaft Schutz suchte, weisen alle verfügbaren Informationen darauf hin, dass sie bis auf den Abend des 17. Februar die ganze Woche über im Schloss blieb. Das bestätigt Sommerfelds Geschichte.[781] Des Weiteren wird die Behauptung durch einen weiteren Artikel gestützt, der in der gleichen Zeitung zwei Tage später erschien. Dort wurde berichtet, dass Sara Perez de Madero sich noch immer in Chapultepec aufhielt. Auch Saras eigene Version der Geschichte, die im Jahr 1916 aufgenommen wurde, bestätigt diese bedeutende Tatsache: „Ich sah meinen Mann das letzte Mal am Morgen des 9. Februar, als er Schloss Chapultepec verließ, um zum Staatspalast zu fahren. Er blieb im Staatspalast und ich in Schloss Chapultepec."[782]

Warum die Maderos die schützende deutsche Botschaft am 18. Februar verließen, ist nicht bekannt. Dass man dort nicht telefonieren konnte, scheint ein zu geringer Grund für ihre Abreise zu sein. Es ist eher wahrscheinlich, dass sie die drohende Gefahr, die auf den Präsidenten und seine Familie ausging, schlicht unterschätzten. Von Hintze war zwar von ihrer Abreise am Morgen des Putsches beschämt, schickte ihnen aber gleich Sommerfeld, der sie wieder in Sicherheit bringen sollte, diesmal bei seinem japanischen Kollegen. Letztlich war er wahrscheinlich erleichtert, die Präsidentenfamilie nicht beschützen zu müssen. Durch die Rettung des Präsidenten und seiner Familie hätte auch er den Zorn des amerikanischen Botschafters auf sich gezogen. Gleichzeitig hätte er seinen couragierten und humanitären Alleingang dennoch vor dem deutschen Auswärtigen Amt rechtfertigen müssen.

Von Hintze und Sommerfeld, und somit auch Präsident Madero, waren sich am 18. Februar alle des bevorstehenden Angriffs gänzlich bewusst. Die Vermutung liegt nahe, dass

Madero von Hintze gebeten hat, seine Familie und vielleicht sogar ihn selbst zu beschützen, und, sollte das nicht möglich sein, sich bei seinen japanischen Kollegen für ihn einzusetzen. Der japanische Gesandte hatte keine von Wilsons Aktionen unterstützt und war der verfassungsmäßigen Regierung Mexikos gegenüber entschieden loyal. Sommerfeld sagte 1918 aus, dass er alle Flüchtlinge, die in seiner Obhut standen, in der deutschen Botschaft absetzte und auch selbst dort blieb, bis sich der Staub gelegt hatte. Traf von Hintze Madero am 17. Februar auch persönlich, so schien Sommerfeld während der gesamten Affäre bis hin zur tollkühnen Rettungsaktion der Familie Madero die inoffizielle Verbindung zwischen Madero und dem deutschen Gesandten gewesen zu sein. Im Zuge seiner Aussage im Jahr 1918 hätte Sommerfeld sich fast verraten, als er sagte: „Ich informierte Admiral von Hintze [...]“ und sich dann gerade noch selbst unterbrach.[783]

Auch Huerta verschwendete keine Zeit. Um 15:00 Uhr schickte er eine Nachricht an die amerikanische Botschaft, die Botschafter Wilson vor dem versammelten diplomatischen Corps verlas. In ihr wurde bestätigt, dass der mexikanische Präsident festgenommen worden war. Wilson versuchte unmittelbar, das diplomatische Corps dazu zu bewegen, seinem Plan zuzustimmen und Huerta als Oberhaupt einer neuen Regierung anzuerkennen. Unter der Führung von Admiral von Hintze verweigerten die Gesandten dem US-Botschafter jedoch jegliche Zusicherungen, ohne zuerst die Anweisungen ihrer jeweiligen Regierungen eingeholt zu haben.[784] Die angebliche geheime Absprache zwischen von Hintze und Wilson hatte zu einigen Spekulationen geführt. Von Hintzes Weigerung, sich im Namen seiner Regierung dafür einzusetzen, dass Verhandlungen zwischen Huerta und Diaz stattfanden, zeigt, dass er andere Pläne verfolgte. Er stellte sich nicht öffentlich gegen Wilson, tat jedoch sein Bestes, der Situation noch irgendetwas Gutes abzuringen. Diaz war Wilsons Erschaffung, und sollte der deutsche Gesandte noch irgendeine Rolle in diesem Spiel spielen, so würde er alles daransetzen, dass weder Huerta noch Diaz eine Zukunft hatten! Huerta telegrafierte zudem an US-Präsident Taft: „Ich habe die Ehre, Ihnen mitteilen zu dürfen, dass ich diese Regierung gestürzt habe. Das Militär steht hinter mir, und von jetzt an werden wieder Frieden und Wohlstand herrschen.“[785]

Wilson machte sich auf, auf eigene Faust und ohne den Rückhalt des diplomatischen Corps eine neue Regierung aufzustellen. Huerta traf Wilson am 18. Februar um 21:00 Uhr in Begleitung von Lieutenant Colonel Maas und Enrique Cepeda im Rauchzimmer der amerikanischen Botschaft.[786] Felix Diaz stieß mit Rudolfo Reyes, dem Sohn des getöteten Generals, zu ihnen, nachdem sie von einem Wagen er Botschaft unter amerikanischer Flagge von der Ciudadela abgeholt worden waren.[787] Die drei Verschwörer, Huerta, Diaz und Wilson führten drei Stunden lang teils hitzige Gespräche. Huerta, der das Militär hinter sich hatte, weigerte sich, Diaz als Interimspräsident anzuerkennen. Sowohl Huerta also auch Diaz verließen mehrere Male ihren Platz, um die Verhandlungen abzubrechen. Als William Bayard Hale Botschafter Wilson zu dieser Nacht befragte, rühmte sich dieser mit stolz geschwellter Brust seiner diplomatischen Fähigkeiten und erzählte, wie er die Verhandlungen dennoch zu einem Ergebnis brachte.[788] Mit Wilson als Mediator wurde der *Botschaftspakt* geschlossen, der besagte, dass Huerta zum provisorischen Präsidenten wurde, Diaz aber ein Mitspracherecht bei der Ernennung des Kabinetts sowie das Recht auf eine Kandidatur in den folgenden Präsidentschaftswahlen einräumte. Die Minister aus Maderos Kabinett wurden freigelassen. Auch Felipe Ángeles' Leben wurde verschont.

Die Zukunft von Präsident Madero und seinem Vize Pino Suarez war jedoch nicht Bestandteil des Vertrags. Nachdem Hale H. L. Wilson, Generalkonsul Arnold Shanklin, General Huerta, die Minister De La Barra und Lascurain sowie einige Augenzeugen aus der mexikanischen Truppe und der Zivilbevölkerung befragt hatte, schloss er: „Präsident Madero wurde nicht von seinen Offizieren verraten und festgenommen, bevor sichergestellt war, dass der amerikanische Botschafter keine Einwände gegen ein solches Vorgehen hatte. Der Plan für die sofortige Einsetzung einer Militärdiktatur wäre außerhalb der US-Botschaft, ohne die Schirmherrschaft des amerikanischen Botschafters und die sofortige Anerkennung durch dessen Regierung niemals entstanden."[789]

Der Staatsstreich war gelungen! Er sollte noch erhebliche Konsequenzen nach sich ziehen. Nachdem die Soldaten Gustavo Madero aus dem Restaurant Gambrinus verschleppt hatten, brachten sie ihn in den Palacio Nacional, wo Francisco Madero, José Maria Pino Suarez und alle bis auf zwei Kabinettsmitglieder ihrer ungewissen Zukunft entgegensahen. Während Wilsons Treffen mit Huerta und Diaz brachten Wachen Gustavo in die Ciudadela. Die gesammelten Augenzeugenberichte in Ross' Biografie von Francisco Madero erzählen von den schrecklichen Geschehnissen, die folgten:

> [...] gegen zwei Uhr morgens verhängte General Mondragon sein Todesurteil. Der Bruder des Präsidenten wurde mit Schlägen und Stößen zur Tür gedrängt, die in den Innenhof führte. Er blutete, sein Gesicht war durch Schläge entstellt und seine Kleider zerrissen. Gustavo versuchte, gegen den wild gewordenen, trunkenen Mob von fast einhundert Menschen anzukämpfen. Er hielt sich verzweifelt am Türrahmen fest und rief die Gesichter der Menge an, in denen sich der Wahnsinn des gewalttätigen Mobs widerspiegelte. Er bezog sich auf seine Frau, seine Kinder und Eltern und flehte in deren Namen um sein Leben, doch seine Worte lösten nur Spott und Gelächter aus. Einer drängte sich aus der Menge nach vorne und stach dem Gefangenen mit dem Lauf seines Gewehrs oder der Spitze eines Säbels sein gutes Auge aus. Der geblendete Gustavo schrie auf, voller Qualen, Angst und Verzweiflung. Danach gab er keinen Laut mehr von sich, hielt sich die Hände vors Gesicht und drehte sich an die Wand [...] Mit Stichen ihrer Gewehrläufe und Säbel zwangen sie ihn in den Innenhof. Dabei schlugen sie mit Fäusten und Knüppeln auf ihn ein [...] Einer der Angreifer drückte einen Revolver an seinen Kopf [...] und der Schuss riss Gustavo seinen Unterkiefer ab. Er konnte noch ein paar Schritte tun und viel dann letztlich nahe der Statue von Morelos zu Boden, die unpassender Weise zum Stillen Zeugen der Szene geworden war. Eine Salve Schüsse wurde in seinen Körper gefeuert [...] Einer aus der Menge schoss ein letztes Mal auf seine Leiche

und rief trunken, dass dies sein Gnadenschuss gewesen sei. Die Mörder plünderten anschließend seine Leiche, wobei Gustavo sein Glasauge entnommen und umhergereicht wurde."[790]

Die Leiche wurde kurzerhand im Hof verscharrt. Gustavo begleitete Francisco Maderos Karriere als sein wichtigster Berater. Als solcher musste er endlose Anschuldigungen wegen Einflussnahme und Bestechung über sich ergehen lassen. In einem Telegramm an das deutsche Auswärtige Amt hatte von Hintze einmal sarkastisch angemerkt, dass Gustavo gegen ein Bestechungsgeld von ein paar tausend Pesos die Mörder von Covadonga unverzüglich hinrichten lassen würde.[791] Neben Gustavos Bestechlichkeit bezogen sich die Anschuldigungen auf seine Macht. Es bestehen keine Zweifel daran, dass sich Gustavo, der stets die dreckige Wäsche des Präsidenten waschen musste, sich eine ganze Reihe von Feinden gemacht hatte. Viele Einwohner von Mexiko-Stadt machten Gustavo für die unzähligen zivilen Opfer verantwortlich, die es am ersten Tag der Revolte am Zócalo gegeben hatte. Irgendwie hatten die Putschisten, die für das unglaubliche Blutbad im Zentrum der Hauptstadt verantwortlich waren, es geschafft, die Schuld von sich zu weisen und stattdessen einen wütenden Mob dazu zu bringen, seinen Zorn an dem zum Symbol der Herrschaft Maderos gewordenen Gustavo auszulassen. Die *New York Times* blieb ihrer Linie treu und unterstützte die von Botschafter Wilson angeführten Interventionisten. Sie veröffentlichte am folgenden Tag einen langen Artikel, in dem die wohlbekannten Anschuldigungen gegen Gustavo Maderos Bestechlichkeit und Inkompetenz noch einmal betont wurden. Mit keinem Wort bedauerte man sein schreckliches Ende. Der Artikel liest sich, als hätte ihn Botschafter Wilson persönlich verfasst.[792]

Für alle Beobachter und das diplomatische Korps in Mexiko-Stadt war bestand kein Zweifel, dass das Schicksal des Präsidenten und seines Kabinetts jetzt am seidenen Faden hing. Huerta ließ die Minister allerdings noch am Abend ihrer Festnahme laufen und setzte so ein Zeichen seines guten Willens.

Gleichzeitig hatten Huerta und Wilson entschieden, bei der Machtübernahme gemäß ihrer Darlegung in der Verfassung von 1857 auf jedes noch so kleine Detail zu achten. Am 19. Februar, dem Tag nach dem Staatsstreich, berief Huerta die Abgeordnetenkammer zu einer Sondersitzung ein, in der ein Beschluss gefasst werden sollte, durch den der Präsident und der Vizepräsident zum Rücktritt aufgefordert werden sollten. Da die Abgeordneten jedoch nicht von ihrer Sicherheit überzeugt waren, kamen nur wenige zu dieser Sitzung. Es wurden hilfsweise zusätzliche Vertreter hinzugezogen, und so konnte die Sitzung am späten Nachmittag eröffnet werden. In der Zwischenzeit hatte Huerta einen seiner Generäle damit beauftragt, die Rücktrittserklärungen aus den Gefangenen herauszupressen. Madero verhandelte im Namen seiner Familie und auch Gustavo, von dessen Schicksal er noch nicht erfahren hatte. Er forderte, dass sie, Pino Suarez und Felipe Ángeles über Veracruz ins Exil gehen konnten.

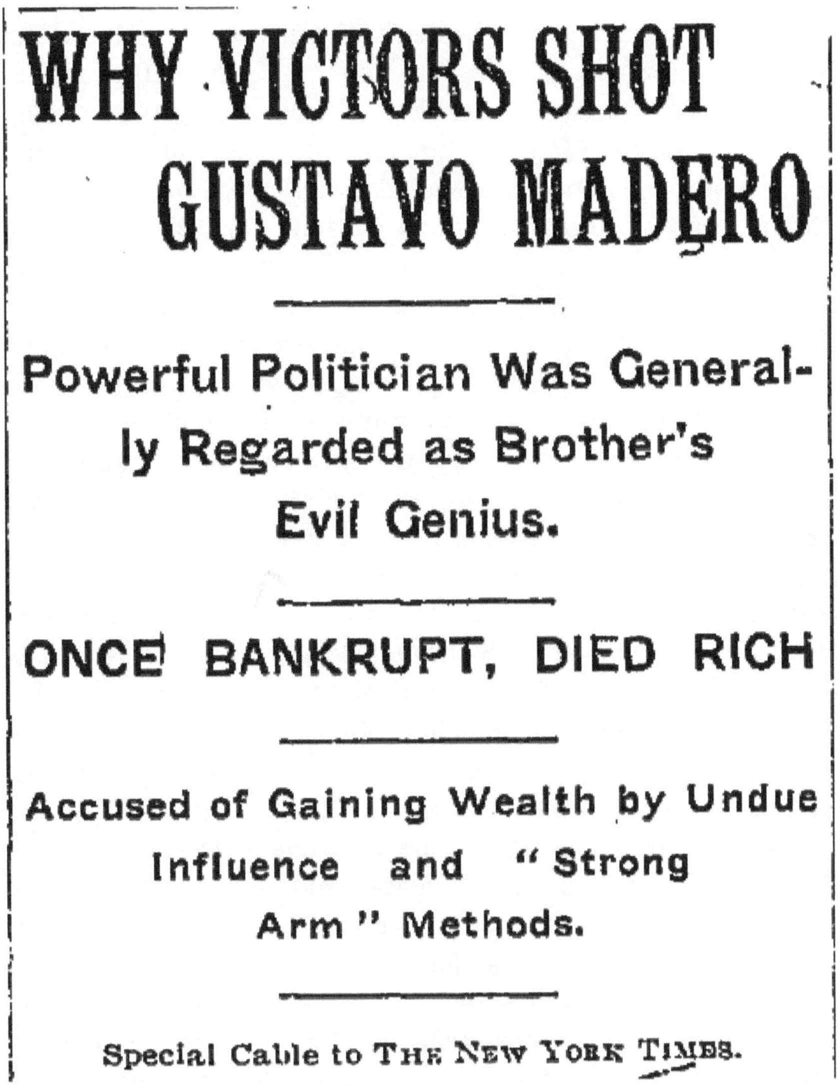

WHY VICTORS SHOT GUSTAVO MADERO

Powerful Politician Was Generally Regarded as Brother's Evil Genius.

ONCE BANKRUPT, DIED RICH

Accused of Gaining Wealth by Undue Influence and "Strong Arm" Methods.

Special Cable to THE NEW YORK TIMES.

„WESHALB DIE SIEGER GUSTAVO MADERO ERSCHOSSEN / Mächtiger Politiker wurde allgemein als böser Geist seines Bruders angesehen. / EINST BANKROTT, STARB ER REICH / Anklage wegen Erlangung von Reichtum durch unbillige Einflussnahme und brutale Methoden / Sondertelegramm an die NEW YORK TIMES“[793]

Pedro Lascurain, Maderos Außenminister, führte die Verhandlungen mit Huerta. Am Tag drauf, den 20. Februar, erklärte sich Huerta mit Maderos Konditionen einverstanden. Madero und Pino Suarez unterzeichneten ihre Rücktrittserklärungen, wobei sie jedoch notierten, dass dies unter Zwang geschah. Die Abmachung besagte, dass die Gesandten aus Cuba und Chile die Rücktrittserklärungen so lange verwahren sollten, bis Huerta seine Zusicherung des sicheren Geleits für die Gefangenen und deren Familien schriftlich abgegeben hatte. Lascurain nahm die Rücktrittserklärungen, übergab diese jedoch nicht den Gesandten, sondern machte sich damit direkt auf zum Parlament. Historiker sind sich noch immer uneinig darüber, ob Lascurain dies absichtlich tat, oder ob er sich nicht darüber bewusst war, wie bedeutend dieser letzte Trumpf für Maderos Sicherheit war. Das Schreiben, in dem Huerta die verabredeten Zusicherungen schriftlich festhalten sollte, wurde somit nie erstellt. Jetzt sah die Situation für die beiden Gefangenen düster aus. Der kubanische Gesandte Carlos Marquez Sterling blieb zunächst bei ihnen, um ihre unmittelbare Sicherheit zu gewährleisten.

Das Parlament stimmte über die Rücktrittserklärungen ab, und diese wurden angenommen. Laut der in der Verfassung festgehaltenen Nachfolgeregelung ging das Präsidentenamt auf Pedro Lascurain über, der als Außenminister der nächste in der Reihe war. Seine Präsidentschaft war die kürzeste in der mexikanischen Geschichte und dauerte nur sechsundfünfzig Minuten.[794] Huerta wurde zum neuen Vizepräsidenten ernannt. Lascurain trat danach sofort zurück, worüber wieder im Parlament abgestimmt wurde. Jetzt war Huerta der offizielle Präsident der Republik Mexiko. Ein heuchlerischer, aber dennoch legaler Vorgang!

Die Situation in Mexiko-Stadt hatte sich am Tag von Huertas Amtseinführung noch immer nicht gefestigt. Huerta hatte sich nicht an sein Wort gehalten, die Sicherheit der Gefangenen zu gewährleisten, was den kubanischen Botschafter Marquez Sterling derart in Sorge um Madero versetzte, dass er nicht von seiner Seite wich und sogar, zusammengekauert auf drei Stühlen, die Nächte in dessen Zelle verbrachte. Am Morgen nach seinem

Rücktritt hatte Madero kein Druckmittel mehr zur Hand. Er war nun wieder ein Zivilist ohne Sonderrechte und als solcher der Gnade von Victoriano Huerta ausgeliefert. Pino Suarez, der mit Madero und Felipe Ángeles in einer Zelle saß, prophezeite: „[...] uns zu töten käme einer Erklärung der Anarchie gleich."[795] Madero soll daraufhin gesagt haben: „Werden sie so dumm sein und uns töten? Wissen sie, sie würden dadurch nichts erreichen, denn im Tod wären wir größer, als wir es heute im Leben sind."[796]

General Huertas Pläne für den ehemaligen Präsidenten standen jedoch fest. Eine Freilassung Maderos würde unweigerlich zu einer erneuten Revolution gegen den Usurpator führen, die mit großer Wahrscheinlichkeit sogar Erfolg hätte. Erste Anzeichen für bevorstehende Unruhen zeichneten sich bereits ab, denn die Gouverneure dreier Bundesstaaten, Abraham Gonzales, Maria Maytorena und Venustiano Carranza, sprachen sich gegen Huerta aus und kündigten einen Aufstand an. Alle drei saßen an der Spitze von Grenzstaaten zu den USA, nämlich Sonora, Chihuahua und Coahuila. Diese Staaten zählten zudem zu den tragenden Säulen von Maderos Revolutionsbewegung. Der Schlüssel zu Maderos Schicksal lag in den Händen einer Person: Botschafter Wilson. Huerta bat ihn an diesem Tag um Rat. „Er fragte mich dann konkret, ob ich es für besser hielt, Madero vor dem Kongress wegen Verfassungsbruch anzuklagen, oder ihn in eine Irrenanstalt zu sperren. Ich antwortete in Übereinstimmung mit dem deutschen Gesandten, dass ich [...] nur hoffte, dass er das Richtige für ein friedliches Mexiko tun würde."[797] Huerta hatte nun freie Hand. Der General entschied sich für die Option einer Deportation, die mit einem geheimen Zusatz versehen wurde.

William Bayard Hale schrieb, und Henry Lane Wilson bestätigte, dass an diesem Abend „[ein] Zug am Bahnhof bereitstand, mit dem Madero und Pino Suarez mit ihren Familien nach Veracruz gebracht werden sollten [...] Um neun Uhr hatten sich die Familien, die eilig ihre Abreise vorbereitet hatten, am Bahnsteig versammelt und warteten. Die Gesandten aus Chile und Kuba, die den Tag mit Madero verbracht hatten, hatten die Absicht geäußert, die Gruppe zum Hafen hinunter zu begleiten. Sie erschienen am Bahnhof und erklärten, dass der Präsident und der Vizepräsident gleich folgen würden. Doch sie kamen nicht [...]"[798] Victoriano Huerta und Wilson machten Maderos Frau dafür verantwortlich, dass die Deportation nicht stattfand. Wilson sollte später aussagen, Sara Perez de Madero habe im Vorfeld an den Militärkommandeur in Veracruz telegrafiert, der ihr seine Loyalität zu Präsident Madero zugesichert habe. Daraufhin habe Huerta den Transfer eingestellt, da er fürchtete, Madero könne befreit werden und unverzüglich eine Gegenrevolution starten.[799] Die wahrscheinlichere Erklärung war, dass Huerta entschieden hatte, die Gefangenen an einen Ort zu bringen, wo es keine Augenzeugen gab, sie dann vom Zug absteigen zu lassen und anschließend zu erschießen. Ein solches Szenario hätte es weiterhin so aussehen lassen, als hätte Huerta aus gutem Willen gehandelt, und gleichzeitig hätte er den Mord an Madero den *Zapatistas* in die Schuhe schieben können. Allerdings wollte er nicht, dass zwei Botschafter bei der Aktion ums Leben kamen.

Die Ehefrauen von Madero und Pino Suarez entschlossen in ihrer Verzweiflung, sich nun selbst in die Höhle des Löwen zu wagen und sich direkt an den amerikanischen Botschafter zu wenden. In einem Interview mit dem US-Journalisten Robert Hammond Murray im Jahr 1916 erinnerte sich Sara Perez de Madero an das Zusammentreffen:

> F: Wann kam es zu Ihrem Zusammentreffen mit dem Botschafter, und wie gab er sich? Wie war seine Stimmung? [A:] Am Abend des 20. Februar 1913. Man sah dem Botschafter an, dass er Alkohol getrunken hatte. Mrs. Wilson musste mehrmals einschreiten und ihn ermahnen, er solle auf den Ton achten, in dem er mit uns redete. Die Unterredung war schmerzlich. Ich ließ den Botschafter wissen, dass wir gekommen waren, um die Verschonung des Lebens des Präsidenten und Vizepräsidenten zu erbitten. ‚Na schön, ma'am', sagte er, 'und was wollen sie jetzt von mir? ' ‚Ich möchte, dass sie ihren Einfluss geltend machen, um das Leben meines Mannes und der anderen Gefangenen zu retten.' ‚Das ist eine Sache', sagte der Botschafter, ‚für die ich weder in meinem noch im Namen meiner Regierung eintreten kann. Ich will offen zu ihnen sein, ma'am. Den Sturz ihres

> Mannes hat er selbst verschuldet, weil er nie mit mir Rücksprache halten wollte. Wissen sie, ma'am, ihr Mann hatte äußerst merkwürdige Ideen.' Ich sagte ihm: ‚Herr Botschafter, mein Mann hat keine einzigartigen Ideen, er hat jedoch hohe Ideale.' Er sagte, dass General Huerta ihn gefragt hätte, was mit den Gefangenen geschehen sollte. ‚Was haben sie geantwortet?', fragte ich. 'Ich sagte ihm, er solle tun, was für das Land das Beste ist', erwiderte der Botschafter. Meine Schwägerin, die mich begleitete, konnte sich nicht zurückhalten, und unterbrach: ‚Wie konnten sie so etwas sagen? Sie wissen genau, was für Menschen Huerta und seine Leute sind, und dass [er] sie alle umbringen wird.'
> F: Was sagte der Botschafter darauf?
> A: Er antwortete ihr nicht, wandte sich jedoch zu mir und sagte, ‚Sie wissen, dass ihr Gatte unbeliebt ist, und dass das Volk mit ihrer Regierung und ihrem Präsidenten unzufrieden war.' ‚Gut', sagte ich,'wenn das so ist, warum setzen sie ihn dann nicht auf freien Fuß und lassen ihn nach Europa gehen, wo er ihnen nichts antun kann?' Der Botschafter antwortete: ‚Seien sie unbesorgt, es herrscht keine Eile, niemand wird ihrem Mann etwas tun. Ich war über alle Einzelheiten der jüngsten Geschehnisse informiert. Es war mein Vorschlag, dass ihr Gatte zurücktreten sollte.[800]

Bevor die Frauen die Botschaft verließen, gaben sie Wilson noch eine Nachricht von Maderos Mutter Mercedes, die an den amerikanischen Präsidenten adressiert war. In diesem flehte sie um das Leben ihres Sohnes. Zuerst weigerte sich Wilson, das Gnadengesuch zu überbringen, er nahm es jedoch später hin, weil das diplomatische Corps das Schreiben gesehen hatte.

Am nächsten Morgen setzte sich auch der Gesandte von Hintze für die Gefangenen ein. Zuerst besuchte er Botschafter Wilson und ermahnte diesen, „Maderos Hinrichtung würde eine Verletzung des bestehenden Abkommens [der Botschaft] darstellen und zudem einen Schatten über seine [Wilsons] Rolle in dieser Revolution werfen; sollte er andererseits die Hinrichtungen im Sinne der Menschlichkeit verhindern, so wäre dies eine ehrenvolle Tat, die in die Geschichte seines Landes eingehen würde, und der er sich auch selbst rühmen dürfe."[801] Zusammen mit Wilson ging von Hintze anschließend zu Huerta. Wilson machte keine Anstände, ein verbindliches Zugeständnis von dem General zu erlangen. Von Hintze hingegen schaffte es nach längerem Drängen. Er hielt die Unterhaltung in seinem Tagebuch fest: "[...] er [Huerta] gibt sein Ehrenwort, das F. Maderos Leben verschont bleibt und geschützt wird, egal was geschehen sollte. Ich: Das ist eine wertvolle Zusicherung, doch wer übernimmt die Verantwortung dafür, dass nicht ein Wächter oder ein anderer ihrer Untergebenen übereifrig handelt? Huerta: Ich übernehme mit meinem Ehrenwort auch diese Verantwortung. Ich: Herr General, wir verstehen das Versprechen, das sie soeben im Beisein des US-Botschafters und meiner selbst gegeben haben, als vollkommene Garantie. Huerta: Nur ein Erdbeben kann verhindern, dass er in Sicherheit ist."[802]

Der Tag verging ohne weitere Zugeständnisse bezüglich der Zukunft der Gefangenen. Wilson war damit beschäftigt, die tatsächliche Anerkennung von Huerta als Präsidenten zu planen, die er seinen Mitverschwörern versprochen hatte. Obwohl Außenminister Knox ihn in einem Telegramm angewiesen hatte, keine Schritte zu unternehmen, die den Eindruck einer Anerkennung erweckten, telegrafierte Wilson an die US-Konsulate in Mexiko: „Im Interesse Mexikos fordere [ich] die allgemeine Unterwerfung und den Gehorsam gegenüber der neuen Regierung, welche noch heute von allen Staaten anerkannt wird."[803] Von Hintze verwehrte sich gegen den Versuch, ihm irgendwelche Zugeständnisse abzuringen. Er wusste von Wilsons Anweisungen, die neue Regierung nicht anzuerkennen, was aus einem Telegramm ersichtlich wird, das er am 21. Februar an das Außenministerium schickte.[804] Der deutsche Gesandte brachte auch das restliche diplomatische Korps dazu, Wilsons Aufruf zu verweigern.

Am darauffolgenden Tag trafen sich General Huerta und das diplomatische Korps bei der Statue von George Washington, die die US-Regierung Mexiko im Februar 1912 zu Ehren des soeben errungenen Siegs der Demokratie gestiftet hatte. Dass Botschafter Wilson und Präsident Huerta am Fuß der Statue Kränze ablegten und Ansprachen hielten, kann nur als zynischer

Scherz der Geschichte angesehen werden. Inzwischen war es Mercedes Madero gestattet worden, ihren Sohn im Präsidentenpalast zu besuchen. Sie erzählte ihm vom Mord an Gustavo. Francisco versank in tiefer Trauer und Sorge. Auch in Chihuahua zogen die dunklen Wolken der Diktatur auf, und Abraham Gonzales wurde verhaftet. In dieser Nacht, so beschreibt es der Historiker Ross, soll Felipe Ángeles beobachtet haben, dass Madero sich unter seiner Decke versteckte und weinte. Der sonst so starke und mutige Mann mit seinen hohen Grundsätzen war gebrochen. Daran war jedoch nicht der Staatsstreich schuld, sondern der Mord an seinem geliebten Bruder, seinem lebenslangen Partner in beinahe jeder Unternehmung. Madero machte sich selbst für den Tod seines Bruders verantwortlich.

In jener Nacht wurden die Gefangenen um elf Uhr geweckt. Oberst Cardenas, ein Wächter, den sie noch nie zuvor gesehen hatten, befahl ihnen, sich anzuziehen. Man wolle sie in die Haftanstalt bringen. Cardenas orderte Felipe Ángeles an, zurückzubleiben. Dann machten sich zwei Autos mit Madero und Pino Suarez auf den Weg. Die Wagen fuhren zur Haftanstalt, die nur wenige Blocks entfernt lag. Dort fuhren sie jedoch nicht in die Haupteinfahrt, sondern benutzten die hintere Einfahrt, wo die Wände des Gefängnisses von Scheinwerfern beleuchtet waren. Colonel Cardenas öffnete Francisco Madero die Tür und er musste aussteigen. Cardenas zog hinter Maderos Rücken seine Pistole und schoss dem Präsidenten zweimal in den Hinterkopf. Dann wurde Pino Suarez aus dem Wagen gezerrt und an die Gefängnismauer gestellt. Dort exekutierte man ihn mit einer Pistole Kaliber 38. Im Anschluss an die Exekution durchlöcherten die Soldaten beide Autos, um einen Überfall vorzutäuschen.

Die Geschichte, die die Welt am nächsten Morgen über alle großen US-Zeitungen zu hören bekam, besagte, dass die Gefangenen bei einem Schusswechsel ums Leben gekommen waren, als sie ein Rettungstrupp befreien wollte. Allerdings wurde sogar in der Washington Post, die sich stets gegen Madero positioniert hatte, bald der Verdacht gehegt, dass Huerta in die Morde verwickelt sein könnte. Ein verzweifelter Konsul und enger

Freund Sommerfelds telegrafierte am Morgen nach dem Mord an Madero aus San Antonio:

> Mein Bruder Felix Sommerfeld, ich bitte Dich, schicke mir ein Telegramm mit allem was Du weißt. Felix, antworte dringend über Telegramm.
>
> M. A. Esteva[805]

An jenem Tag wurde in mindestens einer Zeitung von der Erschießung des Felix A. Sommerfeld berichtet,[806] während andere freudig erwähnten, dass er in Sicherheit war.[807]

Am 24. Februar wurden die Leichen von Francisco Madero und Pino Suarez an ihre Familien übergeben. Zahlreiche Stadtbewohner hatten sich am Schauplatz der Morde in Gruppen versammelt und kurzerhand Steine über den Blutflecken aufgeschichtet. Als man sich langsam des enormen Verlusts und der Zerstörung von Mexikos Demokratie bewusst wurde, wagten sich immer mehr trauernde Menschen auf die Straßen, um dem toten Präsidenten die letzte Ehre zu erweisen. Maderos Begräbnis fand am 24. Februar ohne den offiziellen Pomp statt und wurde somit weder in der US-Presse noch in den mexikanischen Zeitungen groß erwähnt. Er wurde auf dem französischen Friedhof beerdigt. Gleich im Anschluss an die Beerdigung bestiegen Maderos Frau Sara, seine Schwestern, seine Eltern, Onkel Ernesto und dessen Frau einen Zug nach Veracruz. Von dort aus brachte sie ein kubanischer Dampfer nach Havanna in Sicherheit. Maderos Brüder Emilio, Alfonso und Raul flohen in die Vereinigten Staaten.

Konteradmiral von Hintze nahm nicht an der Beerdigung teil. Sommerfeld fand ihn an jenem Morgen „auf dem Boden liegend. Es lief Blut aus seinem Mund."[808] Von Hintze war von den Ereignissen der letzten Wochen, die ihn rund um die Uhr gefordert hatten, geschwächt. Zudem litt der deutsche Diplomat unter den schrecklichen Umständen, die in der Stadt herrschten. Er hatte sich mit der Amöbenruhr infiziert, die nun aufflammte.[809] Die Krankheit zehrt stark an den Kräften des Erkrankten und kann schwere Folgen haben, wie etwa Nierenversagen und eine ernste Dehydration. Von Hintze hatte sich die ansteckende Tropenkrankheit während seinem Dienst in der Marine zugezogen. Die aggressiven Amöben greifen die Wände des Dickdarms an und bilden blutende Zysten. Symptome sind hohes Fieber, Übergeben, Durchfall und Bauchschmerzen. Die Krankheit klingt nach drei bis vier Wochen ab. Dies deckt sich mit den vorliegenden Daten. Dass der Erkrankte jedoch Blut speit, wie Sommerfeld es beschrieb, zählt nicht zu den zu erwartenden Symptomen.

Die Rolle des Gesandten von Hintze während der entscheidenden Tage des 17. und 18. Februar wurde oft verkannt oder gar ignoriert. Historiker wie Katz, Baecker, Henderson, Ross und andere verstanden, dass der deutsche Gesandte Befehl vom Außenministerium hatte, es nicht zu einem offenen Affront gegen Botschafter Wilson kommen zu lassen. Was allerdings nur ungenügend Beachtung fand, war von Hintzes außerordentliche Intelligenz und Auffassungsgabe, sein Mut, sowie die Tatsache, dass er sich von Botschafter Wilson nicht einschüchtern ließ. Zwar unterstützte er Wilson offiziell, gleichzeitig unterwanderte er jedoch auch die Pläne des skrupellosen US-Botschafters und arbeitete verdeckt gegen ihn. Entgegen der gängigen Meinung nahezu aller US-amerikanischen Geschichtswissenschaftler, die an der Auffassung festhalten, Deutschland habe Maderos Sturz sowie Huertas Präsidentschaft befürwortet, zeigen die Fakten das genaue Gegenteil: Von Hintze arbeitete meist konstruktiv mit Madero zusammen, schloss Abkommen über die wirtschaftliche Zusammenarbeit und die Lieferung von Waffen (was den wichtigsten Teil seiner Instruktionen aus Deutschland ausmachte) und erreichte sogar eine Wiedergutmachung für Verbrechen an deutschen Staatsbürgern.

Nur ein einziges Mal stellte er sich auf Huertas Seite, nämlich als es schien, als sei der Staatsstreich bereits ausgemachte Sache. Der Schachspieler von Hintze sah am Morgen des 17. Februar in der Unterstützung Huertas und der damit einhergehenden Instrumentalisierung der Macht des Generals gegen den Einfluss von Botschafter Wilson und dessen Marionette Diaz den letzten möglichen Zug. Hätte Madero den Rat des deutschen Gesandten befolgt, so hätte er zumindest überlebt und zu einem anderen Zeitpunkt den Kampf gegen Huerta gewinnen können, wobei Maderos Leben eines von von Hintzes unmittelbaren humanitären Zielen gewesen zu sein scheint.

Als Madero also zu Grabe getragen wurde, war der deutsche Gesandte schwer krank und vermochte es nicht, Henry Lane Wilsons Machenschaften weiter zu durchkreuzen. Dieser erwirkte in der Zwischenzeit die Anerkennung aller Forderungen, die in der Notiz vom 15. September 1912 an Madero gestellt worden waren und in der alle „Fälle" von Gewalttaten gegen US-Bürger aufgelistet waren. Huerta unterzeichnete alles, was Wilson ihm vorlegte. In seinem Krankenbett verfasste von Hintze am 28. Februar ein Schreiben an das Auswärtige Amt in Berlin: "Wilson regiert zurzeit Mexiko, ohne auch nur den Schein zu meiden. Er sagt offen: I won't have put on their feet this Government that have [sic] been on their knees without getting my due compensation [zu Deutsch: Ich werde diese Regierung nicht auf ihre Füße stellen, nachdem sie vor mir knieten, ohne meine verdiente Kompensation]."[810]

Im gleichen Schreiben erwähnte von Hintze, dass Wilson nicht der einzige war, der bekam, was ihm zustand. "Es ist ein kleines, aber erwähnenswertes Symptom, dass der jetzige interimistische Präsident General Huerta am Tage des Staatsstreichs – 18. Februar – die Taschen voller Bündel von 500 Peso Banknoten hatte; dem Chef der amerikanischen Kabelkompanie, dem ich diese Angabe verdanke, drückte er, ohne hinzusehen, zwei oder drei Banknoten in die Hand mit dem Ersuchen, die Nachricht vom Staatsstreich zu kabeln, natürlich in günstiger Beleuchtung. Gemeinhin tragen mexikanische Generale die 500 Peso-Banknoten nicht in Bündeln mit sich herum. Woher das Geld geflossen ist? Teils von amerikanischen Interessenten, teils von der durch Madero aus ihren Ämtern verdrängten Gruppe der scientificos [sic], das sind die Porfiristen, die seinerzeit die Erpressung und Ausbeutung der Nation im grossen Stil betrieben haben."[811] Bedenkt man, dass ein Bündel Fünfhundert-Peso-Scheine bei heutigem Wert etwa eine Viertelmillion US-Dollar ausmacht, dokumentieren von Hintzes Informationen, dass Huerta für den Staatsstreich mit Millionen bezahlt wurde. Von Hintze hatte keine Kenntnis über die Herkunft des Geldes, vermutete jedoch "amerikanische Interessenten" und *Porfiristen* als Quelle.[812]

Huerta versprach öffentlich, dass Ermittlungen wegen der beiden Morde aufgenommen werden sollten. Auch Botschafter Wilson forderte eine Aufklärung de Morde, nachdem niemand die offizielle Titelstory glauben wollte, die er nach Washington telegrafiert hatte. Der Mörder, Oberst Cardenas, wurde für kurze Zeit inhaftiert und angeklagt, letztlich jedoch zum Oberstleutnant befördert und zurück in seine Heimatstadt Michoacán geschickt. Im Jahr 1914 floh er nach Guatemala, bevor Pancho Villa ihn festnehmen und hinrichten lassen konnte. Felipe Ángeles und Abraham Gonzales blieben in Haft.

Drei Tage nach Maderos Beerdigung meldete der BI-Agent Blanford aus El Paso seinen Vorgesetzten, dass Pancho Villa am Tag zuvor die Stadt verlassen und bei Columbus im US-Bundesstaat New Mexico die Grenze nach Mexiko überquert hatte.[813] Tatsächlich, so schreibt sein Biograf Friedrich Katz, war Villa auf dem Weg nach Tucson in Arizona. Der Gouverneur von Sonora, José Maria Maytorena, hatte sich in dieses Städtchen geflüchtet, und Villa bat um dessen Hilfe bei der Aufstellung einer Armee in Chihuahua. Bei einem weiteren Termin in Tucson hatte Villa den mexikanischen General und späteren Präsidenten Adolfo de la Huerta getroffen. Von ihm wurde er eingeladen, sich dem Widerstand in Sonora anzuschließen. Villa lehnte jedoch mit der Begründung ab, seine Heimat sei Chihuahua (obwohl er eigentlich in Durango geboren wurde).

Als es endlich zu Gesprächen zwischen Maytorena und Villa kam, gab der Gouverneur im Exil, der Villa unter keinen Umständen in Sonora sehen wollte, diesem 1.000 US-Dollar für seine Unternehmung.[814] Villa kehrte nach Texas zurück und begann mit den Vorkehrungen für einen Aufstand. In seinen Augen war Abraham Gonzales der letzte Revolutionär vom Format eines Staatsmannes, der an der Spitze einer erneuten

Revolution hätte stehen können. Dieser Meinung waren die meisten Revolutionäre.

Als sich abzuzeichnen begann, dass die Gegenbewegung zum neuen Regime schreckliche Ausmaße annehmen, und die Bundesstaaten Coahuila, Chihuahua, Sonora sowie Morelos in Gewalt versinken würden, beschloss Huerta, den vermutlichen Anführer einer neuen Revolution zu eliminieren. Hierbei bediente er sich des Spielzugs, den er wohl ursprünglich für Präsident Madero vorgesehen hatte. Am 6. März

> [...] erreichte ein Militärkommando Chihuahua, das den Auftrag hatte, den ehemaligen Gouverneur [Abraham Gonzales] nach Mexiko-Stadt zu eskortieren. Drei Offiziere, Major Benjamin Camarena, Hauptmann Hernando Limon und Leutnant Federico Revilla, überbrachten den Befehl von General Huerta, der Gonzales' Verlegung anordnete. Um diesem nachzukommen, ohne dabei das Aufsehen der Öffentlichkeit zu erregen, sorgte Rabago dafür, dass die Soldaten den Gefangenen noch in derselben Nacht mitnahmen. Zusammen mit Gonzales bestieg die Eskorte den Spezialwagen eines Zugs, der um 23:30 Uhr ohne Licht und Pfeifsignal den Bahnhof verließ, um möglichst keine Aufmerksamkeit zu erregen. Sie fuhren etwa vierzig Meilen in Richtung Süden zu einem Ort nahe dem Bachimba Pass, wo Camarena den Zug mit einer Handlaterne aufhielt und Gonzales befahl, von Zug zu steigen. Nachdem auch die Soldaten vom Zug gestiegen waren, wies der Offizier den Schaffner an, den Zug drei Kilometer weiter zu bewegen, dort eine halbe Stunde zu warten und dann zurückzukommen [...] Camarena erschoss Gonzales. Die Eskorte vergrub seine von Kugeln durchlöcherte Leiche an dem Ort, an dem er gestorben war.[815]

Zwei Tage zuvor, am Dienstag dem 4. März 1913, gerade einmal zwei Wochen nach dem tragischen Ende des Aufstands von Mexiko-Stadt, trat Woodrow Wilson als 28. Präsident der Vereinigten Staaten von Amerika sein Amt an. Mehrere hunderttausend amerikanische Bürger und Gratulanten säumten an diesem leicht bewölkten aber niederschlagslosen Tag die

Straßen von Washington, um ihr neues Staatsoberhaupt zu begrüßen. Man feierte den friedlichen Machtwechsel, den der amerikanische Vertreter dem Volk in Mexiko eben erst verwehrt hatte. Präsident Wilson war sich nicht gleich des Ausmaßes bewusst, zu dem der Botschafter in die Geschehnisse in Mexiko verwickelt war. Die quälende Frage, wer die Ermordung von Präsident Madero angeordnet hatte, blieb jedoch weiterhin aktuell. Die erste amerikanische Tageszeitung, die Nachforschungen anstellte und Berichte über das skandalöse Verhalten des Botschafters veröffentlichte, war die *New York World.* Unmittelbar kündigte der neue US-Präsident an, man würde das Regime Huerta nicht anerkennen, bis nicht alle Fakten des Staatsstreichs geklärt seien. Im Juni schickte Woodrow Wilson seinen persönlichen Freund William Bayard Hale nach Mexiko, wo er alle involvierten Parteien befragen und anschließend einen Bericht darüber verfassen sollte, wie sich seiner Meinung nach alles zugetragen hatte.

Hale schrieb abschließend:

> [...] als Mensch, der von starken Vorurteilen getrieben wird, war er [H. L. Wilson] so von seinem Hass gegenüber Madero geblendet, dass er ernsthaft dem Fehlglauben unterlag, bei diesem Hass handle es sich um den des gesamten mexikanischen Volkes [...] Es bedarf kaum einer Vermutung, [...] dass die Revolte ohne die Billigung des von Huerta vorgeschlagenen Verrats am Präsidenten durch den amerikanischen Botschafter gescheitert wäre. Am Montag den 17., dem letzten Tag der Kämpfe, hatte der Präsident zweifelsohne noch immer die Kontrolle über die gesamte Stadt, ausgenommen dem Arsenal und drei oder vier Häusern in der Nähe [...] Im restlichen Land war es zu keinen weiteren Aufständen in diesem Sinne gekommen [...] Zu keinem Zeitpunkt der ‚Decena Tragica' wäre es unmöglich gewesen, durch eine ernste Warnung von der amerikanischen Botschaft ‚die leidvolle Situation zu beenden' oder ‚diesem unnötigen Blutvergießen Einhalt zu gebieten' [...] Präsident Madero wurde nicht verraten und von seinen Soldaten festgenommen, bevor nicht sichergestellt war, dass der US-Botschafter keine Einwände bezüglich einer solchen Maßnahme hatte [...] Man

> kann nur mit Bedauern feststellen, dass die wohl spektakulärste Affäre, in die ein Diplomat der Vereinigten Staaten jemals involviert war, dadurch gekennzeichnet ist, dass bei einem Angriff auf eine verfassungsmäßige Regierung Hochverrat, Tücke und Mord billigend in Kauf genommen wurden [...] Angesichts des daraus entstehenden Unheils wohl unbedeutend, jedoch nicht ohne jegliche Bewandtnis ist die Tatsache, dass tausende Mexikaner glauben, der Botschafter habe auf Anweisungen aus Washington hin gehandelt [...][816]

Ohne die Aktionen des amerikanischen Botschafters gutzuheißen, muss man jedoch erwähnen, dass deren Erfolg nur durch die Mitarbeit der Presse und zugleich der US-Regierung unter Taft möglich war. Die US-Presse machte sich durch ihre falsche Berichterstattung, die von der US-Botschaft ausging und letztlich zu Maderos Fall führte, unbestreitbar zum Komplizen des Botschafters. Dies kann anhand ausgesuchter Schlagzeilen veranschaulicht werden, die in der *Washington Post*, der *New York Times* und der *San Antonio Light* zu lesen waren. Bei diesen Zeitungen handelt es sich keinesfalls um die einzigen Veröffentlichungen von Fehlinformationen. Sie stehen stellvertretend für den Grundton der Berichterstattung in den USA in besagter Woche.

Die *Washington Post* hatte während der gesamten Woche berichtet, die Rebellen hätten in der Situation die Oberhand gewonnen. Am Sonntag den 10. Februar berichtete die *Post,* dass „der Präsident besiegt" war.[817] Die Zeitung *San Antonio Light* ging sogar noch weiter und berichtete am selben Tag: „Diaz kontrolliert Hauptstadt; Madero flieht; Massaker durch *Zapatistas* wird befürchtet."[818] Am Dienstag wurde in der *Post* unverfroren behauptet, Madero wäre trotz der Belagerung der Hauptstadt „nach Cuernavaca gefahren und zurückgekehrt. Die Verstärkungstruppen der Rebellen sammelten sich in den Vororten von Mexiko-Stadt, die Verstärkung der Bundestruppen sei schwach."[819] Am Mittwoch schaltete die Propagandamaschine einen Gang hoch, und in der *Washington Post* las man, 35.000 Soldaten stünden an der mexikanischen Grenze zum Angriff bereit und „erwarte[te]n Befehle“.[820] Die Zeitung berichtete zudem, zwei Amerikanerinnen seien ermordet worden, das amerikanische Konsulat läge in Trümmern und Kriegsschiffe würden in die Region entsendet.[821] Am Donnerstag berichtete die *Post*: „Bundestruppen beschlagnahmten Häuser von Amerikanern und trieben ihre Bewohner auf die Straße.“ Die *San Antonio Light* veröffentlichte die gleiche Geschichte, gab jedoch auch deren Quelle an: „Botschafter Wilsons Berichten vom heutigen Tage zufolge wurden viele von Amerikanern bewohnte Häuser besetzt und von den Bundestruppen beschlagnahmt…“[822] Am 15. veröffentlichte die *San Antonio Light* schlicht, was man sich in ihrer Redaktion erhoffte: „Madero verschwindet aus dem Palast.“[823] Am Dienstag den 18., vor der Festnahme Maderos, las man in der *Post*: „General Diaz hat den Palast besetzt.“ Sowohl die *Washington Post* als auch die *San Antonio Light* berichteten, 2.000 Marines seien marschbereit und „eine Einsatztruppe [stünde] bereit“.[824] Am Mittwoch titelte die *Washington Post* dann endlich: „Madero ist verhaftet“, „Menge ruft ‚Vivas‘ für Diaz und Huerta.“[825] Die *New York Times* unterstützte das Trommelfeuer der Lügen über die Geschehnisse in Mexiko und brachte am 16. eine ganze Doppelseite über Felix Diaz, in der der „Günstling des ehemaligen Präsidenten [Diaz]“ als Retter Mexikos präsentiert wurde. Das Blatt spekulierte, der loyale Neffe würde den Platz für seinen Onkel freimachen und dieser wieder als Präsident Mexikos eingesetzt.[826]

Natürlich verdrehten all diese Berichte die Tatsachen auf extreme Weise. Es gab keine 35.000 Soldaten, die Kriegsschiffe fuhren die Küsten Mexikos ab, um Flüchtlinge aufzunehmen, nicht um Soldaten abzusetzen, es waren keine Marines auf dem Weg nach Mexiko, keine Amerikaner wurden aus ihren Häusern vertrieben oder gar erschossen. Die US-Botschaft war zu keinem Zeitpunkt bedroht. Sogar die *Vivas* für die siegreichen Verschwörer waren erfunden.

Unmittelbar nachdem Maderos Verhaftung bekannt gegeben wurde, erklärten die Gouverneure der nördlichen Bundesstaaten den Aufstand und es kam zu gewalttätigen Ausschreitungen in vierzehn Staaten. Die Berichte, die die amerikanische Presse im Einklang mit den Bestrebungen der Interventionisten veröffentlichte, welche den mexikanischen Präsidenten stürzen wollten, lassen auch Zweifel an der Glaubwürdigkeit der Regierung Taft aufkommen, die eine Zusammenarbeit mit den Verschwörern stets leugnete. Eine einzige Pressekonferenz des Präsidenten der USA oder seines Außenministers hätte genügt, um die Meldungen in jener Woche zu berichtigen und Henry Lane Wilsons Vorhaben ein Ende zu bereiten. Stattdessen ließ das Weiße Haus verkünden, man plane Gespräche, um zu ermitteln, was man in Bezug auf Mexiko unternehmen solle. Dies schloss eine Intervention als Option nicht aus. Die Senatoren William Alden Smith und Albert B. Fall, die im Komitee für Auslandsangelegenheiten saßen, forderten öffentlich eine Intervention und verhalfen so dem Staatsstreich gegen einen demokratisch gewählten Präsidenten zum Erfolg. Dies lässt nur den Schluss zu, dass der größte Teil der US-Regierung, und auch der Präsident selbst zumindest stillschweigend, wahrscheinlicher jedoch aktiv, den Putsch unterstützten. Des Weiteren trug die Fehlinformation, die in den größten Blättern Amerikas abgedruckt wurde, ganz klar die Handschrift des US-Botschafters. Somit zählt die Berichterstattung über die Geschehnisse in jener Woche in Mexiko zu den traurigsten und beschämendsten Kapiteln in der Geschichte der amerikanischen Presse – der „fünften Säule der Demokratie."[827]

Die Witwe des ermordeten Präsidenten stützte Hales Meinung und ließ einen Reporter der *New York World* im Jahr 1916 wissen: „Ich bin der festen Überzeugung, hätte der Botschafter energisch Einspruch erhoben, beispielsweise im Namen der Humanität wie man es zurecht von ihm hätte erwarten können, so wäre nicht nur das Leben des Präsidenten und des Vizepräsidenten verschont geblieben, sondern es hätte auch verhindert, dass letztlich die Vereinigten Staaten die Verantwortung für die Handlungen ihres diplomatischen Vertreters in Mexiko übernehmen müssen."[828] Das gewaltsame Ende des mexikanischen Präsidenten, des Vizepräsidenten, des Gouverneurs von Chihuahua, von Generälen, Politikern und zahlreichen Zivilisten in den Tagen, die als „Decena Tragica" in die Geschichte des Landes eingingen, markierte den Beginn der blutigsten Phase der Mexikanischen Revolution. Etwa eine Million Mexikaner sollten grausame Tode sterben, i.e. ganze sechs Prozent der Bevölkerung. Was die Regierung angeht, so gab es nur mehr die Wahl zwischen schwarz oder weiß, Radikale oder Reaktionäre. Pancho Villa erzählte Jahre später einem Großgrundbesitzer und Betreiber einer Hazienda: „[...] ihr habt nicht verstanden, dass diese Regierung [Madero] euch nicht gestört hätte und ihr weiterhin Gebieter hättet sein können, weil Maderos Familie und auch er selbst Verbindungen zu sämtlichen Mitgliedern der Aristokratie hatten, und diese Verbindungen hätten euch erlaubt, zu bleiben wo ihr wart.“[829]

Madero war zum Märtyrer geworden. Da Gonzales ermordet worden war, übernahm Venustiano Carranza die offizielle Führung der neuen Revolution und nannte sich „Erstes Oberhaupt der Konstitutionellen Streitmacht.“ Binnen nur weniger Tage bekam er ein Gesicht zu sehen, das man im Zusammenhang mit Revolutionen bereits gut kannte: Sherburne G. Hopkins. Dieser akzeptierte seine neue Anstellung mit Freuden und berechnete sein übliches Honorar von fünfzigtausend Dollar.[830] Die Amtseinschwörung der Regierung Wilson befreite ihn von jeglicher Loyalität, an die er wegen des Außenministers Knox gebunden war. Zwar war Hopkins kein sentimentaler Mensch, Botschafter Wilsons Rolle im Putsch gegen seinen Klienten erfüllte ihn jedoch mit großer Abneigung. Hopkins wusste aus seiner Erfahrung, dass sich die reaktionären Mächte in Mexiko auf lange Sicht nicht halten konnten. Zur gleichen Einschätzung war auch von Hintze gekommen und hatte diese auch seinem Amtskollegen, dem britischen Botschafter Stronge mehrere Wochen zuvor mitgeteilt.

Felix Sommerfeld verließ Mexiko-Stadt am 14. März und ging nach Havanna. Von Hintze, der zum Erholungsurlaub abberufen worden war, begleitete ihn und stellte ihn unter diplomatischen Schutz. Sommerfeld verdankte dem deutschen Gesandten sein Leben und sah sich sein gesamtes weiteres Leben lang tief in dessen Schuld.[831] Von Hintze reiste weiter nach Baden Baden, wo er sich seiner Genesung widmete. Er kehrte im

September zurück nach Mexiko. Felix Sommerfeld ging schließlich von Havanna nach Washington D.C. und traf dort Hopkins.

Peter Bruchhausen, Sommerfelds Kontakt zum Geheimdienst, hatte Mexiko-Stadt am 25. Februar verlassen und hatte einen neuen Auftrag angenommen.[832] Der deutsche Handelsattaché war nach Buenos Aires berufen worden, wo er bis zu seinem Ausscheiden aus dem diplomatischen Korps in der deutschen Botschaft diente. Zwischen ihm und Sommerfeld sind bis Mai des Jahres 1915 keine Kontakte bekannt. Dann tauchte Franz Rintelen, ein Agent des deutschen Marinenachrichtendienstes, plötzlich in New York auf und übergab Sommerfeld einen Vorstellungsbrief von Bruchhausen.[833]

Die US-Behörden hatten in der Zwischenzeit Enrique Llorente wegen Zuwiderhandlungen im Sinne der Neutralitätsgesetze angeklagt. Hopkins übernahm die Verteidigung des ehemaligen Konsuls, und die Anklage wurde wie erwartet fallengelassen. Llorente schloss sich Sommerfeld einige Wochen darauf an der Grenze an. Carranza blieb in Coahuila, stellte jedoch in San Antonio eine Junta von Revolutionären auf und bereitete eine Offensive gegen das Regime Huerta vor. Die Mitglieder der neuen Bewegung nannten sich „Konstitutionalisten."

Felipe Ángeles schmachtete bis Juli 1913 im Gefängnis. Nachdem er sich in den Vereinigten Staaten in Sicherheit gebracht hatte, schloss er sich der Bewegung an und wurde zu einem der einflussreichsten Militärtaktiker der Mexikanischen Revolution. Am 23. Januar 1913 erreichte Karl Boy-Ed Mexiko auf einem Dampfschiff aus Hamburg.[834] Der ehemalige Untergebene von von Hintze war inzwischen offiziell zum neuen Marineattaché der Botschaften in Washington und Mexiko-Stadt aufgestiegen. Zudem wurde er zum neuen Spionagemeister für Geheimagenten der deutschen Marine auf dem nordamerikanischen Kontinent. Sommerfeld, der ihn in New York traf, wurde sein bedeutendster Agent.[835]

Botschafter Wilson begab sich sofort auf seinen persönlichen Rachefeldzug gegen Präsident Wilson. Anfang März begannen die *New York World* und *Harper's Weekly Magazine*,

Untersuchungsberichte zu veröffentlichen, in denen der Botschafter für die Geschehnisse in Mexiko angeklagt wurde. Als Antwort darauf veröffentlichte das „Committee of the American Colony“ in Mexiko-Stadt die „Fakten“ über die „Heldenhafte Verteidigung“ amerikanischer und anderer Interessen aus dem Ausland während der „Decena Tragica.“[836] Es half nichts. Woodrow Wilson und Außenminister Bryan waren außer sich, als sie die Details über die Aktionen des Botschafters erfuhren. Bryan beorderte ihn im August zurück in die USA, entband ihn von seinen Aufgaben und entließ ihn.[837]

Der ehemalige Botschafter setzte sich jedoch nicht zur Ruhe, sondern tourte durchs Land, hielt Reden und verfasste redaktionelle Beiträge, in denen er sein Handeln verteidigte. Des Weiteren zog er vor Gericht und klagte die *New York World* sowie *Harper's Magazine* wegen Rufschädigung an.[838] Bis zu seinem Tod im Jahr 1932 bedauerte er keinen einzigen Aspekt seiner Taten in Mexiko. Sein Rassismus, seine vollkommene Gewissenlosigkeit und seine geringe Intelligenz – möglicherweise sogar mentale Labilität – machten ihm jegliche Einsicht unmöglich. Keine seiner Rechtfertigungen, welche er im Jahr 1924 in einer Autobiografie zusammentrug, konnte jedoch über die Tatsache hinwegtäuschen, dass er Mexiko und der US-Außenpolitik unermesslichen Schaden zugefügt hatte. Präsident Taft, Außenminister Knox, die großen Tageszeitungen in den USA, die Senatoren Fall und Smith und Andere blieben jedoch trotz der erdrückenden Beweislage verschont, die ihre Mittäterschaft klar belegt.

TEIL IV

WIDERSTAND

Kapitel 15

Der Kampf gegen den Usurpator

Die Revolte gegen General Huerta war bereits wenige Wochen nach der Ermordung Maderos in vollem Gang. Ein Großteil der alten Revolutionärsgarde, die auch schon Maderos Aufstieg zur Macht unterstützt hatten, stellten ihre Truppen wieder auf und zogen unter dem Banner der Konstitutionalisten ins Feld. Pascual Orozco hatte mit zu vielen Revolutionsführern gebrochen, als dass sich deren Kampf hätte anschließen können. Zudem witterte er eine Chance, sich an die Spitze der Bundestruppen zu stellen. Während im gesamten Norden Mexikos die Rebellion ausbrach, ließ die revolutionäre Elite in Mexiko-Stadt wie beispielsweise der ehemalige Präsident Francisco Leon De La Barra oder die einstigen Außenminister Pedro Lascurain und Manuel Calero, Vorsicht walten und schlossen sich Huerta an.

Natürlich lassen sich die Moralvorstellungen der ehemaligen Mitglieder der Regierung Madero leicht infrage stellen, jedoch gilt das Gleiche auch für die Konstitutionalisten, deren plötzliche Loyalität gegenüber dem ermordeten Präsidenten sich auch nur schwer mit ihrer zuvorigen Haltung vereinbaren lässt. Vergessen war die Kritik, die aus der eigenen Partei gegen Madero laut geworden war, vergessen die Enttäuschung seiner Anhänger, als dieser anfing zu regieren, anstatt weiter Revolutionär zu sein. Es lässt sich nicht bezweifeln, dass der ständige unterschwellige und passive Widerstand vonseiten der eigenen Partei Maderos Präsidentschaft erschwerte und letztlich den Reaktionären eine gute Vorlage für ihren Schachzug gab. Pancho Villa, der nun die uneingeschränkte Loyalität zu seinen gefallenen Idolen Madero und Gonzales beteuerte, kam aus dem

Exil, um sich den Kämpfen anzuschließen. Nur wenige Monate zuvor hatte auch Carranza sich wie viele andere frühere Anhänger Maderos der Gruppe von Politikern angeschlossen, die die Regierung für ihre mangelnde Effizienz und Unentschlossenheit kritisierten. Emiliano Zapata hielt seiner Anhängerschaft die Treue und schloss sich nicht offiziell den Konstitutionalisten an. Er führte jedoch seinen Kampf gegen die Zentralregierung fort, die nun von Huerta angeführt wurde.

Carranza füllte bald die Lücke, die durch den Mord an Abraham Gonzales entstanden war und bildete aus der jüngsten Widerstandsbewegung eine provisorische Regierung sowie eine locker organisierte Kampftruppe. In Sonora vertrieben die Rebellen unter der Führung von Alvaro Obregon bald die Bundestruppen und übernahmen die wichtigen Zollhäuser von Nogales und Agua Prieta. In Chihuahua griff der ehemalige Schullehrer und jetzige Revolutionär Manuel Chao die Soldaten der Föderation in Parral an. Er konnte sie zwar nicht schlagen, dezimierte die von General Mercado geführte Truppe doch merklich. Pancho Villa, der bis zu dessen Hinrichtung in Kontakt mit Abraham Gonzales gestanden hatte, fiel am 6. März 1913 mit acht Mann, einigen hundert Schuss Munition und dem Geld, das von den 1.000 Dollar übrig geblieben war, die er von Maytorena erhalten hatte, in Mexiko ein.[839] So gesehen erscheint Villas Rückkehr aus dem Exil in die Revolution als eher donquichottisches Unterfangen. Allerdings reichten ein paar hundert Dollar, einige wenige treue Männer und seine Fähigkeit, die Wut über seine Inhaftierung und das Zwangsexil auf die Person Huerta zu kanalisieren, um die charismatische Leitfigur zum aussichtsreichsten Anwärter auf die Führung der unteren Klassen Chihuahuas zu machen.

Charismatisch ist ein Wort, das niemand für eine Beschreibung des Ersten Oberhaupts Venustiano Carranza verwendet hat. Carranza war von beeindruckender Statur, 1,95m groß mit Brille und langem, wehenden weißen Bart. Seine dadurch verborgenen Gesichtszüge wurden jedoch von seinem wachsamen und ernsten Blick dominiert. Er war ein Mann, der nicht gerne spontan kommunizierte, der jedes Wort sorgfältig abwog, und dabei scheinbar jeglichen Humor und jede Emotion verloren hatte. Ähnlich wie Madero, jedoch ohne dessen Charisma, war Carranza ein eher pedantischer Verfechter strenger Regeln und festgelegter Prozesse. Dingen, die außerhalb seiner Auslegung des Gesetzes lagen, begegnete er aus Prinzip mit unüberwindlicher Ablehnung. Auf Menschen, die nicht wussten, wie sie diesen Mann zu deuten hatten, wirkte er stur, ja sogar unbelehrbar und dickköpfig.

Carranzas Persönlichkeit diente auf einzigartige Weise dazu, die semi-kolonialen Ansichten, die so mancher Fremde über Mexiko hatte, niederzureißen. Carranza vermochte es, sich trotz des teilweisen enormen Druckes, den sowohl seine Mitrevolutionäre als auch der amerikanische Präsident auf ihn ausübten, zu behaupten. In Zeiten, in denen Mexiko dem gewaltigen Sturm der Revolution ausgesetzt war, gab er das Bild eines couragierten, standfesten, selbstsicheren, sachlichen und vor allem bedachten und weisen Anführers. Die Loyalität der Menschen, die ihn umgaben, war durch die Weisheit begründet, die der sonst eher unnahbare Anführer ausstrahlte. Er ebnete den Weg für das eigene, heimische politische System, das Mexiko unabhängig von fremden Einflüssen und Mächten entwickeln sollte.[840]

Carranza wurde am 28. Dezember des Jahres 1859 geboren und wuchs auf einer kleinen Rinderfarm in der Steppe im Zentrum Coahuilas auf. Anders als Madero ging Carranza ausschließlich in Mexiko zur Schule. Seine Schulbildung ging jedoch nicht über eine Vorbereitungsschule für das Studium hinaus, die er in der Hauptstadt besuchte. Wie so viele Landbesitzer aus dem Norden Mexikos war auch die Familie Carranza Teil des politisch entmachteten Mittelstands, der sich letztlich dem ebenso aus Coahuila stammenden Francisco Madero anschloss. Zunächst jedoch unterstützte Venustiano Carranza Porfirio Diaz, was dem jungen Politiker beruflichen Erfolg bescherte. Carranza war in den 1880er-Jahren Bürgermeister in seiner Heimatstadt. In einem Ausbruch des wagemutigen Widerstands gegen die Korruption im Regime von Porfirio Diaz, stellten er und sein Bruder im Jahr 1893 eine Rebellion gegen den Gouverneur von Coahuila auf die Beine.

Bernardo Reyes, der beauftragt wurde, den Aufstand zu unterdrücken, unterstütze die jungen Rebellen jedoch, anstatt sie zu verfolgen. Der General legte ein gutes Wort für Carranza ein, und Diaz bewilligte daraufhin dessen Werdegang als Abgeordneter und späterer Senator von Coahuila im Jahr 1904. Im Jahr 1908, als die ersten Stimmen gegen eine erneute Kandidatur des Präsidenten laut wurden, bewarb sich Carranza für den Posten des Gouverneurs von Coahuila. Sein Vorhaben scheiterte jedoch und der Senator schlug sich auf die Seite der Oppositionspartei und somit auf die Seite von General Bernardo Reyes, der ihn vor dem Zorn des Diktators gerettet hatte.

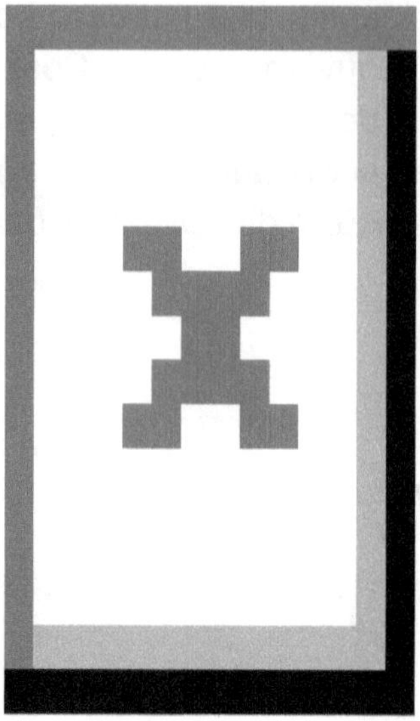

Venustiano Carranza, ca. 1915.[841]

Was seine politischen Ansichten angeht, so stellten Landreformen und radikale soziale Umbrüche für ihn eher eine Bedrohung als ein Ziel dar. Seine Einstellung deckte sich also zum großen Teil mit der von Madero. Allerdings unterschieden sich ihre Einstellungen auch in einem bedeutenden Punkt: Carranza war sich des zerstörenden Einflusses fremder

Unternehmen und fremden Kapitals auf die mexikanische Politik bewusst. Während Madero die Interessen ausländischer Unternehmen in Mexiko zum großen Teil ignorierte oder sogar unterstützte, sprach sich Carranza stets lautstark dafür aus, dass die natürlichen Ressourcen des Landes in eiheimischer Hand verbleiben sollten, und warb für ein politisches System, das unabhängig von fremden Einflüssen war. Er lehnte Sonderregelungen für fremdes Kapital ab und bestand darauf, dass ausländische Unternehmen im Rahmen der bestehenden Gesetze agierten. Seine nationalistische Sprache sicherte ihm die nötige Unterstützung aus den unteren Bevölkerungsschichten, wenn diese auch sonst nicht viel mit dem Politiker und wohlhabenden Landbesitzer gemeinsam hatten. Als Reyes im Zuge der Wahlen von 1910 von der politischen Bühne verschwand und sich auf Mission nach Europa begab, schloss sich Carranza Maderos Junta an, die das Ziel hatte, den alten Diktator zu stürzen. Carranzas Rolle in den Verhandlungen mit José Ives Limantour in New York im Jahr 1911, die letztlich zum schnellen Untergang des Diktators führten, ist zwar größtenteils unklar, jedoch keinesfalls unwichtig.[842]

Nachdem Diaz nach Spanien geflüchtet war, belohnte Madero Carranzas Arbeit für die Junta der Revolutionäre mit dem Posten des Kriegsministers. Die Ernennung in dieses Amt stellte sich als Fehler heraus, da Carranza nie in irgendeiner Armee oder Militäreinheit gedient hatte. Er war sowohl bei den Bundestruppen als auch bei den Partisanen höchst unbeliebt.

Madero mischte das Kabinett einige Monate nach De La Barras Ernennung zum Präsidenten um, und ernannte Carranza zum provisorischen Gouverneur von Coahuila. Daraufhin gewann Carranza die Wahlen im Herbst des Jahres 1911. Als er die Revolutionäre in Mexiko im März 1913 aufrief, sich unter dem Banner des Konstitutionalismus zu vereinigen, war er der letzte rechtmäßig gewählte Gouverneur im ganzen Land. Am 19. April 1913 einigten sich die Rebellen der Bundesstaaten Sonora, Chihuahua und Coahuila und riefen die Regierung der Konstitutionalisten aus, an deren Spitze Carranza stand.[843] Das Dokument, auf das sich der Aufstand gegen die Zentralregierung berief, war der *Plan de Guadalupe*, der aus Carranzas Feder stammte.[844]

Das Feuer der Revolution breitete sich bald über das ganze Land aus, Huerta war jedoch ein ernstzunehmender und gewaltiger Gegner. Das militärische Establishment, das Madero meist abgelehnt hatte, stellte sich rasch hinter den neuen Diktator. Ohne Abraham Gonzales an ihrer Spitze waren die Revolutionskämpfer zum großen Teil im Land verstreut, und da sich die wichtigsten politischen Strippenzieher hinter Huerta versammelt hatten, schien eine Festigung seiner Macht unausweichlich. Auch vonseiten international anerkannter mexikanischer Politiker, wie etwa De La Barra, Lascurain und Calero, wurde die neue Regierung bestätigt. Eine kurze Zeit sah es so aus, als bräuchte es lediglich die internationale Anerkennung der Regierung und ein paar Aufräumarbeiten und in Mexiko herrschten wieder Frieden und Stabilität – zumindest dachte so Botschafter Wilson, der begeisterte Berichte nach Washington schickte. Den immer stärker werdenden Widerstand, der sich gegen die Regierung der Putschisten bildete, redete er klein und kündigte den baldigen Untergang der Konstitutionalisten an.

Präsident Taft und Philander Knox mögen H. L. Wilsons politisch motivierte und gefälschte Berichte für bare Münze genommen haben, die neue Regierung tat das jedoch nicht. Außenminister Bryan erhielt Berichte aus den Konsulaten in Ciudad Juarez, Guaymas, Saltillo, Torreón, Hermosillo und Nogales, in denen eine Situation geschildert wurde, die das genaue Gegenteil zu dem darstellte, was aus Mexiko-Stadt gemeldet wurde. Laut den Schilderungen von Konsul Edwards in Juarez „wächst die Zahl der Regierungsgegner täglich an […]“[845] Auch zeichnete sich in der neuen US-Regierung eine Abkehr von der *Dollar Diplomacy* ab, welche die vorangegangene Regierung strikt verfolgt hatte. Präsident Wilson wollte sich den Kurs seiner Außenpolitik nicht allein durch die Finanz- und Geschäftsinteressen aus seinem Land vorschreiben lassen. Vielmehr signalisierte er der Welt, dass seine

Entscheidungsprozesse auf langfristigen und nachhaltigen Regierungslösungen beruhten.

Somit weigerte sich der US-Präsident ungeachtet des unablässigen Drängens von Botschafter Wilson, er solle sein Versprechen einlösen und die neue mexikanische Regierung anerkennen, dies zu tun. Zum ersten Mal in der Geschichte der US-Außenpolitik sollte eine de-facto Regierung nicht anerkannt werden. Für den neuen Präsidenten der Vereinigten Staaten war Huerta ein Usurpator, was auch daran lag, dass sein Botschafter Huerta durch offenkundig illegale Machenschaften an die Macht gebracht hatte. Nach Einschätzung des US-Präsidenten „[...] stützen sich rechtmäßige Regierungen stets auf die Zustimmung der Regierten, und es kann keinen Frieden geben ohne eine Ordnung, die auf Gesetzen beruht und auf dem Gewissen und der Zustimmung der Öffentlichkeit. Wir sollen unseren wie auch immer gearteten Einfluss stets so wirken lassen, dass diese Prinzipien für unser Handeln gelten [...]"[846] Diese Worte müssen am 12. März 1913 in den Ohren von Sherburne Hopkins und seines neuen Klienten Venustiano Carranza wie Musik geklungen haben.

Während die Generäle der Revolution, Villa, Obregon, Chao, Urbina, Trevino und andere, sich auf den bevorstehenden Bürgerkrieg vorbereiteten, kümmerten sich Hopkins und Sommerfeld um die Öffentlichkeitsarbeit und die Versorgung aus den USA. Francisco Escudero und Roberto Pesquiera bildeten eine Junta in Washington, die die Konstitutionalisten gegenüber der US-Regierung offiziell vertrat. Im Hintergrund stand jedoch die Kanzlei Hopkins und Hopkins, die von Carranza damit beauftragt worden war, für Geld und Anerkennung zu sorgen. Es haben leider nur wenige Dokumente überlebt, die belegen, wie viel Arbeit Hopkins in die Angelegenheit Carranza gesteckt hat, eines jedoch, das vom 24. Juli 1913 datiert, spricht Bände. In diesem Memorandum, das offiziell von Escudero verfasst wurde, setzte man Präsident Wilson über die Ziele der Anti-Huerta-Bewegung ins Bild, wodurch „der Präsident gegenüber den Konstitutionalisten positiv gestimmt wurde."[847] Von Bedeutung ist nicht so sehr der Inhalt des Memorandums, als die Art, wie dieses überbracht wurde. Anstatt es auf den üblichen Weg durch die

Abteilung für Mittelamerika im Außenministerium an den Außenminister zu schicken, von wo aus es möglicherweise den Präsidenten erreicht hätte, bediente sich Thomas S. Hopkins, Sherburnes Vater und Partner in der Kanzlei, Woodrow Wilsons Privatsekretärs Rudolph Forster, der es direkt an den Präsidenten übergab.[848] Carranza hatte eine direkte Verbindung zwischen sich und dem amerikanischen Präsidenten geschaffen!

Ganz offensichtlich überzeugte Hopkins den Präsidenten schon früh im Jahr 1913, die Konstitutionalisten gegen die Regierung Huerta zu unterstützen. Huerta, der vom ehrgeizigen Wilson unter Druck gesetzt wurde, musste schriftlich amerikanischen Forderungen zustimmen, die Reparationszahlungen für Schäden an Personen und deren Eigentum „prinzipiell" vorsahen.[849] Huerta versuchte verzweifelt, die Anerkennung der USA zu erwirken und bot zu diesem Zweck bedeutende Zugeständnisse an, die auch Wahlen einschlossen, welche im Herbst des Jahres 1913 abgehalten werden sollten. Hopkins Einfluss auf die neue amerikanische Regierung war jedoch groß genug, um dem Druck entgegenzuwirken. Anstatt die neue Regierung in Mexiko anzuerkennen, kritisierte Präsident Wilson Huerta scharf und forderte unverzüglich freie Wahlen. Zuvor hatte Wilson in einer Ansprache vom 12. März den Kämpfern Konstitutionalismus seine Hilfe angeboten. Das Ausmaß der Hilfe zu verhandeln sollte in den Händen des Lobbyisten Sherburne Hopkins liegen.

Von größter Wichtigkeit war, dass Huertas Finanzierungswege abgeschnitten wurden, was man dadurch erreichte, dass man seine Regierung nicht anerkannte. Sommerfeld sagte vor den US-Vernehmungsbeamten im Jahr 1918 aus, „[...] immer wenn Huerta einen Kredit aufnehmen wollte, konnten wir Protest einlegen und sagen, dieser würde von den konstitutionellen Kräften nicht anerkannt."[850] Es mag harmlos klingen, aber Sommerfeld und Hopkins konnten so ängstliche Investoren in den USA und in Übersee davon überzeugen, dass ihre Kredite im Fall eines Sieges der Rebellen nicht zurückgezahlt würden. Nur wenige Geldgeber ließen sich auf dieses Spiel ein, denn die Situation in Mexiko wurde von Tag zu Tag heikler.

Zudem schaltete Hopkins seine alten Freunde Charles Flint und Henry Clay Pierce ein, die in seiner Fundraising-Kampagne für die Revolution behilflich waren. In einem Interview mit der *New York Times* am 30. Juni 1914 erzählte Flint der Tageszeitung, es sei „[…] nichts Außergewöhnliches an der Tatsache, dass Männer, die sich für die Situation in der Republik im Süden interessierten, Geld dorthin schicken wollten, damit die Kämpfe ein Ende finden und ein Chaos abgewendet wird, das möglicherweise auf den Fall der Regierung Carranza [sic – soll Huerta heißen] folgen könnte." Weiter heißt es in dem Artikel: „Mr. Flint sagte, die Financiers täten nichts Anderes, als ihre Interessen zu wahren."[851] Charles Flint machte diese Äußerungen achtzehn Monate nach Maderos Sturz, Hopkins hatte die beiden Investoren jedoch bereits nach kurzer Zeit davon überzeugt, dass Huerta nicht gut für das Geschäft sein würde und sicherte sich ihre Unterstützung, während die US-Regierung gleichzeitig Huerta die Anerkennung versagte.

Flints Aussagen und Briefe aus jener Zeit sind in vielerlei Hinsicht von Bedeutung. Der Financier an der Wall Street hatte am 2. Februar 1913 in großem Stil in Henry Clay Pierces Waters-Pierce Oil Company investiert, als Pierce endlich John D. Rockefellers Anteil an seinem Unternehmen für 3 Millionen Dollar zurückkaufte.[852] Somit konnten Flint und Pierce jetzt frei handeln und standen in direkter Konkurrenz zu Standard Oil in Mexiko. Rockefeller und Lord Cowdray witterten ihre Chance, durch Huerta wieder zurück ins Spiel zu geraten, und unterstützen den Usurpator deswegen. Pierce und Flint setzten hingegen auf die Konstitutionalisten. Wer die beiden Tycoons kannte, wusste, dass sie nur selten verloren. Wie sehr sie sich gegen Huerta einsetzten, wird aus einem Brief ersichtlich, den Flint am 6. Mai 1919 an das US-Justizministerium schrieb: „ Ich kenne Mr. Sommerfeld seit 1913, als er meiner Firma als akkreditierter Beschaffer für Munition der Revolutionsregierung in Mexiko vorgestellt wurde; gemeint ist die Regierung Carranza, die zu dieser Zeit daran arbeitete, Huerta zu stürzen. Da die Ausfuhr von Kriegsmunition nach Mexiko damals per Gesetz verboten war, und wir seit vielen Jahren mit Kriegsgerät handelten, besorgten wir für Mr.

Sommerfeld Gewehre, Munition etc., die mit der Zustimmung der Behörden nach Mexiko geliefert wurden."[853]

In diesem Brief spielt er auch auf einen äußerst bemerkenswerten Erfolg an, den Hopkins mit seiner Lobbyarbeit erreichte. Flint gab offen zu, dass er Carranzas Truppen bereits im Jahr 1913 mit Waffen belieferte und dass dies legal und vor den Augen der Behörden geschah. Per Gesetz war die Regierung von Mexiko die einzige rechtmäßige Partei, die Waffen überhaupt einführen durfte. Da die Vereinigten Staaten Huerta nicht anerkannten, gab es überhaupt keine rechtmäßige Regierung in Mexiko. Streng genommen verletzte jegliche Ausfuhr von Waffen und Munition die Neutralitätsgesetze. Allerdings stand Präsident Wilson zu seinem Versprechen, die konstitutionellen Kräfte in Mexiko zu unterstützen und bewilligte die Lieferung von Kriegsmaterial an Carranzas Truppen, während er gleichzeitig das Waffenembargo gegen Huerta aufrechterhielt. Der BI-Agent Matthews in New Orleans beschrieb die „offizielle" Einstellung der Regierung zum Schmuggel passend: „Huerta wurde nicht als rechtmäßiger Präsident von Mexiko anerkannt, er ist lediglich das Oberhaupt der ‚defacto [sic]'-Regierung einiger Teile von Mexiko, doch Carranza wird nur als solcher anerkannt, weil die US-Konsuln von Sonora [,] Coahuila und Chihuahua Beamte anstellen, die mit den Beamten der Regierung Carranza zu tun haben. Daher […] sind Carranza und Huerta aus Sicht der US-Behörden gleichwertig, und wenn es Carranza untersagt ist, Waffen und Munition nach Mexiko zu liefern, dann sollte es auch Huerta verboten sein […]"[854]

In dem Brief von 1919 an den US-Justizminister liegt Flint mit seiner Bezeichnung von Sommerfelds Aufgabe genau richtig. Der deutsche Agent wurde für die Opposition unter Carranza zum Hauptbeschaffer für Waffen. Die anfängliche Finanzierung der neuen Revolution bestand aus Darlehen von Flint und Pierce unter der Bedingung, dass die Waffen auch über Flint and Co., New York eingekauft wurden. Sommerfeld reaktivierte zudem seine Organisation an der Grenze. Mit der Garantie der amerikanischen Regierung, dass das Waffenembargo nicht für die Konstitutionalisten galt, schmuggelten Sommerfeld und seine

Leute ganze Zugladungen an Waffen ins Land, und der Zollbeamte Zach Cobb, die Agenten des Justizministeriums an der Grenze und das US-Militär wussten davon.

Die Munitionsfabriken nahmen Bestellungen von Sommerfeld und Anderen in New York an und schickten die Versorgungsgüter dann an die Waffenhändler vor Ort, die sie dann anschließend an Sommerfelds Agenten übergaben. Die Agenten schmuggelten die Waffen dann über die Grenze nach Mexiko. Sommerfeld übernahm jetzt genau die Rolle, die sein Erzfeind Pascual Orozco einst übernommen hatte: Er nutzte sein Wissen und die stillschweigende Zustimmung der US-Regierung, um die Rebellen für den Kampf gegen die mexikanische Regierung auszurüsten. Er übernahm die große Verantwortung für die Waffenbeschaffung, von der der Erfolg der Rebellen maßgeblich abhing, und verbrachte den April des Jahres 1913 damit, unermüdlich zwischen Washington, New York, El Paso und San Antonio hin und her zu pendeln.[855]

In diesem Monat spürten die Agenten des *Bureau of Investigation* ganz deutlich, wie die Temperatur an der Grenze stetig anstieg. Während Carranza den militärischen Widerstand gegen Huerta in Coahuila organisierte, waren seine Verbündeten in Washington damit beschäftigt, das politische Rahmenwerk zu schaffen, das für eine erfolgreiche Auseinandersetzung mit Huerta benötigt wurde. Zur gleichen Zeit stellten Maderos Brüder Raul, Emilio und Julio die Junta in San Antonio auf, die sich um die militärische Versorgung und die Rekrutierung der Rebellen kümmerte. Juan Sanchez Ascona, ein alter Freund und Mitstreiter Francisco Maderos, schloss sich dessen Brüdern im Hotel Menger in San Antonio an und half ihnen bei der Organisation.

Ernesto und Alberto Madero, die beiden Onkel des ermordeten Präsidenten, unterstützten den Aufstand Carranzas von New York aus. Natürlich blieben die Einzelheiten des neu aufgelegten Hopkins-Plans, der sich diesmal gegen Huerta richtete, den zuständigen Behörden unbekannt. Die Agenten an der Grenze, die Zeugen der umfangreichen Schmuggeloperationen wurden, ermittelten Sommerfeld als deren monetäre Quelle. „Wir haben Grund zur Annahme, dass die

Maderos […] Carranza über Sommerfeld mit Geld versorgen […]"[856] Ein Jahr später fanden die BI-Agenten die fehlende Verbindung zwischen der Familie Madero und der immensen finanziellen Unterstützung heraus. „Heute Morgen telefonierte ich mit dem Chef des BI bezüglich der Lieferung von 3.000.000 Schuss Munition, die bei dem Unternehmen Remington Arms Co. von Flint and Company in New York bestellt wurden […] Des Weiteren sagte Mr. Bruff [von Remington Arms Co.] aus, dass er nicht wusste, in wessen Auftrag Flint and Company handelten. Er glaubt jedoch, dass es sich um General Carranza in Mexiko handelt."[857]

Die ganze Zeit über finanzierten Flint und Pierce die Rebellion gegen Huerta über Hopkins. Sommerfeld wurde zum Verbindungsmann zwischen den von Hopkins angeführten *Carranzistas* in Washington und der Junta in San Antonio. Der Deutsche pendelte zwischen diesen beiden Städten, erstattete beiden Lagern Bericht über die Fortschritte und kümmerte sich gleichzeitig um seine Geheimdienstorganisation. Trotz seiner übermenschlichen Anstrengungen schaffte er es nur im letzten Augenblick, dass die Versorgung aus New York und Washington im Mai 1913 endlich bei den Rebellen ankam. Es war höchste Zeit. Bis dahin hatten die Verschwörer nur wenig Hilfe von Carranza erhalten. Die Bundestruppen hatten die Partisanenkämpfer des Ersten Oberhaupts in Coahuila binnen kurzer Zeit drei Mal in die Flucht geschlagen. Als Sommerfeld und Hopkins es gerade geschafft hatten, Flint und Pierce für ihre Sache zu gewinnen, kämpfte Carranza bereits mit wenigen Männern, kaum Geld und einem Mangel an Ausrüstung ums Überleben. An der Front in Sonora hingegen vertrieb Alvaro Obregon weiterhin erfolgreich die Bundestruppen, indem er seine geringen Ressourcen mit großer taktischer Finesse maximierte. Ende April hatte er sein Ziel erreicht. In Chihuahua kontrollierten die Bundestruppen vor allem den Korridor der Eisenbahn und die großen Städte.

In der letzten Aprilwoche des Jahres 1913 wurde ersichtlich, dass Sommerfeld sich wieder entlang der Grenze etablierte, als sein alter Freund und Mitstreiter Sam Dreben einen

Fehler beging. Drebens Biograf Art Leibson schreibt, dass der *Kämpfende Jude* die erneute Aktion in Mexiko begrüßte und sich Sommerfelds Organisation wieder anschloss, nur dass er diesmal den Schmuggel von Waffen und Munition nicht unterbinden, sondern selbst durchführen sollte.[858] Leibson beschreibt Eskapaden, die „für Dreben typisch" waren, was auch die wagemutige Entführung ganzer Zugladungen voll Waffen mitten in El Paso mit einschloss. Keine dieser Geschichten lässt sich durch Aufzeichnungen des BI belegen und scheint reine Fantasie zu sein. Die Unentschlossenheit im US-Außenministerium in der Frage, ob man nun offiziell Waffenexporte zulassen sollte, führte jedoch zu verzweifelten Versuchen, Waffen für die Kampftruppen in Mexiko zu besorgen. Sommerfeld hatte im April und Mai des Jahres 1913 überall entlang der Grenze mit dieser schwierigen Frage zu tun.

In den BI-Berichten findet sich eine Geschichte über Dreben, die ebenso ungeheuerlich ist, wie die von Leibson. Sie trug sich in Piedras Negras zu. An der Spitze von Sommerfelds mexikanischem Geheimdienst in San Antonio saß T. R. Beltran, dem die Alamo Safe and Lock Company gehörte. Irgendwann im April bezog Beltran 3.500 Patronen über einen ortsansässigen Waffenhändler in San Antonio. Drebens Aufgabe war es, die Munition über den die Grenze bei Eagle Pass nach Piedras Negras im Bundesstaat Coahuila zu bringen.[859] Weitere Ausrüstung kam von einem anderen Eisenwarenhändler. Man weiß nicht genau, um wieviel Munition es sich handelte, aber es waren mehrere Wagen in die Operation involviert, die jeweils deutlich mehr als nur vier Kisten Munition geladen hatten.[860] Eagle Pass war von San Antonio aus der nächste Grenzübergang und wurde zum zentralen Versorgungsweg für Carranzas Truppen in Coahuila.

Angaben des BI zufolge, war Dreben „[...] der Mann, der das Fahrzeug gemietet hatte, mit dem die Versorgungsgüter transportiert wurden, und die Munition wurde auf dem Geschäftsgrundstück der Alamo Safe and Lock Company an der Ecke Market und Presa Streets verladen [...]"[861] Es lief jedoch etwas schrecklich schief. Es ist nicht klar, ob das BI noch keine

Instruktionen aus Washington erhalten hatte, die Waffen an die Konstitutionalisten durchzulassen, oder ob ein übereifriger Agent die Schmuggler ohne dementsprechenden Befehl festnahm. Jedenfalls wurden Dreben und vier Mexikaner, unter ihnen auch ein gewisser J. G. Hermosillo, in flagranti beim Schmuggel ertappt. Polizisten beschlagnahmten die Autos samt der Munition, Dreben und seine Leute flohen über die Grenze nach Piedras Negras.

Der Verlust der Ladung bedeutete für Dreben und seine Partner, dass sie ihr Kommission nicht erhalten würden und höchstwahrscheinlich mit rechtlichen Konsequenzen in den USA rechnen mussten. Als Beltran von dem Zwischenfall erfuhr, traf er sich umgehend mit Dreben und Hermosillo. Die beiden verdächtigten Beltran, den US-Behörden einen Hinweis gegeben zu haben. Beltran wiederum beschuldigte Dreben, er habe die Fahrzeuge unnötig zurückgelassen. Niemand warf Dreben mangelnde Courage vor, ohne dafür büßen zu müssen. Während eines Streits, der sich auf der Main Street in Piedras Negras zutrug, bedrohte Hermosillo Beltran offensichtlich mit einer Waffe. Augenzeugen berichteten über einen Schusswechsel zwischen Beltran und Hermosillo, der zu einigem Aufsehen führte.[862] Dreben, dessen Rolle in der Schießerei nicht dokumentiert ist, kehrte in die USA zurück und wurde dort eingesperrt.

Sommerfeld, der sich zu dieser Zeit in San Antonio aufhielt, nahm sich der Sache sofort an. Innerhalb von ein oder zwei Tagen zeigte sich der Einfluss, den Hopkins und Sommerfeld auf die höchsten Kreise des US-Justizministeriums hatten, anhand eines Telegramms von BI-Chef Bielaski an Agent Thompson in San Antonio. Ohne weitere Erklärung ordnete Bielaski die unverzügliche Freilassung von Dreben und die Herausgabe der Autos an.[863] Hermosillo blieb in Piedras Negras. Agent Breniman reichte Papiere ein, anhand derer Hermosillo „in absentia“ wegen Verschwörung angeklagt wurde. Ein großes Geschworenengericht wies die Klage am 5. Mai ab. Am 10. Mai musste Sommerfeld wieder nach New York zurück, kam aber in derselben Woche wieder.[864] Er versicherte Agent Barnes, dass die involvierten Parteien sich in New York vor Gericht verantworten würden und konnte Hermosillo und drei weitere gegen Kaution frei bekommen.[865] Sommerfeld brauchte seine Agenten für die vielen Aufgaben, die jetzt anstanden. Erwartungsgemäß hatten die Anklagen gegen Dreben nur geringe Folgen. Er und der andere Fahrer mussten im Januar 1914 ein Bußgeld von 500 Dollar zahlen. Der Richter wies die Klage gegen Hermosillo und einem weiteren Mittäter ab. Die übrigen drei Schmuggler waren längst irgendwo in Mexiko verschwunden.[866] Sommerfeld hatte es irgendwie geschafft, die Streitigkeiten zwischen Beltran, Hermosillo und Dreben zu schlichten. Es lässt sich nur vermuten, wie Sommerfeld die Disziplin unter seinen Agenten wiederherstellte. Da die Waffen ihren Besitzern wieder zurückgegeben wurden, konnte Dreben zumindest seine Kommission einstreichen.

Wie eng das Verhältnis zwischen Sommerfeld und den US-Bundesbehörden war, ist einfach nur erstaunlich. Bereits im Jahr 1912 konnten Sommerfelds Agenten jeden festnehmen oder festnehmen lassen, der mit dem von Orozco geführten Aufstand gegen Präsident Madero zu tun hatte. Bei manchen dieser Gefangenen gab es eine Verhandlung, manche wurden freigelassen, die meisten wurden jedoch Jahre lang festgehalten, wie Nachforschungen der *Washington Post* am 11. August 1913 aufdeckten. Bedeutend ist in diesem Artikel die Tatsache, dass die Haft der mexikanischen Revolutionäre auch nach Beendigung des Orozco-Aufstands und der Amtszeit von Präsident Taft andauerte.

Auf Geheiß von Hopkins und Sommerfeld hielten die Militärbehörden in Fort Bliss zweihundertdreißig Personen ohne Urteil oder Verhandlung länger fest, als dies durch die Vierzig-Tage-Regel für die Einreichung von Anklageschriften geregelt war. Da Orozco auf Huertas Seite war, gab es keinen rechtlichen Grund mehr für die Inhaftierung der Gefangenen in Fort Bliss. Als jedoch ein Anwalt versuchte, die Männer frei zu bekommen, verlegten die US-Militärbehörden die Gefangenen kurzerhand nach San Diego, wo der Richter aus Texas nicht zuständig war. Es existieren keine Aufzeichnungen über das Schicksal der politischen Gefangenen von Fort Bliss, man kann jedoch davon ausgehen, dass Sommerfeld und die US-Militärs sicherstellten, dass sie nicht wieder gegen die Truppen der Konstitutionalisten in den Kampf zogen.[867]

Die Schießerei in Piedras Negras und die daraus entstandenen Komplikationen müssen den vielbeschäftigten Deutschen Agenten ziemlich abgelenkt haben. Sommerfelds Reisen im Mai kann man nur als hektisch bezeichnen. Am 1. Mai war er in San Antonio, am 10. in New York, am 15. dann wieder in San Antonio, am 20. in New Orleans, am 24. in New York und am 5. Juni wieder zurück in San Antonio. Seine Aufenthalte in San Antonio schlossen auch „häufige Abstecher nach Piedras Negras" mit Juan Sanchez Azcona mit ein. Laut BI-Agent Thompson, kam es dort zu „Unterredungen mit Gouverneur Carranza."[868] Thompson wies in dem gleichen Memorandum darauf hin, dass er Schwierigkeiten hatte, mit den wiederaufkeimenden Aktionen entlang der Grenze umzugehen. Er erklärte seinem Vorgesetzten: „[…] sie werden verstehen, dass dies [die Erfassung der Schritte der Konstitutionalisten in den USA] ein schwieriges Unterfangen ist, da es nur einen Agenten in dieser Stadt gibt und für die gesamte Grenze von Yuma in Arizona bis nach Brownsville in Texas nur drei Mann zur Verfügung stehen."[869]

Die berüchtigten Charaktere, die während der Hochphase der Orozco-Aufstände die Akten des BI gefüllt hatten, tauchten jetzt alle wieder auf. Sommerfelds Bereichschefs Teódulo Beltran (San Antonio), Henry Kramp und Hector Ramos (El Paso) erhielten Verstärkung von Ernesto Fernandez (New Orleans). Auch Powell Roberts, H. A. Thompson, Jack Noonan, Emil Holmdahl, Sam Dreben und eine kleine Truppe niederrangiger Agenten operierten auf Befehl seines Geheimdienstes. Nicht dabei war Louis E. Ross, der 1912 vom BI zu Sommerfelds Organisation gewechselt hatte, jedoch im Januar 1913 einen bewaffneten Banküberfall in El Paso verübt hatte und jetzt im Gefängnis saß und auf seine Verhandlung wartete.[870] Auch Abraham Molina, der korrupte Geheimdienstchef, der sich im Jahr 1912 gegen seinen Boss aufgelehnt hatte, war nicht mit von der Partie. Molina arbeitete als Einkäufer von Nachschub für Villa in El Paso.[871]

Zwar konnte der BI hier und da ein paar tausend Schuss Munition aufspüren, wie diese beispielsweise bei dem Vorfall mit Dreben der Fall war, die Tore für Waffenlieferungen an Carranzas Truppen standen jedoch plötzlich weit offen. Agent Offley aus New York berichtete am 23. Mai 1913, dass neunzehn Waffenhändler aus Galveston in Texas bis hinauf ins kalifornische Los Angeles Lieferungen von den Winchester- und Remington-Werken in Connecticut erhalten hatten. Er vermutete, dass Sommerfeld hinter der logistischen Planung steckte. Laut BI Agent Offley hatten die Revolutionäre 100.000 Schuss 7-Millimeter-Patronen der Marke Mauser von Remington bezogen, die für die 50.000 Mauser-Gewehre gedacht waren, die man in Deutschland bestellt hatte. „Summerfield [sic] verließ San Antonio am 10. Und fuhr nach New York City wo er sich wahrscheinlich zu Gesprächen mit Ed Maurer und der [Transportfirma] Maiden Lane treffen wird, um die weitere Beschaffung von Munition in die Wege zu leiten.“[872] Am 21. Mai versuchten Agenten an der Grenze, die Verladung von 63.500 7-Millimeter-Patronen zu verhindern, die „an einen kleinen Hafen am Golf von Mexiko zwischen Galveston und Corpus Christi geliefert wurden, wo überhaupt keine Nachfrage für solcherlei Dinge besteht.“[873]

Die Shelton-Payne Arms Company wurde rasch zu Sommerfelds bevorzugtem Lieferanten, der Waffen und Munition an die Schmuggler verkaufte. In einem Bericht an den städtischen Kommandeur der US-Army, Oberstleutnant A. C. Macomb, schrieb das mexikanische Konsulat am 18. Juni: „[...] der Heuwagen, in dem vor einigen Tagen hier Munition durch die Stadt geschmuggelt wurde, kam aus Benson und wurde wahrscheinlich aus El Paso mit dem S.P. [Southern Pacific]-Eisenbahn dorthin gebracht [...] bei dem Unternehmen, welches Munition für die Rebellen nach Douglas liefert, handelt es sich um Shelton Payne Arms Co. aus El Paso in Texas.“[874]

Einen Monat später, am 15. Juli, wurde Shelton Payne die Lieferung von 446.000 Kugeln Munition nachgewiesen, die „zum Teil mit Kohle überdeckt waren.“[875] Tatsächlich wurden die Munitionskisten auf dem Gelände der Badger Fuel Company in El Paso direkt vor den Augen des Militärs und unter der Aufsicht von

Sommerfelds Geheimdienstchef Powell Roberts mit Kohle zugeschüttet.[876] Da Sommerfeld in der Vergangenheit viele Probleme mit dem Handelshaus Krakauer, Zork and Moye hatte, das Maderos Gegner beliefert hatte, profitierten Shelton Payne als Vertragspartner in einem der umfangreichsten Waffenlieferungsabkommen, das jemals mit einem einzigen Lieferanten geschlossen wurde. Adolph Krakauer lieferte weiterhin an die Bundestruppen, und zog somit Sommerfelds Zorn erneut auf sich. Für den richtigen Preis lieferten sie jedoch auch an die andere Seite.[877]

Auch Ketelsen and Degetau, das von Deutschen geführte Handelshaus in Juarez und Chihuahua, belieferte heimlich Huertas Militär. Während der Madero-Revolution hatten Pancho Villas Truppen das Geschäft und das Lagerhaus des Unternehmens in Juarez geplündert und danach niedergebrannt. So verwundert es nicht, dass die Geschäftsführer von Ketelsen, Goeldner und Kueck, jetzt Kriegsgerät an Villas Erzfeind Victoriano Huerta lieferten.[878] Noch immer sind die Umstände ungeklärt, unter denen Kuecks Verbindungen zur Regierung Huerta im Sommer des Jahres 1913 ans Licht kamen. Kueck war Villa gerade noch entkommen und hatte Mexiko für immer verlassen und in die USA fliehen müssen.[879]

Berichte von den befehlshabenden Militärs des Southern Departments entlang der Grenze erwähnen bezüglich des Ausmaßes des Schmuggels: „Diese Grenze wird über eine Strecke von mehr als dreihundert Meilen täglich patrouilliert, und die Soldaten scheuen keine Mühen, um den Schmuggel von Waffen und Munition nach Mexiko zu unterbinden. An manchen Stellen sind die Zollbeamten nur tagsüber im Dienst und lassen ihren Posten nachts unbesetzt. Die Schmuggler greifen auf jegliche Art von Fahrzeug zurück, um Munition über die Grenze zu bringen – sie verstecken sie in Dosen, in Heuballen, in Kohlewagen unter Kohle begraben, etc. [...]“[880] Am 26. Juli berichtete Major E. L. Mitchie vom 13. Kavallerieregiment seinen Vorgesetzten:

> Ich habe keine Kenntnis von irgendwelchen...Anschuldigungen der Verdunkelung seitens US-Zivilbeamten, die mit dem Vollzug der US-Neutralitätsgesetze betraut sind [...] Jedoch ist allseits bekannt, dass die Öffentlichkeit auf der Seite der Konstitutionalisten steht, was ohne Zweifel die Aktionen sowohl von Landes- als auch Bundesbeamten beeinflusst [...] Berichte der Zollbeamten beweisen, dass die Shelton-Payne Arms Co., seit 1. Januar etwa zweihundert Kisten Gewehre und etwa zwei Millionen Schuss Munition erhalten hat. Die Beamten im Justizministerium in El Paso müssen von dieser Tatsache Kenntnis haben, und es muss von allen angenommen werden, dass die Munition von Shelton-Payne Arms Co. an die Gruppen verkauft wird, die diese unter Verletzung der US- Neutralitätsgesetze über die Grenze schmuggeln wollen, betrachtet man die Mengen, die diese Firma unter normalen Umständen absetzt.[881]

Der Offizier, dessen Soldaten angeblich mit der Sicherstellung der Neutralitätsgesetze beauftragt waren, äußerte sich seinen Vorgesetzten gegenüber überrascht und frustriert. Der Oberst beschuldigte unmissverständlich das Justizministerium, den Zoll und auch die örtliche Polizei der Zusammenarbeit mit den Schmugglern und Waffenhändlern, die die Schmuggelware lieferten. Sommerfelds Organisation hatte wieder volle Fahrt aufgenommen, obschon nicht alle Behörden der US-Regierung auf ihrer Gehaltsliste standen, wie der Bericht des wütenden Militäroffiziers zeigt.

Beachtenswert ist, dass das BI von den Mauser-Gewehren wusste, die in Deutschland bestellt wurden. Im Gegensatz zu den Behauptungen zahlreicher Historiker, Deutschland hätte aktiv die Regierung Huerta unterstützt, scheinen diese Tatsachen das Gegenteil zu belegen. Es gab zwei Orte, über die deutsche Waffen nach Mexiko gelangen konnten: New York und Mexiko-Stadt. In New York gab es einen gewandten deutschen Reserveoffizier namens Hans Tauscher. Dieser verfügte über gute Verbindungen zu den meisten deutschen Waffenherstellern, zu denen auch die Firma Mauser gehörte. Der deutsche

Waffenlieferant und Agent im Ersten Weltkrieg war insbesondere wegen seiner Ehe zu Johanna Gadski bekannt, einer der berühmtesten Sopranistinnen der Geschichte. Gadski trat von 1898 bis 1904 und dann wieder in der Zeit von 1907 bis 1917 in der Metropolitan Opera in New York auf, nachdem sie aus London zurückgekehrt war. Ihre Interpretationen von Richard Wagners bombastischen Opern waren legendär. Sie brillierte jedoch auch in Verdis Aida und weiteren anspruchsvollen italienischen Opern.

Hans Tauscher baute sein Unternehmen im Schatten seiner berühmten Gattin um 1900 in New York auf. Der deutsche Hauptmann der Reserve erlangte nicht nur durch seine berühmte Ehefrau großen Reichtum. Besonders seine Anstellung als Repräsentant der Friedrich Krupp AG in den USA war hierfür maßgeblich. Die *Washington Post* schätzte sein jährliches Einkommen im Jahr 1905 auf über 450.000 US-Dollar (bei heutigem Wert etwa 10 Millionen US-Dollar).[882] Tauschers Kontakte schlossen selbstverständlich die deutschen Diplomaten in den USA mit ein, insbesondere die deutschen Militär- und Marineattachés. Eintrittskarten zu Madame Gadskis Auftritten, bei denen auch immer viele weitere Stars zu sehen waren, waren ebenso begehrt, wie die Einladungen zu den Partys danach, wo die Crème-de-la-Crème der New Yorker Gesellschaft den Champagner in rauen Mengen fließen ließ.

Stallforth fungierte wie so oft als Verbindungsmann. Er traf die Tauschers im Herbst des Jahres 1912 auf einer Zugreise im Golden State Limited von New York nach El Paso. Johanna Gadskis Tochter Lotte erinnerte sich in Fredericos Gästebuch an das Zusammentreffen.[883] Frederico Stallforth schaffte es, sich auf die Gästeliste der exklusiven After-Show-Partys zu setzen und mischte sich selbstsicher unter New Yorks High-Society.

Mit der Hilfe von Sommerfeld und Carl Heynen übernahm Hans Tauscher die Rolle des angeschlagenen deutschen Gesandten Admiral von Hintze und verkaufte Waffen nach Mexiko. Von Hintze hatte im Jahr 1911 direkte Kontakte zu deutschen Waffenlieferanten geknüpft, die Präsident Madero beliefern sollten. Es kam jedoch nur eine Lieferung tatsächlich bei Madero an. Alle restlichen Bestellungen standen weiterhin auf

Abruf bei den deutschen Lieferanten.[884] Im Jahr 1913 hatte Sommerfeld zwei Ziele: Huerta davon abzuhalten, Waffen aus Deutschland zu beziehen, und Waffen für Carranza zu besorgen. Waffenlieferungen aus Deutschland an Huerta konnten unterbunden werden, indem man dafür sorgte, dass dieser keine weiteren Finanzmittel erhielt. Die Beschaffung von Waffen für Carranza gestaltete sich jedoch ungleich schwieriger. So lange Huerta die großen mexikanischen Häfen kontrollierte, mussten die Waffen aus Deutschland über die USA ins Land geschmuggelt werden. Sommerfeld kam entweder über seinen Freund Frederico Stallforth, oder aber über Carl Heynen, den Vorsitzenden der HAPAG in Mexiko, mit Tauscher in Kontakt. Der Vertreter von Krupp bestellte in Deutschland für Carranza die fünfhundert Mauser-Gewehre, von denen in den BI-Berichten die Rede war.[885] Allerdings befürchtete die deutsche Regierung negative Konsequenzen, sollten diese Lieferungen an die Öffentlichkeit geraten, oder etwa in die falschen Hände fallen. Da die Reichsregierung einem Transport der Waffen durch die Vereinigten Staaten nicht zustimmte, ließ sie die Lieferung über fünfhundert Gewehre in Hamburg beschlagnahmen. Diese Bestellung sollte später einen der Gründe für den Einmarsch der USA in Mexiko im Frühjahr 1914 darstellen.

Sommerfeld wurde im März 1913 von der deutschen Regierung ein interessanter Geheimagent zur Seite gestellt. Eines Tages wurde ein Deserteur des 19. Infanterieregiments in Galveston beim deutschen Konsul Weber in Ciudad Juarez vorständig.[886] Sein Name war Franz Wachendorf alias Horst von der Goltz. Laut Frederico Stallforth war es nicht Weber, der den ersten Kontakt zu Wachendorf herstellte, sondern sein Bruder Alberto, der zu dieser Zeit deutscher Konsulatsangestellter in Parral war. Wachendorf schrieb in seinen Memoiren, dass Weber ihn an Konsul Kueck in Chihuahua verwies. Kueck unterstellte ihn dann offensichtlich Sommerfeld.[887] Alberto Stallforth hätte sicherlich nicht anders gehandelt. In seinem Buch *My Adventures as a German Secret Service Agent [Meine Abenteuer als Deutscher Geheimdienstspion]* berichtet Wachendorf von seinen erschütternden Erlebnissen als Spion für die Konstitutionalisten.

Als solcher wurde er unter anderem gefangen genommen und zum Tode verurteilt. Keine seiner fantastischen Geschichten kann bewiesen werden, er arbeitete jedoch sicher als deutscher Spion für die Konstitutionalisten. Auf einem Foto, das sich auf Seite 43 seiner Memoiren findet, steht Wachendorf hinter General Raul Madero und neben seinem Verbindungsmann zum deutschen Geheimdienst: Felix A. Sommerfeld.[888] Bis auf die unbestätigten Geschichten in seinen Memoiren ist nichts über Wachendorfs Heldentaten in Mexiko bekannt. Bewiesen ist jedoch, dass er sich von den Brüdern Stallforth in Parral Geld lieh.

> Er war in Mexiko in unserem Büro in Parral, Chihuahua und er bat meinen Bruder um einen Kredit. Ich glaube, mein Bruder gab ihm 60 oder 70 Pesos. In New York sagte und von der Goltz, er benötige etwas Dynamit, und fragte, ob wir welches besorgen könnten. Wir verneinten. Ein paar Tage später kam er wieder und bat uns, einen Scheck über 200 Dollar für ihn einzulösen, der die Unterschrift von Capt. Papen, dem Militärattaché der deutschen Botschaft trug und von der Riggs National Bank in Washington ausgestellt war.
>
> Ich sagte ihm, ich könne den Scheck einlösen, und mein Bruder bat mich, für ihn das Geld, das er ihm geliehen hatte, zurückzuholen. Ich behielt also 30 oder 35 Dollar von dem Geld ein, das ich ihm gab.[889]

890

Wachendorf arbeitete offensichtlich als Militärspion für Sommerfeld. Eine haarsträubende Geschichte über seine Gefangennahme durch den General der Bundestruppen Salvador Mercado deutet an, dass Sommerfeld ihn in der Garnison der Föderalisten einschleuste, um dort Informationen über Stärke und Bereitschaft der Bundestruppen zu erlangen. Ein detaillierter Bericht vom 27. Oktober 1913, den der Gesandte von Hintze dem Kanzler in Berlin zukommen ließ, belegt dies.[891] Der Bericht enthält sehr genaue Informationen und Einzelheiten bezüglich des Zustands der mexikanischen Bundesarmee. Es lässt sich nur erahnen, woher von Hintze so genaue Angaben hatte, die ihn zu einer sehr nüchternen Einschätzung von Huertas Siegeschancen gegen die Opposition der Konstitutionalisten führten. Ein oder zwei weitere Spione innerhalb der Bundesarmee wären sicherlich ratsam gewesen. Huertas verzweifelte Rekrutierungsbestrebungen machten es jedem recht einfach, sich der Truppe anzuschließen, besonders Männern mit militärischer Vergangenheit. Nach seiner Tätigkeit in Carranzas Oppositionsbewegung scheint Wachendorf noch bis zum Beginn des Großen Krieges für Sommerfeld gearbeitet zu haben, als beide Agenten nach New York beordert wurden. Wachendorf wurde im Jahr 1914 zu einem berüchtigten Sabotageagenten des deutschen Militärattachés Franz von Papen.[892]

Weiterhin besteht kein Zweifel daran, dass die deutsche Regierung während dieser Zeit das mexikanische Militär ausspionierte. Es gab gute Gründe für eine solche Maßnahme. Genau wie es 1908 der Fall gewesen war, hatte man auch im Jahr 1913 ein Interesse daran, wer die neue Führung in Mexiko stellen würde. In diesem Jahr gab es mehrere Berichte darüber, dass deutsche Agenten im Grenzbereich zwischen den USA und Mexiko tätig waren. Die Historiker Harris und Sadler stellten Nachforschungen über einen merkwürdigen Draufgänger namens Ivor Thord Gray an.[893]

Ein weiterer deutscher Agent betrat im Jahr 1913 das Spielfeld. Er arbeitete für das Lager Carranzas, höchstwahrscheinlich unter Sommerfeld. Er hieß Arnold Krumm-Heller, stammte aus Westfalen und war ein schillernder deutscher Nationalist. Er verließ Deutschland im Alter von achtzehn Jahren „mit Erlaubnis der deutschen Militärführung" und arbeitete in Chile, Peru und Mexiko hauptsächlich als Wissenschaftler. [894] Von 1907 bis 1909 studierte er Medizin in Paris und ging 1910 nach Mexiko. Krumm-Heller wurde Anfang 1911 Maderos Leibarzt.[895] Laut Angaben des MID arbeitete Krumm-Heller im Januar 1912 für Sommerfeld im mexikanischen Geheimdienst. Ein Jahr später, nach dem Mord an Madero, wurde er Geheimagent für Carranza, der ihn für diplomatische Missionen in Texas einsetzte. Der damalige Gouverneur von Texas Ferguson war der erste Staatsmann in den USA, der, auf Drängen des deutschen Geheimagenten, offiziell die Konstitutionalisten als rechtmäßige Regierung Mexikos anerkannte. Carranza schickte Krumm-Heller zudem auf diplomatische Mission nach Argentinien und Chile.[896]

Im Juni 1913 nahm die Regierung Huerta Krumm-Heller fest, angeblich wegen der Organisation einer „Versammlung von Sozialisten und Anarchisten."[897] Die Reichsregierung setzte sich für ihn ein und erwirkte seine Freilassung. Im Sommer 1913 taucht Krumm-Heller dann wieder in El Paso auf. Der studierte Mediziner diente anschließend als Oberst in Carranzas Armee der Konstitutionalisten. Unter General Alvaro Obregon wurde er zum

Leiter der Feldkrankenhäuser und Artilleriechef.[898] Während des Ersten Weltkriegs war Krumm-Heller dann für den deutschen Geheimdienst tätig.[899] Auf einer Mission nach Deutschland nahmen ihn britische Behörden als Spion in Falmouth fest. Aufgrund seiner mexikanischen Staatsbürgerschaft konnte er seine Reise nach Deutschland fortsetzen, wo der Agent dann für den Rest des Krieges als Militärattaché der mexikanischen Botschaft diente.[900] Während seiner Zeit in Mexiko gründete er zudem die Society of the Iron Cross, einen deutsch-imperialistischen Orden, mit Carranza an der Spitze und ihm selbst als Sekretär.

In seinen Veröffentlichungen präsentierte sich Krumm-Heller als „rationaler Nationalist". In der deutschen Regierung kam man jedoch bald zu der Ansicht, er sei verrückt. Krumm-Heller begann im Jahr 1908 in Paris, sich für den Okkultismus zu begeistern. Als er wieder zurück nach Deutschland kam, wurde er zu einem gnostischen Bischof. Krumm-Heller starb in Deutschland im Jahr 1949.[901]

Als Folge der investigativen Berichterstattung über die Konstitutionalisten in der *New York World* und dem *Harper's Monthly Magazine* sowie der Tatsache, dass sich Hopkins unablässig für Carranza einsetzte, hatte Präsident Wilson das Vertrauen in die Berichte des Außenministeriums über den jüngsten Aufstand in Mexiko voll und ganz verloren. Sowohl der Präsident als auch William Jennings Bryan waren zu der Einsicht gekommen, dass im Außenministerium zu viele Berufsdiplomaten saßen, die noch aus Regierungszeiten von Roosevelt und Taft übrig waren. Dem amerikanischen Präsidenten schien, als verfolgten diese einzig und allein die Ziele der *Dollar Diplomacy* und verloren dabei jeglichen Sinn für die Ideale der Demokratie, der Selbstbestimmung und der Moral. Henry Lane Wilsons Berichte galten nur noch als unglaubwürdig, besonders wenn man seine fragwürdige Rolle bei der Ermordung Maderos in Betracht zog.

Im US-Senat drängten Männer wie Albert Fall und William Alden Smith weiterhin auf eine Intervention. Die Fortschrittlichen, zu denen auch der Präsident gehörte, ahnten hinter diesen

Forderungen vor allem die Interessen der Wall Street und der Hochfinanz. „Nachdem Wilson mit seinem Kabinett über Mexiko gesprochen hatte, kam er zu dem Schluss, dass ‚ihnen allen verlässlichen Informationen fehlten, anhand derer man politische Entscheidungen fällen könnte.'" Bei einer Kabinettsversammlung am 18. April 1913 stand unter anderem die „Zweckmäßigkeit der Entsendung einer Vertrauensperson" nach Mexiko auf der Tagesordnung, der „die Situation gründlich untersuchen und klare Fakten erheben" sollte."[902] Der Präsident entschied letztlich, seinen Freund und Anhänger William Bayard Hale nach Mexiko-Stadt zu entsenden. Sein Auftrag war die Untersuchung von H. L. Wilsons Rolle beim Putsch gegen Madero, die schließlich zu Wilsons Entlassung führte.

Hale sollte nicht die einzige Quelle bleiben, die dem neuen US-Präsidenten abseits der üblichen Befehlskette über das Außenministerium bei dessen Mexiko-Politik behilflich war. John Lind, der frühere Gouverneur von Minnesota und Abgeordnete des Repräsentantenhauses, schloss sich Hale im Sommer der Jahres 1913 an, und zusammen trafen sie eine Abmachung mit der Regierung Huerta. In späteren Jahren sollten der Anwalt Paul Fuller und der persönliche Freund Wilsons, Richter Duval West im Namen des Präsidenten mit Carranza verhandeln. Wilson und Bryan bedienten sich auch erfolgreich anderer Informationskanäle auf weniger hohen Ebenen. Eine solche Verbindung stellte George C. Carothers dar. Carothers war ein Agent des Konsulats, Kaufmann und Immobilienhändler aus Torreón, der enge Verbindungen zu den Revolutionsführern des Nordens hergestellt hatte – insbesondere zu Carranza, Villa und einflussreichen mexikanischen Geschäftsmännern wie beispielsweise Lazaro De La Garza. De La Garza sollte später zum wichtigsten Finanzagenten des Lagers Villa werden und die Revolutionsbewegung maßgeblich beeinflussen. Leon J. Canova, ein Journalist aus Florida, der mit William Jennings Bryan befreundet war, arbeitete direkt für den Minister und unterstützte Hale und Lind bei ihren Nachforschungen. Er wurde im Jahr 1915 ins Außenministerium berufen und stand dort der Abteilung für Mittelamerika vor. Ein weiterer Journalist, der den Madero-

Aufstand verfolgt hatte und sich mit Felix Sommerfeld anfreundete, war David Lawrence. Lawrence arbeitete mit Sommerfeld im Jahr 1911 für AP News. Er wurde zum bedeutendsten amerikanischen Journalisten überhaupt und sollte später das Nachrichtenmagazin *US News and World Report* gründen. Wilson setzte ihn mehrmals für Spezialaufträge in Mexiko ein und profitierte von seinen scharfsinnigen Analysen der dortigen Auseinandersetzungen.

Auch Luther T. Ellsworth, der amerikanische Konsul in Piedras Negras (im Grenzgebiet von Eagle Pass, Texas), zählte zu den vertrauenswürdigen Quellen des US-Außenministeriums und lieferte Informationen über Maderos Revolution, dessen Regierung sowie über den Aufstieg der Konstitutionalisten. Außenminister Bryan schätzte ihn für seine fortlaufende Berichterstattung, durch die ein großer Teil der Fehlinformation aufgeklärt werden konnte, die durch H. L. Wilson und die Gruppe der Interventionisten um Senator Fall in Umlauf gebracht worden war. Ellsworth lieferte zudem während des Orozco-Aufstands wertvolle Informationen an das Justizministerium. Marion Letcher, der amerikanische Konsul in Chihuahua, und Thomas D. Edwards, der das Amt des Konsuls in Ciudad Juarez bekleidete, ergänzten die glaubwürdigen Informationsquellen des Präsidenten. Die direkte Informationskette, die die Konsuln mit der Regierung Wilson verband, lief über Zachary Lamar Cobb, den Zollbeamten von El Paso und politischen Verbündeten von Woodrow Wilson.[903] Sherburne Hopkins diente wie auch sein Vater als inoffizieller Verbindungsmann zwischen Präsident Wilson und der immer größer werdenden Widerstandsbewegung in Mexiko.

Eine der bedeutendsten Verbindungen zwischen dem US-Präsidenten und den mexikanischen Rebellen war Felix A. Sommerfeld. Der Großteil der öffentlichen Aufzeichnungen über Sommerfelds Rolle im Frühjahr 1913 ist nur wenig aufschlussreich. Die Aufzeichnungen über seinen Austausch mit Hale zeugen jedoch davon, dass er Wilsons Gesandten im Frühling und Sommer des Jahres 1913 behilflich war.[904] Danach belegen Sommerfelds Aussagen von 1918, dass Hale im Herbst

1913 bei Verhandlungen mit Carranza auf Schwierigkeiten stieß. Zunächst weigerte sich der Oberste Heeresführer, Wilsons Gesandten zu empfangen, weil Hale sich nicht als offizieller Vertreter der Regierung ausweisen konnte. Carranza, der stets den Fortschritt seiner Sache im Sinn hatte, wollte Wilson dazu zwingen, ihn als de-facto Staatsoberhaupt anzuerkennen, was zur Folge gehabt hätte, dass man Carranza einen diplomatischen Vertreter schickte. Natürlich nahm das Wilson, der selbst über ein gewisses Maß an Dickköpfigkeit verfügte, nicht hin.

Um eine Zuspitzung der Situation zu vermeiden, wandte sich die Regierung Wilson an im November 1913 an Felix Sommerfeld als Vermittler. „Während meiner Zeit in Sonora kam Mr. William Hale dorthin und wir fuhren zur Grenze und arrangierten ein Treffen zwischen Carranza und Hale und ich fungierte als Vermittler."[905] Sommerfeld brauchte zehn Tage, bis er Carranza am 12. November überzeugt hatte, die Gesellschaft zu empfangen.[906] Das war nur der Anfang. Carranza weigerte sich, Themen zu besprechen, die seiner Meinung nach innenpolitischer Natur waren. Hierzu gehörte auch Präsident Wilsons Versuch, bezüglich der Regierung in Mexiko irgendwie zu einem Kompromiss zu kommen, der Wahlen ermöglichte und diese organisierte. Die Konstitutionalisten, die im November bereits einige Siege zu verzeichnen hatten, hatten natürlich wenig Interesse an solchen Kompromissen. Die Gespräche kamen bald zum Stillstand. Der Historiker Cumberland schreibt, Hale habe mit dem Einmarsch der US-Armee gedroht und Carranza habe für diesen Fall eine Kriegserklärung angekündigt.[907] Sommerfeld erinnerte sich: „[…] zwischen den beiden [Hale und Carranza] kam es immer zum Kräftemessen, und ich ging dann im Anschluss an die Treffen zu Carranza und redete mit ihm."[908] Die Bemühungen Sommerfelds bewirkten allerdings nichts. Hale und Carranza trennten sich im Streit. Die Gangart des Obersten Heeresführers, sein Zögern, sein Delegieren und sein Insistieren auf schriftliche Kommunikation, standen im direkten Gegensatz zu Hales Herangehensweise als Tatmensch.[909]

Erneut versuchte Sommerfeld, die Brücke zwischen den Parteien zu schlagen. Auf das Drängen von Außenminister Bryan eilte der deutsche Agent am 10. November 1913 nach Tucson im US-Bundesstaat Arizona, wo Hale vergeblich darauf wartete, von Carranza empfangen zu werden.[910] „Ich kam zurück, weil mit zu Ohren gekommen war, dass Dr. Hale Carranza wütend oder verärgert verlassen hatte. Ich traf Dr. Hale in Arizona und sagte ihm, er dürfe seine Geduld nicht verlieren. Carranza war stur und wollte nicht, dass sich die USA in die mexikanische Politik einmischten. Er sprach mit Dr. Hale nicht über Politik. Ich sagte ihm ‚halten sie sich ruhig, und ich gehe zu ihm' [...] Ich versuchte, ihn zu überreden, von seinem hohen Ross abzusteigen. Er tat es nicht [...]"[911]

Die Probleme, auf die Hale im Umgang mit Carranza stieß, waren symptomatisch für viele, die mit dem sturen Politiker aus Coahuila zu tun hatten. Zum Teil wegen seiner gescheiterten Versuche, eine Einigung zwischen Hale und Carranza zu erzielen, bemerkte Sommerfeld, dass auch er mit Carranza nicht umgehen konnte. Es ist nicht klar, ob Carranza ihn beauftragte, mit Villa zu arbeiten wie Sommerfeld berichtet, oder ob Sommerfeld aufgrund von Hales Intervention entlassen wurde.

Jedenfalls begab sich Sommerfeld um Weihnachten des Jahres 1913 von Carranzas in Villas Lager. Ab diesem Moment gibt es keine Hinweise mehr auf persönliche Kontakte zwischen Carranza und Sommerfeld. Historische Quellen aus der Zeit nach Dezember 1913 weisen darauf hin, dass lediglich Hopkins noch offiziell für Carranza arbeitete. Zudem zeichnete sich auch eine weitere schmerzliche Tatsache immer weiter ab: Die US-Botschaft sowie die Abteilung für Mittelamerika im Außenministerium hatten im Jahr 1913 und den darauffolgenden Jahren ihre Rolle als politische Berater des Präsidenten der Vereinigten Staaten verloren.

Während Sommerfeld mit der Organisation der Versorgungslinien für die Konstitutionalisten beschäftigt war, zog sein Freund Frederico Stallforth endgültig nach New York. Seiner Frau schrieb er im Juli 1913: „Ich glaube nicht, dass ich dort [in Mexiko] innerhalb der nächsten zwei Jahre irgendetwas bewirken kann."[912] Das Geschäft war für die Stallforth-Brüder im Winter 1912/1913 immer schlechter geworden. Der Orozco-Aufstand hatte die Wirtschaft in Chihuahua im Jahr 1912 nahezu zum Erliegen gebracht. Als die Regierung Madero die Rebellion endlich unterdrückt hatte, hatten Frederico Stallforth und seine Brüder bereits in solchem Ausmaß Schaden genommen, dass ihr Unternehmen wieder kurz vor dem Scheitern stand. Die andauernden Kämpfe in und um Parral zwangen Stallforth im Februar 1912 dazu, seine Familie nach El Paso zu holen, wo sie bis Juni 1913 blieben.[913] Seine zweite Tochter Gioja wurde am 31. März 1913 in El Paso geboren. In den Jahren 1912 und 1913 hatte Stallforth immer wieder versucht, die „Madero Connection", wie er sie nannte, für seine Zwecke zu instrumentalisieren.

Diese Verbindung zu Madero bestand natürlich durch Felix Sommerfeld, der im Herbst 1912 die Rebellen unter Orozco erfolgreich in die Flucht geschlagen hatte und zum mächtigsten Ausländer innerhalb der mexikanischen Machtstrukturen aufgestiegen war. Wie zu erwarten war, forderten Stallforths Investoren in New York und Boston die Rückzahlung ihrer Darlehen. Sein Freund Sommerfeld brachte den glücklosen Geschäftsmann aus Parral in Kontakt mit Alberto Madero und dessen einflussreichem Bruder Ernesto, dem mexikanischen Finanzminister, um diesem seinen „Plan" zu unterbreiten. Stallforths Einfälle schienen weit hergeholt und unausgearbeitet, Sommerfelds Freund blieb jedoch optimistisch und pokerte hoch. In einem Brief an Ernesto Madero erläuterte Stallforth seine Pläne:

> Jetzt, da die Unruhen so gut wie vorüber sind, befindet sich das Land finanziell und wirtschaftlich in einem sehr schlechten Zustand; der Handel ist praktisch zum Erliegen gekommen, die Felder wurden nicht bestellt und man kommt nicht an Saatgut und Düngemittel. Erreicht das Volk nicht unmittelbar monetäre Hilfe und Ausrüstung [...] wird es vom Hunger in erneute Unruhen getrieben [...] eine Gefahr für das Land und die Wirtschaft. Die Amerikaner und Deutschen, deren große Unternehmen in diesem Bereich durch den Aufstand und die Räuberei schwer geschädigt wurden, benötigen auch dringend finanzielle Hilfe. F. Stallforth and Brother stehen bereit, das zu tun, was sie auch in Vergangenheit getan haben [...] und das

> nötige Geld für diese Vorhaben weiterzuleiten, wobei natürlich auf die nötige Geschäftssicherheit geachtet wird [...] Haben sie mit diesem Vorhaben Erfolg, wird offensichtlich der Wohlstand in der Gegend wieder Einzug halten, und Wohlstand bedeutet Frieden für die Gesellschaft. Es [das Unternehmen] kann dies jedoch nicht ohne weitere und unmittelbare finanzielle Hilfe bewerkstelligen, weshalb wir die Regierung bitten, erhebliche Geldmittel in seiner Bank [der Stallforths] zu hinterlegen, und ihm zu gestatten, seine Hilfe am Volk weiter zu betreiben [...] auf diese Weise wird [die finanzielle Unterstützung] dabei helfen, den Beliebtheitsgrad der Regierung zu verbessern, und in der gesamten Bevölkerung eine positive Meinung gegenüber der Regierung zu schaffen [...][914]

Frederico Stallforth hegte große Hoffnungen, mithilfe dieses Konzepts die Gläubiger in den Vereinigten Staaten ruhig stellen zu können. Er unterbreitete seinen Plan den Geldgebern in New York und Boston. Er nahm auch Kontakt zur US-Regierung auf sowie mit der deutschen Botschaft in Washington und der Legation in Mexiko-Stadt. Mit wem er in der US-Regierung Gespräche führte, ließ er nicht erkennen. Es wäre nicht verwunderlich, wenn Sommerfeld ihn mit Hopkins bekannt gemacht und dieser ihn dann bei Philander Knox vorgestellt hätte. Es handelt sich möglicherweise um einen Zufall, ist jedoch trotzdem erwähnenswert, dass Sommerfeld zu genau dem Zeitpunkt für Gespräche mit Wilson und seinen Beratern in New York war, zu dem Stallforth angab, die US-Regierung kontaktiert zu haben.[915] Nach seiner Rückkehr von seinem Ausflug an die Ostküste verbrachte Stallforth die letzte Oktoberwoche in Mexiko-Stadt, wo „und vonseiten der Banken und der [mexikanischen] Regierung, insbesondere von Ernesto Madero, großes Vertrauen entgegengebracht wurde.“[916] Wieder befand sich Sommerfeld im Oktober 1912 in Mexiko City, als sein Freund sich an den Finanzminister und die deutsche Botschaft wandte, wenn es auch keine handfesten Beweise dafür gibt, dass er sich für Stallforths Belange aktiv einsetzte.[917] Die Reaktionen von Stallforths Investoren in Boston und New York schienen positiv gewesen zu sein. Natürlich hatten diese keine andere Wahl, als Stallforth auf jede mögliche Weise Geld besorgen zu lassen.[918]

Eine amerikanische Bank, die First National Bank, versuchte auch, ihre Investitionen in das Bergbauunternehmen der Stallforths, die Mexico Consolidated Mining and Smelting Company loszuwerden. Es gab einen Plan, demnach ein anderer US-Konzern die Minen übernommen hätte. Stallforth blieb seinem unerschütterlichen Optimismus treu und schrieb seinem Bruder am 13. Dezember: „Wenn wir dieses Geschäft annehmen, bedeutet dies nicht nur Reichtum für uns, sondern auch die vollständige Wiederherstellung unseres Unternehmens, unseres Rufs und unserer Ehre."[919] Albertos Antwort zeigte deutlich, dass dieser den Optimismus seines Bruders nicht teilte. Anscheinend forderte er Frederico auf, seine Kontrolle über sämtliche Finanzangelegenheiten des Unternehmens abzugeben. Im einzigen dokumentierten Streitgespräch zwischen den beiden Brüdern warf Frederico seinem jüngeren Bruder vor, dieser sei „kleinlich", „schlaumeierisch" und „unprofessionell" und versuche, ihm ein „Messer auf die Brust zu setzen."[920] Zweifelsohne hatte Alberto das Vertrauen in seinen Bruder verloren und wollte keinem weiteren Kredit zustimmen, der das Familienerbe in Gefahr brachte, welches im Grunde durch die Mexikanische Revolution zugrunde gerichtet worden war. Frederico war ein Spieler – Alberto nicht.

Ernesto Maderos Antwort ist nicht dokumentiert. Stallforth blieb jedoch das ganze Jahr 1912 über bis ins Jahr 1913 positiv. Er hatte auch allen Grund dafür. Sein ganzes Leben lang hatte Stallforth Wahrsager zurate gezogen. Nicht viele dieser Weissagungen haben überlebt. Eine Überlieferung ist jedoch anzuführen, die eine solche Prophezeiung aus dem Jahr 1913 enthält:

> Das Geschäftsjahr 1913-14 wird äußerst ereignisreich sein und du wirst gegen Ende dieses Jahres [1913] in finanzielle Schwierigkeiten geraten. Anfang 1914 werden die Dinge sich jedoch bessern. Du musst zumindest momentan in New York bleiben. Gehst du dennoch nach Mexiko, bestehen sowohl für

dein Leben als auch für deine Finanzen große Gefahren. Die Verbindung zu Madero wird so zu deinem Vorteil sein, anders nicht, obschon du einige Enttäuschungen hinnehmen müssen wirst, werden sich diese später auflösen. Eine endgültige Einigung in Mexiko ist noch nicht in Sicht, tatsächlich steht das Schlimmste noch bevor, es wird ein neues Lager geben, nimm dich vor diesem in Acht, sei neutral wenn die Krise kommt. Du wirst bald eine Reise nach Mexiko unternehmen müssen, bleibe aber nicht, sondern komme wieder zurück nach New York. Es gibt einen Menschen, der scheinbar dein Freund ist, der sich jedoch als Verräter herausstellen wird. Gib acht! Box 911 Ocean Park Calif.[921]

Frederico Stallforth kam nur einmal im Januar 1913 nach Parral zurück. Danach sollte er erst lange Zeit nach dem Ersten Weltkrieg wieder mexikanischen Boden betreten. Natürlich erhob sich in Mexiko eine neue Macht in Person von Pancho Villa, die ihren Höhepunkt im Jahr 1914 erreichen sollte. Ob es in New York zum Verrat kam, bleibt weiterhin offen. Wie später erläutert wird, führte Stallforths Bekanntschaft mit dem deutschen Sabotageagenten Franz Rintelen in New York für ihn zu großen Problemen und einer Gefängnisstrafe. Von größerer Bedeutung ist die Erwähnung der „Madero Connection“, die Stallforth gegenüber dem Wahrsager offensichtlich erwähnte. Stallforths Plan entfaltete sich jedoch nicht nach seinen Vorstellungen.

Am 22. Februar 1913 gingen jedoch die Hoffnungen, auf die Stallforth den Wiederaufbau seines Familienunternehmens stützte, im Kugelhagel unter, dem letztlich auch der mexikanische Präsident zum Opfer fiel. Von El Paso aus sah Stallforth viele Jahre lang zu, wie sich die dritte Revolution im Norden Mexikos entwickelte. Die „Madero Connection", i.e. Sommerfeld, brachte Maderos Onkel Alberto, Alfonso, Ernesto und Salvador sowie dessen Cousin und ehemaligen Justizminister Rafael Hernandez ins Spiel, welches letztlich zu Stallforths Rettung führte. Am Ende erwies sich Sommerfeld als gute Wahl für Stallforths finanzielles Überleben. Hernandez, Ernesto, Alfonso, Salvador und Alberto Madero zogen nach New York und gründeten ein Import/Export-Unternehmen für die Versorgung der konstitutionalistischen

Truppen. Stallforth brachte seine Familie zunächst nach Santa Barbara in Kalifornien und schloss sich der Sache in New York an. Als Absender trugen seine Briefe an seine Frau Anita die Adresse „115 Broadway, Suite 1600". Dies war die Adresse des neuen Firmensitzes der Maderos, deren Unternehmen er sich im März des Jahres 1913 anschloss.

Stallforths Aufgabe war es, dabei behilflich zu sein, die Ländereien der Maderos zu verkaufen, um so Mittel für die neue Revolution bereitzustellen. Nicholas Lenssen, ein Geschäftsanwalt, der während des Ersten Weltkriegs mit Stallforth und dem deutschen Geheimdienst zu tun hatte, sagte im Jahr 1918 aus: „[...] unser erstmaliger Kontakt mit Mr. Stallforth [im Jahr 1913] stand in Verbindung mit dem Familieneigentum der Maderos aus Mexiko, die uns von Mr. Stallforth vorgestellt wurden, und deren Bitte um Beratung im Rahmen einer möglichen Veräußerung dieses Eigentums. Es kam während unserer Beratung zu keiner Veräußerung und schließlich konsultierten uns die Maderos nicht mehr."[922]

Zwar verkauften die Maderos ihre riesigen Gummiplantagen an Charles Flint, es wurden dabei jedoch keine Provisionszahlungen an Stallforth geleistet. Offensichtlich betraute man ihn nicht mit der Vertretung dieser wertvollen Vermögensgegenstände, sondern mehr mit dem Eigentum an Minen und Viehfarmen in Nordmexiko. Zu Zeiten, in denen die Revolution in Mexiko wütete, konnte nicht einmal ein so fähiger Geschäftsmann wie Stallforth Investoren ködern, diese Aktiva zu erwerben. „Wegen der Einstellung, dass keine Bank in den USA derzeit in Mexiko investieren wird, konnte ich nichts erreichen."[923] Stallforths Geld war anscheinend so knapp, dass er seiner Ehefrau nicht einmal ein Geburtstagsgeschenk kaufen konnte. Im Juli schrieb er Anita: „Verbrachte den ganzen Tag bei Madero. Vielleicht kann ich in den nächsten Tagen etwas von ihm bekommen."[924] Einige Wochen darauf schrieb er, dass er einen Abend mit Zach Cobb verbracht und mit diesem über die Situation in Mexiko gesprochen hatte. Abschließend bemerkte er: „Ich bin überzeugt, dass ihre Mine uns große Profite bescheren wird, wenn die Revolution erst vorbei ist."[925] Stallforths Gespräch mit

Cobb im Juli 1913 ist von Bedeutung, nicht weil es stattgefunden hat, sondern wo. Warum war der Zollbeamte aus El Paso nach New York gekommen und wen traf er dort? Im April 1915, schrieb Lazaro De La Garza, der inzwischen auch für die Maderos arbeitete, einen aufschlussreichen Brief an Miguel Diaz Lombardo, dem Außenminister der Konventionsregierung, in dem stand: „Sr. Cobb war ein sehr guter Freund von uns, der uns half, wo er nur konnte."[926]

Irgendwann im Jahr 1913 traf Stallforth, wahrscheinlich in einem deutschen Club, den deutschen Marineattaché Karl Boy-Ed, der nach Angaben von Ermittlern des BI zu seinem „Freund" wurde. Er mischte sich unter die Menge um die Familie Tauscher, in der man auch den deutschen Botschafter Graf Bernstorff und andere Angehörige der Botschaft vorfand. Hans Tauscher, der im Jahr 1914 bedeutende Geschäftsverbindungen mit den Konstitutionalisten und der Familie Madero aufgenommen hatte, zahlte Stallforth als Mittelsmann Provision. Stallforth blieb auch eng in Verbindung mit seinem Geschäftsfreund und Partner bei der Kreditbeschaffung Andrew Meloy, dessen Büro in der „55 Liberty Street" er sich ab 1914 mit ihm teilte.

Er freundete sich zudem mit Adolph Pavenstedt an, einem Vorstandsmitglied bei G. Amsinck and Co. Dem Unternehmen sollte eine zentrale Rolle für die Strategie der Deutschen gegen die USA im Ersten Weltkrieg zukommen. Bei G. Amsinck and Co. handelte es sich um das größte Handelshaus in New York und gleichzeitig um die Hauptbank der deutschen Botschaft. Es ist gut möglich, aber nicht dokumentiert, dass Stallforth über diese Geschäfts- und Bankverbindungen Geldmittel für die Konstitutionalisten organisierte. Meloy und Freunde, die in Bergbau- und Eisenbahnunternehmen in Mexiko investiert hatten, würden wahrscheinlich mit anpacken, wenn zwei der gewichtigsten Investoren in New York, nämlich Henry Clay Pierce und Charles Flint, ihre Unterstützung für Carranza bekanntgaben.

Bei Sommerfelds Befragung durch US-Agenten im Jahr 1918 hielt er sich in Bezug auf die Zeit nach Maderos Tod und seine intensive Arbeit im Frühling und Sommer 1913 überraschend kurz. Wie dies bei den meisten Lücken in

Sommerfelds Angaben der Fall ist, hätten die unerwähnt gebliebenen Details die amerikanische Regierung wohl in ihrer Annahme bestärkt, dass Sommerfeld deutscher Spion war. Ganz objektiv lässt sich jedoch argumentieren, dass er dieser in der Zeit zwischen der Decena Tragica, die zur Entsendung von Peter Bruchhausen nach Argentinien führte, und dem Sommer 1914 offensichtlich keinen Kontakt zum deutschen Geheimdienst hatte. In den Archiven finden sich keine Beweise wie etwa Berichte, die Sommerfeld an die deutschen Behörden geschrieben hätte, insbesondere an von Hintze und Kueck.

Im Jahr 1920 sagte allerdings der amerikanische Sonderbeauftragte in Mexiko, John Lind, vor dem Komitee für Auslandsangelegenheiten über seine diplomatischen Erfahrungen in Mexiko folgendes aus: „Später [nach September 1913] kam ich in Kontakt mit dem deutschen Gesandten und kam zu der Ansicht, dass er der am besten informierte Mann in Mexiko zu sein schien […] Er wusste, wie wir sagen, genau wo es lang ging. Er hatte eine genaue Einschätzung über die Truppenstärke der Revolutionäre und gleichzeitig kannte er die Armee der *Huertistas* und deren Schwachpunkte. Er war der einzige Fremde in Mexiko, der überzeugt war, dass Huerta nicht gewinnen und sich an der Macht halten konnte."[927]

Sommerfeld schien voll und ganz mit seiner Arbeit für Hopkins und die Interessen der USA beschäftigt zu sein, welche Carranza unterstützten, blieb jedoch weiterhin ein wichtiger Informant für die Deutschen. Kein anderer Ausländer verfügte in der Mexikanischen Revolution über bessere Verbindungen. Es gab weitere Agenten in der Region, wie beispielsweise Wachendorf und Krumm-Heller, die für Sommerfeld arbeiteten. Es ist sehr wahrscheinlich, dass Sommerfeld nach Bruchhausens Abreise eine Verbindung zum neuen Geheimdienstchef für Nordamerika, dem deutschen Marineattaché Karl Boy-Ed, aufbaute. Boy-Ed behauptete zwar später, Sommerfeld im Mai 1914 zum ersten Mal begegnet zu sein, Sommerfeld erinnerte sich jedoch, im Jahr 1913 mit Boy-Ed telefoniert zu haben.[928] Nach von Hintzes Rückkehr nach Mexiko im September 1913 schloss sich Sommerfeld wieder dessen Team an, bis ihn der

Konteradmiral dann dem Marineattaché in Washington unterstellte. Wie Linds Aussage bestätigt, verfügte die deutsche Regierung über erstklassige Informationsquellen an den Brennpunkten des Konflikts in Mexiko. Sommerfeld war mit Sicherheit ihr bester Agent. Er hatte persönliche Kontakte in die höchsten Kreise der Regierung Wilson, vermittelte zwischen Wilson und Carranza, wusste um die Funktionsweise und die militärischen Eigenheiten der Bundestruppen sowie der Konstitutionalisten und hatte zudem Einblick in deren Finanzen sowie ihre Ausrüstung. Sommerfeld hatte weitere bedeutende Geheimagenten wie Wachendorf und Krumm-Heller angelernt und setzte diese ein, um die ohnehin guten Informationsquellen der Deutschen noch auszubauen.

Dabei lässt sich feststellen, dass Sommerfeld in der Beschaffung von Informationen für die deutsche Regierung im Jahr 1913 nach ethischen Gesichtspunkten keinen Gewissenskonflikt sah. Nach seinem Verständnis des Weltgeschehens war die Tatsache, dass er für Hopkins arbeitete und gleichzeitig deutsche Wirtschaftsinteressen in der Mexikanischen Revolution unterstützte, leicht zu rechtfertigen. Die Interessen der Amerikaner und der Deutschen überschnitten sich zu großen Teilen. Beide Seiten wollten Ordnung und Stabilität, und Deutschland ordnete seine Interessen den amerikanischen ganz klar unter. Huerta war eine Auseinandersetzung mit den USA nicht wert. Im krassen Gegensatz zu Behauptungen mehrerer Historiker, Deutschland habe Huerta uneingeschränkt unterstützt, vertrauten die Deutschen der Regierung Wilson und ihrer neu formulierten Mexikopolitik.

Es ist wichtig, hervorzuheben, dass das Deutsche Reich realistisch gesehen nur marginal am Handel mit Mexiko teilhaben konnte. Flint und Co. hatten den Markt fest im Griff. Huerta hatte kein Geld. Es gab zudem politische Gründe, die erklären, warum sich Deutschland nicht einmischen wollte. Hätten die Deutschen Kriegsgerät an Mexiko verkauft, hätte dieses den Weg über die Vereinigten Staaten machen müssen, und es wäre den US-Behörden ein Leichtes gewesen dessen Ursprung nach Deutschland zurückzuverfolgen. Dies erklärt, warum die deutsche

Regierung Waffenlieferungen in Hamburg abfing und beschlagnahmte, bevor sie nach Amerika verschifft wurden. Man wollte mögliche Komplikationen mit den USA vermeiden. Henry Clay Pierce wagte im Juli 1913 einen Vorstoß gegenüber der US-Regierung, wozu er von deutschen Geldgebern aufgefordert wurde, die in auch in die Mexican National Railways investiert hatten. Die Deutschen wollten Präsident Wilson wissen lassen, dass weder Bleichröder noch andere deutsche Banken Huerta unterstützten.[929]

Genau wie die deutsche Regierung, glaubten die Repräsentanten der Hochfinanz daran, dass Wilsons Mexikopolitik letztlich zu Stabilität und somit für sie zu positiven Kapitalrenditen führen würde. Präsident Wilson, Pierce, Hopkins und die einflussreichsten deutschen Banken unterstützen ohne Zweifel Carranza. Sommerfeld verschwieg seine Bemühungen im Jahr 1913 bei seiner Vernehmung nur, weil sich Deutschland im Jahr 1918 mit den USA im Krieg befand. Zu diesem Zeitpunkt war es nur schwer vorstellbar, dass nur fünf Jahre zuvor keinerlei Interessenskonflikte in Bezug auf die Situation in Mexiko zwischen dem Deutschen Reich und den Vereinigten Staaten existiert hatten.

KAPITEL 16

EL GRAL. Y JEFE DE LA DIVISIÓN DEL NORTE, FRANCISCO VILLA

Als Pancho Villa am 6. März 1913 irgendwo in der Nähe von El Paso mit acht Mann und ein paar Patronengürteln nach Mexiko aufbrach, standen seine Chancen, die Situation in Chihuahua oder gar ganz Mexiko maßgeblich beeinflussen zu können, denkbar schlecht. Sein großer Mentor, das politische Schwergewicht Abraham Gonzales war tot. Manuel Chao, der einstige Schullehrer und jetzige Revolutionär, Tomás Urbina, Toribio Ortega, Maclovio Herrera, Domingo und Mariano Arrieta und weitere Männer hatten die Waffen gegen Huerta erhoben. Keiner dieser neuen Führer genoss jedoch landesweites Ansehen.

Pancho Villa war im Frühling des Jahres 1913 überall bekannt. Seine Verhaftung durch die Regierung Madero, die nur wenige Monate zurück lag, hatte jedoch seinem Ruf erheblich geschadet. Villas Truppen, die den *Maderistas* so wirkungsvoll geholfen hatten, Chihuahua einzunehmen, hatten sich mittlerweile größtenteils aufgelöst. Viele seiner einstigen Waffenbrüder waren entweder in ihr ziviles Leben zurückgekehrt oder aber in die Bundesarmee aufgenommen worden. Der schillernde General mit Banditen-Image wagte viel, als er den Rio Grande an jenem schicksalhaften Tag im Jahr 1913 überquerte. Nur sechs Monate später sollte er als Anführer einer beträchtlichen Armee an die Grenze zurückkehren. Als Kommandeur der berühmten División Del Norte, sollte Pancho Villa zu deren Höhepunkt Ende des Jahres 1914 etwa vierzigtausend Soldaten befehligen.

Bei Pancho Villas Aufstieg im Jahr 1913 spielten mehrere Faktoren zusammen, die nicht alle ihren Ursprung in seinen eigenen Taten hatten. Trotz seiner Gefangennahme und dem Exil unter der Regierung Madero, konnte Villa eine regelrechte Religion um die Person Madero ins Leben rufen, dessen Tod er allein zu rächen vermochte. Wie die Geschichte von Frederico Stallforth zeigte, war das Leid der Bevölkerung von Chihuahua und Durango im Frühling und Sommer 1913 groß. Die erneuten Unruhen zerstörten alles, was von der Wirtschaft, dem Bergbau, dem produzierenden Gewerbe und der Landwirtschaft übriggeblieben war. Infolge eines inflationären Anstiegs der Preise für Grundnahrungsmittel, Kleidung und sonstige Güter waren diese für die einfache Bevölkerung Mexikos unerschwinglich geworden. Hunger breitete sich aus. Der protestantische Missionar Alden Buell Case kommentierte das Geschehen: „[...] Diese lebensnotwendigen Güter waren lange, schwere Monate lang entweder nicht zu beschaffen, oder aber der Preis für die knappen Vorräte stieg ins Unerschwingliche, wodurch es zu großem wirklichen Leid kam."[930]

Auftritt Pancho Villa. Der charismatische Caudillo, der sich durch eine seiner ersten Taten der Haziendas von Luis Terrazas bemächtigte, ganze Viehherden schlachten ließ und Fleisch, Mais, Mehl und alles andere, was nicht niet- und nagelfest war, an die Bevölkerung verteilte. Der Geschichtswissenschaftler Katz verglich Villa für diese Aktion mit Robin Hood. Allerdings war die Ernährung der Massen bereits seit Maderos Kampf gegen den verhassten Diktator Diaz zur gängigen Praxis geworden. Alden Buell Case schrieb über seine Erfahrungen mit den *Maderisten* im Jahr 1911: „Nachdem man El Valle eingenommen hatte, kümmerte sich das Militär [der Revolutionäre] um die Versorgung mit Fleisch, nicht nur für sich selbst, sondern auch für die gesamte Bevölkerung. Von den großen Herden wurden jeden Tag einige fette Rinder entnommen und wo immer es ging – anfangs auf den Hauptstraßen – geschlachtet und zu niedrigen Preisen an die Stadtbewohner verkauft. So konnten die Revolutionäre ihre Kassen füllen und gleichzeitig vom Zuwachs ihrer Beliebtheit bei den einfachen Leuten profitieren."[931] Villa tötete zudem die verhassten Oberaufseher der Hazienda und ließ den Eliten in Chihuahua verkünden, dass jede weitere missbräuchliche Ausnutzung der Bevölkerung gnadenlos bestraft würde. Villa machte sich nun somit die Strategie, mit deren Hilfe sich die Madero-Revolution den starken Rückhalt in der einfachen Bevölkerung Chihuahuas gesichert hatte, selbst zunutze.

Einhergehend mit der Versorgung der Massen mit Nahrung, bekämpfte Villa auch wirkungsvoll die Banditen, die immer wieder Raubzüge durch die ländlichen Gegenden durchführten. Wo immer Villa sie fand, ließ er sie bei Massenhinrichtungen erschießen, und den meisten Berichten zufolge schwand die Kriminalitätsrate in Chihuahua mit Villas wachsender Kontrolle über den Bundesstaat. Der Missionar Alden Buell Case gab an:

> „[...] Er [Villa] war äußerst bestrebt, das Wohlwollen der Regierung in Washington zu erlangen, und zeigte sich wahrscheinlich aus diesem Grund unnachgiebig und besonders engagiert, wann immer er auf Banditen stieß. Die ‚Colorados' [Orozquistas], die sich weigerten, ihre Waffen niederzulegen, sich Villas Truppen anzuschließen und somit ihrer Strafe zu entgehen, wurden wie Kriminelle behandelt und wie wilde Tiere gejagt. Selbst ein Porfirio Diaz hätte in Zeiten, zu denen er mit eiserner Faust regierte, nicht mehr Unbarmherzigkeit und Durchschlagskraft bei der Bekämpfung von Banditen an den Tag legen können, wie dies Francisco Villa während seiner kurzen Herrschaftsperiode tat.[932]

Neben der Verfolgung von „Banditen" zeigte Villa auch bei der Belagerung und Besetzung von Dörfern und Städten eine nie dagewesene Zurückhaltung. Andernorts blickten die Einwohner der Städte mit großer Furcht auf die Maßnahmen, die Militärführer wie insbesondere Tomás Urbina und *Cheche* Campos unternahmen, um ihre Gemeinden von den Truppen Huertas zu befreien. Die rebellischen Besatzer ließen auf ihre Befreiungsaktionen für gewöhnlich unbeschreibliche Wellen der Plünderung, Vergewaltigung, Exekution und Zerstörung folgen, denen die Stadtbewohner verzweifelt zusehen mussten. Aufgrund der wechselnden Fronten, die im Lauf der Jahre in Mexiko auftraten, mussten relativ wohlhabende Städte wie Durango, Torreón, Chihuahua und Parral dieses Schicksal des Öfteren über sich ergehen lassen. Im Juni 1913 nahm Tomás Urbina die Hauptstadt von Durango ein. Dies stellte einen großen militärischen Erfolg gegen Huerta dar. Katz zitiert die Beschreibung der Geschehnisse eines Augenzeugen, der dabei war, als die Revolutionstruppen in der Stadt einfielen:

> Wie eine Lawine, die einen Berg herabstürzt, vereinten sich ihre Truppen mit den unteren Schichten, voll Gier nach Vergeltung, Zerstörung und Plünderung, und sie begannen, Geschäfte zu zerstören und schmähliche Plünderungen durchzuführen, während andere auf scheinbare Feinde schossen, und man ständig Explosionen und Gewehrschüsse vernehmen konnte. Auf die Plünderung der Stadt folgte das Feuer, und die Nacht des 19. Juni wurde noch schrecklicher als der Tag der Kämpfe, denn die Stadt war erleuchtet vom unheilvollen Glühen der Flammen, die zwölf der größten Geschäfte in der Stadt umgaben.[933]

Höchstwahrscheinlich auf Anweisungen, die Villa von Hopkins, Sommerfeld und Anderen erhalten hatte, die sich dafür einsetzten, dass die Konstitutionalisten in Washington anerkannt wurden und Unterstützung fanden, zeigten seine Truppen im Anschluss auf die Eroberung von Dörfern und Städten bemerkenswerte Zurückhaltung. Plünderer wurden sofort an die Wand gestellt, Ordnung wurde schnell wiederhergestellt und gesichert, und die Zivilbevölkerung blieb größtenteils verschont, während Kriegsgefangene erschossen wurden. Historiker sind sich bezüglich der Motivation hinter Villas Verhalten uneins, denn dieses war für Revolutionäre äußerst unüblich. Ob Villa nun lediglich auf diese Weise handelte, um die US-Regierung von seinem Anstand zu überzeugen, oder ob er auch vorhatte der mexikanischen Bevölkerung zu zeigen, dass er am besten dazu geeignet war, die Ordnung im Land wiederherzustellen, er sicherte sich auf beiden Seiten der Grenze zahlreiche Befürworter seiner Sache. Die Reihen seiner aufstrebenden Armee füllten sich mit jedem Dorf und jeder Stadt, die seine Truppe passierte.[934] Was die Regierung in den USA anging, so berichteten deren eigene konsularische Beamte begeistert von der Disziplin der Truppen unter Villas uneingeschränkter Kontrolle.[935]

Der Missionar Alden Buell Case spielte auf eine weitere bedeutende Strategie an, die Villas Feldzug schon bald die Basis für seinen finanziellen Erfolg sicherte. Nach außen schien es, als täte er alles, was in seiner Macht stand, um US-Bürgern zu Hilfe zu kommen, ihre Verluste zu minimieren und jegliche Art von Beschlagnahmung und Besteuerung zu unterbinden. Das Wohlwollen, das ihm hierfür entgegengebracht wurde, ermöglichte es ihm besonders in El Paso, rasch eine hocheffiziente Organisation aufzuziehen, mit deren Hilfe er die konfiszierten Güter wie Vieh, Baumwolle und andere Dinge, die er auf den großen Ländereien in Mexiko erbeutete, in Geld umzuwandeln. Die zwei wichtigsten Strippenzieher auf amerikanischer Seite waren hierbei Villas *kleiner* Bruder Hipolito und die Onkel von Francisco Madero in New York.

Zu einem frühen Geldsegen für Villa führte zudem ein wagemutiger Raubüberfall, der sich am 9. April 1913 ereignete. Mit einer kleinen Truppe von nur etwa zweihundert Mann stoppten die Rebellen den Zug Mexican Northwestern Train No. 7 südlich von Chihuahuas Hauptstadt. Der gekaperte Zug war mit 122 Barren Silber beladen, deren Wert sich auf etwa 160.000 US-Dollar belief (bei heutigem Wert etwa 3,4 Millionen US-Dollar). Die Rebellen nahmen das Silber an sich, doch da es sich bei dem Edelmetall um das Eigentum amerikanischer Hüttenunternehmen handelte, gestaltete sich der Verkauf der Barren in den USA kompliziert. Um keine Beschlagnahmung der Beute zu riskieren, fädelte Villa ein „streng geheimes“ Geschäft ein und überließ sie der US-Bank Wells Fargo für 50.000 Dollar in bar (bei heutigem Wert etwa 1 Million Dollar). Zudem bot er für weitere Edelmetalllieferungen seinen persönlichen „Schutz“ an. Dokumente bei Wells Fargo beweisen, dass Villa die 50.000 Dollar erhielt. Es überrascht nur wenig, dass die *Villistas* letztlich nur 93 der 122 Silberbarren zurückgaben. Der Rest, so Villa, wurde „von seinen Männern gestohlen“.[936] Die cleveren

Methoden, mit denen es Villa gelang, nicht nur eine erstklassige Kampftruppe aufzubauen, sondern sich gleichzeitig die finanzielle Unabhängigkeit von Carranza zu bewahren, sollten ihm in den kommenden Jahren zugutekommen.

Letzten Endes hatte das Geheimnis hinter Villas Erfolg und seiner Popularität mit der einfachen Tatsache zu tun, dass während er einen militärischen Erfolg nach dem anderen einfuhr, die Bundestruppen sich zwar gegen die anderen Revolutionsführer mehr und mehr behaupten konnten, sie jedoch jeglichen Rückhalt in der Bevölkerung verloren. Um den Bedarf an frischen Rekruten zu decken, bediente sich die Zentralregierung der Zwangsrekrutierung. Daraus resultierten ständige Probleme in Bezug auf Desertation, Disziplin und Ausbildung der Truppe.[937] Admiral von Hintze, der deutsche Gesandte, der seinen Dienst im September wieder angetreten hatte, verfasste ein aussagekräftiges Memorandum, in dem er seine Auffassung von den Föderationstruppen festhielt. Das Memorandum trägt das Datum vom 27. Oktober und fällt somit zeitlich genau mit Huertas Entscheidung zusammen, die geplanten Parlamentswahlen in Mexiko zu unterbinden. Im Gegensatz zu den Ansichten vieler Historiker, die es so aussehen ließen, als hätten von Hintze und die deutsche Regierung zu den großen Unterstützern Huertas gezählt, beschrieb der deutsche Gesandte ganz unverblümt, weshalb den Bundestruppen ihr sicherer Untergang bevorstand.

> Durch Dekret vom 24. Oktober, veröffentlicht am 26. Oktober, ist die stehende Armee von 100 000 auf 150 000 Mann erhöht worden. Die Festsetzung der Stärke auf 100 000 Mann war am 3. Juli d. Js. Erfolgt. Ende Februar sollte die Armee etwa 40 000 Mann betragen, doch hatte sie damals tatsächlich kaum mehr als etwa 28 000 Mann.
>
> Die Mannschaften rekrutieren sich aus den Gefängnissen, aus den gefangenen Aufständischen, aus Angeklagten, ferner durch gewaltsame Aushebung (leva genannt) und zum allergeringsten, verschwindenden Teil durch Anwerbung. [...] Das der Regierung zur Verfügung stehende Soldaten-Material ist so nach Herkunft und Eignung geringwertig; es kommt ein wesentliches Moment hinzu: der

Soldat lässt sich zwar, der Gewalt oder Gründen der Zweckmäßigkeit weichend, einreihen, einkleiden und drillen, aber der Gedanke, der ihn beherrscht, ist: zu desertieren, sobald als möglich.[…] Die Offiziere kennen diesen Drang ihrer Leute; daher werden die Soldaten mit Sonnenuntergang in ihren Kasernen oder Lagern eingesperrt und erst bei Sonnenaufgang wieder herausgelassen. Daher vermeidet die Federal-Armee grundsätzlich jede Art Nachtgefechte. Daher werden Vorposten, Avantgarden, Seitendeckungen regelmäßig nicht gebildet, denn es wäre wahrscheinlich, dass sie davonliefen oder zum Feinde übergingen. […] Ein weiterer Vorteil über die Federales steht ihnen zu: ihre Reihen ergänzen sich aus Freiwilligen, nämlich Revolutionären aus Überzeugung oder von Beruf, oder aus gewerbsmäßigen Räubern oder, endlich, aus Deserteuren der Federal-Armee; sie können Truppenteile oder Banden auch Nachts ausschicken oder Tags auf einzelne Operationen in entlegenere Gegenden aussenden, ohne Besorgnisse: den diese Leute kehren zurück. Nicht so die Federalisten […]"[938]

Mit seiner Einschätzung von der Qualität des unterbesetzten Offizierstabs der Bundesarmee ging die Behauptung einher, Huerta sei so verzweifelt, dass er "Oberkellner, Commis, Buchhalter und dergleichen von heute auf morgen zu Leutnants und Hauptleuten, Advokaten zu Generalen [macht] […] Die Mexikanische Armee von heute ist ohne moralischen Halt, ohne genügende Ausbildung und ohne geeignete Führer; […] An Generalen hatte die Mexikanische Armee, nach der in den farbigen Nationen herrschenden Gepflogenheit, stets Überfluss; es sind allerdings zumeist solche Leute, die man in Russland: Begräbnis-Generale nennt, da ihre einzige Tätigkeit darin besteht, bei Leichenzügen in Uniform zu paradieren – gegen Bezahlung. […] es müssen noch schlimmere Versager als Alviles Cañon, Torreón und Durango befürchtet werden, wenn nunmehr auch die im Salon verbliebenen Generale dieser Klasse in's [sic] Feld gestellt werden."[939] Villa und Obregon waren letztlich die zwei Generäle, die die von Admiral von Hintze so treffend beschriebene Achillesferse erkannten. Je mehr Druck die beiden Generäle auf die Föderationsarmee ausübten, desto ausgeprägter wurde deren Schwachpunkt.

Die leidende Landbevölkerung scharte sich um den einzigen Mann, der dazu imstande schien, Huerta zu schlagen: Pancho Villa. Im Juli 1913 überrannte Villas Erzfeind, General Pascual Orozco, die Truppen der Konstitutionalisten unter General Manuel Chao und besetzte Chihuahua City[940] Zur gleichen Zeit mussten sich Carranzas Soldaten zuerst aus Coahuilas Hauptstadt Saltillo und anschließend aus Monclova zurückziehen. Am 31. Juli schloss sich der Oberste Heeresführer Carranza mit anderen Rebellenkämpfern zusammen und griff Torreón an. Schwer geschlagen zog er sich ein drittes Mal zurück und überließ den ganzen Bundesstaat der Föderation. General Scott, der Carranza auf den Tod nicht ausstehen konnte, scherzte in seinen Memoiren: „Carranza, dem es in Coahuila zu heiß geworden war, flüchtete durch ganz Mexiko nach Hermosillo an der Pazifikküste, wo er sich weit ab der Gefahr Tanz, Weib und Wein widmete."[941] Ob Carranza nun aus Feigheit handelte oder ihn strategisches Denken zur Flucht motivierte, sein Rückzug und Orozcos Eroberung von Chihuahua ließen auf Seiten der Konstitutionalisten keinen Zweifel daran, dass nur eine starke Truppe unter einheitlichem Kommando sich der Föderation entgegenstellen konnte. Villa erschien als Mann der Stunde. Er hatte erst früh im August in der Schlacht von San Andres einen Sieg errungen, der seinem wagemutigen MG-Schützen Emil Holmdahl die Auszeichnung der Ehrenlegion einbrachte.[942]

Sommerfeld und seine Männer entlang der Grenze waren mit der Beschaffung der Versorgungsgüter für die inzwischen auf über 15.000 Mann angewachsene Truppe beschäftigt. Wie schon während des Orozco-Aufstands blieb Sommerfeld die Schlüsselfigur, die zwischen US-Bürgern und den Revolutionären vermittelte. Am 20. Juni 1913 schrieb BI Agent Breniman an seinen Vorgesetzten in San Antonio: „Wurde soeben vom amerikanischen Konsul Nuevo Laredo darüber informiert, dass C.M. Rippeteau und Henry Crumpler, zwei US-Bürger und Nachrichtenboten für Konsul Garrett, gestern von den *Carranzistas* in der Nähe von Nuevo Laredo festgenommen wurden und über Hidalgo nach Piedras Negras gebracht werden, wo man befürchtet, dass sie erschossen werden. Wir [das *Bureau of Investigation*] sollen unseren Einfluss geltend machen, um diese Bürger zu schützen. Schlage vor, sie treffen Sommerfeld."[943]

Seine Organisation und auch Sommerfeld persönlich leiteten wichtige Nachrichten an die Agenten im Justizministerium weiter. Am 5. Juli 1913 informierte Sommerfeld den BI-Agenten Breniman über den Chef des BI in San Antonio, H. A. Thompson: „Evaristo Guajardo hat Eagle Pass gestern mit sechs Mann verlassen. Guajardo und seine Brüder haben vor, gleich vor oder nach dem Eagle Pass eine Aktion gegen Carranza zu starten."[944] Der deutsche Agent bat das BI, den Gerüchten nachzugehen und „wenn möglich herauszufinden, was diese Leute vorhaben, und wie man ihnen zuvorkommen könnte."[945] Der Bericht weist darauf hin, dass Sommerfelds Organisation ein weiteres Mal dem BI vorgab, was dieser zu tun hatte und wie er es zu tun hatte. Sommerfeld entsandte Agent Jack Noonan mit einem Kameraden von Nogales nach Tucson, um die Wüsten nach Munitionsdepots der Bundesarmee zu durchsuchen. „Noonan und Clark machen sich still auf die Jagd nach diesen Munitionsdepots, deren Existenz sie vermuten."[946] Natürlich handelte es sich bei Noonan auch um einen wohlbekannten Schmuggler für die Armee der Konstitutionalisten.[947]

Am 7. Oktober wies BI-Chef Bielaski Agent H. A. Thompson an: "[…] man hofft, einen Spezialagenten in der Nähe der Brücke von Eagle Pass von 16:00 bis 8:00 Uhr zu stationieren und dass sie sich der Schließung der Brücke annehmen."[948] Diese Anweisungen können zwar als feindliche Aktion gegen die Versorgungsmaßnahmen der Konstitutionalisten angesehen werden, es ist jedoch das genaue Gegenteil der Fall. Thompson, der kurz darauf das Justizministerium verließ, um für Sommerfeld zu arbeiten, sorgte dafür, dass der Eagle Pass für die Versorgungstrupps der Revolutionäre praktisch offenstand. Das Außenministerium hatte die oberflächliche Maßnahme nur angeordnet, um die Neutralitätsgesetze zu wahren. Noch im selben Telegramm schrieb Bielaski, das „Außenministerium erhielt Order, man solle Vorkehrungen treffen, die zur Arbeit der

Spezialagenten beitragen, die momentan in Texas und Arizona mit Angelegenheiten der Neutralität beschäftigt sind."[949]

Natürlich war die Verstärkung des wichtigsten Grenzübergangs, über den die *Villistas* ihre Versorgung für die bevorstehenden Schlachten bezogen, mit nur einem Mann ein Witz. Die Tatsache, dass im Oktober kein einziger Agent Eagle Pass oder Piedras Negras bewachte, macht die stillschweigende Unterstützung deutlich, die die US-Regierung Villas Herbstfeldzug entgegenbrachte. An anderen bedeutenden Grenzposten gestaltete sich die Situation nicht anders. Die Regierung ging zwar im Oktober mehreren Waffenlieferanten in Nogales und Douglas im Bundesstaat Arizona nach, diese wurden jedoch allesamt vor Gericht freigesprochen und der Schmuggel ging ungehindert weiter.[950]

Als mächtigster Befehlshaber auf dem Feld, sicherte Villa mit seiner Bitte nach einer einheitlichen Kampftruppe die Unterstützung der meisten Rebellenführer, zuerst Ortega und Contreras und letztlich auch Urbina. Carranza berief Manuel Chao jedoch zum Oberbefehlshaber der Rebellenarmee. Dies war eine politische Entscheidung, denn der Oberste Heeresführer traute Chao mehr als dem unabhängig gesinnten Villa. In einem "Hollywood cowboy movie"-Showdown konnte Villa Chao mit vorgehaltener Pistole dazu bringen, seinen Zustimmung zu dem Oberbefehl der konstitutionalistischen Truppen zurückzuziehen.[951] Die formelle Anerkennung von Villas de-facto Befehlshoheit über die División Del Norte folgte im September, als die Anführer die Konstitutionalisten den mutigen Kommandeur auswählten, die Stadt Torreón einzunehmen, die strategisch gesehen den Schlüssel zur Herrschaft über Nordmexiko darstellte.

In nur drei Tagen hatten die Konstitutionalisten unter Villas Kommando die Verteidigungstruppen von Torreón geschlagen. Nie zuvor hatte Pancho Villa so viele Soldaten in die Schlacht geführt. Seine Armee bestand aus achttausend Mann, inklusive Kavallerie und zwei Kanonen.[952] Emil Holmdahl war bei der Schlacht nicht anwesend. Er hatte sich im März 1913 den Konstitutionalisten angeschlossen. Nach Kämpfen in Sonora wurde der Glücksritter schwer verletzt und verbrachte mehrere

Monate in Douglas im US-Bundesstaat Arizona, um zu genesen. Noch immer „mager und blass [...] aber [...] gut gelaunt“ wurde Holmdahl Anfang November in Villas Truppe aufgenommen.[953]

Torreón entwickelte sich zur bisher größten Schlacht. Villa schickte eine Angriffswelle Kavallerie nach der anderen gegen die dreitausend Verteidiger unter General Francisco Murguía. Endlich, nachdem Villa schon mit dem Gedanken gespielt hatte, die Schlacht abzubrechen, stießen seine Einheiten durch eine Lücke in den Verteidigungslinien in die Stadt durch. Murguía blies hastig zum Rückzug und überließ den Rebellen die Stadt. Villa ist anzuerkennen, dass er eine schlecht vorbereitete Rebellenarmee wirkungsvoll zum Sieg gebracht hatte. Es mangelte an Disziplin und die Ausrüstung ließ zu wünschen übrig. Die Tatsache, dass seine Armee jedoch in der Überzahl war, erlaubte ihm den Gegner frontal anzugreifen. Diese Strategie sollte dem General, der sich sein gesamtes militärisches Wissen selbst beigebracht hatte, viele Siege bescheren, jedoch auch zu seinen vernichtenden Niederlagen führen. Eine gut vorbereitete Verteidigungsmacht mit überlegener Bewaffnung hätte Villas Angriff abwehren können. Dem Kommandeur der Föderationstruppen und seinen Offizieren fehlte es jedoch an Einfallsreichtum und Entschlossenheit, ihren zum Kampf gezwungenen Soldaten zudem an der nötigen Motivation. Die Schlacht von Torreón bot Huerta und seinen Militärs einen kleinen Ausblick in die Zukunft. Zwei Wochen nach der Niederlage entließ Huerta seinen Kriegsminister General Manuel Mondragon, ließ sämtliche Repräsentanten des Abgeordnetenhauses, die unter Verdacht standen, mit den Rebellen zu sympathisieren, verhaften und sagte die Parlamentswahlen, die Ende des Monats anstanden, ab.

Die Schlacht von Torreón wurde zu Villas bedeutendster Trophäe, die ihn auf den Scheitelpunkt seiner Karriere beförderte. Seine Männer erbeuteten schwere Artillerie, eine halbe Million Patronen, gepanzerte Zugwagen, elf Kanonen, darunter das künftige Maskottchen der Division, die 75-Millimeter-Kanone genannt El Niño, hunderte Zugwaggons und geschätzte vierzig Lokomotiven.[954] Von diesem Zeitpunkt an rückte die División del Norte per Zug zu den Schlachtfeldern von Chihuahua City und

Ciudad Juarez an. Villa erzwang zudem Kredite von der Finanzelite Torreóns und den örtlichen Banken. Diese *Beiträge* beliefen sich auf drei Millionen Pesos (bei heutigem Wert etwa 31,5 Millionen US-Dollar). Villa rüstete seinen Bruder Hipolito und Lazaro De La Garza mit 100.000 Pesos in bar aus und schickte sie nach El Paso.

Lazaro De La Garza wurde im texanischen Laredo geboren und hatte zwei Brüder, José and Vidal. Vidal De La Garza, der Sprössling einer alten und bekannten Familie, deren Wurzeln sich bis nach Spanien zurückverfolgen ließen, war der Manger der von den Maderos geführten Unternehmen in Parras, der Stadt in der Francisco Madero aufgewachsen war. Lazaro De La Garza hatte in den Jahren vor der Revolution in Monterrey studiert. Während seiner Zeit in Monterrey besuchte er seinen Bruder Vidal oft in Parras, wo dieser die Geschäfte der Maderos lenkte. Dabei lernte Lazaro die Familie des zukünftigen Präsidenten gut kennen. Francisco Maderos Bruder Emilio zählte zu seinen engsten Freunden. Emilio schloss sich nach dem Mord an seinem Bruder Villas Truppen an und brachte es dort zum General.[955]

Im Vorfeld der Revolution arbeitete Lazaro eng mit den Maderos zusammen und verkaufte Baumwolle und Bergbauprodukte in die Vereinigten Staaten und nach Europa. Hierbei machte der gerissene Geschäftsmann ein beträchtliches Vermögen und besaß schließlich selbst Baumwollentkörnungsbetriebe und Bergbauunternehmen in und um San Pedro. Genau wie die Geschäfte der Brüder Stallforth, so hatte auch die Baumwollindustrie in den Jahren vor der Revolution stark zu leiden. Nach der schweren Dürre von 1909, die die Ernten vernichtete, ließ die Rezession in den USA auch noch die Nachfrage einknicken. Zu Beginn des Jahres 1910 hatten die De La Garzas wie die meisten Mexikaner der Mittel- und Oberschicht den Glauben verloren, dass die alternden Cientificos wie beispielsweise Diaz' berüchtigter Finanzminister, José Ives Limantour, sinnvolle Reformen durchführen würden. Als Francisco Madero den Diktator im Jahr 1910 herausforderte, führte Lazaro De La Garza Torreóns revolutionäre Junta. Während Maderos

Amtszeit arbeiteten Lazaros Brüder für die Maderos und in ihren eigenen Betrieben.

Nachdem Villa Torreón Anfang Oktober 1913 eingenommen hatte, schlugen die Maderos De La Garza als Leiter der neu gegründeten Verwaltung der Hacienda (Finanzen) für die División Del Norte vor. Zusammen mit Francisco Maderos Onkeln, die im Jahr 1913 ihr eigenes Importgeschäft in New York gegründet hatten, kümmerte sich De La Garza in El Paso um die Beschaffung von Waffen für die División Del Norte. Im Jahr 1914 zog er nach New York und arbeitete vom Büro der Maderos in 115 Broadway aus. Er handhabte bis Sommer 1915 die Finanzen von Villas Armee und deren glanzvollem General. Zudem arbeitete er in den Jahren 1914 und 1915 für Sommerfeld und verschleierte finanzielle Unterstützungen deutscher Geldgeber für Villa vor den US-Behörden. Infolge des Sieges schwoll in Mexiko die größte Rebellenarmee ihrer Zeit auf eine Stärke von über 10.000 Kämpfern an und marschierte gefolgt von einem voll ausgerüsteten Lazarettwagen, Güterwaggons voller Küchenausstattung, *Soldaderas*, den Familien von Soldaten und Kochpersonal weiter. Die Kavalleriepferde fuhren in den erbeuteten Viehwagen, die mit Luzerneheu und Getreide beladen waren, und sammelten ihre Kräfte zwischen den Einsätzen. Außerdem gab es mehrere Tankwaggons, die mit Wasser für die Soldaten und Tiere gefüllt waren. Am Ende des Zuges fand man, festgezurrt auf einem Güterwagen und schwer bewacht, die Munition und Artillerie dieser völlig neuartigen und modernen Armee.[956]

Für die Öffentlichkeit in den USA wurde Pancho Villa zur Hauptattraktion des Aufstands gegen Huerta. Zeitungsberichte über die Eroberung von Torreón berichteten von der tollkühnen Attacke der *Villista*-Armee und der anschließenden brutalen Exekution von Fremden und Gefangenen. Villa war landesweit zu einem Prominenten geworden, einerseits wegen seines Images, von dem Stallforth seinen Töchtern in deren Gute-Nacht-Geschichten erzählte, und andererseits wegen seiner Offenheit gegenüber der Presse. Villas Aufstieg von Armut zu Reichtum und Einfluss war genau die Art Geschichte, die die amerikanische

Öffentlichkeit faszinierte. Villa konnte zwar bei der Bestrafung seiner Gegner brutal sein, er wurde jedoch im Amerika als fairer und gerechter Anführer wahrgenommen, besonders weil er sich persönlich für den Schutz amerikanischen Eigentums einsetzte.

Nachdem Torreón genommen war, entschlossen zwei hochgradige amerikanische Idealisten, sich Villas Ritt an die Spitze anzuschließen: Ambrose Bierce und John Reed. Bierce verschwand in den chaotischen Kämpfen im Frühjahr 1914 spurlos. Reed jedoch schrieb seine Erfahrungen in der Mexikanischen Revolution nieder, und sein Buch *Insurgent Mexico: With Pancho Villa in the Mexican Revolution (z. dt. Aufstand in Mexiko: Mit Pancho Villa in der Mexikanischen Revolution)* wurde ein Bestseller. Eine weitere Person, die großen Einfluss auf Villas Beziehungen zu den USA hatte, kommt nach der Schlacht von Torreón zum Vorschein: George C. Carothers, der konsularische US-Agent von Torreón und persönliche Freund von US-Außenminister William Jennings Bryan. Carothers wurde vom Präsidenten beauftragt, Villa zu begleiten, und er wurde zum Sonderbeauftragten des US-Außenministeriums für den Revolutionsführer. Über den Großteil der Jahre 1914 und 1915 waren Carothers und Sommerfeld Villas direkte Verbindung zur US-Regierung. Carothers entwickelte sich letztlich aufgrund seiner Machtposition und der daraus folgenden, zahlreichen Korruptionsvorwürfe, die seinen kurzen Auftritt auf der Weltbühne der Diplomatie begleiteten, zu einer umstrittenen Figur. Dem damals Achtunddreißigjährigen wurde vonseiten mehrerer Berufsdiplomaten scharfe Kritik entgegengebracht. Diese beneideten ihn wegen seines großen Erfolgs und seinem Einfluss auf die Regierung Wilson. Der Historiker Katz zitiert einen französischen Diplomaten, der im Dezember 1914 schrieb:

> [...] sie alle [Wilsons Sonderbeauftragte inklusive Carothers] haben ein gemeinsames Ziel – den Sieg des Anführers, dem sie zugeteilt sind. Sie ähneln Wahlkampf-Managern, die allerorts von Tür zu Tür gehen und für ihren Kandidaten werben. Sie haben alle geheimen Abkommen mit den Führern, denen sie zugeteilt sind, die im Falle eines Sieges für sie

> großen Profit bedeuteten. Sie gehörten noch nicht einmal zur zweiten Garde der US-Politik [...] Mr. Carothers war Vertreter für ein Speditionsunternehmen [...] somit mögen Mr. Wilsons Geheimagenten vielleicht gute Geschäftsmänner für eine Konservenfabrik in Chicago gewesen sein, als Diplomaten in dem großen Drama, das sich in Mexiko ereignet, sind sie jedoch fehl am Platz.[957]

Carothers und die anderen *Amateure*, die Präsident Wilson für Sonderaufträge in Mexiko einsetzte, boten ihren Kritikern sicherlich eine große Angriffsfläche. Was diese jedoch übersahen, war, dass Männer wie Carothers nicht den Auftrag hatten, für die Regierung Wilson Informationen zu sammeln, die als Grundlage für deren Handeln dienten. Carothers wurde für kurze Zeit im Jahr 1914 zu Pancho Villas einflussreichsten Berater und stellte in dieser Stellung sicher, dass die Beziehungen zwischen den USA und Mexiko nicht in Krieg ausuferten. Dieser Gesichtspunkt der Arbeit von Wilsons Vertrauensmännern ging im Lärm der neidischen und selbstgerechten Kritik unter, die viele Historiker als Tatsache übernahmen.

Nachdem Villas Armee ihre Vorräte wieder aufgefüllt und die vielen Rekruten, die ihr zuströmten, aufgenommen hatte, entschied Villa nur wenige Wochen nach Torreón, den Schwung mitzunehmen und die Bundesarmee in Chihuahuas Hauptstadt anzugreifen. Mithilfe der kürzlich erbeuteten Eisenbahn wurden Männer, Frauen und Ausrüstung der División Del Norte bis an die Außenbezirke der Stadt gebracht. Dann, am 5. November, befahl Villa den Frontalangriff auf die zahlenmäßig unterlegenen Verteidiger. Wie schon in Torreón griffen aufeinanderfolgende Wellen von Kavallerieeinheiten die verschanzten Defensivlinien von General Salvador Mercados Bundesarmee und Orozcos Kampftruppe an. Holmdahls Artillerie war damit beauftragt, die Verteidigungslinien „aufzuweichen".

Mercado war jedoch vorbereitet. Er hatte Villas kunstlose Angriffsstrategie studiert. Die Frontalangriffe entwickelten sich für die Angreifer in ein Blutbad, denn Mercado hatte die überlegene Artillerie der Bundestruppen so aufgestellt, dass sie die maximale

Wirkung zeigten und tödliche Maschinengewehre waren in die Verteidigungslinie integriert. Nach drei Tagen der Kämpfe und hohen Verlusten lief Villa Gefahr, die Schlacht zu verlieren. Er ordnete den Rückzug an, der General Mercado nach Mexiko-Stadt berichten ließ: „Mit gebührt die Ehre, euch mitteilen zu dürfen, dass gestern [am 8. November] um 18:00 Uhr der Feind aus seinen letzten Stellungen vertrieben und von unseren mutigen Soldaten zurückgedrängt wurde […]"[958] Villa schien zu zögern, was er als nächstes tun sollte. Den Verteidigern schien es, als habe er den Angriff abgebrochen. Am 11. November jedoch wurden wieder kleinere Gefechte aufgenommen, die dazu führten, dass Mercado einen erneuten Angriff auf die Stadt erahnte.

Was nun geschah, war der vielleicht gerissenste und dreisteste Militärstreich, der seit den Trojanischen Kriegen durchgeführt wurde: Villa täuschte einen erneuten Angriff an, teilte seine Truppen in der Nacht des 13. November und erbeutete zwei Kohlewagen an der Bahnstation von Terrazas zwischen Chihuahua und Juarez.[959] Er ließ die Wagen leeren und eine Elitetruppe, die er die Dorados nannte, bestieg sie anschließend. Die *Villistas* zogen nach Norden in Richtung Ciudad Juarez und weitere Kavallerieregimenter folgten mit etwas Abstand. An jedem Bahnhof auf dem Weg nahmen die Rebellen die Männer an den Telegrafenposten fest. Sie bedrohten sie mit Waffen und zwangen sie, gefälschte Nachrichten an die Garnison in Juarez zu senden.

Die Telegramme besagten, Villa habe die Schienen Richtung Süden zerstört und man benötige dringend Instruktionen, wo man die bedrohten Züge hinschicken solle. Wie erwartet befahlen die Beamten in Juarez den Rückzug nach Norden, wodurch der Weg nach Juarez für die *Villistas* frei wurde, die sich der Stadt ohne Verdacht zu erwecken nähern konnten. In den frühen Morgenstunden des 16. November fuhren die Züge in Ciudad Juarez ein.[960] Als die Türen der Waggons um 2:30 Uhr geöffnet wurden, und Villas Kavallerie die Garnison der Bundestruppen unerwartet angriff, war die Schlacht fast vorüber, bevor sie überhaupt begonnen hatte.[961] Da die *Villistas* nun sowohl von innerhalb der Stadt als auch von außen angriffen, waren die Föderationssoldaten orientierungslos und hatten so keine Chance.

Bei dem Überraschungsangriff gab es kein großes Blutvergießen, und auch im benachbarten El Paso verursachten Querschläger nur einige Löcher in Wänden und zerbrochene Fenster. Villa hatte sich die wichtige Zollstation von Juarez gesichert, über die schwer benötigte Versorgungsgüter aus den USA geliefert wurden.[962] Um 8:00 Uhr morgens wurden die Aufräumtrupps in der Stadt abgezogen und es folgten standrechtliche Exekutionen der Bundesoffiziere, die sich fast eine Woche hinzogen.[963] Zur Empörung der US-Medien und dem Grauen des Außenministeriums ließ Villa etwa 125 Kriegsgefangene, viele von ihnen Anhänger Orozcos, zusammentreiben und gnadenlos erschießen.[964]

Nicht alle Bürger von El Paso stimmten in die lautstarken Forderungen nach Menschlichkeit ein, die Villas Soldaten gewidmet waren. „Zahlreiche Bürger aus El Paso, unter ihnen gut gekleidete Frauen, zog es aus morbider Neugier nach Juarez, wo sie die Leichen angafften und vielleicht das Glück hatten, bei ein oder zwei Exekutionen dabei zu sein.“[965] Einem hochrangigen Offizier erlaubte man die Flucht in die USA: dem Kommandeur der Bundestruppen General Francisco Castro. Villa hatte nicht vergessen, dass sich dieser Offizier für ihn eingesetzt hatte, als er selbst vor Huertas Erschießungskommando gestanden hatte.[966] Villa verschonte zudem die Militärkapelle, weil er mehr Musik für seine Soldaten wollte. Den Musikern und vielen Fußsoldaten der Bundesarmee bot man an, sich der División Del Norte anzuschließen, anstatt erschossen zu werden. Unter diesen Umständen viel ihnen die Wahl sicher nicht schwer.

Die Schlacht von Juarez fand zum gleichen Zeitpunkt statt, zu dem auch General Hugh Lenox Scott das Kommando über den mexikanischen Grenzabschnitt zwischen Fabens in Texas und San Diego in Kalifornien übernahm. Scott war ein Veteran aus dem Spanisch-Amerikanischen Krieg und vormals Leiter der Militärakademie West Point. Die Jahre zuvor hatte er an der Befriedung von Indianerstämmen entlang der Grenze gearbeitet und das 3. Kavallerieregiment in San Antonio kommandiert. Der

General war für seine Härte bei Verhandlungen mit den Häuptlingen der amerikanischen Ureinwohner bekannt, jedoch auch dafür, den richtigen Ton zu treffen und sein Ehrenwort zu halten. Scotts Ruf als passionierter und strenger Offizier sowie seine Erfahrung im Umgang mit philippinischen Rebellen, Stammesoberhäuptern, mexikanischen Revolutionären und dergleichen machten ihn zum perfekten Kandidaten für die Führung des US-Militärs entlang der Grenze zu Mexiko.

Das neue Bild von Pancho Villa auf der ersten Seite der *El Paso Morning Times* nach der Schlacht von Juarez: Anzug und Krawatte, gepflegter Haarschnitt, zivilisiert, amerikanisch[967]

Eine der ersten Amtshandlungen von General Scott als verantwortlicher Kommandeur des Militärs bestand darin, sich um die Querschläger zu kümmern, die jedes Mal, wenn Kämpfe auf der mexikanischen Seite wüteten, zu Schäden auf US-Seite führten. Am meisten betroffen waren die Bürger von El Paso aufgrund der strategischen Bedeutung der Stadt Ciudad Juarez, die gleich am anderen Ufer lag. Es waren jedoch auch die Bürger anderer Grenzstädte bedroht, wie beispielsweise in Laredo (Texas), Eagle Pass (Texas), Presidio (Texas), Columbus (New Mexico), Naco (Arizona) und Nogales (Arizona). Anstatt sich lange mit diplomatischen Lösungen aufzuhalten, ordnete Scott unverzüglich Verteidigungsmaßnahmen an. In El Paso ließ Scott Kohlewagen entlang des Flussufers aufstellen, und platzierte schwere Artilleriegeschütze an strategisch wichtigen Orten, um dem US-Militär zu ermöglichen, schnell und mit Durchschlagskraft zu antworten, sollten weitere Querschläger US-Bürger bedrohen. Scott formulierte dies in seinen Memoiren wir folgt: „Ich war damals bereit zu handeln, und ließ beide Seiten der Auseinandersetzung wissen, dass sie ihre Kugeln auf ihrer Seite des Rio Grande behalten sollten, sonst bekämen sie sie mit Zinsen zurück.“[968]

Den Aufzeichnungen des Generals lässt sich entnehmen, dass dieser Pancho Villa vor seinem Überraschungsangriff auf Ciudad Juarez mitteilte, „El Paso nicht zu gefährden.“[969] Die Nachricht ist nicht in den historischen Überlieferungen dokumentiert, es gibt allerdings auch keinen Grund zum Zweifel an ihrer Existenz. Man erwartete bereits, dass Villa, der sein Lager um Chihuahua City aufgeschlagen hatte, bald weiter nach Ciudad Juarez ziehen würde. Als der Überraschungsangriff am 16. November erfolgte, war Scott hocherfreut: „Villa hat sich meine Warnung [...] sehr zu Herzen genommen. Er eroberte Juarez durch einen brillanten Geniestreich, den man von ihm nicht erwartet hätte. Ein Coup, auf den jeder Soldat stolz wäre [...] Es gab kleinere Feuergefechte am Morgen, Villa hatte aber dafür gesorgt, dass sich die Feuerlinie etwas Fluss aufwärts befand, sodass keine Kugeln über den Fluss nach El Paso gelangten.“[970]

Während Villa seine Kräfte sammelte und eine funktionsfähige Verwaltung in Ciudad Juarez errichtete, wüteten die Kämpfe um die Vorherrschaft in Chihuahua weiter. Der General der Rebellen entschied, die feindliche Armee bei Tierra Blanca zu stellen. Er umging somit der immer größer werdenden Gefahr, von den nachrückenden Truppen der Föderation an der Grenze festgenagelt zu werden, die sich bereits auf dem Weg nach Chihuahua City befanden. Der kleine Bahnhof etwa dreißig Meilen südlich von Juarez bot eine Vielzahl an Möglichkeiten: Indem man das Schlachtfeld von Juarez weg verlegte, nahm man Huertas Truppen die Möglichkeit einen Grenzzwischenfall zu provozieren, indem man nach El Paso feuerte. Zudem hatten es die Föderalen aufgrund des sandigen Terrains schwerer, ihre schweren Geschütze zu postieren. Am 23. November griffen die Bundestruppen unter General José Ines Salazar die *Villistas* an, die sich verschanzt hatten. Typisch für Villas unausgereifte Planung war, dass „er über keine Reserven verfügte, keine übergeordnete Strategie und nicht einmal eine wirkliche Taktik; später stellte sich heraus, dass er die Bewegungen seiner zahlreichen Kommandeure nicht aufeinander abgestimmt hatte."[971]

Nach allen militärischen Standards hätte die Schlacht zu einem klaren Sieg der Bundesarmee führen müssen. Eine Zeit lang sah es ganz danach aus. Den *Villistas* ging langsam die Munition aus, sie waren überflügelt worden und standen am Rande einer Katastrophe. Durch die Kombination aus Villas wagemutigen Angriffen auf die Stellungen der Bundesarmee, die er selbst anführte, und unglaublichen Fehlentscheidungen von General Salazar, konnte die Katastrophe jedoch abgewendet werden. Villa führte dreihundert Kavalleristen in die Feuerlinie und konnte so die Bundessoldaten zurückdrängen. Rudolfo Fierro, Villas wahnwitziger Scharfrichter und Waffenbruder, schickte eine *máquina loca*, eine mit Sprengstoff beladene Lok, mitten in die Linien der Bundesarmee.[972] Die gewaltige Explosion ließ die nichtsahnenden Bundessoldaten in Panik auseinanderlaufen und nach Deckung suchen. Jetzt kam Holmdahls Artillerie zum Einsatz. Sie schlug eine Bresche in die feindlichen Linien. Es folgte ein grauenvolles Abschlachten, in dem „mehr als tausend"

Orozquistas den Tod fanden, obschon sie weiße Flaggen hoben.[973] Die entscheidende Schlacht um Chihuahua endete am Abend des 25. November in einer riesigen Fiesta.

Salazar floh nach Ojinaga, um dort seine letzte Schlacht zu schlagen. Bei ihm war Holmdahls alter Kamerad aus den Tagen in Mittelamerika und der Madero-Revolution: der MG-Schütze Tracy Richardson. Die Generäle Mercado und Orozco zogen sich mit den verbleibenden Soldaten Chihuahua City am 29. November zurück und retteten sich ebenfalls nach Ojinaga. Am 8. Dezember übernahm Villa die Kontrolle über Chihuahuas Hauptstadt. Sommerfelds Bekannter aus dem *Club Bohemia*, der Kaufmann Federico Moye übergab dem General der Rebellen den Schlüssel zur Stadt. Die Bundessoldaten, die zurückgelassen wurden, um die Ordnung zu bewahren, schlossen sich dankbar Villas Truppe an. Villa war nun wahrhaftig der Herrscher über Chihuahua und der mächtigste Militärkommandeur der Mexikanischen Revolution. Zum ersten Mal in seinem Leben übernahm er ein politisches Amt. Er wurde einen Monat lang zum Gouverneur von Chihuahua. „Zuerst übernahm ich das Amt des Gouverneurs, um den Publikumsverkehr anzuregen. Nach zwei Wochen jedoch übergab ich es an General Chao, wie es Carranza angeordnet hatte, und widmete mich ausschließlich militärischen Angelegenheiten."[974]

Bereits seit Porfirio Diaz Mexiko-Stadt verlassen hatte, waren die Macht und das Kapital von General Luis Terrazas, dem Besitzer der größten Ländereien in Chihuahua und einem der reichsten Männer in der Geschichte Mexikos, den Revolutionären ein Dorn im Auge gewesen. Terrazas hatte den Orozco-Aufstand finanziert, angeblich bei dem Plan, Gouverneur Abraham Gonzales zu ermorden, mitgewirkt und versorgte die Interventionisten im US-Senat unter Senator Fall im großen Stil mit Fehlinformationen. Auch Huerta soll finanzielle Zuwendungen von Terrazas erhalten haben. Niemanden in der konstitutionalistischen Bewegung ärgerte Luis Terrazas mehr als Pancho Villa. Während andere Rebellen Vieh beschlagnahmten und die Geschäfte der Haziendas besetzten, entwickelte Villa die Zerstörung von Terrazas' Reichtum zu einer Kunstform. Er plünderte öffentlich Banken und trieb zehntausende von Terrazas'

Rindern nach Amerika, um sie dort zu verkaufen. Das Verhältnis zwischen Terrazas und Villa war nicht nur geprägt von Verachtung, Respektlosigkeit und blankem Hass: Zwischen ihnen herrschte Krieg! Die Geschehnisse im Dezember 1913 waren der erste Beweis für die Tatsache, dass Villa im Begriff war, diesen Krieg mit Links zu gewinnen.

Als Villa Chihuahua City eroberte, musste Luis Terrazas sich mit dem Großteil seines Clans in den USA in Sicherheit bringen. Eine der ersten Taten Villas bestand darin, die Banco Minero gänzlich zu plündern. Als die *Villistas* kamen, um die Bank auszurauben, machten sie eine bemerkenswerte Entdeckung: Luis Terrazas Junior, der Sohn des Hacendados und Direktor der Banco Minero, war zurückgeblieben, um seine Mutter und den Rest der Familie sowie die Bank zu schützen. Blanker Irrsinn oder eine vollkommen übertrieben Selbsteinschätzung hatten den jungen Terrazas zu der Überzeugung gebracht, Villa würde ihn nicht anrühren.

Kurz bevor die *Villistas* ihn schnappten, nahm er Zuflucht im britischen Konsulat. Villa, der sich entweder der Rechtslage und der daraus folgenden Immunität, unter der diplomatische Missionen standen, nicht bewusst war, oder sich aber schlicht nicht um britische Sympathien scherte, befahl die Gefangennahme des Milliardärssohnes. Der britische Konsul protestierte vehement, doch die *Villistas* holten ihn mit Gewalt. Villa war durch einen anderen Direktor der Banco Minero zu Ohren gekommen, dass aus dem Tresorraum eine große Menge Gold genommen und versteckt worden war. Nach ein paar Stunden leichter Folter und einer getürkten Exekution gab Terrazas das Geheimnis preis. Das Gold war in der Bank in einer Säule versteckt. In welcher, wusste er nicht. Raul Madero, der mittlerweile General bei den *Villistas* war, und Villas Sekretär Luis Aguirre Benavides, fanden letztlich den Schatz: 600.000 Pesos in Gold (bei heutigem Wert etwa 6,3 Millionen US-Dollar).[975] Ein zweites Mal in der Geschichte war die Banco Minero in Chihuahua City zu Hauptbühne der Mexikanischen Revolution geworden. Wohin das Gold letztlich gebracht wurde, blieb Villas Geheimnis. Schatzsucher, allen voran der Glücksritter Emil Holmdahl, sollten jahrzehntelang nach dem berühmten Gold suchen. Sie blieben erfolglos.

Die internationale Gemeinde in Mexiko-Stadt und anderswo hielt den Atem an, denn man erwartete, dass der impulsive Revolutionär den Sohn des Milliardärs mit Vergnügen exekutieren lassen würde. Die Welt unterschätzte jedoch Villas Verstand. Eine alte Cowboy-Lehre besagt: „Hat man das Kalb gefangen, geht die Kuh nicht mehr weit.“[976] Luis Terrazas Jr. wurde Villas Gefangener – fast zwei Jahre lang. In Anbetracht der misslichen Lage, in der sich sein Sohn befand, verhielt sich dessen Vater Villa gegenüber äußerst vorsichtig. Im Verlauf des folgenden Jahres nahm Villa mehr als sechs Millionen Morgen Land von Terrazas in Beschlag, wozu auch die größten Viehherden im Norden Mexikos gehörten. Der besorgte Vater handelte einen Deal mit Villas Sekretär Silvestre Terrazas (nur entfernt mit Luis Terrazas verwandt) und seinem Finanzminister Lazaro De La Garza aus, der der Beschlagnahmung Rechnung trug und ihm einen Teil der Verkaufserlöse seines Landes und seiner Viehherden sicherte.[977]

Ein weiteres wohlbekanntes Mitglied der Gesellschaft von Chihuahua City brachte sich in Kalifornien in Sicherheit, noch bevor Villa in die Stadt einzog. Otto Kueck, Sommerfelds Verbindungsmann zur deutschen Botschaft, hatte sich durch einen Brief verraten, der in Villas Hände gelangte. Der Inhalt des Briefes ist unbekannt, jedoch sagte Sommerfeld im Jahr 1918 aus: „Wir hatten herausgefunden [...]“, was darauf schließen lässt, dass Sommerfeld ein Teil des Teams war, das Kuecks Untergang einfädelte.[978] Man lastete Kueck an, dass Huerta-Regime unterstützt zu haben. Bedenkt man, dass die Truppen von Pancho Villa den Hauptsitz von Ketelsen and Degetau im Jahr 1911 geplündert und niedergebrannt hatten, besteht die Möglichkeit, dass der deutsche Geschäftsmann den Glauben an die revolutionäre Sache verloren hatte. Sommerfeld erwähnte auch Spannungen zwischen Otto Kueck und dem amerikanischen Konsul Marion Letcher, dem dieser angeblich „starke antiamerikanische Gefühle“ entgegengebracht hatte.[979] Jedenfalls überließ der deutsche Konsul sein Amt einem anderen

Angestellten von Ketelsen and Degetau, Ernst Goeldner. Kueck kam nie zurück in seine Heimat und verstarb am 19. März 1915 in Los Angeles an einem Herzinfarkt.[980]

Ende des Jahres zog das letzte verbleibende Bollwerk der Bundesarmee in Chihuahua Villas Aufmerksamkeit auf sich. Ganz Sonora war nun fest unter der Kontrolle der Konstitutionalisten, Carranzas Heimat stand kurz vor dem Fall, und Zapata konnte im Süden wichtige Siege erringen. Der Kampf um Ojinaga unterschied sich von den bisherigen Schlachten, die die División Del Norte im Jahr 1913 geschlagen hatte. Villas Armee konnte mittlerweile nur noch als furchterregend beschrieben werden. Sie war auf über 20.000 Mann angewachsen. Felipe Ángeles, der ehemalige Leiter des Colegio Militar in Mexiko-Stadt und Brigadegeneral unter Präsident Madero, hatte die Verantwortung über Villas strategische Planung und den Einsatz der Artillerie übernommen. Die Macht der Rebellenarmee war vom richtigen Einsatz der Artillerie abhängig. Ähnlich dem Maschinengewehr, das die Militärstrategie in den ersten Jahren der Revolution maßgeblich beeinflusst hatte, wurde jetzt der taktische Gebrauch immer treffsicherer Geschütze zur Unterstützung von Kavallerieangriffen zum Herzstück einer durchdachten Militärstrategie.

Die Bundestruppen verfügten über eine starke Artillerie, die sie sehr effektiv als Verteidigungswaffe einsetzte. Kurz vor Beginn der Revolution hatte der ehemalige Kriegsminister unter Porfirio Diaz, General Manuel Mondragon, die Armee mit den neuesten Geschützen ausgerüstet, wobei es sich hauptsächlich um 75mm- und 100mm-Kaliber Schneider-Canet-Kanonen aus Frankreich handelte. Die neuen Feldgeschütze konnten zwanzig Schuss pro Minute mit einer großen Genauigkeit abfeuern. Jede Ladung beinhaltete 7,2 kg Schrapnell. Zwar jubelten die Rebellen, wann immer sie eines dieser Geschütze erbeuteten, niemand wusste jedoch, wie man diese wirkungsvoll einsetzte. Ausländer wie Arnold Krumm-Heller, Emil Holmdahl und Franz Wachendorf alias Horst von der Goltz mussten die Artillerieeinheiten anführen. Der Einsatz von Kanonen und Feldgeschützen in einer mobilen Armee, die über weiches und feuchtes Terrain angriff, erforderte ein ganz neues Kompetenzniveau. Felipe Ángeles, der in Frankreich mehrere Jahre mit dem Studium moderner Kriegstechniken verbracht hatte, verwandelte Villas Artillerie in eine effektive und tödliche Angriffswaffe. Die Feldgeschütze wurden in Vierergruppen zu Schnellfeuerbatterien aufgestellt. Diese konnten fünfzig bis dreiundsiebzig Prozent einer angreifenden Kavallerie ausschalten, mit nur achtundfünfzig Schuss aus 1,5 Meilen eine sechs Fuß Breite Bresche in ein solides Mauerwerk schlagen und die dahinter verschanzte Infanterie vernichten.[981]

Der Rebellentruppe schlossen sich auch John Reed und Ambrose Bierce, zahlreiche Fotojournalisten, eine Filmcrew der Mutual Film Company unter der Leitung von Frank N. Thayer an.[982] David Lawrence, Sommerfelds Kollege aus seiner Zeit bei AP News, fungierte als eingebetteter Reporter in Villas Generalstab. Der Rebellengeneral war zu einem Rockstar geworden. Als sich seine Armee vor den Toren von Ojinaga sammelte, hegte niemand auch nur den Hauch eines Zweifels, wer den Sieg davontragen würde. Rebelleneinheiten unter Pánfilo Natera und Toribio Ortega verließen Chihuahua City mit dreitausend Mann. Die Schlacht von Ojinaga begann am Neujahrstag des Jahres 1914, als General Ortega die Grenzstadt umstellte. Villa beschrieb die ersten Gefechte: „[...] der Feind griff an, zerstörte ein Artilleriegeschütz, forderte viele Opfer und zwang uns zum Rückzug. Am nächsten Tag ging die Schlacht weiter, und der Feind tötete 200 Männer. Am nächsten Tag erschien die Kavallerie des Feindes unterstützt durch Artilleriefeuer. Es kam zu einer wütenden Auseinandersetzung, die in einem großen Blutvergießen endete, und obwohl sich der Feind getrieben durch die Angriffe unserer Soldaten und der Servin-Kanone zurückzog, ließ Ortega das Feuer während der Kämpfe einstellen, 80 unserer Männer fielen und weitere 130 wurden gefangen genommen. Señor! Unsere Truppen sahen dabei zu, wie sich der Feind zurückzog, ohne dabei Schaden oder Verluste zu erleiden, und die 130 Gefangenen wurden in Ojinaga erschossen."[983]

General John J. Pershing, der den Befehl über die Schutztruppen hatte, die für die Sicherheit der Bürger im texanischen Presidio am anderen Ufer des Rio Bravo sorgten, hatte den Kommandeuren der Rebellen unmissverständlich eingebläut, dass es zu schwerwiegenden Konsequenzen kommen würde, sollten Kugeln auf der amerikanischen Seite der Grenze einschlagen. Betrachtet man das Terrain, so schränkte diese Anforderung die Bewegungsfreiheit der sich gegenüberstehenden Mächte doch merklich ein. Wann immer die Rebellen voranschritten, würden sich die Bundestruppen an die Grenzlinie zurückziehen, was dazu führte, dass Querschläger in Presidio einschlugen. Manchmal feuerten die Bundessoldaten auch einfach in Richtung USA, um den Ansturm des Feindes aufzuhalten.

Die Situation in Ojinaga wurde überraschend unschön. Die Generäle Ortega und Natera zerwarfen sich über Angriffsstrategien, während die Föderalisten ihre kombinierten Angriffe mit Artillerie und Kavallerie sehr wirkungsvoll einsetzten und den *Villistas* große Verluste zufügten. Sehr zu Villas Ärger schienen sich die Bundestruppen auf der anderen Seite der Grenze zu versorgen. In Ciudad Juarez schickte der unruhig gewordene Villa Sommerfeld, um die Versorgungslinie des Feindes zu unterbrechen. Sommerfeld hatte BI-Agent John Wren bereits am 23. Dezember beauftragt, nach .30-40-Krag-Patronen Ausschau zu halten. Die Agenten durchsuchten das GH- und SA-Depot, fanden jedoch nichts.[984] Am 7. Januar trat Sommerfeld erneut auf Agent Wren zu, diesmal mit präziseren Informationen bezüglich der Quelle der Munitionslieferungen an die Bundestruppen in Ojinaga. Laut Sommerfeld war die Munition in Alfalfa-Ballen versteckt.[985]

Nach zehn Tagen der Kämpfe, ohne die feindliche Armee verdrängt zu haben, hatte Villa genug. Mit großem Trara verließ er Chihuahua am 8. Januar und begab sich ein paar Tage später mit einer Verstärkung von neunhundert weiteren Soldaten wieder aufs Schlachtfeld.[986] Der Angriff begann wieder am 11. Januar. „Am nächsten Tag diktierte ich die folgenden Befehle für den Angriff: man solle die Soldaten in drei Abteilungen aufteilen; im Süden Hernandez und José Rodriguez mit achthundert Mann, unterstützt durch Servins Artillerie; auf der Rechten, das heißt im Osten zwischen dem Conchos und dem Bravo, mein Hauptquartier und neunhundert Männer unter Trinidad Rodriguez und Herrera; an der Linken, Toribio Ortega mit siebenhundert Männern und Hilfstruppen aus San Carlos unter Chavarría."[987]

Villas Führung führte zum Sieg. Nach schweren Kämpfen, die eine Stunde und fünf Minuten andauerten, entschlossen die Bundestruppen und Orozcos Kampftruppe, sich in den Vereinigten Staaten in Sicherheit zu bringen.[988] Die Generäle Mercado, Salazar und Orozco sollten einen weiteren Kampf erleben. Mercado wurde Gefangener in Fort Bliss, Orozco und Salazar tauchten auf dem Land unter. Am 12. Januar traf General John J. Pershing zum ersten Mal mit Villa zusammen und schüttelte dem Revolutionär durch den Grenzzaun die Hand. Pershing und die US-Kavallerie hatten alle Hände voll mit den geflohenen Bundessoldaten zu tun, die sich auf „3.352 Offiziere und Männer sowie 1.607 Frauen" beliefen.[989] Sie alle mussten ernährt, bewacht, nach Fort Bliss gebracht und dort einquartiert werden.

Sommerfeld und seine Leute an der Grenze machten gnadenlos Jagd auf José Ines Salazar und Pascual Orozco. Salazar wurde bald eingefangen und in Haft gebracht. Orozco verfügte jedoch über ein besseres Netzwerk. Als gesuchter Mann sowohl in Chihuahua als auch in den USA versteckte sich Orozco so gut er konnte. Huertas Konsul in El Paso, Miguel Diebold, brach plötzlich nach San Antonio auf. Sommerfeld lag mit seiner Vermutung richtig, dass Diebold Orozco half. Der deutsche Agent erlangte am 19. Januar Kenntnis darüber, dass sich Orozco in „Hot Wells oder Mineral Wells, nahe San Antonio" aufhielt.[990] Am gleichen Tag bestätigte Agent Daniel in Marfa Orozcos dortige Anwesenheit.[991] In derselben Nachricht berichtete Agent Daniel, dass der britische Hacendado William Benton vom Aufenthaltsort Orozcos wusste. Das BI in El Paso bat Sommerfeld, der Benton kannte, diesen zu befragen. Benton wusste einige Dinge über Orozco, der am 15. im texanischen Ort Shafter mit einem Freund gesprochen hatte, konnte aber nicht bestätigen, ihn dort gesehen zu haben.[992] Sommerfeld sorgte dafür, dass Diebold wegen Verschwörung angeklagt und festgenommen wurde.[993] Orozco entkam trotz der gemeinsamen Bestrebungen der US-Justiz und

Sommerfelds Organisation. Er sollte noch mehrere weitere Verschwörungen miterleben, wurde jedoch schließlich zusammen mit einigen Kameraden von einem Suchtrupp auf der Flucht vor den US-Behörden am 30. August 1915 erschossen.

Kapitel 17

Villa erreicht Platzreife

Am 2. Februar 1914 begleiteten Wachen einen Mann aus Pancho Villas Haus in Ciudad Juarez, verbanden ihm die Augen, stellten ihn an eine angrenzende Wand und exekutierten ihn. Der Mann war Francisco I. Guzman. „Zuerst wurde versucht, die standrechtliche Hinrichtung von Guzman zu vertuschen, Ermittlungen wegen einer Blutlache in Villas Hof brachten die Tatsache jedoch ans Licht.“[994]

Guzman war in geheimer Mission zu Villa gekommen. Felix Diaz, den Huerta nach dem Sturz von Präsident Madero auf Eis gelegt hatte, wollte wieder zurück ins Spiel. Er schickte Boten zu Villa und unterbreitete ihm so den Vorschlag, sich von Carranza abzuwenden und sich stattdessen mit ihm zu verbünden. Anfang Januar 1914 schickte Diaz zuerst José Maria Bonales Sandoval, einen Anwalt, der sich für Villa eingesetzt hatte, als dieser sich im Gefängnis befand. Das Treffen fand jedoch nie statt. Sommerfeld hatte Bonales Sandoval gedroht, ihn erwarte „ein herzlicher Empfang“ bei seiner Ankunft in Mexiko.[995] Der deutsche Agent schrieb am 29. Januar an Sherburne Hopkins: „Wir alle warten gespannt auf Bonales Sandoval, und wenn er die Grenze nach Mexiko übertritt, werden wir ihm einen Empfang bereiten, den er noch nie zuvor bekommen hat. Es handelt sich um einen speziellen Freund von mir, und ich bin bereit, ihm ein heißes Begrüßungsgeschenk zu machen [...]“[996] Die „spezielle Freundschaft“ rührt daher, dass Bonales Sandoval in den Aufstand von General Reyes gegen Madero im Jahr 1912 verwickelt war, bei dessen Niederschlagung Sommerfeld mithalf. Bonales Sandoval kam jedoch davon, nachdem ein Richter in den Vereinigten Staaten seine Freilassung bewirkt hatte. Der Anwalt, der ständig Ärger zu haben schien, diente dann unter Felix Diaz in dem Staatsstreich, der zu Maderos Tod führte.

Im Zuge seiner jüngsten Mission wartete er in El Paso bis 20. Januar ab und kehrte dann zu Felix Diaz nach Havanna zurück.[997] Aus unbekannten Gründen entschied sich Diaz, einen zweiten Boten zu entsenden, Francisco Guzman, um Villas Bereitschaft, sich von Carranza abzuwenden, auszuloten. Am Nachmittag des 2. Februar war spätestens klar, was Villa von diesem Vorschlag hielt. Sandoval sollte es letztlich nicht viel besser ergehen, sein Tod sollte nur etwas später folgen. Diaz schickte ihn nämlich im Herbst des Jahres 1914 ein zweites Mal mit einem ähnlichen Vorschlag zu Villa. Diesmal hatte er Villas Geduld überschätzt. Auch Sandoval starb durch ein Erschießungskommando.[998]

Journalisten und das US-Außenministerium beobachteten mit wachsender Besorgnis, wie brutal Villa mit Menschen umging, die im Verdacht standen, Verräter an der konstitutionalistischen Sache zu sein. Silvestre Terrazas, Villas Finanzminister, führte eine schwarze Liste, die er regelmäßig aktualisierte. Die Liste trug den Namen „Lista de los enemigos del pueblo." (zu Deutsch: Liste der Staatsfeinde)[999] Den Männern, deren Namen auf der Liste stand, wurde wie auch anderen, die im Verdacht standen, dem Feind zu helfen oder diesen zu begünstigen, keine Gnade gewährt. Bei Guzman handelte es sich um einen weiteren Feind, der in diesem Sinne seiner „gerechten" Strafe zugeführt wurde. Carranza hatte im Jahr 1913 angeordnet, dass „[...] jeder, der am Sturz Maderos aktiv beteiligt war, getötet werden muss."[1000] Sandoval, Guzman und andere Männer auf der Gehaltsliste von Felix Diaz fielen unter diese Definition. Die Hinrichtungen hatten eine gesetzliche Grundlage. „Carranza übernahm die volle Verantwortung für die Exekutionen und erklärte, er habe das Gesetz von Juarez vom 25. Januar 1862 wieder aufgenommen, demnach alle, die sich im Kampf gegen die rechtmäßige Regierung Mexikos befanden, exekutiert werden sollten."[1001]

Nachdem Villa im November die Kontrolle über Ciudad Juarez übernommen hatte, etablierte Brigadegeneral Hugh Lenox Scott, der Kommandeur der 2. Kavalleriebrigade in Fort Bliss, rasch ein gutes Verhältnis mit dem Rebellenführer. Die meisten Militärs der Zeit, ob Deutsche, Amerikaner, Franzosen oder Briten, hielten Villa und viele weitere Mitglieder der Revolutionärsgarde für halb gezähmte Bestien. Scott hatte ein ähnliches Bild von Villa, sah in ihm jedoch auch einen Mann, der mit etwas Nachhilfe ein verlässliches und fähiges Staatsoberhaupt für Mexiko abgeben würde. Im Gegenzug schätzte Villa an Scott dessen ehrliche, direkte und sachliche Herangehensweise. General Scott nahm den Verlauf der Schlacht von Juarez zum Beweis dafür, dass Villa letztlich mit den amerikanischen Militärführern kooperieren würde. Um seine Anstrengungen zu unterstützen, plante Scott, den mexikanischen Rebellenführer aus seiner „primitiven Welt“ zu lenken und ihn in der „Zivilisation“ einzuführen:

> Es gibt nichts, das Männer wie Villa so sehr schätzen wie ehrliche, direkte und entschiedene Standpunkte, so geschmacklos diese auch sein mögen. Wie Kinder oder Hunde wissen diese primitiven Menschen genau, mit wem sie es zu tun haben, und lassen sich ebenso beeindrucken...Villa sprach kein Englisch und nachdem wir einander vorgestellt worden waren, sagte ich zu ihm ‚Zivilisierte Leute halten sie für einen Tiger oder einen Wolf.‘ ‚Mich?‘ äußerte er sichtlich überrascht. ‚Ja,‘ sagte ich ihm ‚sie.‘ ‚Wieso ist das so?‘ fragte er. 'Naja, wegen der Art, wie sie verwundete und wehrlose Gefangene töten. Ließen sie nicht letztens in Casas Grandes hundertfünfundzwanzig unbewaffnete Gefangene töten?‘ ‚Ja, aber das waren doch Feinde!‘ rief er, als wäre das eben, was man mit Feinden so machte. ‚Sehen sie‘ sagte ich, ‚Zivlisierte Menschen tun so etwas nicht. Sie erzielen mit solchen Aktionen nur, dass sie zivilisierte Menschen verfluchen.‘ Er antwortete: ‚Gut, ich will alles tun, was sie mir sagen.‘ ‚Dann hören sie damit auf!‘ sagte ich ihm. ‚Sie schaden damit nur ihrer eigenen Sache, in den Köpfen aller Ausländer.‘ Ich gab ihm ein kleines Büchlein, dass mir General Wood hatte zukommen lassen, und das vom Generalstab der British Army herausgegeben wurde. Es enthielt einen Leitfaden für den Umgang mit Gefangenen und eroberten Völkern. Er ließ es ins Spanische übersetzen, verteilte es an seine Soldaten und ließ sich selbst so sehr davon überzeugen, dass er die nächsten viertausend Gefangenen, die ihm in die Hände fielen, nicht

tötete. Dies zeigt, dass er für gute Einflüsse empfänglich ist, auch wenn das nur vorübergehend war.[1002]

Villa wurde in Bezug auf die Hinrichtung von Gefangenen tatsächlich etwas nachsichtiger. Dies geschah jedoch mit sehr großer Wahrscheinlich nicht, weil er eine neue menschliche Seite an sich entdeckte, sondern aus rein strategischen Gründen. Er brauchte das Wohlwollen der US-Regierung. In einem Brief an General Scott vom 12. Februar 1914 schrieb Villa, wie beeindruckt er von Scotts kollegialer Einstellung war:

C. Juárez, Febrero 12 de 1914
Hochverehrter Sir:

Es bereitet mit große Freude, sie in diesen Zeilen achtungsvoll begrüßen zu dürfen und ihnen meine wärmsten Glückwünsche für die Klugheit und Arbeit der Truppe unter ihrer Führung und der Führung der Bundesbehörden in El Paso auszusprechen, die gegen die Kriminellen vorgegangen ist, die vorhatten, auf unserem Staatsterritorium Plünderungen durchzuführen und Ordnung und Frieden zu stören, die glücklicherweise im Bundesstaat Chihuahua herrschen.

Ich möchte Ihnen meine Dankbarkeit aussprechen für die Anstrengungen und den guten Willen, den sie in der gerechtfertigten Verfolgung der entarteten Söhne gezeigt haben, welche geblendet von einer krankhaften Leidenschaft versuchten, Schaden und Misskredit über unser Vaterland zu bringen. Sie wissen, ich stehe voll und ganz zu Ihren Diensten, und es wäre mir eine ganz besondere Freude, Ihnen zu dienen und zu helfen wo ich kann, dass Sie als Befehlshaber über die US-Truppen in dieser Gegend gezeigt haben, dass Sie ein sehr netter Mann von Aufrichtigkeit und Intelligenz sind. Ich hoffe, die Gelegenheit wird sich ergeben, sodass ich Ihnen zeigen kann, wie sehr ich die Fairness und Energie der Regierung der Vereinigten Staaten im Umgang mit unserem unglückseligen Vaterlande schätze.

Ich spreche nochmals meine hochachtungsvollen Grüße aus und nutze die Gelegenheit, mich für Ihre Aufmerksamkeit zu bedanken,

Francisco Villa[1003]

Im Großen und Ganzen waren amerikanische, britische oder deutsche Bürger von standrechtlichen Exekutionen ausgenommen. Das bedeutete jedoch nicht, dass Ausländer in Mexiko, insbesondere Spanier und Chinesen, nicht zum Opfer von Raub, Erpressung, Entführung oder Mord wurden. Zur Erleichterung der jeweiligen Regierungen blieben Staatsangehörige der westlichen Großmächte jedoch normalerweise von solchen Menschenrechtsverletzungen verschont. Von Beginn der Revolution im Herbst 1910 an wurde, mit Ausnahme der vielen Söldner aus dem Ausland, nur ein einziger ausländischer Kämpfer öffentlich hingerichtet: Der Glücksritter und berühmte MG-Schütze Thomas Fountain, der den gnadenlosen Orozquistas in die Hände viel. Im Grunde hatte keiner der Revolutionsführer ein Interesse an internationalen Zwischenfällen, da sie alle auf Waffenlieferungen und die Unterstützung aus den USA und Europa angewiesen waren.

Allerdings führte die breite Definition des Begriffes *Feind* sowie der Mangel an ordentlichen Gerichtsverfahren und die scheinbar uneingeschränkte Macht der División Del Norte innerhalb ihres Territoriums dazu, dass letztendlich die Tötung des ein oder anderen Amerikaners, Briten oder Deutschen von vornherein feststand. Wie die Exekution von Guzman sowie vieler anderer zeigte, spürte Villa, dass weder eine Autorität in Mexiko, noch eine fremde Regierung über Mittel verfügte, seiner Macht etwas entgegenzusetzen. Zwar ließ Villa Ausländer normalerweise in Ruhe, er hatte jedoch schon immer die Entschlossenheit der Mächte in Europa auf die Probe gestellt. Er tötete und vertrieb zahlreiche spanische Staatsbürger aus seinem Gebiet, ohne dafür irgendwie belangt zu werden. Chinesische Staatsbürger, von denen tausende von den *Villistas* zusammengetrieben und erschossen wurden, hatten schlicht keine diplomatische Vertretung in Mexiko. Bei der Verhaftung von Luis Terrazas Jr. im britischen Konsulat sorgte Villa wissentlich für einen internationalen Zwischenfall. Abgesehen von anfänglicher Empörung geschah jedoch nichts weiter.

Villa trieb dieses Spiel immer weiter. Er wollte ausloten, wie weit er gehen konnte, bevor man im Ausland Schritte gegen ihn unternahm. Er vertrieb den deutschen Konsul aus Chihuahua mit dem Resultat, dass die Deutschen einen neuen ernannten. Tatsächlich bezeichnete man auf Silvestre Terrazas' Liste der „Feinde" sämtliche deutsche und französische Gemeinden von Chihuahua als „*Orozquistas* und *Huertistas* [, die] mit viel Geld bei der Ausstattung ihrer Kampftruppen behilflich waren."[1004] Die finanzielle Unterstützung galt jedoch nicht Huerta, sondern dem Erhalt ihrer eigenen Häuser, Geschäfte und Lebensgrundlagen. Nach der Schlacht von Ojinaga in den ersten Tagen des Jahres 1914, war Villa zur stärksten Macht in Mexiko geworden sowie zum Herrscher über Chihuahua und Oberhaupt der Regierung.

Am 17. Februar wurde der Viehzüchter William S. Benton bei Villa vorstellig und traf diesen in dessen Haus in Ciudad Juarez. „[...] Benton stammte aus Aberdeenshire in Schottland und war ungefähr 45 Jahre alt [er war tatsächlich 54]. Er war im Alter von 25 Jahren nach Mexiko gekommen und arbeitete in Nordmexiko als Minenarbeiter, Viehzüchter und Edelmetallprüfer. Schließlich ließ er sich langfristig auf der Hacienda Los Remedios in der Nähe von Santa Rosalia im Bundesstaat Chihuahua nieder...In Chihuahua heißt es, er habe 100.000 Morgen Land zum Preis von 1,25 US-Dollar pro Morgen gekauft. Das war seine Hazienda, und da er sie weiter ausgebaut hat, liegt der geschätzte Wert jetzt bei 1.000.000 US-Dollar."[1005]

Der Grund für Bensons Besuch bei Villa stand im Zusammenhang mit einer kürzlich erlassenen Anordnung, die besagte, dass die Besitzer großer Haziendas ihre Zäune abreißen mussten. Dafür gab es vielerlei Gründe. Die Einzäunung von Land war in den abgelegenen Regionen des amerikanischen Südwestens und im Norden Mexikos nie Brauch gewesen. Das Vieh wurde gebrandmarkt und konnte somit frei umherlaufen, bis es von Cowboys zusammengetrieben und auf den Markt gebracht wurde. Kleinere Viehzuchtbetriebe schlossen Verträge mit den großen Haziendas, die ihnen gestatteten, ihr Rinder frei laufen zu lassen. Im Gegenzug arbeiteten sie als *Vaqueros* (Cowboys) bei den großen Viehtrieben im Herbst. Zäune führten unter anderem dazu, dass die Tiere nicht mehr selbst nach Wasser suchen konnten. Dies hatte zur Folge, dass die Ranch-Besitzer, die es sich leisten konnten, ihre eigenen Brunnen graben ließen, während die kleineren Betriebe vom Wasser abgeschnitten waren. In Texas und dem amerikanischen Südwesten kam es aufgrund von Umzäunungen aus Stacheldraht letztlich zu den sogenannten *Range Wars*, bei denen kleinere Viehbetriebe Zäune durchschnitten, um die traditionellen Weidegründe zu erhalten. Dennoch wurde dort um die Jahrhundertwende das Einzäunen von Weideland zur Regel. Nicht aber in Mexiko. Benton, der seine Ranch mit Stacheldraht umzäunt hatte – inklusive ehemalig öffentlichem Land – hatte so die kleineren mexikanischen Viehzüchter in seiner Umgebung gegen sich aufgebracht.[1006]

Villa entschied gleich nach seinem Amtsantritt im Sinne der kleineren Farmer und ordnete an, dass die Zäune verschwinden mussten. Hacendados wie Benton fürchteten nun aus gutem Grund, dass ihre Tiere jetzt gestohlen würden, wie dies auch mit Terrazas' riesigen Herden geschehen war. Laut dem Historiker Friedrich Katz wollte Benton Villa nun eine Forderung wegen seiner fehlenden Rinder stellen.[1007] Diese Angelegenheit wollte Benton mit Villa besprechen. Hierbei muss erwähnt werden, dass weder Bentons Land noch seine Tiere jemals konfisziert werden sollten.[1008]

Benton behauptete, die Beseitigung der Zäune, und insbesondere die Freigabe von öffentlichen Weideflächen, stelle praktisch eine Beschlagnahmung seiner Viehherden dar. Bei dem Treffen zwischen Villa und Benton kam es zum Streit. Villa sagte Benton, wenn es ihm nicht passe, würde er sein Land kaufen und seine Ranch zwangsräumen lassen. Benton schimpfte ihn daraufhin einen Banditen.[1009] Dann, so Villa, „griff [Benton] in seine Hüftentasche. Ich folgerte blitzartig, dass er mich umbringen wollte."[1010] Bentons Familie bestand später felsenfest darauf, dass er unbewaffnet war, was aus klar ersichtlichem Grund auch Sinn machte, denn Villa war stets von einer erfahrenen Wachmannschaft umgeben. Es ist höchst unwahrscheinlich, dass irgendjemand überhaupt einfach Zutritt zum Büro des damals mächtigsten Mannes in Mexiko gewährt wurde, schon gleich keinem bewaffneten und feindlich gesinnten Hacendado. Auch Villas Biograf, Friedrich Katz, vertritt die Theorie, dass Benton nicht bewaffnet war.[1011] Villas Sekretär, Luis Aguirre Benavides, war Augenzeuge, und berichtete der *New York Times* im Jahr 1915, dass Benton, nachdem er Villa einen Banditen genannt hatte, „[...] den Satz nicht zu Ende bringen konnte. General Villa warf sich blitzschnell mit gezogener Waffe auf den Engländer und wollte ihn augenblicklich umbringen. Die Frau [Villas Ehefrau, Maria Luz Corral] warf sich zwischen die beiden und hinderte Villa so am Schuss. Die Wachmänner warfen sich auf Benton, entwaffneten ihn und führten ihn unverzüglich in ein angrenzendes Zimmer, wo er mit Handschellen festgenommen wurde [...]“[1012]

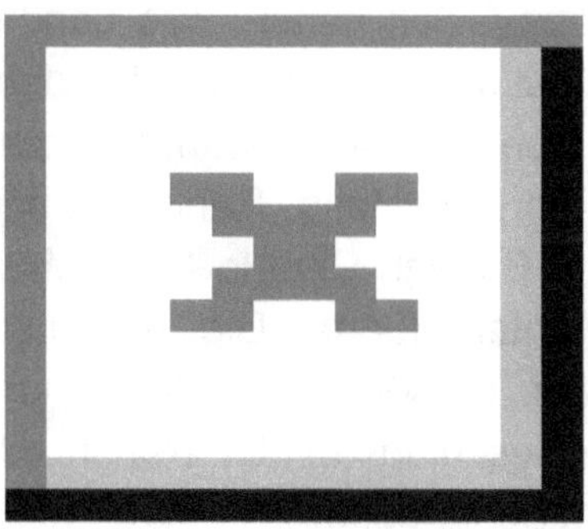

Pancho Villa und Rodolfo Fierro auf der Rückbank des Autos, 1914.[1013]

Wie genau Benton ums Leben kam, ist nicht bewiesen. Villa und sein Sekretär Aguirre Benavides behaupteten, Fierro habe Benton in einem Dienstwagen ins nahe gelegene

Samalayuca gebracht und ihm den Schädel eingeschlagen.[1014] Ein anderer Augenzeuge, Bentons Landsmann Frances Michael Tone, berichtete, dass Villa ihn in seinem Büro ermordete und Fierro damit beauftragte, sich in der Nacht um die Leiche zu kümmern.[1015] Der britische Vizekonsul von Torreón war der Ansicht, dass Fierro Benton in Villas Büro ermordet hatte.[1016] Das Resultat bleibt das gleiche: Benton wurde nach seinem Besuch bei Villa in Juarez nicht mehr lebend gesehen.

Laut Villa und vielen Historikern, die den Vorfall untersuchten, handelte es sich bei Benton um einen gewalttätigen Hacendado, der in Chihuahua unter dem Schutz von Terrazas und Creel lebte und arbeitete. Verständlicherweise benutzten Villa und die Propagandamaschine der Revolution diese Vorwürfe, um den Mord irgendwie zu rechtfertigen. Die angebliche Gewalttätigkeit des Hacendados scheint allerdings in den geschichtlichen Aufzeichnungen nicht verifiziert zu sein. Ob der schottische Hitzkopf nun gewalttätiger war als die amerikanischen Hacendados, die das Glück hatten, ihre Ländereien und Herden behalten zu dürfen, ist unklar. Katz schreibt, dass Villa und Benton bereits zuvor aneinandergeraten waren, woraufhin Villa Pferde und Verpflegung von Bentons Ranch nahm.[1017] Zudem war Benton Vorstand im Foreign Club in Chihuahua und unterstützte die Militärdiktatur unter Huerta. Die Auseinandersetzung hatte also zweifellos sehr persönliche Gründe, und nur wenig mit Bentons angeblich beschlagnahmter Ranch oder der Art zu tun, wie er seine Bauern behandelte.

Eine weitere Tatsache, die Villa in seinem Hass gegenüber Benton noch bestärkte, besteht in der Wahl des Zeitpunkts, zu dem sich der Streit in Villas Büro zugetragen hat. Als Felix Sommerfeld sich in den Monaten zuvor auf der Jagd nach General Pascual Orozco befand, führte eine Spur zu Benton, der angeblich wusste, wo sich Villas Erzfeind versteckt hielt. Agent Blanford vom BI bat Sommerfeld, das Gerücht zu überprüfen. „Sommerfeld sagte, er kenne Benton, also bat ich ihn, ihn zu befragen."[1018] Der BI-Agent berichtete seinen Vorgesetzten am 19. Januar 1914: „Sommerfeld erzählte mir später, dass er Benton gefunden hatte und dieser ihm sagte, dass der Freund des jungen

[William S.] Benton Mexikaner ist, und dass dieser Mexikaner in Shafter mit Orozco am 15. des Monats gesprochen hatte. Wo sich Orozco momentan aufhält, ist Benton nicht bekannt. Er war sich jedoch sicher, er hätte Shafter verlassen.“[1019] Es wurde vermutet, dass Benton irgendwie dabei behilflich war, Orozco zu verstecken. Was Sommerfeld Villa bezüglich seiner Ermittlungen mitteilte, wird wohl nie herausgefunden werden. Sollte Benton jedoch tatsächlich in irgendeiner Form an Orozcos Verschwinden beteiligt gewesen sein, würde dies Villas Wutausbruch erklären.

Die Ermordung William Bentons entwickelte sich zu einem Zwischenfall internationaler Tragweite. Die *New York Times* berichtete, dass Benton, der bis zum 20. Februar unerwähnt blieb, ermordet wurde. Villa leugnete zuerst, dass Benton überhaupt bei ihm in Juarez gewesen war. Diese Behauptung wurde von George Carothers, Präsident Wilsons Sonderbeauftragtem für Villa, bestätigt. Als Pancho Villa am 20. gegenüber dem amerikanischen Konsul Edwards endlich zugab, dass Benton nicht mehr am Leben war, wollte er hierzu nicht ins Detail gehen.[1020] Am Abend des 20. Februar 1914 versammelten sich die Bürger von El Paso auf den Straßen und demonstrierten wegen des Mordes an dem Rancher.[1021] Villa behauptete dann am 23., Benton habe versucht, ihn umzubringen, und er sei anschließend vor ein Kriegsgericht gestellt und hingerichtet worden. US-Außenminister Bryan ließ Villa daraufhin über Sommerfeld, der sich im Hotel Sheldon einquartiert hatte, eine handschriftliche Nachricht zukommen. „Schicken sie unverzüglich eine Kopie des Urteils, das Bentons Exekution rechtfertigt, an das [Außen-]Ministerium. Sie können die Kopie auch an die Presse geben. Ich erwarte noch heute Abend ihre Nachricht. Berichten sie mir alles, was sie wissen.“[1022] Natürlich gab es kein Urteil. Inzwischen hatte auch der britische Außenminister Ermittlungen in der Sache Benton gefordert. Es wurde zudem spekuliert, dass das am 3. Februar zur Unterstützung der Konstitutionalisten gelockerte Waffenembargo wieder verschärft werden sollte. Die Lockerung des Embargos zählte zu den bedeutendsten Errungenschaften von Hopkins und dessen Freunden in Washington. Eine Wiedereinführung gefährdete die Versorgung für den letzten

Kampf gegen Huerta. Kurzum, Villa hatte einen groben Fehler begangen, und die ganze Situation geriet jetzt außer Kontrolle.

Sommerfelds Rolle in der Benton-Affäre ist nicht genau definiert. Es gibt keine Aufzeichnungen über Anweisungen, die Sommerfeld von der deutschen Regierung erhalten hätte. Er stellte jedoch zweifelsohne Nachforschungen über Bentons Verschwinden an. Die *New York Times* berichtete am 21. Februar, dass einem Briten namens Stewart „zusammen mit Villas Major Holmdahl heute erlaubt wurde, das Gefängnis und die Wachhäuser in Juarez zu durchsuchen. Sie konnten jedoch keine Spur von den vermissten Männern finden."[1023] Wie BI-Agent Branford seinen Vorgesetzten in der Woche zuvor berichtet hatte, arbeitete Holmdahl für Sommerfelds Geheimdienst.[1024] Da Villa wusste, wo Bentons Leiche zu finden war, scheint es möglich, dass Sommerfelds Agenten die Zellen in Juarez im Auftrag von Hopkins, Carranza oder der deutschen Regierung durchsuchten. Natürlich landete jede wichtige Information, die Sommerfeld an Hopkins weitergab, letztlich auf dem Schreibtisch des US-Außenministers. Eine Woche später verschwanden zwei weitere Briten sowie ein Deutsch-Amerikaner namens Gustav Bauch. Die Gerüchteküche brodelte, und es kursierten Geschichten, Villas Schergen würden aus schierem Spaß Morde verüben. Der *El Paso Herald* berichtete am 24. Februar, dass Bauch nicht aufzufinden war und dass ihn wahrscheinlich das gleiche Schicksal ereilt hatte wie Benton.[1025] Es stimmte. Am 28. las man in den *Sausalito News:* „Proteststürme folgen auf Exekution eines Briten durch Villa."[1026]

Ungeachtet all der wahren und ausgeschmückten Geschichten über Uneinigkeit zwischen Carranza und Villa, nahm sich der *Primer Jefe* am 28. Februar dem Skandal an.[1027] Er befahl Villa, jede Kommunikation mit Regierungen aus dem Ausland oder der Presse einzustellen. Villa fügte sich nur zu gern. Carranza erteilte anschließend der internationalen Gemeinde in seiner typisch starrköpfigen Manier eine Lektion in Juristerei. Die US-Regierung hatte im Namen der Briten Ermittlungen über Bentons Verschwinden gefordert. Carranza antwortete ruhig, die britische Regierung müsse ihn direkt ansprechen.[1028]

Eine Skizze aus Felix A. Sommerfelds Hand, die seinen „Freund“ William S. Benton darstellt.[1029]

Hierbei handelte es sich natürlich um einen Trick. England hatte Huerta als Präsidenten anerkannt und verfügte somit über keinerlei Grundlage für direkte diplomatische Beziehungen zu den Konstitutionalisten. Ein solcher Schritt wäre somit einer diplomatischen Anerkennung von Carranzas Regierung gleichgekommen. Carranzas Außenminister, Isidro Fabela, erwähnte gegenüber einem Reporter der *New York Times*: „Mr. Carranza hat das Außenministerium in Washington darüber informiert, dass er sich zu keiner Stellungnahme im Fall Benton in der Lage sehe, wenn dieser nicht durch einen rechtmäßig autorisierten Vertreter der britischen Regierung an ihn herangetragen würde [...]"[1030] Carranzas Verzögerungstaktik ging auf. Nach wenigen Wochen war die Sache Benton aus den Zeitungen verschwunden, und Villa musste die Leiche nie übergeben. Eine Autopsie hätte bewiesen, dass Benton entweder erschlagen oder aus nächster Nähe, möglicherweise durch ein Hinrichtungskommando, erschossen wurde.

Carranza hatte es nicht nur geschafft, die internationale Aufmerksamkeit von Villa auf seine provisorische Regierung zu lenken, er wusste nun auch, dass Villa unberechenbar war und besser kontrolliert werden musste. Darum kümmerten sich in Zukunft Carranzas Kriegsminister, der brillante Taktiker Felipe Ángeles, sowie Sommerfeld. Villa wusste, dass die größten Schwächen seiner Armee in der strategischen Planung und der Artillerie bestanden. Ángeles' Werdegang im Militär, dessen Schwerpunkt in der Artillerie lag, ermöglichte es ihm, die Amateure auszutauschen, die Villas Kanonen bedienten, und diesen entscheidenden Teil seiner Armee in handfeste Angriffsstrategien einzubinden. Auch Ángeles hatte im Anschluss an Maderos Ermordung lange Zeit in Huertas Gefängnis verbracht, und Villa schätzte den General aufgrund seiner makellosen Referenzen aus Maderos Revolution.

Die andere Person, der Carranza und Hopkins es zutrauten, Villa zu zügeln, war Felix Sommerfeld. Der Deutsche hatte bei den Vermittlungen zwischen William Bayard Hale und Venustiano Carranza im November großartige Arbeit geleistet und eine totale Katastrophe verhindert. Deshalb bat ihn Carranza jetzt um seine Hilfe. Sommerfeld nahm seine Aufgabe, weitere Angriffe auf Ausländer zu unterbinden, von El Paso aus wahr, wo er sich seit Dezember 1913 immer wieder aufgehalten hatte. Am 15. Dezember berichtete General Bliss, der Befehlshaber des

Southern Command, dem Kriegsministerium: „General Carranza hat General Villa den Agenten Felix Sommerfeld zur Seite gestellt. Dieser hat Order, die respektvolle Behandlung von fremden Staatsbürgern sicherzustellen [...]"[1031] Da sich Villas Armee gerade auf ihren für das Frühjahr geplanten Feldzug gegen Huerta vorbereitete, war Sommerfeld zudem damit beschäftigt, die Waffenlieferungen über die Grenze zu organisieren. BI-Agent Scully aus New York berichtete am 15. Dezember, ein gewisser „Sommerfield [sic], ein Glücksritter, halte sich angeblich in oder nahe New York auf, wie es scheint, um Wehrmaterial zu beschaffen."[1032]

Als Sommerfelds Reise an Weihnachten 1914 beendet war, bat ihn Carranza, bei Villa zu bleiben. „[...] Ich kehrte zu Carranza zurück und er bat mich, bei Villa zu bleiben [...] Er sagte, ‚Ich brauche dort jemanden, der mir zur Seite steht.' Also sagte ich zu. Von diesem Zeitpunkt an, blieb ich bei Villa [... als] dessen Berater und Vertrauensmann."[1033] Sommerfeld hatte bereits problematische Erfahrungen mit Carranza gemacht und musste jetzt einsehen, dass die Arbeit mit Villa nicht viel einfacher war. „Es war eine schwierige Zeit, weil sich der Umgang mit ihm ziemlich kompliziert gestaltete. Man weiß nie, wann es mit ihm durchgeht."[1034]

Möglicherweise hatte Sherburne Hopkins Sommerfelds neue Anstellung als Mann hinter Villa eingefädelt. Der Lobbyist in Washington war wegen der Benton-Affäre verständlicherweise verärgert. Die Aufhebung des Waffenembargos gegen die Konstitutionalisten vom 3. Februar, dem Tag an dem Villa Guzman hinter seinem Haus in Ciudad Juarez exekutieren ließ, hatte den Lobbyisten in Washington viel Arbeit gekostet. [1035] Er hatte dafür auf all seine verfügbaren Verbindungen zurückgreifen müssen. Der finale Feldzug gegen Huerta setzte sich langsam in Bewegung, und die letzten Städte, die einem Marsch auf Mexico City noch im Weg standen, waren Torreón und Zacatecas. In Anbetracht der Entwicklungen der letzten Monate schien der Sturz Huertas so gut wie besiegelt. Villas Eskapaden, wie der Mord an Benton, schadeten der Sache der Revolutionäre. Da Sommerfeld erfahren in diplomatischen Dingen war, die Presse einschätzen konnte und zugleich auf freundschaftlicher Ebene mit Villa verkehrte, war es nur logisch, dass er auserwählt wurde, dem Rebellengeneral zur Seite zu stehen. Hopkins und Carranza versüßten Sommerfeld den Auftrag zudem durch ein beträchtliches Monatseinkommen. Der Deutsche schrieb im Juli 1914 an General Scott:

> Im Januar [1914] baten einige Minenarbeiter aus Chihuahua General Villa um eine Konzession für Dynamit, die die Voraussetzung für die Einfuhr von Dynamit über den Hafen von Juarez nach Chihuahua darstellte. Diese Konzession war seit jeher in den Händen der Dynamitfabrik in [unleserlich] Durango, die Limantour, einigen Cientificos und Franzosen gehörte. Anstatt den Mann in Chihuahua mit diesem Privileg zu besehen, übergab General Villa sie an mich. Ich glaube, einige meiner Freunde hatten Villa gesagt, er solle sich mir gegenüber dankbar zeigen für die Dienste, die ich ihm und seiner Sache erwiesen hatte. Ich hatte ihn nie darum gebeten. [Hervorhebung im Original] Der Einfuhrzoll für Dynamit hatte unter der rechtmäßigen Regierung, also unter Porfirio Diaz und Madero, 24 ½ cts mex pro Kilo betragen, und weil Zölle in US-Gold derzeit bei ungefähr 12 cts Gold lagen, senkte ich die Abgaben auf 6 cts Gold pro Kilo, d.h. etwa 1 ¼ cts pro Pfund. Von diesen 6 cts Gold führe ich 3 ¾ cts an die Bundesregierung, Landesregierung und die Gemeinde von Juarez ab. Seit Januar [1914] haben 7 Waggons Dynamit die Grenze nach Juarez passiert, durch die ich nach Abzug aller Ausgaben 1.900 Dollar Netto eingenommen habe. Diese 7 Waggons wurden in der Zeit zwischen März und Anfang April geliefert, seitdem ging keine einzige Ladung Dynamit nach Juarez und ich habe seitdem keine Zolleinnahmen für Dynamit zu verzeichnen [...][1036]

Sommerfeld sagte gegenüber den US-Behörden im Jahr 1918 aus, dass er durch diese Konzession tatsächlich „in einigen Monaten 3.000 Dollar, in einigen Monaten 5.000 Dollar“ einnahm.[1037] Im Jahr 1914 summierte sich das bei heutigem Wert auf 65.000 bis 100.000 Dollar. Das stellte ein beträchtliches monatliches Einkommen dar. Diese Zahlungen an Sommerfeld sind in den Büchern der Bundesstaats Chihuahua nicht dokumentiert.[1038]

Höchstwahrscheinlich wurden sie über die Buchhaltung der importierenden Firmen abgerechnet. Sommerfeld informierte General Scott über die Angelegenheit mit den Konzessionen, wozu er wahrscheinlich durch einen Artikel in der *Washington Post* bewegt wurde, der am selben Tag erschien.[1039]

Zu seiner Verteidigung schickte Sommerfeld General Scott das Schreiben, in dem er die Tatsachen offenlegte und sich zu diesen bekannte. Wie lang der Deutsche das Sonderrecht beanspruchte, ist unbekannt. Jedenfalls hatte er sich bemüht, die Sache aufzuklären, und die US-Behörden und insbesondere General Scott nahmen mit großer Freude zur Kenntnis, dass er sich für die Sicherheit von Amerikanern und anderen Staatsbürgern vor Angriffen der *Villistas* oder anderer Revolutionäre einsetzte. Sommerfeld führte die Erfolge seiner Unternehmungen wie folgt an: „Er [Villa] ließ keine Minen schließen [...] er mischte sich nicht ins Geschäft der Bergbaubetriebe ein. Villas Politik sah vor, die Arbeit in den Minen aufrecht zu erhalten. So lange Villa an der Macht war, liefen auch die Minen weiter. Sie [die Minenbesitzer] erhielten lediglich ein Schreiben von Villa, in dem stand, dass sie ‚kein Eigentum anfassen' sollten, und keiner wagte es, es anzufassen."[1040] Eine Provision dieser Größenordnung führte mit Sicherheit zumindest teilweise dazu, dass Sommerfeld motiviert war, die Bergbaubetriebe weiter arbeiten zu lassen.

Die Organisation, die Villa unter der Leitung von Hopkins und Sommerfelds anderen *Freunden* aufbaute, entwickelte sich im Frühjahr 1914 zu einer mächtigen Instanz. Da Villas Armee bei Huertas Sturz eine Schlüsselrolle zukam, musste sie das auch. Das Herzstück von Villas Finanzmaschine bildete das Ministerium für Wirtschaft, genannt *Secretaría de Hacienda*. Dessen erster Leiter war Lazaro De La Garza, der wohlhabende Geschäftsmann mit engen Verbindungen zur Familie Madero. Als Villa die Kontrolle über Juarez erlangt hatte, verlegte De La Garza sein Büro nach El Paso und übergab sein Amt an Silvestre Terrazas. Die *Secretaría de Hacienda* machte erbeutetes Vieh von Terrazas' Ranch, Ländereien, beschlagnahmte Baumwolle aus Torreón und der Laguna und alles andere, was Villa konfiszieren ließ, zu Geld. Sie bestimmte die Zölle für Ein- und Ausfuhrgeschäfte und handhabte die Einnahmen aus Glücksspielbetrieben. Die Verantwortung über die verschiedenen Geldquellen hatten die Konzessionshalter, die selbst ansehnliche Einnahmen verzeichneten und zugleich Mittel für die Finanzierung des riesigen Bedarfs an Ausrüstung bereitstellten, den Villas Armee aufwies. Lazaro De La Garza bekam die Konzession für Baumwollexporte aus seiner einstigen Heimat, der Laguna-Region.[1041] Francisco Maderos Onkel Alberto hielt die Konzession für Viehverkäufe in den Vereinigten Staaten und erhielt durch dieses Exklusivrecht „sagenhafte“ Provisionszahlungen.[1042] Hipolito Villa führte eine der profitabelsten Geschäftssparten der *Villistas*: die boomenden Casinos und Freudenhäuser in Ciudad Juarez.

Sommerfeld, De La Garza, Madero und Hipolito Villa arbeiteten Hand in Hand und stellten so die Versorgung der División Del Norte mit allem was diese benötigte sicher, was einen riesigen logistischen Aufwand darstellte. Sie beschafften Waffen, Munition, Pferde, Heu, Reis und Bohnen, Kohle und viele weitere Dinge.

Während Silvestre Terrazas und zuvor De La Garza über ihre Transaktionen lückenlos Buch führten, konnten manche andere Konzessionshalter mit der mangelnden Kontrolle und damit verbundenen Versuchung nicht umgehen. Das Funktionieren des gesamten Systems der Geldbeschaffung hing jedoch maßgeblich von deren Integrität ab. Der wohl korrupteste von Villas Konzessionshaltern war dessen kleiner Bruder Hipolito. Beim Zählen der hunderttausenden Dollars, die seine *casas de juego* (Freudenhäuser) einbrachten, schienen die Scheine nur so an seinen Händen kleben zu bleiben. So musste er sich nicht nur einmal vor seinem Bruder für schwere Unterschlagungen und Korruptionsfälle rechtfertigen. Dieser hätte jeden anderen für geringfügigere Delikte auf der Stelle erschossen. Aber Pancho Villa hatte ein Faible für Hipolito. Als De La Garzas Amt nach El Paso verlegt wurde, beauftragte Villa seinen vormaligen Finanzchef damit, Hipolito zu kotrollieren. Dies stellte sich als heikle Aufgabe heraus. Die beiden gerieten innerhalb kürzester

Zeit in Streit und ihr Verhältnis verschlechterte sich. Wie jedoch später noch beschrieben wird, sollten auch De La Garzas Finger mit der Zeit immer länger werden. Die beiden korrupten *Villistas* sollten bis in die 1930er Jahre wegen unterschlagener Gelder in den USA gegeneinander vor Gericht ziehen.

Alberto Madero und seine Brüder Ernesto und Alfonso hatten sich seit Sommer 1913 in New York aufgehalten. Wie bereits angesprochen wurde, liefen ihre Geschäfte dort eher schlecht, da sich der Landbesitz der Familie nur schlecht verkaufen ließ. Dies änderte sich, als Villa das Zollhaus in Ciudad Juarez im November 1913 besetzte. Alberto Madero übernahm die Konzession für Villas Viehgeschäfte in den USA. Große Mengen Geld flossen von da an von Ciudad Juarez nach New York und von dort aus weiter an die Waffenhändler. Anstatt für den Verkauf der Ländereien der Maderos, setzten Sommerfeld und Hopkins Frederico Stallforth als Mittelsmann ein, der sich fortan um den Transport von Geld und Waffen über die Grenze kümmerte. „Er [Stallforth] war in Geldnot und langfristig verschuldet. Zudem war seine Frau krank [...] also kam er hierher [nach New York] und lieh sich Geld [von Sommerfeld] [...] mal zweihundert Dollar, mal dreihundert Dollar."[1043]

Sommerfeld verbuchte die inzwischen regelmäßigen Zahlungen an Stallforth als Provisionen, nicht als Kredit. Stallforth stand nach wie vor tief in Sommerfelds Schuld. In New York arbeitete er jetzt für Sommerfeld, die Brüder Madero und Hans Tauscher. Er war das Bindeglied zwischen Charles Flint und den Konstitutionalisten. Außerdem arrangierte Sommerfeld, dass die Schulden seines Freundes gegenüber der mexikanischen Regierung auf ein Fünftel schrumpften.[1044] Er konnte Villa dazu bringen, die verbleibenden Schuldbriefe anzukaufen, wodurch Stallforth und seine Brüder etwa 55.000 Dollar (bei heutigem Wert etwa 1,15 Millionen Dollar) erlassen wurden. Dies bedeutete jedoch nicht, dass Stallforths Gläubiger in den USA ihm seine Schulden aus den Jahren 1908 und 1910 auch erließen. Stallforth konnte sich dennoch Ende 1913 plötzlich ein neues Haus in South Orange im US-Bundesstaat New Jersey leisten und seine Frau und die beiden Töchter von Santa Barbara zu sich holen.[1045]

Stallforths Provisionszahlungen im Frühjahr 1914 finden sich in den Büchern von Lazaro De La Garza. Im Februar 1914 sind dort Zahlungen über durchschnittlich 275 bis 336 Dollar pro Woche (sechs- bis siebentausend Dollar bei heutigem Wert) aufgeführt, die Stallforth von Alfonso Madero für Waffengeschäfte mit Hans Tauscher zahlte.[1046] Stallforth gab 1917 an, er habe im Jahr 1913 eine Million Stück Patronen an Alfonso Madero verkauft.[1047] Er gab jedoch nicht an, woher die Mittel für diese Bestellung stammten (heute etwa 735.000 Dollar). Mit ziemlicher Sicherheit stammten sie von Sommerfeld, doch die Fragen des BI betrafen lediglich Stallforths Beziehungen zu den Maderos. Stallforth wurde weder über seine Geschäfte mit Charles Flint, noch zu Hans Tauscher oder Felix Sommerfeld befragt. Dies hätte wohl zu einem besseren Verständnis seiner Rolle bei der Beschaffung von Kriegsmaterial für Villa geführt.

Im Widerspruch zu sämtlichen historischen Darstellungen von Deutschlands Rolle in der Mexikanischen Revolution steht, dass Hans Tauscher als Repräsentant von Krupp und weiteren Produzenten deutschen Kriegsgeräts in den USA nun begann, Villas Armee im großen Stil auszustatten. Am 1. Januar 1914 war die Regierung unter Huerta nicht mehr in der Lage, ihre internationalen Schulden zu bedienen. Huerta gab am 13. Januar offiziell bekannt, dass der Staat Mexiko in absehbarer Zeit seine Kredite nicht begleichen können würde.[1048] Sollten zu diesem Zeitpunkt auf Seiten der Geschäfts- und Bankinteressen in den USA, England, Deutschland oder Frankreich noch Zweifel darüber bestanden haben, ob man nun Huerta oder die Konstitutionalisten unterstützen sollte, so wurden diese durch genannten Schritt der mexikanischen Regierung beseitigt. Am 16. erreichte das deutsche Auswärtige Amt ein Brief aller Großbanken im Reich, in dem Bleichröder und Sohn sowie die Deutsche Bank, die Dresdner Bank und andere Gläubiger die Regierung aufforderten, "die ihr geeignet erscheinenden Maßnahmen mit möglicher Beschleunigung zum Schutze der gefährdeten Rechte der Anleihegläubiger ergreifen zu wollen."[1049]

Auch die US-Regierung begann, mit dem Säbel zu rasseln, und setzte Einheiten der Marines in Bereitschaft, um falls nötig in

Mexiko intervenieren zu können.[1050] Ihre taktischen Ziele bestanden in der Sicherung der von Huerta kontrollierten Ölfelder und Zollhäuser von Tampico und Veracruz. Die Einnahmen dieser drei Geldquellen sollten verwendet werden, um Mexikos Staatsschulden zu bedienen, unabhängig davon, welches Lager als Sieger des herrschenden Bürgerkrieges hervorgehen würde.

Die Regierungen der USA und Deutschlands stellten sich nun voll und ganz hinter die Konstitutionalisten und insbesondere hinter Pancho Villa.[1051] Neben anderen behaupteten die Historiker Meyer, Katz und McLynn fest, Deutschland habe Huerta im Kampf gegen die Rebellen unterstützt.[1052] Zwar existieren dahingehend zahlreiche Gerüchte, das Gegenteil war jedoch der Fall. Hopkins und dessen Freunde hatten Huerta erfolgreich seiner Finanzierungsmöglichkeiten beraubt und somit dessen Verträge über Waffenlieferungen sabotiert. Deutsches Kriegsgerät wurde dahin geliefert, wo man das Geld dafür hatte.[1053]

Am 7. Februar 1914 schloss Hans Tauscher einen Vertrag über eine Million 7mm-Patronen mit Alfonso Madero.[1054] Am 9. erhielt der Waffenlieferant aus Deutschland 9.166 US-Dollar für weitere 300.000 Stück Munition. Am darauffolgenden Tag unterzeichnete Tauscher eine Quittung für den Erhalt einer Anzahlung von 5.000 Dollar für eine weitere Munitionslieferung. Noch einmal wurden eine Million Patronen für eine Summe von 30.355 Dollar bezogen.[1055] Am 17. Februar verschiffte Tauscher 300,000 Stück Munition auf der *SS El Dia*.[1056] Am 27. Februar traten weitere 400.000 Stück auf der *SS El Valle* ihre Reise nach Mexiko an.[1057] Hierbei handelte es sich jedoch nur um Teillieferungen im Rahmen eines viel umfangreicheren Abrufvertrags über mehr als zwanzig Millionen Patronen, der zwischen den Maderos und Tauscher als Vertreter der Deutschen Waffen- und Munitionsfabriken in Berlin geschlossen worden war. Der Abschluss großer Rahmenverträge über Millionen Schuss Munition war gängige Praxis. Durch eine Anzahlung in Höhe eines bestimmten Prozentsatzes des Gesamtbetrages, in der Regel zehn Prozent, wurde der Vertrag aktiviert. Mit dieser Vorauszahlung sicherte sich der Kunde die Produktionskapazitäten in den Fabriken. Danach konnten je nach

Produktionsgeschwindigkeit der Werke oder Bedarf auf Kundenseite einzelne Lieferungen abgerufen und die übrigen neunzig Prozent der jeweiligen Liefersumme bezahlt werden.

Im September 1913 schrieb der Repräsentant der Deutschen Waffen- und Munitionsfabriken in Mexiko, Guillermo Bach, an den deutschen Gesandten von Hintze: „Abraham Z. Ratner [...] bestellte 50 Millionen Stück Mauser-Munition [...] für $31 pro tausend, FOB New York."[1058] Die Ratner-Brüder Abraham und José waren Einwanderer aus dem litauischen Vilnius und hatten sich in Tampico niedergelassen. Unter Diaz gründete Abraham Ratner die *Tampico News* in der gleichnamigen Stadt und brachte es zu beträchtlichem Reichtum. Als man herausfand, dass er während der Amtszeit Maderos die Cientificos unterstützte, wurde er ausgewiesen und ließ sich in New York nieder.[1059]

Nach Huertas Machtergreifung im Februar 1913, übernahm Ratner die Beschaffungsorganisation für den Usurpator. Mit seinem Bruder José agierte er von New York aus. Als dann Huerta den Großteil des Landes und dessen Zollhäuser kontrollierte, machten es die Ratners den Fabriken in den USA für weitere Geschäfte zur Bedingung, keinen Handel mit den Konstitutionalisten zu betreiben. Dies funktionierte zwar im frühen Jahr 1913, Hopkins' Leute und insbesondere Sommerfeld konnten die Brüder Ratner jedoch unmittelbar nach der Aufhebung des Waffenembargos im Februar 1914 vom Markt verdrängen. Die Fabriken in den USA erhielten schlicht so umfangreiche Bestellungen von den Konstitutionalisten, dass ihre Produktionskapazitäten ausgelastet waren.

Daraus folgte, dass nicht nur die Konstitutionalisten, sondern auch Huerta zusätzliche Aufträge an deutsche Werke vergeben mussten. Wer seinen Abrufvertrag zuerst aktivierte, konnte die Produktionskapazitäten für sich beanspruchen. Huerta unterzeichnete beispielsweise im September 1913 einen Vertrag über zwanzig Millionen 7mm-Patronen mit den Deutschen Waffen- und Munitionsfabriken. Die mexikanische Regierung machte jedoch nie eine Anzahlung, und so wurde diese Munition nie an Huerta ausgeliefert.[1060] Der Gesandte von Hintze kommentierte dies in einem Memorandum an den deutschen Kanzler von Bethmann Hollweg wie folgt: "Eurer Exzellenz beehre ich mich in der Anlage Abschrift eines Berichts [...] über Kontrakte gehorsamst vorzulegen, die das mexikanische Kriegsministerium für die Lieferung von Kriegsmaterial mit verschiedenen ausländischen Gesellschaften, darunter auch mit den deutschen Waffen – und Munitionsfabriken, Berlin, neuerdings abgeschlossen hat, ohne indes bisher auch nur in einem einzigen der bezeichneten Fälle Zahlung geleistet zu haben."[1061]

Es wäre ein Fehler, daraus zu schließen, die in von Hintzes Nachricht erwähnte Munition hätte Mexiko nie erreicht, wie es der Historiker Baecker behauptet. Die deutschen Waffenhändler schrieben die Verträge für exakt die Munition, von der Baecker behauptet, sie wäre nie in Mexiko angekommen, einfach auf die Konstitutionalisten um.[1062] Als Vertreter der Deutschen Waffen- und Munitionsfabriken in New York agierte kein anderer als Hans Tauscher persönlich. Der deutsche Botschafter in Washington von Bernstorff schrieb am 14. Februar 1914 an das Außenministerium: "[...] amerikanische Fabriken sind außerstande, den Bedarf der Konstitutionalisten zu befriedigen. Vom hiesigen Standpunkt aus betrachtet, ist gegen obige Waffenlieferungen nichts einzuwenden."[1063] Die Verträge wurden mithilfe der deutschen Botschaft und des deutschen Außenministeriums im Interesse der Konstitutionalisten geändert, da "Geld für die Bezahlung der Lieferungen [...] vorhanden [ist]."[1064]

Im Mai 1913 verfolgte das BI eine Bestellung von Huerta über fünfzigtausend Mauser-Gewehre zurück, die angeblich zuvor in Hamburg von der deutschen Regierung beschlagnahmt worden war.[1065] Zwar ist es möglich, dass die deutsche Regierung die Waffen beschlagnahmte, um das von den USA verhängte Waffenembargo nicht zu verletzen, viel wahrscheinlicher ist es jedoch, dass Huerta lediglich nicht dafür bezahlt hatte. Die Waffen wurden nie produziert, denn ohne eine entsprechende Vorauszahlung hätte keine Fabrik die benötigten Produktionsmittel reserviert. Von Hintze schrieb am 4. Dezember, die deutschen Produzenten verhandelten "unlängst wieder" über die Bestellung von fünfzigtausend Mauser-Gewehren und einhundert Millionen

Stück 7mm-Munition, “trotz der schlechten Erfahrungen”, die man in Vergangenheit mit der mexikanischen Regierung gemacht hatte.[1066] Ob auch nur ein Teil dieser Bestellung jemals geliefert wurde und an wen, wird aus den geschichtlichen Aufzeichnungen nicht ersichtlich. Höchstwahrscheinlich wurde sie aus Mangel an Geldmitteln eingestellt.

Die Bestellungen, die Tauscher allein in der Woche zwischen dem 7. und 13. Februar 1914 an die Konstitutionalisten lieferte, beliefen sich auf einen Wert von heute einer Million US-Dollar, und Stallforth bezog für sie alle Provisionszahlungen.[1067] Lieferungen aus Deutschland an die Konstitutionalisten erfolgten in diesem Umfang mehrere Monate lang. Der Preis von 31 Dollar pro tausend Stück entsprach genau dem, was Huerta wenige Monate zuvor in Mexico City verhandelt hatte. Der Schlüssel zum Verständnis des Problems liegt in nur einem Wort: „geliefert“ – nicht etwa „bestellt“. Darin besteht der Irrtum der Historiker, die eine Unterstützung Huertas durch die deutsche Regierung unterstellen. Waffenlieferungen aus Deutschland und Munitionslieferungen aus den USA nahmen den Weg über New York, New Orleans und Galveston und erreichten die Rebellen letztlich über den Seeweg und die Häfen von Matamoros und Tampico (nach dem 14. Mai 1914).[1068] El Paso erhielt die Lieferungen von den US-Häfen am Golf auf dem Schienenweg. So gut wie keiner der Verträge, die Huerta geschlossen hatte, führte letztlich zu einer Lieferung an die Bundesarmee. Dank der Zustimmung der deutschen Regierung und organisiert von Sommerfeld, Stallforth und Tauscher, wurden die Gewehre und Patronen jedoch Villas Armee vor die Tür geliefert.[1069]

Im Frühjahr 1914 hing alles von den deutschen Waffenlieferungen ab. Die mexikanische Armee war mit 7mm-Mauser-Gewehren ausgerüstet, und da die Rebellen ihre Waffen zum Großteil von den Bundestruppen erbeutet hatte, konnte der Munitionsnachschub praktisch nur über deutsche Fabriken gedeckt werden. Die Werke in den USA mussten erst für die Produktion der passenden Munition umgerüstet werden. Im Jahr 1914 stellte in den Vereinigten Staaten nur eine Hand voll Fabriken überhaupt Munition her, und 7mm-Mauser-Patronen machten nur einen winzigen Teil ihrer Produktion aus. Zudem unterschied sich die spanische 7mm-Munition (Modell 1893, welche in Mexiko verwendet wurde) von den russischen und serbischen Patronen gleichen Kalibers, die für ein neueres Mauser-Gewehr entworfen wurden (Modell 1912). Die Munition war nicht austauschbar. Sommerfeld machte sich in den ersten Monaten des Jahres 1914 als Agent in der Beschaffungsorganisation für Villa eingehend mit den Eigenheiten der Waffenindustrie vertraut. Dieses Wissen sollte in den folgenden Jahren die Grundlage für seine äußerst wirkungsvolle Arbeit als Waffenhändler darstellen.

Als die Produktionskapazitäten der Werke in den USA ihre Auslastungsgrenze erreichten, organisierte Hans Tauscher Lieferungen aus Deutschland und verkaufte die Waffen über Frederico Stallforth und die Maderos an Villas Armee. In der Zwischenzeit bezog Sommerfeld über Mittelsmänner bei Flint and Co. Munition der vier größten Produzenten in den USA, der Winchester Repeating Arms Company, der Union Metallic Cartridge Company, der United States Cartridge Company und der Phoenix Metallic Cartridge Company. Nur bei Winchester und United verfügte man über die benötigten Pressen und war zudem gewillt, 7mm-Patronen herzustellen.

Durch seine Konzession für Dynamit und Villas Bedarf an Schießpulver (für Vorderladergewehre, ältere Kanonen, Granaten und Bomben), kam Sommerfeld in Kontakt mit einem kleinen Hersteller für Pulver und Gewehre in East Alton im US-Bundesstaat Illinois.[1070] Die Western Cartridge Company gehörte Franklin W. Olin, der mit seinen beiden Söhnen Franklin Jr. und John im schnell wachsenden Geschäft für Schießpulver und Munition tätig war. Sommerfeld überzeugte Olin, in Produktionsmittel für 7mm-Munition zu investieren und versprach ihm umfangreiche Verträge, sobald er liefen konnte. Die Nachfrage aus Mexiko hatte die Preise in äußerst profitable Höhen steigen lassen. Andere Hersteller in den USA sahen keine große Zukunft für Munition aus Europa. Um Patronen dieses Kalibers herstellen zu können, mussten die Produzenten erhebliche Investitionen für Industriepressen tätigen, die für die

Herstellung der Messingüberzüge benötigt wurden. Diese Pressen waren kaum noch vorrätig, sehr teuer, und sie wurden von nur einem Hersteller in den USA produziert.

Einstweilen konnte Olin mit seiner bestehenden Ausstattung den Engpass der Rebellen notdürftig überbrücken, die von Sommerfeld benötigten Mengen verlangten jedoch unbedingt nach neuen Pressen. In keiner der geschichtlichen Arbeiten über Olin Industries oder die Winchester Repeating Arms Company, die noch heute große Industriekonzerne darstellen, wird auf die Rolle eingegangen, die Felix Sommerfeld für deren wirtschaftlichem Aufstieg spielte. Sommerfeld stellte Franklin Olin sein Netzwerk aus deutschen Waffenlieferanten, mexikanischen Revolutionären, einflussreichen Funktionären in den USA und nicht zuletzt sein eigenes Engagement im Bereich Marketing und Vertrieb zur Verfügung. Olin, der Sommerfeld hin und wieder im Zuge größerer Verhandlungen traf, war der brillante Techniker, der Investitionen wagte, als sich dies kein anderer traute. Die beiden arbeiteten als untrennbares Team von 1914 bis in die 1920er Jahre zusammen und machten die Western Cartridge Company zu einer bedeutenden Größe im Munitionsgeschäft. Tatsächlich sollte die junge Pulverfabrik in East Alton nach dem Ersten Weltkrieg zu solcher Größe angewachsen sein, dass Olin im Jahr 1931 seinen größten Konkurrenten, die Winchester Repeating Arms Company aufkaufen konnte. Die Zusammenarbeit mit Sommerfeld bereitete den Weg, der Franklin Olin und dessen Sohn John an die Spitze der US-Waffenindustrie führen sollte – und Sommerfeld zu großem Wohlstand.

Als Hopkins Sommerfeld als Hauptverantwortlichen für die Beschaffung von Kriegsmaterial der konstitutionalistischen Truppen auf seinen Karriereweg brachte, wurde der „judío alemán", wie ihn Villa nannte, nicht ohne weiteres akzeptiert. Er musste sich das Vertrauen des Rebellen erst verdienen.[1071] Das Konzessionssystem, das Villa eingeführt hatte, basierte auf der gegenseitigen Kontrolle der Konzessionshalter. Hier zeigt sich Villas organisatorisches Genie. Anstatt zusammen für die gleiche Sache zu arbeiten, betrachteten sich Villas Auserwählte mit Argwohn und Neid. De La Garza hatte die Kontrolle über nahezu alle Finanzinvestitionen, die Villa in den USA tätigte. Sogar Villas Bruder Hipolito musste sich mit „Lazarito" arrangieren.[1072] De La Garza zögerte nicht und meldete Villa unverzüglich jeden Fehltritt der Mitglieder seiner Organisation. Am 14. April 1914 informierte er Villa in einem Schreiben, dass General Avila den Preis für Fleisch in den Keller trieb, weil er seine Beute auf dem Schwarzmarkt zu Niedrigpreisen verkaufte. General Ortega, so schrieb er, halte verdächtige Treffen im Hinterzimmer seines Büros ab. De La Garza berief sich in seinem Schreiben zudem auf die Meinung von Sommerfeld und Alberto Madero, die sich einig waren, dass diese geheimen Treffen nichts Gutes bedeuten konnten.[1073] Auch Ernesto und Alfonso Madero versuchten, Sommerfeld in New York zu überwachen, um auch in Zukunft im Kreis der Profiteure zu bleiben. Sommerfeld beichtete im Gegenzug Villa alle Sünden der Maderos.

Sommerfelds Hauptproblem war, dass er in Villas Organisation als einer von Carranzas Männern eintrat. Niemand aus Villas innerstem Beraterkreis zweifelte am immensen Erfolg, den Sommerfeld bei der Beseitigung der größten Bedrohung für die Revolution vorzuweisen hatte: Den Sieg über Orozco. Der deutsche Agent verfügte zudem über enge Verbindungen zum großen Geld in New York. Dennoch blieb Sommerfeld für Villa und seine Mitstreiter ein Außenseiter und war „keiner von ihnen." Der Historiker Jim Tuck folgerte, dass Sommerfelds Abstellung zu Villa als Mission im Dienste Carranzas zu deuten sei, die der Überwachung seines außer Kontrolle geratenen Generals diente.[1074]

Sommerfeld überwachte Villa tatsächlich, jedoch nicht im Dienste Carranzas, sondern im Auftrag der deutschen Reichsregierung. Es gibt keine Beweise, die darauf hindeuten, dass Carranza Sommerfeld als Spion auf Villa angesetzt hätte. Hopkins schrieb im Jahr 1916 an die *Military Intelligence Division*: „[...] Villa hatte die Möglichkeit, wirkliche Größe zu erlangen, er zeigte ein wachsendes Interesse, sich den Gebräuchlichkeiten anzupassen. Sein Zusammenschluss mit Gen. Angeles war in diesem Sinne sehr zu seinem Vorteil [...]"[1075] Wie auch Ángeles, den kein Historiker jemals als Spion beschrieben hat, war Sommerfeld Villa zur Seite gestellt worden, um diesen als politischen Führer Mexikos akzeptabel zu machen und seine wilde Seite zu kontrollieren. Alle verfügbaren Beweise weisen darauf hin, dass sowohl Sommerfeld als auch Ángeles Villa gegenüber stets vollkommen loyal waren, und dass sie sich Villas Organisation anschlossen, um ihn zum Erfolg zu führen. Carranza hatte wenig Einfluss auf Villa, bevor Ángeles und Sommerfeld auftauchten, und danach noch weniger.

Während Ángeles sich der Mängel in Villas Militär widmete, wurde Sommerfeld zu einem wesentlichen Teil im Aufbau von dessen Finanz- und Beschaffungsorganisation sowie dessen Politikapparat. Obwohl Sommerfeld alles dafür tat, das ihm gegenüber gebrachte Vertrauen zu festigen, beäugten ihn seine Verbündeten De La Garza, Alberto Madero und möglicherweise auch Villa selbst misstrauisch. Am Tag nachdem Villa Benton ermordet hatte, wies De La Garza Alfonso Madero darauf hin, dass „Sommerfeld fünfzigtausend [US-Dollar] für Waffengeschäfte bei sich trug, und weitere fünfzigtausend verlangt. – Finde vorsichtig heraus, was wirklich eingekauft wurde! Er sagt, es wären fünfzehnhundert Mauser[-Gewehre] geliefert worden und er wolle dreitausend 30/40er zu 8 [US-Dollar] und zwei Millionen Patronen zu 18 [US-Dollar] kaufen. – Antworte, sodass wir sehen können, ob wir Geld ans Sheldon Hotel senden können."[1076] Madero, der offensichtlich nicht über die nötigen Verbindungen verfügte, um über die inneren Angelegenheiten des Dreigespanns Hopkins-Flint-Tauscher Aufschluss zu erhalten, erstattete De La Garza Bericht:

> Sehr schwer zu ermitteln [.] Am besten bestellen wir sie [selbst.] Kaufe nichts ohne meine Einwilligung und wickle die Bezahlung über mich ab [.] Beste Grüße,
> Alfonso Madero.[1077]

Ohne das Zutun der Maderos trafen am 15. April zweitausend brandneue Mauser-Gewehre aus Deutschland ein.[1078] offensichtlich war Maderos Plan, Sommerfeld zu überwachen und seine Geschäfte zu übernehmen, gescheitert. Der deutsche Agent wurde schon sehr bald zum wichtigsten Mann in Villas

Versorgungskette. Nachdem die US-Regierung das Embargo am 3. Februar aufgehoben hatte, rollte ein Zug nach dem anderen mit Nachschub für Villas Truppen über die Grenze. Dann wurde der Mord an Benton bekannt. Da der Chef des Zolls Zach Lamar Cobb davon ausging, dass das Waffenembargo gegen die Konstitutionalisten daraufhin wieder aufgenommen würde, weigerte er sich, die Lieferungen freizugeben. Er beschlagnahmte eine Million Stück Munition, die Sommerfeld am 27. Februar 1914 für Villa besorgt hatte.[1079] Hektisch verfasste Telegramme zwischen De La Garza und Villa bezeugen, dass man Angst hatte, dies sei nur der Anfang. De La Garza schrieb: „[Sommerfeld] unterrichtete mich, dass unsere Feinde mit großer Beharrlichkeit daran arbeiteten, dass die amerikanische Regierung das Embargo für Waffen und Kriegsmaterial wieder ausspricht [...]"[1080]

Am nächsten Tag versuchte De La Garza, Villa zu beruhigen, und versicherte ihm, dass für den nächsten Feldzug im Grunde genügend Ausrüstung bereit stand.[1081] Es mag einer der Tage gewesen sein, an denen sich der Umgang mit Villa Sommerfelds Erinnerung nach schwierig gestaltete. Es überwog letztlich die Vernunft. Nachdem Sommerfeld ihn vom Ernst der Lage überzeugt hatte, verließ Villa die Stadt und übergab die Angelegenheit mit Benton an Carranza. Dank Villas Rückzug aus dem Grenzgebiet und den Gesprächen mit Carranza liefen die Geschäfte bis zum nächsten internationalen Zwischenfall ungehindert weiter. Am 2. März führte Sommerfeld eine große Lieferung Schwarzpulver durch, und am 5. bestellte Villa 1.300 Gewehre und 750.000 Patronen, von denen Sommerfeld am 12. März 1.100 Gewehre und 300.000 Patronen überführte.[1082]

Durch Hopkins' Zusammenarbeit mit Carranza und Sommerfelds Nähe zu Villa, konnte der skrupellose Revolutionär letztlich ausreichend beeinflusst und so der Sieg davongetragen werden. Sommerfeld arbeitete hart in seinem neuen Job als Verantwortlicher für Villas Waffenbeschaffung. Er reiste im März und April des Jahres 1914 unablässig zwischen New York und der Grenze hin und her, wie er dies auch schon getan hatte, als er Hopkins und den Konstitutionalisten dabei half, ihre Front gegen Huerta auf die Beine zu stellen. Seinen Vernehmungsbeamten erzählte er nicht die Wahrheit, als diese fragten, ob im Jahr 1914 auch Deutschland Waffen lieferte: „Nein, niemals“ lautete seine bestimmte Antwort. Als man ihn jedoch mit ein paar detaillierteren Fragen konfrontierte, gab er zu, dass die Kapazitäten für 7mm-Munition in den USA nicht ausreichten. „Ich konnte keine Waffen besorgen, weil die von uns benötigten Typen nicht verfügbar waren.“[1083] Sommerfeld versuchte was in seiner Macht stand, um die División Del Norte zu beliefern. Als De La Garza Zweifel hegte und ihn überwachen lassen wollte, hatte Sommerfeld gerade 105.000 US-Dollar [bei heutigem Wert etwa 2,2 Millionen US-Dollar) für Waffengeschäfte erhalten. Im Frühjahr 1914 konnte man für dieses Geld 3,3 Millionen 7mm-Patronen oder 3.200 Mauser-Gewehre, Modell 1893, oder aber jegliche Kombination aus den beiden Positionen beziehen. Es handelte sich bei dem Geld jedoch nur um einen kleinen Bruchteil der Summe, die Sommerfeld in der ersten Hälfte des Jahres 1914 ausgab.

Anfang 1914 war Sommerfelds Beziehung zu Villa von vielen Problemen gezeichnet. Zu Villas Verdächtigungen, Sommerfeld könne Informationen an Carranza weitergeben, kam, dass der Deutsche ein Geschäft über mangelhafte Ware abschloss. Natürlich musste Sommerfeld wie jeder andere, der neu ins Waffengeschäft einstieg, ein gewisses Lehrgeld bezahlen. Jeder Arbeitsschritt bei der Herstellung von Munition barg gewisse Qualitätsrisiken, und das Endprodukt war äußerst anfällig für Feuchtigkeit. Wenn Munition nicht losging, war es daher äußerst schwer, den Verantwortlichen dafür zu finden. Waren die Zündhütchen oder das Zündpulver feucht? Woher stammte die Feuchtigkeit – aus der Fabrik, den zahlreichen Lagerhäusern, dem Überseefrachter oder aus dem Zugwaggon? Entlang der ganzen Versorgungskette wurde die Verantwortung zurückgewiesen, und niemand wollte für den Schaden aufkommen. Letztlich blieb Sommerfeld der Schwarzen Kater und seine Fehler kamen schnell ans Licht. Am 12. März berichtete er Villa, dass er 1.100 Gewehre und 500.000 Patronen vom Kaliber 7.65mm gekauft hatte.[1084] Villa wollte verständlicherweise keine neuen Kaliber in seinen Einheiten, da diese den Nachschub ungleich schwieriger gestalteten. Er sagte De La Garza, er solle

Sommerfeld ermahnen, nichts zu kaufen, was nicht vom Kaliber 7mm oder 30/40 war, wie die Munition des amerikanischen Springfield-Gewehrs.[1085]

Am 16. März bestieg Villas Armee in Chihuahua die Transportzüge und setzte sich in Richtung Süden in Bewegung. Zum zweiten Mal seit 1911 stand nun die Stadt Torreón zwischen den Revolutionstruppen und Mexico City. Unter dem Kommando von Felipe Ángeles fielen Villas Truppen in Gomez Palacio ein und bescherten der Bundesarmee eine schmerzliche Niederlage.[1086] Am 26. März umstellte die División Del Norte dann Torreón. Die Kämpfe dauerten eine ganze Woche an. Ángeles' Artillerie leistete den 16.000 Rebellen Tag und Nacht mit einem regelrechten Feuerhagel Unterstützung, während diese die Stadt in die Zange nahmen. Besonders Villas berüchtigte Nachtangriffe demoralisierten die Bundestruppen und raubten ihnen den Schlaf. Sie liefen scharenweise über. Am 2. April fiel die Stadt. Huerta hatte sechstausend neue Soldaten ins benachbarte San Pedro de las Colonias geschickt, doch auch diese Aktion blieb erfolglos. Die neu errichteten Positionen der Föderation knickten ein, und was von Huertas Armee übrigblieb, zog sich südwärts zurück. Während Villa und seine Generäle ihren Erfolg feierten, wurde Sommerfeld schwer getadelt. Offensichtlich hatten Flint and Company schlechte Munition geschickt. Am 14. April schrieb Villa wutentbrannt an De La Garza:

> BITTE SOFORT die Lieferung von zwei Millionen Stück Munition veranlassen, damit binnen kürzester Zeit der Feldzug weiter gehen kann. Ich rate ihnen, Acht zu geben, dass diese keine Mängel aufweisen, wie es mit den schlechten Patronen der Fall war, die Sommerfeld gekauft hat. Ich habe meine Soldaten nur verloren, weil die Qualität nicht geprüft wurde, was bei der Beschaffung solchen Materials unabdinglich ist.[1087]

Die Probleme mit Sommerfelds Nachschub verschlimmerten sich, bis Villa ihn letztlich feuern wollte. Der General verfasste am 30. Mai ein Telegramm an De La Garza, in dem er forderte, dass jemand anderes sich um die Beschaffung von Munition kümmern sollte. Das war natürlich unmöglich, dann niemand hatte die Verbindungen, die der deutsche Agent hatte. Das Problem gipfelte darin, dass De La Garza am 30. Mai eine scharf formulierte Notiz an Charles Flint schickte und diese mit Sommerfelds Namen unterschrieb:

> Habe ihnen gestern fünfundsiebzigtausend überwiesen [.] Stellen sie sicher, dass Bestellungen für Sommerfeld stets neuwertig und voll und ganz makellos sind, da Ausfall der vorherigen zu großem Schaden und einem schlechten Eindruck geführt haben, wir geben ihnen noch eine Chance, es wiedergutzumachen. –Liefern sie Montag. – F.A. Sommerfeld[1088]

Am nächsten Morgen fragte Sommerfeld Lazaro De La Garza ob er völlig durchgedreht war, Charles Flint eine solche Nachricht zu schicken:

> Sie telegrafierten gestern an Flint and Company, dass sie ihnen noch eine Chance gäben, sich zu beweisen. Ich will erwähnen, dass uns Ware mit solchen Mängeln noch nie von Flint verkauft wurde. Das Haus Flint genießt höchstes Ansehen und zählt zu unseren Freunden, weil es uns oft mit Rat und Unterstützung zur Seite stand. Ihr Telegramm ist vollkommen ungerechtfertigt und ich bitte sie daher, Flint ein weiteres Mal zu telegrafieren, und ihm zu sagen, dass gestriges Telegramm unbeabsichtigt abgeschickt wurde. F.A. Sommerfeld[1089]

De La Garzas Antwort wurde nicht festgehalten. Die Lieferungen der Hersteller aus den USA über *Flint and Company* liefen unbeirrt weiter. Höchstwahrscheinlich lag der Grund für all die Aufregung darin, dass die Munition in einem Überseefrachter geliefert und auf ihrem Weg mehrere Male unsachgemäß gelagert wurde. Der einzige Weg, diesen Risiken zu begegnen, war eine ortsnahe Beschaffung. Sommerfeld entschied daher, Lieferanten in den USA aufzubauen, die Villa direkt über den Schienenweg und ohne Mittelsmänner beliefern konnten. Die *Western Cartridge Company* wurde in den kommenden Jahren zu seinem Lieblingsprojekt.

Die Einführung einer hegemonialen Kontrolle der Grenzübergänge zwischen den Vereinigten Staaten und Mexiko und insbesondere des bedeutenden Umschlagplatzes von Ciudad Juarez wurden zur Grundlage für einen erfolgreichen Feldzug gegen Huertas Zentralregierung. Die Augen der Welt waren auf Pancho Villa gerichtet, den Mann, der das Unternehmen stemmen konnte. Gerade als sich die internationale Gemeinschaft mit der Tatsache angefreundet hatte, dass sich dieses militärische Genie aus der untersten Gesellschaftsschicht zum Retter Mexikos aufschwang, ermordete Villa Benton. Es war reines Glück für Villa, dass Huerta genau zu diesem Zeitpunkt in Geldnot geriet. Ohne diese Tatsache, die von Historikern meist übersehen wurde, hätte Villas Karriere als Oberhaupt der konstitutionalistischen Armee möglicherweise ihr jähes Ende genommen.

Die Lieferungen an Villa in den frühen Monaten des Jahres 1914 hätten nicht stattgefunden, man hätte ihm in den USA den Prozess gemacht und andere Generäle wie Ángeles, Chao, Trevino oder Obregon hätten die Kontrolle über die Divisiόn Del Norte übernommen. Stattdessen überlebte Villa den Skandal und bekam unschätzbare Hilfe von Hopkins, Flint, Sommerfeld und der deutschen Regierung, während er zur gleichen Zeit durch De La Garza und die Maderos einen unabhängigen und hocheffizienten Beschaffungsapparat errichtete. Diese verwalterische und finanzielle Unabhängigkeit von Carranzas Regierung, die Villa ohne Zweifel anstrebte, rettete ihn, als er sich später im Jahr 1914 einen Machtkampf mit dem Primer Jefe lieferte.

In Villas innerstem Beraterkreis, und hier insbesondere bei De La Garza und den Maderos, dauerte es nicht lang, bis man überzeugt war, dass Sommerfeld vertrauenswürdig war. Der Deutsche hatte durch sein Netzwerk in den USA und Deutschland einen Großteil der von Villa angestrebten Unabhängigkeit überhaupt erst möglich gemacht. Sommerfeld jonglierte seit Anfang 1914 und mit der Zeit in zunehmendem Maße mit aberwitzigen Geldsummen. Kaum zu glauben, dass der deutsche Agent unter Pancho Villa noch einmal schaffte, was er bereits ein Jahr zuvor unter Präsident Madero erreicht hatte: Als Geheimagent und hochrangigster Deutscher zählte er einmal mehr zum innersten Kreis des mächtigsten Mannes in Mexiko. Seine Dienste sollten in der Krise zwischen den USA und Mexiko, die den Revolutionären nun bevorstand, unverzichtbar sein.

KAPITEL 18

SOMMERFELD UND DIE WAFFEN DER *SS YPIRANGA*

Am 9. April 1914, ging die Mannschaft der *USS Dolphin*, einem Schiff der US-Marine, in der Hafenstadt Tampico an Land. Mit dem Befehl, Kraftstoff zu beschaffen, geriet der Versorger in einem Kanal nahe der *Puente de Iturbide* (Iturbide-Brücke) in eine Routinekontrolle. Die Soldaten der mexikanischen Bundesarmee, die den Hafen bewachten, waren ziemlich nervös, denn die Konstitutionalisten standen nur wenige Meilen vor den Verteidigungsposten der bedeutenden Hafenstadt. Mit dem Verdacht, die Amerikaner wollten ihre Verteidigung ausspionieren, setzte der zuständige Oberst Pablo Gonzalez die amerikanischen Matrosen fest. Der mexikanische Kommandeur von Tampico, Ignacio Morelos Zaragoza, erkannte sofort den Fehler seines Offiziers und befahl, die Amerikaner unverzüglich freizulassen.

Die Regierung Wilson hatte im November erklärt, dass sie den mexikanischen Diktator, wenn nötig, gewaltsam absetzen würde. Von diesem Zeitpunkt an hatten sich die Beziehungen zwischen den beiden Regierungen sogar noch weiter verschlechtert, was durch die aktuelle Zahlungsunfähigkeit Mexikos noch verschärft wurde. Im April 1914 dachte jeder an eine Intervention, besonders an die Beschlagnahmung der großen Zollhäuser, die es den Gläubigernationen erlauben würde, deren Einnahmen zu pfänden. Die republikanischen Senatoren Albert Bacon Fall und William Alden Smith setzten sich weiterhin lautstark für ein militärisches Eingreifen ein. Über viertausend US-Soldaten warteten in Galveston auf ihren Einsatz in Mexiko. Huerta und sein Beraterstab wussten, dass bereits der kleinste Vorfall zur Intervention führen konnte. Man hatte deshalb Order erlassen, die Amerikaner keinesfalls herauszufordern, ihr Eigentum nicht anzufassen und insbesondere die patrouillierenden Schiffe der Marine vor Tampico, Puerto Mexico und Veracruz unter keinen Umständen in irgendwelche Zwischenfälle zu verwickeln. So ließ man die amerikanische Einheit nach nur anderthalb Stunden sofort frei, und das Versorgungsschiff kehrte mit Kraftstoff beladen zur *USS Dolphin* zurück.

Admiral Henry Thomas Mayo hatte das Kommando über den US-Flottenverband, der vor der Küste des Bundesstaats Tamaulipas patrouillierte, in dem auch Tampico lag. Die reiche Ölstadt stellte Mexikos zweitgrößten Hafen dar. Neben einer offiziellen Entschuldigung und der Bestrafung des übereifrigen Offiziers, Colonel Gonzalez, forderte Mayo die Huldigung der amerikanischen Flagge mit einundzwanzig Schuss Salut. General Zaragoza pflichtete den ersten beiden Forderungen zu, verweigerte jedoch die dritte. Der deutsche Gesandte Admiral von Hintze berichtete eine Woche später: "Die mexikanische Regierung hat den Oberst arretiert und eine Untersuchung gegen ihn eingeleitet; sie [die Regierung] ist bereit, ihn zu bestrafen, falls das Ergebnis seine Schuld dartun sollte. Der Präsident der Republik hat persönlich sein Bedauern über den Vorfall ausgesprochen: qu'il déplore l'incident. Allein in der Frage des Saluts ist er halsstarrig. Er sagt mir, das sei gerade so, als wenn einem auf der Straße jemand die Streichhölzerschachtel [sic] aus der Tasche risse, sie auf die Erde würfe und verlange, man solle sie selbst wieder aufheben und mit einer Entschuldigung dazu."[1090]

Die Angelegenheit eskalierte in der darauffolgenden Woche. Am 12. April bot Konteradmiral Frank Friday Fletcher, der das Oberkommando über sämtliche Agenten des US-Marinegeheimdiensts in Mexiko hatte, an, auf jeden der einundzwanzig Schuss Salut der Mexikaner, selbst einen Schuss Salut auf die mexikanische Flagge folgen zu lassen. Huerta lehnte ab. Von Hintze vermutete richtig, dass wenn Huerta zugestimmt hätte, er die letzte Bastion verloren hätte, die ihm jetzt noch beistand: das mexikanische Militär.[1091] Er konnte nicht nachgeben!

Am 13. April verschärfte sich die Lage. Wilson entsandte sämtliche US-Truppen in mexikanische Gewässer. Es galt, eine Seeblockade gegen Mexiko zu errichten, sowie die Häfen von Tampico und Veracruz zu besetzen. Die Marines in Galveston bekamen Befehl, die Invasion Mexikos vorzubereiten, die zum Ziel hatte, die Hauptstadt zu erobern. In Mexiko wurde diese faktische Kriegserklärung (eine Seeblockade ist ein Kriegsakt) als Wiederholung des Mexikanisch-Amerikanischen Krieges von 1846 bis 1848 betrachtet, bei dem US-Soldaten schließlich in Mexico City einmarschiert waren. In diesem Krieg hatte Mexiko die Hälfte seines Hoheitsgebiets an die USA verloren. Wie viel würden die Amerikaner diesmal nehmen? Aus internationaler Sicht bot eine amerikanische Invasion eine erstklassige Gelegenheit, das Schicksal von Präsident Huerta zu besiegeln, sich gleichzeitig die Einkünfte der Zollhäuser zu sichern und so die geschuldeten Rückzahlungen mexikanischer Staatsanleihen zu bedienen. Zudem könnten die Amerikaner die Revolutionäre, die Mexico City zuerst erreichten, besser im Auge behalten. Die US-Regierung hätte sich so eine Möglichkeit geschaffen, Plünderungen und Raubzüge gegen Einwanderer zu unterbinden. Huerta, der durch das Anfachen nationalistischer Gefühle in Mexiko nichts zu befürchten, jedoch eine Menge zu gewinnen hatte, zögerte keinen Augenblick. Sogar Villa erkannte, dass er sich im Fall eines amerikanischen Angriffs mit Huerta zusammenschließen musste.[1092]

US-Präsident Wilson stellte General Huerta ein Ultimatum bis zum 19. April um 18:00 Uhr. Huerta ließ sich jedoch nicht auf die Forderungen des Amerikaners ein, und das Ultimatum verstrich.[1093] Am 20. April 1914 sprach Wilson vor dem gesamten Kongress. Er betonte die Tatsache, dass die Seemänner festgesetzt wurden, und zwar „[...] aus dem Hoheitsgebiet der Vereinigten Staaten [...] Der Präsident sagte, da Huerta sich geweigert hatte [der amerikanischen Flagge zu salutieren], sei er [Wilson] gekommen, um im Kongress die ‚Zustimmung und Unterstützung für den Kurs zu bekommen, den [er] jetzt einzuschlagen gedenke.'“[1094]

Vom Kongress bekam Wilson grünes Licht und er konnte das Militär nach seinen Wünschen einsetzen. Zum gleichen

Zeitpunkt, jedoch nicht mit der amerikanischen Aktion verbunden, war das Dampfschiff *Ypiranga* der deutschen HAPAG am Morgen des 21. April aus Havanna ausgelaufen und näherte sich nun für einen Routinestop in Veracruz der mexikanischen Küste. Veracruz war der größte Hafen Mexikos. Die Stadt liegt dreihundert Meilen südlich von Tampico. Der Marineminister, Josephus Daniels, und Außenminister Bryan weckten den US-Präsidenten an diesem schicksalhaften Tag bereits um 2:00 Uhr morgens.

Der amerikanische Konsul in Veracruz, William W. Canada, hatte ein Telegramm an Bryan geschickt, das besagte, das deutsche Schiff habe Waffen und Munition für Huerta geladen.[1095] Auf welchem Weg der US-Konsul von der Ladung der *Ypiranga* erfahren hatte, ist fraglich. Was jedoch mit Sicherheit gesagt werden kann, ist, dass manche der Waffen aus dem russischen Odessa stammten, und dass der größte Teil der Lieferung nicht aus Deutschland kam.[1096] Deutschland war lediglich durch den Transport auf dem Dampfschiff der HAPAG involviert, das Veracruz regelmäßig anlief. Der US-Präsident befahl an diesem Morgen die Besetzung des Zollhauses von Veracruz, um so zu verhindern, dass weitere Waffenlieferungen das Land erreichten. Eine entsprechende Order ging an Admiral Fletcher:

> Früh am 21. April 1914 wurde General [Joaquin] Mass [sic], der mexikanische Militärkommandeur, informiert, dass US-Truppen vorhatten, das Zollhaus in Beschlag zu nehmen. Ihm wurde dringend geraten, ‚keinen Widerstand zu leisten, und sich zurückzuziehen, um das Leben und Eigentum der Bürger von Vera Cruz [sic] nicht zu gefährden. ' Er fügte sich größtenteils, aber der Kommandeur der Marineakademie und Gruppen unorganisierter Individuen leisteten Widerstand. Ein Teil der Atlantikflotte nahm Veracruz unter Feuer. Um 11:30 Uhr ging die erste Einheit von 787 Soldaten, darunter 502 Marines, an Land und griff das Zollhaus an. Es entwickelte sich ein Häuserkampf, an dem angeblich viele Zivilisten beteiligt waren. Zur Verteidigung der Stadt wurden auch Gefangene freigelassen, die im gefürchteten Gefängnis San Juan de Ulua inhaftiert waren. Inzwischen wurde das Gebäude der Marineakademie von der

> *USS Prairie* unter Beschuss genommen und amerikanische Soldaten hatten den Großteil der Stadt bis zum Abend besetzt. Die Schiffe *USS San Francisco* und *USS Chester* setzten die Bombardierung der Marineakademie bis zum nächsten Tag fort.[1097]

Neunzehn amerikanische Soldaten starben und weitere zweiundsiebzig wurden verletzt. Die mexikanischen Truppen verloren knapp zweihundert Mann, die meisten von ihnen Kadetten der Marineakademie. Die Zivilbevölkerung, die sich dem Widerstand der föderalen Verteidigungsarmee angeschlossen hatte, schoss weiterhin auf patrouillierende US-Soldaten, wodurch sich Admiral Fletcher gezwungen sah, in der Stadt das Kriegsrecht auszurufen. Brigadegeneral Frederick Funston traf innerhalb einer Woche in Veracruz ein und organisierte die langfristige Besetzung der Stadt.

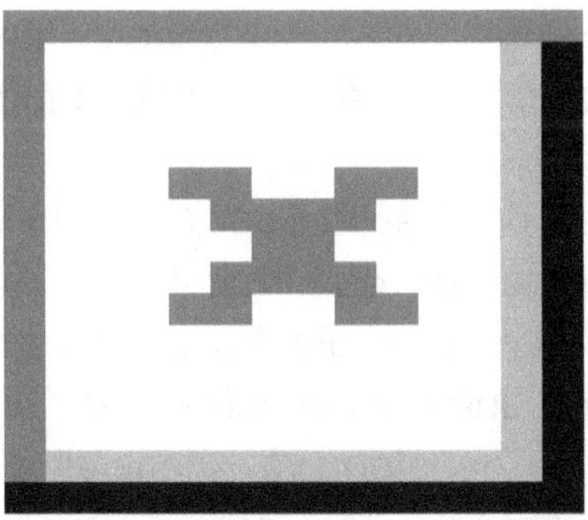

Marines auf dem Marsch durch die Innenstadt von Veracruz.[1098]

Hatte die Bombardierung und Besetzung der Stadt das Ziel, die Landung der *Ypiranga* zu verhindern, so hatte diese

Operation keinen Erfolg. Das erste Missgeschick bestand darin, dass die *Ypiranga* bei der Landung der Marines gar nicht am Pier lag. So lange die Fracht sich noch auf dem deutschen Dampfer befand, konnte sie nicht rechtmäßig beschlagnahmt werden. Nach der Löschung der Ladung hätten die Waffen unter der Autorität des Zollhauses gestanden. Die Eroberung des Zollhauses hätte die Waffen dann unter die Kontrolle der Amerikaner gebracht, und die Frage um das Eigentum hätte zwischen Mexiko und den USA geklärt werden müssen, nicht zwischen Deutschland und den USA.

Der zeitliche Ablauf der Invasion, nämlich die Landung der Truppen bevor die *Ypiranga* ihre Ladung gelöscht hatte, verhinderte die Beschlagnahmung der Waffen. Als sie sich endlich gegen 13:00 Uhr dem Hafen näherte, ohne zuvor über die amerikanische Militäraktion informiert worden zu sein, ging ein Offizier der US-Marine an Bord des HAPAG-Schiffes und ordnete an, man solle Anker werfen und abwarten.[1099] Der Kapitän der *Ypiranga*, Karl Bonath, dem nicht bewusst war, dass sein Schiff die Landung der Marines auf mexikanischem Boden verursacht hatte, telegrafierte an den deutschen Marinekreuzer *SMS Dresden*, der in Tampico vor Anker lag, und forderte Instruktionen an.[1100]

Erich Köhler, der Kapitän der *Dresden* wusste auch nicht, warum die Amerikaner an der Fracht der *Ypiranga* interessiert waren. Er wusste nur, dass die *Ypiranga* nach ihrer Entladung deutsche Flüchtlinge aufnehmen sollte. Der Gesandte von Hintze hatte bei der Marine gebeten, im Kriegsfall ein Schiff bereit zu stellen, damit deutsche Staatsbürger aus Mexiko evakuiert werden konnten.[1101] Kapitän Köhler hatte daraufhin das Dampfschiff *Ypiranga* für die deutsche Marine in Beschlag genommen.

Inzwischen sammelten sich alle Agenten des amerikanischen Marinegeheimdienstes in Veracruz, um die Okkupation durchzuführen. Als amerikanische Marines die Hafenstadt Veracruz nahmen, bedrohten aufgebrachte Mexikaner in Tampico hunderte der dort lebenden US-Staatsbürger. Die Navy hatte keine Vorkehrungen getroffen, die amerikanischen

Einwohner in Tampico zu beschützen. William F. Buckley sagte im Jahr 1919 aus:

> [...] weder Admiral Mayo noch die amerikanische Regierung hatten irgendwelche Vorkehrungen zum Schutz der US-Bürger in Tampico getroffen. Wie ich bereits sagte, war Veracruz um 11 Uhr eingenommen. Um 13 Uhr wurde eine Bekanntmachung über diesen Sachverhalt an den Türen des Rathauses von Tampico angeschlagen. Um 5 Uhr Nachmittag hatte ein Mob von tausenden Mexikanern hunderte amerikanische Männer, Frauen und Kinder umzingelt, die in den Hotels Southern und Victoria in Tampico Zuflucht gesucht hatten, und drohte, sie zu ermorden. Ohne auch nur ein Wort von der amerikanischen Regierung oder Admiral Mayo gehört zu haben, kam der Kapitän des deutschen Kanonenboots *Dresden*, das in der Nähe des Zollhauses im Fluss lag, den eingekesselten Amerikanern zu Hilfe und forderte die mexikanischen Behörden in Tampico auf, den Mob binnen fünfzehn Minuten aufzulösen. Man kam den Forderungen nach, und der deutsche Kapitän veranlasste, dass die Amerikaner auf die deutschen und englischen Kanonenboote gebracht wurden, die in der Nähe des Zollhauses lagen, sowie auf drei weitere Boote, die im Fluss unter dem Schutz der englischen und deutschen Kanonen standen. Die Anbordnahme der Amerikaner erfolgte zwischen 9 und 10 Uhr abends unter dem Schutz englischer und deutscher Kanonen – in der Nacht des 21. April – und war vor 2 Uhr morgens abgeschlossen.[1102]

Durch diese rasche Aktion half Kapitän Köhler, wenn auch unbefugt, den Amerikanern aus einer weiteren Misere, die durch deren verpfuschte Operation entstanden war, und verhinderte das drohende Blutbad. Als sich am nächsten Morgen der Rauch verzogen hatte, waren mehrere große Lagerhäuser von Carl Heynen und Richard Eversbusch vom Feuer zerstört worden.[1103] Die Anstrengungen beim Schutz amerikanischer Bürger und beim Transport der Flüchtlinge nach New Orleans und Galveston brachten Kapitän Köhler das Ansehen von Präsident Wilson ein. Am 7. Mai 1914 dankte der US-Botschafter in Berlin, James Gerard, der deutschen Regierung „[...] für die Aktion der Kommandanten deutscher Kriegsschiffe in Tampico, die dabei behilflich waren, amerikanische Flüchtlinge zu den Kriegsschiffen ihres Landes zu transportieren."[1104]

Wenige Monate später, nachdem die SMS *Dresden* sich auf Kriegsmission begeben hatte und als gefürchtetes Kaperschiff den Atlantik durchkreuzte, schrieb der US-Präsident dem deutschen Marinekommandanten persönlich, und pries noch einmal „[...] ihre Aktion am Abend des 21. April, in der sie ihre Offiziere ins Southern Hotel in Tampico schickten und sich anboten, amerikanische Staatsbürger von diesem Hotel an Bord der *Dresden* zu nehmen, und dass die Boote bis zu später Stunde nicht stillstanden, und für die Entsendung eines Bootes am 22. April, das alle Orte zwischen Tampico und La Barra abfuhr, um US-Bürger anzuweisen, an Bord der *Dresden* zu gehen und die, die gingen, zu transportieren."[1105] Auch auf der *Ypiranga* wurden Flüchtlinge, unter ihnen Amerikaner, bis zum 17. Mai in Sicherheit gebracht.[1106] Als der Dampfer der HAPAG am 22. April 1914 den Anker lichtete, ging man in der amerikanischen Regierung davon aus, die sich noch immer an Bord befindlichen Waffen würden zurück nach Deutschland transportiert.[1107] Die *New York Times* berichtete, dass dem deutschen Außenminister von Jagow vonseiten der HAPAG versichert worden war, die Fracht ginge zurück nach Hamburg.[1108]

Schließlich mussten die Amerikaner das Schiff ziehen lassen, weil sie die zeitliche Planung ihrer Invasion vermasselt hatten. Ohne den Hintergrund des Handelns der Amerikaner zu kennen, forderte Botschafter von Bernstorff in Washington zurecht, dass man das Schiff freiließ. Der amerikanische Kommandeur in Veracruz, Admiral Fletcher, schien such nun mehr um die amerikanischen Flüchtlinge zu sorgen, als um die Waffen an Bord des deutschen Dampfschiffs. Verantwortlich für die Fracht der *Ypiranga* war Carl Heynen, der ehemalige deutsche Konsul und Repräsentant der HAPAG in Mexiko. Von seinem Büro in Veracruz aus telegrafierte Heynen an die Niederlassung der HAPAG in Hamburg, „[...] die Amerikaner haben nie durchscheinen lassen, dass sie mit der Löschung der Waffen und Munition auf der *Ypiranga* nicht einverstanden wären."[1109] Tatsächlich berichtete der Militärattaché von Papen, die Waffen wären nicht abgeladen worden, hätten sich die Amerikaner dagegen ausgesprochen.[1110]

Am 13. Mai 1914 erwähnte Heynen gegenüber einem Reporter der *New York Times*: „Es handelt sich hierbei nicht um eine Angelegenheit zwischen den Regierungen in Washington und Berlin, denn es gab keine Abmachung, dernach wir die Ladung der *Ypiranga* nicht anderswo löschen durften, außerdem hatte der befehlshabende amerikanische Admiral in Vera Cruz [sic] am 22. April gesagt, das Schiff könne nun hinfahren, wo es wolle. Wir trafen alle Vorbereitungen, um Puerto Mexico anzulaufen, und die deutsche Regierung hatte mit der Sache nichts zu tun."[1111] Die Tatsache, dass die HAPAG das Schiff nach Puerto Mexico umleitete, wo die Ladung letztlich an Land ging, führte zu großem Aufsehen. Eine geheime Notiz von Admiral von Hintze an das deutsche Auswärtige Amt vom 18. April – drei Tage vor der amerikanischen Invasion – wirft etwas Licht auf die wahren Gegebenheiten.

Von Hintze benachrichtigte die deutsche Regierung über die sich entwickelnde Auseinandersetzung zwischen der US-Marine und der Regierung Huerta. Eine Invasion stand kurz bevor. Von Hintze wurde auf seinen Antrag hin vom Auswärtigen Amt gestattet, die *Ypiranga* nach Puerto Mexico und zudem die *Dania* nach Tampico umzuleiten, um Flüchtlinge aufzunehmen.[1112] Somit hatte die Route dieser Schiffe bereits vor der Invasion festgestanden. Dies erklärt auch die große Verwunderung der deutschen Behörden, als bekannt wurde, dass das deutsche Dampfschiff der Grund für die Invasion war. Die US-Militärs und das US-Außenministerium hatten weder den deutschen Gesandten in Mexiko von Hintze noch das Auswärtigen Amt in Berlin, den HAPAG-Vertreter Heynen oder den Botschafter von Bernstorff darüber informiert, dass die Belagerung von Veracruz durch US-Truppen irgendetwas mit dem deutschen Schiff zu tun hatte. Tatsächlich waren die deutschen Behörden davon ausgegangen, dass die Militäraktion unabhängig von der Ankunft der *Ypiranga* geplant und ausgeführt worden war. Aus deutscher Sicht konnten die Waffen der *Ypiranga* nur einen Vorwand für eine Intervention darstellen, die ohnehin stattgefunden hätte. Am 26.

April schrieb von Hintze an das deutsche Außenministerium, dass er sich sicher war, dass die Amerikaner bis nach Mexico City marschieren und die Rebellen gleichzeitig Tampico nehmen würden.[1113]

Sollte dies der Plan gewesen sein, so machte die Regierung Wilson einen entscheidenden Fehler, als sie das Schiff weiterziehen ließ. In der Öffentlichkeit war man der Ansicht, die neunzehn Opfer unter den Marinesoldaten wären für nichts gestorben. Als die *Ypiranga* am 29. Mai ihre Ladung nur einhundertfünfzig Meilen weiter südlich in Puerto Mexico löschte – 1.500 Kisten Gewehre, 15 Millionen Patronen und diverse andere Munition – gingen die Gefühle in der Bevölkerung hoch.[1114] Neben der *Ypiranga* wurden in Puerto Mexico auch die HAPAG-Dampfschiffe *Bavaria* und *Kronprinzessin Cecilie* entladen, die beide kleinere Ladungen Waffen und Munition an Bord hatten.[1115]

William F. Buckley sagte gegenüber dem Komitee für Auslandsangelegenheiten des US-Senats im Jahr 1919 aus, dass anscheinend kein anderer als Carl Heynen verzweifelt versuchte, dass die Waffen nicht Präsident Huerta in die Hände fielen. „[...] Carl Heynen [...] wandte sich an den Hafenchef in Veracruz, Captain [Herman O.] Stickney, ein ungewöhnlich begriffsstutziger Marineoffizier, und versuchte diesen irgendwie dazu zu bringen, durch Befehle und auch durch Bitten, ihm, Heynen, zu verbieten, sein Schiff die besagten Waffen und Munition entladen zu lassen, da Heynen verzweifelt nach einem Grund suchte, der seine Missachtung der Befehle von Huerta rechtfertigen würde, aber dieser brillante Kommandeur warf Heynen praktisch aus seinem Büro."[1116] Die *New York Times* bestätigte Buckleys Behauptung, „Capt. C. Bonath von der *Ypiranga*, sagte jedoch: ‘Die Möglichkeit, dass unsere Fracht in Puerto Mexico gelöscht werden könnte, war dem Zollbeamten [Captain Stickney] nicht neu. Bevor uns die Weiterreise nach Puerto Mexico erlaubt wurde, fragte ich ihn ausdrücklich: ‚Was würden sie tun, wenn ich [von Huerta] dazu gezwungen würde, diese Waffen in Puerto Mexico zu entladen? ’ Hierzu gab er keine Antwort.’"[1117]

Als der Pfusch und die Fehlkommunikation öffentlich bekannt wurden, die dazu geführt hatten, dass die Waffen nicht von den US-Truppen konfisziert wurden, führte dies zu einem großen Aufschrei im Norden Mexikos sowie den Vereinigten Staaten. In den Zeitungen wurde eine Verschwörung zwischen Deutschland und Huerta gegen die USA vermutet. Diese Vorstellung sollte noch viele Jahre diskutiert werden, wobei die amerikanische Historikerin Barbara Tuchman zuerst behauptete, Deutschland habe den mexikanischen Diktator mit der Absicht unterstützt, die Konfrontation mit den Vereinigten Staaten zu suchen. Natürlich richteten sich die Bestrebungen der deutschen Regierung vor dem Ersten Weltkrieg in die genau entgegengesetzte Richtung, wie der Geschichtswissenschaftler Baecker folgerichtig betonte. Die deutsche Regierung und auch alle großen Bankhäuser in Deutschland wollten genau wie die US-Regierung, dass Huerta von seinem Posten vertrieben wurde. In deutschen Finanzkreisen hoffte man, dass eine neue Regierung damit fortfahren würde, Mexikos Schulden zu bedienen. Sogar eine von den USA dominierte Regierung wäre für sie infrage gekommen. Wie das Anerkennungsschreiben an Kapitän Köhler im August 1914 zeigt, unterstützte die deutsche Regierung die Vereinigten Staaten durch humanitäre Arbeit.

Die falsche Einschätzung der Rolle von Carl Heynen, den die amerikanische Presse fälschlicherweise bezichtigte, dafür gesorgt zu haben, dass die *Ypiranga* den Amerikanern „entwischte", zählt zu den großen Ironien der Geschichte.[1118] Neben anderen Dingen erzählte Heynen den Vernehmungsbeamten des US-Justizministeriums im Jahr 1918, dass er kurze Zeit als US-Konsul in Mexico City tätig war. Der deutsche Agent sagte aus, dass er sich zu Beginn der Invasion von Veracruz zufällig in Mexico City aufhielt. Als der amerikanische diplomatische Geschäftsträger Nelson O'Shaughnessy infolge des Angriffs seinen Pass von Huerta ausgehändigt bekam, brach er am 22. April nach Veracruz auf. Der Diplomat übergab die amerikanische Repräsentation in Mexiko an die brasilianische Botschaft.[1119] Carl Heynen arbeitete zu dieser Zeit als Ehrenkonsul für den brasilianischen Botschafter. „Somit wurde es, wie Mr. Heynen sagte, seine Pflicht, zu einem gewissen Maß im Interesse der Vereinigten Staaten zu handeln."[1120]

Ob Heynens verdrehte Wahrnehmung dieser Episode einer rechtlichen Überprüfung standhält, steht zur Debatte. Er verstand sich jedoch sicherlich faktisch als amerikanischer Konsul in der Stadt.

Über die angebliche Verschwörung Deutschlands mit dem Ziel, den Einfluss der USA in Mexiko durch die Unterstützung von General Huerta zu schmälern, wurde viel geschrieben. Um zu verstehen, in welchem Maß die Deutschen in die Geschehnisse involviert waren, lohnt sich eine genauere Untersuchung der finanziellen Hintergründe der Waffen, die sich an Bord der *Ypiranga* befanden. Der Historiker Michael C. Meyer verfolgte die Finanzierung der Waffen zurück und stieß dabei unter anderem auf Leon Rasst, einen früheren konsularischen Agenten für Russland in der Stadt Puebla und Kriminellen erster Güte.[1121]

Man weiß nicht viel über Rasst, außer dass er 1867 in Russland geboren wurde. Er kam in den frühen 1880er Jahren nach Mexiko und ließ sich mit seiner in der Schweiz geborenen Frau Luisa in Puebla nieder. Rasst wurde Kaufmann und durch seine Firmen *Rasst, Headen y Compañía* und *A.M. Davis y Compañía* verkaufte er über Mittelsmänner in New York alles von mittelwertigen Edelsteinen bis hin zu Alkohol an deutsche Händler.[1122] Gerichtsakten, die bis ins Jahr 1887 datieren, schildern, dass den geschäftlichen Unternehmungen des Mannes stets ein Geruch von Betrug anhing. Zu seinen ersten Opfern gehörten Kunden, die Anzahlungen für „sechs [Zug] Wagen“ Onyx geleistet hatten, die angeblich in Veracruz lagerten. Gerichtsakten belegen, dass diese Ware bereits einem anderen Kunden verkauft worden war. Rasst jedoch nutzte den Wert der Onyx-Bestellungen als Sicherheit, um sich bei einer mexikanischen Bank Geld zu leihen. Mit diesem Geld kaufte er eine Schnapsbrennerei. Sein betrügerischer Plan beinhaltete die Überschreibung des Großteils des geschuldeten Geldes an seine Frau, und die anschließende Bekanntgabe der Zahlungsunfähigkeit seiner zwei Unternehmen.[1123] Er unternahm zwar viele Reisen, blieb aber ein Bürger der Stadt Puebla. Seine Tochter Helen wurde im Jahr 1896, sein Sohn Benjamin im Jahr 1900 geboren.

In den geschichtlichen Aufzeichnungen der Stadt Puebla taucht Rasst im ersten Jahrzehnt des 20. Jahrhunderts auf, und zwar als jüdischer Geschäftsmann und Besitzer der Textilfabrik mit dem teutonischen Namen *La Prusia*.[1124] Im Jahr 1909 erwarb Rasst eine Kommission der Eisenbahn Ferrocarril de Capulac a Chachapa. Er wird als Händler geführt, was bedeutet, dass er im Namen eines Investors agierte.[1125] In seinen Einwanderungspapieren gab er im Herbst des Jahres 1913 an: „Russischer Generalkonsul Puebla Mexiko“. Dies sollte ihn als Mitglied des diplomatischen Korps ausweisen, doch die Position, die er angab, existierte nicht. Er log. Der Agent des US-Justizministeriums William Doyas berichtete im Jahr 1918, dass Rasst „aussagte, dass er früher ein konsularischer Agent für Russland in Mexiko war“. Seine Position war demnach zu vergleichen mit der, die Alberto Stallforth für Deutschland vertrat.[1126] Es existieren keinerlei Aufzeichnungen, die beweisen würden, dass Rasst jemals zum Vizekonsul für Russland ernannt wurde. Es ist hingegen sehr wahrscheinlich, dass er überhaupt keinen Diplomatenstatus besaß. Stattdessen dilettierte er auf der Suche nach dem schnellen Geld von einem Plan zum nächsten, ob es nun Mineralien waren oder Schnaps, Textilien oder eben Waffen. Der BI-Agent Berliner schrieb 1918: „Rasst ist ein russischer Jude der niedrigsten Art und ein aalglatter Geschäftsmann. Agent ist persönlich mit ihm bekannt […]“[1127]

Rasst reiste mit seiner Tochter Helen im November 1913 nach New York, wo er laut dem Historiker Michael Meyer Waffen und Munition für 1,5 Millionen Pesos einkaufte, die er aus Mexiko mit sich brachte. Meyer konnte jedoch keine Quelle angeben, die bestätigte, dass Rasst tatsächlich eine solche Summe in bar bei sich trug. Es ist höchst unwahrscheinlich, dass Huerta einem russischen Kaufmann, dessen finanzielle Geschichte von Betrug und Bankrott geprägt war und dessen schlechter Ruf seiner Ankunft in New York 1913 vorauseilte, bei heutigem Wert etwa 15,8 Millionen US-Dollar in bar anvertraute. Zudem verfügte Rasst vor seiner Ankunft über keine bekannten Verbindungen zu Waffenhändlern in New York. Meyer führt Rassts Zusammenarbeit mit Abraham Ratner an, Huertas offiziellem

Beschaffungsagenten in New York, um die Verbindung zwischen Huerta und dem selbsternannten russischen Konsul herzustellen. Warum hätte Ratner, der alle internationalen Waffengeschäfte für Huerta abwickelte, allerdings nicht einfach eine der großen Banken beauftragen können, um Geld von Mexiko nach New York zu überweisen wie es alle Revolutionäre seit Jahren getan hatten?

Der Plan, Rasst als Huertas Beschaffungsagent mit einer großen Tasche voll Geld nach New York zu schicken, wie dies Meyer dargelegt hat, hält einem Realitätscheck nicht stand. Es hätte schlicht ein viel zu großes Risiko für Huerta dargestellt, so viel Bargeld zu schmuggeln, anstatt sich der vielen Finanzwege zu bedienen, die der de-facto Regierung Mexikos zur Verfügung standen. Sowohl die Konstitutionalisten als auch die US-Regierung bis hinauf zu Präsident Wilson wussten von Rassts Unternehmung.[1128] Auch der zeitliche Ablauf der ganzen Angelegenheit ist unwahrscheinlich. Rasst kam am 29. November nach New York, die *SS Brinkhorn* lief aber am 7. Dezember mit Ziel Odessa aus.[1129] Rasst bezahlte angeblich für die Waffen und die Munition an Bord, die sich auf 607.000 US-Dollar beliefen. Laut Meyers Angaben bestand die Ladung aus fünfundsiebzigtausend Karabinern, vier Millionen Stück 7mm-Munition, zwanzig Schnellfeuer-Maschinengewehren, zehntausend Kisten (zehn Millionen Patronen) Munition vom Kaliber 30 und zweihundertfünfzig Kisten vom Kaliber 44 (Pistolenmunition).[1130] Bei den 7mm-Patronen handelte es sich um genau die Art von Munition, von der Sommerfeld und andere ausgesagt hatten, sie wäre nicht verfügbar gewesen. Der Historiker Thomas Baecker führte Quellen aus Deutschland an, die besagen, die Ladung hätte lediglich aus eintausend Kisten Karabinern, zwanzig Kisten Maschinengewehren und fünfzehn Millionen Stück Munition diverser Typen bestanden.[1131]

Jede der Kisten in Baeckers Angaben enthielt zwanzig, und nicht fünfzig Gewehre, wie Meyer annahm. Daraus folgt, dass die Lieferung nur zwanzigtausend Karabiner umfasste. Baeckers Angaben scheinen genauer zu sein, da dieser die Register der HAPAG zurande zog. Wer also bestellte die Waffen, und wann? Auch wenn die Gewehre Monate zuvor bestellt wurden, hätte kein

Waffenproduzent in den USA für die mexikanische Regierung solche Mengen ohne eine entsprechend hoher Vorauszahlung hergestellt. Wer leistete diese Anzahlung über in etwa sechzigtausend Dollar, um die Produktion dieser Order anlaufen zu lassen? Keine dieser Fragen wurde in den bisherigen Analysen auf den Grund gegangen. Ohne die entsprechenden Antworten macht die Odyssee, die Huertas Waffen durchliefen bevor sie letztlich die Belagerung der Stadt Veracruz bewirkten, keinen Sinn.

Rassts späterer Werdegang weist im Jahr 1915 ein Geschäftsverhältnis zu den Ratners auf. In der Zeit davor ist er allerdings nirgends als Waffenhändler vermerkt. Rassts Verbindung zu Abraham Ratner schien lediglich darin zu bestehen, dass beide Juden russischer Herkunft waren. Das reicht für einen Beweis nicht aus, zumal der eine von Tampico und der andere von Pueblo aus operierte. Weitere Unschlüssigkeiten in Meyers Darstellung bestehen in kleinen Details, die aber für den Verlauf der ganzen Geschichte eine größere Rolle spielen. So schrieb er: „Rasst und seine Begleitung checkten am 28. November in das vornehme New Yorker Park Avenue Hotel ein."[1132] Rassts Einwanderungspapieren lässt sich allerdings entnehmen, sein eigentliches Ziel sei das Hotel Lafayette gewesen, ein drittklassiges Hotel in der Lower East Side nahe dem University Park, und dass er am 29. November eincheckte.[1133] Verglichen mit den Einkäufern der Konstitutionalisten wie Lazaro De La Garza und Felix Sommerfeld, die sich während ihrer Besuche in New York ins schicke Astor Hotel am Times Square einmieteten, scheint Rassts Unterbringung nicht mit den fast 16 Millionen US-Dollar (zu heutigem Wert) in seiner Tasche zusammenzupassen.

Am 29. April berichtete Agent Scully vom New Yorker Büro des BI seinen Vorgesetzten, wie sich die Sachlage im Fall der *Ypiranga* seiner Meinung nach gestaltete. Scully hatte Rasst seit seiner Ankunft in New York observiert. Der Agent gab an, Rasst habe den Transport von 50.000 Gewehren und 15 Millionen Stück Munition, die Scully bereits im Dezember detailliert beschrieben hatte, mit der Gans Steamship Line ins russische Odessa organisiert. Rasst sollte das Schiff bei seiner Ankunft in Odessa treffen und die Lieferung durch den Zoll bringen. Dort sollte er dann auch die Frachtkosten von 12.000 Dollar (bei heutigem Wert etwa 250.000 Dollar) begleichen. Agent Scullys Angaben zufolge kam Rasst nie in Odessa an. Stattdessen wurde die Lieferung von den russischen Behörden beschlagnahmt. Über die russische Botschaft in Washington verhandelte Rasst die Freigabe des Kriegsgeräts, doch die Gans Steamship Line weigerte sich, die Ladung an Rasst zu übergeben, weil dieser noch nicht bezahlt hatte.

Gans, ein erfolgreicher deutsch-amerikanischer Unternehmer, übergab die Lieferung letztendlich an ein deutsches Schiff, das sie nach Hamburg transferierte. Dort angekommen, wurde die Ladung wiederum von der deutschen Regierung beschlagnahmt. „Über einen deutschen Bankkonzern“, nämlich Martin Schroeder in Hamburg, erhielt Gans schließlich sein Geld für die Fracht. Die letzte Information, die Agent Scully über Rast in Erfahrung gebracht hatte, war, dass dieser bei seiner Ankunft in Veracruz von Huertas Leuten festgenommen und wegen Diebstahls angeklagt wurde.[1134] Wenn man Scullys Bericht glauben kann, so fallen vor allem zwei Dinge auf: Rasst mag eine gewisse Summe bei sich gehabt haben, jedoch nicht annähernd in Höhe des Warenwerts der Lieferung. Aller Wahrscheinlichkeit nach wurde Rasst geschickt, um den Transport der Waffen zu organisieren, die Ratner Monate zuvor geordert hatte. Hierfür stattete ihn Huerta mit 12.000 US-Dollar aus (dem Frachtgeld), die Rasst letztlich nicht bezahlte.

Bei den Nachforschungen über die Waffen auf der *Ypiranga* kam eine interessante Wendung bezüglich Rassts Rolle in der Angelegenheit an die Oberfläche. Es scheint, als sei Felix Sommerfeld in die Machenschaften des russischen Verbrechers verstrickt gewesen und hatte vielleicht sogar selbst Geld in die Lieferung investiert. In einem Gespräch mit dem Undercover-Agenten Harry Berliner verriet Sommerfeld, „[...] dass Rasst eine hohe Summe als Vorauszahlung erhalten hatte [...] als Sommerfeld bei diesem eine Bestellung über Munition aufgab...stellte sich heraus, dass die Munition, die Rasst liefern wollte, nicht von dem Kaliber war, das Sommerfeld bestellt hatte. Also verkaufte Sommerfeld sie an jemand anderes und gab den Erlös an Rasst weiter, wobei er den von ihm ursprünglich an Rasst bezahlten Betrag jedoch offenließ. Rasst entschädigte Sommerfeld nie."[1135]

Wie es scheint, stand Sommerfeld 1914 in einem geschäftlichen Verhältnis zu Rasst. Sowohl Sommerfeld als auch Rasst waren Ende 1913 in New York. Der Russe kam am 29. November an, und Sommerfeld wird in den Berichten des BI am 15. Dezember erwähnt, was nicht heißen muss, dass er nicht schon ein oder zwei Wochen vorher in die Stadt gekommen war. Bei seiner Befragung 1918 gab Sommerfeld an: „Ich hörte, der Vizepräsident der National City Bank verkaufte sie an die russische Regierung. Man trat [...] im Februar oder März 1914 an mich heran, ich verhandelte [die Bestellung für die russische Regierung], aber man konnte sie nicht beschaffen, wegen des Kongressbeschlusses, der besagte, dass man sie nur exportieren durfte. Man durfte sie nicht zurück in die Vereinigten Staaten bringen, also hätte man sie erst nach China exportieren müssen, bevor man sie nach Mexiko bringen konnte. Ich versuchte, zehn oder fünfzehntausend zu bekommen [30-40 Jagdgewehre]."[1136]

Sommerfelds Kommentar bezüglich der russischen Regierung ist in mehrerlei Hinsicht von Bedeutung. Die National City Bank gehörte Rockefeller, Huerta bis zum bitteren Ende gegen die Konstitutionalisten unterstützte. Was auch immer magere Geldsummen Huerta besaß, in New York lag es mit Sicherheit auf dieser Bank. Sommerfeld brachte sehr wahrscheinlich den zeitlichen Ablauf durcheinander und wusste nicht mehr, wann genau das Geschäft mit Russland geschlossen wurde. Das Waffenembargo gegen Mexiko endete Anfang Februar, wodurch März nicht infrage kommt. Nach der Aufhebung des Embargos war eine Umleitung der Waren über „China" nicht mehr nötig. Alle Hinweise deuten darauf hin, dass Sommerfeld in den Odessa-Plan verwickelt war. Sommerfeld war erstklassig darin, Menschen zu manipulieren. Hätte Rasst bei seiner Ankunft in New York irgendeinen Plan gehabt, das Waffenembargo via Odessa zu umgehen, hätte er mit Sommerfeld oder Ratner darüber sprechen können. Rasst plagten mit Sicherheit keine Gewissensbisse dabei, mit beiden Seiten gleichzeitig Geschäfte zu machen, so lange für ihn dabei Profit abfiel. Sommerfeld bezahlte ihn für den Transport über Odessa nach Hamburg. Von dort aus würde sich Sommerfelds Tauscher-Verbindung um die Überführung nach Mexiko kümmern. Als Sommerfeld die Order aufgab, war eine genaue zeitliche Planung des Feldzugs der Konstitutionalisten noch nicht möglich. Sie gingen davon aus, bis April zumindest Tampico, wenn nicht sogar Veracruz unter ihre Kontrolle gebracht zu haben.

Sommerfelds mögliche Rolle in Rassts Unternehmungen erklärt eine wichtige Ungereimtheit: Warum eilte Rasst zurück nach Veracruz, wo man ihn sofort verhaftete? Huerta hätte ihn sich ohne Zweifel vorgeknöpft, hätte er Kenntnis darüber gehabt, dass Rasst ihn hinterging und mit Sommerfeld zusammenarbeitete. Diese Wendung der Geschichte erklärt auch, wie Sommerfeld so viel Geld verlieren konnte. Rasst, der ja nie in Richtung Odessa aufbrach, verlor die Kontrolle über die Lieferung. In Europa kauften Huertas Agenten letztlich die Ladung frei und brachten sie zusammen mit Huertas anderen Lieferungen nach Mexiko. Sommerfeld ging mit leeren Händen aus. Bei einer Durchsuchung im Jahr 1918 fanden Agenten unter Sommerfelds persönlichen Dingen in einem Hotelschließfach drei Dinge, die dieser für wichtig genug hielt, um sie wegzusperren: zwei Medaillen aus seiner Dienstzeit während des Boxeraufstands und einen Schuldschein über 17.000 US-Dollar (bei heutigem Wert etwa 350.000 US-Dollar) von Rasst.[1137]

Der Mann, der die Freigabe der Fracht organisierte, nachdem die Deutschen sie konfisziert hatten, war John Wesley De Kay. Dieser wurde am 20. Juli 1872 in New Hampton im US-Bundesstaat Iowa geboren. De Kays Familie war in den späten 1860er Jahren aus den Niederlanden gekommen. Er selbst behauptete, von einem französischen Adelsgeschlecht abzustammen, das sich bis ins 10. Jahrhundert zurückverfolgen ließ. Nachdem er eine Lehre als Drucker abgeschlossen hatte, begab sich der geschäftstüchtige Teenager nach South Dakota, wo er letztlich mehrere Zeitungsredaktionen und eine ansehnliche

Rinderfarm besitzen sollte. Im Jahr 1899, zog De Kay nach Mexiko. Mit dem Geld, das seine Geschäfte abgeworfen hatten, kaufte er eine Konzession für den Betrieb von Fleischereien in Mexiko. Er heiratete 1907 Anna May Walton. Die beiden hatten drei Kinder.[1138] Im Jahr 1909 war De Kays Unternehmen, die Mexican National Packing Company, mit der Marke *Popo*, zu einem der größten Schlacht- und Fleischhandelsbetriebe in Mexiko aufgestiegen, das mit über 22 Millionen Dollar in den Büchern stand (bei heutigem Wert etwa eine halbe Milliarde Dollar). Im Jahr 1910 wurde De Kay zum *Sausage King* (Würstchenkönig) Mexikos.

> DeKay [sic] unternahm eine Marketing-Kampagne im amerikanischen Stil, um die in Mexiko vorherrschende Abneigung gegenüber kalten Fleischwaren zu überwinden. Er verkaufte zu kleinen Preisen und bot ein Gewinnspiel an, bei dem man billige, handbetriebene Nähmaschinen der Marke White gewinnen konnte. Vor den Läden die Popo-Produkte verkauften drängten sich so viele Menschen, dass die Ladenbesitzer die Polizei rufen mussten, um Ordnung zu schaffen. Zusätzlich suchte DeKay den Exportmarkt und unterzeichnete einen Vertrag mit Sir Thomas Lipton, der ‚auch eine beträchtliche Summe in [...] Firmenanteile investierte.' DeKay tat was er konnte, doch Popo ging das Geld aus und wurde in die Insolvenz gezwungen, wodurch die USBC mit in den Bankrott gezogen wurde und deren Präsident [George] Ham [ein Vorstand bei Popo] seinen Posten verlor. Man opferte Ham, um das Unternehmen Popo zu retten, das sich noch immer in der Insolvenz befand, als die Revolution im Jahr 1910 Francisco Madero an die Macht brachte. Nach ein wenig nationalistischem Getue stimmte Madero DeKays Plan zu, Popo mit kanadischem Kapital wieder auf die Beine zu helfen, aber Victoriano Huertas Putsch ließ den Plan scheitern.[1139]

Der Self-made-Millionär De Kay, der als holländischer Einwanderer den Amerikanischen Traum für sich wahr gemacht hatte, entschloss im Jahr 1909, Bühnenautor in New York zu werden. Sein erstes Stück *Judas* war äußerst kontrovers und wurde im Dezember 1910 nur an einem Abend im New Yorker

Globe Theater aufgeführt. Danach wurde es in New York sowie in Boston und Philadelphia verboten.[1140] In New Yorks Kunstszene von 1910 führte die Handlung des Stücks zu einem regelrechten Skandal. Maria Magdalena, die zunächst zur Geliebten von Pontius Pilatus und dann von Judas wird, beginnt eine Affäre mit Jesus. Nachdem Judas erkennt, dass sich Maria Magdalena endgültig für Jesus entschieden hat, beschließt er, diesen an die Römer zu verraten.[1141]

Die Provokation des New Yorker Theaterpublikums gipfelte darin, dass De Kay die Rolle des Judas mit der erotischen französischen Schauspielerin Madame Sarah Bernhardt besetzte. Der exzentrische Geschäftsmann und Bühnenautor hatte offensichtlich ein besonderes Faible für die attraktive Diva. Er überhäufte sie mit großzügigen Geschenken und Schmuck: „[...] zahlreiche Zigarettenschatullen aus Gold-Nuggets, mit Nuggets besetzte Broschen und Zierknöpfe, Zigarrenkisten mit Einlegearbeiten aus Elfenbein und viele weitere kostbare Dinge."[1142] Das Stück war jedoch ein Reinfall.

De Kay gierte nach Öffentlichkeit und stellte seinen Reichtum zur Schau. Im Jahr 1910 kaufte er ein Schloss in Frankreich, dann ein Herrenhaus in England und zudem eine Suite im vornehmen Hotel Ansonia in New York.[1143] Im Januar 1914 verhandelte De Kay den Verkauf des Mehrheitsanteils an seinem Fleischereiimperium an die mexikanische Regierung für die geschätzte Summe von 5 Millionen US-Dollar (bei heutigem Wert etwa 105 Millionen US-Dollar).[1144] Laut Angaben des Historikers Baecker hielt man De Kay im deutschen Außenministerium für einen „amerikanischen Geschäftsmann mit schlechtem Ruf."[1145] Allem Anschein nach war er ein knallharter und erfolgreicher Geschäftsmann, der sich in seinem Erfolg sonnte. Er musste sich mit einer ganzen Menge Gerichtsverfahren herumschlagen, die Investoren gegen ihn führten. Es scheint jedoch, dass diese mehr mit dem Chaos zu tun hatten, in das die Mexikanische Revolution seine Unternehmen gestürzt hatte, als mit seinem angeblich unmoralischen Verhalten. Allerdings trug er sein Haar lang und „war angezogen wie ein Künstler aus dem Quartier Latin."[1146] Seine Extravaganz, seine Exzentrik, sein Hang zur Selbstdarstellung und sein neureiches Gehabe passten zweifellos nicht zum deutschen Idealbild eines ernsthaften und vertrauenswürdigen Geschäftsmanns.

Für Huerta lag De Kays größter Wert in dessen internationaler Kreditwürdigkeit. Irgendwann im Frühjahr 1914 organisierte der Geschäftsmann ein dringend notwendiges Darlehen bei der französischen Regierung über fünfunddreißig Millionen Francs. Das Darlehen schien die Gegenleistung darzustellen, die De Kay für die Rettung seines Unternehmens durch die mexikanische Regierung erbrachte. Zwar gibt es in den Archiven keine Belege für diese Transaktion, der Zeitpunkt und die Höhe der Finanzierungskosten sprechen jedoch für die Theorie, dass die Geschäfte miteinander in Verbindung standen. De Kay selbst gab an, er habe das französische Darlehen verwendet, um Waffen und Munition bei französischen und belgischen Produzenten einzukaufen.[1147] Von Hintze bestätigte das Darlehen von De Kay und auch die Lieferung der Waffen, die über das Hamburger Bankhaus von Martin Schroeder abgewickelt wurden.[1148]

John Wesley De Kay [1149]

Schroeder hinterlegte, wie zuvor erwähnt, die Kaution für Rassts beschlagnahmte Lieferung aus Odessa. Die Verbindungen zwischen diesen scheinbar voneinander unabhängigen Tatsachen werden unausweichlich. Tatsächlich hatte nämlich das HAPAG-

Dampfschiff *Kronprinzessin Cecilie* Anfang März De Kays Bestellung über sieben Millionen 7mm-Mauser-Patronen geladen und löschte seine tödliche Fracht zum gleichen Zeitpunkt, wie die *Ypiranga* und die *Bavaria*.[1150] De Kays Rolle bei der Beschaffung von Waffen für Huerta bestätigt zudem die Theorie, dass Rasst bei seiner Ankunft in New York niemals derart viel Geld bei sich trug, und das Geld, das im März 1914 auf einmal in Deutschland auftauchte, von De Kay kam.

Zwei Fragen drängen sich demnach auf: Was führte zu der plötzlichen Beunruhigung über die Ladung der *Ypiranga,* und warum beschlagnahmten die Amerikaner die Waffen nicht, als sie die Chance dazu hatten? Trotz großer Anstrengungen konnten weder der Historiker Meyer noch Baecker Antworten auf diese Fragen finden. Offensichtlich sind die geschichtlichen Aufzeichnungen nicht schlüssig. Wie es bei jedem Puzzle der Fall ist, so gibt es eine Vielzahl von Teilen, und der Historiker muss, wenn er nicht gerade eindeutige Beweise zur Hand hat, einen Rahmen finden, in den all diese Puzzleteile hineinpassen. Es gibt klare Beweise dafür, dass Huerta ursprünglich eine Bestellung abgab, deren Lieferung New York im Dezember 1913 mit Ziel Odessa verließ. Leon Rasst war zumindest als Kontaktmann zwischen den Regierungen Mexikos und Russlands ausgewählt worden. Er hatte Geld von der mexikanischen Regierung erhalten, und sollte damit die Lieferung des Kriegsmaterials organisieren.

Ohne Frage hatte Rasst mit dem Bestellungsvorgang und den Vorauszahlungen in den USA nichts zu tun. Alle vorhandenen Beweise deuten darauf hin, dass die Konstitutionalisten, die auf der Suche nach genau der Munition vom Kaliber 7mm waren, über Mittel und Wege verfügten, die existierenden Vorräte in den USA aufzukaufen. Es steht zudem außer Zweifel, dass Ratner auf irgendeinem Weg die Vorauszahlungen leistete, um die Produktion anlaufen zu lassen. Wie bereits behandelt, ist es höchst unwahrscheinlich, dass einer so unzuverlässigen Person wie Rasst von der mexikanischen Regierung 1,5 Millionen Pesos in bar anvertraut wurden. Huerta und dessen Repräsentanten in New York wäre es ein Leichtes gewesen, das Geld über internationale Banken nach New York zu überweisen. Das Risiko, das man mit Rasst eingegangen wäre, wäre weitaus größer gewesen, als das Geld über die Telegrafenleitung zu überweisen, denn Rasst genoss augenscheinlich keinerlei diplomatische Immunität, hätte ausgeraubt werden können oder das Geld wäre möglicherweise von den Einwanderungsbehörden beschlagnahmt worden.

Die Waffenlieferung verließ also New York und ging nach Odessa, wobei man sich der National City Bank of New York für die Bezahlung der Ware und Rassts angeblicher Verbindung zur russischen Regierung bediente. Die technischen Details der Lieferung, insbesondere der Typ Munition, den Huerta kaufte, sind höchst auffällig. Die mexikanische Armee war größtenteils mit 7mm-Mauser-Gewehren des Modells 1896 ausgerüstet. Warum sollte sie fünfzigtausend Karabiner mit zehn Millionen Patronen vom Kaliber 30 kaufen?

Aus von Hintzes Bericht vom 4. Dezember 1913, dem Tag, an dem die Lieferung die USA verließ, wird ersichtlich, dass deutsche Hersteller entweder bereits fünfzigtausend Mauser-Gewehre und einhundert Millionen Stück 7mm-Patronen produziert, oder zumindest die Produktionskapazitäten dafür geschaffen hatten. Am 15. Dezember 1913 informierte Guillermo Bach von Hintze darüber, dass Huerta am 31. März eingewilligt hatte, für den ersten Lieferabruf zu bezahlen. Dieses Datum war auch in etwa der Tag, an dem die *Ypiranga* aus Hamburg auslief und Kurs auf Mexiko nahm. Deutschland hatte kein Waffenembargo gegen Mexiko verhängt, was bedeutete, dass diese Lieferung legal war, und man eigentlich keine Schwierigkeiten zu erwarten hatte.

Es stellt sich die Frage, warum Huerta und seine Leute Waffen bestellten, die in der Armee nicht verwendet wurden, wenn sie auch über die nötigen Mittel für Mauser-Gewehre verfügten. Das fehlende Bindeglied ist in Odessa zu finden. Ein großer Teil der Ladung aus New York war ganz klar für Russland bestimmt. Pistolenmunition vom Kaliber 44 war in Russland Standard, ebenso die Karabiner und die Munition vom Kaliber 30. Dass Huertas Einkäufer Waffen in den USA bezogen, sie nach Russland verschifften und dort verkauften, macht Sinn, denn so konnte man Mauser-Gewehre und Munition in Deutschland kaufen und diese auf der Rückfahrt nach Mexiko bringen.

Keine der Quellen, die der Historiker Meyer und andere anführen, gibt Auskunft über die Waffenlieferung, die letztlich in Puerto Mexico abgeladen wurde. Laut Baecker und Meyer verließen New York etwa fünfzehntausend Kisten, knapp achtzehntausend kamen jedoch in Mexiko an.[1151] Auch wenn die Stückzahl beider Lieferungen fünfzehntausend gewesen wäre, hätte es sich bei den Lieferungen nach Odessa bzw. nach Mexiko nicht um dasselbe Material handeln müssen. In diesem Fall sprechen die zusätzlichen dreitausend Kisten zweifelsohne für die Theorie, dass die Lieferungen nicht identisch waren. Meyer gibt an, dass die *Ypiranga* sowohl in Hamburg als auch in Havanna zusätzliche Munition aufnahm. Es ist jedoch wahrscheinlicher, dass lediglich die zwanzig Kisten MGs und viertausend Kisten 7mm-Munition von Odessa nach Hamburg gebracht wurden. Nur diese Reihenfolge der Geschäftsabwicklung macht Sinn. Der Rest der Waffen wurde in Odessa verkauft und mit dem Darlehen, das De Kay inzwischen in Frankreich aufgenommen hatte, bezahlten Huertas Agenten Gans in Hamburg, sowie den deutschen Hersteller der Mauser-Gewehre, die in Hamburg geladen wurden.

Franz von Papen, der deutsche Militärattaché für Mexiko und die Vereinigten Staaten, war gerade in Mexiko, als die deutschen Schiffe ihre Ladung in Puerto Mexico löschten. Er war die offiziellen Ladungsverzeichnisse der HAPAG durchgegangen und berichtete, die *Ypiranga* habe zehntausend Gewehre, 15.750 Kisten Munition, vierzig MGs, sowie einige Granaten und ein Geschütz geladen.[1152] Hierbei ist besonders wichtig, dass von Papen bei der Ladung der *Ypiranga* von „Gewehren“ sprach, denn im selben Bericht führt er auf, dass die *SS Dania* „4.000 Karabiner und 4.000 Gewehre“ geladen hatte.“[1153] Die Gewehre auf der *Ypiranga* waren eben Gewehre, und nicht die ursprünglichen Karabiner, die in Odessa abgeladen wurden. Auf der *Ypiranga* wurde also lediglich ein Teil der ursprünglichen Lieferung transportiert. Von Hamburg aus fuhr die *Ypiranga* nach Le Havre, wo sie einen weiteren Teil von De Kays Bestellung aufnahm. Schließlich wurden in Havanna noch weitere Kisten Munition aufgeladen, wobei es sich höchstwahrscheinlich um das Geschütz und die Granaten handelte, die Papen in seinem Bericht erwähnt hatte. Am 20. April nahm die *Ypiranga* endlich Kurs auf Mexiko. Das zweite Dampfschiff der HAPAG, die *Bavaria*, fuhr am 17. April nach Antwerpen, wo weitere Positionen von De Kays Bestellung aufgeladen wurden, und setzte danach nach Mexiko über.

Das nächste Puzzlestück hat mit der Frage zu tun, weshalb die US-Behörden der Lieferung eine so große Bedeutung zuschrieben. Der Historiker Meyer stellte die Theorie auf, dass die Besetzung von Veracruz unabhängig von der Ankunft der *Ypiranga* stattfand. Die Beschlagnahme der Waffen auf der *Ypiranga* hätte somit verhindert, dass Huertas Truppen amerikanische Soldaten mit amerikanischen Waffen bekämpften. Jedoch wussten die US-Behörden gar nicht, dass die Waffen auf der *Ypiranga* amerikanischen Ursprungs waren, als diese nach Veracruz einlief. Es dauerte bis in die 1970er Jahre, bis man die Bestellung zumindest teilweise nach New York zurückverfolgen konnte. Trotzdem machte Wilsons Kabinett ihn besonders auf die *Ypiranga* aufmerksam, und das obwohl Außenminister Bryan spätestens seit dem 18. über die Ladung und den Ankunftszeitpunkt der *Ypiranga* Bescheid wusste. Warum also die Aufregung? Es gibt nur eine mögliche Erklärung: Das Außenministerium hatte den Umfang der Lieferung anfangs unterschätzt. Der andere wichtige Gesichtspunkt ist, dass das US-Außenministerium von der Ladung der *Ypiranga* wusste, weil deutsche Behörden die Amerikaner auf dem Laufenden hielten. Konsul William Canada, dessen Depesche angeblich Bryan und den Marineminister Daniels dazu bewegte, den Präsidenten um 2:00 Uhr nachts aus dem Bett zu holen, hatte diese bereits drei Tage vor der Invasion, am 18. April, an Außenminister Bryan geschickt. Die Nachricht enthielt auch die Information, dass das Schiff samt Ladung am 21. in Veracruz ankommen würde.[1154]

Am Tag vor der US-Militäraktion musste Konsul Canada in seinem Büro in Veracruz nur aus dem Fenster schauen, um zu sehen, dass „drei Züge mit je zehn Wagen“ an Pier 4 bereitstanden, um die Ladung des deutschen Schiffes aufzunehmen.[1155] Als die US-Marines den Hafen am nächsten

Morgen, dem 21. April, belagerten, wussten die deutschen Kapitäne Köhler (auf dem Kreuzer *Dresden*) und Bonath (auf der *Ypiranga*) nichts davon, dass das deutsche Schiff etwas damit zu tun hatte. Die Annahme, dass dem US-Außenministerium bezüglich der Ankunftszeit der *Ypiranga* ein Fehler unterlief, und man deshalb den Präsidenten voreilig zum Angriffsbefehl drängte, wobei man es noch dazu versäumte, die deutschen Behörden zu informieren, erscheint wenig glaubhaft.

Wie Meyer und andere festhielten, erwartete man bereits einen Angriff der USA, nachdem die Regierung Huerta Präsident Wilsons Ultimatum hatte verstreichen lassen. Da Wilson und die internationale Gemeinschaft die Konstitutionalisten uneingeschränkt unterstützten, hätte eine Waffenlieferung solchen Umfangs einen Segen für die Rebellen dargestellt. Wieder könnte nur ein Irrtum aufseiten des US-Außenministeriums erklären, warum die Fracht der *Ypiranga* an jenem Morgen nicht beschlagnahmt wurde. Die deutsche Regierung hatte keinen Grund, nicht mit den US-Behörden zu kooperieren. Der Gesandte von Hintze und Botschafter von Bernstorff hatten großes Interesse an der Absetzung Huertas. Es hätte nur einen geringen diplomatischen Aufwand dargestellt, die Geschehnisse des 21. April in Veracruz aufeinander abzustimmen und somit zu bewirken, dass die *Ypiranga* ihre Ladung in Veracruz löscht und diese von den Amerikanern sofort beschlagnahmt wird. Die Amerikaner hätten die Ladung in Veracruz bewachen können, um sie dann den Konstitutionalisten übergeben zu können, nachdem diese nach Veracruz vorgedrungen waren. Die Rebellen waren nur noch Wochen entfernt. Tampico fiel am 14. Mai, wodurch der Korridor zwischen der von US-Truppen besetzten Stadt Veracruz und den Ölfeldern geöffnet wurde.

Eine Intervention, die dazu führte, dass die Bundesarmee von einem ihrer letzten Versorgungswege abgeschnitten wurde, lag mit Sicherheit in Hopkins' und Sommerfelds Interesse. Sie wollten, dass die USA eingreift, die Waffen sicherstellt und diese an die Rebellen übergibt. Somit hätte Sommerfeld auch seine Investition in einen Teil der Waffen wieder zurückerlangt. Sommerfeld war schwer damit beschäftigt, die Reaktion der

Konstitutionalisten auf die amerikanische Intervention zu organisieren. Zum Zeitpunkt des Einmarschs war er in Chihuahua, wie er 1918 aussagte. Er gab an, zwischen Villa und Carranza hin und her gependelt und versucht zu haben, diese von öffentlichen Äußerungen bezüglich der amerikanischen Militäraktion abzuhalten. Villa, so Sommerfeld, versprach, „sich still zu halten.“[1156] Carranza hingegen entschied sich für einen anderen Weg:

> Er [Villa] zeigte mir ein Telegramm von Mr. Bryan an Carranza, das besagte, dass amerikanische Soldaten in Vera Cruz [sic] gelandet waren, wobei 21 von ihnen ums Leben kamen [...] Ich begab mich umgehend zu Carranzas Haus. Er war außer sich. Ich sagte: ‚Hören sie zu, schlafen sie besser eine Nacht darüber, bevor sie antworten.‘ Er wollte sofort antworten. Er wollte dies und das sagen. Ich sagte: ‘sagen sie einfach, dass sie als rechtmäßiger Präsident angesichts amerikanischer Truppen auf mexikanischem Boden Protest einlegen.‘ Er sagte, er wolle es sich überlegen [...] Ich ging zum Mittagessen und während meiner Pause kamen Mr. Turner von der Associated Press und Mr. Weeks vom *New York Herald* in das Restaurant gerannt. Er sagte: `es ist alles vorbei.’ Er zeigte mir die Nachricht von carranza [sic] an Präsident Wilson [...] Ich begab mich ins Außenministerium und fragte [Isidro] Fabela, der zuständig war, ‚Wer hat diesen Unsinn geschrieben.’ Er sagte: ‚nicht schuldig.’ [...] Inzwischen war Carranza von seinem Mittagsschlaf erwacht und hörte, dass ich unten war. Ich ging hoch in sein Büro und er sagte: ‚Worüber regen sie sich so auf?‘ Ich sagte: ‚über die Nachricht.‘[...] Ich sagte: ‚morgen Früh wird das Embargo wieder aufgenommen.‘[1157]

In seiner spontanen Antwort an Präsident Wilson forderte Carranza, „[...] dass der Präsident die amerikanischen Truppen aus Mexiko abziehen und seine Probleme mit Huerta der konstitutionalistischen Regierung überlassen soll.“[1158] Sommerfeld ließ den deutschen Marineattaché Karl Boy-Ed im Mai wissen, was er von Carranzas Herangehensweise hielt:

> Die Wiedereinführung des Waffeneinfuhrverbots ist bekanntlich die Folge des Carranza-Protest-Telegramms an die Vereinigten

> Staaten auf die Kunde von der Besetzung Vera Cruz' gewesen. Das Telegramm ist eine große Dummheit gewesen, und er, Sommerfeld, hat Carranza erst klar machen müssen, dass die Amerikaner auf die Weigerung Huertas garnichts [sic] anderes tun konnten, als entweder Krieg gegen Mexiko zu erklären oder Vera Cruz zu besetzen. Er, Sommerfeld, hat dann mit Carothers[...] die Sache wieder in Ordnung gebracht, indem er sofort telegraphierte, dass der Carranza Protest 'b.s' [bullshit] wäre, und die Washington Regierung schleunigst ein Telegramm, das Carranza einen würdigen Rückzug ermögliche, schicken möchte. Darauf ist dann u. a. die offizielle Botschaft des Präsidenten Wilson mit der Betonung, dass nur Huerta der Feind der Vereinigten Staaten sei usw. [...][1159]

Am Tag nachdem der Standpunkt des angriffslustigen Primer Jefe öffentlich bekannt wurde, bat Sommerfeld Hopkins, mit Carranza zu reden. Hopkins verfasste am 24. April einen Brief an den Obersten Heeresführer. Es ist höchst interessant, dass sich dieses Schreiben in der Korrespondenzakte des Stabschefs der US-Army, Hugh Lenox Scott, befand. Mehrere Ausstreichungen und Hinzufügungen weisen darauf hin, dass Scott (als Repräsentant der Regierung Wilson) Hopkins wahrscheinlich dabei behilflich war, das Schreiben an Carranza zu verfassen. In dem Brief bat Hopkins Carranza eindringlich, seine Nachricht an Präsident Wilson nachträglich zu ändern:

> Ich möchte bei allem Respekt vorschlagen, dass der Heeresführer [Carranza], mit dem Ziel, eine Lösung für das bestehende Problem zu finden, ein persönliches Gespräch mit Mr. Carothers führt [...] in dem folgende Punkte angesprochen werden: Dass in Anbetracht der neuen Erklärung, die man aus Washington bezüglich der angestrebten Ziele der US-Regierung bei der Besetzung von Vera Cruz [sic] vernommen hat, welche aufzeigt, dass die Belagerung lediglich vorübergehender Art war und durch Huerta selbst herbeigeführt wurde, und weiterhin berücksichtigend, dass zum Beweis dafür, dass die amerikanische Regierung beabsichtigt, die Souveränität und Würde des mexikanischen Volkes zu respektieren und dies auch tut, die mexikanische Flagge noch immer unbeirrt auf den

> Verwaltungsgebäuden der Stadt Vera Cruz zu finden ist, der Heeresführer mit Genugtuung diese Demonstration des guten Willens aufseiten der amerikanischen Regierung zur Kenntnis nimmt, welche nun glücklicherweise alle Gefahr eines Konflikts zwischen den Anhängern der konstitutionalistischen Sache und den Truppen der Vereinigten Staaten beseitigt.[1160]

Carranza unternahm jedoch nichts dergleichen und drohte den Vereinigten Staaten weiterhin mit Krieg. Dies führte dazu, dass die US-Regierung das Waffenembargo gegen die Konstitutionalisten verhängte. Alle Arbeit, die Sommerfeld und Hopkins bis dahin geleistet hatten, lag nun in Scherben, wofür ihrer Meinung nach nur Carranza verantwortlich war.

Voller Hoffnung berichtete Lazaro De La Garza Pancho Villa am 3. Mai, dass Minister Bryan eine Nachricht an Konsul Carothers geschickt hatte, in der es hieß, das Embargo würde aufgehoben.[1161] Es dauerte jedoch Wochen, bis die Grenzen für Waffenlieferungen an die Rebellen wieder geöffnet wurden. In dieser Zeit informierte Sommerfeld Boy-Ed über den wahren Hergang der Geschichte. De La Garza teilte Villa im selben Telegramm mit, dass dieser Erfolg nur dem Einsatz von Sommerfeld und Carothers zu verdanken war.[1162] Trotz seiner erfolgreichen Schritte zur Abschaffung des Waffenembargos bestärkte diese Episode Sommerfeld in seiner Entscheidung, sich an Pancho Villa zu halten, der seiner Ansicht nach der einzige war, der es vermochte, Mexiko wieder zu Frieden und Wohlstand zu führen. Während sich Hopkins, unterstützt durch Flint und Pierce, weiterhin öffentlich zu Carranza bekannte, arbeitete Sommerfeld hinter den Kulissen an einer politischen Lösung für Mexiko, in der weder Huerta noch Carranza eine Rolle spielten.

Sommerfeld befürwortete ausdrücklich die amerikanische Initiative, die den Sturz Huertas beschleunigen sollte. Sowohl Präsident Wilson als auch die Minister Bryan und Daniels verstanden wie wahrscheinlich auch Konsul Carothers, dass eine Maßnahme, die Huerta von Kapital und Nachschub abschnitt, die dieser über Veracruz bezog, den Todesstoß für dessen Herrschaft über Mexiko darstellen würde. Der deutsche Gesandte von Hintze schloss sich dieser Ansicht an und schrieb am 30. April an Außenminister von Jagow: "militärische Lage Huertas verzweifelt [;] keine Soldaten [,] keine munition [,] keine waffen."[1163]

Villa nahm nun Abstand von Carranzas Außenpolitik, was möglicherweise darin begründet lag, dass er der US-Regierung schmeicheln und so den Skandal um Benton aus dem Weg schaffen wollte. Auch Sommerfelds und Carothers' diplomatische Bemühungen dürften hierbei eine Rolle gespielt haben. Villa verließ am 22. April Chihuahua City und begab sich nach Ciudad Juarez. Seine Anwesenheit allein genügte, um die Angst in El Paso vor möglichen Gewalttaten der mexikanischen Bevölkerung auf beiden Seiten der Grenze zum großen Teil zu zerstreuen. Am 23. April lud er Woodrow Wilsons Abgesandten George Carothers zum Abendessen und sprach seine Unterstützung für den amerikanischen Präsidenten aus. Er trug dem Konsul zudem aus, er solle „Señor Wilson" ausrichten, dass er kein Problem mit der amerikanischen Besetzung von Veracruz hatte. Carothers schrieb an Minister Bryan: „Was ihn angeht, so können wir Vera Cruz [sic] so dicht machen, dass nicht einmal Wasser zu Huerta durchkommt und […] er hätte nichts dagegen."[1164]

Einige Wochen darauf wiederholte Villa in einem Interview mit amerikanischen Journalisten nochmals seinen Standpunkt, er würde einem Krieg gegen die USA nicht zustimmen. Er sagte den Korrespondenten: „Warum Krieg mit den Vereinigten Staaten führen? [...] Es wäre doch außerordentlich dumm und kindisch, wenn sich zwei vernünftige und intelligente Männer wegen eines Betrunkenen streiten würden. Und wäre es nicht der Gipfel der Dummheit, würden sich die Vereinigten Staaten und Mexiko wegen eines Mannes wie Huerta in die Haare kriegen? Mir kommt es vor, als würde die gesamte zivilisierte Welt darüber lachen, käme es zu einer solchen Maßnahme."[1165]

Was Villa in Bezug auf die angebliche Belieferung Huertas mit Waffen durch die deutsche Regierung empfand, ist eine vollkommen andere Sache. Als bekannt wurde, dass die Schiffe *Ypiranga* und *Bavaria* ihre Ladung in Puerto Mexico abgeliefert hatten, drohte er mit der Ausweisung aller Deutschen aus seinem Einflussgebiet. Sommerfeld und die deutsche Gemeinde nahmen

Villas Ausbruch für bare Münze. Es waren noch nicht einmal drei Wochen vergangen, seit Villa die gesamte spanische Gemeinde aus Torreón vertrieben hatte, weil diese Huerta unterstützte. In den Archiven finden sich zu diesem Thema keine Aufzeichnungen über einen Wortwechsel zwischen von Hintze und Sommerfeld. Sommerfeld reagierte allerdings prompt auf Villas Drohung gegenüber den Deutschen in Chihuahua. Am 29. Mai telegrafierte er an Villa und forderte ihn auf, die Berichte über die Ausweisung Deutscher im Gegenzug für deutsche Waffenlieferungen an Huerta unverzüglich zu dementieren.[1166] Villa gehorchte.

Sommerfelds Bemühungen in jenen entscheidenden Tagen im April 1914 halfen dabei, einen möglichen Krieg zwischen den USA und Mexiko abzuwenden. Der drohende Konflikt war mehr als nur eine theoretische Möglichkeit. Carranzas Generäle, insbesondere Alvaro Obregon, der nach Villa die größte Armee in Mexiko anführte, forderten gemeinsam einen Krieg gegen die Vereinigten Staaten. Auf der anderen Seite zogen die USA am 29. April zusätzliche Truppen aus Kalifornien ab und bewegten sie an die Staatsgrenze zu Mexiko. Mit der Verstärkung kam auch ein neuer Kommandeur nach Fort Bliss: John J. Pershing.[1167] Sommerfeld und Villas Freund General Hugh Lenox Scott waren bereits am 20. April nach Washington gezogen. Scott wurde zum Stabschef von Woodrow Wilsons Armee. Insgesamt befanden sich neunundzwanzigtausend amerikanische Soldaten in Kriegsbereitschaft.[1168]

Auch Huerta machte sich den herrschenden Willen, die *Gringos* zu bekämpfen zunutze und versuchte, einen Zusammenschluss zwischen den Truppen der Rebellen und der Bundesarmee zu forcieren. Der deutsche Marineattaché Karl Boy-Ed schätzte die Stärke einer etwaigen Vereinigung aus Bundesarmee, Zapatas Kampftruppe und den Soldaten der Konstitutionalisten auf insgesamt siebzehntausend Mann.[1169] Ein mexikanischer Angriff hätte wohl zu einer Niederlage für die Truppen Mexikos geführt, worüber sich Carranza wohl bewusst war, es jedoch nicht anerkennen wollte. Am Ende vermochte es Huerta nicht, die mexikanischen Massen hinter der Nationalflagge zu vereinigen, besonders nicht die Feinde seiner Regierung.

Carranza kooptierte Huertas Taktik und stellte seinen Sinn für Nationalismus über die Realpolitik, die Sommerfeld und die US-Regierung betrieben. Die erfolgreiche Beeinflussung Villas, sich vom Rest der Militärführung in Mexiko zu distanzieren, zählt zu den größten Errungenschaften, die Sommerfeld und Carothers in ihrem Streben zu verzeichnen hatten, eine größere Auseinandersetzung zwischen den USA und Mexiko zu verhindern. Ungeachtet aller Vorwürfe wegen Korruption und Unfähigkeit wurde George Carothers für einige Tage zum einflussreichsten und erfolgreichsten Diplomaten, den die Amerikaner in Mexiko eingesetzt hatten.[1170]

Villas Entscheidung, sich der US-Außenpolitik anzuschließen, erntete ihm viel Wohlwollen aufseiten der amerikanischen Regierung und auch der Öffentlichkeit. In den Zeitungen wurde er als möglicher Retter Mexikos gefeiert. Präsident Wilson bezeugte die übermenschlichen Anstrengungen, die Sommerfeld und Hopkins bei der Bewerbung des mexikanischen Rebellen vor der amerikanischen Regierung aufbrachten: „[...] General Villa scheint sicherlich zu guten Taten fähig zu sein und ist zudem für gute Einflüsse empfänglich. Er ist allerdings nur schwer zu verstehen [...]“[1171] Auch Villa begrüßte seinerseits die Beratung durch Carothers und Sommerfeld. Von April 1914 an bis zu Villas Untergang im Jahr 1915 hatten die beiden uneingeschränkten Zugang zu den Abläufen im innersten Kreis von Villas Organisation. Carothers „konnte Villa wann immer er wollte kontaktieren, und Villa trat ihm eine besondere Kutsche ab, die er stets benutzte, wenn er sich im Wahlkampf auf Reisen befand.“[1172]

Sommerfeld wurde zu Villas hochrangigstem Diplomaten in den USA und blieb auch weiterhin sein wichtigster Einkäufer für Kriegsmaterial. Sommerfeld und Carothers machten sich zweifelsohne Villas infolge der Ausweisung der Spanier aus Torreón und des Mordes an Benton ruinierten Ruf in den USA zunutze, um einen Keil zwischen ihn und Carranza zu treiben. Sommerfelds und Carothers‘ Versprechungen führten dazu, dass Villa davon ausging, dass man in den USA im Falle eines Bruchs mit Mexiko ihm den Vorzug gegenüber Carranza gewähren würde. Nur durch diese Überzeugung konnte er dazu gebracht werden, das Risiko einer Auseinandersetzung mit Carranza einzugehen. Der Historiker Edward Bell beschrieb die gegenseitige Einigung: „Es bleibt zu sagen, das Villa am 5. April von aller Verantwortung in der Benton-Affäre entbunden wurde, weil Carranzas gerichtliche Untersuchung zu einem Urteil kam, das mit Minister Bryans mehrfach zum Ausdruck gebrachter Überzeugung übereinstimmte. Diese Entscheidung war zwar nicht ausschlaggebend, doch sie trug ihren Teil dazu bei, dass Villa für die Regierung in Washington zu einer akzeptablen Figur in deren Szenario für die Vertreibung Huertas wurde.“[1173]

Da Villa nun fest auf amerikanischer Seite war, musste auch Carranza seinen Standpunkt überdenken. Natürlich schädigte diese Episode das Verhältnis zwischen Villa und Carranza nachhaltig. So lange sie ein gemeinsames Ziel verfolgten – den Sturz Huertas – sollten Villa und Carranza offiziell Verbündete bleiben. Als das gemeinsame Ziel jedoch erreicht war, wurde die Spaltung augenblicklich unaufhaltbar.

Noch immer steht eine finale Auswertung der militärischen Operation der Amerikaner aus, die man im besten Fall als unglücklich beschreiben kann. Der Zeitpunkt der Invasion war schlecht gewählt. Es hätte mehr Sinn gemacht, die deutsche Regierung aufzufordern, die Lieferung der deutschen Waffen an Huerta aufzuhalten und zu warten, bis die Rebellen näher an Veracruz herangekommen waren. Nur wenige Wochen nach der US-Intervention hatten die Rebellen Tampico eingenommen und drangen tief in den Bundesstaat Veracruz ein. Während von Hintze und andere Mitglieder der internationalen Gesellschaft überzeugt waren, die Amerikaner würden Huerta selbst stürzen, beschränkte sich die Operation jedoch auf Veracruz. Präsident Wilson und dessen Berater erkannten, dass eine Ausweitung der Militäraktion dazu geführt hätte, dass sich die mexikanischen Rebellen mit den Bundestruppen vereinigten, um gegen die Invasoren zu kämpfen. Ohne die Einflussnahme auf Villa durch Sommerfeld und Carothers hätte sich die Besetzung von Veracruz zu einer Katastrophe entwickelt. Im Frühling des Jahres 1914 standen mehr als 130.000 Mexikaner in Waffen. Trotz seiner überlegenen Ausbildung und Ausrüstung hätte das US-Militär in einem ausgewachsenen Krieg gegen Mexiko alle Hände voll zu tun gehabt. Die US-Truppen blieben den Großteil des Jahres 1914 über in Veracruz, und es kam nicht zur weiteren Eskalation. Am 23. November 1914 wurde die Stadt dann an die Konstitutionalisten übergeben.

Neben der Beschleunigung von Huertas Niedergang gab es für die Regierungen in Europa noch einen weiteren, offensichtlichen Grund, die Besetzung von Veracruz durch die Amerikaner zu befürworten: Internationale Banken erwarteten sich aus den beschlagnahmten Zolleinnahmen Mittel für die Rückzahlung mexikanischer Staatsschulden. Dies war in Amerika nicht der Fall. Bleichröder schrieb am 19. Juni 1914 wütend an das deutsche Außenministerium und unterstellte, die USA würden die Zolleinnahmen stehlen, die Mexikos Gläubigern rechtmäßig zugesichert wurden.[1174] Er lag richtig.

Die Beziehungen zwischen Deutschland und den USA kühlten sich infolge der amerikanischen Intervention merklich ab. In der zeitgenössischen Presse und der folgenden Geschichtsschreibung stellte man Deutschland stets als Unterstützer Huertas dar und beharrte darauf, dass Deutschland den Anlass zur amerikanischen Intervention in Mexiko gegeben hatte. In Wirklichkeit waren die Waffen jedoch über fragwürdige Kanäle bei französischen, belgischen und deutschen Produzenten eingekauft worden, und diese Beschaffungskette entzog sich völlig der Kontrolle der deutschen Regierung. Die Vereinigten Staaten hätten die Lieferungen durch diplomatische oder militärische Aktionen aufhalten können, taten dies aber nicht. Außerdem hatten die Gründe für die Intervention tatsächlich nichts mit den Waffenlieferungen zu tun. Geschichtswissenschaftler schlagen sich noch heute mit der Frage herum, wie die Waffen auf den Schiffen *Ypiranga*, *Dania*, *Kronprinzessin Cecille* und *Bavaria* letztlich doch in Huertas Hände fallen konnten. Manchmal muss eben auch ein Historiker anerkennen, dass wenn etwas wie eine Ente geht und wie eine Ente schwimmt und wie eine Ente quakt, es sich aller Wahrscheinlichkeit nach auch um eine Ente handelt! Ganz objektiv betrachtet, wurde die Beschlagnahmung der

Zollhäuser in Veracruz durch die USA zwar schlampig durchgeführt, sie führte jedoch zum erwünschten Ziel: Die USA erbeuteten die Staatskasse der mexikanischen Regierung, behielten deren Einkünfte ein, und nachdem sie Huerta (und den anderen Gläubigern) seine Finanzmittel weggenommen hatten, war das Schicksal des Usurpators besiegelt.

KAPITEL 19

DER EINBRUCH IM HIBBS

Huerta hatte gehofft, dass die Besetzung von Veracruz für Wilsons Regierung nach hinten losgehen würde. Es folgten jedoch weder die mexikanischen Massen noch die Anführer der Konstitutionalisten seinem Aufruf. Die erzwungenen Versuche, den mexikanischen Nationalismus im Volk zu wecken blieben erfolglos, wobei sie jedoch keinesfalls von vornherein aussichtslos waren. Carranza war mit einer heiklen politischen Situation konfrontiert. Während Präsident Wilson keine Zweifel daran hatte, dass die Intervention unweigerlich zu Huertas Ende führen würde, hielt sich der Oberste Heeresführer Carranza zunächst vor der Öffentlichkeit zurück, die Verletzung der mexikanischen Souveränität durch die Amerikaner hinzunehmen. Hätte er irgendwie zum Ausdruck gebracht, dass er sich mit den Amerikanern verbündete, bestand durchaus die Möglichkeit, dass Huerta seinen Nachbarn im Norden angriff, um so die Führung für sich zu behaupten. Auch dass die Öffentlichkeit sich von Carranza abwandte und sich hinter den Diktator stellte, war zumindest möglich. Als somit der Oberste Heeresführer seine Entrüstung über den amerikanischen Einmarsch verkündete, hofften Sommerfeld, Hopkins und Wilsons Sonderbeauftragter John Lind inständig, dass es sich bei seinen Äußerungen nur um einen Kunstgriff handelte, der dem Erhalt seines nationalistischen Bildes in der Öffentlichkeit diente.

Als Sommerfeld schließlich herausfand, dass dem nicht so war, drängte er Villa, sich von Carranzas kriegstreiberischem Ton zu distanzieren. Die Gefahr eines Krieges schien gebannt. Wilson und dessen Beraterstab entschieden dennoch, dass internationale Vermittler beauftragt werden sollten, um Carranza und Obregon von ihrem feindseligen Kurs abzubringen und die Situation zu beruhigen. Immerhin erwarteten die Beobachter der US-Regierung wie auch die internationale Gemeinschaft jeder Zeit den Kollaps von Huertas Zentralregierung. Ein geregelter Machtübergang an eine den USA freundlich gesinnte Regierung stellte ein ebenso wichtiges Ziel dar.

Am 25. April 1914, nur wenige Tage nach der Landung amerikanischer Truppen in Veracruz und am selben Tag, an dem Villa über den Konsul Präsident Wilson seine Freundschaft anbot, forderten die USA die ABC-Mächte, Argentinien, Brasilien und Chile auf, in der Mexikokrise zu vermitteln.[1175] Die Konstitutionalisten und auch Huerta erklärten sich zu Gesprächen bereit, die im Mai im kanadischen Niagara Falls abgehalten werden sollten. Dort sollte die amerikanische Intervention in Veracruz thematisiert werden. Carranza und dessen Beratern wurde jedoch bald klar, dass Wilson die Konferenz nicht nur einberufen hatte, um die Besetzung von Veracruz aufzuheben, sondern auch, um Fragen bezüglich der politischen Lage in Mexiko zu klären. Dies konnte er nicht unterstützen. Carranza hielt eisern daran fest, dass die internen Angelegenheiten des Landes Sache der Mexikaner blieben. Am 29. April stellte Präsident Wilson eine Bedingung für die Konferenz, die Carranza zur Gänze ablehnte: Die Kriegsparteien sollten für die Zeit der Verhandlungen in Niagara Falls Waffenruhe halten. Carranza zog seine Zusage für die Teilnahme an den Gesprächen zurück. Huerta jedoch begrüßte die Forderung der USA. Der mexikanische Diktator witterte in einem Waffenstillstand und ausgedehnten Gesprächen eine letzte Chance, seine Herrschaft aufrecht zu erhalten. In militärischer Hinsicht standen die Bundestruppen auf allen Seiten vor einem Abgrund. Der finale Feldzug zum Sturz Huertas hatte volle Fahrt aufgenommen, nachdem die Stadt Torreón am 2. April von Villas Armee erobert worden war.

> Es bedurfte vier Armeen, um einen nachhaltigen Erfolg des südlichen Vordringens zu gewährleisten, und drei von ihnen befanden sich bereits im Feld. Im Osten hatte eine große Einheit seit mehreren Wochen im Golfstaat Tamaulipas

operiert. Sie nahm Victoria, die Hauptstadt des Bundeslandes, und hatte ernsthaft den Hafen von Tampico bedroht, den Villa aus klar ersichtlichen Gründen jetzt mehr denn je brauchte. Im Westen war eine Streitmacht der Konstitutionalisten im Bundesstaat Sinaloa an der Pazifikküste sowie dem Gebiet um Tepic aktiv. Im Zentrum führte Villa persönlich die restliche Armee an, die Torreón eingenommen hatte und jetzt besetzt hielt. Es muss rasch eine weitere Armee aufgestellt werden, die Villas eigener beim Kampf um die Städte an den Anschlussgleisen in Zentralmexiko zu Hilfe kommt. Die Rekrutierung schien sich für Villa überraschend einfach zu gestalten. Gleich im Anschluss an Torreón konnte er den Bundestruppen eine Streitmacht nach Monterrey hinterherschicken, und eine weitere Richtung Südosten nach Saltillo.[1176]

Zu denken, die Konstitutionalisten würden sich auf eine Waffenruhe einlassen so lange sich ihre Armee weiter auf dem Vormarsch befand, war wirklichkeitsfremd vom US-Präsidenten. Das Letzte, was die Kommandeure wollten, die sich gegen Huerta im Feld befanden, war, den Bundestruppen Zeit und somit die Möglichkeit zu geben, sich zu erholen und sich mit neuen Waffen zu versorgen. Aus diesem Grund weigerte sich Carranza, auf Wilsons Bedingung einzugehen.[1177]

Die Konferenz begann offiziell am 20. Mai, fast einen Monat nach dem ursprünglich angesetzten Termin. In einem endlosen Hin und Her stemmten sich die Diplomaten der ABC-Mächte gegen die Unnachgiebigkeit des Obersten Heeresführers – ohne Erfolg! So nahmen die Gespräche lediglich mit Huertas Regierung ihren Lauf. Ohne die Anwesenheit Carranzas verkam die Konferenz zu einem PR-Gag, der nichts mehr mit der Realität zu tun hatte. In der Zwischenzeit marschierten die Konstitutionalisten unbeirrbar weiter Mexico City entgegen, ungeachtet aller internationalen Vermittlungsversuche.

Es wäre jedoch falsch, zu behaupten, die Konstitutionalisten hätten bei den Verhandlungen im Mai 1914 keine Rolle gespielt. Zwar hatte Carranza im Namen seiner provisorischen Regierung keine Delegierten zu der Konferenz in Niagara Falls entsandt, die Presse konnte jedoch im Vorfeld und zu dem Treffen und auch danach verstärkt diplomatische Aktivitäten zwischen Carranza und der US-Regierung feststellen. Felix Sommerfeld tat sich mit dem konsularischen Agenten George Carothers und Wilsons Gesandten in Mexiko, John Lind, zusammen, um zu versuchen, Carranza dazu zu bewegen, in irgendeiner Form an den Gesprächen teilzunehmen.[1178] Die behandelten Probleme gingen weit über das hinaus, was in den Zeitungen berichtete wurde. Henry Clay Pierce, Charles Flint und eine Gruppe von Financiers aus den USA machten ihre Unterstützung der Konstitutionalisten davon abhängig, dass Carranza und Villa in deren Interesse handelten.

Am 22. April 1914 verfügte Huerta die Entlassung sämtlicher Amerikaner aus der staatlichen Eisenbahn.[1179] Der mexikanische Diktator ging zurecht davon aus, dass die von Amerikanern betriebenen Eisenbahnunternehmen im Fall eines Großangriffs mit der US-Regierung zusammenarbeiten würden.[1180] Neben der Tatsache, dass die Eisenbahnunternehmen während der Regierung Huerta für ihre Darlehen keine Zinsen bezahlten, erhöhte dieser Schritt die Chancen, dass die Schienen entweder verstaatlicht wurden oder aber dem verhassten Konkurrenten Lord Cowdray in die Hände fielen. Pierce und Flint waren aufgebracht. Die große Frage, die sich nun stellte, war, wer die Eisenbahn nach einer Machtübernahme der Konstitutionalisten betreiben würde. Hopkins führte die Verhandlungen.

Die Chancen, dass Carranza und Lord Cowdray eine Einigung erzielen würden, waren gering. Am 12. Mai ließen die Konstitutionalisten den Direktor von Cowdrays El Aguila Company, den Italiener F. E. Teza, verhaften. Carranza forderte von dem Unternehmen ein „Darlehen“ über 10.000 US-Dollar für die Freilassung des Managers. Die Verhandlungen zwischen Lord Cowdrays Leuten und Carranza leitete Carranzas Geheimdienstchef, Roberto Pesquiera.[1181] Ein weiterer „zufälliger“ Teilnehmer bei den Verhandlungen war Felix Sommerfeld, der Hopkins ausführlich berichtete.[1182] Die Verhandlungen stagnierten. Dies war hauptsächlich dadurch begründet, dass Carranza sämtliche Vorschläge der anderen Partei ignorierte. Stattdessen ging er noch weiter und ordnete am 5. Juni die Schließung aller von *El Aguila* geführten Unternehmungen an, was auch bedeutete, dass Cowdrays Konzern kein Öl mehr exportieren konnte.[1183] Das bedeutete Krieg.

Sommerfeld nahm am 16. Mai einen Zug nach Washington, um dort mit Hopkins zu reden. Daraufhin fuhren die beiden oder Sommerfeld allein nach New York, um sich mit Charles Flint zu treffen. Investoren aus den USA hatten Carranza eine Finanzierung in Höhe von 1 Million US-Dollar entzogen, nachdem der Oberste Heeresführer die Steuern auf Ölprodukte um vierzig Cent pro Tonne heraufgesetzt hatte.[1184] Neben dem Entzug der Geldmittel wurde auch das Waffenembargo wieder verhängt, und die von den Konstitutionalisten dringend benötigte Unterstützung für den letzten Kampf gegen Huerta war gefährdet. Flint und Pierce forderten, dass Alberto Pani, ein Anhänger Carranzas, der Henry Clay Pierce zur Seite gestellt worden war, Villas Mann Eusebio Calzado als Direktor der Eisenbahn im Norden ablöste. Im Gegenzug würde Flint die Konstitutionalisten mit Waffen und Munition sowie den benötigten Finanzen ausstatten.

Villa wollte und konnte sich jedoch nicht darauf einlassen, dass ein *Carranzista* die Leitung der Eisenbahn übernahm. Seine Armee war von der Kontrolle über die Schiene abhängig. Mit Pani an der Spitze der Eisenbahn wäre es Carranza ein Leichtes gewesen, Villas Vormarsch von einem Moment auf den nächsten zu unterbinden. Sommerfeld und Hopkins überzeugten Flint und Pierce, dass Carranza Pani als Direktor einsetzen würde, sobald die Konstitutionalisten die Kontrolle über die Hauptstadt erlangt hatten. Anfangs hielt Carranza auch sein Versprechen. Pierce wurde im September ein Angebot für den Rückkauf des Mehrheitsanteils an der mexikanischen Eisenbahn unterbreitet, und am 13. Oktober 1914 trat deren neuer Vorstand unter der Leitung von Direktor Pani zusammen.

Die harmonische Beziehung zwischen Carranza und Pierce überdauerte jedoch nur einen Monat. Als sich Pierce weigerte, das Angebot zum Kauf der Eisenbahn anzunehmen, konfiszierte Carranza das Unternehmen, entließ den Vorstand und brachte die Eisenbahn unter die Kontrolle des Militärs, das sich zu diesem Zeitpunkt bereits gänzlich im Krieg mit Villa befand. Carranzas Entscheidung bestärkte die mächtigen Männer hinter Villa in ihrer Entschlossenheit. General Scott, General Tasker Bliss, Henry Clay Pierce, Charles Flint, Sherburne Hopkins und natürlich Felix Sommerfeld waren sich einig, dass Carranza einfach kein Mann war, der zu seinem Wort stand.[1185]

Dass die División Del Norte nun für ihren letzten Marsch nach Mexico City dringend auf Nachschub angewiesen war, resultierte zum Großteil daraus, dass Carranza infolge seiner Auseinandersetzungen mit Villa dessen Versorgungslinie komplett zerstört hatte. Zudem hatte der Oberste Heeresführer durch seinen übereilten Brief an Präsident Wilson die USA dazu veranlasst, als Reaktion das Verbot für Waffenexporte nach Mexiko wieder einzuführen. Gleichzeitig unterband Carranza die Auslieferung von Kriegsgerät, das über den Hafen von Tampico für Villas Armee ins Land gebracht wurde.

Seit Beginn des Jahres 1914 hatten Carranza und dessen innerster Beraterkreis aktiv daran gearbeitet, die División Del Norte an den Spielfeldrand zu drängen. Carranza hatte Villa befohlen, nach Saltillo auszuweichen, anstatt die Bundesarmee weiter nach Zacatecas zu verfolgen. Villa verärgerte diese Entscheidung zwar, dennoch gehorchte er und die Eroberung der Stadt Saltillo war ein durchschlagender Erfolg.[1186] Als dann die Kohlelieferungen für Villas Truppen durch Carranza abgeschnitten wurden, platzte dem General der Kragen. Der Oberste Heeresleiter sabotierte Villas Vormarsch nach Zacatecas wirkungsvoll, denn die Lokomotiven nördlich von Torreón konnten nur mit Kohle betrieben werden. Carranza versuchte offensichtlich alles in seiner Macht Stehende, um loyalere Generäle wie Alvaro Obregon nach vorne zu bringen, die Mexico City für die Konstitutionalisten einnehmen sollten.

Villa war angewidert von Carranzas Machtspielen und erklärte seinen Rücktritt als General der Konstitutionalisten. Felipe Ángeles und das restliche Offizierskorps redeten auf Villa ein, er solle seinen Rücktritt rückgängig machen, Carranzas Befehle missachten und den Angriff auf die strategisch wichtige und als uneinnehmbar geltende Bergstadt Zacatecas weiterführen. Aus Zacatecas stammte ein großer Teil der mexikanischen Silbervorkommen und so bot die Stadt dem, der sie hielt, sichere Einkünfte. Ein Sieg in Zacatecas bedeutete, dass Huertas Chancen, sich im übrigen Teil des Landes an der Macht zu halten, noch kleiner wurden. Villa nahm Ángeles' Rat an und zog sein Rücktrittsgesuch zurück. In der letzten Juniwoche schlug die División Del Norte dann die Bundesarmee in Zacatecas in die Flucht. Es war die mit Abstand blutigste Schlacht der Revolution, bei der etwa siebentausend Soldaten ums Leben kamen, fünftausend weitere verletzt und zivile Opfer in unbekannter Höhe gefordert wurden.

Bevor Villa jedoch gegen Zacatecas marschieren konnte, bestand das Hauptziel darin, die funktionierenden Versorgungslinien des Militärs aus den USA zu sichern. Sommerfeld wurde somit mit der Sicherung von Lieferungen an die División Del Norte beauftragt. Er gab im Jahr 1918 an, dass General Hugh Lenox Scott sich beim US-Kriegsminister, Lindley Garrison, Anfang Mai 1914 für Villa stark machte.[1187] Sommerfelds Verhandlungen in New York und Hopkins' gleichzeitige Anstrengungen in Washington liefen für die beiden äußerst erfolgreich. Am 2. Mai einigten sich US-Außenminister Bryan und Kriegsminister Garrison darauf, den Nachschub für Villas Truppen über die Grenze zu gestatten.[1188]

Da das Embargo für alle anderen weiterhin bestand, lässt sich darauf schließen, dass Wilson nun plötzlich mit aller Kraft Villa unterstützte und diesen Carranza vorzog. Präsident Wilson und dessen Berater wollten vermeiden, dass Villa beim bevorstehenden Sieg über Huerta lediglich eine Nebenrolle einnahm. Villa war zu mächtig, und seine Außenpolitik zu amerikafreundlich, als dass man seinen Niedergang riskieren konnte. Zur gleichen Zeit versuchte die Regierung Wilson, das gespaltene Verhältnis zwischen Carranza und Villa wiederherzustellen. Sollte dies nicht funktionieren, würde man sich voll und ganz hinter Villa stellen, was Hopkins und Sommerfeld hoffen ließ, dass ihr Schützling letztlich diplomatisch anerkannt wurde. Nachdem Hopkins die US-Regierung auf Kurs gebracht hatte, konnte Sommerfeld nun Flint und Co. wieder ins Spiel bringen.

Es kam am 13. Mai zu Gesprächen zwischen Carranzas Gesandtem in den Vereinigten Staaten, Rafael Zubaran Capmany, und Flint.[1189] Bei Zubaran handelte es sich um einen Anwalt aus Campeche, der in Carranzas Übergangskabinett als Innenminister diente. Zubaran übermittelte Flint Carranzas Zusage bezüglich des Direktorpostens bei der Eisenbahn. Sommerfeld löste Zubaran als Verhandlungsführer um den 18. Mai 1914 ab und brachte das Übereinkommen zum Abschluss.[1190] Die Folgen der Verhandlungen zwischen Sommerfeld und Flint wurden für die Agenten des BI unverzüglich erkennbar, denn allein von der Remington Arms Company hatte Flint acht Millionen Stück Munition bestellt und ließ diese über die Grenze transportieren, noch während Sommerfeld sich in New York aufhielt.[1191]

Die Organisation, die Sommerfeld nun für die Belieferung von Villas Truppen auf die Beine stellte, sollte über die nächsten Jahre hinweg bestehen. Die División Del Norte bezog ihren Nachschub über Lazaro De La Garza, der in El Paso Stellung bezog. Die Bestellungen wurden von Silvestre Terrazas getätigt, der nun Villas Leiter des Ministeriums der Hacienda war. De La Garza leitete die Bestellungen an die Firma weiter, die Alberto, Alfonso, Salvador und Ernesto Madero in New York gegründet hatten. Ein Teil der Finanzierung kam von der División Del Norte, doch zudem kümmerte sich Frederico Stallforth, Sommerfelds Mann im New Yorker Büro, um Mittel von Flint.[1192]

Da Sommerfeld De La Garza nicht ganz vertraute, brachte er einen alten und verlässlichen Freund in De La Garzas Büro unter. Sam Dreben wurde zum Verantwortlichen für die Logistik. Auf der anderen Seite vertrauten weder die Madero-Brüder, noch De La Garza Sommerfelds Organisation, über die sie nur wenig

Kontrolle besaßen.[1193] Allerdings, wie ein Sprichwort sagt, schaut man einem geschenkten Gaul nicht ins Maul. Als Sommerfeld dann das falsche Material einkaufte, und die Zollbehörden in den USA gegen das Versprechen von Außenminister Bryan Waffenlieferungen an Villa beschlagnahmten, schien dies jedoch den Verdacht gegenüber Sommerfeld zu erhärten.[1194] Bis Mitte Juni hatten die Behörden in New York bereits Lieferungen für Villa mit einem Wert von 500.000 US-Dollar abgefangen.[1195] Es besteht kein Zweifel daran, dass die Kommunikation zwischen New York und dem Außenministerium nicht problemlos funktionierte, wenn nicht der Minister Bryan selbst verantwortlich für die Beschlagnahmungen war, um in den Verhandlungen mit Hopkins über ein Druckmittel zu verfügen. Letztlich dauerte es vier Wochen, bis sich sowohl die Zollbeamten in New York als auch das BI darüber im Klaren zu sein schienen, dass das Waffenembargo zur Unterstützung Villas gelockert worden war.[1196]

Sommerfeld und Hopkins sind anzurechnen, dass sie sowohl das Problem mit falsch gelieferten und mangelhaften Waffen lösten als auch die Freigabe der beschlagnahmten Waffen und deren Lieferung bewerkstelligten. Die Nerven des deutschen Agenten müssen blank gelegen haben und man kann sich nur vorstellen, wie er von einem Schlag zum nächsten taumelte. Am 29. Mai war sogar Villa bereit, ihn zu feuern, wobei es, wenn man die daraus folgenden Konsequenzen für seine Armee bedenkt, eher wahrscheinlich ist, dass er lediglich seinem Ärger gegenüber De La Garza Luft machte, anstatt tatsächlich in Betracht zu ziehen, sich von Sommerfeld zu trennen. Während sich die Beschaffung von Geld über Flint teilweise schwieriger gestaltete als angenommen, und Außenminister Bryan es nicht schaffte, den Zollbehörden in New York entsprechende Anweisungen zu geben, hatte Sommerfeld in jenen Wochen jeden Penny seiner Konzessionen für das Dynamitgeschäft verdient.

Hopkins und Sommerfeld gelang die Festigung von Villas Versorgungslinie in den USA. Carranzas Leute sahen jedoch auch nicht untätig dabei zu, wie ihr Kommandeur außer Gefecht gesetzt wurde. Der Oberste Heeresführer hatte schon seit Anfang des Jahres erhebliche Zweifel an Hopkins Loyalität. William Bayard

Hales Versuche, mit Carranza zu verhandeln, waren häufig von Unstimmigkeiten zwischen Hopkins und Carranza über dessen Vorgehensweise begleitet. Als Sofortmaßnahme schloss der Primer Jefe einen Vertrag mit Charles A. Douglas, einem Richter und engen Freund von William Jennings Bryan, der sich fortan um seine rechtliche Vertretung und Lobbyarbeit kümmern sollte. Das Verhältnis zwischen Douglas und Bryan glich dem zwischen Hopkins und Knox, dem Außenminister der ehemaligen US-Regierung unter Präsident Taft. Da sich nun ein zweiter Lobbyist in Carranzas Team befand, musste Hopkins nahezu hilflos dabei zusehen, wie sein Einfluss beim Primer Jefe schwand, und damit auch die solide Außenpolitik infrage gestellt wurde, von der er überzeugt war, dass sie zu einer Anerkennung der konstitutionalistischen Regierung durch die USA führen würde.

Carranza war nicht mit der Haltung einverstanden, die Hopkins im Fall Benton einnahm. Anstatt sich an Carranzas Anordnung zu halten und ihm alle Verhandlungen über außenpolitische Angelegenheiten zu überlassen, hatten sich Hopkins und Sommerfeld bei Außenminister Bryan und Hugh Lenox Scott für Villa eingesetzt. Ein weiterer Streit entbrannte über die Reaktion auf die amerikanische Intervention in Veracruz. Carranza wollte sich nicht an Hopkins' und Sommerfelds Ratschläge halten, und schickte Präsident Wilson eine feindselige Nachricht, die zur Wiederaufnahme des Waffenembargos führte. Es war dieses Telegramm, das Sommerfeld dem deutschen Marine Attaché in New York als "b.s." (bullshit) bezeichnete.

Während der gesamten Krise, die Carranza zu verschulden hatte, hielt Charles Douglas einen geheimen Kommunikationskanal für Carranza und die Regierung Wilson offen, über den Hopkins keinerlei Kontrolle hatte. Anfang Mai begann die Verbindung zwischen Carranza und Hopkins ernsthaft Schaden zu nehmen. Sherburne Hopkins schlug sich nun zusammen mit Sommerfeld und seinen Mandanten in New York gänzlich auf die Seite des Zentaurs im Norden, Francisco Pancho Villa. Villas diplomatische Anerkennung durch die Vereinigten Staaten wurde nun zum vorrangigen Ziel für Hopkins. Es ist zwar nicht dokumentiert aber dennoch sehr wahrscheinlich, dass Villa

Hopkins dessen übliches Honorar von 50.000 US-Dollar zukommen ließ, um dessen Wechsel zu besiegeln. Während Hopkins den Schein wahrte, weiterhin für Carranza zu arbeiten, kam die enge Zusammenarbeit zwischen den beiden Mitte Mai 1914 zum Erliegen, und auch Sommerfeld bekannte Farbe. „Das letzte Mal, dass ich mit ihm sprach [Carranza] war nach der Veracruz-Affäre“, erinnerte sich Sommerfeld im Jahr 1918.[1197]

Der Kampf um Villas Anerkennung und Amerikas Wohlwollen war nun in vollem Gang und sollte sich in den kommenden Monaten noch verschärfen. Am 9. Mai feierte Villas erster Film *The Life of General Villa*, in dem er sich selbst als Hauptfigur spielt, in New York Premiere. Der Stummfilm mit Schlachtszenen aus Ojinaga und Torreón wurde ein großer Erfolg und ein zentraler Teil seiner Medienkampagne. Am 10. Mai 1914 veröffentlichte die *New York Times* dieses aussagekräftige Gedicht über Villas Bekanntschaften und seine neu gefundene Freundschaft zum amerikanischen Präsidenten:

Wilson (ich darf doch Woodrow sagen),
Mir gebührt die Ehr' in diesen Tagen
Ich nannte Dich einst „Gringo“;
Kann ich Dich geliebten Partner nennen;
Wir steh'n zusammen, auf Augenhöh';
Und nun den gleichen Feind wir kennen;
Jeder in seiner eignen lingo;

Freunde zähl' ich in deinem schönen Land,
Nette Plutokraten reichten mir die Hand
(Mit Aussicht auf Entgegenkommen.)
Doch offizielle Hilf' mir fehlte,
Ein Embargo mir in den Weg verstellte
Den Waffenhandel mir vergällte
Und böse Krisen mir den Mut genommen.

Doch fallen ließest Du den Bann,
Für mein Geschäft der Grenz' entlang
Für den Handel mit Waffen und Munition,
Ermuntert so durch Dein' Verlaub,
Stürm' ich, verwüste, schlacht und raub',

Mein kämpfend' Herz schlägt heute laut
Als wie durch frische Inspiration.

Die rote warme Hand ich reich',
Gehn wir durch Brand und Blei zugleich
Der Krieg ist uns're Pflicht von Stand;
Zwar les' ich nicht und kann nicht schreiben,
Wahrheit und Licht jedoch gut leiden,
Gott soll im Kampfe bei uns bleiben,
Für Villa, Ehre, Vaterland! [1198]

In einer Reihe geheimer Treffen, die zeitgleich zur Konferenz von Niagara Falls abliefen, beschlossen die Regierung Wilson und die Mächte, die Huerta entgegenstanden, die Einzelheiten des Machtübergangs in Mexiko. Anwesend waren unter anderem Charles Douglas, Rafael Zubaran Capmany und Luis Cabrera, der erst Ende Mai nach seiner Rückkehr aus Spanien zu den Gesprächen stieß.[1199] Sommerfeld und Hopkins verhandelten offiziell auf Seiten der Konstitutionalisten, vertraten allerdings tatsächlich Villas Lager.[1200] Für die Regierung Wilson nahmen William Jennings Bryan in Washington, John Lind in Veracruz und George Carothers, der sich stets in der Nähe von Villa aufhielt, an den Gesprächen teil.

Zubaran Capmany hielt unerschütterlich an Carranzas Standpunkt fest, und sprach sich gegen eine Einmischung der USA in die internen Angelegenheiten Mexikos aus. Dies hatte zum Ergebnis, dass Außenminister Bryan nicht persönlich mit ihm sprechen wollte und stattdessen seine Kommunikation zu Capmany über seinen persönlichen Freund, den Anwalt der Konstitutionalisten, Charles Douglas, abwickelte.[1201]

Manuel Esteva, der mexikanische Generalkonsul in New York, der seit einiger Zeit zu Sommerfelds engem Freundeskreis zählte, sowie Enrique Llorente, den Sommerfeld kurz zuvor an die Spitze der Villa-Junta in New York gesetzt hatte, vervollständigten Sommerfelds Team. Nach Angaben des deutschen Agenten sollte die Übernahme von Mexico City innerhalb von Wochen erreicht werden, wobei man plante, von drei Seiten gleichzeitig anzugreifen. Sobald Huerta vertrieben worden war, sollten entweder General Villar, der während der Decena Tragica verwundet wurde, als er Madero verteidigte, oder General Ángeles die Übergangsregierung als Diktator übernehmen.[1202]

Es scheint, als lancierten Hopkins und Sommerfeld die Idee, dass Ángeles zum provisorischen Präsidenten und Diktator werden sollte entweder, um einen eigenen Versuch zu starten, oder aber sie hatten es versäumt, sich diesbezüglich mit der Obrigkeit abzusprechen. Carranzas Antwort kam prompt. Als ihm am 20. Juni die Gerüchte um Ángeles' möglichen Aufstieg zur Macht zu Ohren kamen, enthob er den General augenblicklich seines Amtes als Kriegsminister. Die meisten Militärführer und auch einige von Villas eigenen Generälen waren gegen Ángeles' potentielle Kandidatur, da es sich bei diesem um einen ehemaligen Bundesoffizier handelte. Villa und Ángeles informierten ihre Strippenzieher in den USA, sie sollten die Idee verwerfen. In einem Telegramm, das in der *New York Times* vom 21. Juni veröffentlicht wurde, trug Lazaro De La Garza Sommerfeld auf, er solle „[…] kategorisch Äußerungen abstreiten, dass Gen. Villa ein Manifest herausgegeben hat, das Gen. Angeles zum Primer Jefe erhebt. Daher entspricht dies überhaupt nicht der Wahrheit."[1203]

Ob nun Ángeles das Ruder übernahm, oder nicht, Sommerfeld hatte gegenüber Boy-Ed erwähnt, dass der Interimspräsident, nachdem dieser einige Änderungen an der Verfassung vorgenommen hatte, zu Wahlen aufrufen und in diesen Carranza zum Präsidenten gewählt werden sollte. Die „USA kennen diesen Plan und unterstützen ihn", so Sommerfeld zu Boy-Ed.[1204] Der „Plan", den Sommerfeld Boy-Ed schilderte, zielte nicht wirklich darauf ab, dass Carranza zum Präsidenten von Mexiko gewählt wurde. Die Anspielung auf eine Diktatur und eine Verfassungsänderung erlauben einen Ausblick auf das Mexiko, das sich Hopkins und Sommerfeld erhofften: Carranza würde nie als Kandidat für die Präsidentschaftswahl aufgestellt. Villa hätte mit seiner riesigen Truppe die militärische Kontrolle im Land und in der Politik säße eine Marionette namens Felipe Ángeles im Präsidentenamt. Es sollte nicht lang dauern, bis genau dieses Szenario Gestalt annahm, wenn auch mit einer kleinen personellen Änderung. Am 6. November 1914 entschied Villa, dass nicht Ángeles, sondern General Eulalio Gutierrez Ortiz als seine Marionette dienen sollte. Hopkins und Sommerfeld hatten jedoch noch einen weiteren Plan für Mexiko erdacht und in die Tat umgesetzt, diesmal zum Vorteil von Pancho Villa (und zudem Flint und Pierce), dem Mann, den sie als rechtmäßigen politischen Erben Maderos ansahen.

Die Gespräche in Niagara zogen sich den ganzen Juni hindurch. Carranza und Wilson lieferten sich ein öffentliches Katz-und-Maus-Spiel, während sie im Privaten verhandelten. Der Krieg der Lobbyisten in Washington und New York spitzte sich zu und entwickelte sich zu einem offenen Konflikt. Carranza beschuldigte Hopkins und mit ihm Sommerfeld, Carothers und Ángeles, sie hätten Villa gegen ihn aufgehetzt. Carranza hatte gute Gründe für seine Einstellung, und diese fand auch ihren Weg in die Presse. Am 27. Juni warf Carranzas Staatssekretär Alfredo Breceda US-Außenminister Bryan öffentlich vor, Villa zu bevorzugen. Die *New York Times* berichtete: „Breceda greift auch Felix Sommerfeld an, Villas obersten Agenten im Land. Seine Äußerungen unterstellen, dass es sich bei Sommerfeld und Carothers um die beiden wichtigsten Agenten im Ausland handelte, die in die Intrige verstrickt waren, in der Villas Widerwille, sich Carranza unterzuordnen, gestärkt wurde, und der Eindruck beim amerikanischen Volk und dessen Regierung erweckt wurde, Villa sei der wichtigste Mann der Revolution.“[1205]

Am Sonntag den 28. Juni 1914, einen Tag nach den öffentlichen Angriffen der *Carranzistas* auf Sommerfeld, Hopkins und die US-Regierung, ließ man auf der Titelseite des *New York Herald* eine Bombe platzen. Es erschien ein Exposé mit weitreichenden Konsequenzen. So unglaublich es aus heutiger Sicht erscheinen mag, war Carranzas zweite Salve gegen Villa und die Lobbyisten in den Vereinigten Staaten so bedeutend, dass die Einzelheiten dieses Skandals auf den Titelseiten mit der Meldung des Tages von der Ermordung des österreichischen Erzherzogs Franz Ferdinand und dessen Frau konkurrierten. Der Skandal hatte seinen Ursprung in Geschehnissen, die sich Anfang

Mai zugetragen hatten. Zu dieser Zeit fuhren Sommerfeld und Hopkins ständig zwischen New York und Washington hin und her und versuchten, Carranza außer Gefecht zu setzen und gleichzeitig die Finanzierung der letzten Schlacht gegen Huerta zu arrangieren.

Sherburne Hopkins gab an, Diebe seien in der Nacht in sein Büro in Washington eingebrochen, das sich im Hibbs-Gebäude in 15th Street, NW befand, und hätten „zahlreiche Korrespondenzakten von seinem Schreibtisch entwendet.“ Er hegte den Verdacht, dass es sich bei den Dieben um „Cientificos“ handelte, die in Mexiko wieder Verhältnisse aus Porfirio Diaz' Zeiten einführen wollten.[1206] Hopkins bezeichnete sämtliche Anhänger Huertas sowie alle Feinde der konstitutionalistischen Sache stets pauschal als „Cientificos.“ Der Anwalt aus Washington stritt seine Kenntnis darüber ab, wer genau für den Diebstahl verantwortlich war, hatte jedoch „bestimmte Gruppen in Verdacht.“[1207]

Er deutete somit unmissverständlich an, dass Huertas Agenten mit dem Verbrechen in Verbindung standen. Die Tatsache, dass Hopkins den Einbruch, bei dem hunderte Akten aus seinem Büro gestohlen wurden, nicht der Polizei meldete, ist höchst verwunderlich. Es lässt sich zumindest keine entsprechende Anzeige finden. Es überrascht, weil dem berühmten Anwalt bereits zuvor ein schweres Unglück widerfahren war, das am 6. Februar 1914 seinen Weg in die Lokalpresse gefunden hatte. Dabei ging es um ein Feuer in Hopkins Wohnhaus, das angeblich durch Funken aus dem Kamin verursacht wurde.[1208] Am 18. November 1914, berichtete der *Washington Herald* zudem, dass Hopkins' Mantel und seine Hose angeblich bei einem Raubüberfall gestohlen wurden.[1209] Es wurden keine weiteren Details berichtet, und der Leserschaft wurde so der Eindruck vermittelt, der unglückselige Anwalt aus Washington habe in seiner Unterwäsche nach Hause laufen müssen. Wenn bereits der Diebstahl von Hopkins' Hosen in der Presse Erwähnung fand, so ist es doch verwunderlich, dass man höchstwahrscheinlich überhaupt nicht darüber berichtete, dass sein Büro ausgeraubt worden war.

Sommerfeld hatte seinen eigenen Verdacht bezüglich der Identität der Diebe und ging davon aus, dass es sich um Huertas Leute handelte.[1210] Dass die *Huertistas* etwas damit zu tun hatten, schien offensichtlich. Huertas Macht schwand im Mai zusehends, und die Summen der Gelder, die von Pierce und Flint an seine Feinde flossen, erreichten schwindelerregende Höhen. Der Versuch, seine Feinde unter der mexikanischen Flagge gegen die Amerikaner wieder zu vereinen, war gescheitert, wofür hauptsächlich Hopkins und Sommerfeld verantwortlich waren. Huertas letzte Chance, entweder einen geordneten Abgang zu machen und die Macht abzugeben oder aber noch ein paar Monate an ihr festzuhalten, ergab sich durch die Niagara-Konferenz. Dass sich jedoch ohne eine Teilnahme Carranzas und ohne einen Waffenstillstand irgendwelche konkreten Erfolge für ihn ergeben würden, war unwahrscheinlich. Huerta brauchte einen Skandal. Man musste dafür sorgen, dass eine Sache an die Öffentlichkeit geriet, die das Potential hatte, einen großen Keil zwischen die US-Regierung und die Koalition der Konstitutionalisten zu treiben. Sollten die Soldaten der Revolutionäre und das mexikanische Volk das Vertrauen in ihre Sache verlieren, sollte sich herausstellen, dass ihr Idealismus von den mächtigen Geschäftemachern und Interessen im Ausland untergraben wurde, dann hätten Huerta und seine verbleibenden konservativen Truppen in Mexiko eine Chance, ihr Schicksal noch einmal umzukehren.

Genau diese Möglichkeit ergab sich in der Nacht, als Einbrecher Hopkins' Schreibtisch plünderten. Hunderte Briefwechsel zwischen Hopkins, Carranza, Flint und Pierce erzählten die Geschichte von Mächten aus dem Ausland, die die Konstitutionalisten als Marionetten für die Befriedigung ihrer Gier benutzten. Die Briefe schienen keinen Zweifel daran zu lassen, dass die ganze Mexikanische Revolution zu einem Machtkampf zwischen Lord Cowdray und Henry Clay Pierce verkommen war. Als der Diebstahl am 28. Juni auf der Titelseite des *New York Herald* bekanntgegeben wurde, bekam Huerta seinen Skandal. Huertas Delegierte in Niagara stritten sofort jegliche Verwicklung in den Diebstahl ab und behaupteten sogar, besagte

Korrespondenzakten seien ihnen für 100.000 US-Dollar zu Kauf angeboten worden.[1211] Hierbei handelte es sich entweder um ein Ablenkungsmanöver oder schlicht um eine faule Ausrede. Verständlicherweise behaupteten sie zudem, das Angebot aus moralischen Gründen nicht angenommen zu haben. Von wem man die Papiere zum Kauf angeboten bekam, wollte man jedoch auch nicht preisgeben.

Die Papiere aus Hopkins' Büro zeigten auf, in welcher Größenordnung US-Investoren, angeführt von Pierce und Flint, in die Mexikanische Revolution investiert hatten. Die Tatsache allein sollte für niemand eine große Überraschung dargestellt haben. In den USA berichtete die Presse seit Jahren über Finanzgeschäfte der Maderos an der Wall Street. Als im Anschluss an Maderos Ermordung der Rest seiner Familie nach Amerika flüchtete, war öffentlich bekannt, dass diese Carranza unterstützte. Was die Dokumente aus Hopkins' Büro jedoch so brisant machte, waren die unbestreitbaren Verbindungen zwischen großen Teilen der US-Regierung, den Öl- und Eisenbahninteressen von Flint und Pierce und gewissen Teilen der von Pancho Villa angeführten Konstitutionalisten. Sommerfeld verteidigte den Inhalt der Briefe und schrieb, sie enthielten „die blanke Wahrheit" und zeugten von einer „leidenschaftlichen und intelligenten Unterstützung der konstitutionalistischen Sache."[1212]

Der Anschein, dass es sich bei dem Inhalt der Briefe um etwas Verwerfliches handelte, war jedoch nicht zu leugnen. Als John Lind, Präsident Wilsons Sonderbeauftragter in Mexiko, im Vorfeld zu den Gesprächen in Niagara Falls im April 1914 offiziell mit Carranza verhandelte, war er gleichzeitig im Auftrag amerikanischer Öl- und Eisenbahninteressen tätig. Die Enthüllungen aus Hopkins' Briefwechseln untergruben somit ernsthaft die Bemühungen der Regierung Wilson, sich in Bezug auf Mexiko als „ehrlicher Makler" zu gebaren.[1213]

Das Exposé wies auch auf ein zweites, weniger gefälliges Bild von Carranzas Staatsführung hin. Schon die bloße Tatsache, dass Carranza in regem Briefkontakt zu Hopkins und Pierce stand, legte nahe, dass auch er willens war, Mexikos Infrastruktur und Naturressourcen an die US-Finanz zu verkaufen, wenn diese ihm dabei behilflich war, siegreich aus der Revolution zu gehen. Gewissermaßen drohten diese Enthüllungen, Carranza auf eine Stufe mit Porfirio Diaz zu stellen, dessen Sell-out die Revolution erst herbeigeführt hatte. Carranza konnte das keinesfalls unkommentiert so stehen lassen und bestritt umgehend, dass seine Regierung jemals Gelder von US-Konzernen angenommen hatte.[1214] Wie ein Rudel Ratten, das sich schnell in seinen Bau verkriecht, stritten Hopkins, Pierce, Flint, Carranza, Cabrera, Vasconselos, Lind, Garrison und Bryan umgehend ab, je einen Vertreter dieser Gruppe gekannt oder mit dieser Geschäfte gemacht zu haben. Nur zwei Parteien sahen dem Spiel amüsiert zu: Die Senatoren Smith und Fall, die mit Genugtuung beobachteten, wie die Regierung Wilson ins Wanken kam, und Huertas Repräsentanten in Niagara, die von den Enthüllungen nur profitieren konnten.

Die republikanischen Senatoren lagen richtig mit ihrer Annahme, dass es durch Hopkins zu einem tiefen, aus gegenseitigen Verdächtigungen resultierenden Zerwürfnis zwischen Präsident Wilson und seinen Ministern Bryan und Garrison kam. Letztere gaben sogar öffentlich bekannt, Hopkins nie getroffen oder mit ihm zu tun gehabt zu haben.[1215] Die Tatsache, dass die beiden Kabinettsmitglieder heimlich das Embargo gelockert hatten, wohingegen sie in der Öffentlichkeit stets dessen Verschärfung forderten, roch nach Intrige und illegaler Einflussnahme. Es gibt einige Hinweise, die dafürsprechen, dass Huerta oder Agenten von Lord Cowdray letztlich vielleicht doch nicht hinter dem Einbruch in Hopkins Büro standen. Zunächst stellt sich die Frage, warum Hopkins den Einbruch nicht angezeigt hat, wenn zuvor sogar der Diebstahl seiner Hose hierfür bereits Grund genug gewesen zu sein schien. Die wichtigere Frage ist jedoch, wer eine solche Aktion durchführen konnte, ohne dabei ertappt zu werden. Was würde Alfred Hitchcock vorschlagen? Zwar kann man heute nicht mehr Hopkins' Gärtner oder seinen Chauffeur befragen, es besteht jedoch die Möglichkeit, dass es sich bei den Tätern um die Konstitutionalisten selbst handelte. In Hopkins' Büroräumen im Hibbs-Gebäude standen neben seinem eigenen Schreibtisch auch die der gesamten konstitutionalistischen Junta, an deren Spitze Hopkins zumindest bis zum 8. Juni 1914 stand.[1216] Die *Carranzistas* richteten ihre eigene Zweigstelle in Washington erst im August ein.[1217]

Zu deren Mitgliedern zählten José Vasconselos, der wie auch Hopkins gleichzeitig auf den Gehaltslisten von Pierce und Carranza geführt wurde, Juan F. Urquidi, der mexikanische Konsul, Rafael Zubaran Capmany, Luis Cabrera und Felicitos F. Villareal. Viele andere kamen und gingen, wie es das Geschäft erforderte. Roberto V. Pesquiera, Carranzas Geheimdienstchef, kam häufig zu Besuch und ebenso Alfredo Breceda, Carranzas Staatssekretär. Jeder dieser Gruppe hätte Hopkins' Aufzeichnungen einfach nehmen und zur Veröffentlichung an den *New York Herald* schicken können. Die Ziele, die jemand wie Urquidi oder Pesquiera durch den Diebstahl und die Enthüllung der Dokumente hätte verfolgen können, liegen auf der Hand: Hopkins setzte sich insbesondere seit der Besetzung von Veracruz erfolgreich für Villa ein, und nicht für Carranza. Auch die Öl-Lobby stand auf Kriegsfuß mit Carranza, seitdem dieser die Steuern erhöht hatte. Wenn Carranza den Financiers in New York gestattete, Villa als deren Kandidat für die Präsidentschaft zu bewerben, würde es sich mit seinem Zugang zur Macht möglicherweise ähnlich verhalten wie in Huertas Fall. Carranza wusste nur zu gut, welche Macht von der Wall Street ausging, besonders in Verbindung mit dem US-Außenministerium und dem US-Militär.

Die Kampagne zur Bewerbung Villas musste zum Scheitern gebracht werden, und deren Hauptakteur war Hopkins. Hatte man dessen wahre Zugehörigkeit erst publik gemacht, würde sich das Team aus Geldgebern und Politikern von ihm abwenden und in Deckung gehen. In gewissem Sinn geschah dies auch, wobei Hopkins sich jedoch einfach zurückzog und Sommerfeld den Schauplatz überließ. Für Carranza konnten die Enthüllungen im besten Fall dazu führen, dass Flint und Pierce sich gezwungen sahen, Villa ihre bedingungslose Unterstützung zu entziehen. Dies war zwar nicht der Fall, die Veröffentlichung von Hopkins' Briefen ließ jedoch einen tiefen Spalt zwischen

Außenminister Bryan und der amerikanischen Hochfinanz entstehen. In Ermangelung einer Hintertür mussten sich Flint und Pierce nun mit der Regierung Wilson gut stellen und sich mit allen Maßnahmen arrangieren, die im Rahmen der Außenpolitik getroffen wurden.

Die Propaganda wurde zum mächtigsten Instrument der *Carranzistas*. Man hoffte, dass die Öffentlichkeit in den USA und auch in Mexiko den Zusammenschluss zwischen Pancho Villa und Leuten wie Hopkins und Pierce ablehnte und diesen sogar als Korruption ansah. Doch auch diese Rechnung ging nicht auf. Mithilfe der Propagandamaschine von Sommerfeld und Hopkins gelang es dem charismatischen Villa noch wenigstens ein Jahr lang, sein Bild in der amerikanischen Öffentlichkeit als wahrer Held der Revolution aufrechtzuerhalten. Nur zwei Tage nach den Enthüllungen rief Carranza Juan Urquidi zurück nach Mexiko. Wenn Urquidi der Dieb gewesen war, so galt dieser Zug wohl dem Zweck, ihn schnell aus dem Blickfeld der Öffentlichkeit zu ziehen.[1218]

Wer auch immer die Täter waren, weder Hopkins noch Huertas Fraktion oder der *New York Herald* gaben je deren Identität preis. Sowohl Sommerfelds Unternehmungen als auch Hopkins' Verhalten in der Zeit vom 15. Mai und Ende Juni deuten darauf hin, dass beide wussten, was durch die Veröffentlichungen ans Licht kommen würde. Hopkins schickte Sommerfeld zu Pierce und Flint, um diese zu informieren. Als der Skandal öffentlich wurde, hatten die Financiers aus New York und Hopkins bereits eine Antwort parat. Sommerfeld hielt sich fast gänzlich aus der Affäre heraus, um seine Beziehungen zu den Ministern Bryan und Garrison nicht zu gefährden. Der Skandal hielt sich über mehrere Wochen. Zeitungen in ganz Amerika, von New York und Washington bis hinunter nach Miami, El Paso und Los Angeles, weiter nach San Francisco und zurück über St. Louis und Chicago, druckten bis Mitte Juli täglich neue Fakten über die Situation.

José Vasconselos, dessen Arbeit für Pierce gänzlich im Geheimen abgelaufen war, kam in Verruf. Carranza berief ihn daraufhin zum Kultusminister in Mexico City, ein Amt, dem inmitten der Revolution keine große Bedeutung zukam. Das angeschlagene Verhältnis zwischen den beiden zerbrach später im Jahr 1914 vollends, und Vasconselos musste in die Vereinigten Staaten flüchten. Er sollte nicht nach Mexiko zurückkehren, bis im Jahr 1920 Carranza ermordet wurde und Adolfo De La Huerta ihn wiederum zum Kultusminister ernannte. Seine Verbindungen zu Pierce und Hopkins kosteten ihn mindestens zehn Jahre seiner politischen Karriere. Vasconselos war als Philosoph, Politiker und Gelehrter einer von Mexikos herausragenden Pädagogen.

Hopkins musste seinen Kopf hinhalten, parierte jedoch geschickt, wenn man ihn mit unangenehmen Fragen und Anschuldigungen konfrontierte. Nach zwei Wochen ebbte das öffentliche Interesse ab. Ein angedrohter Prozess vor dem US-Senat, in dem Lind, Pierce, Hopkins, Sommerfeld und Carothers wegen Verletzungen der Neutralitätsgesetze angeklagt waren, blieb ohne Folgen.[1219] Villa und Carranza versuchten auf das Drängen der US-Regierung hin, ihr Verhältnis in einer Reihe von Gesprächen, die im Juli in Torreón stattfanden, zu flicken. Sie kamen zu einer Übereinkunft, die lang genug hielt, um Huerta zu stürzen und die Kontrolle über Mexico City zu erlangen.

Am 20. Juli 1914 verließ der Diktator endlich das Land und wurde mit seiner Familie von Puerto Mexico aus auf dem deutschen Marinekreuzer *SMS Dresden* nach Jamaika gebracht.[1220] Von dort aus ging er ins Exil nach Spanien.[1221] Die Konstitutionalisten zogen am 15. August in Mexico City ein.[1222] Villas Agenten in den USA konnten nicht verhindern, dass letztlich General Obregon zum Eroberer der mexikanischen Hauptstadt wurde. Trotz dieses Rückschlags blieb Villa weiterhin der Machthaber im Norden Mexikos, zumindest im folgenden Jahr. Franz von Papen, der deutsche Militärattaché in den Vereinigten Staaten und Mexiko, umriss das hohe Ansehen, das Villas Militärmacht bei der internationalen Gemeinschaft genoss, am 3.Juli 1914 wie folgt: „Das *Army and Navy Journal* brachte über die Armee Villas folgende Angaben: Nach der Ansicht eines amerikanischen Armeeoffiziers, welcher Gelegenheit hatte, verschiedenen Gefechten beizuwohnen, ist die Armee Villas die best [sic] organisierte und best [sic] ausgerüstete, über die Mexiko je verfügt hat. Villa selbst ist ein vorzüglicher Feldherr, der der ‚Napoleon' Mexikos genannt wird [...][1223]

Hopkins konnte seine Macht als einflussreicher Makler für die Finanzinteressen aus den USA auch weiterhin aufrechterhalten. Die meisten Geschichtswissenschaftler rückten den Anwalt aus Washington in ein schlechtes Licht, indem sie ihn mit der unpassenden Bezeichnung *dubios* versahen. Nicht nur Katz, sondern auch viele andere übernahmen diese Bezeichnung, die ursprünglich aus der Feder von Hopkins' Gegnern in der Presse und der amerikanischen Regierung stammt. Hopkins war wie Sommerfeld auch vor allem Pragmatiker. Bei all der schlechten Presse und dem Bild, das man in geschichtlichen Betrachtungen von ihm zeichnete, setzte er sich doch stets loyal und unermüdlich für seine Klienten ein. Henry Clay Pierce und Charles Flint zählten vor, während und auch im Anschluss an die Mexikanische Revolution zu diesen Klienten. Sie stellten seine Haupteinnahmequelle dar. Als Hopkins im Jahr 1910 auf Gustavo Madero traf, wurde er für die Herstellung der Verbindung zwischen seinen Klienten in New York und der Familie des späteren mexikanischen Präsidenten bezahlt. Seine Arbeit sollte für den Erfolg von Maderos Revolution maßgeblich sein. Hopkins öffnete den mexikanischen Revolutionären Türen bei der Regierung Taft. Zudem pflegte er seine Beziehungen in den US-Senat. Nach dem Machtwechsel in den USA tat Hopkins alles in seiner Macht Stehende, um die Außenpolitik der Vereinigten Staaten zu unterstützen, solange diese nicht den Interessen seiner Klienten entgegenstand. Dabei handelt es sich um ein gängiges Vorgehen bei Anwaltskanzleien, die zugleich Lobby-Dienste anboten. Hopkins unterschied sich in keinem Punkt von anderen Lobbyisten, die sich seit jeher in den Gängen des Kapitols in Washington herumtreiben.

Nach Maderos Untergang verfolgte Hopkins weiterhin den gleichen Weg und stellte sich hinter das Lager, das für seine Klienten den meisten Gewinn versprach. Sein Bruch mit Carranza lässt keinerlei Anzeichen von Untreue oder ein mögliches Doppelspiel von Hopkins erkennen. Es war schlicht unmöglich, mit Carranza zusammenzuarbeiten. Dieser Meinung war nicht nur

Hopkins, sondern auch Präsident Wilson, Außenminister Bryan, William Bayard Hale, John Lind, General Scott, Felix Sommerfeld und viele mehr. Carranzas Biografen haben die positiven Seiten seines Führungsstils herausgestellt. Der Oberste Heeresführer setzte letztlich die Entwicklung Mexikos hin zu einem Staat in Bewegung, der finanziell und politisch im Grunde unabhängig war. Jedoch sollte diese Errungenschaft nicht darüber hinwegtäuschen, welches Schlachtfeld Carranzas Uneinsichtigkeit auf der internationalen Bühne hinterließ. Hopkins und die anderen hatten jedes Recht, sich im Jahr 1914 frustriert von den Konstitutionalisten abzuwenden. In den Jahren nach Hopkins' Bruch mit Carranza führte Carranza Gesetze und Vorschriften ein, die den Interessen der US-Financiers diametral entgegenstanden. Somit war Hopkins' Entscheidung zu gehen von seiner Seite her korrekt.

Der eigentliche Fehler, den Hopkins beging, bestand nicht darin, dass er die Strippen zog und die Geschehnisse im Rahmen seines Berufs beeinflusste. Sowohl die Regierung Taft als auch Wilsons Lager nahmen seine Hilfe wie auch jeder andere, der seine Verbindungen benötigte, dankbar an. Er verstand jedoch weder für sich selbst noch für seine Klienten, dass die Tage der *Dollar Diplomacy* im Frühjahr 1914 gezählt waren. Die Intervention in Veracruz zeigte, dass Wilsons Außenpolitik höhere Ziele verfolgte, als schlicht die Interessen der US-Wirtschaft zu forcieren. Die Einnahmen der Zollhäuser von Veracruz landeten in den Kassen der US-Regierung, nicht in denen der internationalen Banken, die, wie Bleichröder richtig erkannte, ein Anrecht auf diese Gelder hatten. Anstatt mit den Zolleinnahmen mexikanische Staatsschulden zu begleichen, machte die US-Regierung sich das Geld auf illegale Weise selbst zu eigen. Außenminister Bryan misstraute Hopkins insbesondere wegen dessen Geschichte.

Hopkins und seine Hintermänner hatten das US-Militär wiederholt für die Umsetzung ihrer Ziele instrumentalisiert. Während sich die US-Marines in Veracruz beteiligten, hielten sie gleichzeitig noch immer Nicaragua besetzt, ein weiteres von Hopkins' Projekten. Im August 1914 unterzeichnete Bryan ein Abkommen mit dem Präsidenten dieses Landes, in dem es um die

Rechte am Bau eines weiteren Kanals ging. Mit der Zahlung der drei Millionen Dollar für diese Rechte, beglichen die USA Nicaraguas Schulden bei den Investoren aus dem Ausland, von denen ein Großteil in den USA selbst saß. Bryan beschuldigte Hopkins und dessen Klienten für das Chaos in Nicaragua, er misstraute ihren Motiven und lehnte daher ihre Einmischung in mexikanische Angelegenheiten ab.

Es verwundert nicht, dass Charles Douglas im Frühjahr 1914 die Führungsarbeit bei der Herstellung einer Verbindung zwischen Carranza und dem US-Außenministerium übernahm. Hopkins blieb in seinem Dienst den Interessen von Pierce und Flint treu. Sein politischer Einfluss war jedoch seit Frühjahr 1914 geschwunden und kam mit dem Exposé über die verschwundenen Aufzeichnungen aus seinem Büro am 28. Juni zum Erliegen. In einem größeren Zusammenhang führten Hopkins' Papiere der Öffentlichkeit und internationalen Beobachtern lediglich vor Augen, wie weit der Einfluss der US-Hochfinanz in die Außenpolitik der USA und die Situation in Mexiko reichte. Mit einem Mal lagen Beweise für all die Gerüchte und Verdächtigungen auf dem Tisch, die seit Jahren in Zeitungsberichten und Senatsverhandlungen thematisiert worden waren.

Hopkins hatte seine Pläne für die Lobby-Arbeit sowie die Finanzierung ausgewählter Lager der Revolutionäre in Mexiko sorgfältig ausgearbeitet. Zudem setzte er sich erfolgreich für die Interessen seiner Klienten ein, wobei er deren Konkurrenten schadete. Er hatte sich zu diesem Zweck ein kompliziertes Netzwerk aufgebaut, das ganze Führungsschichten in ein System gegenseitiger Gefälligkeiten einband – das alles war jetzt dahin. Im Anschluss an den Skandal hielt sich Hopkins im Hintergrund und sein Schützling Sommerfeld betrat die Bühne der Öffentlichkeit. Während des Ersten Weltkrieges gab Hopkins dann auf Anfrage Informationen an die US-Regierung weiter. Von 1914 bis 1918 fungierte er hin und wieder als Informant und schickte Berichte an den Geheimdienst des US-Militärs.[1224] Sein Einfluss auf die Mexikanische Revolution wurde nie wieder so groß, wie er es in den Jahren 1913 und 1914 war. Als Pancho Villa ein Jahr später auf dem Schlachtfeld seinen eigenen Untergang herbeiführte, hatte sich Hopkins bereits in den Hintergrund zurückgezogen. Einige Jahre darauf unterstützte er jedoch dessen Wiederaufstieg und verhalf Adolfo De La Huerta in den 1920er Jahren an die Macht. Als Hopkins am 22. Juni 1932 verstarb, erinnerte sich nur eine Zeitung an den brillanten Manipulator, der die Anführer der Revolution wie Marionetten für seine Zwecke einsetzte.[1225]

Sollte Carranza hinter dem Einbruch in Hopkins' Büro gestanden haben, so war sein Vorhaben erfolgreich. Der Primer Jefe hätte so die Mexikanische Revolution von einem großen Einfluss befreit, der sie zusehends zu untergraben drohte. Die Ölkonzerne sollten nie wieder eine solche Macht über die mexikanische Regierung ausüben, wenn ihr Streben nach mehr Kontrolle und größeren Marktanteilen den Regierungen in Mexiko auch bis zum Zweiten Weltkrieg weiterhin Kopfschmerzen bereiten sollte.[1226] Die letztendliche Verstaatlichung der mexikanischen Ölproduktion nahm jedoch in dem waghalsigen Unterfangen ihren Anfang. Hopkins unternahm alles, um das Unvermeidbare zu verhindern, nämlich dass der unnachgiebige Politiker aus Coahuila, der seinen Rat nicht befolgen wollte und in Hopkins' und Sommerfelds Augen seine eigene Außenpolitik sabotierte, ihn schachmatt setzte.

Erstaunlicherweise schaffte es Sommerfeld, sich aus der Schusslinie zu halten, als der Hopkins-Skandal bekannt wurde. In den Briefen wurde er nur vereinzelt genannt und seine wahre Rolle in Hopkins' Plänen kam nicht an die Öffentlichkeit. Wie sein Freund der Anwalt, empfand er nur noch Verachtung für Carranza. Als Hopkins' Briefe für Schlagzeilen sorgten, hatte sich Sommerfeld bereits voll und ganz hinter Villa gestellt. Der Revolutionsführer sprach Sommerfeld Konzessionen und Provisionen zu, die ihm bei heutigem Wert ein Monatsgehalt von über 100.000 US-Dollar bescherten.[1227] Eine andere Frage war jedoch, wie lange er sich in dieser Position halten würde. Politiker aus dem Lager Villas zwangen ihn, stets auf der Hut zu sein. Er konnte nie wissen, ob man ihm im nächsten Augenblick als Freund oder Feind begegnen würde. Was seine wahre

Bestimmung angeht, so zog Sommerfeld auch diesbezüglich Konsequenzen, als er Anfang Mai vom Diebstahl der Hopkins-Dokumente erfuhr und nachdem er seine Loyalität voll und ganz Villa gewidmet hatte.

Er entschloss, von El Paso nach New York zu ziehen. Es stand für ihn nicht zur Debatte, eine Rolle in der kommenden Regierung der Konstitutionalisten zu spielen. Es gab zudem mehrere deutsche Agenten, wie beispielsweise Arnold Krumm-Heller und Newenham A. Gray, die im Umfeld von Carranza operierten.[1228] Im Mai hatte die deutsche Regierung außerdem einen ihrer jungen Meisterspione nach Mexiko entsandt, um sich um von Hintzes Geheimdienstaktivitäten zu kümmern: Hauptmann Franz von Papen. Dieser blieb bis zum 7. August in Mexico City, verfasste selbstherrliche Berichte über seine Reisen an die Kriegsschauplätze der Revolutionäre und seine Bemühungen zum Schutz der deutschen Gemeinde, die sich lange Zeit vor von Papens Ankunft selbst organisiert hatte.[1229] Gleich nach seiner Rückkunft übernahm er das Ruder als deutscher Militärattaché in den Vereinigten Staaten, bis er im Dezember 1915 verjagt wurde.

Für die deutsche Regierung gab es in New York und Washington viele wichtige Informationen zu erlangen. Sommerfeld hatte in New York weitaus bessere Kontakte geknüpft, als dies in den Kreisen der Konstitutionalisten der Fall war. Villa machte Sommerfeld im Mai 1914 praktisch gesehen zu seinem generalbevollmächtigten Botschafter, was bis ins Jahr 1916 so bleiben sollte. Sommerfelds Kontakte sollten ihn einmal wieder zum wichtigsten Agenten der deutschen Reichsregierung machen. Inzwischen war sein Freund Hugh Lenox Scott zu Woodrow Wilsons Armeestabschef aufgestiegen. Durch ihn traf er Kriegsminister Garrison und freundete sich auch mit diesem eng an. Auch US-Außenminister Bryan wandte sich in außenpolitischen Dingen, die mit Villa zu tun hatten, gerne an Sommerfeld. Zudem kommt, dass Sommerfeld mit den Finanzeliten in New York dinierte und so manches Fest feierte.

Am 26. Mai 1914 wurde der deutsche Agent beim deutschen Marineattaché Karl Boy-Ed in New York vorstellig und ließ seine guten Dienste für Admiral von Hintze für immer hinter sich.

Boy-Ed schickte seinen Vorgesetzten einen Bericht mit dem Titel „Unterhaltung mit einem Vertrauensmann der Konstitutionalisten," in dem er schrieb, dass er „hier zufällig den Herrn F.A. Sommerfeld [...] kennen gelernt [...]" hat, der ihn „ohne mein Zutun" aufsuchte."[1230] In diesem Bericht wirkt Boy-Ed relativ gelassen in Bezug auf Sommerfelds Drängen. Er scheint sich sogar über ihn lustig zu machen, beispielsweise wenn er schreibt, wie Sommerfeld ihm „streng vertraulich im Flüsterton „erzählte," worüber die US-Regierung wirklich mit Carranza verhandelte.[1231] Boy-Ed teilte Sommerfelds und von Hintzes feindliche Gesinnung gegenüber Huerta nicht. Der deutsche Marineattaché schrieb Militärattaché von Papen am 25. Mai, nur wenige Tage nach seinem Gespräch mit Sommerfeld: „Meiner Meinung nach hatte Admiral von Hintze nicht ganz recht in seiner Einschätzung von ihm [Huerta] [...] Ich traf eine Menge von Leuten in Mexico Stadt, die in enger Verbindung mit Huerta standen, und die ausnahmslos den Patriotismus des Präsidenten, seine Fähigkeiten und Arbeitskraft gelobt haben."[1232]

Im Juli 1914 war die Meinungsverschiedenheit über Huertas Kapazitäten und Kampfkraft jedoch nur mehr von rein theoretischem Interesse. Der Usurpator war von seinen Feinden besiegt. Die neuen Machthaber in Mexico City hießen Venustiano Carranza, Pancho Villa und Alvaro Obregon. Admiral von Hintze trat seine Mission im Ersten Weltkrieg in China an. Boy-Ed übernahm von Hintzes Schützling und beauftragte Sommerfeld zu Anbruch des Krieges. Am 13. August setzte der deutsche Agent die deutsche Botschaft davon in Kenntnis, dass er jetzt im New Yorker Hotel Astor lebte.[1233] Das Deutsche Reich hatte das neutrale Land Belgien besetzt und befand sich im totalen Krieg mit Frankreich. Der Erste Weltkrieg hatte begonnen, und Sommerfeld trat seine neue Spionagemission als Agent in den höchsten Sphären der amerikanischen Gesellschaft an.

NACHWORT

Felix Sommerfelds Karriere während der Mexikanischen Revolution ist unübertroffen. Kein anderer Ausländer verfügte je über das Ausmaß an Einfluss, das der deutsche Agent erreichte. Er erlangte seine Berühmtheit nicht als zwielichter Hochstapler oder auf andere fragwürdige Weise. Solche Beschreibungen seines Charakters kamen in den Berichten der Beamten im US-Außenministerium auf, die ihn nicht leiden konnten. Hierzu zählten Marion Letcher, der amerikanische Konsul in Chihuahua, und Zach Lamar Cobb, der Zollbeamte von El Paso. Historiker wie beispielsweise Katz übernahmen die Beschreibungen seiner Kritiker, und viele verkannten die wahre Persönlichkeit dieses Mannes. Das *Bureau of Investigation* fügte diesen Charakterisierungen in der Hitze des Ersten Weltkrieges seine trostlosen Beurteilungen hinzu, und Geschichtswissenschaftler verfehlten es, die veränderten Bedingungen, in denen die entsprechenden Kommentare verfasst wurden, in ihren Betrachtungen zu berücksichtigen.

Sommerfeld war deutscher Spion. Diese Beschäftigung an sich setzt bereits Täuschung, Manipulation und verborgene Motive voraus. Dies gilt auch im Fall Sommerfeld. Akzeptiert man jedoch diese Tätigkeit als das, was sie nun mal ist, so muss eine Einschätzung über Sommerfelds Charakter dies auch differenziert betrachten. Wie seine Biografie beginnend mit seiner ersten Reise in die USA zeigt, handelte es sich bei Sommerfeld um eine vielschichtige Persönlichkeit, die nicht in wenigen Zeilen beschrieben werden kann, wie Historiker dies versuchten.

Bei der Analyse einer Persönlichkeit sind zwei Fragen von zentraler Bedeutung: Welche Merkmale bilden den Kern ihrer Wesenszüge, und was motivierte diesen Menschen? Die Leichtigkeit, mit der der deutsche Agent sich zwischen mexikanischen, deutschen und amerikanischen Geschäftsinteressen bewegte, seine Fähigkeit, in der Gesellschaft von Chihuahua Anschluss zu finden, und letztlich der Erfolg , der ihn in eine der mächtigsten Positionen der mexikanischen Regierung aufsteigen ließ, bedürfen einer gründlichen Analyse. Zwischen 1908 und 1910 schärfte und verfeinerte Sommerfeld die ihm angeborenen und angelernten Wesenszüge seiner Persönlichkeit.[1234] Die Menschen um ihn herum konnten ihn gut leiden. Er war selbstsicher, gebildet und strahlte stets einen gewissen Erfolg aus. Er war weder dem Alkohol noch dem Glücksspiel zugeneigt. Während seiner gesamten Zeit in Mexiko und den Vereinigten Staaten wurde nicht ein einziger Skandal um ihn bekannt, abgesehen von der einen „Jugendsünde", zu der er sich bekannte. Er war stets gut gekleidet, und sein Erscheinungsbild zeugte von regelmäßiger Ertüchtigung und guter Gesundheit. Sommerfeld machte jeden Morgen einen Ausritt, egal ob er gerade in Chihuahua, Mexico City, El Paso oder New York City lebte. Mit einer Körpergröße von gut 1,76 m, dem großen Brustkasten und seinen stämmigen, breiten Schultern hielt sein muskulöser Oberkörper die Knöpfe seines Jacketts stets auf Spannung. Tiefe Augenbrauen betonten seine strengen, kraftvollen und scharfsichtigen braunen Augen. Er lächelte nur selten, doch wenn er es tat, entspannte sich sein glatt rasiertes, gebräuntes Gesicht und gab sympathische Fältchen um seine Augen und Wangen preis.

Obschon er sich gerne mit „wahren Freunden" umgab, war der Deutsche stets in sich gekehrt.[1235] „Ich hatte nie Partner", teilte Sommerfeld seinen Vernehmungsbeamten im Jahr 1918 mit. „Ich teile meine Arbeit nur ungern mit anderen: Meine Wohngemeinschaften hielten nie lange."[1236] Niemand, nicht einmal sein Zimmergenosse Leonard Worcester, wusste ganz über seine Aktivitäten Bescheid. Sommerfeld arbeitete allein. Anders als sein Freund Frederico Stallforth, schien er immer Geld zu haben. War das nicht der Fall, so ließ er das niemand wissen. Historiker wie Meyer, Katz und Tuck maßen Sommerfelds Einkommen eine zu große Bedeutung bei, was sie zu dem Trugschluss führte, Geld sei die größte Motivation hinter seinen Taten gewesen. Zwar lehnte er eine gute Provision sicher nicht ab, sein wirklicher Antrieb war jedoch nicht die Aussicht auf Reichtum.

Sommerfeld strebte nach Macht und Einfluss, und dieses Streben war die Hauptquelle seiner Energie: Die Bewunderung anderer, um sich selbst mehr schätzen zu können. Sommerfeld war besessen von seinem Image. Seine größte Angst war, dass jemand etwas anderes in ihm erkannte als das, was er zeigen wollte. Sommerfeld isolierte sich durch seine Geheimnisse. Die enigmatische Figur, die in den Jahren 1908 bis 1910 zum Vorschein kam, führte dazu, dass aus seinem weiteren Leben nur fünf Fotografien von ihm überlebt haben, wobei er sich durchaus einer gewissen Berühmtheit erfreute.

Sein perfektes Erscheinungsbild, die makellose Kleidung, sein akkurater Haarschnitt und seine geschliffenen Manieren machten die äußere Hülle dessen aus, was er ausstrahlen wollte: Kontrolle über sich selbst und andere. Mängel an dieser äußeren Hülle, auch seiner Kleidung, standen sinnbildlich für einen Kontrollverlust. Sommerfeld zeigte seine Gefühle nicht, wie etwa Pancho Villa, er verachtete fehlende Selbstdisziplin. Aus diesem Grund trank er auch nicht, noch rauchte oder spielte er. Als Mann, dessen Leben komplett durchgeplant war, spielte er eine Figur in seinem eigenen Drehbuch. Wie ein Schachspieler offenbarte er seinen Freunden und Lebensgefährten nur jeweils den Teil seines Lebens, den er sie sehen lassen wollte. Er war ein passionierter Stratege. Sommerfeld dachte stets voraus und war somit ein Meister darin, den Geschehnissen zuvorzukommen. Geschehnisse waren Teil seines Drehbuchs, in dessen Umsetzung er Regie führte. Sommerfeld tat fast nie etwas ohne Intention. Folglich konnte er nicht mit Menschen zusammenarbeiten, die er für dumm hielt. Sein Missmut im Umgang mit Venustiano Carranza und Franz von Papen rührte aus der Ungeduld, die er Menschen entgegenbrachte, die in seinen Augen nicht strategisch dachten.

Während sein Geist innovative und komplizierte Strategien entwarf, hatte Sommerfeld auch einen ausgeprägten Hang zum Detail. Zutiefst analytisch, hatte er einen unstillbaren Wissenshunger. Leidenschaftlich nahm er scheinbar unzusammenhängende Fakten auf, die er von Informanten aus allen Gesellschaftsschichten zusammentrug. Mit dem Ziel, mehr von seinen Mitmenschen zu bekommen oder diese in seiner Schuld stehen zu lassen, setzte er Informationen gezielt ein oder behielt diese absichtlich zurück, wie es in seine Pläne passte. Für Sommerfeld waren zwischenmenschliche Beziehungen ein Geben und Nehmen. Er manipulierte alle Menschen um sich herum, indem er ihnen Informationen und Gefallen zuteil werden ließ, oder diese dazu veranlasste, ihm selbige zuteil werden zu lassen. Das Wichtigste war jedoch, dass er stets genauestens Buch führte. Indem er Ernsthaftigkeit ausstrahlte, die man ihm fairerweise auch zusprechen muss, konnte Sommerfeld blitzschnell herausfinden, welche Informationen sein Gegenüber brauchte, damit er selbst bekam, wonach er suchte.

Dieses Muster aus dem Aufbau von Netzwerken und Informationsaustausch entwickelte sich zweifelsohne in den Jahren als deutscher Meisterspion in Chihuahua. Sommerfeld gab bei seiner Befragung im Jahr 1918 an, kein Spieler zu sein. Das stimmte, denn im ewigen Roulettespiel seines Lebens nahm er ganz klar die Rolle der Bank ein. Auf langen Zeitraum betrachtet hatte er letztlich immer die Informationen, die andere dringend benötigten. Diese Fähigkeit verschaffte ihm Zugang in die höchsten Sphären der Macht, zum mexikanischen Präsidenten, dem US-Außenminister, dem Kriegsminister, Präsident Wilsons Armeestabschef, zu Generälen und Geschäftsführern. Friedrich Katz hatte ihn im Verdacht, ein Doppelagent zu sein, Meyer hielt ihn gar für einen Tripleagenten, eben weil er ständig mit Informationen handelte. Sommerfeld wusste allerdings stets genau, welche Informationen er weitergeben konnte, und welche nur für seine deutschen Vorgesetzten bestimmt waren.

Der deutsche Meisterspion verfügte über eine hervorragende Menschenkenntnis. Obschon er Männer mit ehrlosem Charakter für seine Zwecke benutzte, so zählte er diese niemals zu seinen Freunden. Menschen, die er mochte, brachte Sommerfeld große Loyalität entgegen. Für seine langjährigen Freunde, General Hugh Lenox Scott, den mexikanischen Außenminister Miguel Diaz Lombardo, den Glücksritter Sam Dreben und den Lobbyisten Sherburne G. Hopkins, war Sommerfeld der aufrichtigste, verlässlichste und loyalste Mensch, den sie kannten. Er packte Dinge an und brachte sie zu Ende. Das Wort „Versagen“ kam in seinem Vokabular nicht vor, wie er einst in Frederico Stallforths Tagebuch schrieb. Seine beachtliche Zielstrebigkeit und die Fähigkeit, sich einen Plan genauestens durch den Kopf gehen zu lassen und daraufhin ebenso genau seine Hausaufgaben zu machen, um diesen Plan auch umsetzen zu können, machten Sommerfeld zum idealen Partner für jede Operation. Er hasste es, anderen die Kontrolle zu überlassen. Er verfolgte seine Ziele nach seinen eigenen Plänen, und tatsächlich bestand das Geheimnis seiner größten Erfolge in der Tatsache, dass er diese mit niemandem teilte. Es fiel ihm leicht, Aufgaben zu verteilen, doch sein Eifer nach Qualität setzte voraus, dass er seine Untergebenen stets überwachte. Nur so konnte er Abweichungen von seinen Plänen früh erkennen und rechtzeitig Korrekturmaßnahmen einleiten.

Menschen, die er nicht mochte, hielten ihn bestenfalls für arrogant und fanden im schlimmsten Fall einen unnachgiebigen und furchterregenden Feind in ihm. Beim menschlichen Charakter und der Welt an sich unterschied Sommerfeld nur zwischen schwarz und weiß. Vergebung zählte nicht zu seinen Wesenszügen. Dass er oft arrogant schien weist auf eine weitere wichtige Eigenschaft seiner Persönlichkeit hin. Durch seine Arbeit und weil es ihm half, seine selbst gesteckten Ziele zu erreichen, erschien er den Menschen, die er als Figuren in „seinem Spiel“ ansah, als guter Kommunikator. Jedoch war ihm die Fähigkeit, Netzwerke und den Kontakt zu anderen aufzubauen, nicht angeboren, er entwickelte diese Fähigkeit. Im Gegensatz zu Frederico Stallforth, für den soziale Interaktion etwas vollkommen Alltägliches war, musste sich Sommerfeld diese Eigenschaft hart erarbeiten. An jedem Tag seines Berufslebens verließ Sommerfeld seine Komfortzone, um persönliche Beziehungen aufzubauen und die hocheffizienten Netzwerke zu pflegen, die er erschaffen hatte. Dies konnte er gut überspielen, doch sobald eine Unterhaltung für ihn keinen Zweck mehr erfüllte, zog er sich wieder in sein ursprüngliches, reserviertes und einsames Inneres zurück. Deshalb wirkte er arrogant auf Menschen, die in seinem Film keine Rolle spielten.

Sommerfeld war vor allem nie hinterlistig. Als er im Jahr 1918 über Präsident Madero sagte, „Er war der ehrlichste Mann, den ich in meinem Leben je getroffen habe. In unseren Gesprächen raubte er mir den Atem [...]“, dann meinte er das genau so. Seine Treue zu Maderos Prinzipien und dessen Charakter war deshalb so uneingeschränkt, weil das, wofür Madero stand, für Sommerfeld ein Mittel darstellte, Selbstwert zu erlangen. Sommerfeld übte kaum Selbstkritik. Da Madero starb, bevor der Erste Weltkrieg ausbrach, stand sein Dienst für die mexikanische Sache nicht im Gegensatz zu einer noch tieferen Ergebenheit: dem deutschen Vaterland. Als Sommerfeld während seiner Jahre in Chihuahua begann, verdeckt zu arbeiten, erlaubte er Historikern einen kurzen Einblick in seine Gefühle für Deutschland, als er zu Ehren des Kaisers ein Gedicht verlesen ließ. Kurz darauf hörte Sommerfeld auf, in der Öffentlichkeit mit Deutschen zu verkehren, er weigerte sich sogar, in der Öffentlichkeit deutsch zu sprechen. „Ich hörte davon, dass er Kellner zurechtwies, wenn diese versuchten, mit ihm deutsch zu sprechen“, schrieb Sherburne Hopkins einmal im Jahr 1919 an den US-Justizminister in Bezug auf Sommerfelds Leben vor dem Ersten Weltkrieg.[1237]

Bedeutend ist, dass Sommerfeld von seiner Muttersprache Abstand nahm, als er in die Dienste von von Hintze und Madero eintrat, nicht erst, als der Erste Weltkrieg begann. Ein Beweis hierfür findet sich in seinem Eintrag in Stallforths Gästebuch von 1911. Obwohl er Stallforth, der es vorzog, deutsch zu sprechen, gut kannte, verfasste er seinen Eintrag auf Englisch.[1238] Als der Große Krieg dann ausbrach, erkannte er wie viele andere Deutsche auch Amerikas einseitige „Neutralität“, welche die Entente gegen deutsche Interessen übervorteilte. Deutschland in diesem langen und abenteuerlichen Überlebenskampf behilflich zu sein, entwickelte sich zu einem Unternehmen, in dem Ehre und Pflicht vor allen anderen Loyalitäten standen. Sommerfelds mangelnde Selbstreflexion erklärt auch seinen größten Fehltritt gegen Ende des Ersten Weltkrieges. Von seinen Freunden verlassen, nahmen ihn die US-Behörden schließlich im Jahr 1918 fest. Das war nicht das Ende, das er sich für sein Drehbuch ausgedacht hatte. Seiner Meinung nach hatte er durch die Tatsache, dass er der US-Regierung stets behilflich war, zahlreiche Bonuspunkte bei dieser gesammelt, die ihm nun zugutekommen sollten. Er dachte nie daran, dass seine manipulative Behandlung anderer sich letztlich nicht auszahlen könnte. Das Weltgeschehen hatte seine Bonuspunkte jedoch wertlos gemacht.

Sommerfeld hatte kein tiefes Verständnis von den idealistischen Anschauungen, die das mexikanische Volk wieder und wieder in den Kampf ziehen ließ, ohne dabei große Hoffnungen auf ein besseres Leben zu haben, noch machte er sich darüber viele Gedanken. Er bewunderte die Ideale des konservativen Reformators Madero, der es vermochte, ein ganzes Land zu verändern, ohne dieses in das Chaos einer sozialen Revolution zu stürzen. Konsul Letcher sagte Sommerfeld nach, er sei ein „überzeugter Monarchist und Absolutist."[1239] Friedrich Katz und andere zogen ihre Schlüsse über Sommerfelds wahre Beweggründe aus Letchers Anschuldigungen. Keine Erkenntnisse aus Sommerfelds Biografie, seinen Briefen, Äußerungen und Taten bekräftigt jedoch diese Behauptung. Als Nachkomme einer mittelständischen, jüdischen Familie aus Ostpreußen hätte ihn eine monarchistische und absolutistische Einstellung nicht veranlasst, sich dem Willen seiner Eltern zu widersetzen, und nach Amerika zu gehen. Wäre das Gegenteil der Fall gewesen, hätte der blitzgescheite Junge aus Schneidemühl die imperiale Autorität akzeptiert und versucht, durch eine militärische, politische oder unternehmerische Karriere in den Rängen der preußischen Gesellschaft aufzusteigen.

Stattdessen entschied sich Sommerfeld für ein Leben in den USA. Dass er Deutschland verließ, hieß jedoch nicht, dass er seine Treue zum Vaterland verlor. Wie man an der Familiengeschichte der Stallforths erkennen kann, pflegten die deutschen Kolonialisten eine seltsame Art Patriotismus, während sie sich in fremden Ländern einrichteten. Eine recht idealistische Vorstellung von Deutschland ließ eine wirklichkeitsfremde Loyalität entstehen, welche die harte Realität des Lebens in einem diktatorisch regierten Staat verklärte, und die Erwartung entstehen ließ, dass man über uneingeschränkte Handlungsfreiheit verfügte, während man weiterhin einem preußischen Lebensstil anhing.

Die Jahre, die Stallforth während seiner Ausbildung in Deutschland verbrachte, und seine Rückkehr nach Mexiko veranschaulichen die Probleme, die Menschen aus den Kolonien dabeihatten, sich wieder in Preußen einzuleben. Beinahe alle von ihnen scheiterten. Es ist daher kein Zufall, dass weder Stallforth noch Sommerfeld nach 1918 wieder in ihre Heimat zurückkehren wollten. Die meisten Deutschen, die in die Welt hinausgegangen waren, hatten sich bereits zu sehr an den Geschmack von Freiheit und Demokratie gewöhnt. Dass Sommerfeld den Wunsch äußerte, dass ein Mann mit „starker Hand" die Geschehnisse in Mexiko leiten und die mexikanischen Massen mittels eines autoritären Regimes regieren sollte, können nicht allein als Beweis für seine abneigende Haltung gegenüber der Demokratie gelten. Im Grunde waren der Senator Albert Fall und viele andere Konservative im US-Kongress, die sich für eine Intervention gegen Präsident Madero einsetzten, allesamt Absolutisten.

Historiker die Sommerfeld analysierten, sind sich einig, dass dessen politische Orientierung zweifelsohne konservativ war. Aus genau diesem Grund unterstützte er die Regierung Madero. Dass Porfirio Diaz an der Macht blieb, war keine Option. Aus der folgenden Generation politischer Führer für Mexiko, war Madero nicht nur Sommerfelds Meinung nach, sondern auch in den Augen einer breiten Koalition im mexikanischen Volk der fähigste. Auch als Sommerfeld unter Madero zum Chef von dessen Geheimdienst wurde, blieb er seinem Wesen treu und verfolgte seine Ziele mit Entschlossenheit und Präzision. Im Gegenzug stärkte er Maderos Machtposition und stieg dabei einigen Leuten auf die Füße, unter anderem auch Letcher und Cobb. Hätten Konsul Letcher und der Historiker Katz mit ihren Behauptungen richtig gelegen, hätte Sommerfeld sich einfach von Madero abwenden und wie viele der einstigen Mitstreiter des Präsidenten Reyes, Orozco, Felix Diaz oder letztlich Huerta anschließen können.

Die Unterstützung irgendeiner reaktionären Macht in Mexiko kam für Sommerfeld jedoch nicht infrage. Als die

Regierung Madero gestürzt war, war es Sommerfeld, der sicherstellte, dass der US-Regierung alle relevanten Informationen zukamen, die für die Entwicklung einer soliden Außenpolitik benötigt wurden. Dass sich der deutsche Agent zunächst Carranza anschloss, geschah nicht aus Zweckmäßigkeitsgründen oder durch die Aussicht auf finanzielle Vorteile. Er erkannte in Carranza den rechtmäßigen Erben der Ideologie Maderos. Sommerfeld unternahm alles in seiner Macht Stehende, um William Bayard Hale und US-Außenminister Bryan von Carranza zu überzeugen. Ein weiteres Mal aktivierte Sommerfeld seine Organisation, und mit der Hilfe von Hopkins kümmerte er sich um die Beschaffung von Geldmitteln, Waffen und Munition für Carranza sowie um dessen Zugang zur Politik der USA. Dass Sommerfeld und Hopkins Carranza ihre Unterstützung später entzogen, war allein Carranzas Schuld. Sommerfelds Loyalitätswechsel von Carranza zu Villa war letztlich reiner Pragmatismus, denn er und Hopkins waren nun mal Pragmatiker. Auch Villa hatte bei der Verfolgung seiner Ziele beachtlichen Pragmatismus bewiesen.

Während Francisco Madero und Carranza von ihren Idealen getrieben wurden, war es der Pragmatiker hinter dem Präsidenten, Gustavo Madero, der Hopkins beauftragte und Sommerfeld Anweisungen gab. Villa folgte dem Rat von Sommerfeld und Hopkins. Dies führte dazu, dass Wilsons diplomatisches Team Zugang zu dem Revolutionär hatte. Die US-Generäle Scott, Pershing und Bliss sahen in Villa einen Mann, der das Zeug zum Staatsoberhaupt für das geschlagene mexikanische Volk hatte. Eine Weile lang machte Villa alles richtig. Villas Reaktion auf die amerikanische Intervention in Veracruz war für Sommerfeld letztlich der Beweis, dass Villa zweifellos zu einem verantwortungsvollen Staatschef geworden war. Sommerfeld erkannte, dass Villa seine uneingeschränkte Unterstützung verdiente. Diese Entscheidung hatte wenig bis nichts mit den finanziellen Zuwendungen zu tun, die Sommerfeld von seinem neuen Chef empfing. Geld motivierte ihn nicht – ihm ging es um Macht.

Die wichtigste Frage bei der Analyse von Sommerfelds wahrer Persönlichkeit bleibt, wie er es mit sich vereinbaren konnte, für die deutsche Regierung zu arbeiten während er gleichzeitig im Dienst von Madero, Carranza und Villa stand. Wieder führten die Historiker Katz, Meyer, Tuck und andere Sommerfelds Doppelleben als Beweis für seinen vermeintlich schlechten Charakter und seine angebliche Unaufrichtigkeit an. Der deutsche Agent stand jedoch in keinem Gewissenskonflikt, wenn er Informationen nach Deutschland weitergab. Praktisch gesehen dienten seine Berichte dazu, die Einstellung der Deutschen und deren Außenpolitik zu beeinflussen und zu ändern. Dass Deutschland Madero unterstützte, stellte für viele Beobachter und Geschichtswissenschaftler keine Überraschung dar.

Es ist hauptsächlich Sommerfeld anzurechnen, dass der deutsche Gesandte von Hintze aus erster Hand mit Informationen über die Führungsriege der mexikanischen Revolutionäre versorgt wurde. Sommerfeld brachte Madero dazu, den Deutschen entgegenzukommen, etwa durch die Verfolgung der Mörder von Covadonga, wodurch deren Ängste, Mexiko könne unter der Herrschaft einer Revolutionsregierung ins Chaos stürzen, zerstreut wurden. Katz und die meisten seiner amerikanischen Kollegen erlagen mit ihrer Behauptung, von Hintze sei Madero gegenüber feindselig eingestellt gewesen, einem Irrtum. Sommerfeld sorgte dafür, dass die deutsche Regierung Huerta keine Unterstützung zuteilwerden ließ. Diese Tatsache erkannte lediglich der deutsche Historiker Thomas Baecker.[1240]

Bis zum Ausbruch des Ersten Weltkrieges deckten sich die außenpolitischen Einstellungen Deutschlands und Amerikas zu einem großen Teil. Sommerfeld diente also zwei Herren, die das gleiche Ziel verfolgten: Dabei behilflich zu sein, dass Mexiko eine stabile und zuverlässige Regierung bekam, die Investitionen von außen und den internationalen Handel begrüßte. Erst als der Krieg die Interessen der beiden Nationen auseinanderlaufen ließ, zog Sommerfeld die klare und logische Konsequenz und arbeitete weiterhin für sein Vaterland. Seinen neuen Auftrag in New York sollte er mit derselben Leidenschaft verfolgen, die ihn zum einflussreichsten Ausländer in der Mexikanischen Revolution gemacht hatte. Durch sein Netzwerk aus Verbindungen in die USA und Mexiko, andere Agenten wie Frederico Stallforth und Carl Heynen und durch seine Organisation, die entlang der amerikanisch-mexikanischen Grenze weiterhin bestehen blieb, sollte es Sommerfeld gelingen, während des Krieges zum wichtigsten deutschen Agenten in der höchsten Position an der Nordamerikanischen Front zu werden. Er sollte den Versorgungslinien der Entente erheblichen Schaden zufügen, und die Vereinigten Staaten absichtlich in einen Scheinkrieg mit Mexiko stürzen.

Endnoten

[2] Felix hatte auch zwei Schwestern, Hedwig und Rosa, aber ihre Geburten – und Sterberegisterdaten sind wahrscheinlich in den Flammen der Endlösung verschwunden. Schneidemühls jüdische Geschichte wurde im Jahr 1942 ausgelöscht.
[3] Bei seiner ersten Amerikareise im Jahr 1896 gab Felix Sommerfeld seinen Wohnort als "Borkendorf". Laut der *Allgemeine Zeitung des Judentums*, 1900, Heft 34 (24. August, 1900), Der Gemeindebote, 2. Borkendorf war eine halbe Stunde von Schneidemühl entfernt (mit Pferd oder Gespann).
[4] Schneidemühl ist heute die polnische Stadt Piła.
[5] Geschichte von Piła, offizielle Webseite, gesehen im Oktober 2010.
[6] Peter Simonstein Cullman, *History of the Jewish Community of Schneidemühl 1641 to the Holocaust*, Avotaynu, Bergenfield, NJ, 2006, 80.
[7] Ibid., 81.
[8] www.kehilalinks.jewishgen.org, mit Erlaubnis von Avotaynu Verlag.
[9] Ibid., 81, zitiert von Markus Brann, *Geschichte des Jüdisch-Theologischen Seminars in Breslau*, 3-5.
[10] Ibid., 95 am Beispiel von Schulbeirat und Vorsitzender des Stadtrates Dr. Davidson.
[11] Ibid., 81.
[12] Ibid., 101.
[13] Zum Beispiel NA RG 60 Department of Justice, Akte 9-16-12-5305-25, Befragung durch Agent Creighton von S.G. Hopkins, 21. Oktober, 1919.
[14] NA RG 60 Department of Justice, Akte 9-16-12-5305, Verhör von F. A. Sommerfeld 21. Juni bis 24. Juni, 1918, als sein Mittelname wird *Armand* erwähnt (Hiernach Verhör von F. A. Sommerfeld).
[15] Simonstein Cullman, *History of the Jewish Community of Schneidemühl*, 100.
[16] Ibid., 98.
[17] *Allgemeine Zeitung des Judentums*, 1900, Heft 34 (24. August, 1900), Der Gemeindebote, 2.
[18] See Simonstein Cullman, *History of the Jewish Community of Schneidemühl*, 75 bis 79.
[19] Ancestry.com. *Einbürgerungsgesuche New York* [Datenbank online]. Provo, UT, USA: Ancestry.com Operations, Inc., 2007. Ursprüngliche Daten: *Soundex Index to Petitions for Naturalization filed in Federal, State, and Local Courts located in New York City, 1792-1989*. New York, NY, USA: National Archives and Records Administration, Northeast Region.
[20] Verhör von F. A. Sommerfeld, 22. Juni, 1918.
[21] 1899 findet sich ein weiteres Einreisedokument, in denen er seinen Beruf als

Schuster (vielleicht auch Schmied?) angab. NA RG 36 U.S. Customs Service, M237 Rolle 537, Zeile 32.

[22] Ancestry.com. *Einbürgerungsgesuche New York* [Datenbank online]. Provo, UT, USA: Ancestry.com Operations, Inc., 2007. Ursprüngliche Daten: *Soundex Index to Petitions for Naturalization filed in Federal, State, and Local Courts located in New York City, 1792-1989*. New York, NY, USA: National Archives and Records Administration, Northeast Region.

[23] Siehe www.ancestry.com, oeffentlicher Familienstammbaum von Felix A. Sommerfeld, Autor Heribert von Feilitzsch, 2010.

[24] Siehe Verhör von F. A. Sommerfeld, 21. Juni, 1918.

[25] Ibid., er gab seinen höchsten Rang als Unteroffizier an. Es gibt jedoch Zweifel in Bezug auf seinen Dienst nach der Jahrhundertwende. Wenn er zur 1906 bis 1908 an die Armeegeheimdienstschule in Charlottenburg gegangen ist, und sich hat taufen lassen, was nicht belegt ist, dann listet das preußische Heer einen Leutnant Sommerfeld. Leider beinhaltet diese Liste keine Vornamen. Somit lässt es sich nicht beweisen, ob Felix Sommerfeld der Leutnant in der Rangliste war.

[26] Siehe Verhör von F. A. Sommerfeld, 21. Juni, 1918.

[27] Staatsarchiv Hamburg, Bestand: 373-7 I, VIII (Auswanderungsamt I), Rolle K 1754, 353.

[28] NA RG 85 Immigration and Naturalization, M237, Rolle 658, Zeile 12.

[29] Verhör von F. A. Sommerfeld, 24. Juni, 1918. In seinem Verhör durch das Bureau of Investigation (hiernach BI) im Jahr 1918 sagte er, dass er ohne Erlaubnis seiner Eltern nach Amerika ging.

[30] Sowohl das Manifest des Schiffes, als auch die Einwanderungsunterlagen von Ellis Island zeigen keinen weiteren Sommerfeld an Bord.

[31] NA RG 85 Immigration and Naturalization, M237, Rolle 658.

[32] www.norwayheritage.com, angesehen 1. September, 2010.

[33] Verhör von F. A. Sommerfeld, 24. Juni, 1918.

[34] Ibid.

[35] NA RG 165 Military Intelligence Division (hiernach MID), Akte 9140-1754-30, MID Bericht für Department of Justice, 27. Juni, 1918.

[36] NA RG 85 Immigration and Naturalization, M237, Rolle 658; Auch NA RG 165 Military Intelligence Division, Akte 9140-1754-73, 24. September, 1917, Befragung von Jack Neville, Nachrichtenredakteur, *Daily News*.

[37] NA RG 85 Immigration and Naturalization, M237 Rolle 15.

[38] Ibid.

[39] Sam Dreben wurde am 1. Juni, 1878 in Poltava, Ukraine geboren. Siehe Art Leibson, *Sam Dreben, the Fighting Jew*, Westernlore Press, Tucson, AZ, 1996, 15.

[40] Der Amerikanische Traum wird in diesem Fall als "die Hoffnung, vom Tellerwäscher zum Millionär zu werden" definiert.

[41] NA RG 36 U.S. Customs Service, T715, Rolle 14.

[42] *New York in the Spanish-American War, 1898*, Teil des Berichtes vom Generaladjutanten des Bundesstaates für das Jahr 1900. Volumen II, Registers

of organizations, 319.
[43] Ibid.
[44] *Die New York Times*, 28. Oktober, 1915.
[45] Ibid.
[46] Verhör von F. A. Sommerfeld, 22. Juni, 1918.
[47] *Die New York Times*, 28. Oktober, 1915 behauptet dass er $275 gestohlen hatte, in seinem Verhör durch das BI im Jahr 1918 spricht er nur von $250.
[48] New York Department of Health, *Deaths Reported in the City of New York, 1888-1965*, New York, NY, Zertifikat Nummer 3082.
[49] Verhör von F. A. Sommerfeld, 22. Juni, 1918.
[50] Ibid.
[51] Siegfried wurde ein erfolgreicher Geschäftsmann und baute die alte Mühle zu einer Fabrik für elektrische Teile um. Siehe http://forum.sommerfeldfamilien.net/index.php, angesehen Oktober 2010.
[52] *Die New York Times*, 28. Oktober, 1915.
[53] Verhör von F. A. Sommerfeld, 22. Juni, 1918.
[54] NA RG 65 Records of the FBI, M1085, Rolle 865, Akte 232-931, Memo E. B. Stone an Bielaski, 25. Oktober, 1916.
[55] NA RG 65 Albert Papers, numbered correspondence, Box 1, Navy Attaché Boy-Ed an stellvertretenden Generalkonsul Hossenfelder, 28. Oktober, 1915.
[56] Ibid., stellvertretenden Generalkonsul Hossenfelder an Marineattaché Boy-Ed, 28. Oktober, 1915.
[57] Verhör von F. A. Sommerfeld, 22. Juni, 1918.
[58] Ibid.
[59] Ibid.
[60] Ibid.
[61] Ibid.
[62] NA RG 165 Military Intelligence Division, Akte 9140-1754-44, 26. April, 1919, Hanna an van Deman; Harris und Sadler, *Secret War in El Paso*, 75; Sommerfelds Größe in Harris und Sadler wird mit 1,68 m angegeben, was nicht stimmt.
[63] Stallforth Papers, Private Collection, Gästebucheintrag, 11. März, 1911.
[64] Es sind einige Beispiele in diesem Buch enthalten, wie zum Beispiel die Bezeichnung von Senator Albert B. Fall als "persönlichen Feind", körperliche Bedrohung von Adolph Krakauer, als dieser Waffen an die Orozco Rebellen verkaufte, oder Korrespondenz mit Hugh L. Scott und Lindley M. Garisson über Hilfeleistung für Amerikaner, die in der Revolution in Not kamen.
[65] NA RG 165 Military Intelligence Division, Akte 9140-1754-4, Bericht von Richmond Levering, Mitglied A-3700 der American Protective League, 23. Juli, 1917.
[66] Ibid., Akte 9140-1754-16, 22. Juni, 1918.
[67] Verhör von F. A. Sommerfeld, 22. Juni, 1918.
[68] Verhör von F. A. Sommerfeld, 22. Juni, 1918.
[69] F.G. Stapleton, "The unpredictable dynamo: Germany's economy, 1870-1918,"

History Review, Dezember 2002.
[70] Verhör von F. A. Sommerfeld, 21. Juni, 1918.
[71] Königliches Finanzministerium, *Jahrbuch für das Berg- und Hüttenwesen im Königreiche Sachsen, Jahrgang 1902 (Statistik vom Jahre 1901): Part B Mittheilungen über das Berg- und Hüttenwesen im Jahre 1901*, C. Menzel, Freiberg, Deutschland,1902, 85.
[72]Staatsarchiv Hamburg, 373-7 I, VIII A 1 Band 135, Seite 2251 (Mikrofilm Nr. K 177).
[73] Verhör von F. A. Sommerfeld, 21. Juni, 1918.
[74] National Archives and Records Administration, Northeast Region, Index to Petitions for Naturalization filed in Federal, State, and Local Courts located in New York City, 1792-1989, Volumen 158, Entry 72.
[75] Verhör von F. A. Sommerfeld, 21. Juni, 1918.
[76] Ibid.
[77] Ibid.
[78] Ibid.
[79] Ibid.
[80] Ibid. Sommerfeld betonte mehrmals, dass er weder trank, noch rauchte oder spielte. Es ist möglich, dass er ein Raucher war, denn sein Bruder schickte ihm 1918 Zigarren ins Gefängnis. Falls er die Wahrheit gesagt hatte, könnten die Zigarren in Fort Oglethorpe als Währung fungiert haben.
[81] www.sedona.biz/jeromeaz.htm, 2006.
[82] Verhör von F. A. Sommerfeld, 21. Juni, 1918.
[83] Ibid.
[84] Ibid.
[85] Ibid.
[86] William T. Greene wurde der Rang "Oberst" verliehen, weil er eine Gruppe Männer in einem Angriff auf Indianer geführt hatte. Er war niemals Soldat. Siehe Bernstein, Marvin D., "Colonel William C. Greene and the Cananea Copper Bubble," *Bulletin of the Business Historical Society*, Vol. 26, No. 4 (Dezember 1952), 179-198.
[87] Verhör von F. A. Sommerfeld, 21. Juni, 1918.
[88] Ibid.
[89] Ibid.
[90] Horace J. Stevens, *The Copper Handbook, A Manual of the Copper Industry of the World*, Vol. 6, Houghton, MI, 1906, 891.
[91] Verhör von F. A. Sommerfeld, 21. Juni, 1918.
[92] Ibid.
[93] Siehe Archivos Municipales Chihuahua, Fondo Porfiriato, Secretaria de Gobierno del Estado de Chihuahua, *Die Chihuahua Enterprise* 1905 bis 1910, Mines Register 1904, 1905, 1907, 1908, 1910.
[94] City Directory, Chicago, Illinois, 1905, 1477.
[95] Staatsarchiv Hamburg, 373-7 I, VIII A 1 Band 187, Rolle K179, 237.
[96] NA RG 36 U.S. Customs Service, T715, Rolle 830, Zeile 14.

[97] The National Archives of the UK, Board of Trade, Commercial and Statistical Department and successors, Inwards Passenger Lists, Kew, Surrey, England, BT26, Nummer 287, Element 3.
[98] NA RG 65 Records of the FBI, M1085, Rolle 862, Akte 232-311, 5, E. B. Stone an Bruce Bielaski, 22. Oktober, 1916.
[99] Verhör von F. A. Sommerfeld, 21. Juni, 1918.
[100] AA Politisches Archiv Berlin, Mexiko VI, Paket 45.
[101] Unbekannte Quelle, 1910, Archivos Municipales Hidalgo del Parral, 58.
[102] Verhör von F. A. Sommerfeld, 21. Juni, 1918.
[103] Archivos Municipales Chihuahua, Fondo Porfiriato, distrito Mina 1909, "La Abundancia- F. Stallforth – Baborigame -20 – oro y plata." Die Archive beinhalten Hidalgo Distrikt, Iturbide Distrikt, und Mina Distrikt zeigen keine Eintragung für Felix Sommerfeld als Minenbesitzer oder registrierter Bergbauingenieur im Jahr 1908 oder 1909.
[104] Staatsarchiv Hamburg, 373-7 I, VIII A 1 Band 187, Rolle 179, 237 für die Februarreise nach Montreal; Für die Rockeries von Montreal nach Hamburg im August: The National Archives of the UK, Board of Trade, Commercial and Statistical Department and successors, Inwards Passenger Lists, Kew, Surrey, England, BT26, Part number 287, Element 3.
[105] Michael L. Hadley und Roger Sarty, *Tin-Pots and Pirate Ships: Canadian Naval Forces and German Sea Raiders, 1880-1918*, McGill-Queen's University Press, Montreal and Kingston, Canada, 1991, 34.
[106] Siehe zum Beispiel: *Nauticus: Jahrbuch für Deutschlands Seeinteressen, 10. Jahrgang*, Ernst Siegfried Mittler und Sohn, Berlin, Deutschland, 1908, 307.
[107]*Rangliste der Königlich Preußischen Armee und des XIII (Königlich Württembergischen) Armeekorps für 1907*, Ernst Siegfried Mittler und Sohn, Berlin, Deutschland, 1907, 752.
[108] Brief von Prof. Fleischer an den Autor, Bundesarchiv Militärarchiv, Freiburg, 11. März, 1991.
[109] James Creelman, "President Diaz, Hero of the Americas", *Pearson's Magazine*, Vol. 19, März 1908, 231-277.
[110] Diaz kandidierte nicht für die Wiederwahl im Jahr 1880, sondern kontrollierte die damalige Regierung. 1884 ließ er sich wieder zum Präsident wählen und blieb an der Macht bis zu seiner Abdankung im Jahr 1911.
[111] Friedrich Katz, *The Life and Times of Pancho Villa*, Stanford University Press, Stanford, CA, 1998, 58.
[112] Henry F. Pringle, *Theodore Roosevelt: A Biography*, Cornwall Press, New York, NY, 1931, 289.
[113] *Die New York Times*, 16. Januar, 1903, "Germany's friendly aims."
[114] Reinhard R. Doerries, *Imperial Challenge: Ambassador Count Bernstorff and German-American Relations, 1908-1917*, University of North Carolina Press, Chapel Hill, NC, 1989, 14. Doerries erwähnt die unterschwelligen Spannungen zwischen Deutschland und den Vereinigten Staaten, die "bis 1914 ungelöst" blieben.

[115] Jalisco Lancer, "German-Mexican Relations Before the Revolution," www.allempires.net, 22. Dezember, 2005.
[116] Vincent P. Carosso, Rose C. Carosso, *The Morgans: Private International Bankers, 1854-1913*, Harvard Studies in Business History, Harvard University Press, Cambridge, MA, 1987, 414-419. Für eine genaue Analyse der deutschen Investitionen in Mexiko siehe auch Thomas Baecker, *Die Deutsche Mexikopolitik 1913/14*, Colloquium Verlag, Berlin, Deutschland, 1971, 62-120.
[117] Carosso, *The Morgans*, 524.
[118] Russell Lill, *National Debt of Mexico*, 78.
[119] Werner Schieffel, *Bernhard Dernburg 1865 - 1937: Kolonialpolitiker und Bankier im wilhelminischen Deutschland*, Atlantis Verlag, Zürich, Schweiz, 1974, 22.
[120] Ibid., 20, 21.
[121] NA RG 36 U.S. Customs Service, T715, Rolle 501, Seite 14, Zeile 7; Rintelen Ankunft in New York, 5. Oktober, 1904; Rintelen Abfahrt 8. Juni, 1905 von New York nach Liverpool, Rintelen Abfahrt 18. Mai, 1906 von New York nach Plymouth; The National Archives of the UK (TNA). Series BT26, Board of Trade, Commercial and Statistical Department and successors, Inwards Passenger Lists, Kew, Surrey, England.
[122] Der Titel für Rintelens Buch über seine Spionage Aktivitäten in den USA.
[123] Diskussionen werden weiterhin geführt, um die Stärke des Erdbebens zu definieren, da es 1906 die Richterscala noch nicht gab. Richter selbst kalkulierte das Erdbeben in San Franzisco 1958 und kam auf 8.3, was heute angezweifelt wird. Für weitere Informationen siehe http://earthquake.usgs.gov/regional/nca/1906/18april/magnitude.php, angesehen Mai 2010.
[124] Auszug von Kerry A. Odell und Marc D. Weidenmier, "Real Shock, Monetary Aftershock: The 1906 San Francisco Earthquake and the Panic of 1907," *The Journal of Economic History*, 2005, vol. 64, issue 04, 1002–1027.
[125] Federal Reserve Bank of Boston, "The Panic of 1907," Boston, MA, 2002. Für weitere Details siehe auch Jon Moen, "Panic of 1907," *EH.Net Encyclopedia*, editiert von Robert Whaples, 14. August, 2001.
[126] Kevin J. Cahill, "The U.S. Bank Panic of 1907 and the Mexican Depression of 1908-1909," *The Historian*, Vol. 60, Ausgabe 4, 1998, 795 bis 811.
[127] Jon Moen, "Panic of 1907," *EH.Net Encyclopedia*, editiert von Robert Whaples, 14. August 2001.
[128] NA RG 165 Department of War, Holmdahl Papers, public domain.
[129] Es gibt Uneinigkeit darüber, wann die Bankpanik begann. Siehe Carosso, *The Morgans*. Basierend auf Informationen in den privaten Akten von J.P. Morgan Carosso kam zu der Folgerung, dass die Bankpanik am 18. Oktober, nicht am 21. Oktober begann, wie andere Historiker behauptet hatten.
[130] Carosso, *The Morgans*, 535-549.
[131] Robert F. Bruner, Sean D. Carr, *The Panic of 1907: Lessons Learned from the Market's Perfect Storm*, John Wiley and Sons, Hoboken, NJ, 2007, 143.

[132] Cahill, "The U.S. Bank Panic of 1907," 795 bis 811.
[133] Frank McLynn, *Villa and Zapata: A History of the Mexican Revolution*, Basic Books, New York, NY, 2000, 22.
[134] Lill, *National Debt of Mexico*, 1919, 80.
[135] Katz, *Life and Times of Pancho Villa*, 1998, 48-49.
[136] McLynn, *Villa and Zapata*, 2000, 21.
[137] Katz, *Life and Times of Pancho Villa*, 1998, 50.
[138] Ibid., 50-52.
[139] Verhör von F. A. Sommerfeld, 21. Juni, 1918.
[140] *Chihuahua Enterprise*, 15. August 1908.
[141] Ibid., 22. August 1908.
[142] Ibid., 5. September 1908, 19. September 1908, 3. Oktober, 1908.
[143] Ibid., 3. Oktober, 1908, "German Charge d'Affairs Here. Baron von Radowitz is on visit to German colony here." Das Blatt spricht von Baron Wilhelm von Radowitz, Charge d'Affairs der deutschen Vertretung in Mexiko-Stadt im Jahr 1908.
[144] AA Politisches Archiv Berlin, Mexiko VI, Paket 45.
[145] Ibid., Mexiko II, Paket 5, Wangenheim an Bülow, 30. September, 1905, Nummer 125.
[146] Ibid., Mexiko VI, Paket 45.
[147] NA RG 65 Records of the FBI, M1085, Rolle 862, Akte 232-296, Kopie eines Schreibens von Zach Lamar Cobb an Counselor Frank Polk, 24. April, 1917.
[148] Verhör von F. A. Sommerfeld, 21. Juni, 1918.
[149] *The Mining World*, Volume 32, 1. Januar bis 25. Juni, 1910, Chicago, IL, 682.
[150] Ibid., 402.
[151] Archivos Municipales Chihuahua, Secretaria de Gobierno del Estado de Chihuahua, Sección de estadística, 1909.
[152] Verhör von F. A. Sommerfeld, 21. Juni, 1918.
[153] NA RG 60 Department of Justice, Akte 9-16-12-18, Aussage von Frederico Stallforth, 22. April, 1917, 19.
[154] Verhör von F. A. Sommerfeld, 21. Juni, 1918.
[155] In den Minengrundbuch Unterlagen von 1907 bis 1910 der Archivos Municipales of Chihuahua ist Sommerfeld nirgends als registrierter Bergbauingenieur, Tagebauleiter oder Minenbesitzer aufgeführt. Siehe auch Horace J. Stevens, *The Copper Handbook 1908*, Chicago, 1909.
[156] *Chihuahua Enterprise*, 30. Januar, 1909, 7.
[157] In einem Schlüssel Dokument vom 10. Mai, 1915, was in Heribert von Feilitzsch, *Felix A. Sommerfeld and the Mexican Front in the Great War*, Henselstone Verlag LLC., Amissville, 2015, behandelt wird, erwähnt Dernburg „meinen Freund, Herrn Felix A. Sommerfeld" zu Admiral Henning von Holtzendorff.
[158] Chihuahua 1910, Archivos Municipales Hidalgo del Parral, 58.
[159] Verhör von F. A. Sommerfeld, 21. Juni, 1918.
[160] Ibid.

[161] Ibid.

[162] *Chihuahua Enterprise*, 12. Juni, 1909, 3.

[163] Sommerfeld war akkreditierter Associated Press Berichterstatter im Frühjahr 1911 in El Paso.

[164] Press Club of Chicago, Officers and Members 1913. Haggerty ist entweder mit einem "g" oder zwei "g" buchstabiert, was sich durch die gesamte Archivdokumentation zieht. Dieser Autor hat sich auf die Buchstabierung mit einem „g" entschieden.

[165] Für das Jahr 1912 gibt es nur wenige Grenzübergangesbelege, keinen für den Übergang von El Paso nach Ciudad Juarez, obwohl es jede Menge Hinweise gibt, dass er hin und zurückgegangen ist. Siehe auch United States Senate, *Revolutions in Mexico*, Hearing before the Subcommittee of the Committee on Foreign Relations, Government Printing Press, Washington D.C., 1912, Zeugenaussage von Felix A. Sommerfeld, 394.

[166] Martin Luis Guzman, *Memoirs of Pancho Villa*, übersetzt in Englische von Virginia H. Taylor, University of Texas Press, Austin, TX, 1975, 22. Auch als Zitat von Reed in McLynn, *Villa and Zapata*, 68. Auch Tuck, *Pancho Villa and John Reed*, 38, und Randolph Welford Smith, *Benighted Mexico*, John Lane Company, New York, 1916, 291.

[167] Verhör von F. A. Sommerfeld, 24. Juni, 1918.

[168] Ibid., 22. Juni, 1918.

[169] http://www.gringorebel.com/interview-with-francisco-madero, angesehen Oktober 2010.

[170] Siehe Geschichte zweier verhafteter Deutschen im nächsten Kapitel.

[171] Verhör von F. A. Sommerfeld, 21. Juni, 1918; Kueck wird auch vom deutschen Spion Horst von der Goltz als sein Kontakt zu Franz von Papen im Jahr 1914 erwähnt; siehe Horst von der Goltz, *My Adventures as a German Secret Agent*, Robert M. McBride and Company, New York, 1917, 121-125.

[172] AA Politisches Archiv Berlin, Mexiko II, Paket 5.

[173] Ibid.

[174] NA RG 65 Records of the FBI, M1085, Rolle 862, Akte 232-296, Durchschlag eines Briefes von Zach Lamar Cobb an Counselor Frank Polk, 24. April, 1917.

[175] Kueck kam mit seiner Frau Emilia und zwei-jähriger Tochter Laura im April 1908 aus Hamburg an. Er war 30 Jahre alt. Als Beruf gab er "Konsul" an. Siehe Staatsarchiv Hamburg, Bestand: 373-7 I, VIII (Auswanderungsamt I). Mikrofilmrollen K 1701 - K 2008, S 17363 - S 17383, 13116 – 13183, Staatsarchiv Hamburg 373-7 I, VIII A 1 Band 200, Seite 387 (Mikrofilm Nr. K 1804). Frederico Stallforth kam im Mai 1908 an, Sommerfeld in der Zeit vor Oktober 1908, und Bruchhausen am 6. Oktober, 1908, siehe NA RG 36 U.S. Customs Service, T715, Rolle 1152.

[176] AA Politisches Archiv Berlin, Mexiko II, Paket 5, Kueck an Richthofen, 23. November, 1910 und 28. November, 1910.

[177] AA Politisches Archiv Berlin, Mexiko II, Paket 5, Sommerfeld an Bruchhausen, 23. November, 1910.

[178] Ibid.
[179] Ibid., Kueck an Richthofen, 28. Dezember, 1910.
[180] Ibid., Sommerfeld an Bruchhausen, 23. November, 1910 und 28. November, 1910.
[181] Ibid., Paket 6, Deutscher Gesandter an von Bülow, 31. Oktober, 1905.
[182] Siehe zum Beispiel NA RG 131, Alien Property Custodian, Box 67, Entry 195, Sommerfeld.
[183] AA Politisches Archiv Berlin, Mexiko II, Paket 5, Kueck an Rieloff, 23. November, 1910, 14. Dezember, 1910.
[184] Zum Beispiel AA Politisches Archiv Berlin, Mexiko II, Paket 5, Rieloff an Richthofen, 29. November, 1910.
[185] Von der Goltz, *My Adventures as a German Secret Agent*, 57.
[186] Charles H. Harris and Louis R. Sadler, *The Border and the Revolution: Clandestine Activities of the Mexican Revolution: 1910-1920*, High-Lonesome Books, Silver City, NM, 1988, 71-98. Auch Katz, *Secret War in Mexico*, 339-344. Katz behauptet, dass deutsche Agenten involviert waren, gibt aber keine klaren Beweise.
[187] AA Politisches Archiv Berlin, Mexiko III, Paket 28; deutscher Konsul Unger in Mazatlán gab an den deutschen Geschäftsträger in Mexiko von Magnus eine Zusammenfassung der legalen Probleme von Bopp. Bopp war schließlich vier Jahre in Ft. Leavenworth inhaftiert für Beauftragung von Sabotageakten und Verletzung der Neutralitätsgesetze der USA.
[188] NA RG 65 Albert Papers, Box 27, Großer Generalstab, Sektion Politik, Abteilung IIIB an Papen, Dokument, 31. März, 1914.
[189] NA RG 242 Captured German Documents, T141, Rolle 19, Papen an Auswärtiges Amt, 30. Juli, 1914, Dokument 147.
[190] Zum Beispiel Doerries, *Imperial Challenge*, 175.
[191] Siehe Walter Nicolai, *The German Secret Service*, übersetzt mit einem zusätzlichen Kapitel von George Renwick, Stanley Paul and Co., London, Great Britain, 1924.
[192] Barbara Tuchman, *The Zimmermann Telegram*, Macmillan Company, New York, NY, 1958, 28-32.
[193] AA Bonn, Mexiko 10, vol. 1, Wangenheim an Bülow, 25. Mai 1907; zitiert in Katz, *Secret War in Mexico*, 68.
[194] Siehe Francisco I. Madero, *La Sucesión Presidencial en 1910 – El Partido Nacional Democrático*, San Pedro, Coahuila, Mexico, Dezember, 1908.
[195] Siehe nächstes Kapitel, Geschichte der Deutschen, die bei Casas Grandes festgenommen wurden.
[196] Verhör von F. A. Sommerfeld, 21. Juni, 1918.
[197] United States Senate, *Revolutions in Mexico*, Hearing before the Subcommittee of the Committee on Foreign Relations, Government Printing Press, Washington D.C., 1912, Zeugenaussage von Felix A. Sommerfeld, 393.
[198] Verhör von F. A. Sommerfeld, 21. Juni, 1918.
[199] Ibid.

[200] NA RG 60 Department of Justice, Akte 9-16-12-5305, John Hanna, Memo für die Akten, 4. April 1919.
[201] United States Senate, *Revolutions in Mexico*, Hearing before the Subcommittee of the Committee on Foreign Relations, Government Printing Press, Washington D.C., 1912, Zeugenaussage von Felix A. Sommerfeld, 392.
[202] NA RG 59 Department of State, Akte 312.11/752, Brief von Marion Letcher an Secretary of State, 15. Juli, 1912.
[203] *Die San Antonio Light*, 30. Juli, 1911, "How Mexican Revolt News was gathered."
[204] Turner war einer der am besten bekannten Berichterstatter aus Mexiko, Jimmy Hare berichtete für das *Colliers Magazin* über den Ersten Weltkrieg und ist wohl einer der berühmtesten und wagemutigsten Foto Journalisten des frühen 20. Jahrhunderts. Willis wurde der Stadtredakteur des New York Harald und David Lawrence wurde der Gründer und Chefredakteur des Magazins *U.S. News and World Report*. Sowohl Willis, als auch Lawrence versuchten die Entlassung von Sommerfeld im Jahr 1919 zu erwirken.
[205] Katz, *Life and Times of Pancho Villa*, 317.
[206] Verhör von F. A. Sommerfeld, 21. Juni, 1918.
[207] Stallforth Papers, Private Collection, Gästebucheintrag, 25. März, 1911.
[208] El Paso Library, Otis Aultman Collection, B816; Auch im Bild sind Francisco I. Madero Jr., Frau Frank Wells Brown, Francisco I. Madero Sr., Bryan Brown, Felix Sommerfeld, Ethel Brown, Giuseppe Garibaldi, Sara Perez de Madero, Frank Wells Brown, Gustavo Madero und Roque Gonzales Garza.
[209] Von der Goltz, *My Adventures as a German Secret Agent*, 43.
[210] El Paso Public Library, Aultman Collection, B0763185. Auch im Bild sind Francisco I. Madero, Jr., Chris Haggerty und Allie Martin.
[211] Aultman Collection, veröffentlicht in Miguel Ángel Berumen, *1911: La batalla de Ciudad Juarez/ II. Las imágenes*, Cuadro por Coadro, Ciudad Juarez, Chih., 2003, 18.
[212] Garibaldi, *A Toast To Rebellion*, The Bobbs-Merrill Company, New York, NY, 1935, Gegenüber Seite 268. Also *Collier's Magazine*, Volume 47, 3. Juni, 1911, 22.
[213] Miguel Ángel Berumen, *Pancho Villa: la construcción del mito*, Océano, Chih. Mexico, 2006, 118.
[214] Library of Congress, Bain Collection, Washington, D.C. (LC-DIG-ggbain-01887).
[215] Maderos Mittelname ist strittig. In seiner Geburtsurkunde steht Ignacio. Der Mittelname seines Vaters war Indalecio, was bei Maderos Biografen für Verwirrung sorgte.
[216] Edith O'Shaughnessy, "Diplomatic Days in Mexico, Second Paper," *Harper's Magazine*, 10, 1917, 711.
[217] Ross, *Francisco I. Madero*, 4; "Dreizehn Kinder erreichten die Reife: Francisco, Gustavo, Emilio, Alfonso, Raul, Gabriel, Carlos, Mercedes, Angela, Rafaela and Magdalena."

[218] Die Existenz von Maderos jüdische Vorfahren wurde von Biograf Stanley R. Ross angezweifelt.
[219] Ross, *Francisco I Madero*, 6.
[220] Zitiert von Ross, *Francisco I. Madero*, 8.
[221] Ibid., 18.
[222] Ibid., 10.
[223] Auch wenn Stallforth nicht als jemand erwähnt wird, der die Maderos kennt, erscheint es, als ob die Minen der Stallforths in San Pedro in der gleichen Stadt wie der Besitz der Maderos lag, also eine Bekanntschaft mit Teilen der Familie höchstwahrscheinlich war.
[224] Ross, *Francisco I. Madero*, 11.
[225] Ibid., 12.
[226] Ibid., 14.
[227] Ibid., 12.
[228] Katz, *Life and Times of Pancho Villa*, 53.
[229] Dirk Raat, "Madero and the Comet: Corrido," in *Twentieth Century Mexico*, herausgegeben von Dirk Raat und William Beezley, University of Nebraska Press, Lincoln, NE, 1986, 104.
[230] Ross, *Francisco I. Madero*, 105.
[231] Katz, *Life and Times of Pancho Villa*, 53.
[232] Ross, *Francisco I. Madero*, 109.
[233] Katz, *Life and Times of Pancho Villa*, 53.
[234] Ross, *Francisco I. Madero*, 116.
[235] Arthur Link, Herausgeber, *Woodrow Wilson and a Revolutionary World, 1913-1921*, New York, NY, 1982, Kapitel 1: Lloyd C. Gardner, "Woodrow Wilson and the Mexican Revolution," 3.
[236] John Womack, Jr., *Zapata and the Mexican Revolution*, Alfred E. Knopf, New York, 1968, 90.
[237] McLynn, *Villa and Zapata*, 73. Siehe auch eine detaillierte Beschreibung in Ross, *Francisco I. Madero*, 125-126.
[238] Zitiert von Ross, *Francisco I. Madero*, 127.
[239] AA Politisches Archiv Berlin, Mexiko II, Paket 5, Sommerfeld an Bruchhausen, 23. November, 1910.
[240] Ibid., Kueck an Rieloff, 23. November, 1910.
[241] Diese Nachricht ist online weit verbreitet, zum Beispiel auf der Webseite der Texas Historical Association (www.tshaonline.org/handbook/online/articles/for08). Ob Orozco diese tatsächlich schrieb kann nicht bestätigt werden.
[242] Giuseppe Garibaldi, *A Toast To Rebellion*, 232. Garibaldis Beschreibung muss mit Vorsicht genossen werden. Seine Beschreibungen der ersten Schlachten in der Revolution stellen ihn zumeist in sehr positivem Licht dar.
[243] Harris und Sadler, *Secret War in El Paso*, 40.
[244] Leibson, *Sam Dreben, the Fighting Jew*, 65.
[245] Ibid., 69.

[246] Douglas V. Meed, *Soldier of Fortune*, Halcyon Press, Ltd., Houston, TX, 2003, 55.
[247] *The Financial Review: Finance, Commerce, Railroads*, Jahr 1912, 21.
[248] Diaz soll einmal gesagt haben: „Armes kleines Mexiko, soweit entfernt von Gott, aber so nahe an den Vereinigten Staaten."
[249] Katz machte die sehr richtige Feststellung, dass Pancho Villas Ruf als Gesetzesbrecher und Bandit mehr ein Mythos als eine Tatsache war. Vor der Revolution arbeitete Villa in der Bauindustrie und anderen ehrbaren Tätigkeiten, wo er sich als ein guter Menschenführer hervortat. Jedoch kurz vor der Revolution, war Villa steckbrieflich gesucht. Siehe Katz, *Life and Times of Pancho Villa*.
[250] Katz, *Life and Times of Pancho Villa*, 7.
[251] Für eine Biografie von Pascual Orozco siehe Michael C. Meyer, *Mexican Rebel: Pascual Orozco and the Mexican Revolution, 1910-1915*, University of Nebraska Press, Lincoln, NE, 1967 und Raymond Caballero, *Lynching Pascual Orozco: Mexican Revolutionary Hero and Paradox*, self-published, 2015.
[252] Harris und Sadler schätzten die Stärk von Maderos Truppen auf 550, während fast alle anderen Historiker die Truppenzahl mit 800 angaben.
[253] Garibaldi, *A Toast to Rebellion*, 243-249.
[254] Ibid., 239.
[255] Ross, *Francisco I. Madero*, 147; auch Harris und Sadler, *Secret War in El Paso*, 41.
[256] Harris und Sadler, *Secret War in El Paso*, 41.
[257] Zitiert von Katz, *Life and Times of Pancho Villa*, 93.
[258] Verhör von F. A. Sommerfeld, 22. Juni, 1918.
[259] AA Politisches Archiv Berlin, Mexiko II, Paket 5, Reichskanzler an Rhomberg, 6. April, 1911.
[260] Ibid., Kueck an Sommerfeld, 24. April, 1911.
[261] Ibid., Kueck an Rhomberg, 1. Mai, 1911.
[262] Ibid., Kueck an Hintze, 24. April, 1911.
[263] Ibid., Kueck an Hintze, 13. Juni, 1911.
[264] "Alle Zeitungskorrespondenten, die irgendetwas mit Mexiko am Hut hatten, kennen Sommerfeld." NA RG 165 Military Intelligence Division, Akte 9140-1754, document 21, Agent Berliner Bericht, 15. Juni, 1918.
[265] NA RG 60 Department of Justice, Akte 9-16-12-5305, Memorandum für John Lord O'Brian, 27. Mai 27, 1919.
[266] Ibid.
[267] Garibaldi, *A Toast to Rebellion*, 292.
[268] Eine Referenz, dass sie zusammen gearbeitet haben gibt es in www.Mexfiles.net, aber ohne Quelle.
[269] Garibaldi, *A Toast to Rebellion*, Gegenüber Seite 268.
[270] *Der El Paso Herald*, 19. Mai, 1911, "Capital Notes by Timothy Turner."
[271] Harris und Sadler, *Secret War in El Paso*, 29.
[272] NA RG 65 Records of the FBI, M1085, Rolle 851, Akte 232, BI Bericht

"Investigation Violations Neutrality Laws – Mexico," 25. April 7.
[273] United States Senate, *Investigation of Mexican affairs*, Subcommittee of the Committee of Foreign Relations, Government Printing Office, 1920, Zeugenaussage von Sherburne G. Hopkins, 2543.
[274] NA RG 65 Records of the FBI, M1085, Rolle 851, Akte 232, BI Bericht "Investigation Violations Neutrality Laws – Mexico," 25. April 7.
[275] Ross, *Francisco I. Madero*, 128.
[276] Katz, *Life and Times of Pancho Villa*, 92.
[277] John Skirius, "Railroad, Oil and Other Foreign Interests in the Mexican Revolution, 1911 to 1914," *Journal of Latin American Studies*, Vol. 35, Nr. 1 (Feb. 2003), Cambridge University Press, 27.
[278] Alan Knight, *The Mexican Revolution: Volume 1: Porfirians, Liberals and Peasants*, Cambridge University Press, Cambridge, MA 1986, 185.
[279] Skirius, "Railroad, Oil and Other Foreign Interests in the Mexican Revolution, 1911 to 1914," 28; auch Katz, *Secret War in Mexico*; Meyer und Morales, *Petroleo y nación*.
[280] United States Senate, *Investigation of Mexican affairs*, Subcommittee of the Committee of Foreign Relations, Government Printing Office, 1920, Zeugenaussage von Sherburne G. Hopkins, 2532.
[281] Harris und Sadler, *Secret War in El Paso*, 36.
[282] Skirius, "Railroad, Oil and other Foreign Interests in the Mexican Revolution, 1911-1914," p. 30; also, United States Senate, *Investigation of Mexican affairs*, Subcommittee of the Committee of Foreign Relations, Government Printing Office, 1920, Zeugenaussage von Sherburne G. Hopkins, 2532.
[283] Harris und Sadler, *Secret War in El Paso*, 56; Bezug auf dieselbe Quelle mit fast denselben Zahlen findet man in Skirius, "Railroad, Oil and Other Foreign Interests in the Mexican Revolution, 1911 to 1914," 31; Hopkins nannte in seiner Aussage im U.S. Senat dieselbe Zahl. "They [Madero family] had advanced huge sums out of their own pockets, of which I have personal knowledge." Er sagte auch aus, dass die Maderos über 400.000 Dollar aus eigenen Geldern in die Revolution investiert hatten, für welches sie eine Rückzahlung verlangten. United States Senate, *Investigation of Mexican affairs*, Subcommittee of the Committee of Foreign Relations, Government Printing Office, 1920, Zeugenaussage von Sherburne G. Hopkins, 2530 und 2543.
[284] United States Senate, *Investigation of Mexican affairs*, Subcommittee of the Committee of Foreign Relations, Government Printing Office, 1920, Zeugenaussage von Sloan W. Emery, 2222 - 2223.
[285] Skirius, "Railroad, Oil and other Foreign Interests in the Mexican Revolution, 1911-1914," 31, mit Referenz zu einem Artikel in der *New York World* vom 9. Januar, 1914.
[286] Stallforth Papers, Private Collection, Tagebucheintrag, 25. März, 1911.
[287] Ibid., Notiz ohne Datum (im Jahr 1912), "wird die Maderos [sic] Verbindung für mich lukrativ sein?"
[288] United States Senate, *Investigation of Mexican affairs*, Subcommittee of the

Committee of Foreign Relations, Government Printing Office, 1920, Zeugenaussage von Sherburne G. Hopkins, 2552.
[289] NA RG 60 Department of Justice, Akte 9-16-12-5305, Brief von Miguel Diaz Lombardo an Department of Justice, 25. April, 1919.
[290] Ibid.
[291] Verhör F.A. Sommerfeld, 22. Juni, 1918.
[292] NA RG 165 Military Intelligence Division, Akte 9140-1754 document 43, Lieutenant Colonel G. F. Bailey an Captain George B. Lester, 8. Januar, 1919.
[293] Azel Ames, *The Mai-Flower and Her Log, Juli 15, 1620-Mai 6, 1621*, Chiefly from Original Sources; Houghton, Mifflin, Boston and New York, 1907, 181.
[294] Louis H. Cornish, Herausgeber, *National Register of the Society of Sons of the American Revolution*, New York, NY, 1902, 441.
[295] Frederick Virkus, Herausgeber, *Immigrant Ancestors: A List of 2,500 Immigrants to America before 1750*, Genealogical Publishing Co., Baltimore, MD, 1964, 28.
[296] NA RG 165 Military Intelligence Division, Correspondence 1917 to 1941, Box 1266, Akte 2338-997.
[297] *Das Evening Bulletin*, Maysville, Kentucky, 6. November 1891, "Almost beyond Belief," 1.
[298] Ibid.
[299] Ibid.
[300] *Die New York Sun*, 12. November 1887 "The infernal machine hoax."
[301] *Die Batavia Daily News*, 6. Januar, 1888, 1.
[302] Harris und Sadler, *Secret War in El Paso*, 33.
[303] *Die New York Times*, 8. April 8, 1915; auch *Die Oakland Tribune*, 18. April 1915.
[304] *Die New York Times*, 4. August 1903 "Railway Earning Prospects."
[305] *Die New York Times*, 28. Juni, 1914.
[306] *Die St. Louis Republic*, 3. Januar, 1900, "State Department Addresses Britain."
[307] NA RG 165 Military Intelligence Division, Correspondence 1917 to 1941, Box 3692, Akte 10640-2413.
[308] *Die Times*, Washington, 10. Oktober, 1898.
[309] United States Senate, *Investigation of Mexican affairs*, Subcommittee of the Committee of Foreign Relations, Government Printing Office, 1920, Zeugenaussage von Sherburne G. Hopkins, 2565.
[310] Offizielles Programm, Admiral Dewey Reception, 2. und 3. Oktober, Washington, 1899.
[311] NA RG 165 Military Intelligence Division, Akte 10640-2413, document 2; Colonel Mathew Smith an General Nolan, 21. Dezember 21, 1920.
[312] Naval Militia Yearbooks 1901, 1902, 1903, 1904.
[313] Aussage von Henry Clay Pierce vor dem 8th Circuit Court, "The United States of America vs. Standard Oil Company of New Jersey et al defendants, Petitioner's Testimony," Volumen 3, Washington Government Printing Office,

1908, 1066.

[314] Jonathan C. Brown, *Oil and Revolution in Mexico*, University of California Press, Berkeley, CA, 1993, 14-15.

[315] Aussage von Henry Clay Pierce vor dem 8th Circuit Court, "The United States of America vs. Standard Oil Company of New Jersey et al defendants, Petitioner's Testimony," Volume 3, Washington Government Printing Office, 1908, 1070.

[316] Ibid., 1067.

[317] Brown, *Oil and Revolution in Mexico*, 23.

[318] Library of Congress Prints and Photographs Division Washington, D.C., Harris and Ewing Collection, H261- 2928, public domain.

[319] *Die New York Times*, 2. Februar, 1913, "Pierce is in Control of Big Oil Company."

[320] Ein hervorragendes Buch über die Unruhen in Nicaragua der 1840er, 50er und 60er sind die Memoiren von William Walker: William Walker, *The War in Nicaragua*, S.H. Goetzel, New York, NY, 1860.

[321] Manzar Foroohar, *The Catholic Church and Social Change in Nicaragua*, State University of New York Press, Albany, NY, 1989, 11.

[322] United States Senate, *Investigation of Mexican affairs*, Subcommittee of the Committee of Foreign Relations, Government Printing Office, 1920, Zeugenaussage von Sherburne G. Hopkins, 2565.

[323] Ibid.

[324] Leibson, *Sam Dreben, the Fighting Jew*, 46.

[325] Meed, *Soldier of Fortune*, 39.

[326] Ibid., 41.

[327] *Die New York Times*, 23. November 1909, "Zelaya broke Faith to Kill Americans."

[328] Meed, *Soldier of Fortune*, 42.

[329] Leibson, *Sam Dreben, the Fighting Jew*, 57.

[330] Meed, *Soldier of Fortune*, 42.

[331] United States Senate, *Investigation of Mexican affairs*, Subcommittee of the Committee of Foreign Relations, Government Printing Office, 1920, Zeugenaussage von Sherburne G. Hopkins, 2565.

[332] Ibid., 2566.

[333] Ibid., 2565.

[334] NA RG 165 Military Intelligence Division, Correspondence 1917 to 1941, Box 1266, Akte 2338-692, Memorandum für Leutnant Dunn.

[335] Skirius, "Railroad, Oil and other Foreign Interests in the Mexican Revolution," 30; scheinbar verweist er auf ein nicht oft vermerktes Dokument der Madero Archive, Biblioteca Nacional, Mexiko-Stadt.

[336] NA RG 165 Military Intelligence Division, Correspondence 1917 to 1941, Box 1885, Akte 5761-409, Major Henry A. Barber an A. L. Mills, 12. März, 1912.

[337] Charles H. Harris, III und Louis R. Sadler, *The Archeologist was a Spy: Sylvanus G. Morley and the Office of Naval Intelligence*, University of New

Mexico Press, Albuquerque, NM, 2003, 8.
[338] Ibid., 13-14.
[339] NA RG 165 Military Intelligence Division, Correspondence 1917 to 1941, Box 1266, Akte 2338-692, Hopkins an M. Churchill, 7. November 1918.
[340] Ibid., Akte 2338-997, Colonel John M. Dunn an Hopkins, 13. Februar, 1919.
[341] NA RG 165 Military Intelligence Division, Correspondence 1917 to 1941, Box 3692, Akte 10640-2413; Memorandum für General Nolan, 21. Dezember, 1920.
[342] United States Senate, *Investigation of Mexican affairs*, Subcommittee of the Committee of Foreign Relations, Government Printing Office, 1920, Zeugenaussage von Sherburne G. Hopkins, 2535.
[343] United States Senate, *Revolutions in Mexico*, Hearing before the Subcommittee of the Committee on Foreign Relations, Government Printing Press, Washington D.C., 1912, Zeugenaussage von Felix A. Sommerfeld, 393.
[344] Ibid.
[345] *Die San Antonio Light*, 30. Juli, 1911, "How Mexican Revolt News was gathered."
[346] Garibaldi, *A Toast to Rebellion*, 273.
[347] *Der Washington Herald*, 22. April 1914, "War Resolution still in Debate."
[348] Louis M. Teitelbaum, *Woodrow Wilson and the Mexican Revolution, 1913-1916*, Exposition Press, New York, NY, 1967, 63. Die Tatsache, dass Carranza bei den Verhandlungen in Vertretung von Madero zugegen war, ist nur in einer Orginalquelle enthalten und damit nicht sicher.
[349] Henry Lane Wilson, *Diplomatic Episodes in Mexico, Belgium, and Chile*, Kennikat Press, Port Washington, NY, 1971 (Nachdruck der 1927 Ausgabe), 212.
[350] United States Senate, *Investigation of Mexican affairs*, Subcommittee of the Committee of Foreign Relations, Government Printing Office, 1920, Zeugenaussage von Sherburne G. Hopkins, 2562.
[351] Ibid.
[352] Peter V. N. Henderson, *In the Absence of Don Porfirio: Francisco Leon De La Barra and the Mexican Revolution*, Scholarly Resources, Wilmington, DE, 2000, 34.
[353] Diese Theorie wurde in Raymond Caballero, *Lynching Pascual Orozco: Mexican Revolutionary Hero and Paradox*, self-published, 2015, angezweifelt.
[354] Ross, *Francisco I. Madero*, 157.
[355] AA Politisches Archiv Berlin, Mexiko III, Paket 24, Bernstorff an Auswärtiges Amt, 4. April, 1911.
[356] Ibid., Madero an deutschen Gesandten, 15. Februar, 1911.
[357] *Die New York Times*, 7. Mai, 1912, "Steever to succeed Brush."
[358] Ibid.
[359] *Die New York Times*, 6. August 1912, "Taft adds to snarl in War Department."
[360] *Die New York Times*, 7. Mai, 1912, "Steever to succeed Brush."
[361] United States Senate, *Revolutions in Mexico*, Hearing before the Subcommittee of the Committee on Foreign Relations, Government Printing

Press, Washington D.C., 1912, Zeugenaussage von Felix A. Sommerfeld, 394.
362 Ibid.
363 *Die New York Times*, 21. April 1911, "Limit Reached Says Limantour."
364 United States Senate, *Revolutions in Mexico*, Hearing before the Subcommittee of the Committee on Foreign Relations, Government Printing Press, Washington D.C., 1912, Zeugenaussage von Felix A. Sommerfeld, 394.
365 Madero Biograph Ross besteht darauf, dass es Francisco Gomez war, der Madero erfolgreich davon abhielt, Befehl zum Angriff zu geben.
366 *Die New York Times*, 21. Mai, 1911 "A Vivid Story of the Battle of Juarez by a participant."
367 United States Senate, *Revolutions in Mexico*, Hearing before the Subcommittee of the Committee on Foreign Relations, Government Printing Press, Washington D.C., 1912, Zeugenaussage von Felix A. Sommerfeld, 396.
368 Henderson, *In the Absence of Don Porfirio*, 47.
369 Garibaldi, *A Toast to Rebellion*, 286.
370 Verhör F.A. Sommerfeld, 22. Juni, 1918.
371 Harris und Sadler, *Secret War in El Paso*, 49.
372 Garibaldi, *A Toast to Rebellion*, 291.
373 Ibid., 289.
374 *Der El Paso Herald*, 9. Mai, 1911, "Battle Rages between Federals and Insurrectos in C. Juarez."
375 Ibid.
376 Ibid.
377 *Die New York Times*, 21. Mai, 1911, "A Vivid Story of the Battle of Juarez by a Participant."
378 Katz, *Life and Times of Pancho Villa*, 110.
379 *Der San Antonio Light*, 30. Juli, 1911, "How the Mexican Revolt News was gathered."
380 Garibaldi, *A Toast to Rebellion*, 295.
381 Das Foto wurde von dem Großvater von Arturo Guevara Escobar gemacht, der netterweise die Personen auf dem Bild für mich identifiziert hat. Foto veröffentlicht in Instituto Mora, Ciudad Juárez, Mexiko, *Revista BiCentario,* número 14.
382 Ibid
383 Garibaldi, *A Toast to Rebellion*, 294.
384 Ibid., 293.
385 Ibid., 295.
386 Katz, *Life and Times of Pancho Villa*, 118.
387 Garibaldi, *A Toast to Rebellion*, 302.
388 Ross, *Francisco I. Madero*, 131.
389 Die genauen Umstände des Streites zwischen Madero, Orozco und Villa sind umstritten. Für weitere Informationen siehe Katz, *Life and Times of Pancho Villa*, 112 und Harris und Sadler, *Secret War in El Paso*, 51.
390 www.elpasotimes.com/ci_16524568, angesehen Januar 2011.

[391] Skirius, "Railroad, Oil and other Foreign Interests in the Mexican Revolution, 1911-1914," 30.
[392] Katz, *Life and Times of Pancho Villa*, 115.
[393]*Chicago Daily News Almanac and Yearbook for 1912*, Chicago Daily News Company, Chicago, IL, 1911, 211.
[394] *Der El Paso Herald*, 1. Juni, 1911, "El Pasoans Give Insurrectos a Banquet."
[395] Library of Congress, Papers of Hugh Lenox Scott, Box 15, General Correspondence, Captain Harry Cootes an Hugh Lenox Scott, 15. April 1914.
[396] Katz, *Life and Times of Pancho Villa*, 117.
[397] NA RG 65 Records of the FBI, M1085, Rolle 852, Akte 232, L. L. Ross an Department, 4. August, 1911.
[398] Harris und Sadler, *Secret War in El Paso*, 53.
[399] United States Senate, *Revolutions in Mexico*, Hearing before the Subcommittee of the Committee on Foreign Relations, Government Printing Press, Washington D.C., 1912, Zeugenaussage von Felix A. Sommerfeld, 398.
[400] Ibid., 421.
[401] Katz, *The Secret War in Mexico*, 87.
[402] Robert Welles Ritchie, "The Passing of a Dictator," *Harper's Monthly Magazine*, April 1912, 786.
[403] Ibid., 788.
[404] Ibid., 789.
[405] Scheinbar hat Kaiser Wilhelm II den Roten Adlerorden gleichzeitig dem deutschen Gesandten Dr. Karl Buenz verliehen.
[406] AA Politisches Archiv Berlin, Mexiko III, Paket 24, von Treutler an Porfirio Diaz und Diaz an Wilhelm II, 30. Juni, 1911.
[407] Anita Brenner, "The Wind that Swept Mexico: Part I. Fall of a Dictator," *Harper's Magazine*, November 1942, 630.
[408] Ibid.
[409] Verhör F.A. Sommerfeld, 22. Juni, 1918.
[410] Anita Brenner, "The Wind that Swept Mexico: Part I. Fall of a Dictator," *Harper's Magazine*, November 1942, 630.
[411] Edith O'Shaughnessy, "Diplomatic Days in Mexico," Harper's Magazine, Oktober, 1917, 708.
[412] Link, *Woodrow Wilson and a Revolutionary World, 1913-1921*, Kapitel 1: Lloyd C. Gardner, "Woodrow Wilson and the Mexican Revolution," 4.
[413] Siehe *Die New York Times*, 20. Februar, 1913 "Why Victors Shot Gustavo Madero" für eine Diskussion von Gustavos Befugnissen.
[414] United States Senate, *Investigation of Mexican affairs*, Subcommittee of the Committee of Foreign Relations, Government Printing Office, 1920, Zeugenaussage von Sherburne G. Hopkins, 2567.
[415] Ibid., 2561.
[416] *Die Washington Post*, 23. August 1911, "Pearsons sell oil lands."
[417] Siehe *Die New York Times*, 6. Dezember, 1913.
[418] United States Senate, *Investigation of Mexican affairs*, Subcommittee of the

Committee of Foreign Relations, Government Printing Office, 1920, Zeugenaussage von Sherburne G. Hopkins, 2249.
[419] Womack, *Zapata and the Mexican Revolution*, 91.
[420] Ross, *Francisco I. Madero*, 177.
[421] Womack, *Zapata and the Mexican Revolution*, 95.
[422] Ibid., 95-96.
[423] Ibid., 98.
[424] David G. LaFrance, "Germany, Revolutionary Nationalism, and the Downfall of Francisco I. Madero: The Covadonga Killings," *Mexican Studies*, Vol. 2, Nr. 1 (Winter 1986), 59.
[425] Verhör F.A. Sommerfeld, 22. Juni, 1918.
[426] LaFrance, "Germany, Revolutionary Nationalism, and the Downfall of Francisco I. Madero: The Covadonga Killings," 70. Lawrence H. Officer, "Exchange Rates," in Susan B. Carter, Scott S. Gartner, Michael Haines, Alan Olmstead, Richard Sutch, und Gavin Wright, Herausgeber, *Historical Statistics of the United States*, Millennial Edition, Cambridge University Press, New York, NY, 2002.
[427] LaFrance, "Germany, Revolutionary Nationalism, and the Downfall of Francisco I. Madero: The Covadonga Killings," 78.
[428] Ibid., 70.
[429] Ibid., 77.
[430] Verhör F.A. Sommerfeld, 22. Juni, 1918.
[431] NA RG 242 Captured German Documents, T149, Rolle 37, von Hintze an von Bethmann Hollweg, 25. Juli, 1911.
[432] Ibid., Ernesto Madero an Felix Sommerfeld, 22. Juli, 1911.
[433] Verhör F.A. Sommerfeld, 22. Juni, 1918.
[434] Katz, *The Secret War in Mexico*, 88.
[435] NA RG 131 Alien Property Custodian, Entry 199, Box 3306, Buenz Pensionierung und Verleihung des Roten Adlerordens, zweiter Klasse am 14. Januar, 1911.
[436] LaFrance, "Germany, Revolutionary Nationalism, and the Downfall of Francisco I. Madero: The Covadonga Killings," 74.
[437] Ibid., 75.
[438] Er wurde 1915 angeklagt, im Jahr 1914 Fracht für deutsche Kriegsschiffe falsch deklariert zu haben. Er starb am 15. September, 1918 in einem Gefängnis in Atlanta. Siehe *Die New York Times*, 16. September, 1918, "Karl Buenz dies in Atlanta Prison."
[439] Nur eine, generelle Biografie von von Hintze wurde jemals veröffentlicht, von Hintzes Nachlass ist in verschiedenen Archiven und Sammlungen verstreut, ganze Episoden seiner beruflichen Karriere, wie seine Mission in China, sind nicht dokumentiert.
[440] Hadley und Sarty, *Tin-Pots and Pirate Ships*, 106.
[441] Guoqi Xu, *China and the Great War: China's pursuit of a new National Identity and Internationalization*, Cambridge University Press, New York, NY, 2005, 111.

[442] Bancroft Library, University of California at Berkeley, M-B 12, German Diplomatic Papers, Box 7, Rhomberg an Salado Alvarez, 25. Mai, 1911.

[443] Ibid., Manuel Calero an von Hintze, 7. Dezember, 1911; Bezugnahme auf ein Anliegen von von Hintze vom 6. Dezember, 1911.

[444] Verhör F.A. Sommerfeld, 24. Juni, 1918.

[445] Siehe zum Beispiel Katz und LaFrance.

[446] NA RG 242 Captured German Documents, T-149, Rolle 378, von Hintze an von Bethmann Hollweg, 6. Februar, 1912.

[447] Ibid., Guillermo Bach an von Hintze, 15. Dezember, 1913, "Lieferung der im Juni 1912 geschlossenen Vertrag [...] Mangels an Barmitteln noch nicht hat erfüllen können [...]"

[448] Ibid., von Hintze an von Bethmann Hollweg, 8. Juli, 1912.

[449] Ibid.

[450] Ross, *Francisco I. Madero*, 179.

[451] Rede von Madero in Cuautla, 18. August, 1911, zitiert in Ross, *Francisco I. Madero,* 194.

[452] Verhör F.A. Sommerfeld, 24. Juni, 1918.

[453] Ross, *Francisco I. Madero*, 183.

[454] El País, 2. September, 1911, zitiert in Ross, *Francisco I. Madero*, 183.

[455] NA RG 65 Records of the FBI, M1085, Rolle 868, Akte 232-2450, F. A. Sommerfeld an William Offley, 9. Dezember, 1917.

[456] Ibid.

[457] Edith O'Shaughnessy, "Diplomatic Days in Mexico, Second Paper," *Harper's Magazine*, 10, 1917, 714, 715.

[458] Für jeweils 500 Stimmen gab es einen Wahlmann in den Bundesstaaten, was heißt, dass 20.000 Wahlmannstimmen 10 Millionen Wählerstimmen gleichkommen. Die Wahlbeteiligung wurde oft missverstanden und dargestellt, als ob Madero nur 19.000 Stimmen aus einer Bevölkerung von 15 Millionen bekam. Das wurde von amerikanischen Interventionsbefürwortern angefangen, die die Madero Regierung schlecht machen wollten. Leider wurde diese falsche Darstellung in Geschichtsbücher als Tatsache übernommen.

[459] Edith O'Shaughnessy, "Diplomatic Days in Mexico, Second Paper," *Harper's Magazine*, 10, 1917, 716.

[460] Verhör F.A. Sommerfeld, 24. Juni, 1918.

[461] NA RG 165 Military Intelligence Division, Akte 9140-1754, Marion Letcher an Secretary of State, 15. Juli, 1912; "[...] wegen seiner Position als Chef des mexikanischen Geheimdienstes [...]" Es gibt mehrfache Feststellungen der tatsache, dass Sommerfeld diese Position in der mexikanischen Regierung innehatte.

[462] NA RG 65 Records of the FBI, M1085, Rolle 852, Akte 232-804, C. M. Williams an H. A. Thompson, 21. November 1911.

[463] Ibid., Akte 232, Lancaster an Hauptquartier, 15. Februar, 1912.

[464] United States Senate, *Revolutions in Mexico, Hearing before the Subcommittee of the Committee on Foreign Relations*, Government Printing

Press, Washington D.C., 1912, Zeugenaussage von Felix A. Sommerfeld, 387.
[465] Verhör F.A. Sommerfeld, 24. Juni, 1918.
[466] NA RG 65 Records of the FBI, M1085, Rolle 852, Akte 232, Memorandum an das Hauptquartier, 23. Dezember, 1911; auch Harris und Sadler, *Secret War in El Paso*, 76.
[467] United States Senate, *Revolutions in Mexico, Hearing before the Subcommittee of the Committee on Foreign Relations*, Government Printing Press, Washington D.C., 1912, Zeugenaussage von Felix A. Sommerfeld, 419.
[468] RG 65 Records of the FBI, M1085, Rolle 852, Akte 232, Memorandum an das Hauptquartier, 3. Oktober, 1911.
[469]*The World Almanac and Encyclopedia, 1902*, Press Publishing Co, New York, NY, 1902, 425, ausländische Konsuln in den Vereinigten Staaten. Llorentes Alter ist nicht ganz klar, da einige Unterlagen sein Geburtsjahr mit 1877 (was wahrscheinlich richtig ist) angeben, andere mit 1872, vielleicht, weil er erst 26 Jahre alt war, als er dem diplomatischen Dienst beitrat.
[470] *Die New York Times*, 10. November 1914, "Aguilar no Match for Funston."
[471] NA RG 85 Immigration and Naturalization, M1769, Rolle 9.
[472] Siehe zum Beispiel *La Prensa*, 13. Februar, 1913.
[473] E. V. Niemeyer, "The Revolutionary Attempt of General Bernardo Reyes from San Antonio in 1911," *The Southwestern Historical Quarterly*, Volumen 67, Nr. 2, Oktober 1963.
[474] Harris und Sadler, *The Border and the Revolution*, 31.
[475] Gouverneur Colquitt hatte eine Texas Version der Neutralitätsgesetze erstellt, damit er die Texas Rangers gegen Madero im Februar 1911 einsetzen konnte. Für eine genauere Behandlung siehe Harris und Sadler, *The Border and the Revolution*, 26-50: "The 1911 Reyes Conspiracy: The Texas Side."
[476] Ibid., 31. Die politischen Befürworter von Colquitt waren Francisco A. Chapa, der für Colquitt arbeitete, und Amador Sánchez, Sheriff in Laredo.
[477] Ibid., 35.
[478] Verhör F.A. Sommerfeld, 24. Juni, 1918.
[479] NA RG 65 Records of the FBI, M1085, Rolle 852, Akte 232, Ross Memorandum, 17. November 1911.
[480] Verhör F.A. Sommerfeld, 24. Juni, 1918.
[481] Harris und Sadler, *The Border and the Revolution*, 37.
[482] Charles H. Harris und Louis R. Sadler, *The Texas Rangers and the Mexican Revolution: The Bloodiest Decade 1910-1920*, University of New Mexico Press, Albuquerque, NM, 2004, 83.
[483] Ibid.
[484] Verhör F.A. Sommerfeld, 24. Juni, 1918.
[485] Harris und Sadler, *The Border and the Revolution*, 41.
[486] NA RG 65 Records of the FBI, M1085, Rolle 852, Akte 232, Chamberlain an Hauptquartier, 22. Dezember, 1911.
[487] Harris und Sadler, *The Texas Rangers and the Mexican Revolution*, 84-85.
[488] NA RG 65 Records of the FBI, M1085, Rolle 852, Akte 232, Chamberlain an

Hauptquartier, 22. Dezember, 1911.

[489] Harris und Sadler, *The Border and the Revolution*, 44.

[490] NA RG 59, Department of State, Akte 312.11/752, Lock McDaniel an Attorney General, 16. Juli, 1912.

[491] Verhör F.A. Sommerfeld, 24. Juni, 1918.

[492] NA RG 36 U.S. Customs, T715, Rolle 1785, Seite 32, Zeile 16; Hopkins reiste Anfang November nach England und kam aus Liverpool am 15. Dezember, 1911 mit der *Lusitania*.

[493] Harris und Sadler, "The 'Underside' of the Mexican Revolution," 74.

[494] Ibid., 72.

[495] United States Senate, *Investigation of Mexican affairs*, Subcommittee of the Committee of Foreign Relations, Government Printing Office, 1920, Zeugenaussage von Sherburne G. Hopkins, 2548.

[496] Charles Fenwick, *The Neutrality Laws of the United States*, Carnegie Endowment for International Peace, Washington D.C., 1913, 57.

[497] Verhör F.A. Sommerfeld, 24. Juni, 1918.

[498] Guy P.C. Thomson and David G. LaFrance, *Patriotism, Politics and Popular Liberalism in the late 19th Century Mexico: Juan Francisco Lucas and the Puebla Sierra*, Scholarly Resources Inc., Wilmington, DE, 1999, 283

[499] *Die New York Times*, 2. Februar, 1912, "Juarez in Revolt: Names a President."

[500] *Der El Paso Herald*, 7. Februar, 1912, "Vasquista Junta is active here."

[501] NA RG 65 Records of the FBI, M1085, Rolle 852, Akte 232; F. H. Lancaster an Hauptquartier, 21. Februar, 1912, "He told me that Madero was absolutely down and out [...]"

[502] Ibid., 19. Februar, 1912.

[503] NA RG 65 Records of the FBI, M1085, Rolle 852, Akte 232; F. H. Lancaster an Hauptquartier, 16. Februar, 1912.

[504] Harris und Sadler, *Secret War in El Paso*, 69.

[505] *Der El Paso Herald*, 7. Februar, 1912, "Troops coming to hold Juarez."

[506] Verhör F.A. Sommerfeld, 24. Juni, 1918.

[507] Ibid.

[508] NA RG 65 Records of the FBI, M1085, Rolle 852, Akte 232; F. H. Lancaster an Hauptquartier, 19. Februar, 1912.

[509] Ibid.

[510] NA RG 65 Records of the FBI, M1085, Rolle 852, Akte 232, F. H. Lancaster an Hauptquartier, 21. Februar, 1912.

[511] Harris und Sadler, *Secret War in El Paso*, 69.

[512] *Die Washington Post*, 17. März, 1912, "Cut Woman to Pieces."

[513] Dieses sind weitere Zahlungen von Waters-Pierce Company an die Madero Regierung, die vorher erwähnt waren. Charles Flint zu diesem Zeitpunkt die Madero Gummi Plantagen gekauft. Nachdem der tatsächliche Kaufpreis unbekannt ist, wird Flint verdächtigt, diesen Kauf dazu benützt zu haben, den Maderos weitere Finanzspritzen zukommen zu lassen.

[514] United States Senate, *Revolutions in Mexico*, Hearing before the Subcommittee of the Committee on Foreign Relations, Government Printing Press, Washington D.C., 1912, Zeugenaussage von Felix A. Sommerfeld, 404.
[515] United States Senate, *Investigation of Mexican affairs*, Subcommittee of the Committee of Foreign Relations, Government Printing Office, 1920, Zeugenaussage von Sherburne G. Hopkins, 2524.
[516] United States Senate, *Revolutions in Mexico*, Hearing before the Subcommittee of the Committee on Foreign Relations, Government Printing Press, Washington D.C., 1912, Zeugenaussage von Felix A. Sommerfeld, 387 to 448.
[517] Harris und Sadler, *Secret War in El Paso*, 82.
[518] United States Senate, *Revolutions in Mexico*, Hearing before the Subcommittee of the Committee on Foreign Relations, Government Printing Press, Washington D.C., 1912, Zeugenaussage von Felix A. Sommerfeld, 403.
[519] Harris und Sadler, "The Underside of the Mexican Revolution," 72.
[520] Harris und Sadler sind wahrscheinlich die produktivsten Geschichtswissenschaftler der Grenzregion. Ihre Bücher sind bis zu minutiösen Details recherchiert, sind aber trotzdem einfach zu lesen. Es kann kaum verheimlicht werden, dass dieses Buch viele der Bücher und Artikel dieser Autoren verwendet, die man einfach kennen muss, wenn man sich über die Revolution an der mexikanischen Grenze informieren will. Siehe zum Beispiel *The Secret War in El Paso*, *The Texas Rangers and the Mexican Revolution*, *The Archeologist was a Spy* und eine Unzahl von Artikeln über El Paso, Fort Bliss, den Angriff auf Columbus, NM etc.
[521] Meed, *Soldier of Fortune*, 85.
[522] William H. Beezley, *Insurgent Governor: Abraham Gonzales and the Mexican Revolution in Chihuahua*, University of Nebraska Press, Lincoln, NE, 1973, 130.
[523] NA RG 65 Records of the FBI, M1085, Rolle 852, Akte 232-1136, H. A. Thompson an Hauptquartier, 28. Februar, 1912.
[524] Ibid.
[525] United States Senate, *Revolutions in Mexico*, Hearing before the Subcommittee of the Committee on Foreign Relations, Government Printing Press, Washington D.C., 1912, Zeugenaussage von Felix A. Sommerfeld, 419.
[526] NA RG 65 Records of the FBI, M1085, Rolle 852, Akte 232, F. H. Lancaster an Hauptquartier, 19. Februar, 1912, mit Erwähnung von Agent Hughes, einem Thiel Detektiv in Chihuahua.
[527] United States Senate, *Revolutions in Mexico*, Hearing before the Subcommittee of the Committee on Foreign Relations, Government Printing Press, Washington D.C., 1912, Zeugenaussage von Felix A. Sommerfeld, 437.
[528] United States Senate, *Investigation of Mexican Affairs*, Subcommittee of the Committee of Foreign Relations, Government Printing Office, 1920, Zeugenaussage von Sherburne G. Hopkins, 2543.
[529] NA RG 65 Records of the FBI, M1085, Rolle 851, Akte 232-1117, F.H. Lancaster an Hauptquartier, 4. März, 1912.

[530] Ibid., Akte 232-1200, Ross an Hauptquartier, 18. März, 1912.
[531] Harris und Sadler, *Secret War in El Paso*, 119.
[532] United States Senate, Investigation of Mexican Affairs, Subcommittee of the Committee of Foreign Relations, Government Printing Office, 1920, Zeugenaussage von Sherburne G. Hopkins, 2529.
[533] NA RG 65 Records of the FBI, M1085, Rolle 851, Akte 232-1171, L. E. Ross an Hauptquartier, 11. März, 1912.
[534] Ibid., Akte 232-1265, L. E. Ross an Hauptquartier, 22. März, 1912.
[535] Ibid., 30. März, 1912.
[536] Ibid., Roll 852, Akte 232, Ross an Hauptquartier, 15. Mai, 1912.
[537] Harris und Sadler schrieben, dass sein gewisser Peter S. Aiken Lokomotivführer bei den Northwestern Eisenbahnen war. Auch wenn dieser Autor die Identität von Aiken nicht bestätigen konnte, gibt es einen Peter F. Aiken, der britischer Staatsbürger war und aus Japan im Oktober 1905 ankam. Das könnte bedeuten, dass Aikens Geschichte einen Tropfen Wahrheit beinhaltete.
[538] Harris und Sadler, *Secret War in El Paso*, 77.
[539] NA RG 65 Records of the FBI, M1085, Rolle 852, Akte 232, Ross an Hauptquartier, 16. Mai, 1912.
[540] Ibid., Aussage von Peter F. Aiken, 9. Mai, 1912.
[541] Ibid.
[542] United States Senate, Revolutions in Mexico, Hearing before the Subcommittee of the Committee on Foreign Relations, Government Printing Press, Washington D.C., 1912, Zeugenaussage von Felix A. Sommerfeld, 432.
[543] NA RG 65 Records of the FBI, M1085, Rolle 852, Akte 232-1931, Ross an Hauptquartier, 3. Juli, 1912.
[544] Ibid., Aussage von Peter F. Aiken, 9. Mai, 1912.
[545] Ibid., Ross an Hauptquartier, 2. Mai, 1912.
[546] United States Senate, *Revolutions in Mexico*, Hearing before the Subcommittee of the Committee on Foreign Relations, Government Printing Press, Washington D.C., 1912, Zeugenaussage von Felix A. Sommerfeld, 401.
[547] *Der Clearfield Progress*, 25. Februar, 1915, "Aeroplanes safe at Elevation of 4000 Feet in Air."
[548] Ibid.
[549] NA RG 65 Records of the FBI, M1085, Rolle 852, Akte 232, Lancaster an Hauptquartier, 5. Mai, 1912.
[550] NA Ibid., Rolle 851, Akte 232, C. D. Hebert an Hauptquartier, 25. April, 1912.
[551] United States Senate, *Revolutions in Mexico*, Hearing before the Subcommittee of the Committee on Foreign Relations, Government Printing Press, Washington D.C., 1912, Zeugenaussage von Felix A. Sommerfeld, 400.
[552] Harris und Sadler, "The Underside of the Mexican Revolution," 72.
[553] NA RG 65 Records of the FBI, M1085, Roll 852, Akte 232, L. E. Ross an Hauptquartier, 12. Mai, 1912.
[554] Ibid., Ross an Hauptquartier, 15. Mai, 1912.

[555] www.smithonianeducation.org, angesehen Juni 2011, auch *Die New York Times*, 17. August, 1895, "To Mexico for Revenge."
[556] Ibid.
[557] Harris und Sadler, *Secret War in El Paso*, 96.
[558] United States Senate, *Revolutions in Mexico*, Hearing before the Subcommittee of the Committee on Foreign Relations, Government Printing Press, Washington D.C., 1912, Zeugenaussage von Felix A. Sommerfeld, 417.
[559] Zum Beispiel NA RG 65 Records of the FBI, M1085, Rolle 852, Akte 232, Thompson an Hauptquartier, 21. August, 1912.
[560] Ibid., Rolle 851, Akte 232-1171, Ross an Hauptquartier, 11. März, 1912.
[561] Ibid., Akte 232-1043, Ross to Department, März 17, 1912.
[562] Ibid., März 18, 1912.
[563] Ibid., Akte 232-1205, Ross an Hauptquartier, 18. März, 1912.
[564] Ibid., Akte 232, Hebert an Hauptquartier, 25. April, 1912.
[565] Ibid., Rolle 852 Akte, 232-1099, Hebert an Hauptquartier, 18. März, 1912.
[566] Ibid., Akte 232, Thompson an Hauptquartier, 7. Mai, 1912.
[567] Ibid., Ross an Hauptquartier, 16. Mai, 1912.
[568] Ibid., Rolle 851, Akte 232-1205, Ross an Hauptquartier, 18. März, 1912.
[569] Library of Congress, Prints and Photographs Division, public domain.
[570] United States Senate, *Revolutions in Mexico*, Hearing before the Subcommittee of the Committee on Foreign Relations, Government Printing Press, Washington D.C., 1912, Zeugenaussage von Felix A. Sommerfeld, 429.
[571] Ibid., 427.
[572] NA RG 65 Records of the FBI, M1085, Rolle 852, Akte 232-1628, Ross an Hauptquartier, 17. Mai, 1912.
[573] NA RG 59 Department of State, Akte 312.11/752, Adolph Krakauer an Marion Letcher, 3. Juli, 1912.
[574] Ibid., Marion Letcher an Secretary of State, 16. Juli, 1912.
[575] Für eine Analyse des revolutionären Programms von Gonzales, siehe Beezley, *Insurgent Governor.*
[576] Siehe Katz, *Life and Times of Pancho Villa*, 165-169 für die beste Darstellung von Villas Problemen mit Huerta.
[577] Leibson, *Sam Dreben, the Fighting Jew*, 82 -86.
[578] NA RG 65 Records of the FBI, M1085, Rolle 852, Akte 232-1937, Ross an Hauptquartier, 5. Juli, 1912.
[579] Siehe Infiltration der *Juntas* durch Holmdahl, Überführung von Captain Aguilar und andere Geschichten auf späteren Seiten beschrieben.
[580] Meed schrieb, dass Tracy Richardson behauptete, mehr als 1.200 Föderalistensoldaten kamen um. Die tatsächliche Zahl lag bei etwa 500.
[581] NA RG 65 Records of the FBI, M1085, Rolle 852, Akte 232-1937, Ross an Hauptquartier, 5. Juli, 1912.
[582] Zitiert von Harris und Sadler, *Secret War in El Paso*, 79.
[583] NA RG 165 Military Intelligence Division, Akte 9140-3098-65, Zusammenfassung, 19. Juli, 1918.

[584] NA RG 65 Records of the FBI, M1085, Rolle 853, Akte 232, Blanford an Hauptquartier, 27. Februar, 1913.
[585] NA RG 165 Military Intelligence Division, Akte 9140-3098-86, Curriculum vitae von Newenham A. Gray, 10. Juli, 1914.
[586] Ibid., Akte 9140-3098-98, Agent Cantrell an Hauptquartier, 12. September 1917.
[587] Ibid.
[588] Holmdahl Papers, Bancroft Library, C-B-921, Box 1.
[589] Ibid., verschiedene Zeitungsausschnitte.
[590] Ibid., Box 1.
[591] Ibid.
[592] Harris und Sadler, *Secret War in El Paso*, 127; Harris und Sadler schreiben, dass Holmdahl im Oktober als Angestellter von L.L. Hall in El Paso erschien.
[593] Ibid., 128.
[594] Holmdahl Papers, Bancroft Library, C-B 921, Box 1.
[595] NA RG 65 Records of the FBI, M1085, Roll 853, Akte 232, Breniman an Hauptquartier, 6. November 1912.
[596] NA RG 165 War Department, Holmdahl Papers.
[597] NA RG 65 Records of the FBI, M1085, Rolle 853, Akte 232, Sommerfeld an Thompson, unlesbares Datum, September 1912.
[598] *Die Washington Post*, 11. August 1913, "Defy Order of Court."
[599] NA RG 65 Records of the FBI, M1085, Rolle 853, Akte 232, Breniman an Hauptquartier, 2. November 1912, "Confered [sic] with Mr. Hall and Mr. Ross of Mexican secret service [...]"
[600] United States Senate, *Revolutions in Mexico*, Hearing before the Subcommittee of the Committee on Foreign Relations, Government Printing Press, Washington D.C., 1912, Zeugenaussage von Felix A. Sommerfeld, 441-443.
[601] Beezley, *Insurgent Governor*, 142.
[602] *Die New York Times*, 31. August 1915, "Orozco was killed by an American Posse."
[603] United States Senate, *Revolutions in Mexico*, Hearing before the Subcommittee of the Committee on Foreign Relations, Government Printing Press, Washington D.C., 1912, Zeugenaussage von Felix A. Sommerfeld, 415.
[604] NA RG 165 Military Intelligence Division, Akte 9140-1754-43, G. F. Bailey an Captain George B. Lester, 8. Januar, 1919.
[605] AA Politisches Archiv Berlin, Mexiko III, Paket 24, Sommerfeld an von Hintze, 19. September, 1912.
[606] Ibid., von Hintze an Auswärtiges Amt, 4. Juli, 1912.
[607] NA RG 165 Military Intelligence Division, Akte 9140-1754, Memorandum für die Akten, 4. April, 1919.
[608] NA RG 65 Records of the FBI, M1085, Rolle 853, Akte 232, Ross an Hauptquartier, 11. September 1912.
[609] Arthur S. Link, *Wilson and the Progressive Era, 1910 to 1917*, Harper and

Brothers, New York, NY, 1954, 14.

[610] Candice Millard, *The River of Doubt*, Broadway Books, New York, NY, 2005.

[611] www.nationalcowboymuseum.org, angesehen Januar 2011.

[612] Link, *Wilson and the Progressive Era, 1910 to 1917*, 18.

[613] Josephus Daniels, *The Life of Woodrow Wilson*, John C. Winston Company, Chicago, IL, Philadelphia, PA, 1924, 122.

[614] www.freeinfosociety.com, Roosevelt, Theodore - The Free Information Society, public domain.

[615] Woodrow Wilson und William Bayard Hale, *The New Freedom*, Doubleday, Page and Co., 1913.

[616] John F. Chalkley, *Zach Lamar Cobb: El Paso Collector of Customs and Intelligence During the Mexican Revolution, 1913-1918*, Southwestern Studies, Nr. 103, Texas Western Press, El Paso, TX 1998, 14.

[617] Arthur D. Howden Smith, *Mr. House of Texas*, Funk and Wagnalls Company, New York, 1940, 39.

[618] John Milton Cooper Jr., *Woodrow Wilson: A Biography*, Alfred A, Knopf, New York, 2009, 175.

[619] Link, *Wilson and the Progressive Era 1910 to 1917*, 20.

[620] United States Senate, *Revolutions in Mexico*, Hearing before the Subcommittee of the Committee on Foreign Relations, Government Printing Press, Washington D.C., 1912, Zeugenaussage von Felix A. Sommerfeld, 402.

[621] Smith, *Mr. House of Texas*, 55.

[622] Arthur S. Link, *The Papers of Woodrow Wilson*, Volume 25, Princeton University Press, Princeton, NJ, 1966, 124, "Address to the New York Press Club. September 9, 1912"

[623] AA Politisches Archiv Berlin, Mexiko III, Paket 24, Sommerfeld an Hintze, 19. September, 1912.

[624] Katz, *Secret War in Mexico*, 93.

[625] Cole Blasier, *The Hovering Giant: U.S. responses to revolutionary change in Latin America*, University of Pittsburg Press, Pittsburg, PA, 1976, 39. Laut Katz in *The Secret War in Mexico* geschahen 13 Fälle in der Amtszeit von Madero. Die Antwort von Madero im November versuchte, diesen Irrtum zu berichtigen.

[626] RG 65 Records of the FBI, M1085, Rolle 853, Akte 232, Ross an Hauptquartier, 11. November 1912.

[627] Katz, *Secret War in Mexico*, 94.

[628] Ibid., 93.

[629] Von Bernstorff, *My Three Years in America*, 22.

[630] New Mexico wurde ein Bundestaat im Januar, Arizona im Februar 1912. Alaska und Hawaii waren 1912 noch keine Bundestaaten.

[631] Für ein spannendes Buch über Roosevelts Expedition siehe Candice Millard, *The River of Doubt*, Broadway Books, New York, 2005.

[632] Smith, *Mr. House of Texas*, 67.

[633] Frederic William Wile, *Men around the Kaiser: The Makers of Modern Germany*, The MacLean Publishing Company, Toronto, Canada, 1913, 191.

[634] Von Bernstorff, *My Three Years in America*, 15.
[635] NA RG 76 Mixed Claims Commission, U.S. and Germany, 1922 to 1941, Box 6.
[636] Wile, Men around the Kaiser, 190.
[637] Von Bernstorff, *My Three Years in America*, 330.
[638] Siehe von Feilitzsch, *Felix A. Sommerfeld and the Mexican Front in the Great War*.
[639] Von Bernstorff, *My Three Years in America*, 21-22.
[640] Zitiert in Smith, *Mr. House of Texas*, 70.
[641] Ibid.
[642] Von Bernstorff, *My Three Years in America*, 23-24.
[643] Smith, *Mr. House of Texas*, 94.
[644] Ibid.
[645] Ibid.
[646] Ray Stannard Baker, *Woodrow Wilson: Life and Letters*, Volume 5, Doubleday, Doran and Company, New York, NY, 1938, 15.
[647] Smith, *Mr. House of Texas*, 94.
[648] Zitiert in Baecker, *Die Deutsche Mexikopolitik 1913/14*, 18.
[649] Doerries, *Imperial Challenge*, 34.
[650] Henderson, *In the Absence of Don Porfirio*, 248.
[651] Karl B. Koth, *Waking the Dictator: Veracruz, the Struggle for Federalism and the Mexican Revolution 1870 – 1927*, University of Calgary Press, Calgary, Alberta, Canada, 2002, 148.
[652] *Die New York Times*, 20. Oktober, 1912, "Beginning of the end seen in New Revolt."
[653] Ibid.
[654] *Die New York Times*, 16. Februar, 1913, "The man who upset Mexico: Felix Diaz."
[655] *Die New York Times*, 20. Oktober, 1912, "Beginning of the end seen in New Revolt."
[656] McLynn, *Villa and Zapata*, 150.
[657] *Die New York Times,* 18. Oktober, 1912, "Madero unmoved by Diaz Uprising."
[658] McLynn, *Villa and Zapata*, 151.
[659]Ibid., 146.
[660] Emory R. Johnson, Herausgeber, *International Relations of the United States, The Annals of the American Academy of Political Science*, American Academy of Political and Social Science, Volume LIV, Philadelphia, PA, Juli 1914, 148-161, "Errors with reference to Mexico and events that have occurred there," von Henry Lane Wilson.
[661] McLynn, *Villa and Zapata*, 152.
[662] *Die New York Times*, 11. März, 1911, "New Yorkers figure in Mexican Problem."
[663] Henderson, *In the Absence of Don Porfirio*, 34-35.
[664] McLynn, *Villa and Zapata*, 152.

[665] Die tatsächliche Größe der amerikanischen Gemeinde war ungefähr die Hälfte von dem was die *New York Times* berichtet hat. In seiner State of the Union Rede im amerikanischen Kongress im Dezember 1912 hat Präsident Taft die Anzahl amerikanischer Bürger in Mexiko mit "etwa dreißig bis vierzig tausend" zu Beginn der Revolution beziffert.

[666] Viele Historiker wie zum Beispiel Katz und Doerries haben ein gespanntes Verhältnis zwischen Madero und von Hintze beschrieben. Eine genaue Analyse der diplomatischen Berichte von von Hintze lassen diese Annahme bezweifeln.

[667] Von Hintze an von Bethmann Hollweg, No. 62, 10. März, 1912, veröffentlicht in Huerter, *Paul von Hintze*, 309.

[668] Baecker, *Die Deutsche Mexikopolitik 1913/14*, 94.

[669] John S. D. Eisenhower, *Intervention! The United States and the Mexican Revolution, 1913-1917*, W.W. Norton and Company Inc., New York, NY, 1993, 20.

[670] German Diplomatic Papers, University of California at Berkeley, M-B 12, Box 7, Calero an von Hintze, 28. November 1911.

[671] Ibid., Gonzales Salas an von Hintze, 29. November, 1911.

[672] Ibid., von Hintze an Schubert, 13. Februar, 1912.

[673] AA Politisches Archiv Berlin, Mexiko IV, Paket 29, Calero an von Hintze, 11. Und 12. März, 1912, mehrere Genehmigungen für deutsche Hazienda Besitzer, Waffen zu tragen.

[674] Ibid., Rieloff an von Hintze, 12. März, 1912.

[675] Ibid., Francisco Madero an von Hintze, 11. März, 1912.

[676] Zitiert in Baecker, *Die Deutsche Mexikopolitik 1913/14*, 55.

[677] Ibid.

[678] McLynn, *Villa and Zapata*, 149.

[679] Ein Foto von einer bronzenen Medaille für die Teilnehmer an der deutschen Expeditionstruppe, von Heribert von Feilitzsch.

[680] Jahr 1919, Quelle "Mexico, Its Ancient and Modern Civilisation," Autor Charles Reginald, public domain.

[681] *Collier's Magazine*, 3. Juni, 1911, "The Man Who Ousted Diaz," von Timothy Turner, 22, P. F. Collier and Son, New York, NY.

[682] Von der Goltz, *My Adventures as a German Secret Agent*, 48.

[683] Miguel Ángel Berumen, *Pancho Villa: la construcción del mito*, Océano, Chihuahua, Mexiko, 2006, 118.

[684] McLynn, *Villa and Zapata*, 152.

[685] *Die New York Times*, 9. August 1912, "Denies Tale about Mexico."

[686] Ibid.

[687] United States Senate, *Revolutions in Mexico*, Hearing before the Subcommittee of the Committee on Foreign Relations, Government Printing Press, Washington D.C., 1912, Zeugenaussage von Felix A. Sommerfeld, 441-443.

[688] Zitiert in Edward I. Bell, *The Political Shame of Mexico*, McBride, Nast and Company, New York, NY, 1914, 170.

[689] Bell, *The Political Shame of Mexico*, 170.
[690] Von Hintze an von Bethmann Hollweg, zitiert in Katz, *The Secret War in Mexico*, 90.
[691] Ibid.
[692] AA Politisches Archiv Berlin, Mexiko III, Paket 24, Stronge an von Hintze, 5. März, 1912.
[693] Zitiert in Blasier, *U.S. responses to revolutionary change in Latin America*, 39.
[694] Bell, *The Political Shame of Mexico*, 229.
[695] *Die New York Times*, 12. Dezember, 1912, "Calero Quitting Madero."
[696] NA RG 242 Captured German Documents, T149, Rolle 377, Bericht Nummer 25, von Hintze an von Bethmann Hollweg, 28. Februar, 1913.
[697] Bell, *The Political Shame of Mexico*, 251-252.
[698] Blasier, *U.S. responses to revolutionary change in Latin America*, 40. Auch Henry Lane Wilson, *Diplomatic Episodes*, 247.
[699] Bell, *The Political Shame of Mexico*, 252.
[700] Henry Morris, *Our Mexican Muddle*, Laird and Lee Publishers, Chicago, IL, 1916, "Artikel von Henry Lane Wilson," 104.
[701] Ibid.
[702] Blasier, *U.S. responses to revolutionary change in Latin America*, 40.
[703] NA RG 65 Records of the FBI, M1085, Rolle 853, Akte 232, P. A. Palmer an Hauptquartier, 4. Januar, 1913.
[704] Verhör F.A. Sommerfeld, 24. Juni, 1918.
[705] McLynn, *Villa and Zapata*, 149.
[706] Zitiert in Blasier, *U.S. responses to revolutionary change in Latin America*, 41.
[707] Verhör F.A. Sommerfeld, 24. Juni, 1918.
[708] *Die New York Times*, 21. Juli, 1914, "Says we helped bring about Anarchy in Mexico." Unterstrichen vom Autor.
[709] Ibid.
[710] Verhör von F. A. Sommerfeld, Juni 24, 1918.
[711] NA RG 59 Department of State, Akte 812.00/7798 ½, William Bayard Hale an Woodrow Wilson, 18. Juni, 1913.
[712] Ibid.
[713] McLynn, *Villa and Zapata*, 153.
[714] Bell, *The Political Shame of Mexico*, 271.
[715] Von Hintze an von Bethmann Hollweg, 25. Februar, 1913 veröffentlicht in Huerter, *Paul von Hintze*, 316.
[716] Ross, *Francisco I. Madero*, 284.
[717] Von Hintze an von Bethmann Hollweg, 25. Februar, 1913 veröffentlicht in Huerter, *Paul von Hintze*, 316.
[718] Ross, *Francisco I. Madero*, 284.
[719] Ibid.
[720] NA RG 59 Department of State, Akte 812.00/7798 ½, William Bayard Hale an Woodrow Wilson, 18. Juni, 1913.
[721] Von Hintze an von Bethmann Hollweg, No. 64, 3. Januar, 1913, veröffentlicht

Huerter, *Paul von Hintze*, 312.
[722] Von Hintze an von Bethmann Hollweg, 25. Februar, 1913 veröffentlicht in Huerter, *Paul von Hintze*, 316.
[723] Katz, *The Secret War in Mexico*, 96-97.
[724] Von Hintze an von Bethmann Hollweg, 25. Februar, 1913 veröffentlicht in Huerter, *Paul von Hintze*, 316.
[725] Siehe *Die New York Times* and *Die Washington Post*, 10. Februar, 1913.
[726] *Die San Antonio Light*, 10. Februar, 1913 ist eine von vielen Zeitungen, die behauptet haben, dass Zapata auf Mexiko-Stadt marschiert ist. Die Geschichte kam ursprünglich von der amerikanischen Botschaft.
[727] Von Hintze an von Bethmann Hollweg, 25. Februar, 1913 veröffentlicht in Huerter, *Paul von Hintze*, 317.
[728] Ibid.
[729] NA RG 59 Department of State, Akte 812.00/7798 ½, William Bayard Hale an Woodrow Wilson, 18. Juni, 1913.
[730] Ibid.
[731] Ibid.
[732] Ibid.
[733] Katz, *Secret War in Mexico*, 96. Katz folgerte aus diesen Verträgen, dass Huerta Teil der Verschwörung war, was unter In Bezugnahme der Beweise ein gewagter Schluss ist.
[734] Berliner unterhielt sich mir Sommerfeld im Ersten Weltkrieg mehrmals under cover. Die Qualität von Berliners Information lässt darauf schließen, dass Sommerfeld, der sich mit der amerikanischen Regierung gut auskannte, dennoch keine Ahnung hatte, für wen Berliner wirklich arbeitete.
[735] Henry Lane Wilson, *Diplomatic Episodes*, 276.
[736] NA RG 59 Department of State, Akte 812.00/7798 ½, William Bayard Hale an Woodrow Wilson, 18. Juni, 1913.
[737] McLynn, *Villa and Zapata*, 154.
[738] NA RG 59 Department of State, Akte 812.00/7798 ½, William Bayard Hale an Woodrow Wilson, 18. Juni, 1913.
[739] McLynn, *Villa and Zapata*, 155.
[740] Baecker, *Die Deutsche Mexikopolitik 1913/14*, 122.
[741] Ibid.
[742] NA RG 59 Department of State, Akte 812.00/7798 ½, William Bayard Hale an Woodrow Wilson, 18. Juni, 1913.
[743] NA RG 59 812.00/7798 ½, William Bayard Hale an Woodrow Wilson, 18. Juni, 1913.
[744] Ross, *Francisco I. Madero*, 293.
[745] Katz, *Secret War in Mexico*, 100.
[746] Baecker, *Die Deutsche Mexikopolitik 1913/14*, 123.
[747] Ibid., 124.
[748] Zitiert in Katz, *Secret War in Mexico*, 100.
[749] Ibid., 102.

[750] NA RG 60 Department of Justice, Akte 9-16-12-5305-6; Frau Harold Walker, die Sommerfeld in Mexiko gut kannte, sagte Agenten des Justizministeriums im Jahr 1918, dass Sommerfeld der "Liaison zwischen den Madero Leuten und dem deutschen Botschafter [sic] in Mexiko war."

[751] AA Politisches Archiv Berlin, Mexiko V, Paket 33.

[752] Ibid.

[753] Siehe Katz, Ross, McLynn.

[754] AA Politisches Archiv Berlin, Mexiko V, Paket 33.

[755] Verhör F.A. Sommerfeld, 24. Juni, 1918.

[756] McLynn, *Villa and Zapata*, 156.

[757] Katz, *Secret War in Mexico*, schrieb, dass von Hintze am 17. seine Haltung änderte, 104; Baecker, *Die Deutsche Mexikopolitik 1913/14*, schrieb, dass „sich für Hintze eine neue Situation darstellte," 124.

[758] Katz, *Secret War in Mexico*, 104. Außer Baecker gibt es keine andere Geschichtsschreibung über Huerta, die anzweifelt, dass der Usurpator deutsche Unterstützung hatte.

[759] Von Hintze Tagebuch, erwähnt in Baecker, *Die Deutsche Mexikopolitik 1913/14*, 124.

[760] AA Politisches Archiv Berlin, Mexiko V, Paket 33, Hand geschriebenes Tagebuch von Gesandtem von Hintze.

[761] Baecker, *Die Deutsche Mexikopolitik 1913/14*, 124.

[762] Von Hintze Tagebucheintrag, zitiert in Katz, *The Secret War in Mexico*, 105.

[763] NA RG 59 Department of State, Akte 812.00/7798 ½, William Bayard Hale an Woodrow Wilson, 18. Juni, 1913.

[764] Verhör F.A. Sommerfeld, 24. Juni, 1918.

[765] Ibid.

[766] NA RG 59 Department of State, Akte 812.00/7798 ½, William Bayard Hale an Woodrow Wilson, 18. Juni, 1913.

[767] Ibid.

[768] Ross, *Francisco I. Madero*, 307-309. Ross benützte Augenzeugenberichte und Zeitungsberichte für diese Hoechst detaillierte und authentische Beschreibung der Geschehnisse.

[769] Zitiert in Ross, *Francisco I. Madero*, 310.

[770] NA RG 59 Department of State, Akte 812.00/7798 ½, William Bayard Hale an Woodrow Wilson, 18. Juni, 1913. Auch Henry Lane Wilson, *Diplomatic Episodes*, 275.

[771] AA Politisches Archiv Berlin, Mexiko V, Paket 33, von Haniel an von Bernstorff, 14. August, 1914.

[772] NA RG 59 Department of State, Akte 812.00/7798 ½, William Bayard Hale an Woodrow Wilson, 18. Juni, 1913.

[773] Von Hintze Tagebucheintrag, zitiert in Katz, *Secret War in Mexico*, 105.

[774] Henry Lane Wilson, *Diplomatic Episodes*, 278. Wilson behauptete, dass Lascurain, Ernesto Madero und Hernandez verhaftet wurden, was nicht den Tatsachen entspricht.

[775] In diesem Treffen erzählte Wilson von Hintze, dass an diesem Tag ein Coup stattfinden würde. Siehe Katz, *Secret War in Mexico*, 105.
[776] AA Politisches Archiv Berlin, Mexiko V, Paket 33, Handgeschriebenes Tagebuch von dem Gesandten von Hintze.
[777] Ibid.
[778] Verhör F.A. Sommerfeld, 24. Juni, 1918.
[779] AA Politisches Archiv Berlin, Mexiko V, Paket 33.
[780] Verhör F.A. Sommerfeld, 24. Juni, 1918.
[781] *Die Washington Post*, 10. Februar, 1913.
[782] Isidro Fabela, *Historia diplomática de la Revolución Mexicana*, Vol. I. (1912-1917), México Ciudad, Fondo de Cultura Económica, Mexico D.F., Mexico, 1958, 175-183. Interview von Sara Perez de Madero im Jahr 1916 durch Robert Hammond Murray.
[783] Verhör F.A. Sommerfeld, 24. Juni, 1918.
[784] Katz, *Secret War in Mexico*, 106.
[785] NA RG 59 Department of State, Akte 812.00/6256, Huerta an Taft, 18. Februar, 1913.
[786] Ross, *Francisco I. Madero*, 310.
[787] NA RG 59 Department of State, Akte 812.00/7798 ½, William Bayard Hale an Woodrow Wilson, 18. Juni, 1913. Auch Henry Lane Wilson, *Diplomatic Episodes*, 280.
[788] NA RG 59 Department of State, Akte 812.00/7798 ½, William Bayard Hale an Woodrow Wilson, 18. Juni, 1913.
[789] Ibid.
[790] Ross, *Francisco I. Madero*, 312-313. Dasselbe Ereignis wird in McLynn, *Villa and Zapata*, 157 erwähnt. Der Bericht erscheint etwas übertrieben zu sein und hat keine Fußnoten. Der Hauptunterschied zwischen den Geschichten ist. Das in McLynn Felix Diaz Gustavo persönlich zu seiner Ermordung geführt zu haben. Auch, dass Gustavo direkt vom Restaurant zur Ciudadela gebracht wurde. General Mondragon wird nicht erwähnt, sondern ein Geschäftsmann, der dem Militärgericht vorstand.
[791] NA RG 242 Captured German Documents, T149, Rolle 378, von Hintze an von Bethmann Hollweg, 8. Juli, 1912.
[792] *Die New York Times*, 20. Februar, 1913.
[793] Ibid.
[794] Ross, *Francisco I. Madero*, 318.
[795] Zitiert in Ross, *Francisco I. Madero*, 319 von Marquez Sterling, *Los Ultimos Dias*, 510-17.
[796] Zitiert in McLynn, *Villa and Zapata*, 159.
[797] Henry Lane Wilson, *Diplomatic Episodes*, 285.
[798] NA RG 59 Department of State, Akte 812.00/7798 ½, William Bayard Hale an Woodrow Wilson, 18. Juni, 1913. Auch Henry Lane Wilson, *Diplomatic Episodes*, 283-284.
[799] NA RG 59 Department of State, Akte 812.00/7798 ½, William Bayard Hale an

Woodrow Wilson, 18. Juni 18, 1913. Auch United States Senate, *Investigation of Mexican affairs*, Subcommittee of the Committee of Foreign Relations, Government Printing Office, 1920, Zeugenaussage von Botschafter Henry Lane Wilson, 2273.

[800] Fabela, *Historia diplomática de la Revolución Mexicana*, 175-183. Interview von Sara Perez de Madero im Jahr 1916 durch Robert Hammond Murray.

[801] Zitiert in Katz, *Secret War in Mexico*, 109.

[802] Ibid., 110.

[803] Zitiert in Ross, *Francisco I. Madero*, 326.

[804] Baecker, *Die Deutsche Mexikopolitik 1913/14*, 326.

[805] AA Politisches Archiv Berlin, Mexiko V, Paket 33, Manuel Esteva an Sommerfeld, 23. Februar, 1913.

[806] *Die Coshocton Morning Tribune*, 23. Februar, 1913, "Troops revolt against Huerta."

[807] *Der Indianapolis Star*, 24. Februar, 1913, "Madero's Aid in Hiding."

[808] Verhör F.A. Sommerfeld, 24. Juni, 1918.

[809] Huerter, *Paul von Hintze*, 58. Auch United States Senate, *Investigation of Mexican affairs*, Subcommittee of the Committee of Foreign Relations, Government Printing Office, 1920, Zeugenaussage von Botschafter Henry Lane Wilson, 2264, in einem Brief an Botschafter Wilson vom 8. März, 1913 beschreibt von Hintze selbst seine Krankheit als "Darmblutung."

[810] NA RG 242 Captured German Documents, T149, Rolle 377, von Hintze an von Bethmann Hollweg, 28. Februar, 1913.

[811] Ibid.

[812] Ibid.

[813] NA RG 65 Records of the FBI, M1085, Rolle 853, Akte 232, Blanford an Hauptquartier, 27. Februar, 1913.

[814] Katz, *Life and Times of Pancho Villa*, 206.

[815] Beezley, *Insurgent Governor*, 158.

[816] NA RG 59 Department of State, Akte 812.00/7798 ½, William Bayard Hale an Woodrow Wilson, 18. Juni, 1913.

[817] *Die Washington Post*, 10. Februar, 1913.

[818] *Die San Antonio Light*, 10. Februar, 1913.

[819] *Die Washington Post*, 11. Februar, 1913.

[820] *Die Washington Post*, 12. Februar, 1913.

[821] Ibid.

[822] *Die San Antonio Light*, 13. Februar, 1913.

[823] *Die San Antonio Light*, 15. Februar, 1913.

[824] *Die San Antonio Light*, 18. Februar, 1913, *Die Washington Post*, Februar 18, 1913.

[825] *Die Washington Post*, 19. Februar, 1913.

[826] *Die New York Times*, 16. Februar, 1913.

[827] *Die San Antonio Light* zeigte zumindest Sympathie für Gustavo Madero und berichtete über die Frage von Maderos Sicherheit. Andere Zeitungen schraubten

ihre Rhetorik herunter, was die *New York Times* und *Washington Post* als die aggressivsten Mundstücke der Interventionisten darstellen lässt

[828] Fabela, *Historia diplomática de la Revolución Mexicana*, 175-183. Interview mit Sara Perez de Madero im Jahr 1916 durch Robert Hammond Murray

[829] Zitiert in Katz, *Life and Times of Pancho Villa*, 118.

[830] *Die New York Times*, 29. Juni, 1914, "Constitutionalists Deny." Hopkins gab der Zeitung zu, dass er seit der Ermordung von Madero für die Konstitutionalisten arbeitete, aber er verneinte, dass er für seine Arbeit bezahlt wurde.

[831] Verhör F.A. Sommerfeld, 24. Juni, 1918.

[832] Staatsarchiv Hamburg, 373-7 I, VIII A 1 Band 255, Seite 488, Mikrofilm K1827.

[833] NA RG 76 Mixed Claims Commission, Box 13, BI Agent William Offley an Hauptquartier, 28. Juni, 1915.

[834] NA RG 36 U.S. Customs Service, T715, Rolle 2006, Seite 157, Zeile 3.

[835] AA Politisches Archiv Berlin, Mexiko V, Paket 33, Marinebericht Nr. 83, 27. Mai, 1914.

[836]Committee of the American Colony, April 1913, Library of Congress call number F1234.M65. Siehe auch United States Senate, *Investigation of Mexican affairs*, Subcommittee of the Committee of Foreign Relations, Government Printing Office, 1920, Zeugenaussage von Botschafter Henry Lane Wilson, 2266 to 2270.

[837] Henry Lane Wilson, *Diplomatic Episodes*, 318. Wilsons Vertrag lief tatsächlich im November aus. De Jure war er bis dahin noch angestellt.

[838] United States Senate, *Investigation of Mexican affairs*, Subcommittee of the Committee of Foreign Relations, Government Printing Office, 1920, Zeugenaussage von Botschafter Henry Lane Wilson, 2288.

[839] Das genaue Datum von Villas Rückkehr nach Mexiko ist unter Debatte. Die BI Berichte sagen ganz klar aus, dass er El Paso am 26. Februar verlassen hatte, um Maytorena in Tucson, Arizona aufzusuchen. Siehe NA RG 65 Records of the FBI, M1085, Roll 853, Akte 232, Agent Blanford an Hauptquartier, 28. Februar, 1913. Historiker Katz gibt Villas Grenzüberquerung nach Mexiko als in der Nacht vom 6. März an. Abraham Gonzales wurde jedoch in dieser Nacht ermordet. Laut Katz und anderen wurde Villas Entscheidung, nach Mexiko zurückzukehren von seiner Angst vor Festnahme und Auslieferung in die USA getrieben. Es ist offensichtlich, dass Villa seine Pläne, in den USA Widerstand zu organisieren und Geld zusammenzutreiben, aufgegeben, als er von dem Tod seines Mentors hörte. Siehe Katz, *Life and Times of Pancho Villa*, 198.

[840] Ein hervorragendes Buch über Carranza und die Bewegung der Konstitutionalisten, siehe Charles C. Cumberland, *The Mexican Revolution: The Constitutionalist Years*, University of Texas Press, Austin, TX, 1974.

[841] Library of Congress, Prints and Photographs Division, public domain.

[842] McLynn, *Villa and Zapata*; Dieser Historiker unterstellte anderen, wichtige Tatsachen missachtet zu haben, die die revolutionäre Überzeugung von

Carranza in Frage stellen. Er selbst ließ die wichtige Rolle, die Carranza in der Ansetzung von Diaz spielte, völlig aus.

[843] Cumberland, *The Constitutionalist Years*, 71.

[844] Für eine übersetzte Version in Englisch, siehe Manuel Calero, *The Mexican Policy of Woodrow Wilson as it appears to a Mexican*, Smith and Thompson, New York, NY, 1916, 95-97.

[845] Zitiert in Edward P. Haley, *Revolution and Intervention: The Diplomacy of Taft and Wilson with Mexico, 1910-1917*, The MIT Press, Cambridge, MA, 1970, 84.

[846] Zitiert in Haley, *The Diplomacy of Taft and Wilson with Mexico, 1910-1917*, 84.

[847] Ibid., 96.

[848] Ibid.

[849] Ibid.

[850] Verhör F.A. Sommerfeld, 24. Juni, 1918.

[851] *Die New York Times*, 30. Juni, 1914, "Need 50,000,000 to finance Mexico."

[852] *Die New York Times*, 2. Februar, 1913, "Pierce is in Control of Big Oil Company."

[853] NA RG 60 Department of Justice, Akte 9-16-12-5305, Charles R. Flint an Mitchell Palmer, 6. Mai, 1919.

[854] NA RG 65 Records of the FBI, M1085, Rolle 853, Akte 232, G. R. Matthews an Hauptquartier, 6. Mai, 1913, U.S. vs. General Neutrality matters.

[855] Ibid. siehe verschiedene Berichte des BI im April 1913.

[856] NA RG 65 Records of the FBI, M1085, Rolle 853, Akte 232, Agent Thompson an Hauptquartier, 28. Juni, 1913.

[857] Ibid., Rolle 856, Akte 232-98, J. A. Baker an Hauptquartier, 18. Mai, 1914.

[858] Leibson, *Sam Dreben, the Fighting Jew*, 101-102. The Geschichte, die Leibson beschreibt, kann nicht mit den BI Berichten in Übereinstimmung gebracht werden, und ist wahrscheinlich leicht übertrieben. Der Kern der Geschichte war dennoch richtig, nämlich, dass Dreben die Waffen auf Grund der Unentschlossenheit über Ein- und Ausfuhrregeln des amerikanischen Außenministeriums mit Gewalt auslöste. Diese Aussage stimmt mit den dokumentierten Schwierigkeiten, die Sommerfeld entlang der ganzen Grenze im April und Mai 1913 hatte.

[859] NA RG 65 Records of the FBI, M1085, Rolle 853, Akte 232, Agent Barnes an Hauptquartier, 15. Mai, 1913.

[860] Ibid., Agent Thompson an Hauptquartier, 1. Mai, 1913.

[861] Ibid.

[862] Ibid., Agent Barnes an Hauptquartier, 15. Mai, 1913.

[863] Ibid., Agent Thompson an Hauptquartier, 1. Mai, 1913.

[864] Ibid., William Offley an Hauptquartier, 23. Mai, 1913.

[865] Ibid., Agent Barnes an Hauptquartier, 15. Mai, 1913.

[866] Ibid., Akte 232-11, Agent Barnes an Hauptquartier, 6. Januar, 1914.

[867] *Die Washington Post*, 11. August, 1913, "Defy Order of Court."

[868] NA RG 65 Records of the FBI, M1085, Rolle 853, Akte 232, Agent Thompson

an Hauptquartier, 28. Juni, 1913.
[869] Ibid.
[870] Harris und Sadler, *Secret War in El Paso*, 121.
[871] Silvestre Terrazas Papers, University of California at Berkeley, Bancroft Library, M-B-18, Box 83, outgoing letters; Molina Beleg für $320 für Bohnen, mit dem Datum 18. November 1913.
[872] NA RG 65 Records of the FBI, M1085, Rolle 853, Akte 232, William Offley an Hauptquartier, 23. Mai, 1913.
[873] Ibid., H. A. Thompson an Hauptquartier, 21. Mai, 1913.
[874] Library of Congress, Papers of General Scott, Box 15, General Correspondence, E. de la Sierra an Lieut. Col. A.C. Macomb, 18. Juni, 1913.
[875] NA RG 60 Department of Justice, Akte 157013-537, Verletzung der Neutralitätsgesetze.
[876] Harris und Sadler, *Secret War in El Paso*, 145.
[877] Ibid., 144/145. Die Geschichtsforscher beschreiben im Detail, wie Krakauer zuerst Stacheldraht an die Föderalisten verkaufte, dann die dringend benötigten Drahtschneidezangen an die Rebellen.
[878] Silvestre Terrazas Papers, University of California at Berkeley, Bancroft Library, M-B-18, Marion Letcher Korrespondenz, Liste der Staatsfeinde, ohne Datum aber schätzungsweise 1913.
[879] AA Politisches Archiv Berlin, Mexiko II, Paket 5, Weber an Magnus, 22. August, 1914; Villa befahl angeblich die Ausweisung des Konsuls in diesem Sommer, aber Kueck blieb in Chihuahua bis August 1914. Es ist nicht ganz klar, was der genaue Grund für die Ausweisung war. Wahrscheinlich gab es kompliziertere Hintergründe, denn Kueck blieb in Stadt, nachdem Villa sie besetzt hatte. Kuecks Nachfolger war Ernst Goeldner, auch ein Ketelsen und Degetau Manager. Die deutsche Gesandtschaft verwies darauf, dass "Kueck auf Grund von Unregelmäßigkeiten ersetzt wurde."
[880] NA RG 60 Department of Justice, Akte 157013-537, Verletzung der Neutralitätsgesetze.
[881] Ibid.
[882] *Die Washington Post*, 16. April 1905, "Mdme Johanna Gadski: The great singer's talent was discovered in the United States."
[883] Stallforth Papers, Private Collection, Tagebucheintrag, 13. Oktober, 1912.
[884] Baecker, *Die Deutsche Mexikopolitik 1913/14*, 86-87. Baecker identifiziert richtig als Erfindung die Behauptung von Historiker Katz, dass Deutschland Unmassen von Waffen an Huerta schickte. Trotzdem die mexikanische Regierung Angebote einholte und Lieferungsverträge abschloss, wurde die Masse dieser Waffen wegen Geldmangels niemals ausgeliefert. Japan hatte Aufträge für Waffenlieferungen von Madero erhalten, die bis in den späten Sommer von 1914 geliefert wurden, allerdings genau wie die deutschen Waffen nichts mit einer Unterstützung des Huerta Regimes durch Japan zu tun hatte.
[885] NA RG 65 Records of the FBI, M1085, Rolle 953, Akte 232, Offley an Hauptquartier, 23. Mai, 1913.

[886] Seine Musterung konnte nicht belegt werden. Die einzige Quelle sind die Memoiren von von der Goltz.
[887] Von der Goltz, *My Adventures as a German Secret Service Agent*, 117. Von der Goltz erwähnt Sommerfeld nicht mit Namen, aber das Bild von ihm neben Sommerfeld vervollständigt seine Beschreibung.
[888] Ibid., 43.
[889] NA RG 165 Military Intelligence Division, Akte 9140-676, Verhör von Frederico Stallforth, 23. Februar, 1918, 1.
[890] NA RG 131 Alien Property Custodian, Entry 199, Box 95, Akte 1955.
[891] NA RG 242 German Captured Documents, T149, Rolle 378, von Hintze an von Bethmann Hollweg, 27. Oktober, 1913.
[892] NA RG 60, Department of Justice, Akte 9-16-12-18, Verhör von Frederico Stallforth, 22. April, 1917, 18; Von der Goltz kam im Jahr 1914 nach New York. Als von Papen ihn anstellte, löste Frederico Stallforth den Scheck von von Papen für von der Goltz ein. Er behielt das Geld, das von der Goltz ihm schuldete, ein.
[893] Harris und Sadler, *Secret War in El Paso*, 151-153.
[894] NA RG 242 Captured German Documents, T141, Rolle 20, von Eckart an von Bethmann Hollweg, 17. Mai, 1916.
[895] Ibid.
[896] NA RG 165 Military Intelligence Division, Akte 9140-5773-18, 24. März, 1920. Die Military Intelligence Division gab den Vornamen mit Maximilian an, was nicht richtig ist.
[897] Ibid., Akte 9140-358, "Alphabetical list of subject of the Teutonic Powers," 24. März, 1917.
[898] Ibid., Akte 9140-5773-1, 1. Dezember, 1917.
[899] NA RG 242 Captured German Documents, T141, Rolle 20, Deutscher Botschafter in der Schweiz (Unterschrift unlesbar) an von Bethmann Hollweg, 15. September, 1917. Krumm-Heller bot sich als Spion für Südamerika an.
[900] NA RG 165 Military Intelligence Division, Akte 9140-5773-18, 24. März, 1920.
[901] Sabazius, "The Invisible Basilica: Dr. Arnoldo Krumm-Heller (1876 -1949 e.v.)," Ordo Templi Orientis, USA, 1997.
[902] Zitiert in Chalkley, *Zach Lamar Cobb*, 8.
[903] Ibid., 16.
[904] Verhör F.A. Sommerfeld, 24. Juni, 1918. Ab 1914 gibt es jede Menge Unterlagen, die Sommerfeld in direkte Verbindung mit dem Kabinett der Wilson Regierung bringen, was später in größerem Detail besprochen wird.
[905] Ibid.
[906] Cumberland, *The Constitutionalist Years*, 279.
[907] Ibid., 280.
[908] Verhör F.A. Sommerfeld, 24. Juni, 1918.
[909] Cumberland, *The Constitutionalist Years*, 280.
[910] *Der El Paso Herald*, 11. November 1913, "Sommerfeld to Meet WM. Hale at Tucson."
[911] Verhör F.A. Sommerfeld, 24. Juni, 1918.

[912] Stallforth Papers, Private Collection, Brief an Anita, 25. Juli, 1913.
[913] Ibid., Tagebucheinträge 1912 und 1913. Er gab im Jahr 1917 gegenüber amerikanischen Beamten an, dass er im Sommer 1912 umgezogen ist, was im Hinblick auf die gefährlichen Umstände und seine Tagebucheinträge als unwahrscheinlich bewertet werden muss.
[914] Ibid., Briefentwurf, ohne Datum, wahrscheinlich Oktober 1912.
[915] Ibid., Tagebucheintrag vom 31. August zeigt, dass Stallforth bis 13. Oktober in New York war. Er reiste an diesem Tag mit dem Golden State Limited in Begleitung der Tauscher Familie. Sommerfeld reiste am 11. September auch auf dem Golden State Limited nach New York.
[916] Ibid., Brief an Alberto, 13. Dezember, 1912.
[917] Verhör F.A. Sommerfeld, 22. Juni, 1918.
[918] Stallforth Papers, Private Collection, Brief an Alberto, 13. Dezember, 1912.
[919] Ibid.
[920] Ibid.
[921] Ibid., 1913 Briefe, ohne Datum.
[922] NA RG 165 Military Intelligence Division, Akte 9140-878, Memorandum von Nicholas F. Lenssen, 11. September, 1918. Lenssen war hauptsächlich ein Anwalt für die deutsche Botschaft im Ersten Weltkrieg. Sein Abschluss in Rechtswissenschaften ist von der Universität Heidelberg.
[923] NA RG 165 Military Intelligence Division, Akte 9140-878, Aussage in Bezug auf die Madero Firma.
[924] Stallforth Papers, Private Collection, Brief an Anita, 8. Juli, 1913.
[925] Ibid., Brief an Anita, 25. Juli, 1913.
[926] University of Texas, Benson Library, Austin, Texas, Papers of Lazaro De La Garza, Box 9, Folder A; Brief von De La Garza an Miguel Diaz Lombardo, 15. April, 1915.
[927] United States Senate, *Investigation of Mexican Affairs*, Hearing before a Subcommittee of the Committee of Foreign Relations, Government Printing Office, Washington, D.C., 1920, Zeugenaussage von John Lind, 2324.
[928] Verhör F.A. Sommerfeld, 24. Juni, 1918.
[929] Baecker, *Die Deutsche Mexikopolitik 1913/14*, 101, 102.
[930] Alden Buell Case, *Thirty Years with the Mexicans: In Peace and Revolution*, Fleming H. Revell Company, New York, NY, 1917, 178.
[931] Ibid., 135.
[932] Ibid., 176, auch zitiert in Katz, *Life and Times of Pancho Villa*, 211.
[933] Aus dem Tagebuch des Pastor Rouaix, zitiert in Katz, *Life and Times of Pancho Villa*, 214. Siehe auch Konsul Hamm an Secretary of State, 21. Juni, 1913, zitiert in Cumberland, *The Constitutionalist Years*, 42.
[934] Cumberland, *The Constitutionalist Years*, 28.
[935] Siehe zum Beispiel NA RG 59 Department of State, Akte 812-00-9658, Carothers an Department of State, 15. Oktober, 1913, zitiert in Katz, *Life and Times of Pancho Villa*, 217.
[936] Kathleen Scalise, "Surprising new information on Pancho Villa comes to light

in obscure Wells Fargo files at University of California Berkeley," University of California at Berkeley, Bancroft Library, http://berkeley.edu/news/media/releases/99legacy/5-3-1999.html.

[937] Cumberland, *The Constitutionalist Years*, 35.

[938] NA RG 242 Captured German Documents, T149, Rolle 378, von Hintze an von Bethmann Hollweg, 27. Oktober, 1913.

[939] Ibid.

[940] Katz, *Life and Times of Pancho Villa*, 213.

[941] Hugh Lenox Scott, *Some Memoirs of a Soldier*, The Century Company, New York, NY, 1928, 497.

[942] Meed, *Soldier of Fortune*, 101.

[943] NA RG 65 Records of the FBI, M1085, Rolle 853, Akte 232, Thompson an Hauptquartier, 20. Juni, 1913, 2.

[944] Ibid., Thompson an Hauptquartier, 5. Juli, 1913, 4.

[945] Ibid.

[946] Ibid., Blanford an Hauptquartier, 20. Juni 1913, 2-3.

[947] Harris und Sadler, *Secret War in El Paso*, 141.

[948] NA RG 65 Records of the FBI, M1085, Rolle 854, Akte 232, Direktor Bielaski an Thompson, 7. Oktober, 1913.

[949] Ibid.

[950] Ibid., Rolle 855, Akte 232-37, Breniman an Hauptquartier, 7. Januar, 1914.

[951] Katz, *Life and Times of Pancho Villa*, 214.

[952] Schätzungen von Historikern über die tatsächliche Truppenstärke von Villas Heer schwanken zwischen 6.000 und 10.000.

[953] Holmdahl Papers, Bancroft Library, C-B 921, Agent Breniman an L. L. Hall, 4. November 1913.

[954] Clarence Clendenen, *The United States and Pancho Villa: A Study in Unconventional Diplomacy*, Cornell University Press, Ithaca, NY, 1961, 36. Auch McLynn, *Villa and Zapata*, 171. Auch Katz, *Life and Times of Pancho Villa*, 222.

[955] Diese Tatsachen über Lazaro De La Garza wurden dem Autor von seinem Enkel, Javier Garza, gegeben.

[956] John Reed, *Insurgent Mexico: With Pancho Villa in the Mexican Revolution*, Red and Black Publishers, St. Petersburg, FL, 2009 (Erstausgabe in New York, 1914), 175.

[957] Zitiert in Katz, *Life and Times of Pancho Villa*, 314-315.

[958] Ibid., 223.

[959] McLynn, *Villa and Zapata*, 173.

[960] Harris und Sadler, *Secret War in El Paso*, 150. Die Historiker erwähnen den 15. November als den Tag des Angriffs. Es scheint jedoch, dass der Angriff in den frühen Morgenstunden des 16. November geschah.

[961] *Die El Paso Morning Times*, 16. November 1913, "By brilliant coup Villa takes Juarez from Federals."

[962] Ibid., ein kleiner Junge wurde in die Hand geschossen.

[963] Für detailliertere Beschreibungen siehe Harris und Sadler, Clendenen,

McLynn, Cumberland und Katz.
[964] Clendenen, *The United States and Pancho Villa*, 43.
[965] Harris und Sadler, *Secret War in El Paso*, 150.
[966] McLynn, *Villa and Zapata*, 173.
[967] *Die El Paso Morning Times*, 16. November 1913, "By a brilliant coup Villa takes Juarez from Federals." Photo courtesy Library of Congress, Prints and Photographs Division, public domain.
[968] Scott, *Some Memoirs of a Soldier*, 498.
[969] Ibid., 499.
[970] Ibid.
[971] Harris und Sadler, *Secret War in El Paso*, 174.
[972] Katz, *Life and Times of Pancho Villa*, 228.
[973] Guzman, *Memoirs of Pancho Villa*, 122.
[974] Ibid., 127.
[975] Ibid., 140.
[976] Manuel A. Machado Jr., *Centaur of the North: Francisco Villa, the Mexican Revolution, and northern Mexico*, Eakin Press, Austin, TX, 1988, 55.
[977] Silvestre Terrazas Papers, University of California at Berkeley, Bancroft Library, M-B-18, Part I, Box 11, Bilanzen.
[978] Verhör F.A. Sommerfeld, 24. Juni, 1918.
[979] Ibid.
[980] AA Politisches Archiv Berlin, Mexiko II, Paket 5.
[981] J. Campana, *L'artillerie de campagne à tir rapide et à boucliers: Son Matériel, sa puissance, son organisation, son emploi*, Charles-Lavauzelle, Paris, France, 1909, 62-91, zitiert in www.bulgarianartillery.it/Bulgarian Artillery 1/Testi/TB_Effect of fire.htm.
[982] Thayer verdingte sich mit Villa am 5. Januar, um den Film "Mit Pancho Villa in der Hauptrolle" zu produzieren
[983] Guzman, *Memoirs of Pancho Villa*, 129.
[984] NA RG 65 Records of the FBI, M1085, Rolle 854, Akte 232-16, Agent Wren an Hauptquartier, 9. Januar, 1914.
[985] Ibid., Agent Wren an Hauptquartier, 7. Januar, 1914.
[986] Villa hatte zwei Brigaden. In der División del Norte hatte eine Brigade 450 bis 550 Mann. Mehrere Historiker schätzten Villas Verstärkung zwischen 1.500 und 2.000 Soldaten umfasste.
[987] Guzman, *Memoirs of Pancho Villa*, 130.
[988] Ibid., 131.
[989] Glenn Willeford, "Ambrose Bierce, 'the Old Gringo': Fact, Fiction and Fantasy," http://ojinaga.com/bierce, angesehen 27. März, 2011.
[990] NA RG 65 Records of the FBI, M1085, Rolle 854, Akte 232-14, Agent Blanford an Hauptquartier, 20. Januar, 1914.
[991] Ibid., Akte 232-16, Agent Blanford an Hauptquartier, 19. Januar, 1914.
[992] Ibid.
[993] Ibid., Akte 232-14, Agent Blanford an Hauptquartier, 20. Januar, 1914.

[994] *Die New York Times*, 23. Februar, 1914, "Villa Shoots Diaz Emissary."
[995] NA RG 65 Records of the FBI, M1085, Akte 232-134, Harvey Phillips an Hauptquartier, 3. März, 1915.
[996] *Die Washington Post*, 4. Juli, 1914, "Big Aid to Rebels."
[997] *Die New York Times*, 8. Februar, 1914, "Sandoval back in Havana."
[998] Guzman, *Memoirs of Pancho Villa*, 329.
[999] Silvestre Terrazas Papers, University of California at Berkeley, Bancroft Library, M-B-18, Marion Letcher Correspondence, "Liste der Staatsfeinde."
[1000] *Die New York Times*, 23. Februar, 1914, "Villa shoots Diaz Emissary."
[1001] Katz, *Life and Times of Pancho Villa*, 220-221.
[1002] Scott, *Some Memoirs of a Soldier*, 501-502.
[1003] Papers of Hugh Lenox Scott, Box 15, Villa an Scott, 12. Februar, 1914.
[1004] Silvestre Terrazas Papers, University of California at Berkeley, Bancroft Library, M-B-18, Marion Letcher Correspondence.
[1005] *Die New York Times*, 21. Februar, 1914, "Execution of Benton Mai force hand of the Administration."
[1006] Katz, *Life and Times of Pancho Villa*, 327.
[1007] Ibid., 328.
[1008] Die Aufzeichnungen von Terrazas' zeigen weder vor noch nach Bentons Ermordung den Erlass eines Befehls zur Beschlagnahmung. Siehe Silvestre Terrazas Papers, University of California at Berkeley, Bancroft Library, M-B-18, Container 111, Bilanzen.
[1009] *Die New York Times*, 30. Mai, 1915, "Villa accused by former aide."
[1010] *Die New York Times*, 23. Februar, 1914, "Villa's own story of Benton killing."
[1011] Katz, *Life and Times of Pancho Villa*, 328. Katz zitiert den britischen Vizekonsul von Torreón, der gesagt haben soll, Fierro tötete Benton, da er fälschlicherweise dachte, Benton zöge eine Waffe.
[1012] *Die New York Times*, 30. Mai, 1915, "Villa accused by former aide."
[1013] Library of Congress, Prints and Photographs Division, public domain.
[1014] Guzman, *Memoirs of Pancho Villa*, 133; *Die New York Times*, 30. Mai, 1915, "Villa accused by former aide."
[1015] Katz, *Life and Times of Pancho Villa*, 326.
[1016] Ibid., 328.
[1017] Ibid., 327.
[1018] NA RG 65 Records of the FBI, M1085, Rolle 854, Akte 232-14, Branford an Hauptquartier, 19. Januar, 1914.
[1019] Ibid.
[1020] *Die New York Times*, 21. Februar, 1914, "Execution of Benton Mai force hand of the Administration."
[1021] Ibid., "El Paso Citizens Condemn the Killing of W. S. Benton."
[1022] University of Texas, Benson Library, Austin, Texas, Papers of Lazaro De La Garza, Box 1, Folder B, William Jennings Bryan an Francisco Villa, ohne Datum, wahrscheinlich 23. Februar, 1914, handgeschrieben auf dem Briefkopf des Hotel Sheldon.

[1023] *Die New York Times*, 21. Februar, 1914, "Execution of Benton Mai force hand of the Administration."
[1024] NA RG 65 Records of the FBI, M1085, Rolle 855, Akte 232-51, Branford an Hauptquartier, 13. Februar, 1914.
[1025] *Der El Paso Herald*, 24. Februar, 1914, "Bauch missing; Maybe Benton's Fate befell him."
[1026] *Die Sausalito News*, Vol. 30. Nummer 9, 28. Februar, 1914.
[1027] *Die New York Times*, 1. März, 1914, "Carranza inquires about Benton case."
[1028] Ibid.
[1029] http://losbarbones.blogspot.com/2010/04/william-s-benton.html, angesehen am 16. September 2013.
[1030] Ibid.
[1031] *Die Oakland Tribune*, 15. Dezember, 1913, "Fletcher holding Federals in check." Auch *Der El Paso Herald*, 15. Dezember, 1913, "Carranza Directs Villa to Respect Foreigners; Losses May be Made Good."
[1032] NA RG 65Records of the FBI, M1085, Rolle 857, Akte 232-134, Agent Scully an Hauptquartier, 16. Dezember, 1914.
[1033] Verhör F.A. Sommerfeld, 24. Juni, 1918.
[1034] Ibid.
[1035] NA RG 65 Albert Papers, Box 22, Proclamation by the President of the United States, 3. Februar, 1914.
[1036] Papers of Hugh Lenox Scott, Box 16, General Correspondence, Sommerfeld an Hugh Lenox Scott, 6. Juli, 1914.
[1037] Verhör F.A. Sommerfeld, 24. Juni, 1918.
[1038] Eine genaue Recherche in den Staatspapieren (Silvestre Terrazas' Aufzeichnungen) sowie der Konten der División del Norte (Lazaro De La Garza Papers) blieb ergebnislos.
[1039] *Die Washington Post*, 6. Juli, 1914, "Rebel Cash held up."
[1040] Verhör F.A. Sommerfeld, 24. Juni, 1918.
[1041] *Die Washington Post*, 6. Juli, 1914, "Rebel Cash held up;" siehe auch De La Garza Papers, Benson Library, University of Texas at Austin.
[1042] Ibid.
[1043] Verhör F.A. Sommerfeld, 24. Juni, 1918.
[1044] Ibid.
[1045] NA RG 60, Department of Justice, Akte 9-16-12-97, Brief von F. Stallforth an Col. Robertson, 24. Oktober 24, 1917.
[1046] University of Texas, Benson Library, Austin, Texas, Papers of Lazaro De La Garza, Box 5, Folder A.
[1047] NA RG 165 Military Intelligence Division, Akte 9140-878, Aussage über die Madero Firma.
[1048] NA RG 242 Captured German Documents, T149, Rolle 378, Huerta an von Hintze, 13. Januar, 1914.
[1049] Ibid., Aktionäre an das Auswärtige Amt, 16. Januar, 1914.
[1050] *Die New York Times*, 25. Februar, 1914, "Villa defies the United States and

Britain."

[1051] Baecker, *Die Deutsche Mexikopolitik 1913-14*, 169.

[1052] Es ist dem Historiker Baecker hoch anzurechnen, dass er als einziger zu dem richtigen Schluss kam, dass die angebliche Unterstützung Huertas nicht den Tatsachen entsprach.

[1053] Der Gesandte von Hintze berichtete über die Ankunft einer Lieferung von 7 Million Patronen aus Deutschland am 12. März, die finanziert worden war. Hierbei scheint es sich jedoch um eines der einzigen Geschäfte zu handeln, die tatsächlich durchgeführt wurden.

[1054] University of Texas, Benson Library, Austin, Texas, Papers of Lazaro De La Garza, Box 5, Folder A, Alberto Madero an De La Garza, 6. März, 1914.

[1055] Ibid.

[1056] Ibid., Tauscher an Alfonso Madero, 27. Februar, 1914.

[1057] Ibid.

[1058] NA RG 242 Captured German Documents, T149, Rolle 378, Guillermo Bach an von Hintze, 18. September, 1913.

[1059] Zitiert in Michael Meyer, "The Arms of the *Ypiranga*," *Hispanic American Historical Review*, Vol. L, Nr. 3, 1970, 547.

[1060] NA RG 242 Captured German Documents, T149, Rolle 378, Guillermo Bach an von Hintze, 9. September, 1913.

[1061] Ibid., von Hintze to von Bethmann Hollweg, Dezember 4, 1913.

[1062] University of Texas, Benson Library, Austin, Texas, Papers of Lazaro De La Garza, Box 5, Folder A, Alberto Madero to De La Garza März 6, 1914; Dieses Dokument ist der beste erhältliche Hinweis, dass die Maderos einen Rahmenvertrag abgeschlossen hatten, der die aufgeführten Lieferungen mit einschloss.

[1063] NA RG 242 Captured German Documents, T149, Rolle 378, von Bernstorff an Auswärtiges Amt, 14. Februar, 1914.

[1064] Ibid.

[1065] NA RG 65 Records of the FBI, M1085, Rolle 853, Akte 232, Agent Barnes an Hauptquartier, 15. Mai, 1913 und Agent Matthews an Hauptquartier, 20. Mai, 1913.

[1066] NA RG 242 Captured German Documents, T149, Rolle 378, von Hintze an von Bethmann Hollweg, 4. Dezember, 1913.

[1067] University of Texas, Benson Library, Austin, Texas, Papers of Lazaro De La Garza, Box 5, Folder A, Zahlungen an F. Stallforth, 9. Februar, 1914, 28. Februar, 1914, 4. März, 1914.

[1068] Ibid., Tauscher an Alfonso Madero, 9. Februar, 1914. Tauscher informierte Madero darüber, dass er 300 Kisten 7mm-Mauser-Munition mit der *SS El Norte* an De La Garza lieferte, und das wahrscheinlich über die Gans Steamship Line, wobei es sich um eine der deutschen Frachtlinien handelte, die Tauscher und später der Handelsattaché Albert häufig benutzten. US-Behörden hegten seit Sommer 1913 Verdacht gegen Gans. Auch Dampfschiffe von United Fruit standen in Verdacht, Waffen und Munition von New York aus über New Orleans nach Mexiko zu schmuggeln.

[1069] Baecker, *Die Deutsche Mexikopolitik 1913/14*, 86-87.

[1070] Verhör F.A. Sommerfeld, 24. Juni, 1918. Sommerfeld sagte aus, dass er mit der Western Cartridge Company in der Zeit um Februar 1914 zu tun hatte, als er gebrauchte Mauser-Gewehre an dieses Unternehmen schickte, um sie überprüfen zu lassen.

[1071] Guzman, *Memoirs of Pancho Villa*, 181.

[1072] Villas Spitzname für De La Garza während sie zusammen arbeiteten.

[1073] University of Texas, Benson Library, Austin, Texas, Papers of Lazaro De La Garza, Box 1, Folder D, De La Garza an Villa, 14. April, 1914.

[1074] Jim Tuck, "Pancho Villa as a German Spy," www.mexconnect.com/articles/1853-pancho-villa-as-a-german-agent, angesehen am 10. Mai, 2011.

[1075] NA RG 165 Military Intelligence Division, Akte 5761-1091/2, Hopkins an MID, 10. April, 1916.

[1076] University of Texas, Benson Library, Austin, Texas, Papers of Lazaro De La Garza, Box 5, Folder A, De La Garza an Alfonso Madero, 18. Februar, 1914.

[1077] Ibid., Alfonso Madero an De La Garza, 20. Februar, 1914.

[1078] Ibid., Box 1, Folder C, De La Garza an Villa, 12. April, 1914.

[1079] Ibid., Box 1, Folder B, De La Garza an Villa, 27. Februar, 1914.

[1080] Ibid.

[1081] Ibid., De La Garza an Villa, 28. Februar, 1914.

[1082] Ibid., Folder C, Villa an De La Garza, 2. März, 1914, 5. März, 1914, 12. März, 1914.

[1083] Verhör F.A. Sommerfeld, 24. Juni, 1918.

[1084] University of Texas, Benson Library, Austin, Texas, Papers of Lazaro De La Garza, Box 1, Folder C, De La Garza an Villa, 12. März, 1914.

[1085] Ibid.

[1086] Für eine bildhafte Beschreibung siehe Reed, *Insurgent Mexico*, Kapitel 13 und 14.

[1087] University of Texas, Benson Library, Austin, Texas, Papers of Lazaro De La Garza, Box 1, Folder C, Villa an De La Garza, 14. April, 1914.

[1088] Ibid., Box 5, Folder B, Sommerfeld an Flint, 30. Mai, 1914.

[1089] Ibid., Sommerfeld an De La Garza, 31. Mai, 1914.

[1090] AA Politisches Archiv Berlin, R 16873, Seiten 59-65, von Hintze an von Bethmann Hollweg, 14. April, 1914 veröffentlicht in Huerter, *Paul von Hintze*, 351.

[1091] Ibid.

[1092] Guzman, *Memoirs of Pancho Villa*, 190.

[1093] http://militaryhistory.about.com/od/battleswars1900s/p/veracruz.htm; angesehen Oktober 2011.

[1094] Daniels, *The Life of Woodrow Wilson*, 181.

[1095] Ibid., 182.

[1096] Thomas Baecker, "The Arms of the *Ypiranga*: The German Side," *The*

Americas, Vol. 30, Nr. 1 (Juli 1973), 5-6.
[1097] www.freepages.genealogy.rootsweb.ancestry.com/~katloregen/FtCrockett.htm, Fort Crockett and the occupation of Veracruz, Mexico, angesehen am 11. Mai 2011.
[1098] Library of Congress, Prints and Photographs Division, public domain.
[1099] Baecker, "The Arms of the *Ypiranga*: The German Side," 7.
[1100] Ibid.
[1101] AA Politisches Archiv Berlin, Mexiko V, Paket 33, Hintze an Auswärtiges Amt, 18. April, 1914.
[1102] United States Senate, *Investigation of Mexican affairs*, Subcommittee of the Committee of Foreign Relations, Government Printing Office, 1920, 783.
[1103] *Fuel Oil Journal*, Volume 5, Mai 1914, Houston, TX, 7.
[1104] *Die New York Times*, 7. Mai, 1914, "Gerard thanks Germany."
[1105] NA RG 65 Albert Papers, Box 32, Akte 822, Wilson an Kohler [sic], 25. August, 1914.
[1106] *Die New York Times*, 8. Mai, 1914, "The *Ypiranga* Carries Refugees;" Auch Meyer, "The Arms of the *Ypiranga*," 554.
[1107] Baecker, "The Arms of the *Ypiranga*: The German Side," 9.
[1108] *Die New York Times*, 30. April 1914, "Reichstag debates Mexican Affairs."
[1109] Baecker, "The Arms of the *Ypiranga*: The German Side," 15.
[1110] NA RG 65 Albert Papers, Box 27, von Papen an Kriegsministerium, 28. Mai, 1914.
[1111] *Die New York Times*, 31. Mai, 1914, "Fines German Ships Total of $200,000."
[1112] AA Politisches Archiv Berlin, Mexiko V, Paket 33, Hintze an Auswärtiges Amt, 18. April, 1914.
[1113] Ibid., von Hintze an von Jagow, 26. April, 1914.
[1114] Meyer, "The Arms of the *Ypiranga*," 548.
[1115] *Die New York Times*, 9. Mai, 1914, "Arms for Huerta on German Ships."
[1116] United States Senate, *Investigation of Mexican Affairs*, Subcommittee of the Committee of Foreign Relations, Government Printing Office, 1920, 782.
[1117] *Die New York Times*, 31. Mai, 1914, "Fines German Ships Total of $200,000."
[1118] Der Repräsentant der HAPAG trat als Agent in den deutschen Geheimdienst ein und operierte während des Ersten Weltkrieges in den USA.
[1119] *Die New York Times*, 30. April, 1914, "Brazil takes Charge."
[1120] NA RG 60 Department of Justice, Akte 9-16-12-5, Memorandum an Hauptquartier, Akte über Carl Heynen, 6. Oktober, 1919.
[1121] Meyer und andere führten Rasst als Vizekonsul in Mexico City an. Einwanderungspapiere und seine eigenen Äußerungen beweisen, dass er im Jahr 1913 Vizekonsul in Puebla war. Siehe NA RG 85 Immigration and Naturalization, M237, Roll 2230, Seite 2, Zeile 26.
[1122] http://cdigital.dgb.uanl.mx/la/1080089135/1080089135_49.pdf, angesehen

im Mai 2011, *El Delito de Quiebra*, um 1888 herausgegeben, 529-535.
[1123] Ibid.
[1124] Leticia Gamboa, *Los empresarios de ayer: El grupo dominante en la industria textil de Puebla, 1906-1929*, Puebla, Mexico, 1985, UAP, cuadro 7, 65.
[1125] Secretaría de Comunicaciones y Obras Públicas, Estadística de ferrocarriles de jurisdicción federal año de 1918. México, Talleres Gráficos de la Nación, 1924.
[1126] NA RG 165 Military Intelligence Division, Akte 9140-1754-39, Agent Doyas an Hauptquartier, 25. September, 1918.
[1127] Ibid., Akte 9140-1754-40, Agent Berliner an Hauptquartier, 3. August, 1918. Berliner war selbst jüdischer Herkunft, wodurch seine Beschreibung von Rasst zu einer Meinungssache wird, jedoch nicht antisemitisch motiviert war.
[1128] NA RG 59 Department of State, Akte 812.00/10235, zitiert in Meyer, "The Arms of the *Ypiranga*," 547.
[1129] NA RG 65 Records of the FBI, M1085, Rolle 856, Akte 232-94, Agent Scully an Hauptquartier, 29. April 1914.
[1130] Meyer, "The Arms of the *Ypiranga*," 548. Er zitierte von einem Bericht, den Agent Scully schickte, nachdem er das Manifest der *Brinkhorn* eingesehen hatte.
[1131] Baecker, "The Arms of the *Ypiranga*: The German Side," 5.
[1132] Meyer, "The Arms of the *Ypiranga*," 547.
[1133] NA RG 36 U.S. Customs Service, T715, Rolle 2230, Seite 3, Zeile 26.
[1134] NA RG 65 Records of the FBI, M1085, Rolle 856, Akte 232, Agent Scully an Hauptquartier, 29. April 1914.
[1135] NA RG 165 Military Intelligence Division, Akte 9140-1754-40, Agent Berliner an Hauptquartier, 3. August, 1918.
[1136] Verhör F.A. Sommerfeld, 24. Juni, 1918.
[1137] NA RG 131 Alien Property Custodian, Entry 195, Box 67, BI Index von Staatsangehörigen der Feindmächte.
[1138] *Die New York Times*, 12. Dezember, 1910, "De Kay's 'Judas' a new Conception."
[1139] Jeffrey M. Pilcher, *The Sausage Rebellion: Public Health, Private Enterprise, and Meat in Mexico City, 1890–1917*, University of New Mexico Press, Albuquerque, NM, 2006. Rezension von William Schell Jr., www.hbs.edu/bhr/archives/bookreviews/81/wschell.pdf, angesehen am 12. Mai, 2011.
[1140] *Die New York Times*, 13. November, 1915, ohne Überschrift.
[1141] *Die New York Times*, 30. Dezember, 1910, "Judas a Lover in John De Kay's Play."
[1142] *Die New York Times*, 21. Februar, 1910, "J. W. De Kay tells of lavish gifts."
[1143] *Die New York Times*, 18. Dezember, 1910, "Bernhardt to Present a Millionaires First Play."
[1144] *Die New York Times*, 21. Februar, 1914, "J. W. De Kay tells of Lavish Gifts."
[1145] Baecker, "The Arms of the *Ypiranga*: The German Side," 5.
[1146] *Die New York Times*, 18. Dezember, 1910, "Bernhardt to Present a

Millionaires First Play."
[1147] Baecker, "The Arms of the *Ypiranga*: The German Side," 3.
[1148] NA RG 242 Captured German Documents, T149, Rolle 378, von Hintze an von Bethmann Hollweg, 12. März, 1914.
[1149] *The National Cyclopaedia of American Biography: Being the History of the United States as Illustrated in the Lives of the Founders, Builders, and Defenders of the Republic, and of the Men and Women who are Doing the Work and Moulding the Thought of the Present Time*, Vol. XIV, J. T. White Company, New York, NY, 1910, 474, Public Domain.
[1150] Ibid.
[1151] Es gibt leichte Abweichungen bezüglich der Zahlen der beiden Historiker. Baecker scheint mehrere hundert Kisten doppelt gezählt zu haben.
[1152] NA RG 65 Albert Papers, Box 27, von Papen an Kriegsministerium, 28. Mai, 1914.
[1153] Ibid.
[1154] NA RG 59 Department of State, Akte 812.00/11547, Canada an Bryan, 18. April, 1914.
[1155] Meyer, "The Arms of the *Ypiranga*," 551.
[1156] Verhör F.A. Sommerfeld, 24. Juni, 1918.
[1157] Ibid.
[1158] Carothers an Secretary of State, 22. April, 1914, Wilson Papers, Ser. 2, zitiert in Haley, *The Diplomacy of Taft and Wilson with Mexico, 1910-1917,* 135.
[1159] AA Politisches Archiv Berlin, Mexiko V Paket 33, Marinebericht Nr. 83, 27. Mai, 1914.
[1160] Papers of Hugh Lenox Scott, Box 15, General Correspondence, Hopkins an Carranza, 24. April, 1914.
[1161] University of Texas, Benson Library, Austin, Texas, Papers of Lazaro De La Garza, Box 1, Folder E, De La Garza an Villa, 3. Mai, 1914.
[1162] Ibid.
[1163] AA Politisches Archiv Berlin, Mexiko V Paket 33, von Hintze an von Jagow, 30. April, 1914.
[1164] Carothers an Secretary of State, 23. April, 1914, Wilson Papers, Ser. 2, zitiert in Haley, *The Diplomacy of Taft and Wilson with Mexico, 1910-1917*, 135.
[1165] *Die New York Times*, 8. Mai, 1914, "Villa urges US to lift Embargo."
[1166] University of Texas, Benson Library, Austin, Texas, Papers of Lazaro De La Garza, Box 1, Folder E, De La Garza an Villa, 29. Mai, 1914.
[1167] *Die New York Times*, 29. April, 1914, "Pershing takes Command."
[1168] *Die New York Times*, 30. April 1914, "Army of 13,000 Men Guards the Border."
[1169] AA Mexico V Paket 33, Marinebericht Nr. 83, Boy-Ed an Auswärtiges Amt, 27. Mai, 1914.
[1170] Siehe Katz, *Life and Times of Pancho Villa*, 314-315 für Beispiele der rauen Behandlung, die Carothers von Historikern der Mexikanischen Revolution widerfahren ist.

[1171] Papers of Hugh Lenox Scott, Box 15, General Correspondence, Woodrow Wilson an Scott, 16. April, 1914.
[1172] Katz, *Life and Times of Pancho Villa*, 314.
[1173] Bell, *The Political Shame of Mexico*, 385-386.
[1174] NA RG 242 Captured German Documents, Rolle 378, Akte 14, Bleichröder an Außenminister, 19. Juni, 1914.
[1175] Cumberland, *The Constitutionalist Years*, 142.
[1176] Bell, *The Political Shame of Mexico*, 383-384.
[1177] *Die New York Times*, 7. Mai, 1914, "Fear Conference will Fail."
[1178] AA Mexico V, Paket 33, Marinebericht Nr. 83, Boy Ed an Auswärtiges Amt, 27. Mai, 1914.
[1179] Skirius, "Railroad, Oil and Other Foreign Interests in the Mexican Revolution, 1911 to 1914," 48.
[1180] Ibid.
[1181] *Der El Paso Herald*, 15. Mai, 1914, "Rebels hold oil man for big ransom."
[1182] Ibid.
[1183] NA RG 242 Captured German Documents, T141, Roll 19, von Hintze an von Bethmann Hollweg, 25. Juni, 1914.
[1184] Skirius, "Railroad, Oil and Other Foreign Interests in the Mexican Revolution, 1911 to 1914," 47. Auch *Die Times-Picayune*, 6. Juli, 1914, "Money Bag String Pulled and Swift Action Follows."
[1185] Papers of Hugh Lenox Scott, Box 15, Bliss an Scott, 26. August, 1914.
[1186] *Die New York Times*, 30. April 1914, "Villa Joins his Army."
[1187] Verhör F.A. Sommerfeld, 21. Juni, 1918.
[1188] University of Texas, Benson Library, Austin, Texas, Papers of Lazaro De La Garza, Box 1, Folder E, Alfredo Farias an Villa, 3. Mai, 1914.
[1189] *Der El Paso Herald*, 1. Juli, 1914 mit Kopien der folgenden Briefe: Pierce an Hopkins, 7. Mai und 12. Mai, Hopkins an Carranza, 13. Mai, 1914.
[1190] Siehe *Der El Paso Herald*, 15. Mai, 1914 und University of Texas, Benson Library, Austin, Texas, Papers of Lazaro De La Garza, Box 1, folder E, De La Garza an Villa, 20. Mai, 1914.
[1191] NA RG 65 Records of the FBI, M1085, Rolle 856, Akte 232-98, Agent Baker an Hauptquartier, 18. Mai und 22. Mai, 1914.
[1192] Die Tatsache, dass Villa Sommerfeld 75.000 US-Dollar über die Hanover Bank zukommen ließ, jedoch zwei Wochen später Waffen im Wert von 500.000 US-Dollar beschlagnahmt wurden, dient als Beweise, dass Flint hier Geld investiert hatte. Siehe De La Garza Papers, Box 1, Folders E und F.
[1193] University of Texas, Benson Library, Austin, Texas, Papers of Lazaro De La Garza, Box 1, Folder E, De La Garza an Villa und Villa an De La Garza, 29. Mai, 1914.
[1194] *Die New York Tribune*, "Bryan again bans Arms for Mexico," 31. Mai, 1914. Minister Brian erneuerte das Waffenembargo, nachdem die *Ypiranga* und *Bavaria* ihre Ladungen in Puerto Mexico gelöscht hatten. Danach widerrief er den Befehl. Bryans zweideutige Aussagen führten zu schweren Verzögerungen

bei der Belieferung der Armee der Konstitutionalisten, die versuchte, Huerta zu stürzen.

1195 University of Texas, Benson Library, Austin, Texas, Papers of Lazaro De La Garza, Box 1, Folder E, De La Garza an Villa, 14. Juni, 1914.

1196 NA RG 65 Records of the FBI, M1085, Rolle 856, Akte 232-98, Agent Baker an Hauptquartier, 18. Mai und 22. Mai, 1914.

1197 Verhör F.A. Sommerfeld, 21. Juni, 1918.

1198 *Die New York Times*, 10. Mai, 1914.

1199 NA RG 36 U.S. Customs Service, T715, Rolle 2324, Seite 73, Zeile 12; auch *Die New York Times*, 29. Mai, 1914, "Cabrera awaiting Carranza's Orders."

1200 Siehe Zeitungsausschnitte aus der *New York Times* und anderen Zeitungen aus dieser Zeit. Hopkins wird stets als Lobbyist für die Konstitutionalisten bezeichnet.

1201 AA Mexico V, Paket 33, Marinebericht Nr. 83, Boy Ed an Auswärtiges Amt, 27. Mai, 1914.

1202 Ibid.

1203 *Die New York Times*, "General Villa denies naming Angeles," 21. Juni, 1914.

1204 AA Mexico V, Paket 33, Marinebericht Nr. 83, Boy-Ed an Auswärtiges Amt, 27. Mai, 1914.

1205 *Die New York Times*, "Carranza asks Delay; His Agent Accuses Ours," 28. Juni, 1914.

1206 *Die Washington Times*, "Captain Hopkins Charges Letters were Stolen as part of Conspiracy," 28. Juni, 1914.

1207 Ibid.

1208 *Der Washington Herald*, 6. Februar, 1914, "Fire in Sherburne Hopkins' House."

1209 *Der Washington Herald*, 18. November 1914, "Robberies of Yesterday."

1210 University of Texas, Benson Library, Austin, Texas, Papers of Lazaro De La Garza, Box 5, Folder B, Sommerfeld an De La Garza, ohne Datum (wahrscheinlich 30. Juni, 1914).

1211 *Die New York Times*, 28. Juni, 1914, "Deny Cowdray's Financing."

1212 University of Texas, Benson Library, Austin, Texas, Papers of Lazaro De La Garza, Box 5 Folder B, Sommerfeld an De La Garza, ohne Datum (wahrscheinlich 30. Juni, 1914).

1213 *Das Nation Magazine*, 2. Juli, 1914, Volume 99, "Intriguers and Mexico."

1214 *Die New York Times*, 30. Juni, 1914, "Carranza denies railway deal; No American Financial Aid."

1215 *Die Times-Picayune*, 4. Juli, 1914, "Said Embargo Applied Only to Land Boundary."

1216 *Die Washington Times*, 8. Juni, 1914.

1217 Carranza organisierte das PANS, ein Propagandaarm, der Hopkins' und Sommerfeld' Öffentlichkeitsarbeit untergraben sollte.

1218 *Die New York Times*, 30. Juni, 1914, "Need 50,000,000 to Finance Mexico."

1219 Siehe Skirius, "Railroad, Oil and Other Foreign Interests in the Mexican

Revolution, 1911 to 1914," 47. Skirius erwähnt ein Dokument aus dem mexikanischen Staatsarchiv. Es existieren jedoch auf Seiten der USA keine Dokumente, die tatsächliche Schritte gegen die fünf belegen. Eine Untersuchung des US-Kongress wird in Zeitungen erwähnt, diese scheint jedoch auch nicht durchgeführt worden zu sein. Hopkins, Lind und Pierce beantworteten Fragen vor dem Fall-Komitee im Jahr 1919. Es bestand jedoch keine direkte Verbindung zu Hopkins' Aufzeichnungen.

1220 NA RG 242 Captured German Documents, T141, Rolle 19, von Hintze an deutschen Konsul in Veracruz, 13. Juli, 1914, mit der Bitte um Dienstleistung. Bejahende Antwort, *SMS Dresden* an von Hintze, 14. Juli, 1914. Die tatsächliche Abfahrt wurde am 21. Juli, 1914 bestätigt, Panselow an Auswärtiges Amt.

1221 Es ist unklar, ob die deutsche Regierung verdeckte Motive hatte, als sie Huerta gestattete, Mexiko auf einem deutschen Kriegsschiff zu verlassen. Die Aktion war in späteren Jahren Ausgang zahlreicher Verschwörungstheorien, insbesondere nachdem deutsche Agenten im Jahr 1915 versuchten, Huerta in die Unruhen in Mexiko zu verwickeln. Es ist jedoch eher wahrscheinlich, dass die Aktion rein humanitäre Beweggründe hatte und insofern der Evakuierung von Porfirio Diaz durch Deutschland einige Jahre zuvor gleichkommt.

1222 Cumberland, *The Constitutionalist Years*, 149.

1223 NA RG 242 Captured German Documents, T141, Rolle 19, Militärbericht Nr. 1, 3. Juli, 1914.

1224 NA RG 165 Military Intelligence Division, Boxes 1266 bis 1269, Akten 5761, 2338, 9700, 10270, 10640.

1225 *Die New York Times*, 23. Juni, 1932, "S. G. Hopkins Dead; Lawyer in Capital."

1226 Für eine detaillierte Analyse und die Perspektive aus britisch Sicht siehe Peter Calvert, *The Mexican Revolution 1910-1914: The Diplomacy of Anglo-American Conflict*, Cambridge University Press, New York, NY, 1968. Calvert argumentiert, dass Henry Clay Pierce Ende 1913 schwer geschwächt war und kurz davorstand, seine Macht und seinen Einfluss in Mexiko zu verlieren. Vor diesem Hintergrund argumentiert Calvert, dass Hopkins Pierce bei Carranza anpries. Als letztlich alles ans Licht kam, zog sich Pierce zurück, und Cowdray verzeichnete beträchtliche Erlöse durch einen Marktanteil von 50%, der zwischen den beiden Konkurrenten ausgehandelt wurde.

1227 *Die Times-Picayune,* 6. Juli, 1914, "Money Bag String Pulled and Swift Action Follows."

1228 Grays wirklicher Name blieb gegenüber den US-Behörden geheim. Er wurde verdächtigt, deutscher Spion zu sein, jedoch nicht überführt. Siehe NA RG 165 Military Intelligence Division, 9140-3098.

1229 NA RG 65 Albert Papers, Box 27, Militärberichte 15-21, 22. Mai bis 23. Juli, 1914.

1230 AA Mexiko V, Paket 33, Boy-Ed an Auswärtiges Amt, Marinebericht Nr. 83, 27. Mai, 1914.

1231 Ibid.

[1232] NA RG 65 Albert Papers, Box 45, Falmouth Papers, Boy-Ed an von Papen, 25. Mai, 1914. Siehe auch Karl Boy-Ed, *Verschwörer?* Verlag August Scherl GmbH, Berlin, Germany, 1920, 80ff.

[1233] AA Mexiko V, Paket 33, Haniel an deutsche Gesandtschaft, Mexico City, 13. August, 1914.

[1234] Die folgende Persönlichkeitsanalyse von Sommerfeld basiert auf einer Simulation, die der Autor zusammen mit Autoren Alaina Love und Marc Cugnan durchgeführt hat. Auf der Grundlage aller verfügbaren Briefe und Äußerungen Sommerfelds wurde ein Persönlichkeitsprofil erstellt. Sommerfeld erscheint als „Denker" (conceiver) und „Verarbeiter" (processor), der die Fähigkeiten eines „Verbinders" (connector) und „Erbauer" (builder) erlernte. Sein Wert für Selbstbesinnung (reflective score) war eher gering. Die Ergebnisse aus der Simulation von Sommerfelds Persönlichkeit wurden mit seinen Aktionen und Reaktionen abgeglichen, die in den verfügbaren Primärquellen bezogen werden konnten. Für weitere Informationen siehe Alaina Love und Marc Cugnon, *The Purpose Linked Organization: How passionate leaders inspire winning teams and great results*, McGraw Hill, New York, NY, 2009.

[1235] Verhör F.A. Sommerfeld, 21. Juni, 1918.

[1236] Ibid.

[1237] NA RG 60 Department of Justice, Akte 9-16-12-5305-13; S. G. Hopkins an Justizminister, 2. April, 1919.

[1238] Stallforth Papers, Private Collection, Gästebucheintrag, 25. März, 1911.

[1239] Zitiert in Katz, *Life and Times of Pancho Villa*, 317.

[1240] Siehe Baecker, *Die Deutsche Mexikopolitik, 1913/1914.*

Bibliografie

Sekundärliteratur

Allen, Ronald, *The Siege of the Peking Legations: Being the Diary of Rev. Roland Allen, M.A.,* Smith, Elder and Co., London, Great Britain, 1901.

Ames, Azel, *The May-Flower and Her Log, July 15, 1620-May 6, 1621,* Chiefly from Original Sources; Houghton, Mifflin, Boston and New York, NY, 1907.

Baecker, Thomas, *Die Deutsche Mexikopolitik 1913/14*, Colloquium Verlag, Berlin, Germany, 1971.

Baker, Ray Stannard, *Seen in Germany*, Harper and Brothers, London, Great Britain, 1902.

Baker, Ray Stannard, *Woodrow Wilson: Life and Letters*, seven volumes, Doubleday, Doran and Company, New York, NY, 1938.

Beezley, William H., *Insurgent Governor: Abraham Gonzales and the Mexican Revolution in Chihuahua*, University of Nebraska Press, Lincoln, NE, 1973.

Bell, Edward I., *The Political Shame of Mexico*, McBride, Nast and Company, New York, NY, 1914.

Blasier, Cole, *The Hovering Giant: U.S. responses to revolutionary change in Latin America*, University of Pittsburg Press, Pittsburg, PA, 1976.

Brann, Markus, *Geschichte des Jüdisch-Theologischen Seminars in Breslau*, unknown publisher and year.

Brown, Jonathan C., *Oil and Revolution in Mexico*, University of California Press, Berkeley, CA, 1993.

Bruner, Robert F., Carr, Sean D., *The Panic of 1907: Lessons Learned from the Market's Perfect Storm*, John Wiley and Sons, Hoboken, NJ, 2007.

Calero, Manuel, *The Mexican Policy of Woodrow Wilson as it appears to a Mexican*, Smith and Thompson Press, New York, NY, 1916.

Calvert, Peter, *The Mexican Revolution 1910-1914: The Diplomacy of Anglo-American Conflict*, Cambridge University Press, New York, NY, 1968.

Campana, J. *L'artillerie de campagne à tir rapide et à boucliers: Son Matériel, sa puissance, son organisation, son emploi*, Charles-Lavauzelle, Paris, France, 1909.

Carosso, Vincent P., Carosso, Rose C., *The Morgans: Private International Bankers, 1854-1913*, Harvard Studies in Business History, Harvard University Press, Cambridge, MA, 1987.

Carter, Susan B., Gartner, Scott S., Haines, Michael, Olmstead, Alan, Sutch, Richard, and Wright, Gavin, eds., *Historical Statistics of the United States*, Millennial Edition, Cambridge University Press, New York, NY, 2002.

Case, Alden Buell, *Thirty Years with the Mexicans: In Peace and Revolution*, Fleming H. Revell Company, New York, NY, 1917.

Chalkley, John F., *Zach Lamar Cobb: El Paso Collector of Customs and Intelligence During the Mexican Revolution, 1913-1918*, Southwestern Studies, No. 103, University of Texas Press, El Paso, TX, 1998.

Clements, Paul, H., *The Boxer Rebellion: A Political and Diplomatic Review*, Columbia University Press, New York, NY, 1915.

Cooper, John Milton Jr., *Woodrow Wilson: A Biography*, Alfred A. Knopf, New York, NY, 2009.

Clendenen, Clarence, The United States and Pancho Villa: A study in Unconventional Diplomacy, Cornell University Press, Ithaca, NY, 1961.

Cullman, Peter Simonstein, *History of the Jewish Community of Schneidemühl – 1641 to the Holocaust*, Avotaynu, Bergenfield, NJ, 2006.

Cumberland, Charles C., *Mexican Revolution: Genesis under Madero*, Greenwood Press, New York, NY, 1969.

Cumberland, Charles C., *Mexican Revolution: The Constitutionalist Years*, University of Texas Press, Austin, TX, 1974.

Daniels, Josephus, *The Life of Woodrow Wilson*, John C. Winston Company, Chicago, IL, Philadelphia, PA, 1924.

De Bekker, Leander Jan, *The Plot against Mexico*, Alfred A. Knopf, New York, NY, 1919.

Doerries, Reinhard R., *Imperial Challenge: Ambassador Count Bernstorff and German-American Relations, 1908-1917*, University of North Carolina Press, Chapel Hill, NC, 1989.

Doerries, Reinhard R., Editor, *Diplomaten und Agenten: Nachrichtendienste in der Geschichte der deutsch-amerikanischen Beziehungen*, Universitätsverlag C. Winter, Heidelberg, Germany, 2001.

Ecke, Heinz, *Four Spies Speak*, John Hamilton Limited, London, Great Britain, 1933.

Eisenhower, John S. D., *Intervention! The United States and the Mexican Revolution, 1913-1917*, W.W. Norton and Company Inc., New York, NY, 1993.

Fabela, Isidro, *Historia diplomática de la Revolución Mexicana*, vol I. (1912-1917), México Ciudad, Fondo de Cultura Económica, México D.F., Mexico, 1958.

Fenwick, Charles Ghequiere, *The Neutrality Laws of the United States*, Carnegie Endowment for International Peace, Washington D.C., 1913.

Foroohar, Manzar, *The Catholic Church and Social Change in Nicaragua*, State University of New York Press, Albany, NY, 1989.

Gamboa, Leticia, *Los empresarios de ayer: El grupo dominante en la industria textil de Puebla, 1906-1929*, UAP, cuadro 7, Puebla, México, 1985.

Gould, Lewis L. and Greffe, Richard, *Photojournalist: The Career of Jimmy Hare*, University of Texas Press, Austin, TX, 1977.

Greever, William S., *Bonanza West: The Story of the Western Mining Rushes, 1848-1900*, University of Idaho Press, Moscow, ID, 1990.

Griggs, Jorge, *Chihuahua Mines*, 1907.

Hadley, Michael L., Sarty, Roger Flynn, *Tin-Pots and Pirate Ships: Canadian Naval Forces and German Sea Raiders 1880 – 1918*, McGill-Queens University Press, Montreal, Canada, 1991.

Hale, William Bayard, *Woodrow Wilson: The Story of his Life*, Doubleday, Page and Company, New York, NY, 1911, 1912.

Haley, Edward P., *Revolution and Intervention: The Diplomacy of Taft and Wilson with Mexico, 1910-1917*, The MIT Press, Cambridge, MA, 1970.

Hanrahan, Gene Z., *The Bad Yankee: American Entrepreneurs and Financiers in Mexico*, volume 1, Documentary Publications, Chapel Hill, NC, 1985.

Harris, Charles H., III and Sadler, Louis R., *The Archeologist was a Spy: Sylvanus G. Morley and the Office of Naval Intelligence*, University of New Mexico Press, Albuquerque, NM, 2003.

Harris, Charles H., III and Sadler, Louis R., *The Border and the Revolution: Clandestine Activities of the Mexican Revolution: 1910-1920*, High Lonesome Books, Silver City, NM, 1988.

Harris, Charles H., III and Sadler, Louis R., *The Secret War in El Paso: Mexican Revolutionary Intrigue, 1906-1920*, University of New Mexico Press, Albuquerque, NM, 2009.

Harris, Charles H., III and Sadler, Louis R., *The Texas Rangers and the Mexican Revolution: The Bloodiest Decade, 1910-1920*, University of New Mexico Press, Albuquerque, NM, 2004.

Hart, Albert Bushnell, *The Monroe Doctrine: An Interpretation*, Little, Brown, and Company, Boston, MA, 1916.

Henderson, Peter V. N., *In the Absence of Don Porfirio: Francisco Leon De La Barra and the Mexican Revolution*, Scholarly Resources, Wilmington, DE, 2000.

Huertner, Johannes, Editor, *Paul von Hintze: Marineoffizier, Diplomat, Staatssekretär, Dokumente einer Karriere zwischen Militär und Politik, 1903-1918*, Harald Boldt Verlag, München, Germany, 1998.

Jeffreys-Jones, Rhodri, *Cloak and Dollar: A History of American Secret Intelligence*, Yale University Press, New Haven, CT, 2002.

Jensen, Joan M., *The Price of Vigilance*, Rand McNally and Company, Chicago, New York, NY, 1968.

Johnson, Emory R., ed., *International Relations of the United States, The Annals of the American Academy of Political Science*, American Academy of Political and Social Science, Volume LIV, Philadelphia, PA, July 1914.

Jones, John Price, *The German Spy in America: The Secret Plotting of German Spies in the United States and the Inside Story of the Sinking of the Lusitania*, Hutchinson and Co., London, Great Britain, 1917.

Katz, Friedrich, *The Secret War in Mexico: Europe, the United States, and the Mexican Revolution*, The University of Chicago Press, Chicago, IL, 1981.

Katz, Friedrich, *The Life and Times of Pancho Villa*, Stanford University Press, Stanford, CA, 1998.

Kauze, Enrique, *Francisco Madero: Mistico de la Libertad*, Fondo de Cultura Económica, Mexico D.F., Mexico, 1987.

Knight, Alan, *The Mexican Revolution: Volume 1: Porfirians, Liberals and Peasants*, Cambridge University Press, Cambridge, MA, 1986.

Knight, Alan, *The Mexican Revolution: Volume 2: Counter-revolution and Reconstruction*, Cambridge University Press, Cambridge, MA, 1986.

Koenig, Louis W., *Bryan: A Political Biography of William Jennings Bryan*, G.P. Putnam's Sons, New York, NY, 1971.

Koenig, Robert L., *The Fourth Horseman: One Man's Mission to Wage the Great War in America*, Public Affairs, New York, NY, 2006.

Koth, Karl B., *Waking the Dictator: Veracruz, the struggle for federalism and the Mexican Revolution 1870 – 1927*, University of Calgary Press, Calgary, Alberta, Canada, 2002.

Leibson, Art, *Sam Dreben, the fighting Jew*, Westernlore Press, Tucson, AZ, 1996.

Lemke, William, *Crimes Against Mexico*, Great West Publishing Company, Minneapolis, MN, 1915.

Lill, Thomas Russell, *National Debt of Mexico: History and Present Status*, Searle, Nicholson and Lill C.P.A.'s, New York, NY, 1919.

Link, Arthur S., editor, *Woodrow Wilson and a Revolutionary World, 1913-1921*, New York, NY, 1982.

Link, Arthur S., *Wilson and the Progressive Era, 1910 to 1917*, Harper and Brothers, New York, NY, 1954.

Link, Arthur S., *The Papers of Woodrow Wilson*, vols. 23-26, Princeton University Press, Princeton, NJ, 1966.

Love, Alaina and Marc Cugnon, *The Purpose Linked Organization: How Passionate Leaders Inspire Winning Teams and Great Results*, McGraw Hill, New York, NY, 2009.

Mateer, Ada, Haven, *Siege Days: Personal Experiences of American Women and Children During the Peking Siege*, Fleming H. Revell Company, New York, NY, 1903.

Mauch, Christoff, *The Shadow War Against Hitler: The Covert Operations of America's Wartime Secret Intelligence Service*, Columbia University Press, New York, NY, 1999.

McKenna, Marthe, *My Master Spy: A Narrative of the Secret Service*, Jarrolds Publishers Ltd., London, Great Britain, 1936.

McLynn, Frank, *Villa and Zapata: A History of the Mexican Revolution*, Basic Books, New York, NY, 2000.

Meed, Douglas V., *Soldier of Fortune*, Halcyon Press, Ltd., Houston, TX, 2003.

Millard, Candice, *The River of Doubt*, Broadway Books, New York, NY, 2005.

Morris, Henry, *Our Mexican Muddle*, Laird and Lee Publishers, Chicago, IL, 1916.

Mowry, Sylvester, *Arizona and Sonora: The Geography, History, and Resources of the Silver Region of North America*, Harper and Brothers, New York, NY, 1864.

Mueller, Lambert, *Tagebuch des Friedrich Neubert 19. Juli 1900-24, November 1901*, www.boxeraufstand.com, viewed September 21, 2010.

Narbeth, Colin, *Admiral Seymour's Expedition and Taku Forts, 1900*, Hyperion Books, Dezember, 1987.

Nauticus, *Jahrbuch für Deutschlands Seeinteressen, 10. Jahrgang*, Ernst Siegfried Mittler und Sohn, Berlin, Germany, 1908.

Newman, Bernard, *Secrets of German Espionage*, The Right Book Club, London, Great Britain, 1940.

Otis and Hough, *Red Manual of Statistics: Stock Exchange Handbook*, Cleveland, OH, 1910.

Pilcher, Jeffrey M, *The Sausage Rebellion: Public Health, Private Enterprise, and Meat in Mexiko-Stadt,1890–1917*, University of New Mexico Press, Albuquerque, NM, 2006.

Powell, Fred Wilbur, *The Railroads of Mexico*, The Stratford Co., Boston, MA, 1921.

Preston, Diana, *The Boxer Rebellion: The Dramatic Story of China's War on Foreigners that Shook the World in the Summer of 1900*, Walker Publishing Company, New York, NY, 2000.

Pringle, Henry F., *Theodore Roosevelt: A Biography*, Cornwall Press, New York, NY, 1931.

Quirk, Robert E. *An Affair of Honor: Woodrow Wilson and the Occupation of Veracruz*, University of Kentucky Press, Lexington, KY, 1962.

Quirk, Robert E. *The Mexican Revolution, 1914-1915*, University of Indiana Press, Bloomington, IN, 1960.

Raat, W. Dirk and Beezley, William H., editors, *Twentieth Century Mexico*, University of Nebraska Press, Lincoln, NE, 1986.

Reed, John, *Insurgent Mexico: With Pancho Villa in the Mexican Revolution*, Red and Black Publishers, St. Petersburg, FL, 2009 (first published New York, 1914).

Reiling, Johannes, *Deutschland: Safe for Democracy?* Franz Seiner Verlag, Stuttgart, Germany, 1997.

Rocha, Ruben, *Galeria de Parralenses Ilustres*, Hidalgo del Parral, México, 1985.

Ross, Stanley R., *Francisco I. Madero: Apostle of Democracy*, Columbia University Press, New York, NY, 1955.

Schieffel, Werner, *Bernhard Dernburg 1865 - 1937: Kolonialpolitiker und Bankier im wilhelminischen Deutschland*, Atlantis Verlag, Zürich, Switzerland, 1974.

Skaggs, William H., *German Conspiracies in America*, T. Fisher Unwin Ltd., London, Great Britain, 1916 (estimated).

Small, Michael, *The Forgotten Peace: Mediation at Niagara Falls, 1914*, University of Ottawa Press, Canada, 2009.

Smith, Arthur D. Howden, *Mr. House of Texas*, Funk and Wagnalls Company, New York, NY, 1940.

Smith, Arthur D. Howden, *The Real Mr. House*, George H. Doran Company, New York, NY, 1918.

Smith, Randolph Welford, *Benighted Mexico*, John Lane Company, New York, NY, 1916.

Stevens, Horace J., *The Copper Handbook 1908*, Chicago, IL, 1909.

Stroher, French, *Fighting Germany's Spies*, Doubleday Page and Company, Garden City, NY, 1918.

Synon, Mary, *McAdoo: The Man and his Times: A Panorama in Democracy*, The Bobbs-Merrill Company, Indianapolis, IN, 1924.

Tenorio-Trillo, Mauricio, *Mexico at the World's Fairs Crafting a Modern Nation*, University of California Press, Los Angeles, CA, 1996.

Teitelbaum, Louis M., *Woodrow Wilson and the Mexican Revolution, 1913-1916*, Exposition Press, New York, NY, 1967.

Thomas, William H. Jr., *Unsafe for Democracy: World War I and the U.S. Justice Department's Covert Campaign to Suppress Dissent*, The University of Wisconsin Press, Madison, WI, 2008.

Thomson, Guy P.C. and LaFrance, David G., *Patriotism, Politics and Popular Liberalism in the late 19th Century Mexico: Juan Francisco Lucas and the Puebla Sierra*, Scholarly Resources Inc., Wilmington, DE, 1999.

Tuchman, Barbara, *The Zimmermann Telegram*, Macmillan Company, New York, NY, 1958.

Tuck, Jim, *Pancho Villa and John Reed: Two Faces of Romantic Revolution*, University of Arizona Press, Tucson, AZ, 1984.

Turner, John Kenneth, *Hands off Mexico*, Rand School of Social Science, New York, NY, 1920.

Volkman, Ernest, *Espionage: The Greatest Spy Operations of the 20th Century*, John Wiley and Sons Inc., New York, NY, 1995.

Volkman, Ernest and Baggett, Blaine, *Secret Intelligence: The Inside Story of America's Espionage Empire*, Doubleday, New York, NY, 1989.

Von Schmidt, Paul, *Der Werdegang des Preußischen Heeres*, Verlag von Karl Hermann Düms, Germany, 1903.

Weed, Walter Harvey, *The Mines Handbook*, New York, NY, 1918.

Whitcover, Jules, *Sabotage at the Black Tom*, Algonquin Books of Chapel Hill, Chapel Hill, NC, 1989.

Wile, Frederic William, *Men around the Kaiser: The Makers of Modern Germany*, The MacLean Publishing Company, Toronto, Canada, 1913.

Womack, John, Jr., *Zapata and the Mexican Revolution*, Alfred A. Knopf, New York, NY, 1968.

Xu, Guoqi, *China and the Great War: China's pursuit of a new National Identity and Internationalization*, Cambridge University Press, New York, NY, 2005.

Young, William, *German Diplomatic Relations, 1871-1945*, iUniverse, Inc., New York, NY, 2006.

Zeitungen/Magazine

Allgemeine Zeitung des Judentums, Heft 34, August 24, Berlin, 1900.

The American Historical Review, Vol. 83, No. 1 (Feb., 1978), "Pancho Villa and the Attack on Columbus, New Mexico," by Friedrich Katz.

The Americas, Vol. 30, No. 1 (Jul., 1973), "The Arms of the Ypiranga: The German Side," by Thomas Baecker, pp. 1-17.

The Americas, Vol. 32, No. 1 (Jul., 1975), "The Muddied Waters of Columbus, New Mexico," by E. Bruce White and Francisco Villa.

The Americas, Vol. 39, No. 1 (July, 1982), "The Underside of the Mexican Revolution: El Paso, 1912," by Charles H. Harris, III and Louis R. Sadler.

Bancroft Library News Release, "Surprising new information on Pancho Villa comes to light in obscure Wells Fargo files at UC Berkeley," by Kathlene Scalise, University of California at Berkeley, http://berkeley.edu/news/media/releases/99legacy/5-3-1999.html.

Batavia Daily News, Batavia, NY, January 6, 1888.

Bulletin of the Business Historical Society, Volume 26, Number 4 (December 1952), "Colonel William C. Greene and the Cananea Copper Bubble," by Marvin D. Bernstein.

Chicago Daily News Almanac and Yearbook for 1912, Chicago Daily News Company, Chicago, IL, 1911.

Chihuahua en 1910, Álbum del Centenario, Ayuntamiento de Chihuahua, 1994

Collier's Magazine, Volume 47, June 1911.

The Copper Handbook: A Manual of the Copper Industry of the World, Volume 6, Houghton, MI, 1906.

Coshocton Morning Tribune, Coshocton, OH, February 1913.

Die Woche, Berlin 1900, published by Rainer Dombrowsky, www.jadu.de, 2001.

The Evening Bulletin, Maysville, KY, "Almost beyond Belief," November 6, 1887.

EH.Net Encyclopedia, Moen, Jon: "Panic of 1907," edited by Robert Whaples, August 14, 2001.

El Paso Herald, El Paso, TX, 1910-1920.

The Financial Review: Finance, Commerce, Railroads, Annual 1912.

Fuel Oil Journal, Volume 5, May 1914, Houston, TX.

The Gazette Times, Pittsburgh, PA, October 7, 1913.

Harper's Magazine, September, October, November 1917, "Diplomatic Days in Mexico, First, Second, Third Papers," by Edith O'Shaughnessy.

Harper's Magazine, November 1942, "The wind that swept Mexico: Part I, II, and III, by Anita Brenner.

Harper's Monthly Magazine, April, 1912, "The Passing of a Dictator," by Robert Welles Ritchie.

Hispanic Historical Review, Vol. L, No. 3, August 1970, "The Arms of the Ypiranga," by Michael C. Meyer, pp. 543-556.

The Historian, Vol. 60, Issue 4, "The U.S. Bank Panic of 1907 and the Mexican Depression of 1908-1909," by Kevin J. Cahill, 1998.

History Review, December 2002: "The unpredictable dynamo: Germany's Economy, 1870-1918," by F.G. Stapleton.

Journal of Intelligence History, Volume 4, Number 1, Summer 2004, Reinhard R. Doerries.

The Journal of Economic History, vol. 64, issue 04, "Real Shock, Monetary Aftershock: The 1906 San Francisco Earthquake and the Panic of 1907," Kerry A. Odell and Marc D. Weidenmier, 2005.

Journal of Latin American Studies, Vol. 35, No. 1 (Feb. 2003), "Railroad, Oil and Other Foreign Interests in the Mexican Revolution, 1911 to 1914," by John Skirius, Cambridge University Press.

La Prensa, San Antonio, TX, February 13th, 1913.

Lancer, Jalisco, "German-Mexican Relations Before the Revolution," *www.allempires.net*,viewedDecember 22, 2005.

Mexican Studies, Vol. 2, No. 1 (Winter 1986), "Germany, Revolutionary Nationalism, and the Downfall of Francisco I. Madero: The Covadonga Killings," by David G. LaFrance.

Mexican Studies, Vol. 17, No.1 (Winter, 2001), "Exiliados de la Revolución mexicana: El caso de los villistas (1915-1921)," by Victoria Lerner.

The Mining World, Volume 32, Chicago, IL, January 1 to June 25, 1910.

The Nation, volumes 99 to 109, July 1, 1914 to December 31, 1919, The Nation Press, NY 1919.

New York in the Spanish-American War, 1898, Volume II, Registers of Organizations, New York, NY, 1900.

New York Sun, New York, NY, November 12, 1887.

The New York Times, New York, NY, Archives 1896-1942.

The New York Tribune, New York, NY, 1910-1918.

The Oakland Tribune, Oakland, CA, April 18, 1915.

Pearson's Magazine, Vol. 19, March 1908, James Creelman: "President Diaz, Hero of the Americas."

Sabazius, "The Invisible Basilica: Dr. Arnoldo Krumm-Heller (1876 -1949 e.v.)," Ordo Templi Orientis, USA, 1997.

The San Antonio Light, San Antonio, TX, February, 1913.

The San Francisco Call and Post, San Francisco, CA, October 9, 1913.

Southwestern Studies, Monograph number 47, "Luther T. Ellsworth: U.S. Consul on the Border During the Mexican Revolution," by Dorothy Pierson Kerig, Texas Western Press, El Paso, TX 1975.

The St. Louis Republic, St. Louis, MO, January 3rd, 1900.

The Southwestern Reporter, Volume 118, Containing all the current decisions of the supreme and appellate courts of Arkansas, Kentucky, Missouri, Tennessee, and Texas May 19 – June 9, 1909, "Maury et al. v. McDonald et al., Court of Civil Appeals of Texas, April 3, 1909," West Publishing Co., St. Paul, MN 1909.

The Southwestern Historical Quarterly, Volume 67, No. 2, October 1963, E. V. Niemeyer, "The Revolutionary Attempt of General Bernardo Reyes from San Antonio in 1911."

The Times, Washington, D.C., October 10, 1898.
The Times-Picayune, New Orleans, LA, July 1 to July 6, 1914.
The Washington Herald, Washington, D.C., 1910-1922
The Washington Post, Washington, D.C., 1911-1922.
The Washington Times, Washington, D.C., 1910-1914
The World Almanac and Encyclopedia, 1902, Press Publishing Co, New York, NY, 1902, p. 425, foreign consuls in the United States.

Orginalquellen/Archivarische Quellen

Admiralstab der Marine, *Die Kaiserliche Marine während der Wirren in China, 1900-1901*, Volume I, Ernst Siegfried Rittler und Sohn, Berlin, 1903.

ANDREW D. MELOY & CO. v. DONNELLY et al., (Circuit Court, D. Connecticut. December 30, 1902.), No. 523.

Archivos Municipales Chihuahua, Fondo Porfiriato, Secretaria de Gobierno del Estado de Chihuahua, Chihuahua Enterprise 1905-1910, Mines Register 1904-1910.

Auswärtiges Amt, Politisches Archiv Berlin, Mexiko Volumes I to X.

Carey McWilliams Papers, University of California at Los Angeles, 277.

Chihuahua Archivos Municipales, Secretaria de Gobierno del Estado de Chihuahua, Sección de Estadística, Chihuahua 1909.

Federal Reserve Bank of Boston, "The Panic of 1907," Boston, MA, 2002.

German Diplomatic Papers, University of California at Berkeley, Bancroft Library, M-B 12.

Holmdahl Papers, University of California at Berkeley, Bancroft Library, C-B-921.

Immigrant Ancestors: A List of 2,500 Immigrants to America before 1750, Frederick Virkus, editor; Genealogical Publishing Co., Baltimore, MD, 1964.

Königliches Finanzministerium, *Jahrbuch für das Berg- und Hüttenwesen im Königreiche Sachsen*, Jahrgang 1902 (Statistik vom Jahre 1901, C. Menzel, Freiberg, 1902.

Lazaro De La Garza Collection, University of Texas, Benson Library, Austin, TX.

Marine Crew Chronik, Marineschule Mürwik, Flensburg, Deutschland, MIM620/CREW, 1891, pp. 159-160, autobiographic article by Karl Boy-Ed.

National Archives of the United Kingdom, BT26, Board of Trade: Commercial and Statistical Department and successors: Inwards Passenger Lists, Kew, Surrey.

National Archives of the United States of America, NARA, Washington D.C.

Record Group 36	Records of the U.S. Customs Service, Vessels arriving in New York 1820-1897 and 1897-1957
Record Group 38	Office of Naval Intelligence, 1913 to 1924
Record Group 45	Naval Records Collection, Caribbean File 1911 to 1927
Record Group 59	Department of State 1908 to 1927
Record Group 60	Records of the Department of Justice, Straight Numerical Files; Specifically file 9-16-12-5305, Statement of F. A. Sommerfeld June 21, 1918 to June 24, 1918.
Record Group 65	Records of the FBI, specifically Papers of Heinrich Albert, Bureau of Investigation Case Files, 1908-1922, "Old German Files," and "Old Mexican Files."
Record Group 76	Mixed Claims Commission, 1922 to 1941
Record Group 80	General Records of the Navy, 1916 to 1926
Record Group 85	Records of the Immigration and Naturalization Service
Record Group 87	Records of the U.S. Secret Service, Daily Reports, 1875 to 1936
Record Group 131	Records of the Alien Property Custodian, Records seized by the APC
Record Group 165	Records of the War Department, Military Intelligence Division; Specifically file 9140-1754: Felix A. Sommerfeld
Record Group 242	German Captured Documents, Foreign Office, Mexico Book 1 to 10.
Record Group 395	Records of the Army Overseas Operations, Mexican Punitive Expedition.

National Register of the Society of Sons of The American Revolution; Compiled by Louis H. Cornish, New York, NY, 1902.

Naval Militia Yearbooks 1901, 1902, 1903, 1904.

New York Department of Health, *Deaths reported in the City of New York, 1888-1965.*

Official Program, Admiral Dewey Reception, October 2 and 3, 1899, Washington, D.C., 1899.

Papers of Hugh Lenox Scott, Library of Congress, Washington, D.C.

Rangliste der Königlich Preußischen Armee und des XIII (KöniglichWürttembergischen) Armeekorps für 1907, Ernst Siegfried Mittler und Sohn, Berlin, Germany, 1907.

Secretaría de Comunicaciones y Obras Públicas, Estadística de ferrocarriles de jurisdicción federal año de 1918. México, Talleres Gráficos de la Nación, 1924.

Silvestre Terrazas Papers, University of California at Berkeley, Bancroft Library, M-B-18.

Staatsarchiv Hamburg, Hamburger Passagierlisten, 1850-1934.

Stallforth Papers, Private Collection

Testimony of Henry Clay Pierce before the 8th Circuit Court, The United States of America vs. Standard Oil Company of New Jersey et al defendants, Petitioner's Testimony, Volume 3, Washington Government Printing Office, Washington, D.C., 1908.

United States Senate, Hearing before a Subcommittee of the Committee on Foreign Relations, *Revolutions in Mexico*, Government Printing Office, Washington D. C., 1913.

United States Senate, *Investigation of Mexican affairs*, Subcommittee of the Committee of Foreign Relations, Government Printing Office, Washington, D.C., 1920.

United States Senate, *Papers Related to the Foreign Relations of the United States*, Government Printing Office, Washington D.C., 1919.

Autobiografische Werke

Boy-Ed, Karl, *Verschwörer?* Verlag August Scherl GmbH, Berlin, Germany, 1920.

Count von Bernstorff, Johann Heinrich, *My Three Years in America*, Skeffington and Son, London, Great Britain, unknown date, approximately 1940.

Count von Bernstorff, Johann Heinrich, *Memoirs of Count Bernstorff*, Random House, New York, NY, 1936.

Garibaldi, Giuseppe, *A Toast To Rebellion*, The Bobbs-Merrill Company, New York, NY, 1935.

Gerard, James W., *My first eighty three years in America: Memoirs of James W. Gerard*, Doubleday and Company Inc., Garden City, NY, 1951.

Hale, William Bayard, *The Story of a Style*, B. W. Huebsch Inc., New York, NY, 1920.

Guzman, Martin Luis, *Memoirs of Pancho Villa*, translated by Virginia H. Taylor, University of Texas Press, Austin TX, 1975.

Madero, Francisco I., *La Sucesión Presidencial en 1910 – El Partido Nacional Democrático*, San Pedro, Coahuila, México, December, 1908.

Nicolai, Walter, *The German Secret Service, translated with an additional chapter by George Renwick*, Stanley Paul and Co., London, Great Britain, 1924.

Von Papen, Franz, *Memoirs*, E. P. Dutton and Company Inc., New York, NY, 1953.

Rintelen, Franz, *The Dark Invader: Wartime Reminiscences of a German Naval Intelligence Officer*, Lovat Dickson Limited, London, Great Britain, 1933.

Rintelen, Franz, *The Return of the Dark Invader*, Peter Davies Limited, London, Great Britain, 1935.

Scott, Hugh Lenox, *Some Memories of a Soldier*, The Century Company, New York, NY, 1928.

Steffens, Lincoln, *The Autobiography of Lincoln Steffens*, Harcourt, Brace and Company, New York, NY, 1931.

Von der Goltz, Horst, *My Adventures as a German Secret Agent*, Robert M. McBride and Company, New York, NY, 1917.

Von der Goltz, Horst, *Sworn Statement*, Presented to both Houses of Parliament by Command of His Majesty, London, Great Britain, April 1916.

Walker, William. *The War in Nicaragua*, S.H. Goetzel, New York, NY, 1860.

Wilson, Woodrow and Hale, William Bayard, *The New Freedom*, Doubleday, Page and Co., New York, NY, 1913.

Wilson, Henry Lane *Diplomatic Episodes in Mexico, Belgium and Chile*, Kinnikat Press, Port Washington, NY, 1971, reprint of original 1927.

Wilson, Henry Lane "Errors with Reference to Mexico and Events that have occurred there," *International Relations of the United States: The Annals*, Vol. LIV, July, 1914.

www.ingramcontent.com/pod-product-compliance
Lightning Source LLC
Chambersburg PA
CBHW032100230426
43662CB00034B/69
* 9 7 8 0 9 9 6 9 5 5 4 2 3 *